ОТЕЧЕСТВО

Т. С. Аристова, М. Л. Ковшова, Е. А. Рысева,
В. Н. Телия, И. Н. Черкасова

СЛОВАРЬ ОБРАЗНЫХ ВЫРАЖЕНИЙ РУССКОГО ЯЗЫКА

Под редакцией доктора филологических наук
В. Н. Телия

МОСКВА
ОТЕЧЕСТВО
1995

ББК 81.2Р—4
С 48

Федеральная целевая программа книгоиздания России

Дизайн обложки А. Логвина

Словарь образных выражений русского языка./Т. С. Аристова,
С 48 М. Л. Ковшова, Е. А. Рысева и др.: Под ред. В. Н. Телия.— М.: «Отечество», 1995.— 368 с. ISBN 5—7072—0023—1

Предлагаемый читателю «Словарь образных выражений русского языка» содержит идиомы — фразеологические единицы, смысл которых не может быть понят из значений слов, входящих в это сочетание. В словарь включены идиомы, продуктивно используемые в современном русском обиходно-бытовом и общественно-политическом языке, в том числе — новые идиомы, еще не включенные в существующие словари (выходить из окопов, поднимать планку и т. п.).
Словарь дает не только толкования и грамматические сведения, но содержит все необходимое для правильного употребления идиом в речи, что особенно важно для избежания речевых промахов. В нем впервые введены, наряду с дефиницией, смысловое и ситуативное подтолкования, разработана новая система эмоционально-оценочных и стилистических помет, что связано с общей тенденцией конца века к демократизации речи. Впервые иллюстративный материал систематизирован по трем зонам — высказывания о третьем лице, о собеседнике, о самом говорящем. В иллюстрациях используются произведения современной художественной литературы, журнальные и газетные материалы, а также речения, созданные авторами. Словарь тематический.
Предназначен для широкого круга лиц: для владеющих русским языком он может служить нормативно-стилистическим справочником, а для изучающих язык — надежным помощником в овладении русской идиоматикой и ее культурно-национальной спецификой.

С $\dfrac{4602030000-22}{Д88(03)-95}$ Без объявл.

ISBN 5—7072—0023—1

©Телия В. Н., 1995
©Издательство «Отечество», 1995
©Логвин А. Дизайн обложки, 1995

ПРЕДИСЛОВИЕ

Чем образнее речь, тем она ярче, живее, тем сильнее воздействует на того, к кому обращена. Говорить образно и эмоционально — значит использовать в речи и такие сочетания, в основе которых лежит образное же восприятие действительности. В таких сочетаниях, как в зеркале, отражается самобытный взгляд русского народа на мир и его оценка, которые передаются из поколения в поколение вместе с употреблением этих сочетаний в речи. В качестве примера можно привести сочетания **мелкая сошка** — о незначительном с точки зрения социального положения человеке, **стреляный воробей** — об опытном, бывалом человеке, **лезть** или **переть на рожон** — необдуманно идти на риск (слово *рожон* означало рогатину, с которой охотились на медведя, и сохранилось еще в одном устойчивом сочетании: *Какого рожна тебе надо?*) и т. п.

Такие образно мотивированные сочетания возникают и в современной речи. Так, о человеке со странностями, как бы утратившем здравый смысл, говорят, что у него **крыша поехала**; чтобы выразить смысл 'повысить требования к чему-л.', стали использовать сочетание **поднять планку**, пришедшее из спортивной терминологии, и т. д.

Владение образными средствами языка обогащает приемы ораторского искусства, т. е. способы воздействия на умонастроение собеседника. Поэтому очень важно знать значение таких образных сочетаний и те жизненные ситуации, в которых они используются.

«Словарь образных выражений русского языка» принадлежит к такому типу словарей, которые в языкознании принято называть фразеологическими: это словарь-справочник, описывающий значение, грамматику и ситуативные закономерности бытующих в современном русском языке устойчивых сочетаний, смысл которых не выводится из значения входящих в них слов-компонентов, как у обычных, или свободных, сочетаний слов, для которых сложение смыслов входящих в них слов — норма речи.

В словарь включены образно мотивированные устойчивые сочетания слов фразеологического характера, издавна получившие название идиом. Само это название произошло от греческого слова «идиос», которое сначала имело значение 'своеобразный человек', а затем стало употребляться расширительно — 'отклоняющийся от нормы'. Отклонение состоит для идиом в том, что они не производятся в речи, а воспроизводятся как бы в готовом виде — в строго определенном составе слов и в закрепленном за ними целостном значении.

В «Словаре образных выражений русского языка» представлено около 1 000 идиом (с учетом их лексических вариантов), наиболее активно употребляющихся в современной обиходно-бытовой речи, в речи радио и телевидения, в художественной литературе и публицистике (в газетах и журналах), в том числе — идиомы-неологизмы, еще не вошедшие ни в один из существующих словарей. При этом авторы словаря стремились показать в иллюстративном материале не только «живые», т. е. активно употребляющиеся в наше время идиомы, но и преемственность этого употребления с русским языком конца XIX века.

Конечно, живых идиом гораздо больше, чем включено в словарь, но в нем представлены наиболее яркие, придающие речи особую выразительность и национальный колорит, в чем нельзя не убедиться, если сравнить высказывания: *Не стоит слишком рисковать* и *Нечего переть на рожон; Он всегда вмешивается в чужие дела* и *Он вечно сует свой нос в чужие дела; Во втором матче команда потеряла инициативу и проиграла* и *Во втором матче команда выпустила инициативу из рук и проиграла* и т. п.

Материал в словаре расположен не в алфавитном порядке идиом, как это принято в большинстве словарей, а по тематическому, или идеографическому, принципу. Идиомы объединены в смысловые поля, в которых мозаично отражается тот или иной фрагмент картины мира. Поэтому словарь с полным правом мог бы иметь название «Тематический словарь образных выражений русского языка».

В отличие от аналогичного «Словаря-справочника русских фразеологизмов» Р. И. Яранцева (и от других словарей, в которых есть тематические указатели, как, например, в словарях «Фразеологические обороты русского языка» Н. М. Шанского, Е. А. Быстровой, В. И. Зимина, «Русские фразеологизмы» В. П. Фелицыной, В. М. Мокиенко), в предлагаемом читателю словаре сами темы выделены на основе не только собственно значения, но и с учетом ситуаций, в которых употребляются эти значения. Естественно, что это обусловило пересечение полей, что связано с диффузностью смыслового содержания идиом.

Авторы словаря, избирая тематический подход к организации материала, стремились показать читателю, как в образном зеркале мира отражаются такие фрагменты мира, как внутренние и внешние свойства человека, физические состояния и действия, чувства-состояния и чувства-отношения, деятельность человека, его поведение, в том числе и речевое, бедность и богатство, а также характеристика ситуаций, пространство и время. Словарь показывает, что само видение мира как бы организовано вокруг человека, так как действительность воспринята и обозначена человеком в его культурно-национальном кругозоре, а это означает, что «Словарь образных выражений русского языка» призван создать представление, хоть и фрагментарное, о культурно-национальной картине мира, запечатленной в идиомах, а также об антропологическом начале в этой языковой модели мира.

Тематический принцип организации словаря вполне согласуется с его активным характером: читателю легче овладеть русскими идиомами, когда он узнает, как говорят о свойствах человека, о его внутреннем мире, формах деятельности, пространстве и времени.

В словаре описание собственно значения идиом впервые приводится в форме такой дефиниции, которая заменяет идиому в тексте, не изменяя его синтаксической структуры. Например, идиома **МОРОЧИТЬ/ЗАМОРОЧИТЬ ГОЛОВУ <ГОЛОВЫ> 1.** *кто кому [чем]* имеет дефиницию 'Не давая возможности сосредоточиться на главном, основном, запутывать, дурачить (говорится с неодобрением)'. Эта дефиниция полностью заменяет идиому в тексте: Проходя в курилку, слышал, как красноармеец тосковал: — Чтоб их разорвало с их юмором! На Кавказ заехали, и тут **голову морочат**. *М. Булгаков, Богема.* Ср.: «...На Кавказ заехали, и тут, не давая возможности сосредоточиться на главном, основном, запутывают, дурачат». Этот принцип адекватности значения идиом и их дефиниций способствует активному овладению и употреблению идиом в речи.

Но чтобы правильно и метко использовать идиомы, необходимо знать не только собственно значение и необходимые грамматические правила, но и возможные оттенки значения, а также те внеязыковые ситуации, в которых идиома может быть употреблена. Учитывая эту особенность значения идиом — их диффузность, т. е. размытость, и вместе с тем закрепленность за определенной ситуацией, толкование значения в словаре имеет три зоны: 1) толкование самого значения, т. е. дефиниция; 2) смысловое подтолкование значения, описывающее различного рода подробности, связанные с образным основанием; 3) ситуативное подтолкование, т. е. указание на типовую, или прототипическую, ситуацию (или ситуации), в которых идиома может быть употреблена.

Для некоторых идиом вполне достаточно описание значения через дефиницию. Например: **БРОСАТЬ/БРОСИТЬ ТЕНЬ** *кто, что [чем] на кого, на что.* Очернять или порочить своими действиями или словами (говорится с неодобрением): ...Ты прекрасно понимаешь, как нужно держать себя, чтобы не **бросить тень** на фамилию Тальберг. *М. Булгаков, Дни Турбиных.* Для других — через дефиницию и смысловое подтолкование. Так, идиома **НАСТАВЛЯТЬ/НАСТАВИТЬ НА УМ** *кто, что кого,* помимо дефиниции «Вразумлять, поучать», нуждается в смысловом подтолковании «Подразумевается стремление подсказать кому-л. правильное решение в трудной жизненной ситуации». Оба компонента толкования обеспечивают правильный выбор идиом в речи и, соответственно, правильное восприятие: Все-таки оно [письмо] его... немножко **на ум наставит**. *А. Чехов, Письмо.* Без смыслового подтолкования значение идиомы малоинформативно. Однако для многих идиом необходимо приводить сведения и о типовых ситуациях в их употреблении, т. е. дать им ситуативное подтолкование. Например, **ЗАВАРИВАТЬ/ЗАВАРИТЬ КАШУ** *кто.* Создавать своими действиями неожиданно сложную и неприятную ситуацию (говорится с неодобрением). Подразумевается ситуация, в которую вовлечено большое количество людей. Часто имеются в виду необдуманные, неверные действия. «Москвичи **заварили кашу**, пусть и расхлебывают»,— сказал в микрофон народный депутат нашего большого парламента. Вот так просто и сказал, в заваренную кашу поместив события, заставившие вздрогнуть мир. *Вечерняя Москва, 1991.*

Такое «трехмерное» толкование значения идиом в «Словаре образных выражений русского языка» осуществлено впервые в лексикографической практике как в нашей стране, так и за рубежом. Цель такого описания — показать правила смыслового и ситуативного употребления идиом в речи. И это позволяет использовать словарь в учебных целях для изучающих русский язык на продвинутом этапе обучения.

Предлагаемый читателю словарь принадлежит к словарям активного типа, т. е. он обеспечивает использование идиом через овладение их значением и грамматикой. С этим связан еще целый ряд особенностей описания идиом, впервые предпринятых в данном словаре.

Новым является включение в дефиницию эмоционально-оценочного отношения говорящего к обозначаемому, помещаемого в скобках в форме «говорится с одобрением, с неодобрением» и т. п. Обычно в словарях эта информация дается после толкования как экспрессивно-стилистическая помета (типа *одобр., неодобр., презр., пренебр.* и т. п.). Однако, как было показано выше, эмоционально-оценочная окраска значения — это его коннотация, т. е. часть значения, придающая ему экспрессивность.

Эмоционально-оценочная окраска, выражая отношение говорящего к обозначаемому, может меняться в зависимости от того, идет ли речь о свойствах или действиях какого-то лица, не участвующего в диалоге, о самом собеседнике или же о говорящем. Это обусловило необходимость разместить иллюстрации к употреблению идиом в трех коммуникативно различных зонах: в словаре сначала даются примеры с высказываниями о третьем лице, выступающем в роли подлежащего, затем — о собеседнике (формы второго лица в роли подлежащего), а в конце — высказывания, в которых в роли подлежащего выступает сам говорящий. Поэтому в словаре в разных зонах помещены примеры типа *Он вставляет мне палки в колеса,* что говорится с неодобрением, затем — типа *Ты вставляешь мне палки в колеса,* где выражается упрек, а в конце примеры типа *Я вставляю ему палки в колеса*: высказывания подобного рода выражают хвастовство или самоиронию (напр., *Я и сам не промах*). И совсем не употребительны саморазоблачения типа *Я вешаю на него всех собак* и т. п. Правда, такого рода высказывания, особенно при отрицании, могут восприниматься как цитации, т. е. как повторение того, что уже сказано кем-то в адрес говорящего.

Такое размещение иллюстративного материала осуществлено в практике составления словарей впервые. Оно также способствует усвоению правил употребления идиом в различных типах высказываний (в зависимости от характера подлежащего). По крайней мере, авторы стремились учесть те случаи, когда употребление идиом с подлежащим «Я» или подлежащим «Ты» меняет их эмоционально-оценочную тональность или вообще невозможно.

Еще одним нововведением является система стилистических помет, указывающих на социально значимые условия употребления идиом в речи. Обычно в словарях используются пометы типа *разг.* (разговорное), *прост.* (просторечное), *книжн.* (книжное) и т. п. Однако помета *разг.* указывает не на социальные условия речи, а на особую ее форму — обычно устную, спонтанную и т. п. Большинство идиом действительно употребляется в разговорной форме речи. Но даже в этом случае говорящие не могут не принимать во внимание «кто есть кто» (о чем уже упоминалось выше). Чтобы указать на уместность или неуместность употребления идиом в тех или иных социально значимых условиях речи, в словарь введены следующие пометы: речевой стандарт (Реч. стандарт), если идиома может употребляться в любом неофициальном разговоре или тексте (типа вставлять палки в колеса, наставлять на ум и т. п.), неформальное (Неформ.), когда предполагается, что общение идет как бы на равных, независимо от социальных статусов или ролей говорящих (типа **вешать всех собак** на кого-л., **мелкая сошка** и т. п.), фамильярное (Фам.), когда отношения между собеседниками настолько близкие, что можно говорить все, что вздумается и как вздумается (**драть глотку, черт дернул за язык** и т. п.), грубо-фамильярное (Грубо-фам.), когда собеседники не щадят ушей друг друга (типа **ни уха ни рыла, дубина стоеросовая** и т. п.), помета Книжн. применяется традиционно и означает, что употребляют идиому скорее всего люди образованные (**витать в облаках** или **в эмпиреях** и т. п.). В словарь включена и помета Прост., которая указывает на то, что идиома отклоняется от норм литературно обработанной (кодифицированной) речи (типа **середка на половинку, язык привешен** и т. п.).

В словаре применен новый способ описания идиом, обладающих общим смыслом, но различающихся категориально-грамматическим значением, выраженным словами-компонентами. Это аспектуально-видовые формы типа **заваривать кашу — расхлебывать кашу; в руках быть, находиться — взять в свои руки — прибрать к рукам — держать в руках — выпустить из рук** и т. п. Такие видоизменения лексико-грамматического состава идиом аналогичны словообразовательной парадигме, поэтому принцип их гнездования в одной словарной статье дает представление о их грамматически-смысловой производности и позволяет наглядно показать их родство по значению, что также способствует активному владению идиомами и их употреблению.

К словарю прилагаются три указателя, которые должны помочь читателю найти нужную идиому: «Тематический указатель идиом», «Алфавитный указатель идиом» и «Алфавитный указатель слов-компонентов».

Иллюстрации к словарным статьям взяты из личных картотек авторов, а также из других фразеологических словарей (список прилагается). Словарь является авторским в том прямом смысле этого слова, что каждый из авторов вносил в разработку словарной статьи свой творческий опыт и характерный для него стиль описания. Поэтому в «Алфавитном указателе идиом» указаны авторские знаки (первая буква фамилии автора).

Общая концепция словаря разрабатывалась авторским коллективом под руководством доктора филологических наук профессора В. Н. Телия при активном участии редактора словаря Г. А. Мартыновой, которой авторы приносят искреннюю благодарность.

Предлагаемый словарь — плод поиска принципиально новых приемов описания идиом, нацеленного на отражение их употребления в обычной речи. Насколько эти поиски оказались плодотворными — судить читателю.

В. Н. Телия

ОСНОВНЫЕ ОСОБЕННОСТИ ЗНАЧЕНИЯ ИДИОМ КАК ЕДИНИЦ ФРАЗЕОЛОГИЧЕСКОГО СОСТАВА ЯЗЫКА

После краткого пояснения, что представляет собой «Словарь живых образных выражений русского языка», для тех, кто хочет знать более подробно, в чем именно состоит специфика идиом — их значения и грамматики, укажем на их основные отличия от свободных сочетаний слов и от других типов устойчивых и воспроизводимых сочетаний.

Свободные сочетания слов постоянно образуются в ходе речи: говорящий подбирает нужные по смыслу слова на основе знания их значения и грамматически строит из них сочетания в соответствии с замыслом и структурой высказывания. Этот регулярный, как принято говорить в языкознании, процесс можно уподобить детской игре в «конструктор»: из отдельных деталей собираются более сложные блоки, а из них уже — вся конструкция. Конструкцию можно разобрать и собрать новую. Подобно этому можно составлять новые сочетания слов, которые как бы распадаются после того, как высказывание произнесено, и слова могут образовывать новые комбинации для обозначения новых фрагментов действительности. При этом значение сочетания выводится из значения слов-компонентов. Например, значение сочетания *преградить дорогу* в высказывании *Сваленные деревья преградили нам дорогу* выводится из значений слов *дорога*, *преградить*. Каждое из этих слов может употребляться в том же значении и в других комбинациях, например, *преградить доступ* к чему-либо, *проложить* или *расчистить дорогу* и т. п. Такие свободные по значению и по сочетаемости друг с другом сочетания слов имеют общий для них смысл только в момент речи (или в тексте). Это и является нормой языка.

Идиомы же воспроизводятся в речи в строго ограниченном, а потому устойчивом составе слов и их грамматических форм в целиком переосмысленном закрепленном за ними значении. Так, например, можно сказать выносил (выносит, вынося) сор из избы, но нельзя — *сор, который [он] вынес из избы*, *выносящий сор из избы* и т. п.; можно сказать дубина стоеросовая, но нельзя *стоеросовая дубина* (в том же значении). Идиомы не распадаются после того, как закончено высказывание, а хранятся в языковой памяти готовыми к употреблению. Отклоняясь от общеязыковых норм, они обнаруживают ряд своеобразных признаков. Назовем главные из них.

Идиомы — это всегда полностью переосмысленные сочетания полнозначных слов (**волосы стали дыбом, мертвая хватка**) или полнозначного и служебного слов (**без дураков, до лампочки**).

В своем подавляющем большинстве это — образно мотивированные сочетания, т. е. их значение мотивировано тем образом, который осознается при буквальном восприятии идиом. Это восприятие ассоциируется с каким-либо свойством, состоянием, действием, чувством, ситуацией и т. п. и осознается как их подобие. Так, употребляя идиому **стреляный воробей**, обозначают ею человека опытного, как бы подобного воробью, побывавшему в смертельно опасной для него ситуации, а потому осторожного, умеющего находить выход из сложных обстоятельств; когда говорят **сердце в пятки ушло**, то состояние испуга или страха подсознательно уподобляют такому ощущению, когда сердце как бы замирает и ощущается только в пятках.

Образная природа сочетаний проясняет и их идиоматичность. Само образное содержание — это как бы повод для создания нового значения, если говорящий хочет обозначить какой-то новый предмет, свойство, состояние или процесс, более сложные, чем те, которые названы словами. Самый простой случай — это когда предмет существует, но у него нет названия (по крайней мере — обиходно-бытового). Тогда говорящий обращается к его сходству по форме, цвету и т. п. с чем-то, уже названным словом. Так возникли названия растений типа **анютины глазки, мать-и-мачеха**, ср. также название сигареты-самокрутки **козья ножка** и т. п.

Но в процессе сотворения новых имен, или номинации, у говорящего может возникнуть потребность обозначить не только более сложный, чем уже обозначенный словом или словосочетанием фрагмент действительности, но и присовокупить к нему свою оценку, а также выразить эмоциональное к нему отношение. Это вызывает обращение к образному подобию, так как сам образ всегда оценивает и вызывает эмоциональную реакцию. Так, для обозначения тупого и одновременно глупого человека найден образ-подобие **голова дубовая**, ср. также **как баран на новые ворота**; чтобы обозначить смысл 'действовать в ситуациях, требующих быстрого результата, смело и решительно', был найден образ-подобие **брать быка за рога** и т. д. и т. п.

Иными словами, метко и информативно точно найденный каким-то «творцом имени» (как говорил великий филолог античности Аристотель) образ-аналогия стал использоваться для обозначения нового смысла и постепенно обрел свойство воспроизводимости, идиоматичности, а следовательно — и устойчивости. Мы позволили себе так подробно остановиться на том, как формируются идиомы, потому что сам этот процесс во многом проясняет и специфику значения идиом.

Обычно считается, что идиомы — двуплановые сочетания слов: они обозначают нечто и образно мотивируют это обозначение. И это верно. Однако это не объясняет, почему значение идиом не выводится из значения слов-компонентов, образующих буквальное значение сочетания и мотивирующих его внутреннюю форму. Дело в том, что при взаимодействии номинативного замысла и его образного аналога формируется новое выводное знание об обозначаемом, которое и становится собственно значением идиом, или его номинативным ядром. Так, говоря, что кто-то **вышел из колеи**, сообщают, что этот некто нарушил привычный, налаженный и как бы накатанный распорядок жизни (ср. также **выбить или вышибить из колеи**); идиома **выходить или выйти из себя** означает, что кто-то не в состоянии контролировать себя «изнутри» и сдерживать свои чувства и поступки. Но при этом прямой смысл слов-компонентов сочетания — только мотивирующая аналогия для формирования нового значения и никогда не исчерпывает полностью исходного номинативного замысла и даже может противоречить ему. Например, значение идиомы **держать язык за зубами** не означает 'молчать, не произносить ни слова', но только 'не говорить того, что следует скрывать от непосвященных'; идиома **плевать в потолок** означает не только полное безделье, но и проявление полного равнодушия к окружающему, и его образная мотивировка осознается на этом общем фоне, а не благодаря буквальному значению сочетания.

Таким образом, именно во взаимодействии номинативного замысла и образа-подобия, объединяющем в единое целое признаки того и другого, и заключена особенность значения идиом. Поэтому это значение всегда более богато по содержанию, чем значение слова, даже образно мотивированного (типа *медведь* или *шататься* — о человеке), так как в основе образного содержания идиом лежит не единичный элемент действительности, а какой-то фрагмент мира — элемент и его свойство, ситуация или событие. По этой причине прямой смысл слов-компонентов сочетания уже не соответствует новому переосмысленному значению, хотя мотивировка обычно сохраняется или ее просто домысливают.

Даже такие сочетания, в которых образ стирается, все равно сохраняют этот общий закон: значение идиомы может так или иначе намекать на мотивированность. Это относится к тем случаям, когда исходное образное содержание становится непонятным (как в идиоме **турусы на колесах**, где *турусы* — стенобитные башни, или на кальке с французского **не в своей тарелке**). Образ изначально может представлять собой небывальщину (**седьмая вода на киселе, семь пятниц на неделе** и т. п.) или содержать реалии, отошедшие в прошлое (**косая сажень в плечах, казанская сирота** и т. п.). В этом случае принято говорить об утрате мотивированности. Но сама необычность, загадочность таких сочетаний служит эмоциональным стимулом для их восприятия.

Причина сохранения мотивированности идиом или стремления разгадать их смысл кроется в том, что источником их являются такие сочетания слов, в которых отражены самые разнообразные стороны жизни народа — носителя языка, в основном — его обиходно-бытовой опыт. Эти сочетания называют характерные, типовые, часто встречающиеся или, наоборот, парадоксальные ситуации. Они отражают разнообразные виды трудовой деятельности и ее условия (**засучив рукава, до седьмого пота, тянуть лямку**), какие-то обычные ситуации (**наломать дров, заткнуть за пояс, как на дрожжах**), бедность и богатство (**ни кола ни двора, как сыр в масле кататься**), физические свойства человека (**от земли не видать, краше в гроб кладут**), симптомы чувств (**вешать нос, с тяжелым сердцем, отлегло от души**), речевую способность и речевое поведение (**язык не поворачивается, распускать язык**), социальные явления (**пригвоздить к позорному столбу, не чета**), исторические события (**Мамаево побоище, как швед под Полтавой**), наблюдения над животными и природой (**поджать хвост, выйти сухим из воды**), уже забытые обычаи, поверья, гаданья (**перемывать косточки, на седьмом небе, гадать на кофейной гуще**) и т. д. Идиомы хранят историческую память о прошлом народа вплоть до его общеславянских корней.

Образно мотивированные сочетания продолжают возникать, как уже отмечалось, и в наше время. В основном они черпаются из тех сфер жизни, которые оказываются в центре интересов общества. Так, с космическими технологиями связаны такие идиомы, как **стартовая площадка, вывести** или **выйти на орбиту**; политические события последних лет оставили свой след в идиомах **за бугром, раскачивать лодку, выйти из окопов** и т. п.; из спортивной жизни вошли в язык идиомы **поднять планку, выйти на последнюю** или **финишную прямую** и т. п. Немало идиом возникло в молодежном жаргоне (**крыша поехала, сесть на иглу**) и т. п. Останутся ли они в языке — покажет время. Мы привели эти примеры, чтобы показать, что процесс образования идиом — постоянно действующий. В каждую эпоху возникают недостающие в языке обозначения, в том числе — и идиомы, некоторые из них не выдерживают проверки временем и умирают (ср., например, уже вышедшие из активного употребления идиомы **семо и овамо, питаться акридами, погибоша аки обри** и т. п.). В основе процесса образования идиом лежит несколько причин.

Во-первых, значение идиом всегда богаче, чем значение синонимичного слова (или слов). Значение идиом никогда не равнозначно объему значения слова-синонима. Так, **бить баклуши** — это не просто 'бездельничать', но 'заниматься пустяками'; **вставлять палки в колеса** — не только 'мешать или препятствовать', но делать это в то время, когда кто-то занимается каким-то делом, как бы по его ходу; **выносить сор из избы** — это когда сплетничает или разглашает чужие тайны тот, кому они доверительно поведаны. А это значит, что значение идиом всегда более оснащено подробностями, чем слова.

Во-вторых, значение большинства идиом ситуативно. Эта особенность идиом требует не только знания их значения, но и тех ситуаций, в которых их можно употребить. Так, в идиоме **задирать нос**, помимо смысла 'важничать', содержится информация о том, что прежде говорящий и тот, о ком идет речь, были на равных, а в настоящее время этот последний кичится своим более высоким социальным или материальным положением.

Следующей особенностью идиом является оценочный характер значения. Благодаря образной мотивированности, идиомы не только обозначают какой-либо фрагмент действительности, но и выражают положительное или отрицательное мнение говорящего о том, что обозначается — является ли оно хорошим или плохим: добром или злом, полезным или вредным, проявляется в большей или меньшей степени, чем норма, и т. п. Например, идиома **задирать нос**, наряду с указанным выше содержанием, выражает отрицательное мнение человека, употребляющего эту идиому, по поводу того, что важничанье проявляется чрезмерно явно и даже нарочито, и это — плохо.

Образы могут как бы сами по себе давать оценку обозначаемому. Так, **выжимать все соки из кого-либо** — плохо, а **кровь с молоком** — хорошо. Однако для идиом **стреляный воробей** или **обводить вокруг пальца** положительная или отрицательная оценка зависит и от того, считает ли говорящий (и слушающий), что способность или действие, о которых идет речь, идет на благо их общего дела или, наоборот, может принести вред кому-либо из них. Так, идиомы **стреляный воробей** или **обводить вокруг пальца** и т. п. могут выражать либо положительную оценку, если говорящий на стороне того, о ком идет речь, либо же отрицательную, если последний наносит вред кому-либо. Неоднозначность оценки, таким образом, напрямую связана с оценкой ситуации, для обозначения которой употреблена идиома.

Большинство идиом, помимо оценочного отношения говорящего, выражает и эмоциональное отношение. Оно также подсказывается образом. Когда говорят: *Нас заставляют работать до изнеможения*, то описывают и оценивают только обозначаемую ситуацию, но если говорят: *Из нас выжимают все соки*, то рассчитывают еще и на сочувствие и сопереживание слушающего, так как в значении идиомы присутствует еще и созначение — эмоциональное неодобрение того, что обозначается. Употребляя идиому в высказывании *Обещая быстрое процветание, политики водят нас за нос*, говорящий указывает на пренебрежительное отношение политиков к народу; в высказывании *Ты водишь меня за нос* говорящий выражает обвинение в пренебрежительном к нему отношении со стороны собеседника, а в высказывании *Я вожу его за нос* говорящий явно и хвастливо выражает свое пренебрежение к тому, о ком идет речь, но такое саморазоблачение не льстит говорящему — его стремятся скрыть, поэтому эта идиома обычно не используется от лица говорящего.

Из приведенных примеров видно, что идиомы — это своего рода микротексты, в которых, помимо образного описания собственно обозначаемого фрагмента действительности, присутствуют и созначения (в языкознании их принято называть *коннотациями*), выражающие оценочное и эмоциональное отношение говорящего к обозначаемому. Сложение этих смыслов создает эффект выразительности, или экспрессивности, идиом.

Экспрессивность связана также со стилистической окраской идиом. Образ, содержащийся в лексическом составе сочетания, влияет и на уместность или неуместность употребления идиом в тех или иных социально значимых условиях речи. Говоря о социальной значимости, мы имеем в виду прежде всего социальные статусы (в общем виде — это положение в обществе, занимаемая должность, возрастные приоритеты и т. п.) или социальные роли (когда, например, один и тот же человек в одной ситуации выступает как глава семьи, в другой — как друг или просто партнер по игре в домино и т. п.). Вряд ли уместно в беседе с официальным лицом сказать, что кто-то — *олух царя небесного*, *денег кот наплакал* и т. п., но эти же идиомы могут употребляться в разговоре между людьми, обладающими одинаковыми социальными ролями или находящимися в неформальных отношениях, или же в тех ситуациях фамильярного общения, когда совершенно безразлично, «кто есть кто» (например, в трамвае, на вечеринке и т. п.).

Сам выбор той или иной идиомы в определенных условиях речи — это как бы ход в социальной речевой игре. Если, например, кто-то использовал идиому **разрубить гордиев узел**, то он скорее человек «книжный», образованный, если же употреблена идиома **разрубить узел**, то речь социально не окрашена — так можно сказать в любой речевой ситуации. В любой речевой ситуации можно сказать *[он] пошел в гору*, при неформальных же отношениях обычно говорят *[он] выбился в люди*, но только при фамильярных отношениях между общающимися можно сказать *[он] вылез из грязи в князи*. Таким образом, стилистически значимым оказывается сам характер образно мотивирующего основания — его книжность, либо обычность, либо сугубо бытовой жанр, либо же, наконец, нарочито грубоватый, как бы выходящий за рамки приличия.

Наконец, образное содержание идиом отражает своего рода ценностные эталоны или стереотипы культурно-национального видения мира. Так, в идиоме дрожать над каждой копейкой содержится эталон минимальной денежной суммы — *копейка* (ср. ни копейки за душой, ни

копейки не стоит и т. п.), что придает всей идиоме роль меры скупости или экономности (ср. также образ дороги-пути как стереотипа жизненных задач, успехов и т. п. в сочетаниях **перейти дорогу, разошлись пути** или **дороги** и т. п.).

Итак, идиомы не столько обозначают, сколько выражают отношение говорящего к тому, что обозначается. Иногда поэтому бывает трудно определить собственно значение идиом и отделить его от оценки и эмоционального отношения, которые занимают как бы вершинное положение в значении. Эта прагматическая, как принято говорить в языкознании (от греч. «прагма» — дело), нагруженность идиом и позволяет уподобить их микротекстам, в которых нечто сообщается под прикрытием образной канвы, оценивается с точки зрения здравого смысла, переживается как чувство-отношение к обозначаемому, вызывая одобрение или неодобрение, презрение, пренебрежение и т. п., указывает на уместность или неуместность выбора идиомы в речи, что в конечном счете и обусловливает более емкое содержание речи (текста) и его экспрессивность, а также его ассоциации с культурно-национальным эмпирическим опытом народа и его менталитетом.

Как уже отмечалось, в русском языке помимо идиом существуют и другие устойчиво воспроизводимые сочетания слов. В готовом виде и в устойчивом составе употребляются в речи и такие сочетания, в которых значение одного из слов может употребляться только с одним или несколькими словами: *проселочная* — только со словом *дорога, взатяжку* — только с *курить*. Но ни одно из слов-компонентов здесь не переосмыслено, и смысл сочетания вытекает из их значения.

Воспроизводятся различного рода формулы речи, а также крылатые выражения и афоризмы *(Как дела? Счастливого пути! Человек с большой буквы; Свежо предание, а верится с трудом* и т. п.). Они являются как бы вкраплениями в язык и используются в речи как клише или цитаты.

В устойчивом составе воспроизводятся пословицы и поговорки — достояние народной мудрости: *Старый конь борозды не портит; У бабы волос долог, а ум короток; Как об стенку горох* и др. Но и эти устойчивые сочетания не являются единицами языка, как идиомы,— они принадлежат жизненной философии народа, изучаемой в фольклоре.

Еще одна разновидность устойчивых сочетаний — сочетания полуидиоматичные: в них одно из слов является номинативно ключевым — оно как бы отвечает за обозначаемое в целом и выступает в своем обычном значении, а другое — в переосмысленном, обозначающем признак, выделенный в содержании номинативно ключевого слова, а потому связанный с ним по смыслу и воспроизводимый вместе с ним. К таким сочетаниям относятся: *слуги народа, луч надежды, железная воля, наводить на мысль* или *на подозрение* и т. п. Но нельзя сказать: *слуги нации, луч упования, железное ожидание, наводить на решение* или *на сомнения*. От идиом эти сочетания отличаются расчлененностью значения словосочетания, выводимого из значения номинативно ключевого слова и слова со связанным значением. Это связанное значение переосмысляется и входит в систему значений многозначного слова, пополняя словарный запас языка.

В языкознании для обозначения всех типов устойчиво воспроизводимых сочетаний слов, в том числе и идиом, употребляются термины *фразеологическая единица, единица фразеологического состава языка, фразеологизм*. Раздел науки о языке, изучающий такие сочетания, называется *фразеологией* (от греч. «фразис» — законченная мысль, выражение). Ядром фразеологического состава языка принято считать идиомы — мотивированные *(фразеологические единства)* или немотивированные *(фразеологические сращения)*. Фразеология была выделена в отдельную лингвистическую дисциплину в конце 50-х годов XX века акад. В. В. Виноградовым, и это повлекло за собой составление специальных фразеологических словарей — как толковых (одноязычных), так и переводных. Их состав пополняет и предлагаемый читателю «Словарь образных выражений русского языка».

В. Н. Телия

КАК ПОЛЬЗОВАТЬСЯ СЛОВАРЕМ

Система описания, разработанная для толкового идеографического «Словаря образных выражений русского языка» включает как общепринятые для российской академической традиции приемы лексикографии, так и новые способы, введение которых обусловлено ориентацией словаря на активное овладение нормами выбора и использования идиом в речи. Поэтому особенное внимание обращено как на толкование идиомы, которое должно обеспечить не только знание значения, но и умение приложить его к той или иной обозначаемой ситуации, выразить эмоционально-оценочное отношение, учитывая социальные статусы и роли участников речи, так и на то, идет ли речь о третьем лице, не участвующем в диалоге, обращена ли она непосредственно к собеседнику или же является высказыванием говорящего о себе самом. Знание этих правил употребления идиом, наряду с их грамматическими особенностями,— необходимое условие для того, чтобы использовать их в речи, не совершая смысловых, грамматических, стилистических ошибок и коммуникативных промахов. Но словарь — это скорее справочник, чем свод правил. И, как всякий справочник, он имеет свою особую организацию и свой язык описания.

Выбор идиомы как единицы описания и место ее разработки

1. Выбор идиомы как единицы словарного описания — это ее представление в виде вока́булы (и ее вариантов), возглавляющей словарную статью. Этот выбор осуществлен на основе частотности появления в иллюстративном материале того или иного лексико-грамматического состава идиомы, соотносимой с одним и тем же свойством, состоянием, процессом или ситуацией. Тем самым в качестве вокабулы избирается наиболее обычный состав идиомы и последовательность ее слов-компонентов. Если идиома обладает вариантностью, то в качестве вокабулы избирается основной вариант — опять же наиболее частотный ее состав и порядок следования компонентов, а также наиболее употребительная стилистическая сфера ее употребления. Это значит, что в словаре принят не формально-грамматический принцип описания идиом, когда разработка дается при грамматически стержневом компоненте (например, при глаголе, существительном и т. п.), а принцип обычности, или у́зуса, употребления в том или ином составе компонентов и их последовательности.

2. Словарь организован как система тематических, или идеографических, полей. Каждое тематическое поле имеет свое название и номер, обозначаемый римской цифрой (I «Характеристика человека», VI «Деятельность», VIII «Бедность, богатство», XIV «Пространство» и др.). В словаре выделено 16 тематических полей. Идиомы в пределах тематического поля расположены по алфавиту первого слова (полнозначного или служебного) и снабжены порядковыми номерами, обозначаемыми арабской цифрой. Например:

VIII. Бедность, богатство
1. БИТЬСЯ КАК РЫБА ОБ ЛЕД
2. БРОСАТЬ/БРОСИТЬ ⟨ПУСКАТЬ/ПУСТИТЬ⟩ НА ВЕТЕР ⟨ПО ВЕТРУ⟩
3. В КОПЕЕЧКУ
4. В ЧЕМ МАТЬ РОДИЛА
5. ГРЕСТИ ⟨ЗАГРЕБАТЬ, ОГРЕБАТЬ⟩ ДЕНЬГИ ЛОПАТОЙ
и т. д.

3. Разработка словарной статьи дана в том поле, к которому она принадлежит по своему толкованию в целом. Если идиома в какой-то части толкования пересекается с другим полем (или полями), то она включается и в это другое поле в виде ссылки, т. е. дается светлым шрифтом идиома, а при ней — номер тематического поля и порядковый номер единицы, имеющей лексикографическое описание. Так, например, идиома С ГРЕХОМ ПОПОЛАМ, имеющая лексикографическую разработку в поле VI «Деятельность», включена в другие поля в следующем виде: в поле III «Физическое действие и перемещение» — С ГРЕХОМ ПОПОЛАМ. См. VI, 125 и в поле VII «Труд, безделье» — С ГРЕХОМ ПОПОЛАМ. См. VI, 125.

4. Если идиома многозначна, т. е. имеет два значения или более, то каждое из них помечается арабской цифрой с точкой сразу же после вокабулы. Разные значения идиомы могут находиться как в одном тематическом поле, так и в разных полях. Например, первое значение идиомы ДО МОЗГА КОСТЕЙ разработано в поле I «Характеристика человека», а второе значение — в поле X «Интеллектуальная деятельность».

5. Омонимичные идиомы, т. е. идиомы, имеющие одинаковый лексико-грамматический состав, но не обладающие никакой смысловой связью либо утратившие ее полностью, помечаются надстрочными арабскими цифрами. Например: ДО ТОЧКИ[1] в тематическом поле IX «Интеллектуальные способности и состояние» и ДО ТОЧКИ[2] в поле IV «Чувство-состояние».

6. Словарь снабжен тремя указателями. «Тематический указатель идиом» полностью отражает расположение идиом в тематических полях. Помета См. подскажет читателю, в каком тематическом поле и под каким номером он может найти лексикографическую разработку данной идиомы. Помета Тж. указывает на тематическое поле, к которому по своему значению также относится данная идиома. Чтобы облегчить читателю поиск нужной идиомы, даются еще два указателя: «Алфавитный указатель идиом», в котором все имеющиеся в словаре идиомы расположены по алфавиту первого слова (полнозначного или служебного), и «Алфавитный указатель слов-компонентов», содержащий все полнозначные слова, входящие в состав идиом, расположенные в алфавитном порядке. Этот указатель позволяет по любому известному компоненту идиомы или ее варианта найти ее полную форму.

Построение и оформление словарной статьи

1. Идиома-вокабула возглавляет словарную статью и дается прописными полужирными буквами. В вокабулу включаются только слова-компоненты идиомы и их лексико-грамматические варианты.

1.1. В угловых скобках приводятся лексико-грамматические варианты идиом: **ДУША <СЕРДЦЕ> НЕ НА МЕСТЕ; ИМЕТЬ <ДЕРЖАТЬ> ЗУБ; В <ЧЕРЕЗ> ЧАС ПО ЧАЙНОЙ <СТОЛОВОЙ> ЛОЖКЕ; ОДНОГО <ТОГО ЖЕ> ПОЛЯ ЯГОДА <ЯГОДЫ, ЯГОДКИ>; ВОЖЖА <ШЛЕЯ> ПОД ХВОСТ ПОПАДАЕТ <ПОПАЛА, ПОПАДИ>**.

1.2. В квадратных скобках даются факультативные компоненты идиомы, т. е. такие слова, их формы или элементы синтаксических конструкций, которые могут опускаться в речи без изменения значения идиомы: **БИТЬ В ОДНУ [И ТУ ЖЕ] ТОЧКУ; [ХОТЬ] ТРАВА НЕ РАСТИ; НА ВЫСОТЕ [ПОЛОЖЕНИЯ]; [ОДНА] КОЖА ДА <И> КОСТИ; СМОТРЕТЬ <ГЛЯДЕТЬ> [ПРЯМО] В РОТ**.

1.3. Если идиома содержит видовые глагольные пары, то они даются через косую черту: **СВОДИТЬ/СВЕСТИ КОНЦЫ С КОНЦАМИ; РАСКРЫВАТЬ/РАСКРЫТЬ <ОТКРЫВАТЬ/ОТКРЫТЬ> КАРТЫ**. При отсутствии одной из видовых форм приводится только существующая, например: **ИГРАТЬ ПЕРВУЮ СКРИПКУ; БРОСАТЬ СЛОВА НА ВЕТЕР**.

1.4. Если лексико-грамматические варианты идиом различаются семантическими, синтаксическими, эмоционально-оценочными или стилистическими оттенками значения, то они разрабатываются отдельно после всей зоны толкования перед иллюстративным материалом и сопровождаются, если необходимо, подтолкованием этих оттенков. Такие варианты даются строчными полужирными буквами:

а) морфологические и синтаксические варианты, если они меняют форму толкования или синтаксические валентности, например: **НЕ РАЗГИБАТЬ СПИНЫ** *кто* и **не разгибая спины** делать что-л.; **ОТ ЗЕМЛИ НЕ ВИДНО <НЕ ВИДАТЬ>** [*кого*] и **чуть от земли видно <видать>** *кого*; **чуть от земли виден** *кто*; **[ХОТЬ] ТОПОР ВЕШАЙ 2**. и **топор можно вешать; можно топор вешать**.

б) лексико-семантические варианты, если они вносят свой оттенок значения или различаются лексическим заполнением синтаксических валентностей, например: **ЗАДЕВАТЬ/ЗАДЕТЬ <ЗАТРАГИВАТЬ/ЗАТРОНУТЬ> ЗА ЖИВОЕ** *что, кто кого* и **забирать/забрать <брать, хватать> за живое** *что кого*; **НАЙТИ УПРАВУ** *кто на кого*. Изыскать способ строгого воздействия, усмирения и **нет управы** *на кого*. Нет средства строгого воздействия, усмирения.

в) эмоционально-оценочные варианты, например: **СТОЯТЬ <СИДЕТЬ> НАД ДУШОЙ** и **торчать над душой** (говорится с оттенком раздражения); **ПОКАЗЫВАТЬ <УКАЗЫВАТЬ> ПАЛЬЦЕМ <ПАЛЬЦАМИ>**. Обращать внимание и привлекать внимание других и **тыкать пальцем <пальцами>**. Обращать внимание и неуважительно, с пренебрежением привлекать внимание других.

г) стилистические варианты типа: **ГЛАЗ НАМЕТАН**. Реч. стандарт и **глаз набит**. Неформ.; **ДРАТЬ ГОРЛО**. Фам. и **драть глотку**. Грубо-фам.; **ЯЗЫК ПОДВЕШЕН**. Неформ. и **язык привешен**. Прост.

2. Синтаксические валентности идиом, указывающие на форму слов, сопровождающих идиому в речи, даются курсивом после вокабулы. Например: **БРАТЬ/ВЗЯТЬ <ХВАТАТЬ> ЗА ГОРЛО** *кто, что кого*. Запятыми разделяются альтернативные синтаксические валентности, ср.:

Кредиторы взяли меня за горло и *Нужда взяла меня за горло*. Факультативные синтаксические валентности даются в квадратных скобках.

3. Слова, которые входят в устойчивое лексическое окружение идиом (обычно это служебные или полнозначные глаголы), описываются как слова-сопроводители. Например: **В ДВА СЧЕТА** сделать; **МЕРТВОЙ ХВАТКОЙ 1.** вцепиться, держать; **ВДОЛЬ И ПОПЕРЕК 1.** пройти, исходить, объехать и т. п.; **КАК НА БЛЮДЕЧКЕ** видно. Синтаксические валентности, относящиеся к словам-сопроводителям, не указываются. У слов-сопроводителей видовые глагольные пары разделяются косой чертой, а факультативные слова-сопроводители даются в квадратных скобках.

4. После идиомы-вокабулы и ее синтаксических валентностей размещается зона толкования.

4.1. Обязательным компонентом толкования является дефиниция, которая указывает на объем значения и эмоционально-оценочное отношение говорящего к обозначаемому, помещаемое в конце дефиниции в скобках, например: **БИТЬ [ПРЯМО] В ЦЕЛЬ <В [САМУЮ] ТОЧКУ>** *что*. Приводить к желаемому результату (говорится с одобрением). Дефиниция заменяет идиому в тексте (в речи) без его синтаксической или семантической трансформации.

4.2. После дефиниции при необходимости располагается смысловое подтолкование, обычно вводимое словом «подразумевается». Эта часть толкования поясняет те смысловые нюансы, которые связаны с образным содержанием идиомы, но не вошли в дефиницию. Например: **[БЕЗ МЫЛА] ЛЕЗТЬ/ВЛЕЗТЬ <ЗАЛЕЗАТЬ> В ДУШУ** *кто [к кому]*. Лестью, хитростью и т. п. вызывать на откровенность, добиваться доверия (говорится с неодобрением). Обычно подразумевается, что при этом имеют место недобрые или корыстные намерения; **ВО ВСЮ ШИРЬ 2.** развернуть, развернуться, развиться. В полной мере, всесторонне и с размахом (говорится с одобрением). Подразумевается полная свобода и уверенность в проявлении чьих-л. способностей, дарования и т. п. или широкомасштабный объем какой-л. деятельности.

4.3. После дефиниции или смыслового подтолкования может при необходимости располагаться ситуативное подтолкование, обычно вводимое словосочетанием «имеется в виду». Эта часть толкования указывает на те типовые ситуации, обстоятельства и т. п., применительно к которым используется идиома. Например: **ВПРАВЛЯТЬ/ВПРАВИТЬ МОЗГИ** *кто кому*. Грубо, без обиняков, со всей строгостью поучать, указывать, как себя вести (говорится с неодобрением). Имеется в виду, что необходимо пресечь чье-л. развязное поведение, образумить кого-л.; **ЗАВАРИВАТЬ/ЗАВАРИТЬ КАШУ** *кто*. Создавать своими действиями неожиданно сложную и неприятную ситуацию (говорится с неодобрением). Подразумевается ситуация, в которую вовлечено большое количество людей. Часто имеются в виду необдуманные, неверные действия.

4.4. После дефиниции и подтолкований приводится стилистическая помета. Для словаря разработаны и используются следующие стилистические пометы, указывающие на нормы употребления идиомы: Реч. стандарт (речевой стандарт) — употребляется в любых условиях речи (**НЕ УДАРИТЬ ЛИЦОМ В ГРЯЗЬ; РАЗЛОЖИТЬ ПО ПОЛОЧКАМ**); Неформ. (неформально) — употребляется в тех условиях речи, где можно пренебречь социальным статусом или социальной ролью собеседника (близкое знакомство, дружеские или семейные отношения и т. п. (**КОТ НАПЛАКАЛ; МОРОЧИТЬ/ЗАМОРОЧИТЬ ГОЛОВУ; БРАТЬ/ВЗЯТЬ <ХВАТАТЬ> ЗА ГОРЛО**); Фам. (фамильярно) — употребляется в намеренно нестатусных условиях речи, для демонстрации отношения «накоротке» **(ЛЕЗТЬ В БУТЫЛКУ; ДО РУЧКИ; КАК СОБАК НЕРЕЗАНЫХ);** Грубо-фам. (грубо-фамильярно) — употребляется в преднамеренно нестатусных условиях речи, имеющих целью обидеть, нанести оскорбление, выбранить и т. п. **(ДУБИНА СТОЕРОСОВАЯ, ДРАНАЯ <ОБОДРАННАЯ> КОШКА);** Прост. (просторечие) — идиомы, содержащие слова или формы слов, нарушающие нормы литературного языка **(НИ В ЖИЗНЬ);** Книжн. (книжное) — идиомы, включающие в свой состав слова, принадлежащие языку художественной или научной литературы и свидетельствующие о «книжности» говорящего **(ПЕТЬ ДИФИРАМБЫ; ВНОСИТЬ СВОЮ ЛЕПТУ);** Офиц. (официально) — употребляется в официально-деловом общении **(НА РУКИ** выдавать, получать). Идиомы с пометами грубо-фам., прост., офиц. в словаре встречаются крайне редко, поскольку он ориентирован на нормы речи, характерные для обычного общения.

4.5. После стилистической пометы приводятся курсивом синтаксические валентности с указанием на те слова, которые их замещают в речи. Здесь возможны два способа: а) дается обобщенный характер их значения, например: *кто* — лицо, живое существо, группа лиц, совокупность лиц, объединенная общими задачами, интересами и т. п.; *что* — предмет, деньги, материальные средства, события, обстоятельства, явления и т. п., место, время (или его период): **БРАТЬ/ВЗЯТЬ <ХВАТАТЬ> ЗА ГОРЛО...** *кто* — лицо или группа лиц; *что* — неблагоприятные обстоятельства; *кого* — лицо или группу лиц; **ВАЛИТЬ <СВАЛИВАТЬ, МЕШАТЬ> В [ОДНУ] КУЧУ <В ОДНО>...** *кто* — лицо; *кого* — лиц; *что* — предметы, события, дела, представления о чем-л., о ком-л., слова и т. п. б) даются конкретные слова, если они не поддаются обобщению или если они исчислимы: **ПРОЛИВАТЬ/ПРОЛИТЬ <ЛИТЬ> КРОВЬ 1. ...***кто* — лицо, группа лиц, воины, ветераны; *за кого* — за народ, детей, жен, матерей; *за что* — за родину, свободу и т. п.

5. Грамматический комментарий к толкованию включает в себя два типа информации: морфологическую и синтаксическую. Каждый из этих типов выделяется знаком ● В морфологическую часть комментария включены указания на неизменяемость идиомы в целом, на неизменяемость именной части глагольной идиомы, запреты видо-временных, падежных форм, форм множественного или единственного числа и т. п. В синтаксическую часть комментария включены сведения о предпочтительных конструкциях употребления, о синтаксических функциях (в форме: В роли сказуемого, определения, обстоятельства и т. п.), об особенностях употребления в составе простого или сложного предложения. Завершает синтаксическую зону указание на фиксированный или нефиксированный порядок слов-компонентов. Например: **КРОВЬ С МОЛОКОМ ...** ● Неизм. ● В роли сказ. или определения. Порядок слов фиксир.; **ЗАКУСИТЬ УДИЛА ...** ● Нет повел. накл. Глагол чаще в прош. вр. ● Порядок слов нефиксир.; **[КАК <БУДТО, СЛОВНО, ТОЧНО> ГОРА С ПЛЕЧ [СВАЛИЛАСЬ] ...** ● В наст. и буд. вр. глагол обычно опускается. Именная часть неизм. ● Порядок слов нефиксир.; **БРОСАТЬ/БРОСИТЬ <ОСТАВИТЬ> НА ПРОИЗВОЛ СУДЬБЫ ...** ● Обычно с глаголом прош. вр. сов. в. Именная часть неизм. ● Порядок слов нефиксир.

6. Иллюстративный материал содержит три типа примеров: цитаты из произведений художественной литературы с указанием автора, цитаты из газет и журналов с указанием названия источника и года, речения, созданные авторами,— с пометой *(реч.).* Иллюстративный

материал приводится в той последовательности, в которой даны компоненты идиомы-вокабулы. Если идиома имеет валентность *кто*, то иллюстрации разделены на три зоны: а) за знаком ◆ приводятся примеры, в которых в роли подлежащего выступает третье лицо, т. е. тот, о ком идет речь, но кто не участвует в диалоге; б) за знаком ▨ приводятся примеры, в которых в роли подлежащего выступает второе лицо, т. е. тот, к кому обращена речь; в) за знаком ▲ приводятся примеры, в которых подлежащим является первое лицо, т. е. сам говорящий.

Такое размещение материала позволяет демонстрировать употребляемость или неупотребляемость идиомы в том или ином типе высказывания, а также показать, как тип высказывания может повлиять на смену эмоционально-оценочного отношения. Например: **БРАТЬ/ВЗЯТЬ <ХВАТАТЬ> ЗА ГОРЛО** *кто, что кого*. Ставить кого-л. перед жесткой необходимостью поступать определенным образом, принуждать (говорится с неодобрением)...:

◆ ...Просто, когда мы ошибаемся, необходимость берет нас за горло, и мы начинаем плакать и жаловаться, какая она жестокая да страшная, а она просто такая, какая она есть,— это мы глупы и слепы. *А., Б. Стругацкие, Улитка на склоне.* ...торговать не умею и делаю это крайне редко, когда нужда совсем уж за горло возьмет... *Правда, 1993.*

▨ (Говорится с упреком) — Ты думаешь, у меня есть выбор? Да ты же меня за горло взял! *(реч.)*

▲ Не_употр.

7. В тех случаях когда идиома-вокабула имеет аспектуально-видовые формы, они даются после иллюстративного материала строчным полужирным шрифтом со своим порядковым номером. В этих случаях осуществляется принцип гнездования, при котором аспектуально-видовые формы нарушают алфавитный порядок идиом. Например, в тематическом поле «Деятельность»:

54. **ЛЕЖАТЬ НА ПЛЕЧАХ**
55. **ложиться на плечи**
56. **брать/взять <взваливать/взвалить> на свои плечи**
57. **нести <вынести> на своих плечах**
58. **перекладывать/переложить на плечи.**

Или в тематическом поле «Интеллектуальная деятельность»:

30. **ПРИХОДИТЬ/ПРИЙТИ В ГОЛОВУ <НА УМ>**
31. **взбредать/взбрести в голову <на ум>**
32. **держать в голове <в уме>**
33. **из головы <из ума> не идет <не выходит>**
34. **выбросить <выкинуть> из головы**
35. **вылетать/вылететь <выскакивать/выскочить> из головы.**

Аспектуально-видовые формы имеют при себе дефиницию, при необходимости — подтолкование. Стилистическая, морфологическая, синтаксическая информация дается только тогда, когда она отличается от аналогичной информации, относящейся к идиоме-вокабуле. Каждая аспектуально-видовая форма иллюстрируется примерами.

9. По мере необходимости завершает словарную статью страноведческий или этимологический комментарий. Комментарий обычно приводится в том случае, когда образно-мотивированный смысл компонентов идиомы затемнен (как, например: **ЛЕЗТЬ/ПОЛЕЗТЬ <ПЕРЕТЬ> НА РОЖОН, КОЗЕЛ ОТПУЩЕНИЯ, НЕ В СВОЕЙ ТАРЕЛКЕ**). Комментарий, способствуя прояснению мотивированности значения идиомы, восстанавливает его исторический, страноведческий или этимологический фон.

В. Н. Телия, Г. А. Мартынова

Список фразеологических словарей, из которых использовались иллюстрации, дополняющие авторские картотеки, и этимологические сведения

1. Фразеологический словарь русского языка. Составили Л. А. Войнова, В. П. Жуков, А. И. Молотков, А. И. Федоров. Под ред. А. И. Молоткова. М., 1967; 1978.
2. Фразеологический словарь русского литературного языка конца XVIII—XX в. Т. 1, 2. Под ред. А. И. Федорова. Новосибирск, 1991.
3. Андрейчина К., Влахов С., Димитрова С., Запрянова К. Русско-болгарский фразеологический словарь. Под ред. С. Влахова. Москва — София. 1988.
4. Гуревич В. В., Дозорец Ж. А. Краткий русско-английский фразеологический словарь. М., 1988.
5. Жуков В. П., Жуков А. В. Школьный фразеологический словарь русского языка. М., 1989.
6. Жуков В. П., Сидоренко М. И., Шкляров В. Т. Словарь фразеологических синонимов русского языка. Под ред. В. П. Жукова.
7. Шанский Н. М., Зимин В. И., Филиппов А. В. Опыт этимологического словаря русской фразеологии. М., 1987.
8. Шанский Н. М., Быстрова Е. А., Зимин В. И. Фразеологические обороты русского языка. М., 1988.
9. Фелицына В. П., Мокиенко В. М. Русские фразеологизмы. Лингвострановедческий словарь. Под ред. Е. М. Верещагина и В. Г. Костомарова. М., 1990.

УСЛОВНЫЕ СОКРАЩЕНИЯ

безл. — безличный
буд. вр. — будущее время
газетно-публиц. — газетно-публицистический
грубо-фам. — грубо-фамильярно
доп. — дополнение
ед. ч. — единственное число
книжн. — книжное
кто-л. — кто-либо
-л. — либо
мн. ч. — множественное число
наст. вр. — настоящее время
неизм. — неизменяемый
неодобр. — неодобрительно
несов. в. — несовершенный вид
нефиксир. — нефиксированный
неформ. — неформально
осужд. — осуждающе, осуждение
отрицат. — отрицательный
офиц. — официально
повел. накл. — повелительное наклонение
притяж. — притяжательное (местоимение)
прост. — просторечие
противит. — противительный
прош. вр. — прошедшее время
реч. — речение
реч. стандарт — речевой стандарт
сказ. — сказуемое
см. — смотри
сов. в. — совершенный вид
сослаг. накл. — сослагательное наклонение
ср. — сравни
тв. п. — творительный падеж
тж. — также
тк. — только
уничиж. — уничижительный (оттенок)
утверд. — утвердительный
употр. — употребляется
устар. — устаревшее
фам. — фамильярно
фиксир. — фиксированный
что-л. — что-либо
шутл. — шутливо

I. ХАРАКТЕРИСТИКА ЧЕЛОВЕКА

ВНЕШНИЕ КАЧЕСТВА

БРОСАТЬСЯ/БРОСИТЬСЯ В ГЛАЗА *что [кому]*. См. XIII, 4

1. В ЧЕМ МАТЬ РОДИЛА 1. быть, остаться и т. п.; оставить и т. п. Совсем без одежды, нагишом (часто говорится с иронией). Неформ. ● Неизм. ● В роли обстоятельства. Порядок слов фиксир.
◆ Наблюдатели стояли на постах, остальные отдыхали: кто спал на солнцепеке... кто, сидя на краю рва, в одном белье, а не то совсем **в чем мать родила**, занимался починкой штанов или гимнастерки. *В. Овечкин, С фронтовым приветом.* На Дунае баржа наскочила на мину, и вот вылез он на берег **в чем мать родила**, только автомат при нем. *Н. Атаров, Неоконченная симфония.* Не спуская глаз со спины Маргаритки, в два счета сбросил с себя солдатские галифе, рубаху и **в чем мать родила** бухнулся в воду. *В. Козлов, Юрка Гусь.* Люблю я, братцы, темные тропические ночи. Бывало, лежишь на заднем мостике **в чем мать родила** и смотришь, как заря догорает. *А. Новиков-Прибой, Рассказ боцманмата.*
■ А помнишь, как ты купался **в чем мать родила**, а мы, глупые мальчишки, твою одежду спрятали и ждали, что будет? *(реч.)*
▲ Ну, добежали [собаки] и в одну минуту спустили с меня все мое рванье. Остался **в чем мать родила**. *М. Шолохов, Судьба человека.*

2. ДРАНАЯ ‹ОБОДРАННАЯ› КОШКА *кто*. Тощая, неприглядная (говорится с пренебрежением). Грубо-фам. *кто* — женщина ● В роли именной части сказ., обособленного определения. Порядок слов нефиксир.
◆ — С подружками у Стеньки полный лад. А вот Файка беспокоит. **Кошка драная**, глаза дикие, зеленые... Только свободное время — в госпиталь задравши хвост, с ранеными блудить! *А. Крашенинников, Стенька Разин.* Какой еще ей нужно партии, этой **ободранной кошке**! *К. Станюкович, Откровенные.* — Конечно, девушка она хорошая,— рассудил Павел Игнатьевич.— **Кошка ободранная**! — проворчал Серёга.— Ну, ты помолчи,— рассвирепел Акентьев,— за своей смотри! Твою Галину уже в неделю не объедешь, если на тракторе. *И. Платонова, Мужской разговор.*
■ — В кого ты превратилась за эти годы беспрестанных мытарств! Не былая красавица, а **кошка драная**. *(реч.)*
▲ Не употр.

3. КРАШЕ В ГРОБ КЛАДУТ. Смертельно бледный, болезненный, изнуренный (говорится с неодобрением). Неформ. ● Неизм. ● В роли само-

25

стоят. предложения, как часть сложного предложения, в роли сказ. в сочетаниях вид *у кого*, лицо *у кого* краше в гроб кладут, в роли обстоятельства в конструкции: **выглядит — краше в гроб кладут. Порядок слов фиксир.**

♦ У одной избы сидел на скамейке длинный мужик — **краше в гроб кладут**: ноги стоят в валенках, как палки, большие мертвые руки ровно лежат на острых коленях.., нечеловечески худое лицо вытянуто, губы пепельные, полураскрытые. *И. Бунин, Деревня.* И вот из цеха в цех бежал смутный тревожный слух, что у Ксении Шаповаловой какая-то беда, что сидит она на лестнице одна-одинешенька и вид у нее — **краше в гроб кладут.** *Б. Полевой, Глубокий тыл.* Лицо Анфисы показалось ему слишком уж нехорошим: под глазами чернота, нос заострился — **краше в гроб кладут.** *Ф. Абрамов, Братья и сестры.*

4. КРОВЬ С МОЛОКОМ *кто, что.* Румяный, цветущий (говорится с одобрением). Неформ. *кто* — лицо; *что* — щеки, лицо (по его внешнему виду). ● Неизм. ● В роли сказ. или определения. **Порядок слов фиксир.**

♦ [Жена] дома наверняка, зря ее, наверное, в область и таскали, какая там болезнь, баба **кровь с молоком**, в ней каждая жилочка играет. *П. Проскурин, Тайга.* ...они забыли «Ваську Буслаевича», который кричит — «подавайте мне десятый брак», и что же ему делать.., если у него, без его вины, померло девять жен, а здоровье брызжет, **кровь с молоком.** *В. Розанов, Опавшие листья. Короб II.* — Заневестилась девка, — подхватили новую тему старушки. — И жениха под стать нашла — **кровь с молоком!** *Н. Почивалин, Выстрел на окраине.* Дарья Петрунина и Варвара Митрохина — бабы молодые, здоровые — **кровь с молоком.** *А. Неверов, Горшки.* Настя — стройная, с лицом бело-розовым, тугим, то, что называется **кровь с молоком.** *Н. Задорнов, Могусюмка и Гурьяныч.* Повидал я и молодую графиню. Где только, думаю, таких жен выбирают? Высокая, статная, лицом — **кровь с молоком.** *А. Новиков-Прибой, Капитан 1-го ранга.*

▨ (С оттенком иронии) — А ты здорово изменился: вырос, окреп растолстел — **кровь с молоком.** *(реч.)*

● Не употр.

5. [ОДНА] КОЖА ДА <И> КОСТИ *кто.* Чересчур худой, изможденный; слишком тощий (говорится с неодобрением). Реч. стандарт. *кто* — лицо; живое существо ● Неизм. ● В роли самостоят. предложения, обычно в составе сложного как уточняющее определение, а также в конструкции **Кожа да кости остались (осталась)** *от кого.* **Порядок слов фиксир.**

♦ Собою [Мотька] была щупленькая, худенькая. Так — черт-те что, не молодица! — говорил отец. — В чем только душа держится, **кожа да кости.** *В. Овечкин, Родня.* В Шантаре Василий был через неделю. Худой — **кожа да кости**, с глубоко и, казалось, навсегда запавшими на желтом лице глазами. *А. Иванов, Вечный зов.* — Видал, какое лицо у дяденьки Прохора? Кровинки нет, **одна кожа да кости.** *В. Смирнов, Открытие мира.* Старик открыл дверь. Он даже не постарел, а просто иссох: живой скелет, **кожа и кости.** *Э. Радзинский, Наш Декамерон.* — Голодная ты, что ли? — с сочувствием и упреком рассматривала [кошку] Катерина Федосеевна. — В таком лесу да голодать! Вишь, **кожа да кости.** *А. Яшин, Подруженьки.*

▨ — Ты, парень, совсем сходишь на нет, — сказал Самарин, зорко вглядываясь в лицо Сергея. — **Кожа да кости**, глазки запали. Хоть бы витамины ел. *М. Колесников, Изотопы для Алтунина.*

▲ После болезни я так изменился, что знакомые меня не узнавали: **кожа да кости**. *(речь.)*

6. ОТ ГОРШКА ДВА ВЕРШКА *кто*. Очень мал ростом (говорится с пренебрежением). Если имеются в виду дети или молодые люди, то обычно подразумевается и их неопытность. Фам. *кто* — лицо ● Неизм. ● В роли именной части сказ. Порядок слов нефиксир.
◆ — Мы, Полозовы, всегда влюблялись в крупных,— дядя Гоша вскинул красную руку.— В этаких значительных женщин. А это что? Она породу испортит. Нарожает карапузов — **от горшка два вершка**. *Н. Соротокина, Свадьба.* Валерка — **от горшка два вершка**, а уж хорош: подаеь на стол, бывает, воротит,— это невкусно, то не так. *Е. Белянкин, Генерал коммуны.*— Хороши у него ребята, работящие. Настя вон **от горшка два вершка**, одиннадцать лет, а как заправская баба ведет хозяйство. *Л. Фролов, Во бору брусника.* — Вот проныра! **От горшка два вершка**, а поди ж ты, что вытворяет. *Б. Бедный, Девчата.* — Я тогда мамке скажу...— Мамке он скажет. Вот вша какая! — пожаловался Илья. **От горшка два вершка**, а туда же. *В. Распутин, Последний срок.* — А какая она выскочка? Конечно, им [подчиненным] не по нраву: **от горшка два вершка** и вдруг — старшая! Но разве она меньше других работает? *А. Яшин, Выскочка.* — Всыпать вам розог надо, сопливым воякам. Распустились уж чересчур. Сладу нет. **Два вершка от горшка**, а туды же, за оружие. *Н. Островский, Как закалялась сталь.*
■ — Ну, тебе еще рано завидовать. Ты еще **от горшка два вершка**. Тебе еще расти да расти. *Ф. Гладков, Вольница.*
▲ Не употр.

7. ОТ ЗЕМЛИ НЕ ВИДНО ‹НЕ ВИДАТЬ› *[кого]*. Не заметишь, так мал. Подразумевается чересчур маленький рост людей или животных. Применительно к детям — также о несмышлености. О взрослых говорится с пренебрежением. Неформ. *кого* — лицо, реже живое существо ● Порядок слов фиксир.
чуть от земли видно ‹видать› *кого*; **чуть от земли виден** *кто*. Чересчур мал.
◆ Маленький парнишка, **от земли его не видать**, а уж дымит из тятькиной трубчонки. *П. Мельников-Печерский, В лесах.* — Парнишка... все разумеет, даром **от земли не видать**. *Д. Григорович, Антон-Горемыка.* Что меня утешает и бодрит, Максим,— говорил он,— так это то, что меня молодежь любит. Ги**мназистики, реалисты** — мелюзга; **от земли не видно**, но ты не шути, брат!.. Первые критики и ценители! *А. Чехов, После бенефиса.* — Видишь, Афанасий,— мягко сказал батюшка: — ты уже теперь грубо отвечаешь матушке! Это нехорошо!..— Э-эх! — вдруг набросилась матушка на батюшку.— Афа-насий... **От земли его не видно**, а он А-фа-на-сий! Еще чего доброго — Афанасий Иванович... Зовись Фанаськой, и все тут. *И. Потапенко, Деревенский роман.* У твоего бедного мужа — мир его праху! — родственники такие маленькие и тощие, что их и **от земли не видно**. А у моего бедного покойного мужа — мир его праху! — родственники все как на подбор: высокие, толстые, видные. *Д. Родари, Чиполлино.* Смешна и мила эта собачка своей важностью: идет **от земли не видно**, а сеттер — настоящий сеттер! *М. Пришвин, Старший судья.* Хозяйка вошла, старенькая, маленькая, **чуть от земли видно**, а еще бодренькая. *М. Вовчок, Сестры.*
■ — Ты молодец, парнишка. **Чуть от земли виден**, а уже зарабатываешь себе на карманные расходы, не клянчишь у родителей. *(речь.)*
▲ Не употр.

8. ШУТ ГОРОХОВЫЙ <ЧУЧЕЛО, ПУГАЛО ГОРОХОВОЕ> 2. *кто.*
Нелепо, странно одетый (говорится с неодобрением и оттенком иронии). Фам. ● Порядок слов нефиксир.

◆ Только у нас у одних в Белоглинском заводе и остались сарафаны. Ходим, как чучелы гороховые. *Д. Мамин-Сибиряк, Дикое счастье.*
▨ — Сделай милость, позови ко мне деревенского портного. Он сошьет тебе и мне русскую одежду. Ты шутом гороховым ходишь. *Ю. Тынянов, Кюхля.*

▲ — Дай мне другую куртку. Здесь хоть и деревня, а пугалом гороховым я ходить не хочу. *(реч.)*

ВНУТРЕННИЕ СВОЙСТВА И ПОЛОЖЕНИЕ В ОБЩЕСТВЕ

9. БЕЗ ГОДУ НЕДЕЛЯ 2. *кто* инженер, директор, пенсионер и т. п. Не приобретший профессионального или административного опыта, не привыкший к новому статусу (говорится с неодобрением). Неформ. *кто* — лицо ● Неизм. ● В роли определения. Порядок слов фиксир.

◆ Все к тетке — и проезжая шоферня, и свой брат колхозник-пьяница, и даже военные без году неделя как понаехали, а к тетке дорожку уж протоптали. *Ф. Абрамов, Деревянные кони.* А интересно, куда оно загибает, профессорское дите? — опять поддразнил Лавцов...— Полно, полно... чего ты перед ним пятачок задираешь? Тоже паровозник без году неделя,— степенно оборвал его Титов. *Л. Леонов, Русский лес.*
▨ Ты профессор без году неделя, веди себя скромнее. *(реч.)* Вы, Василий Карпович, председатель без году неделя, так вместо того, чтобы в перчатках ходить, разобрались бы сперва. *С. Антонов, Весна.*

▲ — Скажу вам откровенно: я боюсь оперировать такой сложный случай. Я хирург без году неделя. *(реч.)*

БЕЗ ЦАРЯ В ГОЛОВЕ *кто.* См. IX, 1

10. БОЛЬНОЕ МЕСТО *что чье, для кого,* реже *кого, у кого.* Постоянная причина переживаний, огорчений. Реч. стандарт. *что* — обычно внешние и внутренние недостатки, отсутствие навыков; *чье* — лица; *для кого* — для лица; *кого* — лица; *у кого* — у лица ● Только ед. ч. У глагола-связки нет буд. вр. ● В роли сказ. или доп., часто после слова **самое**. Порядок слов фиксир.
задевать <затрагивать> больное место *кого, чье,* задевать <затрагивать, зацепить> *кого* за больное место. Касаться постоянной причины переживаний, огорчений.

Одно она [свекровь] не хотела ей простить — то, что у Настены не было ребятишек. Попрекать не попрекала, помня, что для любой бабы это самое больное место, но на сердце держала. *В. Распутин, Живи и помни.* Лидия вскоре стала неутомимо пилить мужа, выбрав для этого самое уязвимое, самое чувствительное, самое больное место — деньги. *А. Куприн, Жанета.* Так вы ему относительно роста и не намекайте: больное место. *Ф. Панферов, В стране поверженных.* — А зачем вы пропускаете знаки препинания в монологах? Впрочем, вообще знаки препинания для вас больное место. *И. Горбунов, Белая зала.* Он с завистью оглядел меня...— Рабочим стал. Значит, и деньги свои зарабатываешь? — Это было у меня больное место: где бы я ни работал, нигде я не получал ни копейки за свои труды. *Ф. Гладков, Вольница.* Малинин... не боялся портить отношения и доставлять неприятности, но без нужды задевать людей за **больное место** не любил. *К. Симонов, Живые и мертвые.* Совсем еще девчонка, а уже умеет заметить смешное и скверное, умеет наказать словом, умеет зацепить за **больное место.** *Ю. Герман, Дело, которому ты служишь.*

11. ГОЛЫМИ РУКАМИ НЕ ВОЗЬМЕШЬ 1. *кого.* Просто так, без особых усилий не проведешь, не одурачишь (говорится с одобрением в тех случаях, когда говорящий на стороне того, кого собираются перехитрить, и с неодобрением, когда говорящий воспринимает того, о ком идет речь, с неприязнью). О смекалистом, хитром человеке. Реч. стандарт. *кого* — лицо ● Именная часть неизм. ● Порядок слов фиксир.

— Прежде чем делать замечания,— скажет Аркадий Аркадьевич,— надо усвоить правильные ударения в русских словах... Но незнакомого киоскера тоже **голыми руками не возьмешь.** Оказывается, он видел живого Чехова, и уж никому с улицы не позволит учить себя правильному произношению. *В. Росляков, Друг или раб.* Ты, Ледик, прав: **голыми руками** его **не возьмешь** — хитрый... Я даже растерялся. *Г. Семенов, Непротекаемый.*

12. ГРОШ ЦЕНА *кому, чему.* Кто-л. совсем никчемный, ничего не стоящий; что-л. стоит слишком мало или ничего не стоит (говорится с неодобрением). Реч. стандарт. *кому* — лицу, совокупности лиц (руководству, правительству и т. п.); *чему* — всему, что может представлять собой ценность ● Неизм. ● Порядок слов нефиксир.

Какой-нибудь флигель-адъютантишка с тремя тысячами душ и сиятельной теткой задирает перед ним нос, а самому **цена грош** — штабной шаркун, пустельга, трусишка. *Л. Никулин, России верные сыны.* **Грош цена** тому правительству, которое не может позаботиться о стариках и детях. *(реч.)* — Я тебе уже говорил сейчас, что эти серебряные часы, которым **грош цена,** единственная вещь, что после отца осталась. *Ф. Достоевский, Преступление и наказание.*— У тебя твой дом — **грош ему цена** — да он твой. У тебя земля своя — и того ее горсть — да она твоя! *М. Горький, Челкаш.* Если бы Улагай заранее узнал про красный десант, всей операции нашей была бы **грош цена:** приготовиться к встрече и обезвредить нас не стоило бы ему ровным счетом никаких трудов. *Д. Фурманов, Красный десант.*— **Грош цена** теории, которая фиксирует одни шаблоны. Через шаблоны проникает рутина в жизнь. *С. Голубов, Когда крепости не сдаются.* **Грош тебе цена,** если ты не справляешься с тем, что является прямой обязанностью любого руководителя — установить нормальные отношения со своими подчиненными. *(реч.)* **Грош мне цена,** во всей деревне я самый последний человек. *А. Чехов, Свирель.*— Союз наш заключается до тех пор, пока ты не вырастешь в настоящего, нашего человека, и я это сделаю, иначе **грош мне цена** в большой базарный день. *Н. Островский, Как закалялась сталь.*

13. ГУБА НЕ ДУРА *у кого.* У кого-л. недурной вкус (говорится с одобрением и оттенком иронии). Подразумевается, что кто-л. умеет выбрать для себя самое хорошее, красивое, вкусное. Фам. *у кого* — у лица (тк. ед. ч.) ● Неизм. ● Порядок слов фиксир.

И уж, само собой, насчет молодой хозяйки он никаких планов не строил. Куда там — такая красавица! Да, у Бориса **губа не дура** — сразу стал чертом увиваться. *Ф. Абрамов, Мамониха.*— Не бойсь — **губа-то у него не дура.** Ишь какую красоту приворожил. *П. Мельников-Печерский, В лесах.*— А у тебя, Миша, **губа не дура.** Прекрасное место выбрал ты себе для работы. *А. Чехов, Леший.* — Молодой, молодой, а губа-то у тебя не дура!.. В бабах... толк понимаешь. Фельдшерица подходящая! *В. Богомолов, Иван.* Артемьев, положив руку на холку коня, при общем внимании легко бросил в седло свое тяжелое тело. — Однако у вас губа не дура, с конем не ошиблись, — сказал Данилов. *К. Симонов, Товарищи по оружию.* — У меня губа не дура — люблю осетринку. *(реч.)*

От поговорки «губа не дура, язык не лопатка: знает, что горько, что сладко». (ОЭСРФ, с. 40)

14. ДАЛЕКО ПОЙТИ *кто.* Достичь больших высот (говорится с одобрением по отношению к человеку, который обладает недюжинными способностями, мастерством, умом и т. п., чтобы добиться успеха в жизни, в каком-л. деле; с неодобрением — по отношению к человеку, который делает карьеру или добивается своей цели средствами, не вызывающими уважения). Реч. стандарт. *кто* — лицо ⬤ Обычно буд. вр. или сослаг. накл. ⬤ Порядок слов нефиксир.
◆ Восхищается им [Заболотным] и маститый, немного суховатый и всегда такой сдержанный Высокович. — Лучшего соратника я не могу себе представить, — сказал он мне. — И, помяните мое слово, **далеко пойдет**. *Г. Голубев, Житие Даниила Заболотного.* Алексашку произвели в денщики. Лефорт похваливал его Петру: «Мальчишка **пойдет далеко**. Предан, как пес, умен, как бес. *А. Н. Толстой, Петр Первый.* Этот молодой человек **далеко пойдет**. Ни стыда ни совести — голый расчет и впридачу — железная воля. *(реч.)*
▨ — Эх, ты, Ленька, Ленька!.. кабы грамоту тебе!.. **далеко бы ты пошел**. *М. Горький, Дед Архип и Ленька.* — Таким образом, ни одна живая душа, кроме меня, не будет знать о вашей... патриотической деятельности на благо России. Старайтесь, Полипов, и вы **далеко пойдете**. *А. Иванов, Вечный зов.*
▲ Не употр.

15. ДВА САПОГА ПАРА *кто.* Один похож на другого по каким-то недостаткам в характере, по своему поведению, один другого не лучше (говорится с пренебрежением). Неформ. *кто* — лицо (тк. мн. ч.) ⬤ Неизм. ⬤ В роли сказ. или самостоят. предложения. Порядок слов фиксир.
◆ Редактор и Гурский с их любовью решать за других были **два сапога пара**. *К. Симонов, Мы не увидимся с тобой...* Без строгости нельзя. Я хорошо знаю Черноусова и Ефименко — **два сапога и лентяи** порядочные. Им надо не растолковывать, не разъяснять, а требовать, приказывать — тогда потянут. *С. Бабаевский, Современники.* Витте и Дурново — **два сапога — пара**. Витте рабочим хочет показать, что он добрый, что, мол, Дурново один во всем виноват. *С. Сартаков, А ты гори, звезда.* Юлечка снова передернулась: — Как-кой он, однако... бесстыдный! —...а ведь Яшка Топор снова его стережет, — объявил негромко Сократ. — **Два сапога — пара**, — процедил сквозь зубы Игорь. *В. Тендряков, Ночь после выпуска.* — ...Вы как с Петрухой-то вот с Катерининым не смыкнулись?.. Как это вы нарозь по сю пору живете? Он такой же. **Два сапога — пара**. *В. Распутин, Прощание с Матерой.*
▨ — Я вижу, ты и твоя жена — **два сапога пара**. Оба любите подольше поспать да послаще поесть. *(реч.)*
▲ (С оттенком иронии) Мама и я — **два сапога пара**. Всю жизнь со всеми ссоримся. *(реч.)*

16. ДЛИННЫЙ ЯЗЫК 1. *у кого, чей.* Излишняя болтливость, разговорчивость (говорится с неодобрением). Реч. стандарт. *у кого* — у лица; *чей* — лица. ● Порядок слов нефиксир.

Она ругала себя за невыдержанность и длинный язык. *Н. Дубов, Сирота.* Из-за своего длинного языка он часто попадал в неприятные истории. *(реч.)* — Да за каким лешаком тебе паспорт-то? — взвилась Полина... — Пьяным еще напьешься, потеряешь. Десять рублей штрафу платить. Разве мало теряешь? — Полина, помолчи! — Не плети чего не надо. Тогда и помолчу. Погоди вот — язык-то прищемят длинный. Больно распустил. *Ф. Абрамов, Вокруг да около.* Твой длинный язык тебя когда-нибудь подведет. *(реч.)* (С оттенком иронии) У меня длинный язык. Сегодня я брею одного старшину, из новых, что прислали недавно. «Скажите,— говорю,— атаман Петлюра знает про погромы или нет?» *Н. Островский, Как закалялась сталь.*

17. ДЛИННЫЙ ЯЗЫК 2. *у кого.* У кого-л. есть обыкновение распускать слухи, сплетни (говорится с неодобрением). Чаще с корыстными целями. Реч. стандарт. *у кого* — у лица. ● В роли сказ. Порядок слов нефиксир.

Боцман Воеводин промолвил: — Нехороший человек он, этот Синельников. — Чем? — Язык длинный. Выслуживается, чтобы скорее в боцманы произвели. *А. Новиков-Прибой, Цусима.* Конечно, мама никому ничего не сказала бы. Но знала о моем ночном путешествии не она одна: ей самой сообщила о нем экономка Липатьевна. А у Липатьевны язык был очень длинный. *В. Вересаев, Порыв.* — Я не могу тебе рассказать, что было вчера на закрытом заседании сектора, у тебя язык длинный. *(реч.)*

ДНЕМ С ОГНЕМ не найти, не найдешь, на найдете, не сыскать и т. п.; (надо) поискать, ищи(те). См. VI, 39

18. ДО МОЗГА КОСТЕЙ 1. *кто, что.* Настоящий, истинный; законченный. Реч. стандарт. *кто* — лицо; *что* — произведение искусства, культуры (в содержательном аспекте) ● Неизм. ● В роли определения. Порядок слов фиксир.

◆ Ему бы нужно было, ругнувши мужиков, раскланяться с ними и удалиться, но студента погубило то, что он был интеллигент до мозга костей. *А. Аверченко, Русская история.* Дед наш казак до мозга костей... *К. Седых, Даурия.* — Максимов — эгоист до мозга костей. *А. Рыбаков, Водители.* — У меня тут на участке есть народ подходящий, механизаторы — энтузиасты до мозга костей. *Б. Полевой, Перекати-поле.* «...Иван Павлович был, по-видимому, совершенно равнодушен к религии и спокойно атеистичен и вместе с тем глубоко порядочен.., человек долга до мозга костей». *Воспоминания о Михаиле Булгакове, 1988.* [Геннадий:] Так вот, Савва Лукич, необходимо разрешеньице... До мозга костей идеологическая пьеса... *М. Булгаков, Багровый остров.* «Кубанские казаки» — фильм советский до мозга костей. *(реч.)*

■ — Вы, лучший командир в эскадре, вы, моряк до мозга костей, уходите в армию. *А. Степанов, Порт-Артур.* Был ты диссидентом, клеймил Сталина — и вдруг выясняется, что сам до мозга костей сталинист *Столица, 1992.*

▲ Обычно не употр.

ДОЙНАЯ КОРОВА *кто, что.* См. VIII, 7

19. ДУША НАРАСПАШКУ *кто, у кого*. Открыт, прост и искренен в проявлении своих чувств и мыслей (говорится с одобрением). Реч. стандарт. *кто* — лицо; *у кого* — у лица ● Неизм. Не употр. с глаголом-связкой в буд. вр. ● Обычно в роли сказ. Порядок слов фиксир.
с душой нараспашку *кто* ● В роли определения.

◆ Я люблю людей — **душа нараспашку**, чтоб человек и поработать как следует умел, и выпить был бы не дурак, и разговор чтобы хороший держать мог. *Б. Полевой, Мы — советские люди.* Сразу было видно, что **душа** у нее **нараспашку** и что любому желающему она всегда готова выложить все. *В. Вересаев, За права.* Он сам заговаривал со студентами, он старался казаться совсем своим, простым — **душа нараспашку**. *С. Сергеев-Ценский, Севастопольская страда.* Этот мужик — **душа нараспашку**. Как теперь модно пишут, «с чистой совестью». *П. Вершигора, Дом родной.* У русских же — **душа нараспашку**. Все — в открытую. *Куранты, 1992.* В конторе работали вежливые, радушные люди, словоохотливые и общительные, **с душой нараспашку**. *А. Рыбаков, Водители.* И больше всех ликовал Козырев — человек прямой, **с душой, как говорится, нараспашку**. *И. Березовой, Истребители вступают в бой.*
■ — Ты — **душа нараспашку**, многие этим пользуются и не всегда бескорыстно. *(реч.)*
▲ (В наст. вр. обычно с оттенком иронии) Я лихой малый, **душа нараспашку**, рубака, пьяница, а благородный человек. *А. Н. Островский, На бойком месте.* Я был молод, чистосердечен, **душа нараспашку**. *(реч.)*

20. ЗАДАВАТЬ/ЗАДАТЬ ТОН *кто [кому, чем, в чем, чему]*. Главенствовать, оказывать воздействие на окружающих. Реч. стандарт. *кто, кому* — лицо, совокупность лиц, объединенных общими задачами, целями (бригада, компания и т. п.); *чем* — собственным поведением, свойствами личности; *в чем, чему* — в каком-л. деле ● Порядок слов нефиксир.

◆ Но уже ясно, что **задавать тон** будут люди, которые с истинным воодушевлением, с увлечением и в то же время с полной тревогой и во всеоружии опыта идут на решение новой, величавой задачи. *А. Михалевич, Высокие низы.* — Вы посмотрите, на танцплощадке появляются пьяные, развязные парни, и они себя там недурно чувствуют. Они даже **задают тон**. *А. Вампилов, Мечта в пути.* В наших «парках культуры», на улицах, в магазинах, в автобусах, в домах отдыха вот уже многие годы **тон задает** откровенный и чаще всего подвыпивший хам. *Огонек, 1990.* Тот страстный и прямой **тон**, который **задала** собранию Валентина, сохранился до самого конца. Андрей поддерживал его то насмешливыми и резкими репликами, то возгласами одобрения. *Г. Николаева, Жатва.* Губернатор Корф великолепием своей светской жизни **задавал** всем **тон**. За ним пыжилась знать, за знатью — обыватель. *В. Шишков, Емельян Пугачев.* Он был весел, он **задавал тон** шуткам, рисовал карикатуры. *Воспоминания о Михаиле Булгакове, 1988.*
■ — Прошу тебя, не вмешивайся в разговор. Ты всегда **задаешь** неверный **тон**. *(реч.)*
▲ Мне было весело самому, и я **задал** веселый **тон** всей компании. *(реч.)*

21. ЗМЕЯ ПОДКОЛОДНАЯ *кто*. Коварный (говорится с осуждением). Подразумевается, что кому-л. свойственно совершать злонамеренные и таящие в себе неожиданную опасность поступки. Фам. *кто* — лицо, обычно женщина ● Обычно употр. как обращение, обособленное определение, а тж. в роли сказ, тк. с глаголом-связкой в наст. вр. Порядок слов нефиксир.

◆ Моя родня во главе с моей мамашей, конечно, считают, что во всем виновата Танюшка, что это она, как они выражаются, **змея подколодная**, испортила меня. Но это же неверно. И даже обидно мне: выходит, что же — что я слабее слабого? *П. Нилин, Дурь.* Этакая **змея подколодная**...— думал Егор Иваныч...— Съесть готова глазищами. Вон как замутила Капитона-то. *Д. Мамин-Сибиряк, Пир горой.* «...Лариосика постиг ужасный удар... Милочка Рубцова, на которой, как вы знаете, он женился год тому назад, оказалась **подколодной змеей!..**» *М. Булгаков, Белая гвардия.*
■ — Это все ты! Ты, **змея подколодная**! Ты наговорила! Сжить нас со свету хочешь! Что мы тебе сделали? Что? *В. Тендряков, Не ко двору.*
▲ Не употр.

22. ЗНАТЬ СЕБЕ ЦЕНУ *кто*. Реально оценивать свои качества, способности, возможности. Реч. стандарт. *кто* — лицо, совокупность лиц, объединенных общими задачами, обычно профессиональными ● Нет буд. вр. Только несов. в. При отрицании возможна форма це́ны ● Порядок слов нефиксир.
◆ Максим Ионович знал себе цену, любил распоряжаться и доминировать в своей среде. *Ю. Юрьев, Записки.* Это был человек с честолюбием, самонадеянный и знавший себе цену. Он так и смотрел, так и говорил, как знавший себе цену. *Ф. Достоевский, Записки из мертвого дома.* Все настоящие поэты знали себе цену, с Пушкина начиная. *М. Цветаева, Мой Пушкин.* Она сидела напротив сына, такая же рослая и сильная, как он, только что потерявшая мужа и все-таки не согнутая жизнью женщина, знавшая себе цену. *К. Симонов, Товарищи по оружию.* Великолепно зная себе цену, он держался независимо и делал так, как считал нужным. *Д. Гранин, Искатели.* Неоднократно в приказах по дивизии и даже по корпусу объявлялась благодарность Владимирскому полку за знание службы, и полк знал себе цену. *С. Сергеев-Ценский, Севастопольская страда.*
■ — Молод ты еще, цены себе не знаешь. *(реч.)*
▲ — Я хорошо знаю себе цену. То, что могу сделать я, никто больше сделать не может. *Вечерняя Москва, 1993.*

23. [И] В ПОДМЕТКИ НЕ ГОДИТСЯ *кто кому, что чему.* Несравнимо ниже, хуже по своим качествам, достоинствам и т. п. (говорится с пренебрежением). Реч. стандарт. *кто, кому* — лицо; *что, чему* — совокупность лиц, объединенных общими задачами, обычно профессиональными (театр, колхоз, полк и т. п.) ● Нет буд. вр. ● Именная часть неизм. Порядок слов нефиксир.
◆ Если раньше я считал Бакаева мастером своего дела, то теперь понял, что наш машинист не годится Паранину в подметки. *М. Колесников, Рудник Солнечный.* — Проклятые! Все, все против меня... Да они все, с генералом вместе, в подметки мне не годятся. *В. Шишков, Угрюм-река.* Верный почти общему свойству долго зажившихся стариков — находить все прошедшее хорошим, а все настоящее дурным, Шумский утверждал, что нынешний театр в подметки не годится прежнему. *С. Аксаков, Яков Емельянович Шушерин и современные ему театральные знаменитости.* Наш институт по уровню преподавания и в подметки не годится вашему. *(реч.)*
■ (С уничиж.) — Да какое право ты имеешь его критиковать? Ты как ученый ему и в подметки не годишься! *(реч.)*
▲ (С уничиж.) Такие есть ребята, до удивления! Иногда смотришь и

думаешь: а ведь я ему в подметки не гожусь, хоть и начальник над ним. Умные, ловкие. *М. Горький, В людях.* Если говорить о том, кто из нас троих красивее, то надо сразу сказать, что мы с Ларькой в подметки не годились Морозову. *С. Воронин, Рассказ о любви.* — Он здорово играет.., мы ему в подметки не годимся. *В. Распутин, Уроки французского.*

24. [И] НАШИМ И ВАШИМ служить, услужить, угождать и т. п. Одновременно двум противостоящим сторонам (говорится с неодобрением). О беспринципном человеке, двурушнике. Неформ. ● Неизм. ● Порядок слов нефиксир.

Степанов хотел угодить и нашим и вашим, т. е. получить прибыль от журнала и не лишить типографии других работ, дававших ему верную выгоду,— и погубил то и другое. *В. Белинский, Письмо Н. В. Станкевичу.* — Это что ж такое?! Значит, нашим и вашим? Тут поют, а там деньги огребают? *Н. Ляшко, Сладкая каторга.* Либо ты вместе с Таборским... либо против. А крутить хвостом и нашим и нашим — не выйдет *Ф. Абрамов, Дом.* История с инспектором заставила Матвея призадуматься. Знал он, что бывает, конечно, и так, как говорил старик. Инспектора работают и нашим и вашим: получая взятки от торговых компаний, выбрасывают годные еще локомобили, чтобы на складах весело шла торговля. *В. Овечкин, Слепой машинист.* ...Вон ты какой? И нашим и вашим служишь? Кто больше даст? Эх, ты! *М. Шолохов, Тихий Дон.*

25 ИГРАТЬ ПЕРВУЮ СКРИПКУ кто *[в чем].* Выступать в качестве лидера, инициатора. Реч. стандарт. *кто* — лицо, совокупность лиц, объединенных общими задачами, а тж. название стран, партий и т. п.; *в чем* — в каком-л. деле ● Именная часть неизм. ● Порядок слов нефиксир.

◆ Болтун может иногда играть первую скрипку, не сразу его раскусишь, не сразу поймешь. *С. Киров, Статьи и речи.* Френсис милостиво позволял английскому поверенному воображать, что Англия играет первую скрипку в делах интервенции. *Н. Никитин, Северная Аврора.* Остается, однако, фактом, что первую скрипку в этой «грязной войне» американского образца действительно играет военщина. *В. Корионов, Зарвавшиеся игроки.* — Как вы считаете, кто, в действительности, играет сейчас первую скрипку в правительстве? *Известия, 1992.*

▨ — Всем давно уже ясно, что первую скрипку в этом деле играешь ты. Тебе и карты в руки. *(реч.)*

▲ Не употр

26. ИЗ ОДНОГО ⟨ТОГО ЖЕ⟩ ТЕСТА кто. Одинаковые, имеют много общего. Подразумевается сходство в условиях формирования характера, взглядов и т п Неформ. *кто* — лицо (тк. мн. ч.) ● Неизм. У глагола-связки нет буд. вр. ● В роли сказ., в роли обстоятельства при глаголах сделаны, вылеплены, испечены и т. п. Порядок слов фиксир.

◆ Они оба вылеплены из одного теста. Только этот седой и раненый, а тот молодой. *Ю. Герман, Я отвечаю за все.* А моя, думаешь, не из того же теста... Как начнет-начнет калить — рад к черту на рога броситься. *Ф. Абрамов, Дом.*

▨ (Обычно употр. с подлежащим вы, подразумевается — ты и остальные) Вам будет легко работать вместе. Вы из одного теста сделаны. *(реч.)*

▲ (Обычно употр. с подлежащим мы, подразумевается — я и остальные) — Эх, вы, голова,— воскликнул Сатурнов неожиданно ласково.— Мы с вами из одного теста. Это я все понимаю. А то бы я с вами и говорить не стал. *А. Н. Толстой, Егор Абозов.*— Будем верить, и у нас свои Дусматовы будут. Из одного теста все мы, вот в чем дело. *П. Павленко, Труженики мира.* Да и взять бы нас, бывших середняков,— все мы примерно из одного теста были, по себе и о соседях судили. *А. Караваева, Чаепитие.*

27. КАЗАНСКАЯ ⟨КАЗАНСКИЙ⟩ СИРОТА кто.

Несчастненький, обиженный, беспомощный с виду (говорится с неодобрением, обычно с оттенком иронии). О том, кто притворяется с целью разжалобить, вызвать сочувствие. Реч. стандарт. *кто* — лицо ● Обычно употр. как обращение, обособленное определение в конструкциях **Ишь ты, казанская сирота, Подумаешь, казанская сирота, Как казанская сирота,** а тж. в сочетании с глаголами **прикидываться/прикинуться казанской сиротой, строить из себя, разыгрывать из себя казанскую сироту.** Порядок слов нефиксир.

◆ Будет толковать-то! Знаем мы вас, казанских сирот! Девку отдал, малого женил, деньги есть... Чего тебе еще от господа бога желать? *И. Бунин, Деревня.* Не люблю я его: вечно разыгрывает из себя казанскую сироту, а на несчастного человека совсем не похож — и в семье все благополучно, и на службе преуспевает. *(реч.)*

▨ — Отойди,— сказала Нина Степановна, обернувшись, тыча сухим, негнущимся пальцем Луке в лицо. — Ишь ты, казанская сирота. Я в Воткинск ездила, дрянь ты этакая, Павлика хоронить, а похоронила тебя. *Н. Евдокимов, Ожидание.*— Садись с нами,— без всякого желания пригласил Андрей. — Зачем? Мы вот тут... Нам што? Нам — в уголку!.. «Ну чего вот сдуру сиротой казанской прикинулся?» — Как хочешь! *В. Шукшин, Микроскоп.*— Никита, да что же тебя — упрашивать? Чего, как сирота казанская, к порогу прирос, пройди в горницу. *Н. Бирюков, Чайка.* Ну, что отмалчиваешься, хитрец, разыгрываешь из себя казанскую сироту. *С. Скиталец, Этапы.*— Ну, ну, давай рассказывай, что там наделал.— Ничего я не делал.— Ты казанскую сироту из себя не строй! *К. Седых, Даурия.* Женщина, занимавшаяся регистрацией браков, сказала: Без родителей пришли?.. Подозрительная какая-то свадьба: и вид не жениховский, и родителей нет. Вы что: сироты казанские, без родителей? *Ф. Колунцев, Утро, день, вечер.*

▲ — Она у нас сердобольная, чувствительная, так я на жалость ее маню, казанским сиротой прикидываюсь. *А. Островский, Сердце не камень.*

КАК СОБАК НЕРЕЗАНЫХ *кого* быть, развестись. См. XVI, 7

28. КОЗЕЛ ОТПУЩЕНИЯ кто.

Ответчик за чужую вину, ошибки, проступки других (говорится с неодобрением). Неформ. *кто* — лицо, совокупность лиц, объединенных общими задачами (пресса, команда, интеллигенция и т. п.) ● В роли сказ., с глаголом-связкой **быть, стать, являться** и т. п., в роли доп. при глаголах **искать, найти** и т. п. Порядок слов фиксир.

◆ Семенов с радостью ухватился за малейшую возможность оправдать дочь Карцева, а козлом отпущения сделать развязавшего драку в переулке пронырливого и хитрого Гольцева. *В. Липатов, Игорь Савво-вич.* Не хотите ли вы сделать меня, как говорится, козлом отпущения и взвалить всю вину на меня? *Н. Успенский, Небывалый случай.*— Неприятности! — вздохнул Борис Евгеньевич и почему-то не к месту сообщил: — Будут искать козла отпущения. *В. Тендряков, Короткое замыкание.* [Нина:] Уезжаешь?.. Когда? [Бусыгин:] Завтра. [Нина:] Да? А я-то думала... [Васенька:] Она думала, он останется с папой. Нашла козла **отпущения.** *А. Вампилов, Старший сын.* Найти «козла отпущения», «виновника» своих же просчетов, поплакаться всем и на все трудности? Это они могут. *Н. Сизов, Наследники.* Ухудшение экономической ситуации продолжается, и нужно указать на козла отпущения. Удобнее правительства для этой роли не найти. *Известия, 1992.*

◼ — Боюсь, что тебе придется уйти с этой работы, иначе ты будешь вечным козлом отпущения. *(реч.)*

▲ [Князь Горчаков пишет в Петербург:] «Обстановка безрадостная, и тяжело думать, что я стал **козлом отпущения** за положение, не мной созданное». *А. Зонин, Жизнь адмирала Нахимова.*

<small>Восходит к библейскому описанию древнееврейского обряда возложения грехов народа (общины) на козла. Священнослужитель возлагал на козла руки в знак того, что все грехи общины переходят на него. После этого козла изгоняли («отпускали») в пустыню. (ОЭСРФ, с 68)</small>

29. **ЛЁГКАЯ РУКА** *у кого, чья.* Способность приносить удачу, успех. Реч. стандарт. *у кого* — у лица; *чья* — лица ● Неизм. ● Порядок слов нефиксир.

У двери палаты тихо плакала дочка Бобышева... Было слышно, как тетя Клаша говорила: — А ты надейся, девушка. У него [у хирурга] рука **лёгкая,** животворящая. *Ю. Герман, Дело, которому ты служишь.* У него был уживчивый, веселый нрав и **лёгкая рука.** *В. Панова, Спутники.* Калиныч заговаривал кровь, испуг, бешенство, выгонял червей; пчелы ему дались, рука у него была **лёгкая.** *И. Тургенев, Хорь и Калиныч.* Вытяни за меня жребий, у тебя рука **лёгкая.** *(реч.)* У меня, Лукерья Васильевна, **лёгкая рука** для зачина! Вот увидите, просохнут дороги, и потянется народ обратно в колхозы! *М. Бубеннов, Орлиная степь.* Все моя **лёгкая рука!..** Как я пришел, так и дело пошло. *А. Куприн, Река жизни.*

30. **МАМЕНЬКИН СЫНОК** *кто.* Избалованный, привыкший к уходу, к опеке, к излишней заботе о себе (говорится с неодобрением). Реч. стандарт. *кто* — мальчик или мужчина ● Не употр. с глаголом-связкой в буд. вр. Часто в роли сказ. Порядок слов фиксир.

◆ Особенно доставалось Диме, потому что он сосед Саньки, потому что он **маменькин сынок,** потому что в школе его ставили всем в пример. *В. Тендряков, Короткое замыкание.* Уже появились в рядах немцев старики из запасных гарнизонов и мокрогубые мальчишки — **маменькины сынки,** набранные на скорую руку. *Н. Тихонов, Единый боевой лагерь.* Не настоящая это школа,— жаловался Алеша.— Не туда я попал... Это для лодырей школа, для **маменькиных сынков.** *А. Горбатов, Мое поколение.* Одетый безукоризненно,... в белоснежных воротничках и цветном галстуке — он казался благовоспитанным **маменькиным сынком,** закормленным сладостями, скромным, милым мальчиком. *С. Скиталец, Огарки.* Хоть и **маменькин сынок** Котька.., но он ловкий, хитрый, пронырливый, знает все ходы и убежища. *В. Беляев, Старая крепость.*

■ (Неодобр. или осужд., обычно с глаголом-связкой в прош. вр. в конструкциях с усилением) Ты всегда был **маменькиным сынком**. *(реч.)* Я помню тебя в детстве, ты был типичным **маменькиным сынком**. *(реч.)*

▲ (Неодобр., обычно с оттенком иронии, тк. с глаголом-связкой в прош. вр. или с отрицанием) В юности я был **маменькиным сынком**, но жизнь научила меня мужеству и самостоятельности. *(реч.)* И все-таки я, тридцатилетний тогда парень, никогда не бывший **маменькиным сынком**, основательно уже испытавший и видевший вплотную вышки ГУЛАГа, всегда отвечал на унижение. *Аргументы и факты, 1993.*

31. МЕЛКАЯ СОШКА *кто*. Ничтожный, незначительный по социальному положению (говорится с пренебрежением). Неформ. *кто* — лицо ● Может употр. в роли сказ. Порядок слов фиксир.

◆ Все начальство, как есть, кинулось лично поздравлять Тихона Андреевича, от самой **мелкой сошки** до директора департамента. *А. Куприн, Царский писарь.* И обаяние этой личности оказалось таким, что около него мало-помалу сплачиваются все **мелкие сошки** и под его предводительством вступают в борьбу с шишками. *С. Скиталец, Огарки.* Эрих Кох, благополучно выбравшись из Восточной Пруссии, прибыл в Берлин, явился к фюреру, но, разнюхав, что дела обстоят из рук вон плохо, пропал неизвестно куда. О нем, правда, и не вспоминали — в конце концов это была **мелкая сошка**. *Э. Казакевич, Весна на Одере.* Бредихин был обвинен в ссучастии в армейском заговоре. Но военный туз, которого надо было свалить, скончался в тюрьме, расправляться с **мелкой сошкой** сочли ненужным. *О. Волков, Погружение во тьму.*

■ — Не проси его ни о чем. Ты — **мелкая сошка**, он для тебя ничего делать не будет. *(реч.)*

▲ (С уничиж.) — Еду охранять поместье, завод какого-то сенатора, администратора, вообще — лица с весом. Четвертый раз в этом году. **Мелкая сошка**, ну и суют куда другого не сунешь. *М. Горький, Жизнь Клима Самгина.*

32. МЕЛКО ПЛАВАТЬ *кто*. Не в состоянии совершить или оценить что-л. значительное (говорится с пренебрежением). Подразумевается недостаток способностей, опыта, ума, сил, влияния, веса в обществе. Неформ. *кто* — лицо ● Нет буд. вр. ● Порядок слов фиксир.

◆ Иногда знакомые актеры, встретив [Пастухова] на улице..., начинали патетически уверять, что он один способен написать как раз то, что теперь надо для сцены, — возвышенно, великолепно..., потому что, кроме Пастухова, никого не осталось, кто мог бы за такое взяться (**мелко плавают**, понимаешь?). *К. Федин, Необыкновенное лето.* Макарушка меня вроде за глупого считает, а дюже он ошибается! Молодой он супротив меня, **мелко плавает**... Ему, Макару-то, самому не грех у меня ума занять. *М. Шолохов, Поднятая целина.*

■ — Куцые мозги! — Леля швырнула газету на стол. — Всю жизнь ты **мелко плавал** и так и умрешь мелюзгой. Как тебе верят в редакции, не знаю. *К. Паустовский, Московское лето.* — А коммунисты, что же, не боятся смерти? Не такие же люди? — Ты еще, братишка, **мелко плаваешь** в этих делах. Мне нельзя трусить. Сам себе приказал, — понял? *М. Шолохов, Тихий Дон.*

▲ Не употр.

мертвая хватка *у кого.* См. VI, 64

33. МОРЕ ПО КОЛЕНО *кому.* Все кажется простым и легкопреодолимым, ничто не страшно (говорится с неодобрением и оттенком иронии). О безрассудно смелом либо пьяном. Реч. стандарт. *кому* — лицу ⬤ В роли сказ., чаще в составе сложного предложения. Порядок слов фиксир.

Кажется, характер, самой природой назначенный для приключений: лихой фатоватый мушкетер, которому море по колено, созданный для поединков, подвигов. *Д. Гранин, Повесть об одном ученом и одном императоре.* В десанте нужен человек, которому море по колено. *П. Павленко, История Георгия Титова.* — В первый раз судили за соучастие, дали три года. Родные в ужасе, да и сам. С отчаяния бежал. Поймали — новый срок. Опять побег — снова суд. Вот так семь лет и кувыркаюсь. Порой затоскуешь. Водка, карты — и море по колено. А потом приходится платить. *В. Вяткин, Человек рождается дважды.* Суровые меры действовали на Сашу с таким же успехом, как увещания, — ей было **море по колено**. *Н. Вирта, Быстробегущие дни.* В то время в России... была какая-то особенная размашистость — **море по колено**, трын-трава все в жизни. *Л. Толстой, Война и мир.* — Эх, Сережа, Сережа, горячая голова! — снисходительно-ласково проговорил Виктор. — **Море тебе по колено**. *С. Бабаевский, Кавалер Золотой Звезды.* — Ты как влюбишься, так тебе сразу и море по колено. *(реч.)* В молодости мне было море по колено. Жизнью начинаешь дорожить с возрастом. *(реч.)*

От пословицы «Пьяному море по колено, а лужа по уши». (ШФСРЯ, с. 185)

34. МУХИ НЕ ОБИДИТ < НЕ ОБИДИШЬ, НЕ ОБИДЕЛ, НЕ ОБИДЕЛА> *кто.* Кроткий, незлобивый (говорится с одобрением). Реч. стандарт. *кто* — лицо ⬤ Порядок слов фиксир.

◆ — Счастливый! — позавидовал Серега. — Характер у парня покладистый, мухи не обидит. *В. Баныкин, Счастливое лето.* — Мы вас сейчас отправим к Гавриилу Степановичу... Чудеснейший человек Гавриил-то наш Степанович. Мухи не обидит! *М. Булгаков, Театральный роман.* — Как ваш муж... относился к Залесской после этого случая? — Он — тихий человек. Мухи не обидит. *А. Безуглов, Следователь по особо важным делам.* Но в этот вечер он вдруг заговорил о себе, и всякий диву бы дался, что это за человек, этот худенький, носатый старик, который, кажется, и мухи не обидит. *В. Каверин, Исполнение желаний.* На портрете красавицей намалевана, цветок нюхает, — поглядишь, мухи не обидит. А ведь такая тиранка была, душегуб, — одно слово. *О. Форш, Первенцы свободы.*

▨ — Да как же ты мог такое сделать? Ты же за всю свою жизнь мухи не обидел. *(реч.)* [Васенька:] Я... я убью тебя! [Макарская:] Ты! Ха-ха! Напугал. Да ты мухи-то и то не обидишь! Не в состоянии... *А. Вампилов, Старший сын.*

▲ — Чего нам бежать и прятаться? Мы не преступники какие-нибудь. Я старый человек, всю жизнь прожила и мухи не обидела. За что меня будут обижать, кому я, старуха, нужна? *И. Козлов, В Крымском подполье.*

НА ВЫСОТЕ 1. См. VI, 68

35. НА ВЫСОТЕ [ПОЛОЖЕНИЯ] 2. быть, оказываться/оказаться. В должном, требуемом состоянии (говорится с одобрением). Имеются в виду лицо, группа лиц, социальный коллектив, отрасль промышленности, положение дел. Реч. стандарт ● Неизм. ● В роли именной части составного глагольного сказ. Порядок слов фиксир.

Отечественная сухопутная авиация сильно опережала морскую и была на высоте положения. *В. Раков, Крылья над морем.* — Я утверждаю, что если бы у вас лично не было бы чувства успокоения и партийная работа была бы **на высоте**, и завод бы работал лучше. *В. Попов, Сталь и шлак.* И всюду Дантон оказывается **на высоте**. *А. Левандовский, Дантон.* Убедившись, что мы мало успеваем под руководством нашей гувернантки, а вступительные экзамены не за горами, родители решили пригласить еще одного преподавателя...— Но едва ли это помогло делу: он также оказался не **на высоте**. *Ю. Юрьев, Записки.* — У меня техника безопасности **на высоте**..,— успокоил Оралов. *М. Кочнев, Оленьи пруды.* — Спасибо, Диксон,— серьезно сказал Рэдрик. — Это как раз то самое, чего мне сейчас не хватало. Ты, как всегда, **на высоте**, Диксон. *А., Б. Стругацкие, Пикник на обочине.* — Как хорошо, Лидия Михайловна, что в деле Грохотова мы оказались **на высоте**. *А. Васильев, Вопросов больше нет.*

НЕ БЕЙ ЛЕЖАЧЕГО 2. работник. См. VII, 14

36. **НЕ ОТ МИРА СЕГО** *кто*. Далек от реальной, обыденной жизни, со странностями (говорится с одобрением в тех случаях, когда имеются в виду высокие моральные качества, и с неодобрением, когда имеются в виду странные с житейской точки зрения поступки, привычки и т. п.). Реч. стандарт. *кто* — лицо ● Неизм. ● Порядок слов фиксир.
◆ Бескорыстие коменданта изумляло Альбину... Она восхищалась этой чертой его характера. Он казался ей **не от мира сего**. *Э. Казакевич, Дом на площади.* Она не была компанейским, как говорится, человеком. И прочее, бытовое... — простые житейские вопросы не были ей близки. Потому некоторые говорили об Ольге Денисовне: **не от мира сего**. *М. Прилежаева, Осень.* Он дотошно перечислял все до последней копейки.— А говорили, что теоретик, **не от мира сего**,— подумал главный инженер.— Как бы не так! *Д. Гранин, Искатели.* Лева не понимает элементарных вещей, потому что он «**не от мира сего**», как говорит мама. *А. Алексин, Мой брат играет на кларнете.* Но Кузьма — вот уж **не от мира сего**, словно спал, словно не слышал того, что тут творилось. *Ф. Абрамов, Вокруг да около.* ...со стихами, у, заживем, я ведь, знаете, поэт, а поэты нищий народ и **не от мира сего**, кончают жизнь в забвении. *Л. Петрушевская, Время ночь.* Пожалуй, на не смотрели как на человека немножко **не от мира сего**, на одну из тех, без странностей, причуд и наивного глаз которых мы, люди мира сего, давно свихнулись бы в своем могучем поживательстве и пожинательстве.., если бы нас не останавливало их робкое непонимание. *В. Распутин, Наташа.*
■ Неформ. Почему я с тобой не советуюсь? Да потому что ты **не от мира сего**! *(реч.)*
▲ Не употр.

37. **НЕ ПРОМАХ** *кто*. Сообразительный, хваткий (говорится с одобрением). Подразумевается, что кто-л. не упустит возможности воспользоваться удобным случаем с выгодой для себя. Неформ. *кто* — лицо ● Неизм. ● Часто в конструкции парень, малый, девка **не промах**.
◆ А Анютка девка **не промах**. Даром что дура, а надумала... такое, что не всякому и грамотному на ум вскочит. *А. Чехов, Происшествие.*

Однако старик засомневался, что такой человек, как радист, парень **не промах**, вздумал менять добрую вещь. *В. Мурзаков, Мы уже ходим, мама.* — Хозяин идет, — сказал Коржов. — ...Молодой хозяин, — заметил Капитон Иванович. — Трудно ему здесь приходится. Но он вроде парень **не промах**. *В. Овечкин, Гости в Стукачах.* Но шофер попутной машины попался ей малый **не промах**, всю дорогу пытался обнять и два раза-таки обнял, и очень даже умело, за что и получил кулаком между лопаток. *Г. Бакланов, Карпухин.*

■ — Не бойся, не бойся, — ободрил его Терентьев. — Все будет хорошо. И ребята у тебя вон какие. Да и сам ты **не промах**. *Б. Зубавин, От рассвета до полудня.*

▲ (С оттенком иронии) Я сам малый **не промах**. Еще кто кого проведет. Посмотрим! *Л. Толстой, Казаки.*

38. **НЕ ЧЕТА** *кто кому, что чему.* Не равен по своим качествам и достоинствам (лучше или хуже). Реч. стандарт. *кто, кому* — лицо, живое существо; *что, чему* — предмет, вещество, место ● Неизм.

— ...Встречаю Залежева, тот не мне **чета**, ходит как приказчик от парикмахера, и лорнет в глазу, а мы у родителя в смазных сапогах да на постных щах отличались. *Ф. Достоевский, Идиот.* Наш генерал — молодец, **не чета** тебе, старому деду. *В. Ажаев, Далеко от Москвы.* Но винить или обижаться на Майю Ваганов не мог: во-первых, никакого права не имел на это, во-вторых... за что винить? Ваганов всегда знал: Майя не ему **чета**. *В. Шукшин, Страдания молодого Ваганова.* — Вот это точный прибор, — сказал из-за плеча Усельцев. — **Не чета** старому. *Д. Гранин, Искатели.* Оно, конечно, городишко **не чета** Москве: и улицы травой заросли, и дома помельче. *Л. Леонов, Русский лес.* И уж лук так лук — **не чета** колхозному: перо синее, сочное..., а луковицы до того крепкие да ядреные, будто репа. *Ф. Абрамов, Вокруг да около.*

39. **НИ РЫБА НИ МЯСО** *кто.* Без определенно выраженных свойств, посредственность (говорится с пренебрежением). Неформ. *кто* — лицо ● Неизм. ● В роли сказ. Порядок слов фиксир.

◆ — Ты с ним полтора года работал, должен был изучить человека. — Работал, ну что ж. Никаких особенных грехов не замечал. Так себе, **ни рыба ни мясо**. *В. Овечкин, Районные будни.* Ларисин избранник оказался так себе, **ни рыба ни мясо** — сразу не отгадать, что за человек. *В. Панова, Времена года.* Эта девушка сказала, что ненавидит таких, которые **ни рыба ни мясо**. *И. Эренбург, Девятый вал.* — А помнишь, как мы с тобой в ресторане сидели и я сказал, что тот, кто, вроде тебя, еще не воевал, тот еще не военный, **ни рыба ни мясо**? *К. Симонов, Товарищи.*

■ — Да какой ты с твоим характером начальник! Так, **ни рыба ни мясо**. *(реч.)*

▲ Не употр.

40. **ОДНИМ МИРОМ МАЗАНЫ** *кто.* Сходны в проявлениях характера, в поступках, во взглядах на жизнь. Чаще используется для обозначения сходства негативных свойств, качеств и т. п. Реч. стандарт. *кто* — лицо (тк. мн. ч.) ● Неизм. ● В роли сказ., часто в конструкции Все, все они (мы, вы) **одним миром мазаны**. Реже в роли самостоят. предложения. Порядок слов фиксир.

◆ ...между мамой и дворничихой завелось какое-то неуследимое сходство... В чем-то таком.., что имеют в виду, когда говорят: все мы люди... или одним, мол, миром мазаны..., в чем-то, словом, таком, что очень-очень общо, общо всем людям. *Б. Пастернак, Детство Люверс.* — Как ты думаешь, у всех бабы такие пилы? Или это я один такой разнесчастный? — Да нет, все **одним миром мазаны**,— ответил за Ганьку Лука. *К. Седых, Отчий край.* И дураки и умники — **одним миром мазаны**. *М. Горький, Мать.* Ежели подумать, так фашисту и вправду с ними [американцами] сподручнее... **Одним миром мазаны.** *Э. Казакевич, Весна на Одере.*

▧ (Употр. с подлежащим вы, подразумевается ты и остальные) — Капа,— сказал он.— Тоня от меня ушла... С кем у нее это...— Я не знаю.— Пал Палыч смотрел на Капу... и молчал.— Все вы **одним миром мазаны**,— сказал он наконец,— все вы не знаете. *Ю. Герман, Наши знакомые.* А попозже — помиритесь! — из своего угла сказал Семисердов.— Свой своему завсегда кум... Все вы **одним миром мазаны**. *Ю. Герман, Россия молодая.*

▲ (Употр. с подлежащим мы, подразумевается я и остальные) — Я так скажу, что все мы с вами, как говорится, **одним миром мазаны**, одной нашей великой семьи питомцы, все мы кругом друг другу здесь родня. *Л. Кассиль, Черемыш — брат героя.* — Я не лучше и не хуже других. Все мы **одним миром мазаны.** *(реч.)*

41. ОДНОГО ⟨ТОГО ЖЕ⟩ ПОЛЯ ЯГОДА ⟨ЯГОДЫ, ЯГОДКИ⟩ *кто [с кем]*. Очень похожи по поведению, социальному положению, взглядам и т. п. (говорится с неодобрением, часто с оттенком иронии). Вариант **одного ⟨того же⟩ поля ягодки** — всегда с оттенком иронии. Неформ. *кто* — лицо (тк. мн. ч.); *с кем* — с лицом (обычно притяж. местоимение)
● Чаще в роли сказ., реже — в роли самостоят. предложения. Порядок слов фиксир.

◆ — Как же,— говорит,— **одного поля ягода**. Оба на Украине дела обделывали. *Б. Ромашов, Воздушный пирог.* Он тоже рассказал о себе все, что мог рассказать: он чертежник, учился в землемерном, но училища не окончил из-за недостатка средств.— **Одного поля ягоды**,— с удовольствием сказал Стальмахов. *Ю. Либединский, Годы и люди.* Значит, они оба **одного поля ягоды**. Видно, все они, девчонки, легкомысленны. *П. Журба, Александр Матросов.* Адмирал сотворен по образу и подобию своего дружка, императора Александра Павловича. **Одного поля ягодки**. *Л. Раковский, Кутузов.* Если он действительно преступник, то, возможно, и Арканов, который будто бы находил ему работу, **того же поля ягода**. *Н. Волков, Не дрогнет рука.*— Дрянь к дряни липнет... — Я ничуть не удивлюсь, если где-нибудь поблизости окажется и этот неугомонный Урфин Джюс. Он ведь **того же поля ягода**. *А. Волков, Желтый туман.*

▧ (Употр. с подлежащим вы, подразумевается ты и остальные) — Нет, Арефьевна, уж ты сама ее проси с твоей Кирилловной сообща: вы ведь **одного поля ягодки**. *И. Тургенев, Постоялый двор.*

▲ (Употр. с подлежащим мы, подразумевается я и остальные) — Ага,— проговорил Башка.— У нас в семинарии первых учеников звали «башками», и я имел несчастье быть таким первым учеником; значит, мы с вами **одного поля ягода**. *Д. Мамин-Сибиряк, Башка.*— Вы, мадам, зря острите. Кому-кому, а вам ирония в мой адрес не к лицу. Мы — **одного поля ягода**, оба любим устроиться получше. *Д. Павлова, Совесть.*

42. ПАЛЬЦА ⟨ПАЛЕЦ⟩ В РОТ НЕ КЛАДИ *кому*. Кому-л. свойственно быстро и находчиво воспользоваться неосторожно сказанным или промахами в делах (говорится с неодобрением). Подразумевается необходи-

мость быть настороже с таким человеком. Неформ. *кому* — *лицу* ● Тк. в форме повел. накл. ● Порядок слов нефиксир.

Первая мысль скользнула: «Делец! **Пальца ему в рот не клади**»! *А. Фурманов, Мятеж.* Не без горечи вспоминая разговор с Поляницей, Давыдов мысленно рассуждал: — ...не скажешь, что у него ума палата..., а с хитринкой...— такому **палец в рот не клади**. *М. Шолохов, Поднятая целина.*— Слушайте, Валиадис,— обращался он к третьему старику в панаме,— что вы скажете насчет Сноудена? — Я скажу вам откровенно,— отвечала панама,— Сноудену **пальца в рот не клади**. *И. Ильф и Е. Петров, Золотой теленок.*— Кусачий мой батька, правда? Ему **пальца в рот не клади**! *В. Беляев, Старая крепость.* Молодая-то была с перцем, **пальца в рот не клади**, а к старости в плачею обратилась. *А. Караваева, Разбег.*— Чудаковатым прикидывается,— возразил другой.— На самом же деле, видать, продувной. Такому **в рот палец не клади**. *Ф. Наседкин, Великие голодранцы.*— С тобой надо быть начеку, тебе **палец в рот не клади** — отхватишь. *(реч.)* (С оттенком иронии или хвастовства) Они на меня прямо набросились, сжить со свету хотели. Да я не такой, мне **пальца в рот не клади**, не дамся. *И. Ильф и Е. Петров, Двенадцать стульев.*

ПЕРВАЯ ЛАСТОЧКА 2. быть, стать, являться *что*, (реже) *кто [чего, в чем]*. См. VI, 86

43. ПРАВАЯ РУКА *кто кого, у кого, чья*. Первый и самый надежный помощник. Подразумевается, что он пользуется абсолютным доверием того, кому помогает в каком-л. деле. Реч. стандарт. *кто* — лицо, совокупность лиц, объединенных общими задачами (полиция, администрация и т. п.); *кого, у кого, чья* — лица ● Тк. ед. ч. ● Употр. в роли сказ. или доп. в тв. п. при глаголах быть, сделаться, стать и т. п. Порядок слов фиксир.

◆ Это был Леонид Борисович Красин, с которым перед обедом нас познакомил Горький, сказав, что это его близкий друг и **правая рука** во всех важных делах. *Л. Куприна-Иорданская, Годы молодости.* Сидел с нами и наш корректор, старик Благов, бывший директор... газеты «Русское слово», **правая рука** знаменитого издателя Сытина. *К. Паустовский, Золотая роза.* Стряпней сегодня распоряжалась... Ольга Петровна. Верина **«правая рука»**. *И. Грекова, Хозяйка гостиницы.* Кто из них будет ему нынче первым другом, первым боевым товарищем, **правой его рукой**? *С. Залыгин, Соленая Падь.* Я знал, что вся деревня... должна хозяину; знал, что всякого, осмелившегося идти наперекор ему, Шавров способен пустить по миру; знал, что грозная для бедняков полиция — **правая рука** его. *И. Вольнов, Повесть о днях моей жизни.*
■ — Ты — **правая рука** нашего начальника, тебе и ответ держать. *(реч.)* [Аглая Ивановна:] За это вас Степан Феофанович ценит... Вы у него **правая рука**. Первый помощник. *С. Михалков, Раки.*
▲ (Глагол-связка только в прош. вр.) Я хорошо знаю этого человека. Я был его секретарем и **правой рукой** вплоть до его отъезда за границу. *(реч.)* Зазнайство [жены главнокомандующего] доходило до того, что даже я, являвшийся по должности **правой рукой** Фан дер Флита, не мог удостоиться предстать перед ее грозные очи. *М. Бонч-Бруевич, Вся власть Советам.*

против <не по> шерсти *кто, что кому, чему.* См. XII, 25

44. ПУСТОЕ МЕСТО 1. *кто [для кого].* Бесполезный, никчемный (говорится с пренебрежением). Реч. стандарт. *кто* — обычно лицо, реже живое существо; *для кого* — для лица ● Тк. ед. ч. ● В роли сказ. Порядок слов фиксир.

◆ А этот болван не смог выдавить из себя ни одного слова. Это при нас он строит из себя гения, а при Корчагине — пустое место. *Г. Брянцев, По тонкому льду.* — Ты понимаешь, что на мне теперь все держится? Капитан у нас — пустое место. *Ю. Крымов, Танкер «Дербент».* Обстановки не знает, карты не имел,— говорит, что бортстрелку не положена... В общем, практически для нас пустое место. *К. Симонов, Живые и мертвые.* Собачонка тотчас же смолкла, завиляла хвостом, потом принялась обнюхивать ноги Анании Егоровны.— Так, пустое место. Для веселья держим,— сказал Петуня, снисходительно кивая на собачонку. *Ф. Абрамов, Вокруг да около.*

■ Не употр.
▲ Не употр.

45. ПУСТОЕ МЕСТО 2. *кто для кого.* Не представляющий никакого интереса, ничего не значащий для кого-л. (говорится с неодобрением). Реч. стандарт. *кто* — лицо; *для кого* — для лица ● Тк. ед. ч. ● В роли сказ. Порядок слов фиксир.

◆ — Я не хочу говорить об этом человеке, он всегда был для меня пустым местом. *(реч.)*
■ — Неужели ты не понимаешь, что ты для них пустое место? *(реч.)*
▲ — Верно, что я для вас пустое место... Есть я, или нет меня, вам все равно — наплевать. *М. Горький, Озорник.*

РАСТИ/ВЫРАСТИ ‹ВЫРАСТАТЬ› В ГЛАЗАХ *кто, что в чьих, кого.* См. VI, 117

падать/упасть ‹пасть› в глазах. См. VI, 118

46. РУКИ КОРОТКИ *у кого.* Недостает сил, власти, нет возможности (говорится с пренебрежением). Подразумевается, что чья-л. угроза причинить вред не может быть выполнена. Реч. стандарт. *у кого* — у лица ● Неизм. ● Обычно после слов у тебя, у него, у нее, у них. Чаще как ответная реплика в диалоге. Порядок слов нефиксир.

— Ты думаешь, всех расстреляли? — внезапно переходя на «ты», уверенно усмехнулся он.— Руки коротки! Не расстрелять, не повесить нас всех! *С. Злобин, Пропавшие без вести.* Иной раз плакать бы впору или удавить кого, а ты сядешь и запоешь. Плакать — слез нету. Злость сорвать на ком следует — руки коротки. *А. Гайдар, Школа.* [Валя:] Какой же вы мерзавец. Если бы я только знала... Я бы вас убила. И Иван Никитич убил бы! [Глоба:] Ну, это если бы да кабы... А теперь руки коротки. *К. Симонов, Русские люди.* — Да я для тебя одного специально потоп организовал бы.— Руки коротки,— сказал Ягелев.— Руки коротки потоп организовать. *В. Лидин, Ягелев.* — Я не боюсь тебя. Ты не сможешь мне навредить. Коротки у тебя руки. *(реч.)*

С ГОЛОВЫ ДО НОГ ‹ДО ПЯТ› ‹реже С НОГ ДО ГОЛОВЫ› 2. *быть, стать, оставаться; измениться.* См. XVI, 15

С ЖИРУ БЕСИТЬСЯ *кто.* См. XII, 89

С ПРОТЯНУТОЙ РУКОЙ ИДТИ ‹ПОЙТИ› *кто.* См. VIII, 26

47. СБОКУ ПРИПЕКУ <ПРИПЕКА> *кто, что.* Чужеродный, ненужный, лишний (говорится с неодобрением). Неформ. *кто* — лицо; *что* — информация, обозначение места и т. п. ◉ Неизм. ◉ Чаще в роли сказ., реже — обстоятельства. Порядок слов фиксир.

◆ — Сыновья забыли. Когда младшой-то женился, думаю, пусть, чего уж тревожить, не надо мне ничего, а ведь теперь-то в хорошем дому, а вроде и не сын, все я у него как **сбоку припеку**. *В. Белов, Привычное дело.* Повела разговор Маша. Степан поддерживал ее. Выходило, что они, не успев как следует и познакомиться, без слов понимают друг друга, а я так, **сбоку припека**, как говорится, третья лишняя. *И. Шемякин, Брачная ночь.* Кое-где основательно привился служебный этикет, согласно которому нижестоящий руководитель, принимая вышестоящего, уступает ему свое место, а сам пристраивается **сбоку припека**, гостем. Обычай нелепый и стыдный. *А. Рекемчук, Время летних отпусков.* При Михайле Илларионовиче императорская главная квартира, штаб его величества были **сбоку припека**, все делалось в штабе главнокомандующего. *Л. Никулин, России верные сыны.* Его доклад на этой конференции был **сбоку припека**. *(речь.)*

◼ — Я бы на твоем месте помалкивал. Ты в этой компании **сбоку припеку**. *(речь.)* — Ты для Маринки не **сбоку припека** — отец. *К. Ванин, Антип.*

▲ После второго акта вызывали одного Давыдова, а я выходил, так сказать, **сбоку припеку**. *Ю. Юрьев, Записки.* Родители вообще, а бабки с дедами в частности любят маленьких детей плотской любовью, заменяющей им все... Любовь простерла свои крылья и над теми, кому не положено, над стариками. Грейтесь! Они стояли на этой кухне, мои двое любимых, а я была **сбоку припека**. *Л. Петрушевская, Время ночь.*

<small>Из речи пекарей. Имелся в виду кусочек теста, припекшийся к боку мучного изделия. (ОЭСРФ, с. 129)</small>

48. СВОЕГО <НАШЕГО, ВАШЕГО> ПОЛЯ ЯГОДА *кто.* Такой же, как я (мы, вы) (говорится с одобрением). Неформ. *кто* — лицо ◉ Чаще в роли сказ., реже в роли самостоят. предложения. Порядок слов фиксир.

◆ Поесть, выпить умеет и любит, вот и **нашего поля ягода**. *А. Островский, Красавец-мужчина.* Он деловой человек, **нашего поля ягода**. *(речь.)* Но больше всех меня занимает одна девушка.., с которой я почти двух слов не сказал, но в которой я чувствую **своего поля ягоду**. *И. Тургенев, Новь.*

◼ — Я вижу, ты и работать умеешь, и выпить не дурак, значит — **нашего поля ягода**. *(речь.)*

▲ — Я ведь тоже литератор, **вашего поля ягода**, — заявил он Куприну, — пишу по разным специальным вопросам статьи в газете «Новое время». *Л. Куприна-Иорданская, Годы молодости.* — Садитесь, если вы добрые люди. — Мы, говорят, **вашего поля ягоды**. Гонимся за вами сколько время, насилу догнали. *В. Короленко, Марусина заимка.*

49. СЕБЕ НА УМЕ *кто.* Скрытный, хитрый, расчетливый, печется о собственной выгоде (говорится с неодобрением). Реч. стандарт. *кто* — лицо ◉ Неизм. ◉ В составе именного сказ. Порядок слов фиксир.

◆ При этом он горячо высказал свое мнение, что князя весьма странно и бог знает с чего назвали идиотом, что он думает совершенно напротив и что, уж конечно, этот человек **себе на уме**. *Ф. Достоевский, Идиот.* Сослуживцы, людишки **себе на уме**, явные мещане, несмотря на портреты вождей в петлицах. *М. Булгаков, Путешествие по Крыму.* — Да он еще

не все говорит... Они, старики-то, все такие: **себе на уме**. Мой-то родитель.— был тем же миром мазан. Все скрытничал. *Г. Марков, Соль земли.* А другая — ветошная, рвань-старушонка, да, как говорится, **себе на уме**... Дождется Маня большая этого праздника [пенсии] — сперва закупит чаю, сахару, крупы... и потом уже пропивает что останется. *Ф. Абрамов, Пелагея.* Хоть бы просто так увидать ее..., узнать, какой у нее голос, какой характер, глупа ли она, или, напротив, очень **себе на уме**. *И. Бунин, Антигона.*
▣ Фам.— Четвертый год живу с тобой, матушка, душа в душу, а каковы твои сокровенные помыслы касательно дел важных — не ведаю. Ты **себе на уме**, матушка. *В. Шишков, Емельян Пугачев.*— ...Подозрительные твои глаза, презрительные твои глаза. Ты **себе на уме** приехал. *Ф. Достоевский, Братья Карамазовы.*
▲ Не употр.

50. СЕМЬ ПЯТНИЦ НА НЕДЕЛЕ *у кого.* У кого-л. часто и непредвиденно меняются планы, намерения, настроения и т. п. (говорится с неодобрением). Неформ. *у кого* — у лица ◉ Неизм. ◉ Может употр. как самостоят. предложение. Обычно *у кого* семь пятниц на неделе. Порядок слов фиксир.

Я встала и разбудила няню: — Нужно укладываться, няня. Мы завтра едем.— **Семь пятниц на неделе**! — сердито зевая, сказала няня. *В. Каверин, Два капитана.* У ее матери **семь пятниц на неделе**: сегодня пожалеет, приласкает, а завтра булавки втыкать начнет. *А. Караваева, Огни.*— А вы способны объяснить мне.., чего она пошла вчера к редактору клянчить, чтоб я вернулся? Чего ради эта комедия?..— А вы что, только сейчас узнали, что у нее **семь пятниц на неделе**? — зло, вопросом на вопрос ответила Геля. *К. Симонов, Жена приехала.* Вдруг Ершов расхохочется и начнет издеваться: — Что же, у тебя **семь пятниц на неделе**? Шумел, шумел, разорялся, отца расстроил и вдруг обратный курс? *Л. Соболев, Зеленый луч.* (С оттенком иронии) — Я человек настроения. Все уже привыкли, что у меня **семь пятниц на неделе**. *(реч.)*

СЕРЕДИНКА НА ПОЛОВИНКУ ⟨СЕРЕДИНА НА ПОЛОВИНУ⟩ 1. *что, кто.* См. XVI, 18

СЛАБОЕ МЕСТО быть, иметься; определить, нащупать. См. VI, 136

51. ТЕМНАЯ ЛОШАДКА *кто.* Неизвестный по своим качествам, намерениям (говорится с неодобрением). Обычно имеется в виду предполагаемый партнер в каком-л. деле или соперник. Неформ. *кто* — лицо, совокупность лиц, объединенных общими задачами (команда, страховая компания, политическая группировка и т. п.) ◉ Тк. ед. ч. ◉ В роли сказ. обычно с глаголом-связкой в наст. вр., в роли доп. при глаголах **считать**, **оказаться**, **появиться**. Порядок слов фиксир.

◆ Спортивная пресса считает эту команду «**темной лошадкой**» и ждет от нее сюрпризов. *Советская Россия, 1990.* Впрочем, не следует думать, что борьба за верховную власть ограничивается лишь участниками триумвирата. Здесь никто не исключает возможности появления «**темной лошадки**». *Неделя, 1991.*
▣ — Ты для всех загадка, **темная лошадка**. Понял? Все друг друга знают... А ты новичок. *А. Свиридов, Солдат всегда солдат.*
▲ (Только с доп.) Они по-прежнему остерегаются раскрывать мне свои планы. Я для них — **темная лошадка**. *(реч.)*

52. ХОТЬ КОЛ НА ГОЛОВЕ ТЕШИ кому. Никакими силами не втолковать, не заставить (говорится с неодобрением). Подразумевается, что кто-л. совершенно не способен или упрямо не желает что-л. понимать, делать. Неформ. *кому* — лицу ● Неизм. ● Порядок слов нефиксир.

— Сколько я твердила, чтоб без моего разрешения ничего не делать! Ну что это такое? Хоть кол на голове теши! *Г. Матвеев, Новый директор.* Надумает работать — получается у него, не захочет — хоть кол на голове теши. *И. Уксусов, После войны.* И смешной же это человек, братцы, бродяга: ну, ничего не помнит, хоть ты кол ему на голове теши, всё забыл, ничего не знает. *Ф. Достоевский, Записки из Мертвого дома.* Ананий Егорович вышел. С Клавдией сейчас бесполезно говорить. Пока дурь пьяную не вытрясет, хоть кол на голове теши. *Ф. Абрамов, Вокруг да около.* — Он с малолетства беспутный. Он маленький был, ничего не хотел понимать. Глаза заворотит — и хоть говори ты ему, хоть кол на голове теши. *В. Распутин, Прощание с Матёрой.* Отец искренно злится.— Черти! — гремит он...— Вам хоть кол на голове теши! Сколько лет долблю я вам: не запускайте болезней. *С. Скиталец, Сквозь строй.* — Да и к чему мне их держать? Пф... одна только комедия! Я им по-русски, а они мне по-французски... Ничего не понимают; хоть кол теши на голове. *А. Чехов, Живой товар.*

53. ШИШКА НА РОВНОМ МЕСТЕ кто. Вообразивший себя значительным лицом, оценивающий свое положение в обществе и свои возможности неоправданно высоко (говорится с пренебрежением). Неформ. *кто* — лицо (тк. ед. ч.) ● Неизм. ● В роли сказ. Часто употр. как реплика в диалоге в качестве самостоят. высказывания. Порядок слов фиксир.

◆ — Это чтобы я вместе с ними сурепку дергал? Ну, уж это, брат, извиняй. Не мужчинское это дело, к тому же я ишо не кто-нибудь, а председатель сельсовета.— Не велика шишка. Прямо сказать, так себе — шишка на ровном месте. *М. Шолохов, Поднятая целина.*

▓ — Его боятся, его слушаются. А тебя кто послушает, если ты шишка на ровном месте? *К. Седых, Даурия.*— Да кто ты такой? Тоже мне, начальник...— А сама-то кто? Буфетчица в управлении, шишка на ровном месте. *(речь.)*

▲ Не употр.

54. ШУТ ГОРОХОВЫЙ ‹ЧУЧЕЛО, ПУГАЛО ГОРОХОВОЕ› 1. *кто.* Чудак, посмешище (говорится с неодобрением и оттенком иронии). Фам. *кто* — лицо ● В роли сказ., обособленного определения, дополнения в сочетании с глаголами разыгрывать, изображать и т. п. шута горохового, считать и т. п. шутом гороховым. В роли обращения или самостоятельного высказывания может употр. как бранное выражение. Порядок слов фиксир.

◆ Я всегда знал, что он умен, его чудаковатость была маской, а шутом гороховым, каким его считали некоторые, он никогда не был *Л. Пантелеев, В осажденном городе.* Россказни хмельного старика нисколько не интересовали Гаврилу Ермолаева, и ему даже делалось обидно, зачем он разыгрывает шута горохового. *Д. Мамин-Сибиряк, На чужой стороне.* Каков негодяй! Вот и верь после этого добрым соседям! [Чубуков:] Мерзавец! Чучело гороховое! *А. Чехов, Предложение.* — Эй, ты, пугало гороховое! — обратился он к чиновнику. *Ф. Достоевский, Идиот.*

▓ [Досужев:] Я теперь всего себя посвятил на пользу человечества. [Молодой человек:] Полно! Я тебя знаю: ты, ведь, шут гороховый! Какую ты

пользу можешь оказать человечеству! У тебя какая-нибудь потеха на уме. *А. Островский, Тяжелые дни.*
▲ — Играют страстно, увлеченно, совершенно поглощены своим занятием. И за весь вечер ни одного толкового слова, ни одной мысли. Ах ты, думаю, черт возьми, зачем же я сюда явился, чучело гороховое? *Ю. Герман, Дело, которому ты служишь.*

55. ЯЗЫК БЕЗ КОСТЕЙ *у кого*. Безудержная, ничем не сдерживаемая болтливость (говорится с пренебрежением). Часто употр. в ситуации, когда хотят подчеркнуть пустоту, несерьезность речи. Неформ. *у кого* — у лица ● Неизм. ● Порядок слов фиксир.

А слышал, что по деревне говорят? — Пока нет, но, видать, услышу. Глафира что ли наболтала? Она может, **язык без костей** у бабы. *В. Тендряков, Падение Ивана Чупрова.* Хлестаковы — болтуны, у которых **язык без костей** — они не опасны, потому что легко узнаются. *И. Кокорев, Сибирка.* — Ах, дядя, **язык** у тебя **без костей!** — в досаде воскликнула покрасневшая девушка. *Н. Задорнов, Амур-батюшка.* — Довольно болтовни, синьор Чипполино. У вас, как видно, **язык без костей**. Покажите-ка мне лучше, в какую сторону рыть. *Д. Родари, Чипполино.* (с оттенком иронии) — Где помнить-то? — искренне удивилась Лиза.— У меня **язык без костей** — сколько слов-то за день намелю? *Ф. Абрамов, Дом.*

II. ФИЗИЧЕСКОЕ СОСТОЯНИЕ

1. В ДЫМ ‹В ДЫМИНУ› напиться, нализаться, нарезаться и т. п.; пьян, пьяный *кто*. Очень сильно, вдрызг (говорится с пренебрежением). Фам. ● Неизм. ● В роли обстоятельства.

— Не стращай! — подбоченился подвыпивший Беззубов. Вечером он напился **в дым** и всю ночь скандалил. *В. Шишков, Странники.* Пьяный **в дым** Аникушка прилип к Григорию, но тот глянул на него такими глазами, что Аникушка растопырил руки и мотнулся в сторону. *М. Шолохов, Тихий Дон.* Мать честная, куда ж это меня занесло? Неужели, думает, я в пьяном виде вчерась еще куда-нибудь зашел? ...Нет, думает, нехорошо так **в дым** напиваться. Алкоголь, думает, чересчур вредный напиток, ни черта в памяти не остается. *М. Зощенко, Землетрясение.* Не проходило ни одного праздника, чтобы Трофим не напивался... «**в дымину**», как он любил выражаться, и чтобы не орал на всю деревню. *Ф. Абрамов, Пряслины.* Мишка открыл дверцу кабины, попробовал приподнять Сергеева.— **В дымину** пьян,— услышал он спокойный голос Валерки. *В. Глушко, Земля Мишки Демина.*

2. В СТЕЛЬКУ напиться, нализаться, нарезаться и т. п.; пьян, пьяный *кто*. Очень сильно, до бесчувствия (говорится с пренебрежением). Фам. ● Неизм. ● В роли обстоятельства.

Выселение рабочих властью прокурора приостановлено. Пристав не знал, как себя вести. Растерялся и судья. Пристав пришел к судье совещаться. Оба напились **в стельку**. *В. Шишков, Угрюм-река.* — Тогда, может быть, нам сходить к этому печнику и выяснить все на месте, а? — А чего выяснять-то? — женщина горько усмехнулась.— **В стельку** он пьяный или на ногах еле держится? *Е. Мальцев, Войди в каждый дом.* Через минуту Хамдам захрапел.— **В стельку** пьян,— сказал про него Жарковский. *Н. Никитин, Это было в Коканде.*

ГОЛОВА ИДЕТ ‹ПОШЛА› КРУГОМ *у кого, чья от чего.* См. IX, 10

3. ГОЛОВА ПУХНЕТ/РАСПУХЛА ⟨ТРЕЩИТ, РАСКАЛЫВАЕТСЯ⟩
2. *у кого*. Растет ощущение физического дискомфорта, головной боли. Имеется в виду реакция на излишне громкий шум, крики и т. п. (говорится с неодобрением). Обычно о себе. Реч. стандарт. *у кого* — у лица ● Порядок слов нефиксир.

— ...Сами школьники будут бороться за порядок в школе...— За чистоту, за тишину? — обрадовался завхоз.— У меня уж **пухнет голова**. Ох, и крикуны есть пронзительные! *Г. Матвеев, Новый директор.* У меня **голова трещит** от ваших споров! (*реч.*) Целый день он заводит свою сумасшедшую музыку, уже **голова раскалывается**! (*реч.*)

4. ДАТЬ ДУБА *кто*. Умереть. Фам. *кто* — лицо ● Именная часть неизм. Возможно употр. несов. в. во мн. ч. со словами **говорят, считается, обычно, всегда**. ● Порядок слов нефиксир.

◆ Но самые могучие когда помирают, железнодорожные кондуктора или из начальства кто, то считается, что **дуба дают**. *И. Ильф и Е. Петров, Двенадцать стульев.* — Ой, какая грязная рана!.. — Ой, пала [падла]! — взвыл Венька.— ...**Дуба даст**... *В. Астафьев, Печальный детектив.* Заяц прислонился к березе и **дал дуба**. *А. Иванов, Красная Пашечка.*

■ — Смотри, **дуба** там не **дай**, возьми хоть мою телогрейку! (*реч.*)
▲ — Нет, я-то ведь тоже чуть **дуба не дал**! — вспомнил Колька... — Туда ехал, у меня заглохло. Я с час, наверное, возился... Руки поморозил... Я же вполне мог **дуба дать**! *В. Шукшин, Начальник.*

5. ДО ЧЕРТИКОВ напиться, нализаться и т. п.; пьян, пьяный *кто*. Очень сильно, до галлюцинаций (говорится с пренебрежением). Фам. ● Неизм. ● В роли обстоятельства.

Ну, пьян человек, пьян **до чертиков** и будет пить запоем еще неделю. *Ф. Достоевский, Братья Карамазовы.* Семижилов воротился домой пьяный **до чертиков**, не узнал своей жены. *Н. Лейкин, Наши забавники.* В конце концов Ноздря упился **до чертиков** и со слезами умиления лез целоваться к Графу *Ю. Авдеенко, Последняя засада.* — Я и забыл тебе сказать, пленника-то куда девать теперь? Заоблавил я его ночью, спит в кладовке, нализался самогонки-то **до чертиков**. *В. Балябин, Забайкальцы.* Один пить не могу... А вот так с кем-нибудь в хорошей компании могу нализаться **до чертиков**. *Г. Брянцев, Конец «Осиного гнезда».*

6. ДЫШАТЬ НА ЛАДАН 1. *кто*. Умирать, готовиться к смерти (говорится с неодобрением). Реч. стандарт. *кто* — лицо ● Именная часть неизм. Нет буд. вр. ● Порядок слов нефиксир.

◆ Мешкать ей было нельзя, потому что она, как говорится, **на ладан дышала**, и тяжело ей было умирать, не пристроив своей родной внучки. *С. Аксаков, Семейная хроника.* — Умрет скоро... Ведь вот подите: **на ладан дышит**, а все ему газету подавай... *Д. Мамин-Сибиряк, Читатель.* — Живем мы с батей вдвоем, да батя уже, как говорится, **на ладан дышит**! *В. Закруткин, Плавучая станица.*

■ Фам. Клавка... спорить стала легко, с улыбочкой: — Тетка Дарья, да это вы такие есть. Сами **на ладан дышите** и житье по себе выбираете.. *В. Распутин, Прощание с Матерой.*
▲ Обычно не употр.

7. ЗАЛИТЬ ⟨НАЛИТЬ⟩ ГЛАЗА ⟨ШАРЫ⟩ *кто*. Напиться, выпить

чересчур много (говорится с неодобрением). Грубо-фам. *кто* — лицо ● Порядок слов нефиксир.

◆ Но как выпьет, тут уж держись: или хвастать начнет, какой он богатый, или в драку лезет. И ведь сколько уж раз учили, дурака, один раз голову стяжком проломили — неймется! **Нальет глаза,** и все нипочем: на пятерых, на семерых лезет. *В. Шукшин, Печки-лавочки.* Вот тут и пошло, завертелось. Анисья — **шары налила**,— и давай высказываться на всю улицу: «Вы признавать меня не хочете.., вы сестры родной постыдились.., ты дом родительский разорила...» — это уж прямо по ее, Пелагейной, части. Каждый раз, когда напьется, про дом вспоминает. *Ф. Абрамов, Деревянные кони.*— Сиди! — прикрикнула на него Евгения.— Они **шары нальют,** не знай чего начнут молоть. *Ф. Абрамов, Деревянные кони.* И разве виновата та самая Клавдия, что молодость ее пала на войну? Вот и почала она по вечерам свои походы в деревню делать — авось и ей перепадет какая-нибудь кроха бабьего счастья, а чтобы не так стыдно было, **залей глаза вином**... *Ф. Абрамов, Вокруг да около.*

▨ — **Нальешь шары** и начинаешь скандалить. Не скандалить надо — работать. Ребят вот полон дом. *(реч.)*

▲ — Я себя знаю. Пока трезвый — смирный, **залью глаза** — тут же в драку лезу. *(реч.)*

8. [И] ГЛАЗОМ НЕ МОРГНУТЬ 2. *кто.* Ни малейшим образом не обнаружить своего внутреннего состояния (растерянности, страха, беспокойства и т. п.). Реч. стандарт. *кто* — лицо ● Именная часть неизм. ● Порядок слов нефиксир.

[и] глазом не моргнув делать что-л. ● Неизм.

◆ ...Раз пятнадцать он тонул, Погибал среди акул, Но ни разу даже **глазом не моргнул.** *В. Лебедев-Кумач, Песенка о капитане.* Батманов напросился на первую же экспедицию, хоть бы **глазом моргнул,** когда вокруг него летали пули. *А. Писемский, М-г Батманов.* Дора бежала со всех ног и думала, что ведь Ефрем и **глазом не моргнет**, что страха в нем нет и не может быть ни перед чем... *С. Залыгин, Соленая Падь.* **И не моргнув глазом**, он выдержал все эти вопросы и даже дал на них достойные ответы. *Вечерняя Москва, 1992.*

▨ Ну, ты молодец, **и глазом не моргнул**, хотя обстановочка была горячая. *(реч.).*

▲ Обычно не употр.

КАК <СЛОВНО, ТОЧНО> РУКОЙ СНЯЛО <реже **СНИМАЕТ, СНИМЕТ**> [*у кого что*]. См. IV, 29

КАК СЕЛЬДИ В БОЧКЕ набились, быть. См. XVI, 6

9. КАК У ХРИСТА ЗА ПАЗУХОЙ 2. быть, находиться, чувствовать себя и т. п. В полной безопасности (говорится с одобрением). Реч. стандарт ● Неизм. ● Порядок слов фиксир.

[Азеф:] Нет, здесь безопасно,— **как у Христа за пазухой**... Снимайте шубу... Будем ужинать. *А. Н. Толстой, Азеф.*— Благодарите всевышнего, что сидите у болота, **как у Христа за пазухой**,— вмешался в разговор Бунчук.— На чистом наступают, а мы тут за неделю по обойме расстреливаем. *М. Шолохов, Тихий Дон.*

КРАШЕ В ГРОБ КЛАДУТ. См. I, 3

10. ЛЫКА НЕ ВЯЗА́ТЬ *кто.* Быть совершенно пьяным, не способным говорить членораздельно (говорится с неодобрением). Фам. *кто* — лицо ● Порядок слов нефиксир.

♦ Дело было вечером, гости засиделись и порешили даже остаться у нас совсем. Конечно, пьяные были, **лыка не вязали**. *Д. Мамин-Сибиряк, В горах.* — Вот этак все дни, — сказал хозяин. — Пришел в пять часов, **лыка не вяжет**, а кричать, скандалить — на это его хватает. *В. Короленко, История моего современника.* — Ну, встретила я деток ладонями по рожам — Мишка сразу трезвый стал, а Яшенька, милый, и **лыка не вяжет**, однако бормочет: «Знать ничего не знаю, это все Михайло, он старшой!» *М. Горький, Детство.* — Понимаете, хмелен был человек, точней сказать **не вязал лыка**, но на ногах стоял. *С. Рыжак, Поутру.* Стрельна и Яр, Яр и Стрельна — это все, что они могли вспомнить. Хмельные, безобразные, они вваливались по ночам в редакцию и, хотя **не вязали лыка**, но пробовали «редактировать» газету. *И. Сытин, Жизнь для книги.* Вишь, нахлебался опять и **лыка не вяжет**. *В. Белов, Плотницкие рассказы.*

■ — Ты пришел со мной поговорить, а сам **лыка не вяжешь**. Проспись — поговорим, коли есть о чем. *(речи.)*

▲ — Я со стыдом вспоминал прошедшую в пьяном чаду ночь, свою возраставшую с каждой рюмкой словоохотливость, хоть, как говорится, **лыка уже не вязал**. *(речи.)*

11. НА БРОВЯ́Х прийти, явиться и т. п. Ползком, на ногах не держась (говорится с пренебрежением). Подразумевается, что кто-л. совершенно пьян. Фам. ● Неизм. ● В роли обстоятельства.

— А мистер Кук, — продолжал он, — в прошлое воскресенье вылакал в трактире четверть водки и приполз домой **на бровях**. *В. Шишков, Угрюм-река.* Папа иногда приходил домой вместо шести в двенадцать. При этом он обычно путал ноги с бровями: приходил **на бровях**. *А. Арканов, Про Васю, который был великим путаником.* В. вернулся в нетрезвом состоянии, как говорится, **на бровях явился**. *Я. Максименко, Голубчик.*

12. НЕ В КОНЯ́ КОРМ. 1. Не идет впрок, на пользу, не дает желаемого результата. Имеется в виду пища, питье и т. п. Неформ. ● Неизм. ● В роли самостоят. предложения. В форме клишированной реплики в ответ на ситуацию. Порядок слов фиксир.

— Ну, а теперь, сестрица, чаем потчуй... — Тоже чаю! **Не в коня корм!** *П. Мельников-Печерский. В лесах.* — Ее кормили всякими деликатесами, особо калорийной пищей, а она все такая же худышка. — Видно, **не в коня корм**. *(речи.)*

13. НИ В ОДНОМ́ ГЛАЗУ́ ⟨ГЛА́ЗЕ⟩ *кто.* Нисколько, ни в малейшей степени не пьян; реже — не боится или не устал. Неформ. *кто* — лицо ● Неизм. ● В роли сказ., самостоят. предложения.
ни в одном глазу он, хмеля, страха *у кого.* Нисколько нет.

♦ На свадьбе гости не зевали, еще далеко было до вечера, а уже многие совсем осоловели и начинали болтать неизвестные речи. Иные пили и целовались, другие говорили друг другу оба вдруг, третьи только сопели. Но были и такие, что, как говорится, **ни в одном глазу**, — находились в своем виде. *А. Погосский, Солдатское пиво.* [Федор Иванович:] И пил, и в карты играл, и в городе раз пять был... Совсем очумел. [Орловский:] Молодчина! Стало быть, теперь выпивши? [Федор Иванович:]

Ни в одном глазе. *А. Чехов, Леший.* Особо отмечу: никаких видов алкоголя и в буфете не покупали, и при себе не имели, да и сами приходили **ни в одном,** как говорится, **глазу** — я специально следил. *Ю. Юзовский, Польский дневник.* [Человек в потертом костюме:] Полночи я проворочался в постели... Сна **ни в одном глазу.** Под периной жарко, как в Африке. *Братья Тур, Северная мадонна.* — Ага, вот видишь, ты и сам боишься! — заметила жена. — Что ты! **Ни в одном глазе!** *Н. Лейкин, Наши забавники.*

■ — Ну и крепок же ты, брат. Вторую ночь не спишь, а **ни в одном глазу,** свежий, как огурчик. *(реч.)*

▲ — И совсем зря вы так обо мне подумали. Я выпить и сам не дурак, до войны все «американки» в Мурманске спиною обтер. А сейчас я, коли время такое строгое, **ни в одном глазу** ни мур-мур! *В. Пикуль, Океанский патруль.*

[ОДНА] КОЖА ДА <И> КОСТИ *кто.* См. I, 5.

14. **ОТДАВАТЬ/ОТДАТЬ КОНЦЫ** *кто.* Умирать. Обычно в простонародном значении 'помирать'. Неформ. *кто* — лицо ● Именная часть неизм. ● Порядок слов нефиксир.

♦ И голосок у него такой нежный да тонкий, как будто и на самом деле старик **концы отдает.** *М. Шолохов, Поднятая целина.* А в тридцать третьем году, когда у них был голод и он **отдавал концы...** И он, Илья, не умер, а умер ребенок... *Ф. Абрамов, Две зимы и три лета.* — Слышь, Василий.., совсем наша Пумпянская захирела, не сегодня завтра **отдаст концы.** Тебе комнатушка-то ее, часом, не пригодится? *В. Пьецух, Новая московская философия.*

■ Перед Джанкоем я малость ожил и смог уже идти самостоятельно. — Ну, вот, — заметил Виноградов, — а ты **концы** собирался **отдавать.** *С. Сабуров, Всегда солдат.*

▲ — Это прекрасный презент вам, док, за то, что вы так возились со мной, когда я **отдавал концы.** *Ю. Герман, Дорогой мой человек.* ...пока я на попутной машине добирался до Цыганского участка, чуть не **отдал концы...** *В. Каверин, Открытая книга.* ...Хорошую религию придумали индусы, Что мы, **отдав концы,** не умираем насовсем. *В. Высоцкий, Песня о переселении душ.*

15. **ПОД ГРАДУСОМ** быть, бывать, находиться *кто.* В состоянии опьянения, выпивши. Неформ. *кто* — лицо ● Неизм. ● В роли именной части сказ.

♦ Через два часа Майкоп подтвердил прилет Эшленбурга, но адъютант не стал докладывать о таких пустяках своему командиру, тем более, что последний был уже изрядно **под градусом.** *И. Исаков, Рассказы о флоте.* Трагику досталась Комическая жизнь. И вечером, **под градусом,** Он шел золы серей. *В. Гусев, Звезда моего деда.*

■ — День только начался, а ты уже **под градусом.** Когда же это кончится? *(реч.)*

▲ — Я хоть и был **под градусом,** но ума хватило не ввязываться в драку, а убраться подобру-поздорову. *(реч.).*

16. **ПОД МУХОЙ** быть, бывать *кто.* В состоянии опьянения, навеселе. Неформ. *кто* — лицо ● Неизм. ● В роли именной части сказ.

♦ — Парень, должно быть, был **под мухой,** — добавил Чоп от себя. — Выпил поллитровочки водки. *К. Паустовский, Колхида.* Прохор,

по обыкновению, был **под мухой** — от него так и разило дешевым одеколоном. *Ф. Абрамов, Деревянные кони.* — А что грузчик убился, так Гани в половину виноват. Грузчик **под мухой**... извиняюсь, выпившим был, потому и брякнулся так сильно. *В. Мильчаков, Таких щадить нельзя.* — Вот я тебя, паря, и спрашиваю: какая такая дружба промеж них может быть? Каждый вечер вместе, вечор я их тоже рядком на улице видал — оба **под мухой**. *Н. Почивалин, Выстрел на окраине.*
■ — Я вижу, ты опять **под мухой**, видно, ни забот, ни хлопот у тебя нет. *(реч.)*
▲ — Моя жена не выносит пьяных. Когда я был холост, я позволял себе немного выпить после работы и частенько бывал **под мухой**. Женился — пришлось стать трезвенником. *(реч.)*

17. ПРОЛИВАТЬ/ПРОЛИТЬ <ЛИТЬ> КРОВЬ 1. *кто [за кого, за что].* Подвергаться ранениям, погибать (говорится с одобрением). Подразумеваются военные действия. Реч. стандарт. *кто* — лицо, группа лиц, воины, ветераны; *за кого* — за народ, детей, жен, матерей; *за что* — за родину, свободу и т. п. ● Именная часть неизм. ● Порядок слов нефиксир.
◆ Прапорщик хоть и маленький чин, хоть и ни то ни се, но все же он слуга отечества, офицер... **кровь проливал**. *А. Чехов, Упразднили!* — Колчерукий! — крикнул он. — Клянитесь нашими мальчиками, которые **кровь проливают**, защищая страну, что вы помиритесь за этим столом. *Ф. Искандер, Колчерукий.* Люди на фронте гибнут, **кровь льют**, а вы работать не хотите! *(реч.).*
■ — Товарищи, миленькие, хорошие! Как же это? Опомнитесь. Вместе на двух войнах **кровь проливали**. *Б. Пастернак, Доктор Живаго.* Литературная — не в ней суть, а вот — **кровь пролейте**! Выходит каждые семь дней. Ушедший — раз в столетье приходит. *М. Цветаева, Маяковскому.*
▲ Счастлив буду **пролить кровь** за нашу Москву. *В. Ажаев, Далеко от Москвы.* — Вы не согласны со мной? По-вашему — мы наступаем зря? **Льем кровь** зря? *К. Федин, Необыкновенное лето.*

18. льется/прольется кровь. Погибают, подвергаются ранениям люди.
Между тем **кровь льется** уже в непосредственной близости к границам России. *Московские новости, 1993.* Идут когорты... Куда идут? Не все ли равно? Но там, где им назначено появиться, **прольется кровь**, нагромоздятся новые трупы. *В. Тендряков, Покушение на миражи.*

19. РЕЖЕТ ГЛАЗ <ГЛАЗА> 1. *что кому.* Резко действует на зрительное восприятие, вызывая неприятные ощущения (говорится с неодобрением). Имеется в виду чрезмерная яркость, пестрота, несуразность, несоразмерность чего-л. Реч. стандарт. *что* — свет, цвет, размер, внешний вид кого-л. или чего-л.; *кому* — лицу ● Именная часть неизм. ● Порядок слов нефиксир.
Я вошел в зал, в котором обстановка была роскошна, но холодна и безвкусна, и особенно неприятно **резали глаза** высокие и узкие зеркала в простенках и ярко-желтые портьеры на окнах. *А. Чехов, Моя жизнь.* ...сразу поразило невиданное освещение. Белый шар под потолком сиял до того, что **резало глаза**. *М. Булгаков, Собачье сердце.* Это был вечер. Стосвечовая лампочка **резала глаза** нестерпимо. *М. Булгаков, Театральный роман.* Когда Катя спросила его, как он так быстро обнаруживает на чертеже ошибки, Гурин даже и вопрос-то не сразу понял: — А

что же тут удивительного... **режет глаз!** Глаз-то привык к определенной гармонии. *В. Галин, Гамма пластов.* Мне он не нравился, не нравились его жеманность, а пристрастие к голубому цвету в одежде просто **резало глаз.** (*реч.*)

20. С НОГ СБИВАТЬСЯ/СБИТЬСЯ *кто.* Уставать до изнеможения от многочисленных хлопот и забот (говорится с неодобрением). Подразумевается необходимость выполнить несколько дел сразу. Реч. стандарт. *кто* — лицо, группа лиц, объединенных участием в общем деле ● Именная часть неизм. ● Порядок слов нефиксир.

◆ Трое врачей — Тиан, Массо и штаб-лекарь Санковский — **сбивались с ног,** но все впустую. *И. Друцэ, Белая церковь.* Марго призналась мне, что она на даче устает еще больше, чем в городе, так как все время надо чистить грибы, и варить варенье, и доставать творог и сметану, она **сбивается с ног.** *В. Панова, Времена года.* Все **сбились с ног,** готовясь к празднику, отдавая и принимая распоряжения, ругаясь, споря, моя полы, чистя синеющим мелом темное тяжелое серебро икон. *И. Бунин, Суходол.* Между тем шли упорные бои, и в медсанбате все **сбились с ног.** *Э. Казакевич, Весна на Одере.* — А, говорит, Егорка, где ты летаешь? Тебя, говорит, председатель по всей деревне искал, с ног **сбился.** *В. Мурзаков, Мы уже ходим, мама...* И необязательно точно следовать за любой модой и **сбиваться с ног,** доставая ту или иную «фирму», но поддерживать свой стиль в одежде необходимо. *Л. Иванова, Сын влюбился.* Двигавшиеся пешком с узлами, мешками и грудными детьми на себе, лишившиеся молока, **сбившиеся с ног** и обезумевшие молодые матери бросали детей на дороге, вытрясали муку из мешков и сворачивали назад. *Б. Пастернак, Доктор Живаго.*

◨ [Евгения:] Да разве я не хозяйка! Туда сунься, за тем погляди, **с ног собьешься.** *А. Островский, На бойком месте.*

▲ — Я совершенно **сбился с ног,** — жаловался Пищиков. — Просто не в силах всюду поспеть. *В. Куценко и Н. Новиков, Сокровища республики.* Однажды из стада исчезла коза. Я **сбился с ног,** бегая по кустам, разрывая одежду о колючки, крича до хрипоты. *Ф. Искандер. Созвездие Козлотура.*

СЕРЕДИНА НА ПОЛОВИНУ <СЕРЕДИНКА НА ПОЛОВИНКУ> 2. чувствовать себя, относиться к кому-л., чему-л. и т. п. См. XVI, 19

21. ХВАТИЛ <ХВАТИЛА, УДАРИЛ, УДАРИЛА, СТУКНУЛ, ХЛОПНУЛ, ПРИШИБ> КОНДРАШКА *кого.* Скоропостижно умереть, скончаться от внезапного сердечного приступа, паралича, удара (говорится с неодобрением или пренебрежением). Фам. *кого* — лицо ● Именная часть неизм. Нет наст. вр. ● Порядок слов нефиксир.

Жирею, как каплун, и того и гляжу, что меня **кондрашка стукнет.** *Н. Лесков, Мелочи архиерейской жизни.* Тетюева взорвало, он... подал в отставку. Гордый старик не перенес такого удара и прожил в отставке всего несколько месяцев: его **хватил кондрашка.** *Д. Мамин-Сибиряк, Горное гнездо.* Полицейский вспомнил, что ему волноваться нельзя, — апоплексическое сложение, **кондрашка** еще **хватит.** *А. Серафимович, Не ожидал.* — Пять недель назад я вот, как и вы, — обратился он к князю, — с одним узелком от родителя во Псков убег.., а он без меня и помре. **Кондрашка пришиб.** Вечная память покойнику, а чуть меня тогда до смерти не убил! *Ф. Достоевский, Идиот.* — Ох, ты... черт! — пролепетал он, задыхаясь. — Мне то же самое говорила одна знакомая, пока ее не хватила кондрашка... Я и говорю, пока она не померла! *Н. Атаров, Повесть о первой любви.* Известие о смерти Андрея Ивановича Яковлева в один час облетело весь город... Толки шли разные: одни говорили, что он сгорел от вина; другие — что его ударила кондрашка. *А. Решетников, Свой хлеб.* — К вечеру до того набирался, что как зюзя ползал. Его кондрашка и хватила. *И. Василенко, Артемка.* [Одноклассник:] ...Он до того побагровел, что я думал — тут его за столом сейчас кондрашка и хлопнет!.. *М. Булгаков, Батум.*

Кондрашка, реже Кондрат, Кондратий, в сев.-русск. говорах Мирошка, Мирон избрано для обозначения удара (старое название сердечного приступа, инсульта, паралича со смертельным исходом). В русской традиции давать имена собственные вещам или явлениям: ср. соха Андреевна, Мороз Иванович, в идиомах — ваньку валять, показать Кузькину мать, не по Сеньке шапка, как сидоровy козу драть и т. п.

ХОДИТЬ ХОДУНОМ 1. *что.* См. III, 39

заходить <реже пойти> ходуном 1. *что.* См. III, 40

III. ФИЗИЧЕСКОЕ ДЕЙСТВИЕ И ПЕРЕМЕЩЕНИЕ

1. БЕЗ ОГЛЯДКИ 1. бежать, убегать. Как можно скорее, не мешкая. Реч. стандарт ● Неизм. ● В роли обстоятельства.

Кроме того, Берлиоза охватил... столь сильный страх, что ему захотелось тотчас же бежать с Патриарших **без оглядки**. *М. Булгаков, Мастер и Маргарита.* — Где же он? Бежал? Задержать его... Но обитая клеенкой дверь уже выпустила меня, и я бежал **без оглядки**. *М. Булгаков, Театральный роман.* Помедлив немного, я разражаюсь таким каламбуром, услышав который, всякий другой человек повесил бы трубку и убежал **без оглядки**. *А. Аверченко, Алло!*

В <ЗА> ОДИН ПРИСЕСТ съесть, выпить, написать и т. п. См. XVI, 1

В <ЧЕРЕЗ> ЧАС ПО ЧАЙНОЙ <СТОЛОВОЙ> ЛОЖКЕ делать, получать и т. п. См. XVI, 2

2. ВЫСУНУВ <ВЫСУНЯ> ЯЗЫК бежать, бегать, улепетывать, искать. Изо всех сил, очень быстро, на пределе своих физических возможностей, до полного изнеможения. Неформ. ● В роли обстоятельства ● Порядок слов фиксир.

[Петя] опрокинул у какой-то лавочки корзину с рожками, и мальчикам пришлось, **высунув языки**, два квартала бежать от хозяина. *В. Катаев, Белеет парус одинокий.* Закупками распорядилась сама Катерина Ивановна с помощью одного жильца.., который бегал весь вчерашний день и все это утро сломя голову и **высунув язык**. *Ф. Достоевский, Преступление и наказание.* Он бежит,.. **высунув язык**, задыхаясь. *Б. Горбатов, Мое поколение.* [Настасья Кирилловна:] Ступай, дурачок этакий, за дядюшкой. Куда это он, голубчик мой, скрылся? [Ванечка:] Догонишь его, как бы не так. Он, я видел, **высуня язык**, улепетывает. *А. Писемский, Ипохондрик.* Но в то время, когда немцы, **высунув язык**, искали «преступников»..., Кузнецов, развалившись в кресле, сидел в приемной Функе, заместителя Коха, главного судьи на Украине. *Д. Медведев, Это было под Ровно.* Ну что ты бегаешь, **высуня язык**? Сядь, успокойся, а потом все дела потихоньку и сделаешь. *(реч.)* Вот и гоняйся за ней по большим дорогам **высуня язык** ни свет ни заря. *Ф. Достоев-*

ский, *Село Степанчиково и его обитатели.* В день отъезда я бегал по Питеру, высунув язык. Не было ни одной свободной секунды. *М. Чехов, Письмо А. Чехову, 21 февр. 1889.* — Веришь ли, с утра, высуня язык, мотаюсь по городу, никто в долг не верит. *Л. Леонов, Вор.* — А я из-за этой деликатности сегодня, высуня язык, весь город обегал. *В. Короленко, Воспоминания о Чернышевском.*

3. ДАТЬ ХОД 1. *кто чему.* Позволить проехать. Реч. стандарт. *кто* — лицо; *чему* — транспортному средству ● В роли составного сказ. Именная часть неизм. ● Порядок слов нефиксир.
◆ — Если на одной станции опоздаешь, то на других поневоле будут задерживать, чтобы дать ход встречным [поездам]. *А. Чехов, Холодная кровь.*
■ — Если вы не дадите нам ход сейчас же, я обращусь в органы власти. У нас особо важный груз, и мы не можем задерживаться. *(реч.)*
▲ Наш поезд сильно опаздывал, мы подолгу стояли на полустанках — надо было дать ход грузовым составам. *(реч.)*

ДО ТОЧКИ[2] 1. доходить, доводить и т. п. См. IV, 18

ДО УМОПОМРАЧЕНИЯ. См. IV, 20

4. ДЫШАТЬ НА ЛАДАН 2. *что.* Находиться в плохом состоянии. О том, что скоро развалится, сломается, обветшает, испортится и т. п. (говорится с неодобрением). Реч. стандарт. *что* — дом, станок, телевизор, холодильник, пальто, простыня и т. п. ● Именная часть неизм. Нет буд. вр. ● Порядок слов нефиксир.
...домик по улице Шекспира давненько дышал на ладан — он по наличники врос в песок, посреди фасадной части проходила большая трещина... *В. Пьецух, Драгоценные черты.* — В район позвонить надо, о запасных частях поговорить. Не нынче завтра встанут два трактора, подшипники на ладан дышат. *М. Алексеев, Ивушка неплакучая.* Мать... поселилась у Ларичевых с тех пор, как в одну из весен полой водой смыло под обрыв старую хату. Она уже давно дышала на ладан и вот не выдержала. *И. Грекова, Хозяйка гостиницы.* Телевизор не переключать. Работает только первая программа. Он давно на ладан дышит. *(из объявления в больнице)* — ...Коровника нет? Не выдумываю?.. Телятник на ладан дышит — я виноват? *Ф. Абрамов, Две зимы и три лета.* Молчали бы уж лучше. Один — председатель колхоза, который давно уже на ладан дышит, а другой тоже не кадр... *Ф. Абрамов, Пути-перепутья.*

5. [И] НОГИ < НОГА > НЕ БУДЕТ *чьей < чья > где.* Никогда больше не придёт, не появится. Имеется в виду реакция на нанесённое оскорбление, обиду. Произносится тоном возмущения, негодования. Неформ. *чьей, чья* — лица; *где* — в доме кого-л., в том месте, где было нанесено оскорбление, обида ● Именная часть неизм. ● Возможно употр. как отдельной реплики. Обычно в диалоге. Порядок слов нефиксир.
чтоб ноги < нога > не было < не ступала, не ступало > чьей < чья > где. Чтобы кто-л. никогда больше не приходил, не появлялся.
Она говорила, рыдая и взвизгивая, что нога ее никогда-никогда не будет в доме его! Вообще слово «нога», употреблённое в этом смысле, произносится с необыкновенным эффектом иными барынями. *Ф. Достоевский, Село Степанчиково и его обитатели.* Раза два он жестоко

поссорился с Лизаветой Прокофьевной, объявил ей, что она деспотка и что **нога** его **не будет** в ее доме. *Ф. Достоевский, Идиот.* [Аркадина:] Каждое лето меня здесь оскорбляют! **Ноги моя** здесь больше **не будет**! *А. Чехов, Чайка.* Богданович отбросил ногой стул.— **Ноги моей** здесь больше **не будет**! — крикнул он, уходя. *Л. Куприна-Иорданская, Годы молодости.* — Ни за что не пойду,— увесисто возразил я.— **Ноги моей не будет**... или, вернее — руки моей не будет у хироманта. *А. Аверченко, Оккультные тайны Востока.* После того, как он ушел, Ильинична проводила детей во двор, сказала, обращаясь к Дуняшке: — Чтобы больше и **ноги** его тут **не ступало**! *М. Шолохов, Тихий Дон.* — Не хочу, чтобы ты поганил мой дом! — решительно повторил старик.— И больше чтоб **нога** твоя ко мне **не ступала**. Нам, Мелеховым, палачи не сродни. *М. Шолохов, Тихий Дон.* — Ты — смеяться! Надо мной, над Комаровым! — закричал он.— Вон с аэродрома, чтоб и **ноги** твоей здесь **не было**! *Г. Семенихин, Над Москвою небо чистое.*

[И] СЛЕД ПРОСТЫЛ *кого, чего.* См. XIV, 4

6. ИЗ-ПОД [САМОГО] НОСА *чьего, кого, у кого.* С самого близкого расстояния. Подразумевается дерзость поступка кого-л. по отношению к другому участнику ситуации. Реч. стандарт. *чьего, кого, у кого* — у лица ● Неизм. ● В роли обстоятельства. Порядок слов фиксир.

— У нашего командира полка увел жеребца **из-под самого носа**, собачий сын,— с восхищением сказал Сторожев.— Цыган, ей-богу, цыган! *Н. Вирта, Одиночество.* Арсютка ускользал у него **из-под самого носа** с отчаянной дерзостью. *Д. Мамин-Сибиряк, Оборотень.* — Однако ж один эдакий ловко стащил **из-под** твоего **носа** кусок, облюбованный тобой. *М. Горький, Дело Артамоновых.* «Едва ли выйдет другой такой случай..., а отложить до другого дня — **из-под носа** захватит добычу кто-нибудь из больших партизанов» — думал Денисов... *Л. Толстой, Война и мир.* Черняков схватил трубку телефона и закричал: — Еремеев, Усанин! Что же вы? Ведь **из-под носа** уходят! *В. Клипель, Медвежий вал.*

КАК КОРОВА ЯЗЫКОМ СЛИЗАЛА *[что, кого].* См. XIV, 5

7. КАК ⟨БУДТО, СЛОВНО, ТОЧНО⟩ КУРИЦА ЛАПОЙ писать. Крайне неряшливо и неразборчиво (говорится с неодобрением). Реч. стандарт ● Неизм. ● Порядок слов фиксир.

Ты пишешь **как курица лапой**. *Д. Мамин-Сибиряк, Хлеб.* Пишешь **словно курица лапой**... не разберешь. *В. Смирнов, Саша Чекалин.* Ох, и почерк у этого Кости! **Будто курица лапой**... Машинистке надо двойную плату с него брать или тройную. *(реч.)* Ведь учили вас правописанию в первом классе! Почему же ты продолжаешь писать **как курица лапой**? *(реч.)*

8. КАК МИЛЕНЬКИЙ 2. Беспрепятственно, легко и просто (говорится с одобрением). Неформ. ● В роли обстоятельства, реже — дополнения.

И заработал движок державы **как миленький**, бесперебойно и уверенно, гениальная машина, питаемая энергией ненависти и страха. *А., Г. Вайнеры, Евангелие от палача.* Однажды... он на глазах у мужиков отодрал чересседельником Нестора..., когда тот пригнал откуда-то всего в мыле, с разорванными в кровь губами, запаленного жеребца по кличке Гром,— отодрал **как миленького**, и никто не посмел его остановить. *В. Распутин, Живи и помни.* Идет наша деталь, **как миленькая**, а

вместо семи человек управляются с ней двое. *А. Караваева, Родной дом.*
Я сочувственно покачал головой.— Первый раз? — В том-то и дело...
Ведь мне уже тридцать восемь.— Ничего, родишь, **как мильнькая**.
В. Каверин, Открытая книга.

9. КАК ПИТЬ ДАТЬ. Обязательно, непременно, наверняка. Имеется в виду высокая степень вероятности какого-л. (чаще нежелательного) действия, события. Обычно в ситуации, когда хотят уверить кого-л. в том, что какое-л. (чаще нежелательное) событие должно произойти. Неформ. ● Неизм. Употр. тк. с глаголом буд. вр. сов. в. ● В роли обстоятельства. Порядок слов фиксир.

    — Хысь, сам посуди, где мы сейчас этот магазинчик будем искать? Собак только разбудим,— сказал я.— ...Мы же **как пить дать** попадемся. *В. Карпов, Вилась веревочка.* Ох, девочка, испортит тебе твой капитан жизнь. **Как пить дать** испортит. *В. Чудакова, Чижик — птичка с характером.*— Это верно,— сказал регистратор,— ежели какое учреждение мало-мальски слабовато в финансовом смысле, то больше двух председателей в год не выдержит. Прогорит, **как пить дать**. *П. Романов, Стена.* Расчет простой: если даже сумеет Доцент за два дня подготовиться, перед лицом «акустических элементов» голос его всенепременно дрогнет; ну, **как пить дать**, перепутает Доцент транзисторы с тиристорами, электроды с громоотводами. *Литературная газета, 1980.* Она вышла из магазина в новеньких баретках и, не будь дура, домой пошла. «А то, думает, папаня, **как пить дать**, обратно не купит по причине все той же дороговизны». *М. Зощенко, Баретки.*— Слушай, ученый,— сказал Николай,— ...вот сейчас к нам две девахи... направляются... Вот засеки время, через три минуты они тут **как пить дать** будут. *И. Герасимов, Пробел в календаре.* Юрка, важно усевшсь верхом на сапог пулеметчика, ободрял мать.— Проскочим. **Как пить дать** проскочим! И они проскочили. *П. Вершигора, Люди с чистой совестью.*

КАК <БУДТО, СЛОВНО, ТОЧНО> СНЕГ НА ГОЛОВУ 1. приехать, явиться, нагрянуть. См. XV, 11

10. КАК УГОРЕЛЫЙ бегать, бросаться, носиться, метаться. Очень быстро, суматошно, не глядя на окружающих, не обращая ни на что внимания (говорится с неодобрением). Неформ. ● В роли обстоятельства образа действия.

    А вот природовед Половьян доволен! Он бегает по лестницам **как угорелый**. *В. Беляев, Старая крепость.* На остановках пассажиры **как угорелые** бегом бросались в буфет. *Б. Пастернак, Доктор Живаго.* Весь день Мишка носился **как угорелый**: то примется дрова колоть, то чинить крыльцо, то разберется с починкой обуви — и, ничего не докончив, постоянно выбегал на задворки, смотрел на дорогу: не идет ли мать. *Ф. Абрамов, Братья и сестры.* Мама была уже дома. Она цепко оглядела Ильку, сразу увидела кровоподтек...— Носишься **как угорелый** и не думаешь, что я беспокоюсь,— сказала мама. *В. Крапивин, Та сторона, где ветер.* Бедный с ума сходил, чтобы достать камелий к вечеру на бал для Анфисы Алексеевны... Мечется **как угорелый**; но дело невозможное. *Ф. Достоевский, Идиот.*— Куда ты **как угорелая**? Не угнаться мне за тобой,— плакала сзади Амалия Карловна, тяжело дыша и еле за ней поспевая. *Б. Пастернак, Доктор Живаго.* Ну да где тут думать, поезд-то уж близко, думать некогда. Схватила я фонарь... и **как угорелая** на рельсы. *Б. Пастернак, Доктор Живаго.*

11. КАК ШТЫК быть. Совершенно точно, строго в назначенное время. Имеется в виду пунктуальность или обязательность. Неформ. ● Неизм.

Ведь клялся и божился, что не позже шести будет «как штык» возле Дома колхозника. *Ю. Герман, Я отвечаю за все.* — Дай десяток бойцов. Через час буду снова здесь как штык. *О. Кожухова, Ранний снег.* Бассейн открывается в девять утра. А Николай Петрович, как штык, без четверти восемь уже тут как тут. *Л. Ленч, Полезная купель.* — Дашь крюк, но к началу занятий чтобы как штык! Суток тебе там хватит? — Мне часа хватит. *В. Астафьев, Пастух и пастушка.* В двадцать ноль-ноль я как штык был за углом сарая. *К. Воробьев, Крик.*

12. ЛЕЧЬ ⟨ПОЛЕЧЬ⟩ КОСТЬМИ 1. *кто* Погибнуть, умереть (говорится с одобрением). Обычно в бою, сражении за какое-л. справедливое дело. Реч. стандарт. *кто* — лицо, группа лиц (войска, солдаты и т. п.) ● Именная часть неизм. ● Обычно в сложном предложении с союзом **а, но, чтобы.** Порядок слов нефиксир.

◆ Сейчас я был командиром отрезанной группы. Малейшая оплошность — и моя группа ляжет костьми на этой несуразной голой высотке. *П. Вершигора, Люди с чистой совестью.* Дивизия при надобности костьми ляжет, а с места не сойдет. *С. Голубов, Багратион.* Он должен был остаться и биться, чтобы с честью лечь костьми. *А. Серафимович, Железный поток.* Войска были полны решимости лечь костьми за народ, за родную страну. *(реч.)* Кто знает, сколько... полегло костьми подневольного люда, чтобы на усладу магараджей поднялись высокие розовые стены Городского дворца. *В. Крашенинников, Джайпурские рассказы.*

▨ Верю вам, что все сделаете, костьми ляжете, чтобы не пропустить врага. *(реч.)*

▲ — А ихнее благородие говорит мне: «Не сумлевайся, папаша! До сих пор будем позиции занимать и отстаивать, покеда весь народ переедет. Костьми ляжем, а жен-детей-стариков в трату не дадим!» *М. Шолохов, Тихий Дон.*

13. МЕРТВОЙ ХВАТКОЙ 1. вцепиться, держать. Очень крепко, сжимая изо всех сил (говорится с неодобрением). Подразумевается, что объектом действия является какой-л. предмет или часть тела человека. Реч. стандарт ● В роли обстоятельства ● Неизм.

Все попытки оттеснить толпу и сбросить швартовы были бесполезны. Люди вцепились в канаты мертвой хваткой, их руки невозможно было разжать. *К. Паустовский, Черное море.* Мы стояли и смотрели на них во все глаза... Калач еще раз дернулся, но безуспешно: Снегирев держал его мертвой хваткой. *О. Калкин, Москва слезам не верит.* На санях в сопровождении двух жандармов, мертвой хваткой вцепившихся в локти, ее доставили в жандармское управление. *В. Войнович, Степень доверия.*

14. НА ВСЕХ ПАРАХ 1. ехать, подъезжать, мчаться. Очень быстро, с большой скоростью. Имеются в виду поезд, пароход. Реч. стандарт ● Неизм. ● В роли обстоятельства.

В конце ноября, в оттепель, часов в девять утра, поезд Петербургско-Варшавской железной дороги на всех парах подходил к Петербургу. *Ф. Достоевский, Идиот.* Пролезая под вагонами, он то и дело слышал оглушительное, резкое лязганье буферов; на всех парах мимо промчался паровоз. *П. Проскурин, Судьба.* Пароход на всех парах шел к городу, от сотрясения его корпуса на столах дрожали и звенели бутылки. *М. Горький, Фома Гордеев.*

15. НА ВСЕХ ПАРАХ 2. нестись, лететь, спешить, гнаться изо всех сил, во весь дух. Имеется в виду лицо. Реч. стандарт ⏺ Неизм. ⏺ В роли обстоятельства.

Силач... снова появился на площади. Он несся на всех парах прямо на Тибула. *Ю. Олеша, Три толстяка.* — Ты, смотри, не болтай самой-то... Но Лука не слышал последних слов и на всех парах летел на половину Марьи Степановны. *Д. Мамин-Сибиряк, Приваловские миллионы.* Ведь даже современный маг — ребенок Спешит на всех парах, как заводной, Не к будке с газированной водой, А к кассе чародея-стадиона. *Ц. Солодарь, Апрель.* Когда на крыльце показался Игнат со своей одностволкой, то перепуганная волчиха была уже далеко от зимовья. — Фюйть! — засвистел Игнат. — Фюйть! Гони на всех парах! *А. Чехов, Белолобый.* Я поспешаю к нему на всех парах: вдвоем-то, конечно, легче выковыривать хитрую лису на белый свет! *И. Арамилев, Будило.* — Из больницы я помчался на всех парах. Надо было успеть пообедать. *Ф. Наседкин, Трудная радость.*

НА НОЧЬ ГЛЯДЯ пойти, поехать, собраться и т. п. См. XV, 16

16. НА СОПЛЯХ 1. Кое-как (говорится с неодобрением). Подразумевается, что что-то плохо, некачественно прикреплено или сделано. Неформ. ⏺ Неизм. ⏺ В роли обстоятельства.

— Тетя Аня, скажите спасибо, что хоть выправил я вам лудки. Вы ж Мите заказывали, за дешевизной погнались, он вам и сделал на соплях. Такие оконные коробки весь фасад могут искривить, а я вам его исправил. *В. Семин, Семеро в одном доме.* — Как тут окопаешься, если для блиндажа ни одного бревна нет, — начинает злиться старший сержант. — Все на соплях. *В. Быков, Третья ракета.*

17. НА СОПЛЯХ 2. Еле-еле (говорится с неодобрением). Подразумевается, что какое-то усилие делается из последних сил, на пределе возможностей. Неформ. ⏺ Неизм. ⏺ В роли обстоятельства.

[Самолет] шел уже на третий круг. — Сейчас прыгнет, бензин на исходе, на соплях дожимает! — прошептал Юра, смотря на часы. *Б. Полевой, Повесть о настоящем человеке.* Даня взяла соленый огурец и стала сосать. — На соплях наша жизнь, чужой бедой пробавляемся... *Ю. Нагибин, Трудный путь.*

18. НА ХОДУ 1. Продолжая идти, не останавливаясь. Реч. стандарт ⏺ Неизм. ⏺ В роли обстоятельства.

Много их, золотистых звездочек мать-и-мачехи.., и бабы помоложе на ходу срывали их... а Груня Яковлева стала собирать из цветов букетик. *Ф. Абрамов, Две зимы и три лета.* — «Свободные вести»! Турбин задержался, купил у газетчика и на ходу развернул газету. *М. Булгаков, Белая гвардия.* Затушив папироску, он на ходу вдруг лязгнул зубами и сунул нос под мышку. *М. Булгаков, Собачье сердце.* — Доброе утро! — хоть утром, хоть днем, хоть вечером роняла тетя Граня на ходу. *В. Астафьев, Печальный детектив.*

19. НА ЧЕСТНОМ СЛОВЕ держаться. Ненадежно, еле-еле, едва-едва, (говорится с неодобрением). Имеются в виду какие-л. детали, строительные конструкции, предметы одежды, сопротивление врагу, физические силы человека и др. Реч. стандарт ● Неизм. ● В роли обстоятельства. Порядок слов фиксир.

Крыша угрожающе провисала на самой середине, водосточные трубы держались **на честном слове**. *Г. Брянцев, По тонкому льду.* Брожу по пустому зданию, где все для меня не вновь, даже ржавые балки держатся почти что **на честном слове**. *М. Матусовский, В эпицентре взрыва.* Ступеньки держатся **на честном слове**, опасно ходить. *В. Тубельская, Дворец.* Кто мчится, кто скачет и брюки ловит, держащиеся **на честном слове**? *В. Маяковский, Кто он?* А один карман на брюках — видно, где-то зацепился за сучок — держался **на честном слове**. *И. Коваленко, Откровения юного Слоева.*— Тут, видно, оборона **на честном слове** держится,— с усмешкой заметил другой генерал, уже седой. *В. Клипель, Медвежий вал.*— Физически мы истощены, есть среди нас такие, что держатся **на честном слове**. Первое же испытание — и в санитарные землянки. *И. Вергасов, Живи, Севастополь.*

20. НЕ С РУКИ 1. *[кому]*. Неудобно, неловко, имеется в виду затруднение в осуществлении физического действия или перемещения. Реч. стандарт. *кому — лицу* ● Неизм. ● В роли обстоятельства в инфинитивной или безличной конструкции.

Австриец бежал вдоль решетки, Григорию **не с руки** было рубить, он, перевесившись с седла, косо держа шашку, опустил ее на висок австрийца. *М. Шолохов, Тихий Дон.* Ты с другой стороны встань. Тебе же **не с руки** так рисовать. *(реч.)* При подаче противник послал мяч в угол, поэтому бить с отскока мне было **не с руки**. Я принял мяч с лета — и ошибся. *(реч.)*

НИ В ЖИЗНЬ не сделает, не сделал бы; не сделать что-л. См. VI, 80

21. НИ НА ШАГ 2. не отходить от кого-л., не отпускать от себя кого-л. Ни на малейшее расстояние. О постоянном сопровождении кого-л. кем-л. Реч. стандарт ● Неизм. ● В роли обстоятельства. Порядок слов фиксир.

[Гуров] говорил Анне Сергеевне о том, как она хороша.., не отходил от нее **ни на шаг**. *А. Чехов, Дама с собачкой.*— ...Ладно, поезжай на этот раз, а потом от меня **ни на шаг**. *Э. Казакевич, Весна на Одере.* А кроме того, соскучились. В первые дни после его возвращения из лесу... двойнята **ни на шаг** от него... *Ф. Абрамов, Две зимы и три лета.*— Что он говорит? — Что я слишком уж... послушная, без бабушки **ни на шаг**. *И. Гончаров, Обрыв.* Брал его в штабе дивизии, в полку и, не отпуская **ни на шаг**, ходил с ним целый день всюду... *К. Симонов, Третий адъютант.*

22. НОГИ В РУКИ [БРАТЬ/ВЗЯТЬ] *кто*. Поспешить, поторопиться. Подразумевается необходимость очень быстро бежать, отправляться куда-то. Неформ. *кто — лицо, группа лиц* ● Нет наст. времени. Именная часть неизм. ● Порядок слов нефиксир.

◆ Едва только пришли родители — его дружки сразу **ноги в руки** и выскочили в окно. *(реч.)*

▨ — Нагнали народищу, все без толку. Ямы-то зачем накопаны? Ты вот чего: бери **ноги в руки** да ступай в город Архангельский, что на Двине близ Белого моря... Там мастера ищи, умельца, хитреца. *Ю. Герман, Россия молодая.*

▲ — А ну, давай-ка возьмём ноги в руки и поскорее на вокзал. Может, ещё успеем до отхода поезда. *(реч.)* Метёт, ждём погоды... И вдруг неожиданно: «Ноги в руки, а то будет поздно». Бежим к самолётам. *В. Чертков, Далёкая земля.*

23. ПОЛНЫМ ХОДОМ 1. идти, двигаться, направляться. Очень быстро, с предельной скоростью. Имеются в виду поезд, пароход. Реч. стандарт ● Неизм. ● В роли обстоятельства.

Поезд шёл теперь **полным ходом**, только телеграфные столбы мелькали. *Б. Горбатов, Донбасс.* Как только «Ослябя» вышел из строя, «Буйный» **полным ходом** направился к нему. Броненосец скоро утонул. На месте его гибели этот миноносец оказался раньше всех. *А. Новиков-Прибой, Цусима.*

24. ПРОЛИВАТЬ/ПРОЛИТЬ ⟨ЛИТЬ⟩ КРОВЬ 2. *кто чью.* Убивать, заставлять отдать жизнь (говорится с неодобрением). Реч. стандарт. *кто* — лицо, власти, правители, враги; *чью* — лица, народа, воинов и т. п. ● Именная часть неизм. ● Порядок слов нефиксир.

◆ — Да будет вам известно,.. что указанный атаман Арата в настоящее время гуляет во главе взбунтовавшихся холопов по восточным областям метрополии, обильно **проливая** благородную **кровь**. *А., Б. Стругацкие, Трудно быть богом.* Много разбойники **пролили Крови** честных христиан. *Н. Некрасов, Кому на Руси жить хорошо.*
▨ Правительства и генералы! Много уже **пролили** вы **крови** народной, пора уже покончить с братоубийственными войнами! *(реч.)*
▲ У спрута есть сердце... Мы знаем, где оно, но мы не можем разрубить его, не **проливая крови** тысяч запуганных, одурманенных, слепых, не знающих сомнения людей. *А., Б. Стругацкие, Трудно быть богом.* [Гарабурда:] Король Степан велит тебе сказать: «Чем даром **лить** нам **кровь** народов наших, Воссядем на коней и друг со другом Смертельный бой на саблях учиним». *А. К. Толстой, Смерть Иоанна Грозного.*

РУКА НЕ ПОДНИМАЕТСЯ ⟨НЕ ПОДНЯЛАСЬ, НЕ ПОДНИМЕТСЯ⟩ 2. *у кого, чья на кого.* См. XII, 88.

25. РУКА ⟨РУКИ⟩ НЕ ПОДНИМАЕТСЯ ⟨НЕ ПОДНЯЛАСЬ, НЕ ПОДНИМЕТСЯ⟩ 1. *у кого, чья на что.* Не хватает решимости сделать что-л. Имеется в виду, что кто-л. не желает принести какой-л. вред своим действием. Реч. стандарт. *у кого, чья* — у лица; *на что* — на какое-л. действие ● Именная часть неизм. Обычно с глаголом в инфинитиве ● Порядок слов нефиксир.

— ...Мои ли деньги, Рогожин?.. Ну, так всё прочь, что хочу, то и делаю! Не мешать! Фердыщенко, поправьте огонь! — Настасья Филипповна, **руки не подымаются**! — отвечал ошеломлённый Фердыщенко. *Ф. Достоевский, Идиот.* — Надо бы выбросить всё это барахло, — сказал Максим... — ни к чему теперь. Да как-то **рука** не **поднимается** — мои родители кормились от этого. *Ф. Абрамов, Деревянные кони.* ...он совсем не был одержим жизнью — и **рука** его так и **не поднялась** ни на женский брак и ни на какое общеполезное деяние. *А. Платонов, Происхождение мастера.*

С ГРЕХОМ ПОПОЛАМ. См. VI, 125

С ПУСТЫМИ РУКАМИ 1. приходить, являться и т. п. См. VI, 130

26. С ХОДУ 1. Сразу же, не останавливаясь, не делая перерыва. Реч. стандарт ● Неизм. ● В роли обстоятельства.

Танки шли и **с ходу** стреляли из пушек. *А. Коптяева, Дружба.* Мы видели, как дралась в Таллине бригада морской пехоты. Шли и **с ходу** атаковали немецкий корпус. *В. Вишневский, На боевой вахте.* **С ходу** одолев небольшую гору, поросшую пышной растительностью, мы вырвались в широкую долину. *В. Туркин, Сквозь джунгли Непала.*

27. СВАЛИТЬСЯ/реже СВАЛИВАТЬСЯ ⟨ОБРУШИТЬСЯ/реже ОБРУШИВАТЬСЯ, УПАСТЬ⟩ КАК ⟨СЛОВНО, ТОЧНО⟩ СНЕГ НА ГОЛОВУ *кто, что [на кого].* Появиться, возникнуть, произойти совершенно неожиданно, непредвиденно, внезапно (говорится с неодобрением). Обычно подразумевается, что это крайне нежелательно и неприятно для кого-л. Реч. стандарт. *кто* — лицо; *что* — события, известия; *на кого* — на лицо, на социальный коллектив ● Обычно в прош. вр. сов. в. Повел накл. только с отрицанием. Нет сослаг. накл. Именная часть неизм. ● Порядок слов нефиксир.

♦ К вечеру приехал в Рязань дядя Егор, Давыдов отец. Не прислав предварительного письма, никого не предупредив, **свалился он как снег на голову.** *И. Тургенев, Часы.* Он хочет, чтобы ее любовь была сильна, естественна и самородна, чтоб эта любовь **свалилась на нее как снег на голову,** так, как его любовь **обрушилась на него,** Базарова. *Д. Писарев, Реалисты.* В школе Птаху я до этого не встречал, но, забегая вперед, скажу, что в третьей четверти он вдруг, **как снег на голову, свалился на наш класс.** *В. Распутин, Уроки французского.* — Здесь нас застала война. Выбраться было невозможно. Немцы **упали как снег на голову.** *П. Нилин, Через кладбище.* В последней картине [пьесы] **как снег на голову сваливается** бывший супруг Елены Тальберг. *Н. Любимов, Былое лето.*

■ Только учтите: вы должны переправиться поздно вечером или даже ночью и **обрушиться** на белогвардейцев **как снег на голову.** *К. Седых, Даурия.* Фам. (С оттенком досады или укора) — Вы бы, Дима, звонили, а то **сваливаетесь как снег на голову.** *(речь.)*

▲ [Овсянников:] Я по старому адресу зашел, а там добрые люди ваш новый подсказали. Вот я набрался храбрости и **свалился к вам как снег на голову.** *С. Михалков, Постоялец, или Мокрое дело.* — За такую радость еще извинения выслушивать... Меня извините, что **упал как снег на голову.** *В. Тендряков, Свидание с Нефертити.*

28. СЛОМАТЬ ⟨СЛОМИТЬ, СВЕРНУТЬ⟩ [СЕБЕ, СВОЮ] ГОЛОВУ ⟨ШЕЮ⟩ 1. *кто где.* Покалечиться, погибнуть (говорится с неодобрением). Неформ. *кто* — лицо; *где* — в трудном, опасном месте ● Только сов. в. Обычно в буд. вр. ● Обычно в безличной конструкции типа **Можно сломать голову (шею).** Употр. как предупреждение. Порядок слов нефиксир.

♦ ...люди движутся ощупью, вслепую, рискуя в любой канаве **свернуть голову.** *Н. Островский, Как закалялась сталь.*

■ — Здесь — тайга: все одинаковые. Помни это. А то и до воли своей не добежишь — **сломишь голову.** *В. Шукшин, Охота жить.* — Лучше брось свой мотоцикл, а то **сломаешь** когда-нибудь **себе шею!** *(речь.)*

▲ Сидя рядом с пьяным в дымину водителем, я каждую минуту ждал, что мы навернемся в какую-нибудь яму и **свернем себе шею.** *(речь.)*

29. СЛОМЯ ГОЛОВУ бегать, скакать, лететь, нестись, мчаться. Очень быстро, стремительно, не обращая ни на что внимания (говорится с неодобрением). Реч. стандарт ● Неизм. ● В роли обстоятельства действия.

Закупками распорядилась сама Катерина Ивановна с помощью одного жильца.., который бегал весь вчерашний день и все это утро **сломя голову** и высунув язык. *Ф. Достоевский, Преступление и наказание.* Чертопханов ударил лошадь нагайкой по морде и поскакал **сломя голову**. *И. Тургенев, Чертопханов и Недопюскин.* Но неужели он так беспечен, что прямо дастся вам в руки? — Какое дастся! Дьявол — не человек! Не первый раз уже... Летит **сломя голову**, ямщикам на водку по рублю! Валяй! Лишь бы сзади казаки да исправник не пронюхали да не нагнали. *В. Короленко, Черкес.* — Где тут, сударь, аптека? — торопливо спросил он, наткнувшись на какого-то прохожего. — А ты осторожней! Выпучил бельма да и летишь **сломя голову**. *И. Горбунов, Из московского захолустья.* Зато, если они пугались чего-нибудь и пускались вскачь, их невозможно было остановить. Курдюки на ходу шлепали по задам, каждый шлепок еще больше пугал их и подталкивал вперед, и они летели **сломя голову**, подгоняемые многоступенчатым возбуждением. *Ф. Искандер, Созвездие Козлотура.* — И мы несемся **сломя голову** вперед и вперед, оглушенные грохотом и треском чудовищных машин. *А. Куприн, Молох.* — Я к вам мчался **сломя голову**, а вы в дом не пускаете. *В. Саянов, Лена.* — Покажите мне кончик надежды — **сломя голову** кинусь за вами! *В. Тендряков, Покушение на миражи.*

30. СОВАТЬ/СУНУТЬ [СВОЙ] НОС 1. *кто во что, куда.* Вмешиваться (говорится с неодобрением). Имеется в виду непрошеное вмешательство. Неформ. *кто* — лицо, группа лиц, объединенных участием в общем деле; *во что* — в какие-л. отношения, дела, часто — не в свое дело, в чужие дела; *куда* — куда не надо, куда не просят, везде, всюду ● Порядок слов нефиксир.

◆ — Ты скажи ему, чтоб он не **совал нос** куда не надо! *В. Шукшин, Любавины.* — Удивительно неприятная публика эти жандармы. Во все **свой нос суют**, — возмущался Гобято. *А. Степанов, Порт-Артур.* Совет Аграфены, а главное, не лишенное ехидства упоминание о дочке разозлили кузнеца. И везде эта Присыпкина **свой нос сует**! *Ю. Лаптев, Заря.* Пронырливая такая бабенка была: где ссора в семействе, туда и она **свой нос сует**. *В. Овечкин, Родня.* Ирина подбежала к столу и начала листать записи... Неужели прочла и о себе? Ну и пусть! Не будет **совать нос**, куда не следует. *П. Капица, Боксеры.* Стоит кому-нибудь из научной администрации, не имеющей никаких юридических прав, **сунуть нос** не в свое строительное дело, как обнаруживаются огромные сверхзатраты в смете. *Литературная газета, 1993.* ...он эту санкцию дает: любой ценой помешать сотруднику фирмы, **сунувшему нос** не в свое дело, связаться с посольством и покинуть Москву. *А. Зиновьев, Гомо советикус.*

▪ Тут не выдержала даже тихая Вера Ясенева: — Да что ж это такое, в самом деле? Или Фроська — всему колхозу начальник?! Ты своим трактором командуй! Ты над нашими сеялками не распоряжайся, не воображай из себя! Нечего **свой нос совать**, куда тебя не просят! *Г. Николаева, Жатва.* — Но почему? — Да потому, что ты, змея ползучая, **суешь нос** куда не надо... Последний раз тебе говорю: не уедешь — пеняй на себя. *В. Шукшин, Любавины.* Кто тебе дал право **совать нос** в чужие дела? *В. Шукшин, Там, вдали.*

▲ Я никогда не **сую нос** в чужие дела. (*реч.*) (В утверд. форме с оттенком сожаления) Зря я **сунул нос** в это дело. Лучше бы я ни о чем не знал. (*реч.*)

31. СПУСТИТЬ С ЛЕСТНИЦЫ *кто кого*. Грубо выгнать, выставить. Реч. стандарт. *кто* — лицо, группа лиц, объединенных общими целями; *кого* — лицо, группу лиц ● Именная часть неизм. ● Порядок слов нефиксир.

◆ — Станет ли говорить со мной! Он **спустит** меня **с лестницы** — и вся недолга. *В. Каверин, Два капитана.* — Ты, к примеру, пошел в гости, а там тебе набили морду и **спустили с лестницы**. *В. Шефнер, Сестра печали.*

■ Ты молодец, что **спустил с лестницы** этого негодяя. Так ему и надо! *(реч.)*

▲ — Если вы еще раз... осмелитесь упомянуть хоть одно слово... о моей матери.., то я вас **с лестницы** кувырком **спущу**. *Ф. Достоевский, Преступление и наказание.*

32. СТЕРЕТЬ С ЛИЦА ЗЕМЛИ 1. *кто, что что*. Разгромить, полностью уничтожить (говорится с одобрением, если речь идет о врагах, противниках, в остальных случаях — с сожалением). Реч. стандарт. *кто* — солдаты, воины и т. п.; *что* — война, войско, воинское подразделение; *что* — город, страну, военные укрепления и т. п. ● Именная часть неизм. ● Порядок слов нефиксир.

◆ Война **стерла с лица земли** накопленное, нажитое, построенное на протяжении многих веков. *Вечерняя Москва, 1992.* Тут, на Карельском перешейке, картина совсем иная... Собирались господа **стереть** Ленинград **с лица земли**, прорубали в смелых планах дорогу аж на Урал. *И. Науменко, Грусть белых ночей.* Столбы огня, дыма, земли поднимались при каждом взрыве и..., казалось, неминуемо должны были уничтожить, **стереть с лица земли** форт. *А. Степанов, Семья Звонаревых.* Он хорошо помнил о строжайшем предупреждении гитлеровцев: если еще раз попадутся партизаны родом из Хмелевки, все хмелевцы будут уничтожены до одного человека и деревня **стерта с лица земли**. *М. Бубеннов, Орлиная степь.*

■ (Только собирательное обращение) Разве не вы, военные, **стерли** уже **с лица земли** столько городов? Почему бы не остановить эту проклятую гонку? *(реч.)*

▲ Мы не ставили своей задачей **стереть с лица земли** столько-то городов и сел. Мы сражались за свободу и демократию. *(реч.)*

33. исчезать/исчезнуть с лица земли 1. *кто, что*. Перестать существовать, умереть. Реч. стандарт. *кто* — лицо, семья; *что* — вид животных, природный объект: лес, озеро, степь и т. п.

◆ Все Головлевы бесследно **исчезают с лица земли**, и автор произносит над их могилой ужасное, но справедливое слово, «пустоутробным» называет он их земное существование. *Н. Лордкипанидзе, «Господа Головлевы» в Художественном.* Дворянин этот в смутные годы революции и гражданской войны **исчез с лица земли**, а дочка осталась с молчаливым лесничим, подверженным романтике. *В. Астафьев, Перевал.* К сожалению, сайгаки почти **исчезли с лица земли**. *Общая география, 5 класс.* Давным-давно **исчезла с лица земли** девственная степь, в которой, как в безбрежном море, терялись ехавшие на конях запорожцы. *И. Соколов-Микитов, В Каменной степи.* Он умудрился бежать в Москву и пришел... на прием к Вышинскому... Вышинский был исключительно внимателен.., но тут вошли люди в форме и увели правдивого комсомольца. Он **исчез с лица земли**... *Н. Мандельштам, Вторая книга.*

◼ С государственной системой бороться невозможно. Ты пропадешь, сгинешь, **исчезнешь с лица земли**, а она останется. *(реч.)*
▲ Мне и не хотелось бы **исчезнуть с лица земли**, не кончив моего большого романа. *И. Тургенев, Письмо М. Е. Салтыкову.*

34. СТЕРЕТЬ С ЛИЦА ЗЕМЛИ 2. *кто кого.* Жестоко расправиться, погубить (говорится с неодобрением). Реч. стандарт. *кто — лицо; кого — лицо* ● Именная часть неизм. ● Порядок слов нефиксир.
◆ Когда судьбе было угодно **стереть с лица земли** вас и вашу семью, то все время она остается неумолимо последовательной и первое несчастье обыкновенно бывает только началом длинной цепи. *А. Чехов, Старый дом.* Он затаил ненависть против плюгавого учителишки и дал себе клятву **стереть его с лица земли**, чтобы другим впредь было неповадно чинить разные противности. *Д. Мамин-Сибиряк, Хлеб.* Завизжали бомбы, полетели комья земли... Не было никакой передышки, ни единого мгновения тишины. Казалось, фашисты решили **стереть нас с лица земли**. *В. Чудакова, Чижик — птичка с характером.* Да, казачье сословие мы упразднили... Но упразднить сословие — это вовсе не значит **стереть с лица земли** казаков. Они получат права, одинаковые со всеми гражданами России. *К. Седых, Даурия.* Они могли просто **стереть** вас **с лица земли** и никто никогда не узнал бы об этом. *Аргументы и факты, 1992.*
◼ Вы могли отдать меня под суд и расстрелять..., но все же для того, чтобы **стереть меня с лица земли**, вам пришлось бы подвести какую-нибудь формальность и начать судебный процесс. *А. Новиков-Прибой, Капитан 1-го ранга.*
▲ Я буду преследовать вас... Или, говоря точнее, я попросту **сотру вас с лица земли**. *К. Симонов, Русский вопрос.* Я буду ему досаждать, я **сотру его с лица земли**, я замучаю его маленькими и большими неприятностями. Я ненавижу. *А. Эфрос, Профессия: режиссер.* [Я] хотел **стереть с лица земли** своего соперника, но стало жаль его. *В. Вересаев, Под огнем паровоза.*

35. СУНУТЬ [СВОЙ] НОС 2. *кто куда.* Зайти или выйти ненадолго, на минуту (говорится с неодобрением). Неформ. *кто — лицо, группа лиц; куда — в какое-л. место* ● Порядок слов нефиксир.
◆ [Степка] Хрящ — гроза... Коля это знал. Вот почему он и не отваживался **сунуть нос** дальше тумбы, вот почему никогда не ходил мимо Ибрагимовой мастерской. *П. Яковлев, Первый ученик.* «Борщ» тоже изменился — ни тебе танцев, ни тебе веселья. Гуталин теперь сюда не ходит, брезгует, и Рэдрик, наверное, **сунул** сюда **нос свой** конопатый, покривился и ушел. *А., Б. Стругацкие, Пикник на обочине.* Николай Николаевич не послушался, а попробовал **сунуть нос** на улицу, но через минуту вернулся. Он сказал, что из переулка нет выхода, по нему свищут пули. *Б. Пастернак, Доктор Живаго.*
◼ — Куда же ты? Только **нос сунул** и сразу за дверь. *(реч.)*
▲ — Я в такой холод на улицу даже и **носа не суну**. *(реч.)*

36. ТО И ДЕЛО. Очень часто, постоянно, беспрестанно. О регулярно повторяющемся действии. Реч. стандарт ● Неизм. ● Порядок слов фиксир.
  Он по-прежнему лежал на спине... и тихонько, мучительно кряхтел, **то и дело** срываясь на стоны. *А., Б. Стругацкие, Пикник на обочине.* Машину подбрасывало, колеса **то и дело** пробуксовывали в свежей после дождя грязи. *А., Б. Стругацкие, Пикник на обочине.* **То и дело** в гуще

вспыхивали короткие болезненные крики женщин. *М. Булгаков, Белая гвардия.* Ай заснули,— **то и дело** покрикивал он на лошадей. *Б. Пастернак, Доктор Живаго.* Юра вздрагивал, ему то и дело мерещилось, будто мать аукается с ним. *Б. Пастернак, Доктор Живаго.* Мело весь месяц в феврале, и то и дело свеча горела на столе, свеча горела. *Б. Пастернак, Доктор Живаго.* **То и дело** слышались шум возни, тяжелые шаги, звуки падения, ударов. *О. Волков, Погружение во тьму.*

37 **УНОСИТЬ/УНЕСТИ НОГИ** *кто от кого, откуда*. Удирать, спасаться бегством. Подразумевается, что необходимо скрыться от грозящей опасности, часто — от ответственности за проступки. Реч. стандарт. *кто* — лицо, группа лиц, объединенных участием в общем деле, часто — виновные; *от кого* — от лица, от группы лиц, объединенных общей целью — поймать или наказать убегающих; *откуда* — из какого-л. опасного места ⬤ Обычно с глаголом сов. в. после слов **едва, еле, насилу**, с глаголом несов. в. в инфинитиве при словах со значением необходимости ⬤ Порядок слов нефиксир.

◆ Но тут на помощь Шулову выглянул здоровенный пионер, кубанец Лыбатько, и Владику пришлось **уносить ноги** подальше. *А. Гайдар, Военная тайна.* Русские люди, как всегда, не пугливы и задорны в драке, и разбойничьим шайкам варягов оставалось или **уносить ноги** на своих кораблях, или, переходя к мирному общению со славянами, растворяться среди них. *А. Н. Толстой, Откуда пошла русская земля.* Орудия везде поставлены. И пусть-ка сунутся эти господа к Севастополю! Им устроят такой салют, что они едва ли **унесут ноги**! Да они не **унесут ног**: Севастополь будет для них могилой! *С. Сергеев-Ценский, Севастопольская страда.* Он был уверен, что сделает многое... Нет, белые банды не **унесут ног**. *В. Бахметьев, Преступление Мартына.* Народ мог только сетовать.— Господ черт не возьмет: они **унесут от** Бонапарта **ноги**, а мы останемся тут на растерзание! — говорили на улицах, рынках, папертях, в банях. *Л. Раковский, Кутузов.* Козявочка едва унесла **ноги** от сердитого шмеля. *Д. Мамин-Сибиряк, Аленушкины сказки.* Наконец на вторые сутки из партизанского штаба пришла недоуменная радиограмма: «Сообщите, кто занял Городницу? — Да никто ее не занимал. Немцы сами еле **ноги унесли** оттуда. *П. Вершигора, Люди с чистой совестью.*

🔲 — Твоя песенка спета, брат... И мой совет — **уноси** отсюда **ноги**... Я за тебя заступаться не буду. *А. Н. Толстой, Хождение по мукам.* [Роллинг:] Подпишите протокол и можете **уносить ноги**. *А. Н. Толстой, Махатма.* Голуб, надвигаясь на Блувштейна с внешне спокойным лицом, говорил внятно, шепотом: — **Уносите ноги**, некрещеные души, а то я из вас котлеты сделаю. *Н. Островский, Как закалялась сталь.* [Бастрюков Семен:] А как всполох ударим! На весь посад и ног не **унесете**! Как примутся за колья, так держитесь. *А. Островский, Воевода.*

▲ — Да вот хоть черкесы,— продолжал он: — как напьются бузы на свадьбе или на похоронах, так и пошла рубка. Я раз насилу **ноги унес**, а еще у князя был в гостях. *М. Лермонтов, Герой нашего времени.*

38. **ХОДИТЬ ПО РУКАМ** *что*. Передаваться от одного к другому, распространяться. Часто имеется в виду неофициальное или нелегальное распространение какой-л. литературы, документов и т. п. Реч. стандарт. *что* — рукопись, книга, документ, письмо, записка, стихи и т. п. ⬤ Именная часть неизм. ⬤ Порядок слов нефиксир.

Мой единственный оттиск ходит теперь по рукам, и я никак не могу поймать его, чтобы отдать в цензуру. *А. Чехов, Письмо М. П. Чехову, 3 дек. 1887.* Гвардейцы Евдокимов, Онищенко и Ткаченко составили историю полка. Эта рукопись ходит по рукам, ее читают и перечитывают. *В. Саянов, В боях за Ленинград.* Оля стихов своих нам не показывала. Она их давала читать только Леле, но Вася-ябедник подглядел, подслушал, стянул, вызубрил назубок, как не зубрил ни одного урока в жизни, и стал декламировать и цитировать.— Откуда мог он узнать? — удивились Оля и Леля.— Неужели у них в гимназии они тоже ходят по рукам? *Н. Тэффи, Типы прошлого.* Недавно одна рукопись, под заглавием: Село Михайловское, ходила в обществе по рукам и произвела большое впечатление. *А. Пушкин, Редакционные заметки.* До сих пор говорят о какой-то любовной записке, написанной Зиной, и которая будто ходила по рукам в Мордасове. *Ф. Достоевский, Дядюшкин сон.* Как ни странно, но время «самиздата» еще не прошло. И по рукам, как во времена самого глухого застоя, продолжают ходить переплетенные шнурками или скрепленные скрепкосшивателями журналы и журнальчики, отпечатанные на обычной пишущей машинке. *Новая ежедневная газета, 1993.*

39. ХОДИТЬ ХОДУНОМ 1. *что.* Сильно сотрясаться, колебаться, быстро двигаться туда-сюда, дрожать крупной дрожью. Обычно о незакрепленных или шатких, разболтанных предметах; о механизмах, инструментах; реже — о руках или ногах. Неформ. *что* — пол, мебель, механизмы, инструменты, руки, ноги и т. п. ● Именная часть неизм. ● Порядок слов нефиксир.

День нынче солнечный, но холодный, все так же бушует ветер, ходуном ходит вечнозеленая листва за окнами, почтальон идет по шоссе задом наперед, придерживая фуражку. *В. Набоков, Отчаяние.* Через минуту вся палуба ходила ходуном под десятками пляшущих ног *А. Степанов, Порт-Артур.* Дядя ломал дверь усердно и успешно, она ходуном ходила, готовая соскочить с верхней петли. *М. Горький, Детство.* Затем началась возня и всевозможные игры. Мишука барахтался, хохоча под навалившимися на него кучей девушками, стаскивая их за ноги, за головы, катался, ухал. Половицы ходили ходуном, и внизу... печально звенела подвесками хрустальная люстра. *А. Н. Толстой, Мишука Налымов.* В узком ущелье маленькой уборной, где лампа прыгала и плясала на потолке, как заколдованная, все мутилось и ходило ходуном. Бледного, замученного Мышлаевского тяжко рвало. *М. Булгаков, Белая гвардия.* — Я этот агрегат знаю, через полчаса мотор ходуном ходить начнет, если большую нагрузку давать. *(реч.)* Посмотрела на Алексея и, чуть не плача, пожаловалась: — У меня с испугу руки и ноги ходуном ходят. *П. Замойский, Лапти.*

40. заходить ⟨реже пойти⟩ ходуном 1. *что.* Начать сильно сотрясаться, колебаться, быстро двигаться туда-сюда, дрожать крупной дрожью.

Ребята столпились вокруг невиданной машины. Экскурсовод нажал на какую-то кнопку, и поршень заходил ходуном. *(реч.)* Черные часы забили, затикали, пошли ходуном. *М. Булгаков, Белая гвардия.*

[ХОТЬ] КРОВЬ ИЗ НОСУ ⟨НОСА⟩. См. VI, 149

IV. ЧУВСТВО-СОСТОЯНИЕ

БОЛЬНОЕ МЕСТО *что чье, для кого,* реже *кого, у кого.* См. I, 10

1. ВЕШАТЬ/ПОВЕСИТЬ НОС *кто.* Огорчаться, расстраиваться (говорится с неодобрением). Имеется в виду состояние подавленности, уныния, вызванное какими-л. неудачами, неурядицами и т. п., часто проявляющееся во внешнем виде. Неформ. *кто* — лицо ⬢ Нет наст. вр. Часто в повел. накл. с отрицанием ⬢ Порядок слов нефиксир.

◆ И что еще здорово, она ни разу **не вешала носа,** все время шутила, смеялась. *В. Киселев, Девочка и птицелет.* Девочки сразу присмирели, **повесили носы.** Они знали, что мальчики будут восторгаться Алиной, а соперничать с ней бесполезно. *А. Алексин, Мой брат играет на кларнете.*
■ — Хорошо,— грустно согласилась Тоня.— Хорошо, а **нос повесила,**— усмехнулся Игнатьев.— В чем дело? *С. Антонов, Дело было в Пенькове.* Ладно, **не вешай нос,**— громко сказал Виктор,— коли ты решил, за мной дела не станет. *Д. Гранин, Искатели.* Что, братцы, **носы повесили?** — спросил Пашка.— Тебе не кажется, что ты здесь развил слишком бурную деятельность? — спросил... парень. *В. Шукшин, Живет такой парень.*
▲ Физиономия моей жены, казалось мне, приняла торжественное выражение, я же **повесил нос** и впал в меланхолию. *А. Чехов, Оба лучше.* Еще раз он сделал усилие над собой и еще раз пересилил себя. «И что это я **нос повесил,** как последний хлюпик? Сегодня плохо — завтра будет хорошо! А ну, тряхнем стариной!» *Г. Николаева, Жатва.*

2. ВЗЯТЬ/реже **БРАТЬ СЕБЯ В РУКИ 1.** *кто.* Усилием воли восстановить контроль над своими эмоциями, чувствами, проявить самообладание (говорится с одобрением). Имеется в виду состояние после испуга, потрясения, замешательства, растерянности, депрессии и т. п. Реч. стандарт. *кто* — лицо ⬢ Именная часть неизм. ⬢ Часто в инфинитивной конструкции со словами уметь, надо и т. п. Порядок слов нефиксир.

◆ На какое-то время Виктор смешался, но тут же **взял себя в руки** и пояснил, что оттиск получил будучи у Тонкова в институте. *Д. Гранин, Искатели.* Нет, это начинается истерика! Стоп! Сначала **взять себя в руки.** *Ю. Семенов, Семнадцать мгновений весны.* Синцов в глубине души знал, что струсил. Через минуту, **взяв себя в руки,** он уже действительно решился ехать, но теперь было не с кем. *К. Симонов, Живые и мертвые.* Генерал Березов хоть и был молод.., однако в напряженные минуты умел **брать себя в руки** и мыслить трезво и спокойно. *И. Акулов, Крещение.*
■ **Возьми себя в руки** — оркестранты смотрят!.. Ну уж раз ты перепугался, тогда тебе не надо говорить о Танееве. *И. Андроников, Первый раз на сцене.* Опомнись, милый, **возьми себя в руки...** Что случилось? Ты что, жизнь тебе не дорога? *А. Вампилов, Утиная охота.* Но мне думается, что ты напрасно изводишь себя, к жизни ее не вернешь, а ты еще в достаточной степени молода, чтобы иметь детей. Не надо так! **Бери себя в руки,** смирись. *М. Шолохов, Тихий Дон.*
▲ Когда я подошел очень близко, испуганная птица... ударила меня своим крылом. Этот неожиданный удар испугал и в то же время рассердил меня, но я **взял себя в руки.** Чем виноват филин? Он, пожалуй, испугался больше меня. *В. Арсеньев, В горах Сихотэ-Алиня.* Иногда мне хотелось от постоянной тоски с жизнью расстаться. Ну а как же дети?

И я брала себя в руки — надо жить и работать, надо поднимать их на ноги. *(реч.)*

3. держать себя в руках 1. Усилием воли контролировать свои эмоции, чувства, сохранять самообладание.
♦ — У тебя, солнышко, вечно что-нибудь болит... Но ты в общем здоровенькая.., и все у тебя вполне нормально. Просто надо **держать себя в руках**. *Ю. Герман, Дело, которому ты служишь.* У всех у них была общая черта. Не умели **держать себя в руках**. И судьбы их были похожими. *В. Мурзаков, Мы уже ходим, мама.*
▓ Если ты не будешь **держать себя в руках**, то может получиться скандал: твои родственники злы на тебя, а жена на их стороне. *(реч.)*
▓ Все были потрясены случившимся, и только я держала **себя в руках** — кому-то надо было спокойно разобраться в том, что же произошло и как отвести беду. *(реч.)*

4. ВИТАТЬ В ОБЛАКАХ <устар. **В ЭМПИРЕЯХ**> *кто*. Пребывать в состоянии мечтаний, грез (говорится с неодобрением). Подразумевается оторванность от действительности, бесплодность этих мечтаний, уход от реальности. Книжн. *кто* — лицо ● Нет буд. вр. Нет повел. накл. ● Порядок слов фиксир.
♦ [Нароков] лишен в ее глазах всякой практической сметки, **витает** вечно в облаках, беззаветно предан искусству. *Ю. Юрьев, Записки.* Вот если бы мой покойный муж **не витал в облаках**.., а написал несколько учебников, то я жила бы спокойно. *Ю. Герман, Я отвечаю за все.* Удивительный мечтатель, он вечно **витал в эмпиреях**, а может быть, вечно был влюблен. *В. Гиляровский, Мои скитания.*
▓ Вечно ты **витаешь в облаках**, никогда не можешь решить ни одной жизненно важной проблемы! *(реч.)* Не увлекайтесь, не **витайте в облаках**, когда под ногами ухабы. *В. Кетлинская, Дни нашей жизни.*
▲ (Только как цитация) — Я **не витаю в облаках**, как ты считаешь, но не люблю ни хлопотливой суеты, ни тем более — делячества. *(реч.)* — Ах, Аким Петрович! Правильно на днях вы говорили: **витаем в облаках**, а на землю внимания не обращаем. *Ф. Панферов, Раздумье.*

5. ВОЖЖА <**ШЛЕЯ**> **ПОД ХВОСТ ПОПАДАЕТ** <**ПОПАЛА, ПОПАДИ**> *[кому]*. Становится невмоготу или утрачивается желание контролировать себя (говорится с неодобрением). Подразумевается неуравновешенность, взбалмошность поступков, самодурство. Имеется в виду, что кто-л., потеряв выдержку, ведет себя не так, как обычно. Фам. *кому* — лицу ● Глагол чаще в прош. вр. сов. в. Именная часть неизм. ● В форме клишированной реплики в ответ на ситуацию может употр. как отдельное высказывание. Порядок слов нефиксир.
У Андрея Ивановича именно была своя линия: все молчит, а тут вдруг и развернется ни с того ни с сего. Одним словом, **вожжа под хвост попадает**. *Д. Мамин-Сибиряк, Аннушка.* — Просто удивляюсь! Как терпит командир группы! — Что? — спросил Грицко.— А как Николай с ним разговаривает, когда **вожжа под хвост попадет**. На «вы». Официально. Как будто отроду знакомы не были. *К. Симонов, Товарищи по оружию.* Но Псою словно **под хвост вожжа попала**. Не хотелось ему отстать от неприятного всем разговора. *В. Саянов, Лена.* Вот так-то, хорошахороша, да до поры до времени, а **попади ей вожжа под хвост**, она то сделает, что и вздумать нельзя. *Л. Толстой, Воскресение.*— Алексей, что это тебе **шлея под хвост попала?** — удивленно спросил Долгоаршин-

ных.— Ну, право, чего напал? *В. Тендряков, Падение Ивана Чупрова.* Кондрат Семеныч втащил в них какую-то хохочущую солдатку и, стоя, крикнул Ваське: — К печнику! — **Попала шлея под хвост!** — подхватил Турбин. *И. Бунин, Учитель.* Мне, брат, ежели шлея под хвост попала — баста. Пока не нагуляюсь — не работник. *В. Балябин, Забайкальцы.*

6. ВОЛОСЫ [СТАНОВЯТСЯ/СТАЛИ <ВСТАЮТ/ВСТАЛИ, ПОДНИМАЮТСЯ/ПОДНЯЛИСЬ>] ДЫБОМ *[у кого].* Возникает чувство сильного, животного ужаса (говорится с неодобрением). Подразумевается эмоциональная реакция на какое-л. событие, вызывающее очень сильный страх. Часто имеется в виду внешнее проявление: волосы приподнимаются на голове. Неформ. *у кого* — у лица ● Нет буд. вр. Нет повел. накл. ● Может употр. как отдельное высказывание. Порядок слов нефиксир.

Я, слава Богу, здоров и вчерась к тебе писал с Лущенковым, что я не ранен и Бог знает как. Век не увижу такого дела. **Волосы дыбом становятся.** *Л. Раковский, Кутузов.* [Аметистов:] ...Эх, синьор, да если бы вы знали, что я вынес от большевиков, у вас бы **волосы стали дыбом**. *М. Булгаков, Зойкина квартира.* Бегу, вязну в снегу, у самого дух от тяжести занимается, **волосы дыбом от страха встают**. *И. Бунин, Сверчок.* — А то я за себя не отвечаю,— продолжил Фондервякин.— Вот возьму сейчас эту гусятницу, и этого змея попросту замочу! — Белоцветов потер руками лицо... и сказал: — Слушаю я вас, дорогие соотечественники, и **волосы встают дыбом**... *В. Пьецух, Новая московская философия.* На нашу голову свалился новый скандал, при сообщении о котором я, наконец, узнал, что это значит, когда говорят, что **волосы встали дыбом**. *А. Макаренко, Педагогическая поэма.* В фильмах ужасов показывают такие вещи, что **волосы дыбом поднимаются**. *(реч.)* А на мельника тут-то и напал настоящий страх: затряслись коленки, застучали зубы, **волосы поднялись дыбом**... *В. Короленко, Судный день.* Знаете, что такое кавалерийский бой? Несется лава на лаву без выстрела... Сердце не выдерживает этого ужаса. У врага **волосы дыбом**... И враг повертывает коней. *А. Н. Толстой, Гадюка.* Синицын уже наверху бревна и привязывает веревку. Воргунов следит за ним немигающими глазами.— Идемте, идемте, скажите что-нибудь. У меня **волосы дыбом!** Что они делают! Что они делают! — Губы у Демы дрожат... *А. Макаренко, Флаги на башнях.*

7. ВЫВОДИТЬ/ВЫВЕСТИ ИЗ СЕБЯ *кто, что кого.* Лишать самообладания или душевного равновесия (говорится с неодобрением). Имеется в виду какое-то нарушающее эмоциональное равновесие событие, случай, высказывание. Реч. стандарт. *кто* — лицо; *что* — любая причина (слова, поступки, раздражающий тон или вид и т. п.); *кого* — лицо ● Нет буд. вр. несов. в. Именная часть неизм. Часто употр. в повел. конструкции **Не выводи меня из себя!** (как предупреждение); **Ты выведешь меня из себя** (с оттенком угрозы) ● Часто с местоимением это в роли подлежащего. Порядок слов фиксир.

♦ [Немецкие жандармы] допрашивали Костиевича и били его, когда он **выводил их из себя**. *А. Фадеев, Молодая гвардия.* Ивана Антоновича очень смущало, а иногда и попросту **выводило из себя** его странное положение. Он был среди раненых солдат как бы «белой вороной». *С. Крутилин, Косой дождь.* В газетах она [Софья Андреевна] успела прочесть осуждение по своему адресу и восхваления поступка Льва Николаевича, и это **вывело его из себя**. *М. Булгаков, Л. Н. Толстой в последний год его жизни.* Но один дурацкий случай вывел его из себя... Симонов, весь побелев от негодования, схватил с необыкновенной силой поэта за шиворот. *А. Куприн, Жанета.* Она почувствовала плечом его руку и отвлеклась от картины... Но теперь она слышала запах шипра, исходивший от его лица. И это тоже отвлекало. Это вконец **вывело из себя** Ольгу. Впору было встать и уйти. *В. Шукшин, Там, вдали.* Его слова на мгновение **вывели ее из себя** — не потому, что он усомнился в ее способности управляться с машиной, а из-за того, что все приведенные ею причины намечавшегося брака почему-то показались ей неубедительными. *В. Шукшин, Там, вдали.*

■ Ты своими вечными упреками **выводишь меня из себя**. *(реч.)*

▲ Этой фразой я окончательно **вывел старика из себя**, и он указал мне на дверь. *(реч.)*

8. выходить/выйти из себя *кто.* Лишаться самообладания или душевного равновесия, раздражаться.

◆ В общении с людьми Филипп Петрович был ровен, не **выходил из себя**, в беседе умел помолчать, послушать человека — качество, очень редкое в людях. *А. Фадеев, Молодая гвардия.* Теперь понятно, почему она **выходила из себя** и ломала руки: ее увозили, а она хотела остаться там, где ее любимый. *В. Панова, Валя.* Павка, получив удар в грудь, совершенно **вышел из себя**.— Ах, так! Ну, получай! — и коротким взмахом руки влепил Сухарько режущий удар в лицо. *Н. Островский, Как закалялась сталь.*

■ Ты часто **выходишь из себя** по пустякам. И напрасно — надо уметь держать себя в руках, тем более, что повод был ничтожный. *(реч.)* — Ты, Настя, не **выходи из себя**, не обижай мальчишку. *Ф. Гладков, Вольница.*

▲ Он сказал какую-то гадость, я **вышла из себя**, раскричалась. Короче говоря, мы поссорились. *(реч.)*

9. ВЫМАТЫВАТЬ/ВЫМОТАТЬ ‹ВЫТЯГИВАТЬ/ВЫТЯНУТЬ› [ВСЮ] ДУШУ *кто, что [кому, из кого].* Досаждать жалобами, просьбами, упреками, нудными хлопотами (говорится с неодобрением). Реч. стандарт. *кто* — лицо; *что* — работа, лечебные процедуры; *кому* — лицу; *из кого* — лица ● Порядок слов нефиксир.

◆ Который год он мне душу **выматывает**, каждый день с жалобами ходит. *(реч.)* — Тюремщик, а не учитель! — зарыдал он, опустившись на парту.— Всю душу **вымотал**. *П. Яковлев, Первый ученик.* Боже мой! Это лечение **вымотало** мне всю душу. *М. Зощенко, Исповедь.* Хватит! Целый год он из матери душу **вытягивал**! *(реч.)* Переехал — к вечеру, кажется бы, и конец хлопотам: нет, еще провозишься недели две. Кажется, все расставлено.., смотришь, что-нибудь да осталось: сторы привесить, картинки приколотить — душу всю **вытянет**, жить не захочется. *И. Гончаров, Обломов.*

■ Все пять лет... пять лет каждая ночь не обойдется без попреков. Хотя убил бы меня сразу, изверг! За что ты меня терзаешь? За что? Ну, хоть бы одну ноченьку ты из меня души моей не **выматывал**! *А. Куприн, Ночлег.* Ты своими слезами из меня всю душу **вытянула**. *А. Островский, Не так живи, как хочется.* Да будет тебе, Христа ради,— говорит матушка, сильно опечаленная.— Ну что ты ворчишь? Душу только **вытягиваешь**. *Г. Успенский, Разоренье.*

▲ Не употр.

10. ВЫПУСТИТЬ ПАР *кто*. Освободиться от отрицательных эмоций, снять нервное напряжение. Имеется в виду эмоциональная разрядка после долгого сдерживания гнева, раздражения, недовольства. Реч. стандарт. *кто* — лицо, группа лиц, начальство, правительство ● Порядок слов нефиксир.

◆ Ты как войдешь в кабинет к директору, сядь и молчи. Он накричится, **выпустит пар**, тогда ты ему и объяснишь, что авария была чисто случайной. *(реч.)* Движение [диссидентов] в принципе исчерпало себя... Короче говоря, советское руководство уже **выпустило** избыточный **пар** из советского котла, и взрыва не произойдет. А. Зиновьев, Гомо советикус.
■ Ну что же, теперь, после того, как ты **пар выпустил**, мы можем спокойно поговорить. *(реч.)*
▲ Приду домой злой, усталый, **выпущу** весь **пар** на домашних, а потом сам жалею, прощения прошу. *(реч.)*

11. ГЛАЗА НА ЛОБ ЛЕЗУТ/ПОЛЕЗЛИ 1. *[у кого]*. Возникает ощущение острой физической боли или другого крайне неприятного физического состояния (говорится с неодобрением). Обычно подразумевается боль, перенапряжение и т. п. Имеется в виду внешнее выражение: широко раскрытые глаза. Неформ. *у кого* — у лица ● Именная часть неизм. ● Порядок слов нефиксир.

До каких пор, мол, мы будем надрываться и таскать силос на себе? Навоз вилами носим, аж **глаза на лоб лезут**. В. Мальцев, *Войди в каждый дом*. Я взял и вылил в кашу всю баночку, а когда немножко попробовал, у меня сразу **глаза на лоб полезли** и остановилось дыхание. В. Драгунский, *Тайное становится явным*. Хирург какими-то щипцами взялся за зуб, дернул — у меня **полезли глаза на лоб** от боли и испуга, а он уже вызывал следующего. *(реч.)*

12. ГЛАЗА НА ЛОБ ЛЕЗУТ/ПОЛЕЗЛИ 2. *у кого*. Неожиданно возникает очень сильное чувство удивления, недоумения, реже — страх, испуг (говорится с неодобрением). Подразумевается сильная эмоциональная реакция на какую-л. неприятную неожиданность. Имеется в виду внешнее выражение: широко раскрытые глаза. Неформ. *у кого* — у лица ● Именная часть неизм. ● Порядок слов нефиксир.

Анна Петровна, спутав наших студенток... с ленинградскими дачниками, спрашивает за квартиру столько, что у девчат **глаза лезут на лоб**. М. Ганина, *Подбровье*. Не пугай! — вызывающе крикнула Галя.— Не испугаешь. У самой от страху **глаза на лоб лезут**. Ф. Гладков, *Вольница*. — В магазинах у нас все есть. Поселянин может... лично в этом убедиться! А у того даже **глаза на лоб лезут** от такого чудовищного вранья.— Как же... как же вам не стыдно лгать? — орет он. Е. Попов, *Удаки*. Как глянул он, что делается на улице, **глаза** у него **на лоб полезли**: визг, хохот, крики. А. Новиков-Прибой, *Капитан первого ранга*. На одной из повозок преспокойно сидел интендант и что-то жевал. Когда я сказал ему, что он находится в тылу у немцев, у него **глаза полезли на лоб**. П. Вершигора, *Люди с чистой совестью*. Вы, я вижу, удивлены. У вас **глаза на лоб полезли**. Л. Пантелеев, *Главный инженер*.

13. ДО БЕЛОГО КАЛЕНИЯ доводить/довести, доходить. До предельно возбужденного, нервного состояния, до исступления, полной потери самообладания (говорится с неодобрением). Реч. стандарт ● Неизм. ● Порядок слов фиксир.

— Вот что, доктор,— сказал он с недобрым спокойствием в

голосе.— Или ты поедешь, или наш разговор кончится... Не доводи меня до **белого каления**. *К. Седых, Отчий край.* Затем представьте, что надзиратель его ровно через каждые две минуты подкрадывается к нему на цыпочках и заглядывает молча к нему в книгу. Много ли нужно времени, чтобы довести его до **белого каления**? *Н. Новорусский, Записки шлиссельбуржца.* Лизка считала себя виноватой: она своими глупыми слезами довела брата до **белого каления**. *Ф. Абрамов, Две зимы и три лета.* Терпение Павла лопнуло. Доведенный до **белого каления**..., он с исступлением обрушил на стол сразу оба кулака с такой силой, что с потолка посыпалась глина. *И. Стаднюк, И люди не ангелы.* [Люська:] Ждать абсолютно нечего, все продано. Нет, я не могу успокоиться! Это он довел меня до **белого каления**! Отвечай, проиграл? [Чарнота:] Проиграл. *М. Булгаков, Бег.* Чугаретти — дьявол его задери! — довел Луконина до **белого каления**. Ему было строго-настрого сказано: не напивайся у шурина..., а он явился к реке — еле на ногах держится. *Ф. Абрамов, Пути-перепутья.* Артисты поглядывали на меня с удивлением... и оканчивали ужин только тогда, когда я доходил до **белого каления** и шипел: — Карабанов, вон из-за стола! *А. Макаренко, Педагогическая поэма.*

14. **ДО ПОТЕРИ ПУЛЬСА.** Очень, чрезвычайно. Подразумевается полная потеря контроля над своими чувствами или поведением. Неформ. ● Неизм. ● В роли обстоятельства образа действия. Порядок слов фиксир.

Сюжет на наших глазах становится типовым: пресловутый треугольник. И если уж вспоминать классику, последствия «солнечного удара» сокрушительны. Муж, не столько разгневанный, сколько изумленный до потери пульса, развод и отчетливая перспектива перейти на амплуа «дамы третьего вида», настойчиво подсовываемая роковым любовником. *С. Чупринин, Дамское танго.* Влюбился я, как теперь говорят, «до потери пульса». Мне не важно было, каким я покажусь девушке — красивым или некрасивым... Самое главное для меня было в то время — появиться в том же месте, где бывает она, увидеть то, что видит она... *Н. Гнатюк, Кто пользуется успехом.*

15. **ДО РУЧКИ** довести, дойти, добегаться и т. п. До пределов возможного, разумного (говорится с неодобрением). Имеется в виду, что в результате чьих-л. непродуманных или опрометчивых действий сложилось крайне тяжелое, безвыходное положение. Фам. ● Неизм. ● В роли обстоятельства.

— Я как раз об них хочу сказать, об этих самых сукиных сынах, кто довел наше животноводство до ручки. *В. Овечкин, Гости в Стукачах.* ...Пусть узнают в Москве, что думает о реформах рабочий класс. Довели до ручки! Отдувайтесь! Не дадим погибнуть заводу с героическим прошлым! *Литературная газета, 1993.* Вот тебе и жизнь — все дадено человеку: красивый, здоровый, башка вроде недурная... А... что? Дальше что? По лесам бегать? Нет, этот город их доводит до ручки. Они там свихнулись все. *В. Шукшин, Охота жить.* [Чарнота:]...в трудное положение мы попали, доцент! Все рухнуло! Добегались мы, Сережа, до ручки! *М. Булгаков, Бег.*

16. **ДО СЛЕЗ** обидно, завидно и т. п. Чрезмерно. Подразумевается очень сильное сожаление о том, что не свершилось ожидаемое или желание сделать что-л. Неформ. ● Неизм. ● В роли обстоятельства.

Возвращаться назад, не доведя дело до конца, было до слёз обидно. *В. Арсеньев, Дерсу Узала.* Клавдию Ивановичу обидно до слёз. Ведь договаривались же, списывались: нынешним летом собраться под родной отцовской крышей... *Ф. Абрамов, Мамониха.* Фантастическое товарное изобилие, ухоженность городов, обустроенность земли — завидно чуть ли не до слёз. *Вечерняя Москва, 1992.* Сергей понял, что юноше до слёз хочется сесть в седло. *С. Бабаевский, Кавалер Золотой Звезды.*

17. ДО СМЕРТИ хотеть, любить, пугать, пугаться и т. п. Безмерно, донельзя, очень сильно. Неформ. ● Неизм. ● В роли обстоятельства.

Ей до смерти хотелось, чтобы кто-нибудь был всегда в нее влюблен. *И. Гончаров, Обрыв.* [Ипполит:] Помилуйте, дяденька, что вы! Как можно резаться? [Ахов:] Так бы и зарезался. Ты как чумовой стал, перепугал меня до смерти. *А. Островский, Не все коту масленица.* Мне скучно до смерти! Отец уехал и оставил меня одну, и я не знаю, что мне делать в этом городе. *А. Чехов, Моя жизнь.* Все говорят, что она зла и коварна, а я люблю ее до смерти, люблю такой, какая она есть. *(реч.)*

18. ДО ТОЧКИ[2] 1. доходить, доводить и т. п. До крайнего предела (говорится с неодобрением). Имеется в виду утрата самообладания, самоконтроля над чувствами или действиями. Неформ. ● Неизм. ● В роли обстоятельства.

И выходит, на посторонний взгляд, точно она сама только этого дожидалась и желает его довести до точки, влюбить в себя и госпожой Теркиной очутиться. *В. Боборыкин, Василий Теркин.* Тайные советники впали от усиленной еды во младенчество, а прочие гости дошли до точки. *М. Салтыков-Щедрин, За рубежом.* Все стали какие-то нервные, раздраженные. Довели народ до точки. Дальше некуда — дальше начнут кусать друг друга. *(реч.)*

19. ДО ТОЧКИ[2] 2. доходить, доводить. До отчаяния, до безвыходности (говорится с неодобрением). Имеется в виду отчаяние, вызванное невозможностью выйти из затруднительных обстоятельств. Неформ. ● Неизм. ● В роли обстоятельства.

Дошел я, братцы, до точки, и нет ни двора ни кола! *В. Маяковский, Два гренадера и адмирал.* А в позапрошлый — вышел на площадь живой человек и закричал караул. Значит, до точки дошел человек. *Л. Леонов, Записки некоторых эпизодов, сделанные в Гогулеве А. П. Ковякиным.* Многолетние неудачи на работе довели его до точки, и он в поисках нового счастья решил уехать из города куда глаза глядят. *(реч.)*

20. ДО УМОПОМРАЧЕНИЯ. Слишком, весьма, чрезвычайно, до потери возможности ясно осознавать происходящее. Реч. стандарт ● Неизм. ● В роли обстоятельства.

Поглупела, поглупела после войны эта самая буржуазия. Большевиками испугана до умопомрачения. *А. Н. Толстой, Путь к победе.* Я знаю многих людей, до умопомрачения любящих «Аиду». *А. Луначарский, О театре.* Ты что-то стал заговариваться. По-моему, устал ты уже до умопомрачения. Иди-ка спать. *(реч.)* — Здешние места вы, верно, знаете основательно? — До умопомрачения. На сто верст в окружности. *Б. Пастернак, Доктор Живаго.*

21. ДУША <СЕРДЦЕ> В ПЯТКИ [УХОДИТ/УШЛА, УШЛО] *у кого.* Возникает ощущение сильного страха, испуга, робости, волнения (говорится с неодобрением). Подразумевается сильная эмоциональная реакция на какое-л. пугающее или волнующее событие или сообщение. Часто кажется, что останавливается сердце. Неформ. *у кого* — у лица, реже — животного ● Нет повел. накл. Именная часть неизм. ● Порядок слов нефиксир.

— Да я прям не знаю... Он мне все мозги запудрил с этим морем. Я уж и не знаю, как теперь... Вроде, так-то, охота, а у самой **душа в пятки уходит** — боюсь. *В. Шукшин, Печки-лавочки.* И что еще удивительнее: чувствую я вдруг, что робею, так робею... просто **душа в пятки уходит**. *И. Тургенев, Собака.*— Сиди уж! ...Герой! У самого, небось, **душа в пятки ушла**.— У кого? У меня? Мне только на станции сидеть неохота, а ты ему... сказал несколько слов. *В. Шукшин, Печки-лавочки.*— Стою я с подружками в уголку и вижу, подходит к нам новенький, весь с иголочки офицерик. И как я его завидела, так **сердце у меня в пятки ушло**: уж так-то он мне с самого первого взгляда показался, полюбился. *С. Шуртаков, «Мама, это я...»* Я позвонила, попросила Якова Добрынина. А мне мужской голос сказал, что его нет, и я спросила, когда он будет, а мужской голос на это ответил, что на этот вопрос ответа нет. Я поперхнулась, **сердце ушло в пятки**. *Л. Петрушевская, Время ночь.* Сядет он [волк] в ту пору, поднимет рыло кверху и так пронзительно воет, что... у всякой живой твари от страху да от тоски **душа в пятки уходит**. *М. Салтыков-Щедрин, Бедный волк.* Ночью, когда все спали, вдруг явственно щелкнул замок входной двери и у меня **душа ушла в пятки**. *(реч.)* — У меня **душа в пятки**. Сами посудите: тут — военный комендант, по бокам два барбоса при шашках, а за спиной — фельдшерица. *С. Антонов, Царский двугривенный.*

22. **душа в пятках.** Ощущение сильного страха, испуга или робости.

Настороженный Бараболя с пистолетом в руке тут же вылетает обратно, и они сталкиваются в дверях...— Фу! Как вы меня перепугали!.. **Душа до сих пор в пятках.** *М. Стельмах, Кровь людская не водица.*— Ой,— раздалось сзади слабое восклицание. Родька и Венька, толкнув друг друга, повернулись к Ваське Орехову.— Ты что? — Ногу подвернул. Дальше не пойду.— Так мы тебе и поверили... Скажи прямо: **душа в пятках.** Васька перестал стонать.— А неужели не страшно? *В. Тендряков, Чудотворная.*

23. **ДУША <СЕРДЦЕ> НЕ НА МЕСТЕ** *у кого.* Возникает чувство сильного беспокойства, тревоги (говорится с неодобрением). Подразумевается ожидание чего-л. плохого, опасного. Реч. стандарт. *у кого* — у лица ● Неизм. ● Порядок слов фиксир.

— Ах, убери, пожалуйста, этот пистолет! У меня **душа не на месте**. *А. Островский, Лес.* — Звал? — спросила она и закурила. «Тоже нервы не железные,— с удовлетворением подумал Аникей.— Как **душа не на месте**, сразу начинает дымить!». *Е. Мальцев, Войди в каждый дом.* Честное слово, больше люблю, когда на меня жмут. Так уж если жмут, так знаешь, что у тебя есть, чего нет, а когда у меня тихо, у соседей дают — хуже всего, **душа не на месте**. *К. Симонов, Дни и ночи.* — Я хочу спросить: что будет с садом, когда я помру?.. Когда поедешь в гости на часок, сидишь, а у самого **сердце не на месте**: ... боишься, как бы в саду чего не случилось. *А. Чехов, Черный монах.* В это время в столовую вошел Доронин, и она с первого взгляда поняла, что у него **сердце не на месте**. *А. Чаковский, У нас уже утро.*

24. ЗАДЕВАТЬ/ЗАДЕТЬ ‹ЗАТРАГИВАТЬ/ЗАТРОНУТЬ› ЗА ЖИВОЕ *что, кто кого*. Глубоко волновать, вызывать обиду, пробуждать самолюбие. Подразумевается ответная реакция на какие-л. поступки, слова, ущемляющие чью-л. гордость, пристрастия, интересы. Неформ. *что* — насмешки, пренебрежительное отношение, горькие воспоминания и т. п.; *кто* — лицо; *кого* — лицо ● Глагол обычно в прош. вр. сов. в. В роли подлежащего часто употр. местоимение это. Именная часть неизм. ● Порядок слов фиксир.

забирать/забрать ‹брать, хватать› за живое *что кого*.

◆ — А куда к югу-то? Юг большой.— На кудыкину гору. Слыхали такую? Там курорт новый открыли...— Нюра засмеялась. Невольно. Командировочного задело за живое. Особенно ему не понравилось, что Нюра засмеялась. *В. Шукшин, Печки-лавочки.* — Былинцев, я думаю, это **заденет за живое**, им, конечно, не особенно приятно будет чувствовать, что два их работника равны одному строителю Важенки. *В. Тендряков, Среди лесов.* — Привыкнем,— согласился он. У него, кажется, не было охоты разговаривать. Это **задело** Ольгу **за живое**. Она ждала, что он, изголодавшись по «светским» разговорам, пойдет щеголять, станет показывать, что и мы здесь кое-что понимаем. *В. Шукшин, Чудик.* — То не ответ,— буркнул старик.— Ты под корень гляди... Слова Турунды **задели меня за живое**. Вспомнились наши собрания,.. и так же запальчиво, как там, я сказал: — Почему «не ответ»? *В. Беляев, Старая крепость.* ...случалось, что молодежь отправляла на кухню депутацию к Акинфычу с просьбой приготовить «что-нибудь вкусненькое»,.. в ход пускалась тонкая лесть... Кончалось тем, что **задетый за живое** Акинфыч... говорил с напускной серьезностью: — Ладно уж, ладно. *А. Куприн, Тапер.* Его воспоминания о тех унижениях, которые приходилось терпеть в лагере, **затронули за живое** и меня: перед глазами всплыли сытые, наглые лица охраны. *(реч.)* Невозможно без слез слушать заунывные песни цыган. Это **затрагивает за живое**, берет за душу. *(реч.)* Да, это [участие в выборах] **забирает за живое**,— сказал Вронский.— И раз взявшись за дело, хочется это сделать. *Л. Толстой, Анна Каренина.* Варя читала. Володя постукивал карандашом, шуршал какими-то бумагами, потом против своей воли заслушивался. Никогда нельзя было знать заранее, что именно **заберет его за живое**. *Ю. Герман, Дело, которому ты служишь.* Но видя, как сразу же помрачнел каменщик, она решила ограничиться полунамеками и красноречивыми вздохами, и они брали за живое Гаврилу Ивановича покрепче, чем железные слова прямой правды. *А. Первенцев, Матросы.* Только по вечерам, когда после трудового дня на покосах разливалась песня, Татьяна присаживалась к огоньку и горько плакала — чужая радость **хватала ее за живое**. *Д. Мамин-Сибиряк, Три конца.* Отца всегда волновало мнение о его детях, а осуждая сына за якобы аморальное поведение, соседи **задели его за живое**. *(реч.)* Рассказами о Париже он **затронул** многих из нас **за живое**: не все могли даже мечтать об этом: нужны были деньги и связи. *(реч.)*

▣ Если сумеешь **задеть за живое** смекалку людей, то тебе подскажут такое, о чем самому никогда не догадаться. *Д. Гранин, Искатели.* — Оставь его в покое. Своими насмешками и намеками ты **задеваешь его за живое**. *(реч.)* Ты напрасно пел мне дифирамбы и тем самым **затронул за живое** тех, кто считает себя настоящим поэтом, а меня — так, стихоплетом. *(реч.)*

▲ Разговорами о воспитании я, кажется, многих **затронул за живое**, но многим же это показалось просто «лекцией», и они остались полностью равнодушными. *(реч.)*

25. ЗАКУСИТЬ УДИЛА *кто*. Распалившись, действовать вопреки здравому смыслу, напропалую, не зная удержу (говорится с неодобрением). Подразумевается, что кто-л., придя в состояние крайнего раздражения, обиды и т. п., потерял способность считаться с обстоятельствами, воспринимать советы, управлять собой. Неформ. *кто* — лицо ● Нет повел. накл. Глагол чаще в прош. вр. ● Порядок слов нефиксир.

◆ — Што ты, што ты — шуток не понимаешь. Уймись! — Вам шутки, а мне в глаза будут тыкать. Пусти!.. Ванька **закусил удила**. Швырнул одного, другого... Все повскакали. *В. Шукшин, Танцующий Шива*. Она чувствовала, что сейчас разговаривать с ним бесполезно: неудачи ожесточили его, он «**закусил удила**» и, не слушая никаких советов, бредет без дороги. *Е. Мальцев, От всего сердца*. Борис Игнатьевич понял, что старик **закусил удила** и что чаша его терпения переполнилась. *Л. Соболев, Первый слушатель*. [Чарнота:] Ты что же, можешь упрекнуть меня за то, что я женщину от гибели спас? [Люська:] Нет, я ее, Симку, могу упрекнуть, могу! (**Закусила удила**.) Пусть живет непорочная Симка... и блистательный генерал за счет распутной Люськи. *М. Булгаков, Бег*. Оставь его в покое, а то он **удила закусит** и никакого толку из разговора не получится. *(реч.)*

■ — Что ты расходился, разогнал всех гостей? **Удила-то закусил** зря — завтра жалеть будешь, что тут натворил из-за какого-то обидного слова. *(реч.)*

▲ ...а я все видел и сидел и распалял себя. Меня звали. Звал Максим, звала Евгения, а я **закусил удила** и — ни слова. *Ф. Абрамов, Деревянные кони*.

26. КАК <БУДТО, СЛОВНО, ТОЧНО> В ВОДУ ОПУЩЕННЫЙ *кто* быть, сидеть, ходить и т. п. Растерянный, крайне подавленный, удрученный (говорится с неодобрением). Неформ. *кто* — лицо ● В роли именной части сказ. или обособленного определения. Порядок слов фиксир.

◆ Обычно жизнерадостный и шумный, Бабурченок входил в кабинет **как в воду опущенный** и начинал вздыхать и горько жаловаться. *Л. Соболев, Зеленый луч*. Значит, Бронислава Семеновна будет сидеть **как в воду опущенная**, значит, Вадим опять начнет коситься. *В. Тендряков, Короткое замыкание*.

■ — Костя, у тебя совершенно отсутствующие глаза! Что с тобой? Ты **как в воду опущенный**. *Н. Соротокина, Свадьба*. ...все вокруг было тускло.— Поливанов, ты что ходишь **как в воду опущенный**? — спрашивали друзья. *Ф. Вигдорова, Любимая улица*.

▲ У меня пропал всякий интерес к жизни после маминой кончины. **Словно в воду опущенная**, я ходила по квартире, вспоминала... *(реч.)* «А жена? Говорят, не по душе ей здесь. Дни считала до отъезда в академию. Правда?». Что ему ответить? Сидел **точно в воду опущенный**, кровь у меня вся куда-то слилась вниз, в ноги, и мне было не до оценки, как станут развиваться последующие события. *М. Горбачев, Ракеты и подснежники*. Тетя Наташа заметила, что мы оба ходим **как в воду опущенные**, и стала уговаривать маму, чтоб мы с Мишкой остались еще пожить в деревне. *В. Носов, Дружок*.

27. [КАК <БУДТО, СЛОВНО, ТОЧНО>] ГОРА С ПЛЕЧ [СВАЛИЛАСЬ] *у кого*. Наступило полное облегчение (говорится с одобрением). Обычно подразумевается внезапное ощущение внутренней свободы. Имеется в виду избавление от чего-то тягостного, обременительного, от забот, тревог и т. п. Реч. стандарт. *у кого* — у лица ● В наст. и буд. вр.

глагол обычно опускается. Именная часть неизм. ● Порядок слов нефиксир.

Сергеев заявление подал, и у него **как гора с плеч свалилась**, до такой степени он почувствовал себя выздоровевшим, что ли, освобожденным. *В. Пьецух, Наш человек в футляре.* — У меня **будто гора с плеч свалилась**. — И я тоже рада, Захар, что мы встретились. *А. Грачев, Первая просека.* — Баглюк! — только и сказал Серпилин и вздохнул так, **словно с плеч у него свалилась** невыносимо тяжелая **гора**. *К. Симонов, Живые и мертвые.* — Пол-кан уви-дал зай-ку, — медленно прочел Шурка. Наконец-то! **Точно гора с плеч свалилась**: уже второй день он кое-как, по слогам, но правильно прочитывает слова. *А. Котовщикова, Сто процентов.* **Гора свалилась с плеч** — с борьбой за первенство мира было покончено. *М. Ботвинник, К достижению цели.* — Так едем в Италию? — спросил он. — Хорошо, поедем, — отвечала она монотонно. У Петра Иваныча — **как гора с плеч**. *И. Гончаров, Обыкновенная история.*

28. КАК <реже БУДТО, СЛОВНО, ТОЧНО> ЗА КАМЕННОЙ СТЕНОЙ быть, жить, чувствовать себя и т. п. Под надежной защитой, спокойно (говорится с одобрением). Обычно имеется в виду, что чья-л. опека, покровительство или (реже) какой-л. документ избавляют от лишних хлопот, забот, опасностей. Реч. стандарт ● Неизм. ● В роли обстоятельства. Порядок слов фиксир.

В базе и в походе... мне много времени приходилось уделять вопросам, которыми раньше занимался Дмитрий Тимофеевич Богачов. За ним, бывало, **как за каменной стеной**. Скажу ему, какие задачи нужно обеспечить, остальное он сам сделает. *Г. Щедрин, На борту С-56.* Бывший полковой адъютант. Форсун. Но исполнительный, по крайней мере — в тылу. — Ты, говорит военком, будешь за ним **как за каменной стеной**. *К. Федин, Необыкновенное лето.* При муже, при покойнике, **как за каменной стеной** жила, ни во что не входила. *А. Островский, Бедная невеста.* Вот двадцать первый год живу **как за каменной стеной** за своим старичком и уж знаю — он меня в обиду не даст: он ведь это с виду тихий. *И. Бунин, Хорошая жизнь.* Комиссарский мандат Сторожев очень ценил, жил он за этой бумажкой **как за каменной стеной** и, прикрываясь ею, вел свои дела бесстрашно. *Н. Вирта, Одиночество.* Прежнее начальство имело влияние в верхах, поэтому мы чувствовали себя **точно за каменной стеной**: никто не мешал нам работать. (реч.) Отец у нас был суров и сдержан в чувствах, но это только усиливало ощущение, что живем мы **словно за каменной стеной**. (реч.)

КАК <КАКАЯ, У КОГО, ЧЬЯ> РУКА ПОДНИМАЕТСЯ <ПОДНЯЛАСЬ, ПОДНИМЕТСЯ> 3. *у кого, чья на кого, на что.* См. XII, 49

29. КАК <СЛОВНО, ТОЧНО> РУКОЙ СНЯЛО <реже СНИМАЕТ, СНИМЕТ> *[у кого что].* Устранило, свело на нет очень быстро и сразу, как будто и не было (говорится с одобрением). Имеется в виду бесследное исчезновение неприятного физического состояния или угнетенного либо, наоборот, радостного психического состояния. Обычно под влиянием какой-л. внешней причины. Неформ. *у кого* — у лица; *что* — боль, усталость, опьянение и т. п., страх, заботу, тоску и т. п., веселость, шутливость и т. п. ● Нет повел. накл. Именная часть неизм. ● Порядок слов фиксир.

Она приехала в Москву и пошла к очень хорошему гомеопату. Он ей дал лекарства, и боли **как рукой сняло**. *М. Цветаева, Повесть о Сонечке.*— Голова что-то болит,— потупилась Ленка.— Второй день болит...— Простудилась, видно. А ты бы чаю с малинкой да на печь. Пропотела бы, все **как рукой сняло**. *В. Белов, Гудят провода.* Щукарь выронил из рук повод, остановился, чувствуя, как хмель с него **словно рукой снимает**. *М. Шолохов, Поднятая целина.* [Лысенко:] Ну, какой из меня певец!.. Слышите, хриплю,— голос простужен. [Кедрова:] — Пустяки... У меня есть прекрасное лекарство: настойка. От двух-трех бокалов **как рукой снимет**. *В. Билль-Белоцерковский, Голос недр.* Усталость с Балахонова **как рукой сняло**. *Ю. Лаптев, Заря.* Едва Парабукин потянулся за полтинником, как Ольга Ивановна быстро схватила монету и зажала ее в кулаке. Все благодушие **точно рукой сняло** с Парабукина. *К. Федин, Первые радости.* Мне самому понравилось, что я так спокойно, осторожно ответил, и с этой минуты все мое волнение **как рукой сняло**. Я стал холоден, любезен и хитер, как змея. *В. Каверин, Два капитана.* Зайдет в купе парень, растянет меха аккордеона или трехрядки, и все заботы **как рукой снимет**. *В. Солоухин, Рождение Зернограда.*

КАК У ХРИСТА ЗА ПАЗУХОЙ 2. быть, находиться, чувствовать себя и т. п. См. II, 9

КАК <У КОГО> ЯЗЫК ПОВОРАЧИВАЕТСЯ <ПОВЕРНУЛСЯ, ПОВЕРНЕТСЯ> 2. *у кого.* См. XII, 50

30. КОШКИ СКРЕБУТ <СКРЕБЛИ/ЗАСКРЕБЛИ> НА ДУШЕ <реже НА СЕРДЦЕ> *у кого.* Состояние гнетущей тоски, тревоги, беспокойства (говорится с неодобрением). Часто подразумевается попытка скрыть это состояние. Обычно имеется в виду осознание своей неправоты, угрызения совести или ожидание каких-л. неприятностей. Неформ. *у кого* — у лица ● Именная часть неизм. В безличном употреблении ● Возможно как отдельное высказывание. Порядок слов нефиксир.

— Зачем вы меня притащили сюда? — Потому что вам некуда было сегодня деваться. Потому что у вас на душе кошки скребут. Верно? Ну, вот поэтому и притащила. *Е. Воеводин, Заявление на две недели.* Это я с виду только беспечный, а на самом деле у меня на душе, может быть, **кошки скребут**. *А. Вампилов, Девичья память.* Дедушка был теперь совершенно здоров и, по-видимому, окончательно успокоился; но ему было известно также искусство его скрывать перед ними свои тяжелые ощущения и показывать улыбающееся лицо, когда **на душе скребли кошки**. *А. Григорович, Акробаты благотворительности.* Теперь я жалею, что говорил с ним так на прощание. У мальчишки **кошки на душе скребли**, а я не смог сдержать свою злость. *В. Аксенов, Звездный билет.* Формула вертушки была несложной, задание для судового плана не из лучших, поэтому и ругался Эртель, поэтому и **скребли на душе кошки**. *В. Летов, Такое время штормовое.* На душе **кошки скребли**, реветь хотелось. *А. Чехов, Добродетельный кабатчик.* Пани Марина приняла Хину с ее французским языком с такой леденящей любезностью, что у той **заскребли кошки на сердце**. *Д. Мамин-Сибиряк, Приваловские миллионы.*

31. КРОВЬ СТЫНЕТ <ЗАСТЫВАЕТ/ЗАСТЫЛА, ЛЕДЕНЕЕТ/ЗАЛЕДЕНЕЛА> [В ЖИЛАХ] *[у кого].* Возникает ощущение ужаса, жуткого страха (говорится с неодобрением). Подразумевается сильная эмоцио-

нальная реакция на какое-л. пугающее событие, кошмар и т. п. Часто имеется в виду внутреннее ощущение озноба. Неформ. *у кого* — у лица ● Нет буд. вр. Нет повел. накл. Именная часть неизм. ● Может употр. в роли самостоят. предложения. Порядок слов нефиксир.

[Милославский:] ...они нас убьют, к лешему... [Бунша:] Неужели это правда? Николай Иванович, вызывайте милицию!.. — Погибнуть во цвете лет! **Кровь стынет в жилах!** *М. Булгаков, Иван Васильевич.* ...война и в первую же зиму смерть Вити оглушили и ожесточили Надьку. По Вите она убивалась так, что **кровь стыла в жилах** от ее крика. *В. Распутин, Живи и помни.*— Когда читаешь, как турки вырезают целые болгарские города, **кровь застывает в жилах.** *Б. Васильев, Были и небыли.* И он в ярких красках и живых образах... нарисовал мне картину казни... У меня **кровь застыла в жилах.** *С. Скиталец, Сквозь строй.* ...и они чуть не подстрелили нас из обреза. При этом они изрыгали на нас такие чудовищные угрозы, что волосы становились дыбом и **леденела кровь.** *К. Паустовский, Повесть о жизни.* Вдруг около нас кто-то завизжал, заплакал, да так жутко, что **кровь заледенела в жилах,**— раненые никогда так не кричат. *В. Чудакова, Чижик — птичка с характером.*

32. КУСАТЬ [СЕБЕ] ЛОКТИ *кто.* Горячо сожалеть, досадовать (говорится с неодобрением). Имеется в виду, что причина — непоправимый поступок, промах, упущенные возможности. Неформ. *кто* — лицо ● Обычно буд. вр. Часто в инфинитивной конструкции со словами **готов, нечего** и т. п. ● Порядок слов нефиксир.

◆ Оля Нечаева **локти себе будет кусать** от раскаяния, что отвергла глубокое чувство такого серьезного, скромного и, главное, бесстрашного человека, как Петя. *В. Катаев, За власть Советов.* Надо было заставить уехать вовремя, а теперь тоже нечего **локти кусать,** ничего не изменишь. *П. Проскурин, Исход.*

■ И тут на Альку нашло. Она нарочно, чтобы еще больше разозлить Митю, подобралась и своей ленивой ресторанной походкой прошлась по комнате: на, гляди! **Кусай себе локти!** *Ф. Абрамов, Алька.* Вот попомни: заведет он вас. **Будете локти кусать,** да поздно. *А. Серафимович, Железный поток.*

▲ Смейся! Я пришел сюда, потому что я готов **локти себе кусать,** потому что отчаяние меня грызет, досада, ревность. *И. Тургенев, Новь.* Напрасно я нагрубила матери — сорвала на ней зло, а теперь готова **локти себе кусать,** да поздно. *(реч.)*

33. ЛЕЗТЬ/ПОЛЕЗТЬ В БУТЫЛКУ *кто.* Сильно обижаться, дуться по пустякам (говорится с неодобрением). Подразумевается бурная реакция на обиду — раздражение, обычно без основания. Имеется в виду, что это состояние проявляется во внешнем виде или поведении, а также в возмущении, негодовании и т. п. Фам. *кто* — лицо ● Порядок слов нефиксир.

◆ Намек был нехороший... Однако Илья не из тех, кто из-за пустяка **лезет в бутылку.** *Ф. Абрамов, Две зимы и три лета.* — Ох и обидчивый ты, Чугунов,— примирительно сказал Ильин.— Подумаешь! Сказал ему «птица» — и сразу **в бутылку полез,** обиделся. *К. Симонов, Солдатами не рождаются.*

■ — Не **лезь в бутылку!** Ну что ты обижаешься, когда никто не хотел тебя обидеть? *К. Симонов, Солдатами не рождаются.*— Что ты, что ты! — заволновался Воробейцев.— Ну перестань. Ну что ты **полез в бутылку?** Ну прости. Погорячился я. *Э. Казакевич, Дом на площади.* Командировочного задело за живое. Особенно ему не понравилось, что

Нюра засмеялась.— А ты что это сразу в бутылку-то полез? *В. Шукшин, Печки-лавочки.*
▲ Обычно не употр.

34. НА СЕДЬМОМ НЕБЕ быть, чувствовать себя и т. п. *кто*. Совершенно, безгранично счастлив; в состоянии блаженства (говорится с одобрением). Реч. стандарт. ● Неизм. ● В роли именной части сказ. или обстоятельства. Порядок слов фиксир.
на седьмое небо попасть.
◆ Стасик радовался, когда дядя Ваня прокатил его... по городу. А когда он однажды взял с собой мальчика в дальний рейс, в Буковину, тот был **на седьмом небе**. *А. Авдеенко, Дунайские ночи.* Там в комнате дурачились, потешались над каким-то счастливцем, который схватил пятерку по алгебре и чувствовал себя **на седьмом небе**. *Н. Атаров, Повесть о первой любви.* Охотники улыбнулись все разом и захлопали от восторга в ладони. Все почувствовали себя **на седьмом небе**. *А. Чехов, Петров день.*
▧ Когда закончишь работу, почувствуешь себя **на седьмом небе** от счастья, что больше не надо вновь и вновь проверять расчеты, а пока — пересчитай-ка снова, что-то здесь не сходится. *(реч.)*
▲ Когда мы через весь город везли их в детдом, я чувствовал себя прямо-таки **на седьмом небе** от счастья. *А. Чаковский, Это было в Ленинграде.*— Ах, как хорошо, что вы приехали! С вашим приездом я прямо **на седьмое небо попал**! *С. Сергеев-Ценский, Преображение России.*

<small>Восходит к сочинению Аристотеля (384 — 322 г. до н. э.) «О небе», который считал, что небесный свод состоит из семи сфер. На седьмом небе, согласно Корану, находится рай, царство небесное (ОЭСРФ, с. 85). Число семь в мифологиях многих народов — число совершенства, отсюда пребывать на седьмом небе значит 'в совершенном блаженстве'</small>

35. НЕ В ДУХЕ *кто*. В подавленном настроении, раздраженный, сердитый (говорится с неодобрением). Реч. стандарт. *кто* — лицо ● Неизм. ● В роли именной части сказ.
◆ Но за эти дни дома все шло так ровно, что и поругаться-то хорошенько, чтобы полностью отвести душу, было нельзя.., все подтянулись, заметив, что «сам» сильно **не в духе**. *М. Горький, Тоска.* За ужином молчали. Дед... был **не в духе**, бранил только Ваксу. *Ю. Герман, Дело, которому ты служишь...* Летом же [он] иногда ездил в поле, чтобы взглянуть на овсы и на травы, и, вернувшись, говорил, что без него везде беспорядки, и замахивался палкой.— **Не в духе** твой дедушка,— шептала тетя Даша. *А. Чехов, В родном углу.* Карл Иванович был очень **не в духе**. Это было заметно по его сдвинутым бровям и по тому, как он швырнул свой сюртук в комод, и как сердито подпоясался, и как сильно черкнул ногтем по книге диалогов. *Л. Толстой, Детство.* [Рябовский] думал о том, что он уже выдохся и потерял талант... и что не следовало бы связывать себя с этой женщиной... Одним словом, он был **не в духе** и хандрил. *А. Чехов, Попрыгунья.*
▧ Мочалов остановился у койки: — Послушай, Марков, что с тобой? Ты нездоров или **не в духе**? У тебя какой-то неприятный тон. *Б. Лавренев, Большая земля.* Ты, по-моему, сегодня **не в духе** — чем-то озабочен или расстроен. Лучше я зайду в другой раз, когда у тебя будет хорошее настроение. *(реч.)*
▲ Не надо... я не то чтобы больна! А... так! **не в духе**!.. Все нейдет на лад, Что ни начну! *М. Лермонтов, Испанцы.*— Я не хотел идти к Оле. **Не в духе**, знаешь, был... Она приходит под окно и начинает ругаться... Я, спьяна, возьми да и пусти в нее сапогом. *А. Чехов, Шведская спичка.*

36. НЕ В СВОЕЙ ТАРЕЛКЕ 2. быть, чувствовать себя, находиться *кто*. В необычном, непривычном для себя настроении (говорится с неодобрением). Подразумевается состояние нервозности, неуравновешенности, подавленности и т. п. Неформ. ● Неизм. ● В роли именной части сказ. или обстоятельства. Порядок слов фиксир.

◆ Он видел ясно, что она не в своей тарелке: озабочена, взволнована. *М. Лермонтов, Княгиня Лиговская*. Абрамов сразу, с первой минуты понял, что командир полка не в своей тарелке. *П. Федоров, Генерал Доватор*. В последнее время Олег был, что называется, не в своей тарелке. Что-то с ним происходило, но что именно, трудно было понять. Он чем-то подавлен или, может быть, озабочен. *С. Голованивский, Тополь на том берегу*. Он почувствовал себя не в своей тарелке, встретившись с ней. «Неужели я влюбился и оттого так смущаюсь?» *(реч.)*
▨ [Фамусов:] Любезнейший, ты не в своей тарелке. С дороги нужен сон... *А. Грибоедов, Горе от ума*.

▲ — Алексей Николаевич, вы простите меня. Я не в своей тарелке и говорю не то, что хочу. *А. Коптяева, Товарищ Анна*. После его странных намеков на какое-то прежнее знакомство, даже нечто вроде романа, я почувствовала себя не в своей тарелке — мне стало как-то не по себе, а не сумасшедший ли он? *(реч.)*

37. НЕ НАХОДИТЬ [СЕБЕ] МЕСТА *кто*. Испытывать крайне возбужденное нервное состояние, беспокоиться, тревожиться (говорится с неодобрением). Имеется в виду и внешнее проявление нервного состояния. Реч. стандарт. *кто* — лицо ● Именная часть неизм. ● Порядок слов нефиксир.

◆ Она писала, что первое время скучала, не находила себе места нигде, но что теперь чувства стали глуше и она вся ушла в работу. *С. Крутилин, Косой дождь*. Тетя часто выходила к обеду с заплаканными глазами..., и говорили про нее, что она, бедняжка, не находит себе места. *А. Чехов, Володя большой и Володя маленький*.

▨ Я вижу, что ты места себе не находишь с той поры, как он ушел из дома. Не волнуйся — он парень умный и ни в какие передряги не влезет. *(реч.)*

▲ В голову лезет всякая чертовщина, места себе не нахожу. Чувствую себя подлецом без настоящего дела. *В. Ажаев, Далеко от Москвы*. Жена пришла домой потрясенная, я тоже места не находил. За что же он так меня уничтожает да еще грозится? *М. Слесарев, Худое слово*. «Семен» вернулся, когда до комендантского часа оставалось всего несколько минут. Мы уже места себе не находили. *И. Козлов, В Крымском подполье*.

38. не найти [себе] места. Находиться в крайне возбужденном нервном состоянии, беспокоиться, тревожиться. Обычно в инфинитивной конструкции со словом мочь.
◆ А вот младший, Виктор, оказался в Сталинграде, на прошлой неделе письмо от сынка получили... Мать теперь места себе не найдет, как он там жив-здоров... *А. Караваева, Разбег*. Мартын Мартынович не мог найти себе места: он был убежден, что должно произойти с ним что-то ужасное. *Ф. Гладков, Березовая роща*. Мысли ее туманились. Она вспоминала, как любила, ждала кого-то, и любовь эта возвращалась, и она не могла найти себе места от тоски к прошлому, от жалости к себе, от нежности к тому, кого она, казалось, так долго любила. *И. Бунин, При дороге*. В то лето [в год смерти матери] Анна не могла найти себе места,

обезумела от той суматохи, криков и причитаний каких-то женщин во время похорон. *А. Иванов, Вечный зов.*

◾ — Перестань нервничать, сядь куда-нибудь, займись каким-нибудь делом. А то мечешься, **места себе не найдешь**, а надо набраться терпения и ждать, когда он позвонит и скажет, зачем его вызвали на работу так поздно. *(реч.)*

▲ Я **места себе не могла найти** от ужасной мысли, что с тобой может что-то случиться — ведь ты ушла от них вчера, даже не позвонив мне, что поехала на дачу. *(реч.)* Я бродил, как тень, **места не мог найти.** *И. Тургенев, Фауст.*

39. НЕ ПОМНИТЬ СЕБЯ кто.
Будучи в крайне возбужденном состоянии, не контролировать своих эмоциональных проявлений, поступков или действий. Подразумевается бурное проявление эмоций или полная утрата самообладания. Неформ. *кто* — лицо ● Нет буд. вр. Нет повел. накл. Часто в форме деепричастия ● Порядок слов нефиксир.

◆ Володя **не помнит себя** от радости. И как он хорош в этом мундире! Как идет голубой воротник к его чуть пробивающимся черным усикам. *Л. Толстой, Отрочество.* В депо его ценили за умение и смекалку, но и побаивались: уж больно вспыльчив и крут был он, а во гневе **себя не помнил** и мог натворить неведомо что. *А. Адамов, Стая.* **Не помня себя** от радости, Алексей выскочил из шалаша и обнял Екатерину. *И. Козлов, В Крымском подполье.*

◾ Обычно не употр.

▲ Я **не помнил себя** от восхищения. *С. Аксаков, Воспоминания.*— Плох я был вчера. **Себя не помню.** Зоеньку вон обидел, мамашу оскорбил. *Б. Полевой, На диком бреге.* **Не помня себя,** я схватил палочку Лукони... и со всего размаху ударил Иванку по спине. *Ф. Гладков, Повесть о детстве.*

40. НЕ ХВАТАТЬ/НЕ ХВАТИТЬ ДУХУ у кого.
Недостает смелости, решимости. Имеется в виду необходимость сообщить что-л. неприятное, выполнить какое-л. дело, требующее волевых усилий. Неформ. *у кого* — у лица, социальной группы лиц ● Порядок слов нефиксир.

[Голицын:] С тобой, моя дорогая, я ничего не боюсь, для тебя какой хочешь подвиг совершу. [Софья:] Ну, смотри, Василий, коли **не хватает духу** — откажись... *К. Тренев, Юность Петра.* Солги я раз в жизни, солги только перед самим собой и... положил бы себе в карман чистоганом миллион. Но не смог! **Духу не хватило!** *А. Чехов, Пустой случай.* Добротная была церковь, хоть и деревянная,— столько гроз выстояла; всей колхозной артелью собирались на распил пустить, да **не хватило духу.** *О. Калкин, Баулинские горы.* Ситуация такова, что нужны досрочные выборы. И если у нынешних властей **не хватит духу** самим пойти на это, я бы именно этот вопрос и предложил на референдум: вы за досрочные выборы Верховного Совета и президента или против? *Литературная газета, 1993.*

ОПУСКАТЬ/ОПУСТИТЬ РУКИ кто. См. XII, 64

руки опускаются/опустились у кого. См. XII, 65

41. ОТВОДИТЬ/ОТВЕСТИ ДУШУ кто [с кем в чем].
Находить утешение, успокоение; радость. Подразумевается желание избавиться от беспокойства, тревожного, гнетущего эмоционального состояния.

Неформ. *кто* — лицо ● Глагол чаще в сов. в. прош. вр. или в инфинитивной конструкции со словами **хочется, можно** и т. п. ● Порядок слов нефиксир.

◆ После отъезда отца по праздникам начали похаживать к нам бабы — покалякать с матерью, поплакать, **отвести** с ней **душу**. *Ф. Гладков, Лихая година.* Старухи эти горы работы переделали,.. а пенсия у них до последнего времени была двенадцать рублей. И вот эти бывшие «двенадцатирублевки» (придумал же кто-то такое названьице!) **отводили душу** в разговорах. *Ф. Абрамов, Алька.* Вот так он **душу отведет**, рассмешит окружающих, увидит их благодарные глаза — на талантливого человека смотрят по-особенному — и пойдет в павильон настоящим хозяином. *М. Козаков, Записки на песке.* Андрей часто... ехал посидеть на широком диване Обломова и в ленивой беседе **отвести** и успокоить встревоженную или усталую **душу**. *И. Гончаров, Обломов.* Эх, ребята, знали бы вы, какое это чудо море. Вот где можно **душу отвести**. *И. Тюленев, Через три войны.* Нападешь на гряду — вернешься с ведром пятисотграммовых окуней.— ...Вот где **душу** бы **отвести**! *А. Яшин, Сладкий остров.*

■ — Поговори со мной — ведь я тебе не чужая, **отведи душу**, а то все молчишь да сохнешь. Может, полегчает. (*речь.*) — Ну, довольны ли вы теперь, господа? **Отвели душу**? — проговорил он, уставясь с вызовом на следователя и прокурора. *Ф. Достоевский, Братья Карамазовы.* Нет, они [жены] двужильные, что могут выносить столько. Тут хоть как-нибудь, да **отведешь душу**: выпьешь когда — все легче маленько, а ведь они с утра до ночи, как заводные. *В. Шукшин, Сапожки.*

▲ Нет, Вася, я больше всего на свете желал бы... повидаться с тобой, наговориться досыта, **отвести душу**, утомленную печалями, разочарованиями и безнадежной тоской. *В. Розанов, Опавшие листья. Короб II.* В откровенных беседах с ней я рассказывал о своих тревогах — **душу отводил**. (*речь.*)

42. ОТЛЕГЛО <ОТОШЛО> ОТ СЕРДЦА [*у кого*]. Возникает чувство успокоения, облегчения (говорится с одобрением). Имеется в виду, что этому предшествовало эмоциональное состояние беспокойства, тревоги, угрызений совести и т. п. Неформ. *у кого* — у лица ● Неизм. ● В роли безличного сказ. Порядок слов нефиксир.

— Да вы не сомневайтесь, не обижу,— отозвался голос с таким радушным спокойствием, что у ней **отлегло от сердца** и она немного овладела собой. *К. Федин, Первые радости.* Мне хотелось взять с собой что-нибудь на память о маме. Пошарив в коробочке, стоящей на комоде, я нащупал крошечные золотые часы. Мама давно их не носила. Цепь была продана, а механизм испорчен. Сунув часы в карман, я бесшумно распахнул окно и выпрыгнул на улицу. И — сразу **отлегло от сердца**. *В. Тевекелян, Гранит не плавится.* Что-то как бы разом **отошло** у него **от сердца**, и, может быть, не одна тягость смертного страха... Это было избавление от другого, более скорбного и мрачного чувства. *Ф. Достоевский, Преступление и наказание.*— И я увидела, что глаза у него вовсе не сердитые, а только очень черные. **От сердца отлегло**. *В. Чудакова, Чижик — птичка с характером.*

43. ПАДАТЬ/УПАСТЬ <ПАСТЬ> ДУХОМ *кто*. Унывать, отчаиваться (говорится с неодобрением). Реч. стандарт. *кто* — лицо, совокупность лиц ● Глагол чаще в прош. вр.; несов. в. часто в повел. накл. с отрицанием ● Порядок слов нефиксир.

◆ При маленькой неудаче терял спокойствие, падал духом и становился трусливым, злым, суетливым. *А. Куприн, Лимонная корка.* ..Такой жизни не выдержал Иван Дмитрич; он пал духом, захирел и, бросив университет, уехал домой. *А. Чехов, Палата № 6.* Никто не пал духом, не изменил тому делу, ради которого шел на жертвы. *И. Козлов, Ни время, ни расстояние.* Раиса, голубушка, приободрись немного. Вот еще кто-то едет. Все вместе и переждем. Нельзя же так падать духом. *А. Н. Толстой, Приключения Растегина.* Ну рано еще духом падать, Анна Семеновна... Доктор прибудет, сделает что положено.., а там, глядишь, и на поправку дело пойдет. *Л. Леонов, Русский лес.*
▓ В палату Федора Васильевича не пустили. Он попрощался с Наташей в коридоре.— Ты, главное, духом не падай,— сказал он ей. *Ф. Таурин, Гремящий порог.*— Наш нравственный долг отказаться от договора... Не огорчайтесь, Андрей Николаевич... не падайте духом, я завтра съезжу к энергетикам.— Одинцов улыбнулся Андрею.— Объясню и откажусь. *Д. Гранин, Искатели.* Не падайте духом, поручик Голицын, корнет Оболенский, надеть ордена! *(из песни)*
▲ Я уже падала духом, приходила в отчаяние, но он только усмехался. *И. Бунин, Мать.* «Пока есть во мне хоть искра жизни,— сказал я сам себе,— я не упаду духом, я буду работать, я буду бороться!». *Н. Морозов, Повести моей жизни.* После того, как мне отказали в свидании с сыном, я совсем было упала духом, но потом решила: надо взять себя в руки и добиваться своего во что бы то ни стало — ему нужна моя помощь, моя поддержка. *(реч.)*

44. **ПЕРЕПОЛНИТЬ ЧАШУ** *что чего.* Нарушить меру (говорится с неодобрением). Подразумевается мера долго сдерживаемой надежды на прекращение какого-л. нежелательного или невыносимого состояния. Обычно имеется в виду ситуация, когда кто-л. больше не может выносить обиды, унижения, оскорбления и не в состоянии больше сдерживать свою эмоциональную реакцию. Реч. стандарт. *что* — слова, поступки и т. п.; *чего* — обычно терпения ● Чаще сов. в. прош. вр. Именная часть неизм. ● Порядок слов фиксир.

Неожиданное оскорбление и боль переполнили чашу терпения в душе... человека. *В. Короленко, Без языка.* Это объявление, как и следовало ожидать, переполнило чашу терпения. Двадцать пять тысяч солдат всех родов оружия... перешли на сторону восставших. *А. Н. Толстой, Хождение по мукам.* Девушка прошла в свою комнату, которая выходила в сад, села к окну и заплакала. Болтовня переполнила чашу. *Д. Мамин-Сибиряк, Горное гнездо.* Но теперь... случилось так, что именно подобная обида, как сомнение в Еропегове, и должна была переполнить чашу. [Генерал] побагровел, поднял руки и прокричал: — Довольно! Проклятие мое... прочь из этого дома! *Ф. Достоевский, Идиот.* Не исключено, что это может стать той самой каплей, которая переполнит чашу. *Куранты, 1992.*

45. **чаша переполнилась.** Мера нарушена.

Борис Игнатьевич понял, что старик закусил удила и что чаша его терпения переполнилась. *Л. Соболев, Первый слушатель.* Она вновь стала упрекать его в изменах, в том, что жизнь ее — сплошной ад. Чаша его терпения переполнилась, он закричал, что ему все это надоело и он разводится. *(реч.)* Чаша народного терпения переполнится, если в ближайшее время не будут приняты меры по обузданию инфляции: люди снова выйдут на улицы. *(реч.)*

46. ПОД ГОРЯЧУЮ РУКУ сделать, сказать; попадаться, подвертываться и т. п. В минуту гнева, сильного раздражения, крайнего возбуждения, не контролируя себя (говорится с неодобрением). Неформ. ● Неизм. ● В роли обстоятельства. Порядок слов фиксир.

Оказалось, что Петр Андреевич подписал **под горячую руку** какое-то обязательство и не выполнил его. *Ю. Герман, Наши знакомые.* Если бы не удержался — **под горячую руку** дал бы ему в морду, пьяному дураку... *К. Симонов, Солдатами не рождаются.* Мария Ивановна принялась ворчать на Лидию, попрекать ее чуть ли даже не куском хлеба, **под горячую руку** называя ее прекрасные букеты цветов вениками. *М. Пришвин, Кащеева цепь.* Нет, что-то мне не нравится в новом командире. Начальственный взгляд, лицо узкое, горбоносое, напоминающее не то цыгана, не то молдаванина, жесткие черные усы... Не дай Бог попасть к такому, да еще **под горячую руку!** *Н. Пустынцев, Сквозь свинцовую вьюгу.* Сегодня он потерял над Туапсе трех лучших своих пилотов и был раздражен до крайности... Не стоило сейчас попадаться **под горячую руку** майора. *А. Первенцев, Честь смолоду.* — Вы не сердитесь на меня, Михаил Павлович, — **под горячую руку** я бываю резок, — и адмиралы обменялись рукопожатиями. *А. Степанов, Порт-Артур.*

47. ПОДЖИЛКИ ЗАТРЯСЛИСЬ ⟨**ЗАТРЯСУТСЯ**, реже **ЗАДРОЖАЛИ, ЗАДРОЖАТ**⟩ *у кого.* Возникло ощущение испуга, страха или волнения (говорится с пренебрежением или иронией). Часто имеется в виду физическое ощущение: дрожь в коленках. Фам. *у кого* — у лица ● Порядок слов нефиксир.

«Бешеная собака, — отвечают мне, — графская; со вчерашнего дня здесь мотается». **Поджилки** у меня **затряслись**. *И. Тургенев, Собака.* — Я не пойду, — сказал Кузьма мрачно. — **Поджилки затряслись?** — прищурился Луговской. *Ф. Таурин, Ангара.* Вы справедливо и точно заметили, Иван Фомич, что дело это нешуточное... У кого хочешь **поджилки затрясутся**. *Е. Мальцев, Войди в каждый дом.* Как почувствовал я, что земля под ногами ходит, — **поджилки задрожали**, а уж потом почувствовал ужас: началось землетрясение. *(реч.)*

48. поджилки трясутся ⟨реже **ДРОЖАТ**]. Ощущение испуга, страха или волнения.

Чувствует мое сердце, что твой подлец муж бросится за нами в погоню. У меня сейчас **поджилки трясутся**. *А. Чехов, Вынужденное заявление.* В оперативной сводке будет сказано, что рота атаковала противника и была поддержана огнем артиллерии... Неизвестно, что солдаты испытывали: страх ли, ужас, **тряслись** ли у них **поджилки** или все их состояние можно назвать одним словом «напряжение». *А. Одинцов, Прорыв.* — Тебе отсюда кажется, что там бомбежка — страшное дело, а я сюда, на фронт, шел — **поджилки дрожали**. А пришел — вроде ничего. *К. Симонов, Живые и мертвые.*

ПОЛОЖА РУКУ НА СЕРДЦЕ 1. сказать, ответить и т. п. См. XI, 36

49. РАСПУСКАТЬ/РАСПУСТИТЬ НЮНИ ⟨**СЛЮНИ, ГУБЫ, СЛЕЗУ, СЛЕЗЫ, СОПЛИ**⟩ 1. *кто.* Плакать, ныть (говорится с пренебрежением). Неформ. *кто* — лицо ● Порядок слов нефиксир.

◆Уже поезд далеко отошел от Ленинграда, а он все вспоминал заплаканное лицо Лизы и то, как она крепилась и обещала «не **распускать нюни**» и все-таки не выдержала. *А. Розен, Времена и люди.* Нечего из-за

каждой потери слюни распускать! (*реч.*) Ты это брось — реветь... Не люблю я, когда передо мной слезу распускают. *Н. Телешов, Доброе дело.* Когда ее, трехлетнюю, впервые привели в детский сад, она ревела почти беспрерывно часа четыре. Глядя на нее, кое-кто из ребят **распустил губы за компанию.** *С. Климович, Не привыкайте к чудесам.*
■ — С чего ты **нюни распустила?** — неожиданно появился Гудима.— Не терплю слезливых... физиономий. *А. Степанов, Порт-Артур.* [Егорушка] горько заплакал...— Ну, не отревелся еще, рева! — сказал Кузьмичов.— Опять, баловник, **слюни распустил!** *А. Чехов, Степь.*— Марш назад, к барину-то! Чего **слезы распустила!** *Г. Данилевский, Беглые в Новороссии.*— Шпенделя бесхвостые! Драться собрались... А ну отсюда! Живо! Еще раз увижу — всех отметелю, до единого. Не умеете — не беритесь! **Распустили сопли:** честно — нечестно... *О. Калкин, Москва слезам не верит.* Матрос Мирошкин зарыдал.— Замолчи! — кричит на него старший офицер.— Ты не девчонка, чтобы **слезы распускать.** *А. Новиков-Прибой, Подводники.*
▲ Не бойтесь, **слюни не распущу!** (*реч.*) (В утверд. форме с оттенком иронии) Знаешь, прямо стыдно. Я, как девчонка, **нюни распустила,** сижу, реву (*реч.*)

50. РАСПУСКАТЬ/РАСПУСТИТЬ ⟨РАЗВОДИТЬ⟩ СЛЮНИ ⟨НЮНИ⟩ 2. *кто.* Проявлять малодушие, плакать, жаловаться, сетовать (говорится с пренебрежением). Неформ. *кто* — лицо, группа лиц, объединенных участием в общем деле ● Порядок слов нефиксир.

◆ Когда же снаряды, наконец, разорвались в реке неподалеку, солдаты услышали все тот же ровный голос, продолжавший: — Выдерживать интервалы и не **распускать нюни.** Поняли? *Э. Казакевич, Весна на Одере.* Задумался Гулявин, потом рукой повел. — В расход! Самый молоденький затрясся, заплакал...— Товарищ дорогой, голубчик, пощадите!.. Мама у меня! Не вынесет!..— А когда в драку лез, о матери думал? Нечего **слюни распускать!** Вша ползучая! Убрать! *В. Лавренев, Ветер.* Ну, ладно, задумали обмануть сельповских, но зачем вот так вот сидеть и **разводить нюни,** что вас хотят обмануть? *В. Шукшин, Танцующий Шива.*
■ — И разве мне, живому человеку, несвойственно чувство страха?.. Он содрогнулся от этой мысли и яростно осек самого себя: — Нет, врешь! Ты коммунист, не имеешь права **распускать сопли!** *В. Закруткин, Сотворение мира.* [Кабанова:] Что ты сиротой-то прикидываешься? Что ты **нюни-то распустил?** Ну какой ты муж? Посмотри на себя! *А. Островский, Гроза.*
▲ (С оттенком сожаления) Кисель я был, недоросль балованный, от первой в жизни беды **распустил слюни.** *О. Форш, Михайловский замок.* Клянемся не **распускать нюни!** — воскликнул он, сильно сжимая мою ладонь.— И все силы отдадим борьбе с врагами. *Ф. Наседкин, Великие голодранцы.*

51. РАСПУСКАТЬ/РАСПУСТИТЬ СЛЮНИ ⟨НЮНИ⟩ 3. *кто.* Быть невнимательным, рассеянным, задумываться (говорится с пренебрежением). Неформ. *кто* — лицо, обычно ребенок, подросток ● Порядок слов нефиксир.

◆ Надо стоять прямо и глядеть в оба — и ни чичирк! Тут уж некогда **нюни распускать** и мелочами заниматься. *А. Чехов, Жена.* На охоте надо уметь собраться, сконцентрироваться, а эти молодцы **слюни распустили,** на природу залюбовались — и проворонили зверя. (*реч.*)

◨ — Ты чего, Федюшка, **слюни распустил**,— хромая-то вовсе отстала,— крикнула молодайка, указывая на ковылявшую позади стада трехногую овцу. *Л. Толстой, Корней Васильев.* Заслышал я, как капитан-русак закричал в трубу, проведенную к машинисту: «Ну что **нюни-то распустил**? Шевелись там!» *Г. Успенский, Из путевых заметок.*

▲ Не употр.

52. РАСПУСКАТЬ/РАСПУСТИТЬ СЛЮНИ ‹СОПЛИ› 4. *кто.* Расчувствоваться, проявить слабость (говорится с пренебрежением). Неформ. *кто* — лицо, группа лиц, испытывающих одинаковые чувства ●]Порядок слов нефиксир.

◆ На сострадание не надейся: охранники — крепкие ребята, **слюни** никогда **не распускают.** *(реч.)* — Ври больше! — весьма разрушающим тоном брякнул парень, слушавший Коськино вранье, и этот возглас заставил грохотом разразиться остальных ребят, уже успевших развесить уши, **распустить слюни** на россказни разбитого фабричного. *Г. Успенский, Воскресенье в деревне.* И к чему, подумаешь, эти дурацкие восторги: увидела красивого парня и **распустила слюни.** *Д. Мамин-Сибиряк, Горное гнездо.*

◨ Напрасно ты дал им денег. Тебе наговорили бог знает что, а ты **сопли распустил.** *(реч.)*

▲ — Вы только забыли, что я не нэпман, **слюней** при виде каждого смазливого личика **не распускаю.** *А. Н. Толстой, Гадюка.* (в утверд. форме с оттенком иронии) Эдику стало хорошо. Он почувствовал, что здесь, где все так спокойно и мило, он может стать другим человеком, что он уже начал становиться сильным и добрым, спокойным и неторопливым. «**Сопли распустил**»,— усмехнулся он собственным ощущениям. *И. Тарасевич, Будем жить.*— Провал,— думал он,— полный провал. Дурак, ничтожество! **Распустил слюни.** Расчувствовался. *А. Чаковский, Невеста.*

РУКИ ЧЕШУТСЯ *у кого.* См. VI, 123

53. С ЛЕГКИМ СЕРДЦЕМ ‹С ЛЕГКОЙ ДУШОЙ›. Без тревог и опасений, в приподнятом настроении, спокойно. Неформ. ● Неизм. ● В роли обстоятельства. Порядок слов фиксир.

Хотелось бы ей привести в дом хорошую невестку... Такую невестку, на которую она могла бы **с легким сердцем** оставить дом. *В. Панова, Спутники.* Ванька весело со всеми попрощался, пожелал всем здоровья и **с легкой душой** поскакал вниз. *В. Шукшин, Ванька Тепляшин.* ...он понял, что голос был его собственный, а также ясно понял, что еще секунда человеческого воя, и он **с легким и радостным сердцем**... раздерет его [горло] в кровь. *М. Булгаков, В ночь на третье число.*— Неужели ты покинешь родной дом **с легким сердцем** — ведь больше нигде и никогда тебе не будет так хорошо. *(реч.)*

54. С ТЯЖЕЛЫМ СЕРДЦЕМ. В подавленном настроении, с беспокойством, с предчувствием недоброго. Неформ. ● Неизм. ● В роли обстоятельства. Порядок слов фиксир.

Уходил [Михайло] пасмурный, **с тяжелым сердцем,** а назад идет веселый. *Н. Гарин-Михайловский, Деревенские панорамы.* **С тяжелым сердцем** заплатил я десять рублей и понуро побрел к дому. *А. Гайдар, Судьба барабанщика.* Вскоре его вызвали в Москву, он ехал **с тяжелым сердцем,**— и больше его не видели... *С. Аллилуева, Двадцать писем к* *другу*. Но ухожу с президентского поста **с тяжелым сердцем** — не стану скрывать. *Вечерняя Москва, 1991*. **С тяжелым сердцем** приходилось мне встречать каждый новый день — отцу становилось все хуже и хуже. (*реч.*)

СВАЛИТЬСЯ/реже СВАЛИВАТЬСЯ <ОБРУШИТЬСЯ/реже ОБРУШИВАТЬСЯ, УПАСТЬ> КАК <СЛОВНО, ТОЧНО> СНЕГ НА ГОЛОВУ *кто, что [на кого]*. См. III, 27

55. СЕРДЦЕ КРОВЬЮ ОБЛИВАЕТСЯ <ОБЛИВАЛОСЬ/ОБЛИЛОСЬ> *у кого, чье*. Невыносимо сильное ощущение душевной боли (говорится с неодобрением). Подразумевается чрезмерно острая жалость, сострадание, вызванное сочувствием к чьим-л. страданиям, несчастью и т. п. Неформ. *у кого, чье* — у лица ● Именная часть неизм. ● Порядок слов нефиксир.

— А ведь сама из деревни! — как-то тихо и грустно изумился Дмитрий.— А вот... Детей замучила, дура: одного на пианинах заучила, другого в фигурное катание записала. **Сердце кровью обливается**, а — не скажи, сразу ругань. *В. Шукшин, Чудик*. Когда солдаты во время войны видели голодных детей, у них от жалости и сострадания **сердце кровью обливалось**. *С. Аксаков, Записки ружейного мастера*. Как я могла его бросить?.. Он был привязан ко мне как ребенок...— так привязан, что **сердце мое обливалось кровью**. *В. Шукшин, Осенью*.— Поглядел я нынче на него, и, веришь, **сердце кровью облилось**: худой, всем виноватый какой-то!.. На виду пропадает парень! *М. Шолохов, Поднятая целина*. Девки задержались у двери, а он рылся в моем шкафу, перебирая вещи.— Твое все собрано, ты что, вон чемодан наверху... **Кровью облитые сердца** матери и сына, они бьются сильно и грозно. Где ты, беленький мальчик, запах флоксов и ромашковый луг? *Л. Петрушевская, Время ночь*.

56. СЕРДЦЕ ПАДАЕТ/УПАЛО <ОБОРВАЛОСЬ, реже ОТОРВАЛОСЬ> *у кого*. Неожиданно возникает чувство испуга, страха, тревоги, отчаяния (говорится с неодобрением). Подразумевается непредвиденная ситуация, неожиданные и странные звуки и т. п., вызывающие внезапную эмоциональную реакцию. Часто имеется в виду физическое ощущение: возникает пустота в груди. Неформ. *у кого* — у лица ● Чаще сов. в. прош. вр. ● Порядок слов нефиксир.

Директор... не вмешивался в обсуждение, но Ольга Денисовна чувствовала на себе его осуждающий и выпытывающий взгляд, и у нее **падало сердце**, страшно **падало сердце**. Как в яму. *М. Прилежаева, Осень*. Я как посмотрю на эту степь, на эту сухость ужасную, так у меня каждый раз **падает сердце**. Как же, думаю, люди здесь до сих пор жили! *К. Паустовский, Рождение моря*.— Без рецепта нельзя, не могу.— У Максима **упало сердце**. *В. Шукшин, Змеиный яд*. Ольга попросила взять кое-какие ее вещи. Нужно...— Пусть сама придет.— Она не придет никогда. У Ивлева **упало сердце**.— Тогда ничего не получите.— Сказал и сам не понял: зачем? *В. Шукшин, Там, вдали*.— Видать, не скоро они спохватились, мои охранники... я и залег в овес на дневку... **Оборвалось** у меня **сердце**, потому что собаки все ближе голоса подают. *М. Шолохов, Судьба человека*. Увидит, встретит на улице Борьку — так и **оборвется сердце**..., потому что не Вася ее, а он, Борька, всеми выходками, всеми повадками вышел в Егоршу. *Ф. Абрамов, Дом*. У меня... от неожиданности, как говорится, **сердце оборвалось**. *С. Аксаков, Записки ружейного мастера*.

57. СЕРДЦЕ <ДУША> РАЗРЫВАЕТСЯ <РВЕТСЯ> [НА ЧАСТИ]
[*у кого, чье*]. Мучительно сильное ощущение душевной боли (говорится с неодобрением). Неформ. *у кого, чье* — у лица ● Нет сов. в. Нет повел. накл. Именная часть неизм. ● Порядок слов нефиксир.

— Лиза,— начал он умоляющим голосом,— мы расстаемся навсегда, **сердце** мое **разрывается**,— дайте мне вашу руку на прощанье. *И. Тургенев, Дворянское гнездо.* Она говорит и за каждым словом всхлипывает... Тут у самого от жалости к ней **сердце на части разрывается**, а тут она с такими словами. *М. Шолохов, Судьба человека.* Геня часто болел. При виде его страданий у Дорофеи **разрывалось сердце**. О, муки, о, бессонные ночи, когда у ребенка жар. Легче самой переболеть чем угодно. *В. Панова, Времена года.* Покровский был в полной памяти и простился со всеми нами. Чудно! Я не могла плакать, но **душа** моя **разрывалась на части**. *Ф. Достоевский, Бедные люди.* Гляди, как матушка любила отца твоего, бывало **сердце** мое от зависти **рвется**. *М. Горький, Дело Артамоновых.*

58. СКРЕПЯ СЕРДЦЕ. Вопреки желанию, с большой неохотой (говорится с неодобрением). Подразумевается необходимость примириться с обстоятельствами. Реч. стандарт. ● Неизм. ● В роли обстоятельства. Порядок слов фиксир.

Рабочие Сестрорецкого оружейного завода... собственной властью уволили начальника завода... Главное артиллерийское управление **скрепя сердце** утвердило решение рабочих. *Э. Казакевич, Синяя тетрадь.* В Политехнический институт Николай пошел против воли, **скрепя сердце.** *И. Уксусов, После войны.* Но когда заболела измотанная непрерывными тревогами пятилетняя Леночка, жена **скрепя сердце** должна была согласиться на отъезд. *Н. Рыленков, У разоренного гнезда.* Бывали и такие случаи, когда Ю. А. [Завадский] **скрепя сердце** принимал — ради Марецкой — пьесу, к которой у него, что называется, душа не лежала. *Р. Плятт, Мемуары.*

СХОДИТЬ/СОЙТИ <СПЯТИТЬ> С УМА 2. *кто.* См. IX, 36

59. ТЕРЯТЬ/ПОТЕРЯТЬ ГОЛОВУ 3. *кто.* Будучи безумно увлеченным кем-л., лишаться способности контролировать свои чувства. Реч. стандарт. *кто* — лицо ● С отрицанием тж. *головы* ● Порядок слов нефиксир.

◆ [Константин:] Я знаю, за что его выгнали. Предупреждал его, так нет. Влюбился, **потерял голову**. *С. Найденов, Дети Ванюшина.* — Вот Катя, я понимаю, от такого человека можно **голову потерять**. *А. Толстой, Хождение по мукам.* В ее губах уже появился тот особый изгиб..., от какого в недалеком будущем начнут **терять головы**. *Ю. Герман, Наши знакомые.* Да к тому же, людям часто хочется услышать какую-нибудь пикантную историю, вот, мол, и перестройщик, влюбился и **голову потерял**. *Б. Ельцин, Исповедь на заданную тему.*

▨ Люби-люби, да не **теряй головы.** *Фольклор.*

▲ Что ж делать, если только увидев ее, я сразу **потерял голову** и уже ни о чем не мог думать. *(реч.)*

ХОТЬ ЛОЖИСЬ ДА ПОМИРАЙ <УМИРАЙ>. См. XIII, 38

ЯЗЫК НЕ ПОВОРАЧИВАЕТСЯ <НЕ ПОВЕРНУЛСЯ, НЕ ПОВЕРНЕТСЯ> 1. *у кого.* См. XI, 61

V. ЧУВСТВО-ОТНОШЕНИЕ

1. В ОГОНЬ И В ВОДУ [идти, броситься и т. п.]. На любые рискованные действия, не раздумывая и не колеблясь. Подразумевается, что кто-л. относится с полным доверием к кому-л., увлечен его убеждениями, взглядами, делами и готов отстаивать их. Неформ. ● Неизм. ● В роли обстоятельства. Порядок слов фиксир.

[Обольянинов (таинственно):] Манюшка посвящена? [Зоя:] Конечно. Манюшка мой преданный друг. За меня она **в огонь и в воду**... Молодец девчонка! *М. Булгаков, Зойкина квартира*. А теперь одни его ненавидят, а другие — ну просто готовы за него **в огонь и в воду**. *В. Каверин, Открытая книга*. Взрослые Мустафу не любят, а Женя с Анютой готовы за него **в огонь и в воду**. *Ф. Вигдорова, Любимая улица*. Неужели же это та самая Лидочка, молоденькая секретарша сельсовета, которая **в огонь и в воду** готова была пойти за ним? *Ф. Абрамов, Вокруг да около*... Такой, за которым солдаты идут **в огонь и в воду**.., такой, чьи приказания выполняют и после его смерти. *К. Симонов, Живые и мертвые*.

2. В ШТЫКИ встречать, принимать. С крайней враждебностью. Реч. стандарт. ● Неизм. ● В роли обстоятельства.

Гипотезу Даниила Кирилловича... встретили **в штыки** многие исследователи. *Г. Голубев, Житие Даниила Заболотного*. Переселение было встречено **в штыки**, оно ломало устоявшийся годами порядок. *Д. Гранин, Искатели*. Требования изъять бухгалтерские документы для проверки сотрудники фирмы встретили **в штыки**... *Аргументы и факты, 1990*. Очень часто указания режиссера старыми актерами принимались **в штыки**. *М. Велизарий, Путь провинциальной актрисы*. Сказки мои были приняты **в штыки**. *К. Чуковский, Об этих сказках*.

3. ВКЛАДЫВАТЬ/ВЛОЖИТЬ [ВСЮ] ДУШУ *кто во что*. Отдаваться полностью, делать с любовью и усердием (говорится с одобрением). Реч. стандарт. *кто* — лицо; *во что* — в дело, занятие, работу. ● Порядок слов нефиксир.

◆ Подобно всем истинным ораторам, он возбуждался при виде слушающей его толпы. Тут он совершенно преображается. Он весь дрожит от волнения; голос его звучит тоном глубокого, искреннего убеждения человека, который **вкладывает всю душу** в то, что говорит. *С. Степняк-Кравчинский, Подпольная Россия*. Задание директора выполнили. Но, как показалось Алтунину, формально, не **вкладывая души**, а когда стал вежливо отчитывать, все сослались на крайнюю занятость. *М. Колесников, Школа министров*. А может, им вообще не хочется показать эти задумчивые земли, Сороковой бор — родину Сергея Васильевича! Все может быть. Леса и земли, в которые **вложил** этот человек свою **душу**, прекрасны. Скромны и прекрасны, как и он сам. *Ю. Грибов, Сороковой бор*. Я перечитал все материалы, посвященные козлотуру, и должен сказать, что этот очерк был самым красочным. Платон Самсонович **вложил** в него **всю душу**. *Ф. Искандер, Созвездие Козлотура*.

■ — Ты же **вложил всю душу** в этот роман — как же ты мог его уничтожить? *(реч.)*

▲ Я в эту работу **всю душу вложил**, и я добьюсь, чтобы мой проект все-таки был запущен в производство. *(реч.)*

ДАЛЬШЕ ЕХАТЬ НЕКУДА. См. XVI, 4

4. ДЕТЕЙ НЕ КРЕСТИТЬ <НЕ ДЕТЕЙ КРЕСТИТЬ> *кому с кем.* Не иметь никаких общих дел, предполагающих близкие взаимоотношения. Говорится в качестве объяснения или оправдания своих действий. Произносится как категорическое заявление. Неформ. *кому* — лицу; *с кем* — с лицом ● Неизм. ● Порядок слов фиксир.

Крупов был тронут, уговаривал его не бояться Негровых... — Ведь вам с ними не **детей крестить**... *А. Герцен, Кто виноват?* — Мне ваши деньги нужны, а вам моя харчь, — толковал он... — **Не детей** нам с вами **крестить.** *И. Тургенев, Постоялый двор.* «Пусть будет, на худой конец, так. Мне с ним **детей не крестить**...» — размышлял Бенедиктин. *Г. Марков, Соль земли.* — А пусть себе думают что хотят, ему ведь с ними **детей не крестить!** *(реч.)* Мне совершенно все равно, что они там будут обо мне говорить! Мне с ними **детей не крестить,** а их мнение меня не интересует. *(реч.)*

5. ДО ЛАМПОЧКИ *кому что.* Безразлично (говорится с неодобрением). Имеется в виду, что чьи-л. проблемы далеки от собственных интересов, забот, переживаний кого-л. Неформ. *кому* — лицу; *что* — то, что является предметом обсуждения. ● Неизм. ● Обычно в диалоге. В роли обстоятельства.

— Н-да, успокоили, называется, старика... — Ему наши жалости — **до лампочки.** *Ю. Бондарев, Тишина.* — Может, полагаешь, я на твои косые [деньги] зарюсь? Да мне они **до лампочки.** Тьфу! *Б. Полевой, На диком бреге.* — А сам ты что написал?.. — Я-то? А я вообще не лез в эту тему, она мне **до лампочки.** Я тихо-мирно писал про Базарова... *Г. Полонский, Доживем до понедельника.* ...в этом лучшем из миров Мне все давно **до лампочки,** Мне все равно, мне все давно **До лампочки!** *А. Галич, Больничная цыганочка.*

6. ДУША НЕ ЛЕЖИТ *у кого, чья к кому, к чему.* Нет расположения. Об отсутствии симпатии и доверия к кому-л., интереса к чему-л., желания сделать что-л. Реч. стандарт. *у кого, чья* — лица; *к кому* — лицу; *к чему* — делу, занятию, действию ● Именная часть неизм. Нет буд. вр. ● Порядок слов нефиксир.

Строго говоря, он обязан был поддержать нового начальника, но... **не лежала** у него **душа** к Лобанову. *Д. Гранин, Искатели.* Первенец от любимой жены, парень с образованием.., чего еще надо? А вот, поди ты, **не лежала** у него **душа** к Игорю, и все. *Ф. Абрамов, Пути-перепутья.* Разрешить-то разрешили, а вот **душа** к нему **не лежит,** — сказал Николай. — Никто его тут не ждал, никому он не нужен. *С. Бабаевский, Современники.* — По обязанности ты, Дмитрий Сергеич, все делал, что нужно,.. а **душа** твоя к нам **не лежала.** *В. Овечкин, В одном колхозе.* У нее **не лежала душа** идти к начальнику школы. *К. Симонов, Живые и мертвые.* Малый скучает.., тоскует, ни к работе, ни к чему **душа** у него **не лежит.** *Г. Успенский, Очерки переходного времени.* — Найдете какую-нибудь другую работу, — сказала Ксюша... — Не могу же я браться за то, к чему у меня **не лежит душа.** *Е. Мальцев, Войди в каждый дом.*

7. ДУШИ НЕ ЧАЯТЬ *кто в ком.* Безгранично любить, обожать. Реч. стандарт. *кто* — лицо; *в ком* — в лице ● Именная часть неизм. Нет буд. вр. ● Глагол только в отрицат. форме. Порядок слов фиксир.

♦ Старик **души** в нем **не чаял.** Постоянно говорил о нем. Мечтал увидеть его хозяином и стремился обеспечить его будущее. *А. Скиталец, Кан-*

далы. — Верочка на него работает, халтурит — по театрам, в концертах... Похудела, глаза провалились, и в своем сукином сыне души не чает. *А. Н. Толстой, На острове Халки.* Денис любил сестру больше потому, пожалуй, что она была женой Матвея, в котором он души не чаял. *Г. Марков, Строговы.* Аксинья и раньше души **не чаяла** в невестке, а теперь... готова чуть ли не молиться на нее. *Н. Задорнов, Амур-батюшка.* Он не захотел принять постриг — говорили, что из-за дочери Елизаветы, в которой Александр Дмитриевич **души не чаял.** *О. Волков, Погружение во тьму.*

▨ (Как цитация) — По-моему, ты в нем просто **души не чаешь.** *(речь.)*
▲ Я в своих детях **души не чаю,** только ими и живу. *(речь.)*

ЗАДЕВАТЬ/ЗАДЕТЬ ⟨ЗАТРАГИВАТЬ/ЗАТРОНУТЬ⟩ ЗА ЖИВОЕ *что, кто кого.* См. IV, 24

8. [И] В УС НЕ ДУТЬ *кто.* Не обращать ни малейшего внимания на что-л., ни о чем не беспокоиться (говорится с неодобрением). Неформ. *кто* — лицо. ◉ Именная часть неизм. Нет буд. вр. ◉ Порядок слов фиксир.

◆ Есть такие молодцы, что весь век живут на чужой счет, наберут, нахватают справа, слева, **да и в ус не дуют.** *И. Гончаров, Обломов.* Аким заплакал, застонал и заохал. До того времени он **в ус не дул;** обжигался день-деньской на печке, как словно и не чаял своего горя. *Д. Григорович, Рыбаки.* А Прохор Петрович **и в ус не дул.** Инженеры, техники, механики... докладывали ему, что нормы работ снизились, везде недоделки... *В. Шишков, Угрюм-река.* Звонила Дубасова, ее старая знакомая по институту, неисправимая болтушка. Живет себе припеваючи в своем Доме санпросвещения **и в ус не дует.** *Н. Почивалин, Волшебные петушки.* — ...Сколько раз мы его предупреждали? Он **и в ус не дует.** А Воропаев, его дружок, по командировкам раскатывает. *Л. Ленч, Сеанс гипнотизера.*

▨ С осужд. — Ничего, Клавочка! — сказал Симонов. — Потерпи немного. — Ты все только обещаешь! — упрекала она. — Потерпи да потерпи. А сам **и в ус не дуешь**... За то время, как мы женаты, шесть раз был в Москве и ни разу не взял меня с собой. *Ф. Наседкин, Трудная радость.*
▲ Но я чувствовал себя до такой степени счастливым, что, как говорится, **в ус не дул** — и в грош не ставил ничьих насмешек и ничьих косых взглядов. *И. Тургенев, Первая любовь.*

[И] НОГИ ⟨НОГА⟩ НЕ БУДЕТ *чьей ⟨чья⟩ где.* См. III, 5.

9. [И] УХОМ НЕ ВЕДЕТ ⟨НЕ ПОВЕЛ⟩ *кто.* Никак не реагирует на что-л. сказанное ему или происходящее вокруг него (говорится с неодобрением). Неформ. *кто* — лицо ◉ Именная часть неизм. ◉ Порядок слов фиксир.

◆ У ворот и по лугу бегали женщины, крича кого-то, должно быть, искали мальчика. Но он, сердито сидя за лопухами, **и ухом не вел.** *А. Н. Толстой, Петр Первый.* Петька сидел за партой с достоинством разумного труженика... Он даже **и ухом не повел** на дерзость Гараськи. *Ф. Гладков, Лихая година.* — Плохо! — вздохнул Угрюмый. — Храмы разваливаются, а бог **и ухом не ведет.** *М. Булгаков, Тайны мадридского двора.* Заусайлов охрип. — Стой! Ни с места! Занимай окопы! — Солдаты **ухом не вели.** *С. Голубов, Когда крепости не сдаются.* А старик как будто **ухом** по привычке **не ведет.** — Перелет! Лежи, старуха. — Или

скажет: — Недолет. *А. Твардовский, Василий Теркин.* Федотовна.. больно уж сочувственно глядела на него. Но Клавдий Иванович и ухом не повел. Пускай себе думают что хотят. *Ф. Абрамов, Мамониха.*
▩ Фам. (С неодобрением, в раздраженном тоне) Я тебе битый час объясняю, что нужно сделать, а ты и ухом не ведешь! *(реч.)*
▲ Обычно не употр

ИГРАТЬ НА НЕРВАХ *кто у кого.* См. XII, 43

ИЗЛИВАТЬ/ИЗЛИТЬ [СВОЮ] ДУШУ *кто [кому, перед кем, в чем]* См. XI, 18

10. ИМЕТЬ <ДЕРЖАТЬ> ЗУБ *кто на кого, против кого.* Испытывать скрытую неприязнь, недоброжелательство по отношению к кому-л., замышлять что-л. недоброе против кого-л. Реч. стандарт. *кто* — лицо; *на кого, против кого* — лицо. ⬤ Именная часть неизм. ⬤ Порядок слов нефиксир.
есть <имеется> зуб *у кого на кого, против кого.* Существует чувство неприязни, скрытого недоброжелательства по отношению к кому-л.
◆ Видно, что они уже давно спорят... — у одного в особенности **есть** какой-то давнишний **зуб** на другого. *Ф. Достоевский, Записки из Мертвого дома.* — Ты, кроме того, должен уговорить надежных казаков. Ищи таких, какие **имели** бы **зуб** на советскую власть.. *М. Шолохов, Поднятая целина.* — Степка сказал, что Софрон Лену в живых не оставит. Он против нее **зуб** с давних пор **имеет**. С тех пор когда в одной деревне жили... *Н. Поливин, Корабельная сторона.* У Саши **зуб** на соседку. Она не забыла и вовек не забудет, что Ольга Сергеевна сказала сегодня утром... *Ф. Вигдорова, Семейное счастье.* Илюха, хотя и **держал** на Сеньку **зуб**, помалкивал в таких случаях. *В. Белов, Под извоз.*
▩ Неформ. Я вижу, у тебя **есть зуб** против этого несчастного Рябинина. *Л. Толстой, Анна Каренина.* Как я вас сконфузил, то, конечно, вы должны **иметь** против меня **зуб**. *М. Горький, Озорник.* — Ты... с весны на меня **зуб держишь** — союзки забыть не можешь... Анфиса, бледная, оглядела его снизу доверху... *Ф. Абрамов, Братья и сестры.*
▲ Честно говоря, у меня тоже против него **зуб имеется**. *(реч.)*

11. ИСПОРТИТЬ КРОВЬ *кто, что кому.* Доставить множество неприятностей (говорится с неодобрением). Реч. стандарт. *кто* — лицо, группа лиц; *что* — хлопоты, работа; *кому* — лицу, группе лиц ⬤ Порядок слов нефиксир.
◆ Одно платье на Таню, которое взялась шить англичанка, **испортило** много **крови** Дарье Александровне. *Л. Толстой, Анна Каренина.* Особенно много **крови испортила** нам шхуна «Саго-Мару». *С. Диковский, Конец «Саго-Мару».*
▩ Руководство стройки нам не жаловалось, но мы сами знаем, сколько **крови** вы **испортили** Беридзе и его помощникам. *В. Ажаев, Далеко от Москвы.*
▲ (С оттенком иронии) — Уж сколько я **крови испортил** в детстве своим родителям — лучше и не вспоминать. *(реч.)*

12. [КАК] КОСТЬ В ГОРЛЕ *кто, что у кого, для кого, кому.* Быть неприемлемым, совершенно нестерпимым (говорится с неодобрением) Неформ. *кто* — лицо; *что* — слова или поступки кого-л., *у кого, для кого, кому* — у лица, группы лиц ⬤ Неизм. ⬤ Порядок слов фиксир

◆ Для нашего Юрия Сергеевича этот Правдин — просто **кость в горле**, ночной кошмар, называйте как хотите. *(реч.)* — Можете поверить мне, фашисты не успокоятся до тех пор, пока не испытают наших сил... Свободная Россия для них, что **кость в горле**! *Н. Поливин, Корабельная сторона.*

■ — Ясно, что кому-то ваши реформы **как кость в горле**. *(реч.)*
▲ — Я знаю, что я у него **как кость в горле**, поэтому он и хочет, чтобы я ушел с работы. *(реч.)*

13. КАК ОБ СТЕНКУ ‹СТЕНУ› ГОРОХ ‹ГОРОХОМ› *кому, для кого что.* Бесполезно, совершенно не действует. О реакции кого-л. на просьбу, требование, совет другого человека (говорится с неодобрением). Неформ. *кому, для кого* — лицу; *что* — просьба, совет, уговоры, увещевания и т. п. ● Неизм. ● Возможно как отдельное высказывание. Порядок слов нефиксир.

Так и махнули на него рукой. А что сделаешь? Убеждай его, не убеждай — **как об стенку горох**. Хлопает глазами... *В. Шукшин, Алеша Бесконвойный.* Скажу погрубее — зубами скрипнет, и опять молчок. Мягче — вовсе внимания не обращает. **Как об стену горох**. *Н. Почивалин, Летят наши годы.* — Я просто растерялся. Говорить с этим Уордом — **как об стенку горохом**. *Ю. Герман, Дорогой мой человек.* — Поймите, от меня ничего скрывать нельзя. Что случилось? — Никакой реакции. — Еще раз спрашиваю, Андрей, что случилось? — **Как горохом об стенку**. *В. Липатов, И это все о нем.*

14. КАК С ГУСЯ ВОДА 1. *что кому.* Нипочем; все равно. О том, что кто-л. воспринимает происходящее с беспечностью, равнодушием и т. п. (говорится с неодобрением или осуждением). Неформ. *кому* — лицу; *что* — происходящее с ним самим или с кем-л. ● Неизм. ● В роли обстоятельства. Порядок слов фиксир.

— Ах, сколько таких несчастных! А ведь сам-то изменял, конечно, направо и налево. И ему **как с гуся вода**. *А. Н. Толстой, Без крыльев.* Видно, тебе, мой батюшка, все **как с гуся вода**; иной бы с горя исчах, а тебя еще разнесло. *И. Тургенев, Дворянское гнездо.* — Восемьдесят пять рублей. Хуже бабы худой. Доярки вон в три раза больше получают. А Генке — **как с гуся вода**: не совестно, ничего. *В. Шукшин, Наказ.* Потом Миша был у него; он, конечно, старался обратить Мишино внимание на всю серьезность этого шага (а Мише его слова **как с гуся вода**!)... *Воспоминания о Михаиле Булгакове, 1988.*

15. КАК С ПИСАНОЙ ТОРБОЙ носиться *кто с кем, с чем.* Уделяя излишне много внимания, заботы тому, что этого внимания не заслуживает (говорится с неодобрением). Неформ. *кто* — лицо; *с кем* — с лицом; *с чем* — с вещью, проблемой ● Неизм. Употр. обычно с глаголом в наст. вр. ● Порядок слов фиксир.

◆ Сейчас Стаковский носится с проклятым Сайлом, **как с писаной торбой**. *В. Попов, Сталь и шлак.* В общем, она поняла: Лидку тут оберегают. С Лидкой носятся тут **как с писаной торбой**. Чтобы ни одна пылинка на нее не упала... *Ф. Абрамов, Алька.*

■ Фам. — Носишься ты со своей буксой **как с писаной торбой**. *А. Суров, Зеленая улица.*
▲ Обычно не употр.

Из поговорки «Носится, как дурак с писаной торбой»

16. КЛАСТЬ/ПОЛОЖИТЬ ГЛАЗ *кто на кого, на что*. Примечать, останавливать свой выбор. Подразумевается желание завести близкие отношения с кем-л., заполучить что-л. понравившееся. Неформ. *кто* — лицо; *на кого* — на лицо; *на что* — на вещь, чью-л. должность ● Именная часть неизм. ● Порядок слов нефиксир.

◆ Я знаю, он давно метит на мое место, с первого раза глаз положил. (*речь.*)

▨ Фам. То-то я гляжу, на мою Машку глаз кладешь. *Э. Радзинский, Наш декамерон.*

▲ «Мы на тебя уже глаз положили, будем работать вместе». *Независимая газета, 1991.*

МАХНУТЬ РУКОЙ кто *[на кого, на что]*. См. VI, 62

17. МОЗОЛИТЬ/НАМОЗОЛИТЬ ГЛАЗА *кто, что кому*. Раздражать своим присутствием, надоедать, мешать (говорится с неодобрением). Неформ. *кто* — лицо; *что* — предмет; *кому* — лицу ● Именная часть неизм. ● Порядок слов нефиксир.

◆ — ...Пошагали к Першину. Даве он меня звал.— Да за каким он дьяволом мне сдался? — рассердился Михаил.— И так каждый день глаза мозолит. *Ф. Абрамов, Две зимы и три лета.* На ночь он решил выбросить елку на улицу. Зачем — чтобы она еще утром мозолила всем глаза? *Ф. Абрамов, Две зимы и три лета.* А удобрения, Семен, надо вывезти из оврага. Чтоб глаза людям не мозолили. *А. Мусатов, На семи ветрах.*

▨ Фам.— Ну, что торчишь?.. Что торчишь?.. Господи боже мой!.. Не мозоль ты мне глаза! *Н. Боборыкин, Китай-город.* «Господин Рябушкин, вы мне надоели. Вы мне намозолили глаза за эти девять дней». *А. Н. Толстой, На горе.*

▲ — Я с утра до вечера не бываю дома и, следовательно, не буду жене мозолить глаза. *А. Станюкович, Первые шаги.* ...давным-давно пора мне в Москву, я уж так загостился у вас, что всем глаза намозолил. *И. Бунин, Зойка и Валерия.* Уже тогда я был предупрежден, что под меня подкапываются: кому-то в тресте я мозолил глаза. *О. Волков, Погружение во тьму.*

18. НА ДУХ не хотеть, не выносить, не надо и т. п. Совершенно, ни в малейшей степени. Имеется в виду, что кто-л. или что-л. является совершенно невыносимым, неприемлемым для кого-л. Неформ. ● Неизм. ● В роли обстоятельства.

— А новый муж? — Какой муж, так, кавалер-партнер. Не хочу я их никого,— сказала она.— **На дух не хочу.** *З. Богуславская, Близкие.* Как вам известно, Антон Павлович спиртного **на дух не выносил.** *В. Пьецух, Драгоценные черты.*— Да пейте, коли уж вам так охота,— позволила старуха.— Только чтоб не здесь, не возле меня. Мне его **на дух не надо.** *В. Распутин, Последний срок.* Особое, можно сказать, душевное отношение к нему испытывала Паруня. Папа... возмущенно отбивался: «Да мне ее судом присуди — **на дух не надо!**» *В. Астафьев, Забубенная головушка.*

19. НА НОЖАХ быть, находиться *кто с кем*. В резко обостренных отношениях (говорится с неодобрением). Подразумевается ситуация открытой вражды. Неформ. *кто* — лицо; *с кем* — с лицом, социальным коллективом ● Неизм. ● В составе именного сказ.

...Ведь то была комедия от начала до конца, то была игра в любовь к ближнему... Ждем, ждем, переминаемся с ноги на ногу, посматриваем на часы... потому что все мы ненавидим друг друга и **на ножах**. *А. Чехов, Княгиня*. ...поручился, что букет достанет, и — что же? Накануне перехватила Мытищева... страшная соперница Анфисы Алексеевны во всем; **на ножах** с ней была. *Ф. Достоевский, Идиот*. А с Карлом Нессельроде князь давно был **на ножах**... *Н. Задорнов, К Тихому океану*. — Тут начальник станции со мной **на ножах**, ворует, мерзавец, а я мешаю. *Н. Островский, Как закалялась сталь*. — Я, мать, уйду из школы, — говаривал я иногда. — Учебы все равно никакой, со всеми я **на ножах**. *А. Гайдар, Школа*.

20. НАБИВАТЬ/НАБИТЬ ОСКОМИНУ *что кому*. Надоедать однообразным повторением чего-л. (говорится с неодобрением). Реч. стандарт. *кому* — лицу; *что* — идея, мысль, теория; просьбы, обещания; порядок, ритуал ● Именная часть неизм. Обычно сов. в. ● Порядок слов нефиксир.

[Анна:] Много таких-то по Москве бегает, да не очень-то они нам нужны. Мы иной день не евши сидим, а он придет с разговорами только оскомину набивать. *А. Островский, Не было ни гроша, да вдруг алтын*. Что за несчастная способность наших умных, мыслящих дам говорить... о том, что давно уже набило оскомину даже гимназистам. *А. Чехов, Рассказ неизвестного человека*. Не следует также забывать, что романы и повести пишутся не для нашего брата — и что нам может оскомину набить то, что для публики свежо, как ранний снег. *И. Тургенев — М. Е. Салтыкову от 25 ноября 1875 г.* Парады, встречи, караулы — вся эта дворцовая служба набила ему оскомину. *М. Шолохов, Тихий Дон*.

Оскомина — вяжущее ощущение во рту.

21. НАВЯЗНУТЬ В ЗУБАХ *что у кого*. Надоесть, сильно наскучить (говорится с неодобрением). Неформ. *что* — какая-л. ситуация, положение дел; *у кого* — у лица ● Именная часть неизм. Нет. буд. вр. ● Порядок слов нефиксир.

Поживешь с нами в деревне, как словно в аду. — Навязла она у меня в зубах, деревня эта. *А. Чехов, Моя жизнь*. А еще лучше — молчать о ней — в зубах навязло. *Л. Леонов, Конец мелкого человека*. Эта семейная тема наших разговоров в зубах у меня навязла. *(реч.)*

22. НОЖ ОСТРЫЙ *что кому, для кого*. Совершенно невыносимо, мучительно, причиняет душевные переживания (говорится с неодобрением). Обычно о собственных чувствах. Неформ. *что* — происходящее, какое-л. событие, ситуация; *кому, для кого* — лицо ● Неизм. ● В составе именного сказ. Порядок слов нефиксир.

— Вытащил я из стола письма и давай Ниночке читать. В одном письме... попалась фраза: «Кланяется тебе Катя». Для ревнивой супруги такие фразы нож острый. *А. Чехов, Ниночка*. Но дело росло быстро... Приходилось набирать рабочих со стороны, а это для Гарусева было нож острый. *Д. Мамин-Сибиряк, Охонины брови*. Вспомнив, что ему сейчас надо идти к Нефеду, горестно вздохнул. Он к нему ходил нередко и запросто, но сегодня идти — нож острый. *П. Замойский, Лапти*. — Желаешь знать мою мысль? Я скажу... Но ты тоже не скрытничай, для меня это — острый нож, слышишь? *К. Федин, Первые радости*. Получит Варя письмо, прибежит счастливая, разговорчивая, читает — захлебывается, а мне это письмо — нож острый. Не выдержала я однажды и разрыдалась. *Ф. Гладков, Маша из Заполья.* — Не могу, когда бабы плачут, — обращаясь к опешившей Тане... объяснила Василиса. — Для меня это **нож острый**. *В. Распутин, Василий и Василиса.*

НОСИТЬ НА РУКАХ *кто кого.* См. XII, 62

23. ОДИН ЧЕРТ *кому, для кого.* Все равно, безразлично, не важно (говорится с неодобрением, обычно раздраженным тоном). Подразумевается, что кто-л. не видит разницу между какими-л. лицами, явлениями, действиями. Неформ. *кому, для кого* — лицу ● Неизм. ● Обычно в виде отдельной реплики. Порядок слов фиксир.
 — Зарежут? — с великой тоской переспросил Андрей Андреевич. — И глазом не моргнут! Для них что ты, что я — **один черт**, одной веревочкой связаны! *Н. Вирта, Одиночество.* А по мне, что демократы, что партократы — **один черт**, никакого доверия не вызывают! *(реч.)* Старайся для него, не старайся — **один черт**, все равно не оценит. *(реч.)*

24. ОТ ЧИСТОГО СЕРДЦА. Совершенно искренне, бескорыстно. Реч. стандарт. ● Неизм. ● В роли определения. Порядок слов фиксир.
 — Прошу покорнейше, — сказал Манилов. —... у нас просто, по русскому обычаю, щи, но **от чистого сердца**. *Н. Гоголь, Мертвые души.* И хоть Паша сказал, что первый бы Маринку повесил за ее длинный язык, но кто поверит, что сказано это **от чистого сердца**: без Маринки Паше и дня не прожить. *Л. Фролов, Полежаевские ягоды.* Фрося была не корыстна, обладала широкой натурой и, раз уже начав дарить, дарила **от чистого сердца**. *Г. Николаева, Жатва.*

ПЛАКАТЬСЯ/ПОПЛАКАТЬСЯ В ЖИЛЕТКУ *кто [кому].* См. XI, 31

ПЛАТИТЬ/ОТПЛАТИТЬ ТОЙ ЖЕ <ТОЮ ЖЕ> МОНЕТОЙ <МОНЕТОЮ> *кто кому.* См. XII, 69

25. ПЛЕВАТЬ/ПЛЮНУТЬ <НАПЛЕВАТЬ> В ДУШУ *кто кому.* Намеренно грубо оскорблять чувства искренне открывшегося человека неожиданно для него (говорится с неодобрением). Неформ. *кто* — лицо; *кому* — лицу ● Именная часть неизм. ● Порядок слов нефиксир.
◆ Я не люблю, когда мне лезут в душу; тем более — когда в нее плюют. *В. Высоцкий, Я не люблю.* Говори, что с тобой. На тебе лица нету. Но разве пожалуешься, расскажешь кому, что тебя на другую поменяли, **в душу тебе плюнули**? *Ф. Абрамов, Братья и сестры.* Я серьезно... Он, гад, мне **в душу наплевал**! — Наш взводный — тоже гад хороший был. А ведь мы не дезертировали и в атаку шли за этим взводным. *Ю. Нагибин, Трудный путь.*
▣ (С упреком) — Мне непонятна ваша позиция, — угрожающе громко сказал Сухарев. — Вы нарушаете принципы советской печати. Рабкоры — это душа средств массовой информации. А вы, молодой человек, позволяете себе **в эту душу плевать**. *В. Еремин, Провалы памяти.*
▲ Не употр.

26. ПО ГРОБ ЖИЗНИ *[чьей]* не забыть, быть благодарным, обязанным, должным и т. п. До конца, пока жив. Неформ. *чьей* — лица (обычно о себе). ● Неизм. ● В роли обстоятельства. Порядок слов фиксир.
 Я вам благодарна за все, Варвара Васильевна... И Шура тоже. **По гроб жизни** не забуду. *А. Степанов, Семья Звонаревых.* **По гроб моей**

жизни не забуду ослепительного фонаря на Брянском вокзале... Итак, первая панорама: глыба мрака и три огня. *М. Булгаков, Сорок сороков.* — Спасибо. **По гроб жизни** вам благодарен, спасибо. *Ю. Бондарев, Игра.* Да, **по гроб жизни** должен быть благодарен покойному Берлиозу обитатель квартиры № 84... *М. Булгаков, Мастер и Маргарита.* Симонюк получал очень приличную пенсию и воспринимал это как должное, поскольку считал, что государство и все окружающие... обязаны ему **по гроб жизни**. *А. Чаковский, Свет далекой звезды.* [Лида:] А тут еще дядюшка. Разумеется, мы его должники **по гроб жизни**. *А. Володин, Моя старшая сестра.* — Сделай милость, возьми меня с собой в Питер! Я бы тебе вернее собаки услужил, слуга-раб был бы **по гроб жизни**. *А. Златовратский, Деревенский король Лир.*

ПО ДУШАМ говорить, беседовать и т. п. См. XI, 32

27. **ПО ДУШЕ** *кто, что кому* быть, приходиться и т. п. Быть приятным, нравиться (говорится с одобрением). Реч. стандарт. *кто* — лицу; *что* — то, что вызывает у кого-л. положительные эмоции; *кому* — лицу ● Неизм. Часто с отрицанием **не по душе** ● В роли обстоятельства.
◆ Фонякин понял, что жена, если что и знает, не скажет: зять был ей не **по душе**. *В. Шукшин, Там, вдали.* А директор был новым человеком в школе, и... независимость преподавательницы литературы не очень пришлась ему **по душе**. *М. Прилежаева, Осень.* Синцов надеялся, что идти с ним вызовется Комаров: его спокойствие и ровность были Синцову **по душе** и внушали особое доверие. *К. Симонов, Живые и мертвые.* Существующие на военном заводе порядки были ему явно не **по душе**. *А. Степанов, Семья Звонаревых.* Правда, домовитой и экономной Евгении не очень **по душе** пришелся такой способ выпроваживания непрошеных гостей... *Ф. Абрамов, Деревянные кони.* Мысль о том, что женщина больше нуждается в мужчине, чем мужик в женщине, пришлась ему **по душе** и взбодрила его... *В. Распутин, Последний срок.* К Подрезову тотчас же со всех сторон протянули багры: выбирай, какой **по душе**. *Ф. Абрамов, Две зимы и три лета.*
▨ — Ты ей, кажется, **по душе** пришелся, иначе не пустила бы к себе в дом. *(реч.)*
▲ Он понравился мне с первой встречи, и я сразу решил, что это настоящий парень. Видно, и я пришелся ему **по душе**. *Г. Брянцев, Конец «осиного гнезда».*

28. **ПО СТАРОЙ ПАМЯТИ 2.** В знак прежнего расположения (делать что-л.). Подразумевается, что в прошлом имели место тесные контакты, дружеские взаимоотношения между кем-л. Реч. стандарт ● Неизм. ● В роли обстоятельства. Порядок слов фиксир.
[Председатель] спрашивал, не отпишет ли Иван Лукич, **по старой памяти**, свои советы и пожелания. *В. Ажаев, Далеко от Москвы.* [Соседка Зоя] ...прислала Варюшке, своей любимице, енежского медку **по старой памяти**. *Л. Леонов, Русский лес.* Я жил у него, когда еще студентом был..., сейчас опять у Михаила живу, **по старой памяти**. *Ф. Колунцев, Утро, день, вечер.* Я ему в колонию **по старой памяти** карандаши и краски посылал. *Р. Зернова, Солнечная сторона.*

29. **ПО УШИ** влюбиться, быть влюбленным. Очень сильно. Имеется в виду, что кто-л. так увлечен своим чувством к кому-л., что это очевидно для других. Неформ. ● Неизм.

— Что Лапшин влюблен в меня по уши, в этом я уже совсем не сомневаюсь. *А. Куприн, Прапорщик армейский.*— Я ведь совершенно забыла, что ты по уши влюблена во Владимира! *Ю. Герман, Наши знакомые.* — Я ведь, Глеб, не девчонка. Это девчонки так умеют: раз — и влюбились по уши. И уж ей никуда не деться. *А. Рекемчук, Время летних отпусков.*

ПОВОРАЧИВАТЬСЯ/ПОВЕРНУТЬСЯ СПИНОЙ *кто к чему.* См. VI, 98

30. ПРИНИМАТЬ/ПРИНЯТЬ БЛИЗКО К СЕРДЦУ 1. *кто что.*
Относиться с сочувствием, сопереживать кому-л. в чем-л. Реч. стандарт. *кто* — лицо; *что* — чьи-л. трудности, переживания, волнения и т. п. ● Именная часть неизм. ● Порядок слов нефиксир.
◆ ...сестра, работавшая в полевом госпитале, приняла близко к сердцу судьбу одной сиротки.., перевезла к себе. *В. Лидин, Поздняя весна.* Беридзе было интересно слушать Таню, его растрогал ее рассказ. Он принимал близко к сердцу все, что имело отношение к девушке. *В. Ажаев, Далеко от Москвы.* Дорофее было приятно, что ее рассказ приняли так близко к сердцу. *В. Панова, Времена года.* Если принимать все чужое так к сердцу и если так сильно всему сочувствовать, то, право, есть отчего быть несчастнейшим человеком. *Ф. Достоевский, Бедные люди.*
▣ — Спасибо, что так близко к сердцу принимаете мои проблемы, мне просто неловко, что я заставила вас переживать. *(реч.)*
▲ Я принял близко к сердцу рассказ о ее тяжелой, беспросветной судьбе и захотел как-то помочь ей. *(реч.)*

31. ПРИНИМАТЬ/ПРИНЯТЬ БЛИЗКО К СЕРДЦУ 2. *кто что.*
Относиться слишком серьезно к чему-л., не в меру переживая что-л. (говорится с неодобрением). Неформ. *кто* — лицо; *что* — чьи-л. или свои переживания, волнения, заботы, состояние дел, действия и поступки кого-л. ● Именная часть неизм. ● Обычно в повел. конструкции с отрицанием Не принимай близко к сердцу что-л. Порядок слов нефиксир.
◆ Борисов требовал от Лобанова собрать всю волю в кулак... не принимать к сердцу дурацкую басню в стенгазете. *Д. Гранин, Искатели.*
▣ — Напрасно вы так близко принимаете к сердцу такие пустяки, Степан Осипович,— переменил тон князь. *А. Степанов, Порт-Артур.* — Да не принимай ты все это близко к сердцу, это того не стоит. *(реч.)*
▲ Я всегда слишком близко к сердцу принимаю все эти сплетни относительно Ивана Ивановича, ничего не могу с собой поделать. *(реч.)*

ПРИНИМАТЬ/ПРИНЯТЬ ЗА ЧИСТУЮ МОНЕТУ *кто что.* См. X, 29

РАЗВЕШИВАТЬ/РАЗВЕСИТЬ УШИ 2. *кто.* См. XI, 43

РЕЖЕТ ГЛАЗ <ГЛАЗА> 2. *кому что.* См. XIII, 32

СЕРЕДИНА НА ПОЛОВИНУ <СЕРЕДИНКА НА ПОЛОВИНКУ> 2. чувствовать себя, относиться к кому-л., чему-л. и т. п. См. XVI, 19

32. СИДЕТЬ В ПЕЧЕНКАХ *что, кто у кого.* Надоедать до крайности. О том, что вызывает злость, постоянно раздражает (говорится с неодоб-

рением). Неформ. *что* — состояние дел, чьи-л. действия, просьбы, жалобы и т. п.; *кто* — лицо; *у кого* — у лица ● Именная часть неизм. Нет буд. вр. ● Порядок слов нефиксир.

◆ Если бы с ним заговорил об этом кто-нибудь другой, он сразу заинтересовался бы. Но Ефросинья сидела у него в печенках.., перечила на каждом слове. *Г. Николаева, Жатва*. Эти новые дома с заколоченными окошками **в печенках сидят** у каждого председателя колхоза. *Ф. Абрамов, Вокруг да около.* — Зря рассиживаешься. Дело бы делал. Начальство вон с утра уже названивает. У меня твой ремонт **в печенках уже сидит**. *А. Вампилов, Прошлым летом в Чулимске*.

▣ Фам. — Послушай, ты у меня уже **в печенках сидишь** вместе со всеми твоими жалобами на родственников, на соседей, на сослуживцев... А может быть, не они виноваты, а просто у тебя неуживчивый характер? *(реч.)*

▲ (Как цитация) ...Что угодно скажи, но чтобы поверили, что мы у тебя **в печенках сидим**. *К. Симонов, Русские люди*.

СМОТРЕТЬ ⟨ГЛЯДЕТЬ⟩ [ПРЯМО] В РОТ 1. *кто кому*. См. XI, 54

33. **СНИМАТЬ/СНЯТЬ ШЛЯПУ** *кто перед кем*. Выражать свое почтение, глубокое уважение в отношении кого-л. Неформ. *кто* — лицо; *перед кем* — лицо ● Именная часть неизм. ● Порядок слов фиксир.

◆ Недоточнев знал, что в этой русой, уже седеющей голове порой рождаются такие технические идеи, что и инженер **снимет перед ним шляпу**. *Е. Полевой, На диком бреге.* [Трубников:] Что же, перед Дарвином тоже нельзя **снять шляпу?** *К. Симонов, Чужая тень*.

▣ Мой друг уехал в Магадан, **Снимите шляпу, снимите шляпу**... *А. Галич*. Я знаю, что перед Ниной Давидовной ты всегда **снимешь шляпу**. *(реч.)*

▲ — Ну что ж, молодец, **снимаю шляпу**. *(реч.)* Если бы он выполнил все то, что наобещал, я первый бы **снял перед ним шляпу**. *(реч.)*

34. **СПАТЬ И [ВО СНЕ] ВИДЕТЬ** *кто что*. Страстно мечтать, постоянно представлять себе что-л. Неформ. *кто* — лицо; *что* — желаемое. ● Нет прош. и буд. вр. ● Порядок слов фиксир.

◆ Братец **спит и видит** попасть в городские головы. *Д. Мамин-Сибиряк, Наследник*. Конная милиция свистела и уговаривала: — Товарищи, будьте сознательны...— Оторвались от массы!.. Ихний вагонный местком **спит и во сне видит**, как бы рабочим удовольствие сделать: то выборы, то собрание устроит... *М. Булгаков, Музыкально-вокальная катастрофа*. Генерал, верно, **спит и видит**, как заставит он партизанскую армию перейти к обороне, к делу, для нее вовсе непривычному. *С. Залыгин, Соленая Падь*.

▣ (Как цитация, в виде предположения) — Я ведь знаю, что ты **спишь и видишь**, как бы занять его кресло! *(реч.)*

▲ [Плаксин] сказал: Я **сплю и во сне вижу**, что я скоростник. *И. Уксусов, После войны.* — **Сплю и вижу** пошататься по белу свету. *А. Эртель, Гарденины*.

35. **СТАТЬ/СТАНОВИТЬСЯ ⟨ВСТАТЬ⟩ ПОПЕРЕК ГОРЛА** *кто, что кому, у кого*. Сильно мешать, раздражать (говорится с неодобрением). Подразумевается, что чьи-л. поступки или дела делаются невыносимыми, нестерпимыми для кого-л. Неформ. *кто* — лицо; *что* — по-

ступки или дела кого-л., состояние дел; *кому, у кого* — лицо ● Именная часть неизм. ● Порядок слов нефиксир.

[стоять] поперек горла *кто, что кому, у кого.* Быть помехой, вызывать раздражение.

◆ Но вот что ему, Михаилу, поперек горла — Егоршина спесь. *Ф. Абрамов, Две зимы и три лета.* — Хотел отец тебе хорошую жизнь добыть, да... не рассчитал, что встанет у гадов поперек горла! И ты врагов его не забывай — они еще по земле ходят, а он вот лежит и уж больше не встанет. *Е. Мальцев, Войди в каждый дом.* — Это хорошо, что вы свою учительницу сторожите... Елена Григорьевна кому-то поперек горла стала. *Ф. Гладков, Лихая година.*

■ — А старухи-то, старухи — настоящие злыдни, так и шипят!.. Вишь, им поперек горла стало ваше-то золото... *Д. Мамин-Сибиряк, Дикое счастье.* Цветков стукнул тростью по полу и крикнул: — Это гадко! Ваша ложь... стоит у меня поперек горла. *А. Чехов, Доктор.* — Ну, знаете ли, Константин Петрович,— это, наконец, становится всем нам поперек горла, что вы нас так беспокоите по пустякам! *С. Сергеев-Ценский, Лютая зима.*

▲ — ...Он давно уж мне смерть ищет, я, старуха, ему поперек горла стою. Че с меня взять? А подавать мне надо — от он и злится... *В. Распутин, Последний срок.*

36. СЫТ ПО ГОРЛО *кто чем.* Надоело, пресыщен чем-л. настолько, что это вызывает неприятные ощущения (говорится с неодобрением). Обычно о себе. Обычно говорится в раздраженном тоне, в диалоге. Неформ. *кто* — лицо; *чем* — действиями, поступками кого-л., своими впечатлениями от чего-л., общением с кем-л. и т. п. ● Именная часть неизм. ● Порядок слов нефиксир.

◆ (Как цитация) Обыватель прежде всего соображает по принципу «а что я буду с этого иметь?» ...Далеко идущие меры, долгосрочные программы его не устраивают, он уже сыт ими по горло. *Куранты, 1992.* Я почувствовал, что он по горло насытился русским языком и решил закругляться. *Ф. Искандер, Летним днем.* Тем более что все сыты по горло моими приключениями, не стало мочи меня опекать... *О. Волков, Погружение во тьму.*

■ (Как цитация) — Ты, кажется, и так уже по горло сыта его обещаниями! (реч.)

▲ Довольно глупости, безумия. Я сыт по горло и совершенно загрызен вшами. *М. Булгаков, Необыкновенные приключения доктора.* Он сердито говорил: — Я сыт по горло и красотой и тишиной. *Б. Галин, Сосед справа.* Ну, нет, лично я сыт по горло! С меня довольно! *Б. Четвериков, Утро.* — Не нужно мне никакой любви. Я сыта ею по горло. Вас удивили мои слова, что я сыта любовью по горло, но ведь я годами привыкала к самым унизительным ее сторонам! *В. Некрасов, В мире таинственного.*

УШИ ВЯНУТ *у кого [от чего].* См. XI, 58

37. ХОТЬ БЫ ХНЫ *что кому.* Все равно. О том, что что-л. не вызывает ни малейшего волнения, переживания у кого-л. (говорится с неодобрением, если говорящему не нравится поведение кого-л., или с одобрением, если нравится). Неформ. *что* — происходящее; *кому* — лицу. ● Неизм. ● Порядок слов фиксир.

хоть бы хны *кто.* Никак не реагирует.

Потом, когда уже все улеглись в кровати, Цыган долго восторгался:

— Ну и смелый этот Косецкий. Я — и то сдрейфил, а ему **хоть бы хны**. *Л. Пантелеев, Республика Шкид.* У всех глаза беспокойные, волнуются, переживают, а мне **хоть бы хны** — абсолютно равнодушен. *В. Розов, В добрый час!* — Загордился, право! — сказал Лука, подбегая.— Кричу, кричу, а он **хоть бы хны**! *В. Беляев, Старая крепость.* Развалился, нога на ногу — и **хоть бы хны**. Среди военных такое нахальство невозможно. *Д. Гранин, Иду на грозу.*

38. [ХОТЬ] ТРАВА НЕ РАСТИ 1. *кому.* Безразлично. Об отношении к чему-л. (говорится с неодобрением, осуждением). Неформ. *кому* — лицу ● Неизм. ● Порядок слов фиксир.

— А ему, аспиду, **хоть трава не расти**! Хоть умри я, ему все равно! *А. Чехов, Житейские невзгоды.* Тетя Маша сразу поняла... Кончил школу, теперь ему **трава не расти**! А девочку замучают нотациями. *Н. Атаров, Повесть о первой любви.*

39. [ХОТЬ] ТРАВА НЕ РАСТИ 2. *кому.* Будь что будет, наплевать, пусть хоть все пропадает. Об отношении к чему-л. (говорится с неодобрением, осуждением). Неформ. *кому* — лицу ● Неизм. ● Порядок слов фиксир.

— Ну, да, в колхозе-то неохота работать,— согласилась старушка.— Господи, господи... Лишь ба день урвать, а там хоть **трава не расти**. *В. Шукшин, На кладбище.* ...у большевиков голова болела не столько о благоденствии народном, сколько о том, чтобы... упразднить частную собственность... а там **хоть трава не расти**, хоть вымри Россия до последнего человека! *В. Пьецух, Заколдованная страна.*

40. ХУЖЕ ⟨ПУЩЕ⟩ ГОРЬКОЙ РЕДЬКИ надоесть. Невыносимо (говорится с неодобрением). Обычно об отношении к кому-л. Неформ. ● Неизм. ● Порядок слов фиксир.

— Ну его, этого Горемыкина,— поморщилась Варя.— Надоел он мне **хуже горькой редьки**. *А. Степанов, Семья Звонаревых.* Если бы он знал, как он надоел Марьяне Федоровне. Ох, **хуже горькой редьки**. *В. Панова, Ясный берег.* ...Надоел мне Шубин **пуще горькой редьки**, и не из-за Нинки... а вообще надоел! *В. Липатов, Повесть без названия, сюжета и конца.* — ...Мне Надя **хуже горькой редьки** надоела с этими простынями: давай вытащу да давай вытащу. Я ей говорить устала, чтоб отвязалась... *В. Распутин, Последний срок.* А то и смотрела, ...что думала: «Когды тебя бог приберет? Надоела **хужей горькой редьки**». *В. Распутин, Прощание с Матерой.* «...Убирайте ево от меня, надоел **хуже горькой редьки**, везите куда угодно, хоть в ЛТПу, хоть обратно в колонию...» *В. Астафьев, Печальный детектив.*

VI. ДЕЯТЕЛЬНОСТЬ

1. БЕЗ ОГЛЯДКИ 2. *[на кого].* Без предосторожности, без необходимой осмотрительности, без боязни (делать что-л.). Реч. стандарт. *на кого* — лицо, начальство, милицию и т. п. ● Неизм. ● В роли обстоятельства.

[Снафидина:] А вот мы посмотрим, мы исследуем; я **без оглядки** дела не сделаю. *А. Островский, Не от мира сего.* Мы написали печатными буквами «Письмо немецкому солдату» и в одну ночь расклеили его... Мы клеили свои «листовки» **без оглядки**, где хотели. *И. Гуро, Жен-*

щина-змея.— Чего умолк-то, дед? — А то и умолк, что не по шерсти тебя поглажу...— Давай, дед, критикуй. Без оглядки. Я дюжий. *И. Акулов, Касьян Остудный.*— Стало быть, вы из Москвы уезжаете, чтобы...— Чтобы здесь развернуть настоящее дело... **без оглядки** на соседей. Надоело, понимаете, извиняться, что на площадке натоптано. *В. Соколов, Продается полдома.*

2. БЕЗ СУЧКА И <БЕЗ> ЗАДОРИНКИ. Без помех и осложнений, легко и гладко. О делах и событиях в их процессе. (Говорится с одобрением.) Реч. стандарт ● Неизм. ● В роли обстоятельства. Порядок слов фиксир.

«Скоро освоитесь, и все пойдет отлично»,— вполголоса ободрила она меня. Дальше все и в самом деле пошло **без сучка без задоринки.** *О. Волков, Погружение во тьму.* Но это развитие [языка], как и развитие органического мира, вовсе не идет гладко, **без сучка и задоринки.** *А. Серафимович, Заметки обо всем.* Раньше их сходки сопровождались различными эксцессами, теперь все прошло **без сучка и задоринки.** *Куранты, 1992.*

3. БИТЬ В ОДНУ [И ТУ ЖЕ] ТОЧКУ *кто.* Упорно и настойчиво направлять все свои усилия на достижение одной цели. Реч. стандарт. *кто* — лицо, группа лиц, объединенных общей целью ● Именная часть неизм. ● Порядок слов нефиксир.

◆ И Сумароков со своими друзьями, и Никита Панин со своими — **били в одну точку:** присмотревшись к Екатерине, они время от времени вызывали ее на откровенность. *В. Шишков, Емельян Пугачев.* Маркелов был человек упрямый, неустрашимый до отчаяния, не умевший ни прощать, ни забывать... Его ограниченный ум **бил в одну и ту же точку:** чего он не понимал, то для него не существовало. *И. Тургенев, Новь.*

▨ Ты правильно делаешь, что **бьешь в одну точку** — разбрасываться не следует. *(реч.)* Вы все время **бьете в одну и ту же точку** — но не пора ли оставить эту идею с солнечными батареями и переключиться на что-нибудь более реалистичное? *(реч.)*

▲ — Изучению проблемы вечной мерзлоты я отдал всю свою жизнь,— сказал он...— Вот уж тридцать лет, как я **бью в одну точку.** *В. Лидин, Большая река.* Мы, шестидесятники, **в одну и ту же точку били:** стране нужна демократия, а людям — права личности. *(реч.)*

4. БИТЬ МИМО ЦЕЛИ *что.* Не приводить к желаемому результату (говорится с неодобрением). Имеется в виду, что то, что делается или говорится, не может способствовать решению поставленной задачи. Реч. стандарт. *что* — поступки, высказывания и т. п. ● Обычно прош. вр. Именная часть неизм. ● Порядок слов нефиксир.

Быстро теребя бородку, он [Балуев] заходил по комнате и... неуверенным голосом приводил свои, **бившие мимо цели,** возражения. *В. Вересаев, На повороте.* Его отчаянные попытки доказать свою преданность **били мимо цели** — измены не прощают. *(реч.)*

5. БИТЬ [ПРЯМО] В ЦЕЛЬ <В [САМУЮ] ТОЧКУ> *что.* Приводить к желаемому результату (говорится с одобрением). Имеется в виду, что успешно делается или говорится именно то, что необходимо для осуществления ожидаемого результата. Реч. стандарт. *что* — поступки, высказывания и т. п. ● Именная часть неизм. ● Порядок слов нефиксир.

Она завела с ним целую перестрелку острот, насмешек, сарказмов, самых неотразимых и скользких, ...таких, которые **бьют прямо в цель,** но к которым ни с одной стороны нельзя прицепиться для отпора и которые только истощают в бесплодных усилиях жертву. *Ф. Достоевский, Маленький герой.* Я и сейчас не мог бы определить, в чем именно заключался этот его особый талант, почему эти новеллы возникали так непринужденно, а били всегда в **самую точку.** *В. Виленкин, Воспоминания с комментариями.*

6. попасть [прямо] в цель <попасть, угодить в [самую] точку, жилку> *кто, что.* Достичь желаемого результата. *кто* — лицо, группа лиц; *что* — поступки, высказывания и т. п.

◆ Действуя решительно и быстро, он **попал прямо в цель:** его политические противники растерялись и не смогли вовремя упредить удар. *(реч.)* Чуваев **попал в точку.** Он в двух словах исчерпал то, что другие собирались выразить в длинных речах. *В. Вересаев, Товарищи.* Он сознавал свою вину... Санин почел за нужное ободрить его — и **попал в жилку,** нашел настоящее слово. Где же ваш прежний дух, почтенный синьор Чиппатола? *И. Тургенев, Вешние воды.* Она знала, что он любит лесть, и, похвалив его за щедрость, **угодила в самую жилку:** ей была выдана нужная сумма. *(реч.)*

▨ Ты своим поступком **прямо в цель попал** — теперь с тобой будут считаться. *(реч.)* — Пора заводить семью... И не захочется винишка и воздушных поцелуев.— Вы, конечно, говорите это на основании солидного семейного опыта,— съязвил Федосов и тут же признался не без грусти: — а между прочим, милый друг, вы **попали в самую точку.** *В. Ажаев, Далеко от Москвы.*

▲ По-моему, я **попал прямо в цель:** после доклада посыпались предложения о сотрудничестве. *(реч.)* Мое предложение [свидания] было охотно принято. Я **попал** им, как говорится, **в самую жилку.** *А. Чехов, Любовь.*

7. **БРАТЬ/ВЗЯТЬ ГОЛЫМИ РУКАМИ** *кто кого, что.* Одолевать просто так — без труда, без особых усилий, без специальных приспособлений (говорится с одобрением в тех случаях, когда интересы говорящего и действующего лица совпадают, и с неодобрением, если они расходятся). Реч. стандарт. *кто* — лицо, совокупность лиц, объединенных общими задачами, обычно профессиональными (армия, полк и т. п.); *кого* — лицо, живое существо (обычно дикое животное); *что* — укрепление (крепость, дзот и т. п.) ● Именная часть неизм. ● Порядок слов нефиксир.
голыми руками не возьмешь 2. *кого что.* Просто так — без труда, без особых усилий, без всяких приспособлений не одолеешь (говорится с одобрением в тех случаях, когда говорящий на стороне того, кто подвергается воздействию, и с неодобрением, когда то, что подвергается воздействию, воспринимается с неприязнью) ● Порядок слов фиксир.

◆ Разыграйся бой всего на одну неделю позже,— и по льду уж нельзя было бы перейти, и всю нашу армию японцы **взяли бы голыми руками.** *В. Вересаев, На японской войне.*— И набирается в эти малинники медведей видимо-невидимо: сладкое любят. Нажрутся они малины и дрыхнут вповалку. А спящих медведей, ребята, можно **голыми руками брать.** *А. Яшин, Вологодская свадьба.* Первую половину партии с Ульманом играл артистически... Но во второй половине ничего не понимал, и Ульман **взял** меня **голыми руками.** *М. Ботвинник, К достижению цели.* [Родион] вихрем сорвался с места, перелетел через тонкую веревочку и, только услышав плеск ладош, понял, что перепрыгнул. Григорий заговорщицки подмигнул ему: наших, мол, **голыми руками не возьмёшь.** *Е. Мальцев, От всего сердца.* В одиночку в лес соваться — людей насмешить. Без техники в лесу нечего делать. Лес тебя обломает, **голыми руками лес не возьмёшь.** *Г. Брышин, Запонь.*

■ — Ну что же ты медлил? Спящего кабана ты бы голыми руками мог взять! *(реч.)*

▲ Спорить он не умеет. Я его голыми руками взял. *(реч.)*

8. БРОСАТЬ/БРОСИТЬ ⟨ОСТАВИТЬ⟩ НА ПРОИЗВОЛ СУДЬБЫ
кто кого. Предоставлять самому себе, не оказывать помощи, поддержки, не заботиться (говорится с неодобрением). Имеется в виду, что прежде кто-то опекал, присматривал и т. п. за кем-то, чем-то. Подразумевается возможность опасной или неблагоприятной ситуации для того, кто или что нуждается в опеке, надзоре и т. п. Реч. стандарт. *кто* — лицо, группа лиц; *кого* — лицо, группу лиц ● Обычно с глаголом прош. вр. сов. в. Именная часть неизм. ● Порядок слов нефиксир.

♦ Перовская поняла это. На вид спокойная и даже не особенно грустная, по ночам она рыдала, уткнувшись головой в подушки: ей приходилось **бросать на произвол судьбы** своих несчастных товарищей и друзей, которых она безгранично любила, бросать навсегда, безвозвратно, потому что она видела ясно, что невозможное теперь сделается потом ещё более невозможным. *С. Степняк-Кравчинский, Подпольная Россия.* А в этом случае генеральный [директор] взбирается на трибуну и начинает клеймить правительство и президента, которые бросили дитятю **на произвол судьбы**, не дали привычных льгот, не обеспечили снабжением. *Литературная газета, 1993.* На одно мгновение у Васьки мелькает мысль бросить на произвол судьбы спящего Грека и самому бежать очертя голову. Но тотчас же какое-то непонятное, чрезвычайно сложное чувство останавливает его. *А. Куприн, В недрах земли.* А Рябинина нельзя бросить на произвол судьбы; нужно свести его в больницу. *В. Гаршин, Художники.* Он объявил войну,.. сам повёл армию к границе, потопил её в болотах и растерял в лесах, бросил всё на произвол судьбы и сбежал обратно. *А., Б. Стругацкие, Трудно быть богом.* Положиться на таких людей было нельзя, оставить мужиков на произвол судьбы было тоже нельзя, значит, оставалось покориться необходимости и самому заняться приведением мужиков в порядок. *А. Чехов, Жена.*

■ Ты не имеешь морального права бросать на произвол судьбы тех, кто работал с тобой все трудные годы. *(реч.)*

▲ Я бросил на произвол судьбы всё своё хозяйство — дом, сад, огород, кое-какие припасы и подался в город, чтобы попытать счастье. *(реч.)* (С оттенком упрёка) Когда я уезжал, думал, им здесь родственники помогать будут, а вышло — **оставил их на произвол судьбы**. *(реч.)*

9. БРОСАТЬ/БРОСИТЬ ТЕНЬ *кто, что [чем] на кого, на что.* Очернять или порочить своими действиями или словами (говорится с неодобрением). Реч. стандарт. *кто* — лицо или группа лиц; *что, чем* — свои действия, поведение или слова; *на кого* — на лицо или на сообщество людей; *на что* — на дело, идею ● Именная часть неизм. ● Порядок слов фиксир.

♦ Случайный музыкальный заработок **бросал** теперь **тень на политическую репутацию** Вукола. *С. Скиталец, Кандалы.* — Штирлиц — смелый работник и смелый человек, не стоит **бросать на него тень**. *Ю. Семёнов, Семнадцать мгновений весны.* Его поступки, связанные с какими-то махинациями, **бросают тень и на нас**. *(реч.)* Хотел было заглянуть к

Ольге, но удержался. Еще неизвестно, как сложатся их отношения, а кто-нибудь да и поспешит **бросить тень** на женщину. *Ю. Грачевский, День без ночи.* Ксения быстро метнулась к отцу, страшась, что он сейчас скажет что-то ненужное, лишнее, что может повредить не только ему самому, но и **бросить тень** на нее. *Е. Мальцев, Войди в каждый дом.* [Тальберг:] ...Ты прекрасно понимаешь, как нужно держать себя, чтобы не **бросить тень** на фамилию Тальберг. *М. Булгаков, Дни Турбиных.*
■ Своим поведением ты **бросаешь тень** не только на родителей, но и на своих друзей. *(реч.)*
▲ [Елена:] Хорошо... Я не бром тень на фамилию Тальберг. *М. Булгаков, Дни Турбиных.*

10. **БРОСАТЬСЯ В КРАЙНОСТИ <ИЗ КРАЙНОСТИ В КРАЙНОСТЬ, ИЗ ОДНОЙ КРАЙНОСТИ В ДРУГУЮ>** *кто.* Переступать должную меру, слишком увлекаться (говорится с неодобрением). Подразумевается утрата трезвого, правильного восприятия действительности и в то же время — стремление к радикальным мерам. Реч. стандарт.
кто — лицо, группа лиц, объединенных участием в общем деле ● Именная часть неизм. ⊕ Порядок слов нефиксир.
♦ Навряд ли следует **бросаться из крайности в крайность**, то преувеличивая заслуги шабашников, то раздувая их зловредность. *Д. Новоплянский, Кот Васька-84.* В прошлом веке на эту тему [о роли личности в истории] яростно спорили, **бросались в крайности** вплоть до безапелляционных утверждений — историю делают герои! *В. Тендряков, Покушение на миражи.*
■ — Ты часто **бросаешься из одной крайности в другую**, но эти метания тяжелы для близких. *(реч.)*
▲ Я в поисках смысла жизни **бросался в крайности**: от полного атеизма до стремления постричься в монахи. *(реч.)* Жаль только, что психологическая подготовка слезает с нас, как загар, мы **бросаемся в крайности**, мы вынуждены заниматься непрерывной подзарядкой: «Стисни зубы и помни,.. они не ведают, что творят...» *А., Б. Стругацкие, Трудно быть богом.* Но мы не должны **бросаться в крайности**. Уверен, что трезвый ум и мужество наших лидеров выведут страну в нужное русло. *Стенограмма 1-го съезда депутатов СССР, 1989.* Мы не должны больше **бросаться из одной крайности в другую**, заниматься решением одного, скажем, аграрного вопроса, забывая и упуская другие, не менее важные. *Стенограмма 1-го съезда депутатов СССР, 1989.*

11. **доходить до крайности.** Переступать должную меру, слишком увлекаться.
♦ Белинский писал: «Китай силен, но держится пока с севера миролюбием России», а сам Бичурин в своем почти слепом почитании Китая стал **доходить до крайности**. *В. Пикуль, Под монашеским клобуком.*
■ Мне кажется, что в своих яростных спорах с Иваном Петровичем ты уже **доходишь до крайности**. Надо считаться с тем, что он пожилой человек и вряд ли сможет изменить свои убеждения. *(реч.)*
▲ Не употр.

12. **впадать в крайность <в крайности>.** Подходить к границе дозволенного, переступая должную меру.
♦ Все это было бы очень хорошо, если бы не было излишества. А княгиня видела, что ее дочь **впадает в крайность**. *Л. Толстой, Анна Каренина.* Наши политики часто **впадают в крайности**, забывая об интересах

народа; они то рвут вперед, к рынку, то возвращаются назад, к контролируемому распределению кредитов. *(реч.)*
◧ — Напрасно ты так горячишься. Не впадай в крайности. Увольняться, не завершив проект,— что может быть глупее?! *(реч.)*
▲ Я не впадаю в крайности. Я просто считаю, что не могу больше здесь работать и должен уволиться. *(реч.)*

13. **доводить/довести до крайности** *кто кого*. Приводить в состояние крайнего раздражения, выводить из себя. Подразумевается, что у кого-л. исчерпано самообладание, утрачен контроль над собой, что грозит непредсказуемыми поступками. *кто* — лицо, группа лиц; *кого* — лицо
● Именная часть неизм. ● Порядок слов фиксир.
◆ Он своим нахальством и бесцеремонностью довёл меня до крайности: я выгнала его из дома. *(реч.)*
◧ Не доводи меня до крайности... Я за себя не ручаюсь. *М. Лермонтов, Два брата.*
▲ Я не раз доводил до крайности учительницу по математике — и она в слезах бежала жаловаться директору, но он успокаивал ее, обещая строго наказать меня. *(реч.)*

14. **В ДОЛГИЙ ЯЩИК** откладывать. На неопределенный срок, надолго (говорится с неодобрением). Имеется в виду затягивание какого-л. дела. Реч. стандарт ● Неизм. Обычно с отрицанием при глаголе и в сочетании со словом дело ● В роли обстоятельства. Порядок слов фиксир.
Между тем молодые... не откладывали дел своих в долгий ящик и потому решили немедленно ехать на базар. *Д. Григорович, Деревня.* Он хотел сделать Андрею одно предложение, которое горячо принимал к сердцу, и у него были веские основания, чтобы не откладывать дела в долгий ящик. *С. Степняк-Кравчинский, Андрей Кожухов.* Многие из этих вопросов обсуждались на нашем съезде, и, я полагаю, мы не должны откладывать их в слишком долгий ящик... *Стенограмма 1-го съезда депутатов СССР, 1989.*

_{Долгий ящик — длинный сундук, в который в средние века складывались папки с делами. Представление о долгом ящике связывают также с обычаем, заведенным царем Александром Михайловичем (1629—1676) в его подмосковной резиденции в Коломенском: к стене царского дворца был прикреплен длинный ящик, куда все могли опускать прошения или жалобы; ответы и решения на эти послания приходили не скоро, а часто их вообще оставляли без ответов. По другой версии, долгий ящик — ящик письменного стола, в который откладывались неспешные дела — ходатайства, жалобы и т. п. (ОЭСРФ, с. 22—23)}

В <ЗА> ОДИН ПРИСЕСТ съесть, выпить, написать и т. п. См. XVI, 1

15. **В ПЕРВЫХ РЯДАХ** быть, находиться. В числе самых активных. Имеется в виду участие в каком-л. коллективном деле, часто соревновании. Реч. стандарт ● Неизм. ● Порядок слов фиксир.
Почти всегда в первых рядах победителей был гимназист со вздернутым носом — будущий писатель Михаил Булгаков. Он врезался в бой в самые опасные места. Победа носилась за ним и венчала его золотым венком из собственных растрепанных волос. *К. Паустовский, Повесть о жизни.* Наши химики Зинин и Бутлеров были в первых рядах создателей современной органической химии. *С. Вавилов, Советская наука на службе Родине.* Он всегда находился в первых рядах борцов за власть — сначала демократов, потом — реформаторов. *Б. Ельцин, Исповедь на заданную тему.*

16. **В РУКАХ 1.** быть, находиться, оказаться. В распоряжении, во владе-

нии. Подразумеваются предметы собственности, знание, удача, тайна, дело и т. п. Реч. стандарт ⬤ Неизм. ⬤ Порядок слов фиксир.

Со взятием Нейгаузена, Дерпта и других более мелких замков вся восточная Ливония оказалась в руках московского войска. *В. Костылев, Иван Грозный*. Все было в руках народа: арсеналы, казармы, дворцы, хлебные склады, магазины. *Ю. Олеша, Три толстяка*.— Всякая у меня была собственность: и живая, и недвижимая, в чем она облегчила мою жизнь? — спрашивал иногда Яков и делал вывод: — В одних руках собственность совсем ненадежна: была да сплыла. *И. Акулов, Касьян Остудный*.— Сергей Павлыч! — продолжал Рудин...— Нам приятно думать, что наша тайна в ваших **руках**. *И Тургенев, Рудин*. Тогда странно, что вы сами не видите, где выход! Дело совсем простое. И, кроме того, полностью в ваших **руках**. *Г. Николаева, Повесть о директоре МТС и главном агрономе*. Разгром противника под Москвой, его поражение на юге говорили... о том, что великие резервы народа, государства в бережливых **руках**, умелых **руках**, золотых **руках**. *А. Фадеев, Молодая гвардия*. Сколько женщин стало своим невесткам настоящими матерями. И мы благодарны им за воспитание внуков, за то, что спокойно можем работать, зная, что дом, хозяйство в надежных **руках**. *С. Лаптева, Спасибо за цветы*.

17. **взять в свои руки** *кто что*. Получить в свое распоряжение. Реч. стандарт. *кто* — лицо, группа лиц, объединенных общей целью; *что* — власть, управление, руководство ⬤ Именная часть неизм. ⬤ Порядок слов нефиксир.
◆ Когда реакционеры взяли власть **в свои руки**, они утверждали, что полная капитуляция — это единственный путь спасения народа. *Г. Брянцев, Это было в Праге*. В это время на палубе появился артиллерийский офицер лейтенант Грязнов и поспешил **взять в свои руки** управление огнем. Командоры, увидев своего офицера, постепенно начали успокаиваться. *А. Степанов, Порт-Артур*. Я утратил всякие надежды относительно будущего нашей страны, если сегодняшняя молодежь завтра **возьмет в свои руки** бразды правления, ибо эта молодежь... просто ужасна. *В. Тендряков, Покушение на миражи*.
▮ Ты не можешь больше ждать. Настал тот момент, когда ты должен, наконец, **взять власть в свои руки**. *(реч.)*
▲ Вскоре после создания кассы я взял в свои руки студенческую библиотеку. *(реч.)*

18. **прибрать к рукам** 1. *кто что*. Самовольно забрать себе, присвоить (говорится с неодобрением). Обычно подразумевается, что это происходит постепенно, незаметно для чужих глаз. Неформ. *кто* — лицо, группа лиц, объединенных участием в общем деле; *что* — предметы собственности, землю, завод и т. п. ⬤ Именная часть неизм. ⬤ Порядок слов нефиксир.
◆ Семейную жизнь Владимира Васильевича составляли его безличная жена, свояченица, состояние которой он также **прибрал к рукам**, и кроткая, запуганная, некрасивая дочь. *Л. Толстой, Воскресение*. Корней прибрал к рукам долю Михаила, а жену его выжил из дому, ушла она в город и пропала там. *М. Горький, Лето*. Торговля была большая — и скобяная, и бакалея, три магазина держали. Компаньон все **к рукам и прибрал**. Один этот дом с утварью и остался. *Н. Почивалин, Жил человек*. Мадагаскар оставался еще «ничейным», даже алчные до чужого добра англичане не спешили **прибрать его к рукам**, они только присматрива-

лись к нему. *В. Пикуль, Последний франк короля.* Толстосумы и спекулянты, природные и зарубежные, наживали миллионы на строительстве частных железных дорог, они хотели бы **прибрать** к своим загребущим **рукам** и дорогу между столицами, как самую выгодную... *В. Пикуль, Проезжая мимо Любани.*

■ (С упреком) — Ты забыл, как ты отобрал все у сестры, а потом потихоньку **прибрал к рукам** и остатки маминого состояния? *(реч.)*
▲ (С оттенком цинизма) — Да я, признаться, и не рассчитывал. Но объединение кузнечных цехов, а потом, по-видимому, и обоих заводов неизбежно. Почему бы в самом деле я не могу **прибрать** их заводишко **к рукам?** *(реч.)*

19. **держать в [своих] руках** 1. *кто что.* Сохранять в распоряжении, во владении. Реч. стандарт. *кто* — лицо, группа лиц, коллектив, социальная группа; *что* — предметы собственности, знание, удача, тайна, дело и т. п. ● Именная часть неизм. ● Порядок слов фиксир.
◆ В самом непродолжительном времени полиция уже **держала в руках** все нити заговора и знала имена заговорщиков. Дело было не шуточное. Число посвященных достигало трех тысяч... *С. Степняк-Кравчинский, Подпольная Россия.* Местные власти, партийные органы крепко **держат в своих руках** обширное хозяйство всего экономического района. *М. Колесников, Школа министров.* Писательские организации постепенно набирали силу и вскоре стали самым могучим творческим союзом в мире. Они **держат в руках** все и всех и непосредственно сносятся с мощными инстанциями. *Н. Мандельштам, Вторая книга.* Он понимал, что слова сами по себе ничего не значат, но произнеси он их, и выбора уже не будет. Не будет независимого Векшина, привыкшего **держать** удачу **в своих руках.** *В. Еременко, Дилетант.*
■ Ты был замечательным руководителем. Все районное хозяйство **в руках держал.** *(реч.)*
▲ Теперь я знал все. Я **держал в руках** все их секреты! *(реч.)*

20. **выпустить из рук** *кто что.* Из-за ошибки или неудачи лишиться, потерять, не сумев воспользоваться. Реч. стандарт. *кто* — лицо, группа лиц, коллектив, социальная группа; *что* — предметы собственности, удача, власть и т. п. ● Именная часть неизм. ● Порядок слов фиксир.
◆ Но чье оно теперь будет, поле? Вряд ли немцы отдадут землю крестьянам, наверное же знают, что если **из рук выпустишь,** то обратно не ухватишь. *В. Быков, Знак беды.* Партийные же имели! **Выпустили** власть **из рук** — теперь самим зарабатывать приходится. *(реч.)*
■ Что, друг? **Выпустил** ты **из рук** удачу — теперь поймать трудно будет. *(реч.)*
▲ Все я потерял. **Из рук** удачу **выпустил**... *(реч.)*

21. **ВЕШАТЬ <НАВЕШАТЬ> [ВСЕХ] СОБАК** *кто на кого, на что.* Несправедливо обвинять, порочить кого-л., возводить напраслину на кого-л. (говорится с неодобрением). Неформ. *кто* — лицо или группа лиц; *на кого* — на лицо или на группу лиц; *на что* — на предприятие, организацию и т. п. ● Именная часть неизм. ● Порядок слов нефиксир.
◆ — Я никуда не еду, ни в какую Калугу...— Что? — То, что слышишь... Чтобы на меня больше **собак не вешали.**— Слезы отчаяния душили ее. *Н. Атаров, Повесть о первой любви.* Чем больше работаешь, чем больше делаешь, тем больше на тебя **собак вешают.** *В. Финк, Литературные*

воспоминания. Вы, с мест, мастаки на совнархоз всех **собак вешать.** Типичная иждивенческая психология. *А. Блинов, Счастья не ищут в одиночку.*— Мансуров из рук в руки бумагу передал. Вот, мол, выступи... А в этой бумаге, хуже, чем в газетной статье, на Игната каких только **собак не навешано.** *В. Тендряков, Тугой узел.*

■ Ты **собак** на него **не вешай** — сначала надо разобраться во всем, а уже потом решать, кто виноват в неудачах. *(реч.)*

▲ Не употр.

22. **ВЗЯТЬ**/реже **БРАТЬ СЕБЯ В РУКИ 2.** *кто.* Усилием воли заставить себя собраться, действовать спокойно (говорится с одобрением). Имеется в виду умение мобилизовать свои силы и способности после безвольной расслабленности. Реч. стандарт. *кто* — лицо ● Именная часть неизм. ● Часто в инфинитивной конструкции со словами **уметь, надо** и т. п. Порядок слов нефиксир.

◆ Если бы она не ленилась и **взяла себя в руки,** то из нее вышла бы замечательная певица. *А. Чехов, Попрыгунья.* Он понимал, что надо **взять себя в руки,** иначе работу не кончить, но какая-то странная лень одолевала его, мешала сосредоточиться. *(реч.)* Меня всегда поражало его умение в нужный момент **брать себя в руки** и добиваться поставленной цели. *(реч.)*

■ **Возьми себя в руки** — брось курить и делай зарядку по утрам, а то окончательно подорвешь здоровье. *(реч.)* Дядя Володя опрокинул рюмочку в большой рот.— Ху-у... Все: пропустили по поводу воскресенья и будет.— Дядя Володя закусил.— Я ведь пил, крепко пил...— Вы уже рассказывали. Счастливый человек — бросили... **Взяли себя в руки.** *В. Шукшин, Вянет, пропадает.*

▲ — До чего же я стал неловок! Надо бы **взять себя в руки** и обрести прежнюю подвижность и быстроту. *П. Капица, Боксеры.* — Вот я, например: я ведь тоже неважно учился, а потом **взял себя в руки** и добился, чего хотел. *Н. Носов, Витя Малеев в школе и дома.*

23. **держать себя в руках 2.** Усилием воли сохранять собранность, действовать спокойно.

◆ После очередной бессонной ночи надо было снова идти на дежурство, но он научился **держать себя в руках** и, преодолевая вялость и лень, заставлял себя сосредоточиться на текущих делах. *(реч.)*

■ Ты не имеешь права расслабляться — **держи себя в руках,** даже если шансы на успех ничтожно малы. *(реч.)*

▲ — Теперь я каждый день занимаюсь гимнастикой, вообще **себя держу в руках.** *А. Н. Толстой, Хождение по мукам.* Смена привычного, окружавшего меня несколько лет, и нового, непривычного, была так необычайна, так странна. Но я крепко **держал себя в руках.** *Н. Морозов, Повести моей жизни.*

24. **ВНОСИТЬ/ВНЕСТИ [СВОЮ] ЛЕПТУ** *кто во что.* Принимать участие, внося свою долю, плод своего труда (говорится с одобрением). Подразумевается участие в каком-л. полезном деле или общественном начинании. Книжн. *кто* — лицо, группа лиц, социальный коллектив; *во что* — в дело, начинание. ● Именная часть неизм. ● Порядок слов нефиксир.

◆ Крепкая здоровая семья — основа процветания страны. Все члены такой семьи **вносят посильную лепту** в народный доход. *Б. Урланис, Ощутимые потери.* Я считаю, что они **внесли свою лепту** в наш успех.

(*реч.*) Каждый из вас должен считать своим долгом **внести свою лепту** в процветание нашего города. (*реч.*)
▨ Вы уже внесли свою лепту в развитие театра, но публика ждет новых достижений — новых постановок. (*реч.*)
▲ Желая внести свою лепту в «складчину» и не имея ничего готового, стал я рыться в своих старых бумагах и отыскал прилагаемый отрывок из «Записок охотника». *И. Тургенев, Письмо Я. П. Полонскому.* Я — маленький человек, но я свою лепту внес в общее строительство. *М. Кольцов, Избранные произведения.*

<small>Лепта — древнегреческая мелкая медная монета. Восходит к евангельской притче о бедной вдове, отдавшей в храм в качестве приношения последние две лепты.</small>

25. **ВО ВСЮ ШИРЬ** 2. развернуть, развернуться, развиться. В полной мере, всесторонне и с размахом (говорится с одобрением). Подразумевается полная свобода и уверенность в проявлении чьих-л. способностей, дарования и т. п. или широкомасштабный объем какой-л. деятельности. Книжн. ● Неизм. ● В роли обстоятельства.

...Но актерский материал этих ролей настолько богат, что дает возможность каждому из них **во всю ширь** развернуть свои дарования. *Ю. Юрьев, Записки.* Великий мастер исторических композиций, он развертывается **во всю ширь** только в них. Там каждое лицо, каждая фигура живут единой жизнью, составляя одно потрясающее целое. *В. Яковлев, В. И. Суриков.* Сильно тряхнул тугой мошной Мелкозеров и добился своего [покупки заводов], а потом уже развернулся **во всю ширь**. *Д. Мамин-Сибиряк, Пир горой.* Рассматривались чертежи заводских построек, профили и трассы новых взятых с подряда у казны дорог, где работа с наступлением весны должна развернуться **во всю ширь**. *В. Шишков, Угрюм-река.* Русский солдат, русский мужик только тогда вздохнут свободно и разовьются **во всю ширь** своей силы, когда их перестанут бить. *А. Герцен, Былое и думы.*

26. **ВЫБИВАТЬ/ВЫБИТЬ ПОЧВУ ИЗ-ПОД НОГ** *кто, что у кого*. Отнимать возможность уверенно действовать. Реч. стандарт. *кто* — лицо или группа лиц, объединенных общими интересами; *что* — события, действия, поступок; *у кого* — у лица или группы лиц, объединенных участием в одном деле ● Несов. в. только в наст. вр. Именная часть неизм. ● Порядок слов нефиксир.
◆ Что и говорить! Ссылка на план обескураживает, выбивает почву из-под ног. Но есть еще более сильное средство отговорки, которым пользуются иные демагоги. *Правда, 1978.* Букреев понял: малейшая растерянность сразу же выбила бы почву из-под ног; сейчас он пока победил. *А. Первенцев, Огненная земля.*
▨ Прекрасно! Своим докладом ты выбил почву из-под ног у разных дилетантов вроде Макрецова! (*реч.*)
▲ — Я не раз выбивал почву из-под ног и не у таких самоуверенных зазнаек, как он. (*реч.*)

ВЫЖИМАТЬ СОК <СОКИ> *кто из кого*. См. VII, 3

высосать соки. См. VII, 4

27. **ВЫТАСКИВАТЬ/ВЫТАЩИТЬ ИЗ ГРЯЗИ** *кто кого*. Избавлять от унизительных условий существования, нищеты (говорится с одобрением). Реч. стандарт. *кто* — лицо, группа лиц; *кого* — лицо, группу лиц ● Именная часть неизм. ● Порядок слов нефиксир.

♦ Балашов дождался того дня, когда Антонина уехала... и оставил ей короткую записку, где... писал, что хочет теперь одного — чтобы та таинственная сила, которая была властна над его жизнью, смеялась над ним, топила и **вытаскивала из грязи**, чтобы она наказала его и сняла проклятие с близких ему людей. *А. Варламов, Балашов.* — И как он [Гедеоновский] покойному мужу был предан! — Еще бы! Тот его за уши **из грязи вытащил.** *И. Тургенев, Дворянское гнездо.*
◼ — Твой Генка — абсолютно неблагодарный тип! Ты ведь его **из грязи вытащил.** *(реч.)*
▲ — Я состою членом благотворительного комитета, я **вытаскиваю из грязи** несчастных. Я могу делать добро ближним. *А. Шеллер-Михайлов, Лес рубят, щепки летят.*

ВЫХОДИТЬ/ВЫЙТИ БОКОМ *что кому.* См. XIII, 10

28. ВЫХОДИТЬ/ВЫЙТИ ‹ВЫЛЕЗАТЬ/ВЫЛЕЗТИ› ИЗ ОКОПОВ

кто. Вступать в борьбу, оказывать сопротивление. Обычно подразумевается начало ожесточенного политического противостояния после продолжительного перерыва. Газетно-публиц. *кто* — группа лиц, социальная группа, партия, армия. ● Именная часть неизм. ● Порядок слов нефиксир.
♦ Если эта националистическая паранойя не кончится, то армия, которую просто рвутся расчленить на куски, в конце концов «**выйдет из окопов**». А это уж не янаевы... *Куранты, 1991.* **Из окопов** сегодня **вышли** не рядовые члены, а функционеры. Рядовые никогда **из окопов и не вылезали.** В тридцатые, вобрав головы в плечи, они отсиживались по закуткам, вздрагивая при каждом звуке. *Куранты, 1991.*
◼ Не употр.
▲ Не употр.

29. ДАВАТЬ/ДАТЬ ЖИЗНИ 2.

кто, что [кому]. Громить, уничтожать (говорится с одобрением). *кто* — лицо или группа лиц, войско, народ; *что* — боевая техника, оружие; *кому* — врагу, вражеской технике, войскам. Реч. стандарт ● Именная часть неизм. ● Порядок слов нефиксир.
♦ [Художник:] Как вы сказали? [Турянов:] Наши, говорят, **дают немцу жизни.** *А. Крон, Офицер флота.* Нет, машины надо гнать на фронт, чтобы они там **давали жизни** врагу. *Ф. Панферов, Повесть о молодежи.* Вот сейчас он [самолет] с разворота. И начнет. И **жизни даст!** *А. Твардовский, Василий Теркин.*
◼ — Ты сегодня просто герой! **Дал немцам жизни!** *(реч.)*
▲ Эх, ребята! Дожить бы нам до такого времени, что шестеркой или восьмеркой зажать пару «мессеров», да **дать им жизни**, да загнать сукиных детей в землю! *М. Галлай, Первый бой мы выиграли.* — Ох, и **давали** мы там **немцам жизни**! Всю охрану уничтожили. *П. Нилин, Через кладбище.*

30. ДАВАТЬ/ДАТЬ МАХУ

кто. Ошибаться, делать неверный шаг (говорится с неодобрением). Реч. стандарт. *кто* — лицо, группа лиц, объединенных участием в общем деле ● Именная часть неизм. ● Порядок слов нефиксир.
♦ — Ты один пришел оттуда? — Один. — Что же он тебе командира не дал для связи, чтобы его обратно послать можно было? Вот старый, старый, а тоже **маху дает.** *К. Симонов, Дни и ночи.* — Гашка пустила про Мотьку слух, будто к ней... лазили в окно соседские парни. Набрехала,

конечно... Тут и Степан дал маху. Не разобравшись с делом, поверил и тоже Мотьку за косу. *В. Овечкин, Родня.* Степан-то Иванович, говорит, за прилавком, в белом фартуке, что твой купец в городе...— Этот **маху не даст**, нет! Добром дело не пойдет — обманывать станет,— вставила Акулина. *Г. Марков, Строговы.*

▮ Ты, дружок, **дал маху**. Вода не пойдет здесь. *А. Кожевников, Живая вода.*— Да, зря ты написал это письмо. Честно говоря, **дал ты маху** в этом деле. *(реч.)*

▲ (С оттенком сожаления) — Что ж ты тут написал?.. Ведь ты сам говорил, что в редакции теперь не принимают шарад с церковными выражениями.— Синицкий ахнул.— Опять **маху дал**. *И. Ильф, Е. Петров, Золотой теленок.*— Ошибка была еще, кроме того, и в том, что я им денег совсем не давал... гм! **Дал маху!** *Ф. Достоевский, Преступление и наказание.*— Председатель,— Аркашка-то Лосев — плохой хозяин. Ведь нашли же кого выбирать! Признаться, мы с этим делом **маху дали**. *М. Шолохов, Поднятая целина.*

31. ДАВАТЬ/ДАТЬ ПИЩУ *кто, что кому, чему [для чего].* Служить поводом, создавать предлог. Имеется в виду ситуация, когда какой-то случай, событие или чей-л. поступок вызывают интерес или какую-л. реакцию, обычно негативную. Реч. стандарт. *кто* — лицо, группа лиц; *что* — событие, поведение, ситуация; *кому* — лицу, группе лиц; *чему* — заинтересованности, размышлениям, разговорам, чувствам, иной ответной реакции; *для чего* — для разговоров, чувств, иной ответной реакции ● Именная часть неизм. ● Порядок слов фиксир.

◆ И вот Танин папа и его друзья пишут в редакцию, требуя унять людскую злобу, мишенью которой стала ни в чем не повинная Таня. Но как?.. Да и много ли проку махать кулаками после драки, **давая новую пищу для ненависти и мщения**. *И. Овчинникова, Такая хрупкая тайна.* Случившийся на могилке о. Спиридона скандал на целое лето **дал пищу разговорам и пересудам**. *Д. Мамин-Сибиряк, Три конца.* Я вспомнил, как дьявольски проницательны дети, и решил не смотреть в Никину сторону. Совершенно ни к чему **давать пищу этим маленьким наблюдателям**. *Ю. Нагибин, Через двадцать лет.*

▮ — Ты совершенно напрасно **даешь** своим поведением **пищу** для подобных разговоров. *(реч.)*

▲ Напрасно я **дал пищу этим пересудам**. *(реч.)*

32. ДАВАТЬ/ДАТЬ ПО ШАПКЕ *кто кому.* Выгнать, уволить, свергнуть, отказать от должности (говорится с пренебрежением). Неформ. *кто* — лицо, группа лиц, обычно власть или народ; *кому* — лицу, группе лиц, обычно начальству, правителям ● Именная часть неизм. ● Порядок слов нефиксир.

◆ — Слыхали, генералу **по шапке дали**? Вот и мы с ним теперь свободные граждане. *А. Малышкин, Севастополь.*— Слава тебе господи! **Дали по шапке** царю Миколке,— радостно проговорил старик рабочий. *Л. Жариков, Повесть о суровом друге.* Но в России отношение к слову, как к делу,— больше. Все время за это дают какой-нибудь орден или **по шапке**. *Куранты, 1992.* Красная армия победила. Теперь беспартийным военным, которые стояли близко к верхам и слишком много знают, **дадут по шапке**. *Б. Пастернак, Доктор Живаго.*— А ребятишек чем кормить, если тебе **по шапке дадут** с завода, об этом молодцы эти думают или нет? *А. Н. Толстой, Хождение по мукам.*— Ну и как? Оставили командиром или тоже **по шапке дали**? — По шапке. Учиться, говорят, поедешь. *К. Седых, Отчий край.*

▪ Вы безропотно молчите вместо того, чтобы дать **по шапке** этому марионеточному правительству. Значит, вы его заслуживаете. *(реч.)*
▲ — Мне двадцать семь лет, к тридцати у меня будет тысяч десять. Тогда я дам старику **по шапке** и — буду свободна. Учись у меня жить. *М. Горький, Трое.* Что за комитет?.. Уголовный элемент скрывается, сомнительная нравственность живет без прописки. Мы этим **по шапке**, а выберем другой. *Б. Пастернак, Доктор Живаго.*

33. **ДАВАТЬ ХОД 3.** *кто кому.* Оказывать поддержку в продвижении по службе. Реч. стандарт. *кто* — лицо или группа лиц, обычно начальство; *кому* — лицу, обычно подчиненному ● Часто употр. в отрицат. конструкции. Порядок слов нефиксир.
♦ Он в своем присутственном месте в загоне, то есть не **дают** ему **ходу**. *Ф. Решетников, Свой хлеб.*
▪ Напрасно вы не **даете** ему **хода**. Он мог бы сильно продвинуться на общественной работе и оказать нам в будущем неоценимую поддержку. *(реч.)*
▲ Мы сейчас привлекаем молодых специалистов и наиболее талантливым из них **даем ход** — у нас есть молодые начальники отделов и даже директора. *(реч.)*

34. **ДАЛЕКО ЗАЙТИ 1.** *что.* Обостриться, усугубиться (говорится с неодобрением). Подразумевается неблагоприятное развитие какой-л. ситуации, состояния. Реч. стандарт. *что* — ситуация, дело, конфликт, спор, болезнь и т. п. ● Порядок слов нефиксир.
Я чувствую, что я должен, обязан сделать что-нибудь. Я пойду завтра к Лопатину днем и постараюсь убедиться сам, как **далеко зашло** дело. *В. Гаршин, Надежда Николаевна.* Теперь же, приспустив веки, не видя сидевших за столом, он, однако, будто обнаженными, открытыми нервами, чувствовал их вопросительные, с болью и жалостью взгляды, настороженность, ожидание: нет, не просто и не легко их настроить, глубоко и **далеко** все **зашло**! Поверят они в твои спасительные рецепты, в твою панацею? *Н. Горбачев, Битва.* — Вот и изменило вам хваленое чувство собственного достоинства, — флегматично заметил Базаров, между тем как Аркадий весь вспыхнул и засверкал глазами. — Спор наш **зашел** слишком **далеко**... *И. Тургенев, Отцы и дети.* — Нет, невозможно. В последнее время болезнь **зашла** так **далеко**, что отказ мог привести к смерти. *Столица, 1990.*

35. **ДАТЬ ФОРУ** *кто кому.* Показать свое превосходство (говорится с одобрением). Подразумевается ситуация соперничества, соревнования в каком-л. деле. Реч. стандарт. *кто* — лицо; *кому* — лицу ● Именная часть неизм. ● Порядок слов нефиксир.
♦ На лешего он нам нужен, этот Лузгин любому инженеру **фору даст**. *Б. Полевой, Горячий цех.*
▪ Не прибедняйтесь, дядя Тарас, — повел бровями Аркадий, — вы сейчас еще иному двадцатипятилетнему **фору дадите** по всем статьям. *Г. Семенихин, Взлет против ветра.* — Да что ты, ты же в теннисе любому **фору дашь**! *(реч.)*
▲ Мне бы с десяток лет спихнуть. **Дал** кой-кому бы я **фору**. Смог бы силенкой тряхнуть. Дров нарубил бы я — гору! *В. Кузнецов, Силыч и Егоровна.* Я не хвастаясь могу сказать, что в этих вопросах могу **дать фору** даже и не такому специалисту, как он. *(реч.)*

36. ДЕЛАТЬ ПОГОДУ *кто, что [где, в чем].* Играть главенствующую роль или иметь решающее значение. Подразумевается, что кто-л. властен менять положение дел или от какого-л. события, организации зависит другое событие. Реч. стандарт. *кто* — лицо, социальный коллектив; *что* — обстоятельства; *где* — в мире, в стране, в какой-л. местности, обществе, среде, организации и т. п.; *в чем* — в каком-л. деле ● При подлежащем со значением предметности чаще употр. с отрицанием; с отрицанием тж. погоды ● Порядок слов нефиксир.

◆ Стариков набралось у нас порядочно. Пока они **погоду делают**, а молодежь этого не понимает. *В. Игишев, Шахтеры.* Десяток-другой дельцов, проникших в какую-то систему, еще **не делают погоды**. *И. Соловьев, Будни милиции.* Не отличалась особым блеском и русская военная мысль, особенно, если иметь в виду тех, кто **делал** в армии **погоду**: командиров полков и дивизий, корпусные и фронтовые штабы. *М. Бонч-Бруевич, Вся власть Советам.* Санька был не один — таких, как он, набиралось в деревне немало. Но как-то получалось, что на посиделках они **погоды не делали**, сидели больше по домам, а если и появлялись у девок, то не ломались, как прочие, не форсили. *Н. Кочин, Девки.* — Вообразите, какая-то секретарша будет **делать погоду** во всем институте! *(реч.)* Конечно, пять-шесть машин **не делают погоды**... Тут нужна сотня машин... *А. Рыбаков, Водители.* Эти предприятия, как говорится, **не делают погоды** в совнархозе. А вот в местной промышленности они могли бы сослужить хорошую службу. *М. Генер и П. Хмельков, Ориентир один — опрос.*

■ Обычно не употр.

▲ Обычно не употр.

37. ДЕРЖАТЬ В ЧЕРНОМ ТЕЛЕ *кто кого.* Притеснять, содержать в тяжелых условиях (говорится с неодобрением). Часто подразумевается физическая эксплуатация или скудное содержание. Реч. стандарт. *кто* — лицо, группа лиц; *кого* — лицо, группу лиц, домашнее животное ● Именная часть неизм. ● Порядок слов нефиксир.

◆ Брата Акима, своего единственного наследника, он не любил за легкомыслие... и за равнодушие к вере. Он **держал** его **в черном теле**, на положении рабочего, платил ему по шестнадцать рублей в месяц. *А. Чехов, Бабье царство.* Савицкий... забрал когда-то у Хлебникова... белого жеребца. Хлебников получил взамен воронью кобыленку... Но он **держал** кобыленку **в черном теле**, жаждал мести. *И. Бабель, Конармия.* Спрашивал я нашего директора: — Может, это ты один такой в области несчастливый? Или не умеешь выпросить денег или рассердились на тебя за что-то, **в черном теле держат**? *В. Овечкин, В одном колхозе.*

■ — **В черном теле держишь** ты свою жену, Севастьян Парамонович,— попенял Коновалову Голубкин.— Что она у тебя такая? — Какая? — Да одета уж очень неприглядно, словно побирушка. *В. Мильчаков, Таких щадить нельзя.*

▲ — Я **держу** его немножко **в черном теле**,— прибавил Сергей Николаевич,— чтобы он больше ценил постоянную работу, которую я даю ему! *П. Быков, Силуэты далекого прошлого.* Говорят, что я **держу** своих подчиненных **в черном теле**. Да, поблажек я им не даю, заставляю в рабочее время делом заниматься, а не валять дурака, но это называется требовательностью, а не эксплуатацией. *(реч.)*

38. ДЛЯ ОЧИСТКИ СОВЕСТИ. На всякий случай, чтобы чувствовать себя совершенно спокойно. Реч. стандарт ● Неизм. ● В роли обстоятельства. Порядок слов фиксир.

Я уже подумал, что напрасно пришел сюда, но для очистки совести решил покараулить [филина] еще минут двадцать. *К. Арсеньев, В горах Сихотэ-Алиня.* Ректор, кажется, зашел, что называется, для очистки совести: чтоб нельзя было сказать, что он ни разу не был в аудитории. *И. Гончаров, Воспоминания.* — Чего ж это вы, батюшка, так поздно? — солидно спросил я для очистки совести. — Извините, гражданин доктор,.. метель — чистое горе! *М. Булгаков, Тьма египетская.* Зато на Митькиной яме... так рвануло, что удилище едва не вылетело у него из рук. Не ожидал. Так, для очистки совести забросил. *Ф. Абрамов, Две зимы и три лета.*

39. ДНЁМ С ОГНЁМ не найти, не найдешь, не найдете, не сыскать и т. п.; (надо) поискать, ищи(те). С большим трудом и стараниями. О чем-л. с точки зрения говорящего особенном, редком. Реч. стандарт ● Неизм. ● В роли обстоятельства. Порядок слов фиксир.

— Да резиновых калош сейчас в магазинах днём с огнём не найти! *(реч.)* [Несчастливцев:] Да понимаешь ли ты, что такое драматическая актриса?.. Душа мне, братец, нужна, жизнь, огонь. [Счастливцев:] Ну уж огня-то, Геннадий Демьяныч, днём с огнём не найдешь. *А. Островский, Лес.* Она машинистка, и первоклассная, а хороших машинисток днём с огнём не найдешь, вот ей и прощают загулы да запои. *Л. Комаровский, В гостях у счастья.* — А кстати сказать, другого такого одра, как этот, папаша, не сыскать днём с огнём. Вы не можете себе представить, что это за нечистоплотная, бездарная и неуклюжая скотина. *А. Чехов, Три года.* И когда еще в недавнем прошлом, скажем, в Москве нищих было днём с огнём не сыскать, в сытом-пьяном Батуми о них спотыкались в каждом людном месте. *Столица, 1990.* Нынче такого у нас в колхозе днём с огнём не сыщешь. Протрезвел народ. И работает шибче. *К. Паустовский, Кордон «273».* Михаил взял со столярного верстака увесистую ржавую железку с отверстием, покачал на ладони... Петр снисходительно пожал плечами: — ...Металлолом!.. — Эх вы... Да этот металлолом... днём с огнём не сыщешь. Топор. Первостатейный. Литой, не кованый. *Ф. Абрамов, Дом.* Плохо было то, что она могла подумать про него не очень хорошие вещи: «Бывал, когда все было благополучно, когда его поили чаем с коньяком и угощали вареньем, а как пришла беда, так все приятели разбежались, днём с огнём не сыщешь». *П. Романов, Товарищ Кисляков.* — Она замечательный человек,— сказала мать.— Таких днём с огнём поискать. *А. Чехов, Дом с мезонином.* Проф[ессор] Евгений Щепкин, «комиссар народного просвещения», передал управление университетом «семи представителям революционного студенчества», таким, говорят, негодяям, каких даже и теперь днём с огнём поискать. *И. Бунин, Окаянные дни.* — Кукушкин, батюшка,— особая статья. Да-с! Таких людей днём с огнём поискать надо. *Д. Григорович, Порфирий Петрович Кукушкин.* Керосина в Лебяжке вот уже больше года как днём с огнём ищи — не найдешь. *С. Залыгин, Комиссия.* Улыбки, веселого, бодрого лица в массе турецкого населения — ищите днём с огнём — не найдете. *Г. Успенский, В Царьграде.*

ДО РУЧКИ довести, дойти, добегаться и т. п. См. IV, 15

ДО СЛЁЗ обидно, завидно и т. п. См. IV, 16

ДО ТОЧКИ² 2. доходить, доводить. См. IV, 19

ДОЛГАЯ ‹ДЛИННАЯ› ПЕСНЯ. См. XV, 7

40. ДОРОГОЙ ЦЕНОЙ доставаться, добиваться, расплачиваться и т. п. Затратой огромных усилий, большими жертвами, потерями (говорится с неодобрением). Реч. стандарт ● Неизм. ● В роли обстоятельства. Порядок слов фиксир.

Чехословацкий десант, успевший зайти в тыл, в конце концов был уничтожен, дорога на Верхнеудинск пробита. Но победа досталась дорогой ценой. В бою погибли лучшие командиры и лучшие части. *К. Седых, Даурия.* — Да, конечно,— ответила она строго и потом, взглянув на него с прямотой человека, готового отстаивать себя дорогой ценой, сказала еще раз: — Да, конечно, счастлива, совершенно счастлива! *К. Федин, Первые радости.* — Ты добился желаемого, но слишком дорогой ценой. (реч.) И вот я прощаюсь с моим Пастернаком, а он все равно живой, и совершаю свои ошибки, как при нем бы, и плачу за них тою же дорогой ценой уж предсмертных разочарований и горечи. *О. Ивинская, Годы с Борисом Пастернаком.*

41. ЖДАТЬ У МОРЯ ПОГОДЫ ‹ПОГОДУ› *кто.* Бездействовать в ожидании перемены обстоятельств. Подразумевается, что такая перемена весьма маловероятна. Реч. стандарт. *кто* — лицо или группа лиц. ● Именная часть неизм. ● Порядок слов фиксир.
сидеть у моря и ждать погоды.
◆ [Маша:] Безнадежная любовь — это только в романах. Пустяки. Не нужно только распускать себя и все чего-то ждать, ждать у моря погоды. *А. Чехов, Чайка.* И вот теперь, пока они здесь, в Саратове, ожидают работы, присяжные в столице оправдывают Засулич. На улицах Петербурга происходят демонстрации студентов. А они сидят здесь и ждут у моря погоды... *В. Войнович, Степень доверия.* ...тогда, глядишь, пожил бы еще Андрей и не стряслась эта оказия с Павлом. Оттого, может, и стряслась, что долго раздумывали, ждали у моря погоду. *В. Распутин, Прощание с Матерой.* И чего не делают, что не говорят соперники, чтобы залучить к себе желанного [седока]! Но счастливцем бывает, разумеется, только один, а прочие опять возвращаются к своему пристанищу — «сидеть у моря, да ждать погоды». *И. Кокорев, Извозчики — лихачи и ваньки.* А отдельным лицам сложить ручки и ждать у моря погоды? — спрашивал Геннадьич.— И пусть какая угодно гадость делается... Противны вы, как гробы... *Н. Гарин-Михайловский, В суголоке провинциальной жизни.* В конце октября наша экспедиция выехала для съемок в Одессу. Вы водрузили, говоря фигурально, наш стяг над Лондонской гостиницей и стали ждать погоды. Я поняла тогда, что значит это выражение: ждать у моря погоды. Это довольно тоскливое занятие. *Л. Розенель, Память сердца (Великий немой).*
■ Ну что же ты — так и будешь ждать у моря погоды? (реч.)
▲ Мухоедов выпил еще рюмку.— Так вот, сравнить себя с таким самородком и совестно: ведь пробил же себе человек дорогу, единственно своим лбом и без поклонов, а я ведь с кандидатским дипломом сижу у моря и жду погоды... *Д. Мамин-Сибиряк, Сестры.* Придется и тут сидеть у моря и ждать погоды. *И. Тургенев, Письмо М. М. Стасюлевичу, 28 июля 1882.*

42. ЗА ЗДОРОВО ЖИВЕШЬ. Ни за что, даром. Неформ. ● Неизм. ● В роли обстоятельства. Порядок слов фиксир.

Глядел [Егор] на компас и не слышал ничего, потому что завтра должен был компас этот бесценный отдать **за здорово живешь**. *Б. Васильев, Не стреляйте в белых лебедей.*«— Грек, говорит, один есть на Невском: тот много помогает».— Как же это,— спрашиваю,— он **за здорово живешь** что ли помогает? *Н. Лесков, Воительница.*

43. [ЗА] ЗДОРОВО ЖИВЕШЬ. Без всякой видимой причины; просто так. Неформ. ● Неизм. ● В роли обстоятельства. Порядок слов фиксир.

[Андрей:] ...Пора уже оставить эти глупости и не дуться так, **здорово живешь**. *А. Чехов, Три сестры.* С своей стороны Карась тоже начал тяготиться присутствием обнищавшего компаньона. Прогнать его так, **за здорово живешь**, как будто и совестно, а держать без всякого дела на своей шее — начетисто. *Д. Мамин-Сибиряк, В последний раз.* Все им помыкали: боцмана и унтер-офицеры походя, и за дело, и так, **здорово живешь**, ругали и били Прошку... *А. Станюкович, Человек за бортом!* И недаром, не зря, не «**здорово живешь**» всколыхнулись его думы: Анфиса дни и ночи думала о нем. *В. Шишков, Угрюм-река.* — ...А ты думаешь, в комсомол **за здорово живешь** приняли? *Ф. Абрамов, Братья и сестры.*

44. ЗА ТАК 1. Задаром, без вознаграждения (делать что-л.). Неформ. ● Неизм. ● В роли обстоятельства.

— Ты ей напиши, сколько возьмет,— сынишке надо рубашонки построчить.— Она и **за так** сделает... в благодарность. *Л. Соболев, Капитальный ремонт.*— Ну так вот, милая,— взглянул на Ольгу старик,— если хочешь «**за так**» служить, за тепло да за угол, оставайся. *А. Вьюрков, Рассказы о старой Москве.*— А сколько заплатят? — **За так** будем работать.— «Так» не пятак, задарма работать не буду! *К/ф «Они были первыми».*

45. ЗА ТАК 2. пропасть, погибнуть. Ни за что, без всякого смысла (говорится с неодобрением). Неформ. ● Неизм. ● В роли обстоятельства.

Рябов угрюмо смотрел им [рейтарам] вслед. Да нет, не возьмешь, не таков кормщик Рябов глуп уродился, чтобы **за так** и пропасть, чтобы самому в руки даться. *Ю. Герман, Россия молодая.* Я должен знать, зачем меня туда посылают, а погибать **за так**, не зная, ради чего я погибну, не хочу. (*реч.*)

ЗАДНИМ ЧИСЛОМ 1. подписать, оформить, пометить и т. п. См. XV, 8

46. ЗАКРЫВАТЬ/ЗАКРЫТЬ ⟨ПРИКРЫТЬ⟩ ЛАВОЧКУ кто [чью] Прекращать деятельность (говорится с неодобрением). Подразумевается, что эта деятельность либо нечестная, мошенническая, либо слишком мелкая, незначительная. Реч. стандарт. *кто* — лицо, группа лиц, объединенных общими целями; *чью* — лица, группы лиц, объединенных участием в общем деле ● Обычно в инфинитивной конструкции со словами надо, пора и т. п. ● Порядок слов нефиксир.
◆ Все, отворовались эти жулики. Пора **закрывать их лавочку**. (*реч.*) Ведь наших детей, детей профанов обучают и воспитывают господа педагоги, и если бы не было на свете профанов, то господам педагогам пришлось бы **закрыть лавочку**. *Н. Михайловский, Записки профана.* По-

доброму, так надо сейчас действительно готовить базу. Надо **прикрыть** эту **лавочку** с кирпичным заводом и все силы бросить на фермы. *В. Шукшин, Любавины.* Он стал замечать,.. что из его работы исчезло то, что можно было бы назвать элементом открытия... Надо бы всю эту нашу **лавочку** прикрыть, думал он не раз, и начать снова. *А. Зиновьев, Пара беллум.*

▨ (Грубо-фам. или шутл.) Творчество должно быть как высоко, так и разнообразно, иначе: **закрывай свою лавочку**. *М. Антокольский, Письмо И. Н. Крамскому, сент. 1876.*

▲ Торговля входными билетами стала набирать обороты.., когда на горизонте появился человек в милицейской форме. Искушать судьбу было опасно, и мы моментально **прикрыли лавочку**. *Московский комсомолец, 1994.*

ЗАКУСИТЬ УДИЛА *кто*. См. IV, 25

47. ЗАРЫВАТЬ/ЗАРЫТЬ ТАЛАНТ В ЗЕМЛЮ *кто чей*. Губить, не использовать способности, природный дар (говорится с неодобрением). Реч. стандарт. *кто* — лицо; *чей* — лица ● Часто в инфинитиве со словом **нельзя** ● Порядок слов нефиксир.

◆ Он хотел было пожаловаться на нее, что она **таланты в землю зарывает**, не работает серьезно и петь могла бы: голос есть. *Н. Гарин-Михайловский, Под вечер.* ...Бог всякому из нас дает вместе с жизнью тот или иной **талант** и возлагает на нас священный долг не **зарывать** его в **землю**. Зачем, почему? Мы этого не знаем. *И. Бунин, Бернар.* Хоть по облику — как все люди, на самом-то деле впустую, негодною шелухою, проболтаешься на земле. Ведь про это сказано: нельзя **талант в землю зарывать**, — а ты думал? *О. Форш, Одеты камнем.* — Она задрала нос, упрямится, срывает теперь всю тренировку... Ты бы с ней, может быть, перед отъездом поговорил, что ли? — неуверенно и просительно начал Чудинов. — Намекнул бы, что, мол, нельзя **зарывать талант в землю**. *Л. Кассиль, Ход белой королевы.* Нельзя, говоришь, Петру рисовать. Ну и что же ему теперь — **талант свой в землю зарыть**? *(реч.)*

▨ (С упреком) Ты **зарыл в землю свой талант**, пропил, прогулял свой дар. *(реч.)* Ты должен непременно поступать в художественное училище. Нельзя тебе **зарывать свой талант в землю**. *(реч.)*

▲ **Зарыл я свой талант в землю** — всю жизнь занимался не тем: делал карьеру, обогащался, а душа тянулась к чему-то другому. *(реч.)* — А что? Ты и создана, чтобы быть наркомом. У тебя прямо-таки административный талант. — Придется мой **талант временно зарыть в землю**. *И. Грекова, Хозяйка гостиницы.*

<small>Из евангельской притчи о зарытом в землю и неиспользованном таланте — крупной денежной единице.</small>

48. [И] ГЛАЗОМ НЕ МОРГНУТЬ 1. *кто*. Ничуть не колеблясь, даже не задумываясь делать что-л. Реч. стандарт. *кто* — лицо ● Именная часть неизм. Обычно в буд. вр. или в деепричастной форме ● Порядок слов нефиксир.

[**и**] **глазом не моргнув** делать что-л. ● Неизм.

◆ — Зарежут? — с великой тоской переспросил Андрей Андреевич. — **И глазом не моргнут**! Для них что ты, что я — один черт... *Н. Вирта, Одиночество.* Люди только что, **не моргнув глазом**, вынули из своего, вероятно тощего, кошелька значительную часть тяжелого заработка... *Б. Лавренев, Большая земля.* — А не дашь хлеба — скажу мамке, что ты

больше нашего съела.— ...Когда это? — Давеча...— не моргнув глазом, отвечает Федюшка. *Ф. Абрамов, Братья и сестры.*
🔲 Неформ. Я уверена, вы бы и глазом не моргнули, если бы от вас потребовалась какая-то помощь. *(реч.)* Что с тебя взять, ведь ты соврешь — и глазом не моргнешь. *(реч.)*
▲ Обычно не употр.

49. **ИГРАТЬ/СЫГРАТЬ НА РУКУ** *кто, что кому.* Косвенно способствовать, пособничать (говорится с неодобрением). Реч. стандарт. *кто* — лицо, группа лиц, объединенных участием в общем деле; *что* — поведение, действия, ситуация; *кому* — лицу, группе лиц (обычно противникам), объединенных общими интересами ⬤ Именная часть неизм. ⬤ Порядок слов нефиксир.
◆ Неправильная, антиобщественная линия поведения, равнодушие **играет на руку** расхитителям, стяжателям, нарушителям законности и порядка. *Л. Южаков, Ковры под псевдонимом.* Выступали теоретики из смежного института, чувствовалось, что им неприятно обличать неудачу Дана, не хочется **играть на руку** Денисову и прочим, но добросовестность брала свое: осторожно и мягко они склоняли Дана переключиться на какие-либо побочные результаты исследований. *Д. Гранин, Иду на грозу.* И что в итоге? В очередной раз постановление правительства **сыграло на руку** только спекулянтам и мошенникам, оставив в дураках простых москвичей. *Московский комсомолец, 1992.*
🔲 — Как это воздержался? Ты комсомолец, демобилизованный красноармеец? Собираешься служить в красной милиции и воздерживаешься от острой классовой борьбы? Так что же ты, сознательно **играешь на руку** классовому врагу? *В. Быков, Знак беды.*
▲ И здесь мы **играем на руку** нашим западным конкурентам. *(реч.)* — Скажите мне... а в разговоре с отцом вы тоже выражаетесь подобным образом? — А вы не мой хренов отец.— Это прозвучало ровно и злобно. Я не нашелся, что ей ответить. Маленькая стерва, я сам **сыграл тебе на руку**. *Э. Брейтуэйт, Учителю с любовью.*

<small>Из описания нечестной игры картежных шулеров, когда один из игроков подыгрывал другому, «играл ему на руку».</small>

50. **ИДТИ В ГОРУ 1.** *кто.* Преуспевать, иметь большой успех, делать карьеру. Реч. стандарт. *кто* — лицо, группа лиц ⬤ Именная часть неизм. ⬤ Порядок слов нефиксир.
◆ Присутствовавший здесь беллетрист Фиалков, о котором мне Рудольфи шепнул, что он шибко **идет в гору**, был одет прекрасно. *М. Булгаков, Театральный роман.* Он вернулся на родину и начал издавать в Канзасе финансовый листок. Его считали человеком энергичным, он шел в **гору**, женился. *И. Эренбург, Люди, годы, жизнь.*
🔲 Ты, я вижу, **в гору идешь**, так и загордился, в гости не заходишь. *(реч.)*
▲ Я тогда здорово **шел в гору**, и денег у меня было много. *(реч.)*

51. **ИЗ-ПОД ПОЛЫ.** Тайком, скрытно (действовать). Реч. стандарт ⬤ Неизм. ⬤ В роли обстоятельства.
Торговля немецким мелким товаром **из-под полы** не была необычным делом на рынке. *А. Фадеев, Молодая гвардия.* Большую часть ходовых товаров он продавал с помощью Феклы Крыловой **из-под полы**. *Т. Якушкин, Ветка яблони.* Приказчик осторожно, **из-под полы**, поднес певчим водки. *Н. Ляшко, Никола из Лебедина.* ...всем было сказано, что

Екатерина Александровна больна. Помещики обиделись, а Цурупа стал из-под полы распускать разные слухи. *А. Н. Толстой, Хромой барин.*

<small>Из буквального выражения со значением 'торговать незаконным образом, продавать запрещенный к продаже товар'. Пола — нижняя часть верхней одежды, откидывающаяся в сторону.</small>

52. КАК МИЛЕНЬКИЙ 1. Покорно, безропотно (говорится с пренебрежением). Неформ. ● В роли обстоятельства.

Анисимов шел за ним как миленький, ни звука не проронив. *Д. Гранин, Картина.* [Алехина:] Поедет. Не таких обламывали. Как миленький поедет. *А. Арбузов, Шестеро любимых.* — Но сейчас у меня нет времени заниматься вами. Мне надо готовить обед. А через час вы у меня, как миленькие, во всем признаетесь. *Ф. Колунцев, Утро, день, вечер.* Думаете, я все время один... буду работать? Пойдете и вы, как миленькие. *В. Степанов, Под ветрами степными.*

КАК ПИТЬ ДАТЬ. См. III, 9

53. КОПТИТЬ НЕБО кто. Существовать без определенной жизненной цели, жить без пользы для других (говорится с неодобрением). Реч. стандарт. *кто* — лицо ● Именная часть неизм. Обычно в инфинитиве ● Порядок слов нефиксир.

◆ — Пропадешь ты! — сказала она со страхом. — Лучше пропасть, чем ихние сапоги лизать или просто так **небо коптить**. *А. Фадеев, Молодая гвардия.* — Это хорошо, что [Люда] далеко загадывает, — проговорил Владимир, — а так проживать день за днем — скучно. Только **небо коптить**. *С. Антонов, В Тихой станице.* Моряк произносит совсем не громко: — И зачем такие паскуды **небо коптят**? *В. Кетлинская, Вечер. Окна. Люди.*

■ Неформ. — Тебе надо ехать учиться, Яша. Чего тут **небо коптишь**? *Н. Парфенов, Бруски.*

▲ — П-пенсию я получаю хорошую. Жить можно, но без работы т-тоскливо. ...Н-не могу так болтаться и **небо коптить**. *Г. Матвеев, Новый директор.*

<small>В пословицах «Без пользы жить — только небо коптить», «Живем да хлеб жуем, спим да небо коптим».</small>

54. ЛЕЖАТЬ НА ПЛЕЧАХ 1. *что у кого, на чьих.* Являться предметом забот, находиться в исключительной компетенции, в ведении. Подразумевается, что на ком-л. лежит полная ответственность за выполнение какой-л. работы или обязанностей, часто обременительных. Реч. стандарт. *что* — работа, обязанности; *у кого, на чьих* — у лица или группы лиц, объединенных общими обязанностями или участием в общем деле ● Именная часть неизм. Не употр. в отрицат. конструкции ● Порядок слов нефиксир.

Освобожденный от сознания сложности своих общественных обязанностей, обыватель забывает понемногу трудность того дела, которое **лежало на его плечах**. *Г. Успенский, Как рукой сняло.* Все заботы о семье **лежали на плечах** Гаврика. Работать приходилось ему одному. *В. Катаев, Электрическая машина.* **На его плечах**, собственно говоря, **лежала** тогда конференция по семантике. (*реч.*) Меня сняли с поста первого секретаря МГКП. Это тоже **лежало** грузом **на плечах**. *Б. Ельцин, Исповедь на заданную тему.* Да ты посмотри на себя! Мало того, что на твоих **плечах лежат** все заботы по дому, что ты на работе из сил выбиваешься, так ты хочешь еще и сад с огородом на себя взять. *(реч.)* И стирка, и уборка, и готовка — все на моих плечах. Так что некогда мне в кино ходить. *(реч.)*

55. ложиться на плечи *что кому, на чьи*. Становиться предметом забот, входить в исключительную компетенцию, в ведение.

Но ты — священник, ты служишь, соучаствуешь в этом организме, и ложная позиция, служившая в оправдание и террора, и много чего еще,— она ложится и **на твои плечи.** *Столица, 1991.* Я четыре десятилетия вижу работу сельского райкома партии, знаю, какая большая нагрузка **ложится на его плечи.** *Стенограмма 1-го съезда депутатов СССР, 1989.*

56. брать/взять <взваливать/взвалить> на свои плечи *кто что*. Брать под свою опеку, в свою исключительную компетенцию, в ведение (говорится с одобрением). *кто* — лицо, группа лиц, объединенных общими обязанностями или участием в общем деле; *что* — обязанности, работа и т. п.

◆ И в стужу, и в жару, и в слякоть пробиралась она лесными тропами из отряда в отряд, давала указания лесным медикам и отправлялась дальше по горным дорогам. Она **брала на свои плечи** все самое трудное, она была партизанкой, а не только врачом, и ей нередко приходилось самой участвовать в боях. *Н. Эльш, Партизанский хирург.* Детство этих сельских ребят прошло в лихое, горькое время. Во время войны они были главными помощниками матерей, **взявших на свои плечи** безмерную тяжесть тыловых забот. *М. Алексеев, Наследники.* ...здесь в основном находится тот кадровый корпус, депутатский корпус, который, я уверен, может **взять на свои плечи** ответственность на этом решающем этапе. *Стенограмма 1-го съезда депутатов СССР, 1989.* И вот эту труднейшую и все превосходящую задачу **взяла на свои** худенькие и слабые **плечи** Тоня. *Б. Пастернак, Доктор Живаго.* Но не следует забывать и о том, какой груз сложнейших проблем **взвалили на свои плечи** президент и молодое правительство. *Вечерняя Москва, 1992.* Он **взваливал на свои плечи** сотни дел, постоянно мучаясь своим очевидным бессилием и все-таки продолжая хлопоты. *А. Цветаева, Моя Сибирь.*

■ Я никогда не забуду твоей помощи, когда ты **взяла на свои плечи** не только заботу обо мне, но и хлопоты по воспитанию детей. *(реч.)*
▲ Мама сильно болела, и я взяла все заботы по дому **на свои плечи.** *(реч.)*

57. нести <вынести> на своих плечах *кто что*. Держать под своей опекой, в своей исключительной компетенции, в ведении (говорится с одобрением). *кто* — лицо, группа лиц, объединенных общими обязанностями или участием в общем деле; *что* — обязанности, работа и т. п.

◆ Молодец она у меня. Не сразу сомнешь такую тяжелой работой и заботами. Три года **несла она на своих плечах** все труды по дому. *Э. Грин, Ветер с юга.* Щербаков рядом с товарищем Сталиным **вынес на своих плечах** весь груз войны и умер в день Победы в сорок четыре года. *А. Вайнер, Г. Вайнер, Евангелие от палача.*

■ Именно ты, мамочка, **вынесла на своих плечах** все тяготы этого трудного, голодного времени. Ты вырастила нас, воспитала. *(реч.)*
▲ Мне приходилось и воду носить, и дрова рубить, и за детьми ухаживать. И я поняла, что не в силах больше **нести на своих плечах** этот груз. *(реч.)*

58. **перекладывать/переложить на плечи** кто *что кому, на чьи*. Передавать на попечение, отдавать в исключительную компетенцию, в ведение (говорится с неодобрением). Подразумевается, что кто-л. снимает с себя и передает другому всю ответственность за выполнение какой-л. работы или обязанностей, часто обременительных. *кто* — лицо, группа лиц, объединенных общими обязанностями или участием в общем деле; *что* — обязанности, работа и т. п.; *на кого, кому* — лицу, группе лиц, объединенных общими обязанностями или участием в общем деле.

◆ Миндалов с каждым днем, сам не замечая этого, все больше **перекладывал** работу на крепкие плечи Лобачева. *Ю. Лебединский, Комиссары.* Мысли проносились в уме быстро и отчетливо: «Принять их [колхоз «Всходы], конечно, примем, однако у них задолженность, и они эту задолженность хотят **переложить на наши плечи**». *Г. Николаева, Жатва.* — Каждый старается с себя вину снять, **на чужие плечи** ее **переложить**. *В. Саянов, Лена.* Все чаще можно слышать голоса по поводу того, чтобы раздать землю крестьянам... Раздал — и все государственные заботы о крестьянах **переложил на плечи** самих крестьян. *Стенограмма 1-го съезда депутатов СССР, 1989.*

▨ — Ты свою работу **на чужие плечи** не **перекладывай**! *(реч.)*

▲ Никогда за мной не водилось, чтобы я свою работу **на чужие плечи перекладывал**. Но сегодня не могу я на дежурство идти, ну никак не могу! *(реч.)*

59. **ЛЕЖАТЬ НА ПЛЕЧАХ 2.** *что у кого, на чьих*. Быть обузой, обременять (говорится с неодобрением). Неформ. *кто* — лицо или группа лиц, официальное лицо или учреждение (часто чиновники, власть), сословие; *на чьих, у кого* — лица или социальной группы, учреждения или предприятия, народа ● Именная часть неизм. ● Порядок слов нефиксир.

Существующая в настоящее время административно-бюрократическая машина управления тяжким бременем **лежит на плечах** колхозов и совхозов. *Стенограмма 1-го съезда депутатов СССР, 1989.*

60. **везти на своих плечах** кто *кого*. Опекать, поддерживать, работая вместо кого-л. *кто* — лицо, группа лиц, социальный коллектив; *кого* — лицо, группу лиц, объединенных участием в общей деятельности.
◆ Вот уже много лет он **везет на своих плечах** работу всего отдела. *(реч.)*

▨ Их давно надо из МТС выпереть, а вы им все помогаете. Ну и **везите** их **на своих плечах**. А у меня совести не хватает. *А. Иванов, Вечный зов.*

▲ Хватит, довольно. Не желаю я больше **везти** вас **на своих плечах**. Вы вполне самостоятельный исследователь, так что извольте с завтрашнего дня работать независимо. *(реч.)*

61. **на чужих плечах сделать** кто *что*. Используя результат чужого труда (говорится с неодобрением).

Начальницу быстро назвали «Шахиня» и поняли, что она хочет **на чужих плечах** сделать докторскую работу. *Л. Петрушевская, В садах иных возможностей.* Ты думаешь, это твой успех? Нет, он сделан **на чужих плечах**. *(реч.)*

ЛЮБОЙ ЦЕНОЙ добиваться, достигать, побеждать, получать и т. п. См. XVI, 9

62. МАХНУТЬ РУКОЙ кто *[на кого, на что]*. Перестать обращать внимание, отказаться от намерения изменить что-л., перестать интересоваться чем-л. Подразумевается нежелание вмешиваться в дальнейший ход событий. Реч. стандарт. *кто* — лицо; *на кого* — на лицо (обычно о себе); *на что* — на намерения, замыслы, дела, желания, пристрастия и т. п. ● Именная часть неизм. ● Порядок слов фиксир.

◆ Его черные глаза сверкали еще молодо, Священный Синод давно махнул на него рукой, как на отпетого бродягу, зато Бичурина признала Академия наук, присудившая ему первую Демидовскую премию; он получил ее за сочинение по истории калмыков. *В. Пикуль, Под монашеским клобуком.* ..чем-то болен, в чем-то разочарован, махнул на жизнь рукой, и живет нехотя. *А. Чехов, Рассказ господина NN.* ...Федор Павлович... уехал наконец в Одессу, махнув рукой не только на могилы, но и на все свои воспоминания. *Ф. Достоевский, Братья Карамазовы.* Михаил еще говорил что-то в том же роде... и в конце концов махнул рукой. Пускай разбираются сами. *Ф. Абрамов, Две зимы и три лета.* Строптивцев поставили «на комары» — так называлась в лагере эта казнь. Продержали их несколько часов. Взмолились изъеденные стражи. И начальник махнул рукой: «А ну их к...» *О. Волков, Погружение во тьму.*

▨ Ты, чай, совсем махнул рукой на своего верного друга Костьку Кудрявцева, и думаешь, что он или сгиб, или пропал без вести, или забыл Розанова... *В. Розанов, Сочинения.* — Советую вам подумать о вашей матери, если вы махнули рукой на себя. *К. Федин, Первые радости.*

▲ Но я пришел сюда не для того, чтобы разговаривать с тобой: на тебя я уже махнул рукой... Я пришел сюда, чтобы узнать: где твоя сестра, негодяй? *А. Чехов, Моя жизнь.* Я уже махнул рукой на появление графа и только решил как-нибудь протянуть до тех пор, пока кто-нибудь догадается спустить занавес. *А. Аверченко, Мой первый дебют.* Не удивляйся дикой небрежности письма. Это не нарочно, а потому что буквально до смерти устаю. Махнул рукой на все. Ни о каком писании не думаю. *М. Булгаков — Н. А. Булгаковой-Земской от 1 декабря 1921 г.*

63. МЕРТВОЙ ХВАТКОЙ 2. цепляться/вцепиться. Упорно, настойчиво, не отступаясь (говорится с неодобрением). Подразумевается, что объектом действия является лицо, группа лиц, объединенных участием в общем деле. Реч. стандарт ● Неизм. ● В роли обстоятельства. Порядок слов фиксир.

— Ты посмотри на этих депутатов. Вцепились мертвой хваткой в свои квартиры, а больше их ничто не интересует. *(реч.)* — Так вот, дело, разумеется, не в вашей столичной благоустроенности. Этим тем определенных условиях можно пренебречь. Не такой вы человек, чтобы цепляться мертвой хваткой за московскую квартиру и прочие столичные блага. Все это понимают. *М. Колесников, Школа министров.* Столкнувшись с вами, я, глупая девчонка, загорелась... Не кинулась вам на шею, не вцепилась в вас мертвой хваткой. Я и тогда уже была с характером... *В. Тендряков, Покушение на миражи.*

64. мертвая хватка *у кого*. Способность упорно и настойчиво добиваться своего. Подразумевается твердость и неотступность в достижении поставленной цели. *у кого* — у лица.

Если она задумала что-то, то непременно добьется, какие бы препятствия ни возникали,— у нее мертвая хватка. *(реч.)*

65. МЫШИНАЯ ВОЗНЯ. Мелкие, недостойные дела, интриги (говорится с неодобрением). Реч. стандарт ● Только ед. ч. ● Порядок слов фиксир.

Дельцы, проходимцы... ведут вокруг нефтяных месторождений **мышиную возню**: разгораживают и перегораживают участки,.. продают и перепродают клочки земли. *В. Ветлина, Живая кровь земли* ...из бюрократии я оставил бы только грамотных профессионалов... А наши мутанты могут только превратить Россию в сырьевой придаток. Мафия это быстро сообразила и организовалась под шумок кремлевской **мышиной возни**. *Аргументы и факты, 1993.*

66. НА БЛЮДЕЧКЕ [С ГОЛУБОЙ КАЕМОЧКОЙ <КАЕМКОЙ>] подать, принести. В готовом виде, уже сделанное. Подразумевается выполнение работы за кого-л., вместо кого-л. Неформ. ● Неизм. ● Порядок слов фиксир.

Михаил норовил все своими глазами увидеть, все своими ушами услышать. Не ждал, когда **на блюдечке с голубой каемочкой** подадут дело на новое слушанье в суде. *А. Санжаровский, Оренбургский платок.*— ...Я так устрою, что он свои деньги мне сам принесет, **на блюдечке с голубой каемкой**...— Сам принесет? — спросил вдруг Балаганов скрипучим голосом.— **На блюдечке?** *И. Ильф и Е. Петров, Золотой теленок.*

67. НА ВСЕХ ПАРАХ 3. идти/пойти, мчаться и т. п. Быстро и целенаправленно. Имеются в виду лицо, группа лиц, объединенных участием в общем деле, страна, народ, массы людей, процесс, реформы. Реч. стандарт ● Неизм. ● В роли обстоятельства. Порядок слов фиксир.

И с тех пор... пошел [Жорка] **на всех парах** к совершенству *А. Макаренко, Педагогическая поэма.* Страна **на всех парах** мчалась вперед. *Ф. Панферов, Бруски.* ...старик охотно разъяснил, что рабочий люд стремится к такой решительной, раз навсегда, победе, чтоб затем без помехи и **на всех парах** добираться до конечной станции нашей переживаемой эпохи. *Л. Леонов, Русский лес.* Капитал по Волге **на всех парах** валит! Вот к чему привела нас казенная аренда! *С. Скиталец, Кандалы.* Неужели вы не видите, что мы идем **на всех парах** ко второй революции, которая создаст новое государство? *Э. Казакевич, Синяя тетрадь.*

68. НА ВЫСОТЕ 1. быть, находиться. В наивысшей точке развития, в зените (говорится с одобрением). Реч. стандарт. Имеются в виду слава, карьера и т. п. ● Неизм. ● В роли именной части составного глагольного сказ.

Мочалов находился тогда **на высоте** своей славы, и Лаврецкий не пропускал ни одного представления. *И. Тургенев, Дворянское гнездо.* Я прекрасно помню нашу первую встречу Тогда вы были **на высоте** своей карьеры, вас окружали многочисленные поклонники. *(реч.)*

НА ВЫСОТЕ [ПОЛОЖЕНИЯ] 2. быть, оказываться/оказаться. См. I, 35

69. НА ЛЕТУ[1]. Мимоходом, случайно или наскоро. Реч. стандарт ● Неизм. ● В роли обстоятельства.

Вероятно, подслушал я это выражение где-нибудь **на лету** и употребил его кстати. *П. Вяземский, Автобиографическое введение.* Вы спрашиваете моего мнения о последних книжках. **На лету** не скажешь, а если б увидеться, то, кажется, долго и много бы говорил. *Ф. Достоевский — Н. Н. Страхову от 2 декабря 1870 г.* ...возвращались фронтовики... И была радость у людей. Были свадьбы и скороспелая любовь **на лету**. *Ф. Абрамов, Две зимы и три лета.*

НА ЛЕТУ² <С ЛЕТУ> ловить, схватывать. См. X, 22

70. **НА ПОЛПУТИ** бросить, останавливаться/остановиться. Не завершив, не доведя до конца (говорится с неодобрением). Реч. стандарт ● Неизм. ● В роли обстоятельства.

Сипягин попытался рассказать какой-то дипломатический анекдот, но так и бросил его **на полпути**. *И. Тургенев, Новь*. В молодые годы он сам собирался писать нечто на вашу тему.., но разочаровался и бросил работу **на полпути**. *Л. Леонов, Русский лес*. И вот решил вообще бросить учебу. Я не стал его переубеждать, лишь сказал, что останавливаться **на полпути** плохо. *Г. Брянцев, По тонкому льду*. Мы советовали выбросить на Запад, по крайней мере, миллион человек... Но высшее руководство испугалось этой цифры и остановилось, как обычно, **на полпути**. *А. Зиновьев, Гомо советикус*. Мы уже не способны довести до конца гениально задуманные и рассчитанные планы. Мы нехотя начинаем их осуществление и охотно бросаем на полпути. *А. Зиновьев, Гомо советикус*.

71. **НА РУКИ** выдавать, получать; получено *что, сколько, по сколько*. В распоряжение, во владение, в личное пользование. Имеется в виду непосредственное владение, реальное пользование и т. п. чем-л. Офиц. *что* — письмо, документ, посылка, деньги, вещь, оружие, товар, книга и т. п.; *сколько, по сколько* — определенное (нормированное) количество чего-л. (чаще денег, продуктов и т. п.) ● Неизм. ● В роли обстоятельства или именной части сказ.
на руках быть, оставаться и т. п. *с чем;* иметь, иметься и т. п. *что*. В распоряжении, во владении, в личном пользовании.

Решили пригласить профессора в Париж, устроить ему банкет и чествование, а собранные с банкета деньги выдать ему **на руки**. *Н. Тэффи, Бестактность*. Вадим Николаевич очень спокойно и очень мягко изъяснил, что его ставка всего лишь семьсот пятьдесят рублей в месяц, но за вычетами он «получает **на руки**» немногим более шестисот. *Н. Нароков, Мнимые величины*. Все отдыхающие получают **на руки** санаторную карту. *(реч.)* — Стало быть, трудно жить? Ставка-то ведь, поди, ерундовая? — Двести сорок... — Ну и вычеты... Заем, подоходный, то да се... **На руки** сколько выходит? Рублей двести? *Н. Нароков, Мнимые величины*. ...в магазинах нужное продается по талонам, а на апельсины талоны не изобрели. Возможно, когда-нибудь их сделают, и в магазинах появятся апельсины по полкило на руки. Как масло. *Литературная газета, 1989*.— У Глобышева на руках двадцать пять следственных дел, а только четверо сознались. *Н. Нароков, Мнимые величины*.— У вас нет «Трех мушкетеров»? — Они на руках у нашего читателя. *(реч.)* Впрочем, уже на руках у депутатов есть и альтернативные проекты. *Куранты, 1992*. Ведь у нас на руках была другая бумажка, в которой наркомпрос просил ...передать имение Попова в распоряжение колонии. *А. Макаренко, Педагогическая поэма*. Приехали они [Кусиков и Пильняк] на пути в Берлин. На руках у них были шалые деньги, они продали Ионову какие-то рукописи,.. закутили, и я случайно попал в их орбиту. *К. Чуковский, Дневник 1901—1929*.— Ну, а Иван Васильевич [режиссер], он, брат, дело понимает, от него не скроешься, сразу разобрался. Ну, а раз ему не нравится, стало быть, пьеска не пойдет. Вот и выходит, что останешься ты с афишкой **на руках**. Смеяться будут, вот тебе и Эврипид. *М. Булгаков, Театральный роман.* Пограничник переждал шум и сказал, не повышая голоса, что... есть оружие... выдаваемое **на руки** тогда, когда его положено иметь **на руках**. *К. Симонов, Живые и мертвые.* Уже с товаром **на руках** мы, с помощью все тех же специалистов Минздрава России и Академии медицинских наук, провели исследование мирового рынка газоанализаторов крови. *Коммерсант, 1993.* ...Все это вызвало у Грацианского явное подозрение... тем более, что письма-то от него [Вихрова] рекомендательного **на руках** у посетителя не оказалось. *Л. Леонов, Русский лес.*

72. НА СВОЮ ГОЛОВУ. Себе во вред, в ущерб (говорится с неодобрением). Подразумеваются импульсивные, необдуманные действия. Реч. стандарт ● Неизм. ● В роли обстоятельства. Порядок слов фиксир.

— Помилуйте,— возразила однажды **на свою голову** Антонина Игнатьевна.— Да он целый год в одних [ботинках] ходит. *В. Самарин, Волшебные ботинки.* Ужик, **на свою голову**, добился-таки его [директора школы] увольнения! *И. Грекова, Хозяйка гостиницы.* Все едут. Кто за рублем, кто от жены, кто приключения **на свою голову** ищет. *О. Куваев, Тройной полярный сюжет.* Как уже успела заявить **на свою голову** Танька Левонтьевская, в приготовлении студня бабушка моя, Катерина Петровна, была большим спецом. *В. Астафьев, Последний поклон.* Товарищи кочегара посмеиваются: «Связался ты с лодырем **на свою голову**!» *Л. Кассиль, Далеко в море.* Дома она взяла книжку Кина и легла с ней на диван... Пал Палыч позвал Антонину пить чай — она не пошла...— Вот достал книгу **на свою голову** — сердито подумал Пал Палыч. *Ю. Герман, Наши знакомые.* — Ах я глупенькая! — сказала Пашенька: — чего я наделала! Вот **на свою голову** послушалась боярыни! *А. К. Толстой, Князь Серебряный.* — Подписывай вот тут свою фамилию...— Да как же можно подписывать, коли не знаешь суть. Может, мы **на свою голову** подписываем. *Ф. Решетников, Глумовы.*

73. НА ХОДУ 2. Попутно, одновременно с другими делами. Реч. стандарт ● Неизм. ● В роли обстоятельства.

— В нашем главном инженере есть нечто моцартовское... самые трудные задачи решаются им как бы сами собой, **на ходу**. *В. Ажаев, Далеко от Москвы.* Добрая половина собравшихся сгрудилась у стола секретаря райкома, решая **на ходу** свои... дела. *В. Тендряков, Под лежач камень...* «Да она же забыла рукопись! Она же время выигрывает, чтоб хоть как-то, **на ходу** ознакомиться с ней вновь...» *В. Астафьев, Печальный детектив.*

74. НАДЕВАТЬ/НАДЕТЬ [СЕБЕ] ХОМУТ [НА ШЕЮ] *кто*. Обременять себя тягостными и ненужными хлопотами, обязательствами (говорится с неодобрением). Реч. стандарт. *кто* — лицо ● Именная часть неизм. Несов. в. только в инфинитиве ● Порядок слов нефиксир.
◆ Что же касается брака без детей, то тут Жовтяк рассудил, что зачем же тогда и надевать **себе на шею хомут**? *Ю. Герман, Дорогой мой человек.* Судя по настроению полковника, теперь уж и не могло быть и речи, что он сам мирно откажется от заказа [на прибор]. После ухода моряков на некоторое время воцарилось молчание.— Ну-с,— сказал главный

инженер...— Зачем надевать себе на шею этот хомут? Сами для себя не рискнули сделать, а тут извольте для дядей стараться. *Д. Гранин, Искатели.*

🔲 [Евгения:] И не женись! Что тебе за неволя хомут-то на шею надевать! *А. Островский, На бойком месте.* Да разве ради кино замуж выходят? Хомут такой наденешь и в кино не захочешь. *Д. Гранин, Дождь в чужом городе.*

▲ Мне приходится все делать по дому: я сама этот хомут себе на шею надела. *(реч.)*

75. **НАПРАВО И НАЛЕВО.** Каждому и всякому (каждого и всякого, с каждым и всяким), без разбору. Реч. стандарт ● Неизм. ● В роли обстоятельства. Порядок слов фиксир.

[Бабушка] была очень добрая. Жила, во всем себя ограничивая, и помогала **направо и налево**. *В. Вересаев, В юные годы.* ...был он щедр на выдумки, раздавал их **направо и налево**, хотя никто этого не учитывал и в заслугу ему не ставил. *Г. Радов, Не упустить талант!* Я никогда не судил, был снисходителен, охотно прощал всех **направо и налево**. *А. Чехов, Скучная история.*— Ах, сколько таких несчастных! А ведь сам-то изменял, конечно, **направо и налево**. И ему как с гуся вода. *А. Н. Толстой, Без крыльев.* Не легко было отказаться от импозантного немецкого «фон», раздаваемого сценой **направо и налево**, кому угодно... *К. Федин, Я был актером.* Шляпа у Жука съехала набок... казалось, вот-вот он не выдержит... начнет **направо и налево** лопотать по-своему, отбиваясь сразу от всех. *В. Распутин, Прощание с Матерой.*

76. **НАХОДИТЬ/НАЙТИ ОБЩИЙ ЯЗЫК** *кто [с кем].* Достигать взаимопонимания. Подразумевается ситуация, когда удается договориться о чем-л., прийти к согласию. Реч. стандарт. *кто* — лицо, группа лиц; *с кем* — с лицом, с группой лиц ● При отрицании тж. **общего языка**
● Порядок слов нефиксир.

◆ Он помахал им рукой, прибавил шагу. На сердце у него немного потеплело. Вот уж с кем если он и **находит общий язык**, так это с дояркой. *Ф. Абрамов, Вокруг да около.* — Сейчас литературное противостояние носит совсем иной характер. Тогда, в 60-е — 70-е, художники не ладили с начальством. Теперь никак не **найдут общий язык** между собой. *Литературная газета, 1989.* В краткой вступительной речи Балаганов выразил надежду, что братья **найдут общий язык** и выработают, наконец, конвенцию, необходимость которой диктует сама жизнь. *И. Ильф, Е. Петров, Золотой теленок.* Черкашин решил сам повидаться с Чемезовым. Конечно, они **найдут общий язык**. Они солдаты. *В. Добровольский, Трое в серых шинелях.* По дороге в Вешенскую они заговорили о создавшемся положении и очень быстро **нашли общий язык**. *М. Шолохов, Тихий Дон.* Умение **находить общий язык** с близкими по духу, хотя и не «своими» депутатами, налаживать партнерство по крупному счету; жертвуя мелочами, становится ...едва ли не главным искусством. *Литературная газета, 1993.*

🔲 — Какой же ты адвокат, если не **находишь общего языка** с подзащитными? *(реч.)*

▲ — И как обидно становится, товарищ Брусенков, когда мы на месте у себя который раз не **находим общего языка**. *С. Залыгин, Соленая Падь.* Если вы захотите сотрудничать с нами, мы **найдем общий язык**. *И. Эренбург, Буря.* ...В каком классе шагаешь? — Отшагал... В шестой ходил.— Что так? Науки не по нутру? — Володька напыжился, сказал: —

За дисциплину. С учительницей общего языка не нашел. *Ф. Абрамов, Безотцовщина.* Очень уж у нас с ним профессии разные, трудно общий язык найти. *С. Михалков, Илья Головин.*

НЕ ВИДАТЬ <НЕ ВИДЕТЬ, НЕ УВИДАТЬ, НЕ УВИДЕТЬ> КАК СВОИХ УШЕЙ *кому чего, кого.* См. XV, 17

77. НЕ МУДРСТВУЯ ЛУКАВО. Просто, без затей (делать что-л.). Реч. стандарт ⬤ Неизм. ⬤ В роли обстоятельства. Порядок слов фиксир.

Оба живут не мудрствуя лукаво, умея находить и смысл и наслаждение в самом процессе жизни. *М. Горький — К. С. Станиславскому от нач. января 1902 г.* Сначала были переводчики-любители, потом появились профессионалы. Сначала переводили не мудрствуя лукаво, потом появились теории перевода. *Д. Жуков, Мы — переводчики.* Что-то вдруг вспомнится... я и записывал не мудрствуя лукаво. *В. Кетлинская, Вечер. Окна. Люди.* И стоит, не мудрствуя лукаво, обращаться к тем пьесам, где человеческие судьбы, страсти и заботы людские на этой земле выражены в переживаниях и чувствах, понятных каждому. *Вечерняя Москва, 1992.*

78. НЕ С РУКИ 2. *кому.* Нет смысла, невыгодно. *кому* — лицу или группе лиц, объединенных участием в общем деле. Реч. стандарт. ⬤ Неизм. ⬤ В роли обстоятельства образа действия.

Хоронить отца Нине ехать не с руки: две тысячи верст на лошадях,— отложила поездку до весны, до первых пароходов. *В. Шишков, Угрюм-река.* Я полез под пол к Наперстку и через минуту вернулся со свертком. Подал его Русакову. Он развернул карту, разложил на столе и задумался.— Так, место знакомое... Но мне не с руки. *Г. Брянцев, По тонкому льду.* Утвердительно кивая головой, Емгинов зорко вглядывался в собеседника... Не следует торопиться и обещать Шеину поддержку, но и ссориться со знатным бурильщиком тоже не с руки. *Ю. Крымов, Инженер.* Душа помнит молодость. С молодостью человеку расставаться куда как жаль. Не с руки расставаться! *К. Паустовский, Повесть о лесах.* Как я понял, переезжать в Киев тебе не с руки. Что ты можешь делать эту работу и здесь. (*реч.*) — Хочу я тебя на место Сашки, а? — Спасибо. Я не пойду.— Отчего? — Это мне не с руки. *М. Горький, Хозяин.*

79. НЕ ХВАТАТЬ/НЕ ХВАТИТЬ ПОРОХУ *у кого.* Недостает умения, способности или энергии. Имеется в виду необходимость осуществить что-л., требующее усилий. Фам. *у кого* — у лица, социальной группы лиц ⬤ Порядок слов нефиксир.

Прежде только и свету в окне, что горные инженеры, а нынче — шалишь, пороху супротив других не хватает. *Д. Мамин-Сибиряк, «Все мы хлеб едим».* Заколоть оскорбителя с пьяных глаз сумела, а заработать на выкуп честно пороху не хватило? *О. Форш, Михайловский замок.* Где мечты о профессуре, о публицистике, о громком имени? Не хватило пороху, брат Василий Петрович, на все эти затеи. *Н. Гаршин, Встреча.* Если бы против большевиков выступили! Я так думаю, что у вас и против своей тещи пороху не хватит,— презрительно... обронил комиссар. *Б. Лавренев, Выстрел с Невы.*

80. НИ В ЖИЗНЬ не сделает, не сделал бы; не сделать что-л. Никогда, ни при каких условиях, ни при каких обстоятельствах. Употр. для усиления отрицания. Прост. ⬤ Неизм. ⬤ В роли обстоятельства.

[Матрена:] Тоже спросить малого надо. Не захочет он **ни в жизнь** на ней жениться, себя срамить. *Л. Толстой, Власть тьмы.* — В школе, бывало, напроказит — **ни в жизнь** не сознается, все норовил выкрутиться. *Литературная газета, 1993.* [Марфа:] Денег за ней дают очень много; даже если считать, так, кажется, **ни в жизнь** не сочтешь. *А. Островский, Невольницы.* — Я видела, как ты вчера подкову разгибал... — Должно быть, подпиленная та подкова была, — загрустил Тентенников. — Цельную мне бы **ни в жизнь** не разогнуть. *В. Саянов, Небо и земля.*

81. НИ НА ШАГ 1. не отступать, не продвинуться в каком-л. деле. Нисколько, ни в малейшей степени. Реч. стандарт ● Неизм. ● В роли обстоятельства. Порядок слов фиксир.

... все совершалось примерно однообразно, **ни на шаг** не отступая от начертанного однажды плана. *Г. Успенский, Из чиновничьего быта.* **Ни на шаг** не отступлю! И пусть знают, что правда на моей стороне. *(реч.)* Но он чувствовал, что занятия его **ни на шаг** не подвигали дела. *Л. Толстой, Война и мир.* Дяди говорят уже давно, но решение задачи не продвинулось вперед **ни на шаг**. *А. Чехов, Задача.*

82. НИ ПОД КАКИМ СОУСОМ. Никоим образом, ни при каких обстоятельствах. О том, что что-л. не будет сделано или не состоится. Реч. стандарт ● Неизм. ● Обычно как отдельная фраза. Порядок слов фиксир.

— Дополнительного плана не будет. **Ни под каким соусом**. *В. Овечкин, Районные будни.* Да никогда ему не стать заведующим! Это у него не пройдет **ни под каким соусом**, не надейся. *(реч.)* Интересно, как они будут завтра выкручиваться перед собранием. Им доверять нельзя **ни под каким соусом**. *(реч.)*

НИ СНОМ НИ ДУХОМ не знать, не ведать, не подозревать; не быть виноватым, нет вины. См. IX, 30

83. ОБИВАТЬ/ОБИТЬ [ВСЕ] ПОРОГИ кто *[чьи, чего, у кого, где]*. Долго и настойчиво хлопотать, добиваясь своего (говорится с неодобрением). Обычно имеются в виду просьбы в различные учреждения, к начальству, власть имущим, часто связанные с унижением, мольбами и т. п. Реч. стандарт. *кто* — лицо, группа лиц, объединенных общей целью; *чего* — учреждений, кабинетов, приемных и т. п.; *чьи, у кого* — у лиц, обычно должностных; *где* — в каком-л. месте (городе, стране) ● Порядок слов нефиксир.

♦ Чтобы пополнить бюджет большой семьи, узбекская женщина **обивает пороги** сельсоветов и райсоветов, ища работу. *Стенограмма 1-го съезда депутатов СССР, 1989.* Пока Павел работал председателем, он каждый день то задерживался в правлении, то моталась по полям, то **обивал пороги** районных кабинетов, и Екатерина видела в доме только его гимнастерку и рубашки, которые она стирала, а не самого Павла. *А. Ананьев, Годы без войны.* — Как же он дал вам образование? — удивилась Тата. — По крохам. Буквально вымолил. **Обивал пороги**. *К. Паустовский, Повесть о лесах.* В Архангельске он целый месяц обивал у капитана пороги, просясь на службу. *И. Соколов-Микитов, Путь кораблей.* Они могли бы ему рассказать о том, что целый день обивали пороги комендатуры. *Э. Казакевич, Дом на площади.* Комиссия по распределению не долго думала — в Сибирь... Он не стал, как другие, упираться.

Он даже попросил родителей, чтобы они не **обивали** пороги разных именитых людей. *В. Шукшин, Любавины.*
◾ — Что ты зря ходишь, просишь, **пороги обиваешь**? Все равно пенсию не увеличат, а здоровье потеряешь. *(реч.)*
▲ Я тут стараюсь, в Европах этих разных все **пороги обила**, невесту для тебя сыскивая, а ты свою же сестрицу не признаешь... *В. Пикуль, Фаворит.* — Что же ты наделал, дурак окаянный! Наглотался с утра водки, нечестивый пьяница... Сколько **порогов обить** теперь из-за тебя, ирода, придется. *А. Куприн, Анафема.*

ОТ <С> БОЛЬШОГО УМА. См. IX, 32

84. ОТБИВАТЬ/ОТБИТЬ <ОТНИМАТЬ> ХЛЕБ кто у кого.

Отнимать средства к существованию (говорится с неодобрением или с одобрением — с оттенком иронии). Имеется в виду выполнение чужой работы, лишение тем самым другого человека возможности заработка. Реч. стандарт. *кто* — лицо, группа лиц, объединенных участием в общей деятельности; *у кого* — у лица, группы лиц, объединенных участием в общей деятельности ● Именная часть неизм. ● Порядок слов нефиксир.
♦ [Коринкина:] А коли у ней деньги, так зачем она в актрисы пошла, зачем рыщет по России, у нас хлеб **отбивает**? *А. Островский, Без вины виноватые.* (С оттенком иронии) — Кормильца вырастил, — ядовито заметил Колобов, поглядывая на снявшего папаху Лиодорку.— Вот какой нарядный: у шутов хлеб **отбивает**. *Д. Мамин-Сибиряк, Хлеб.* Добытько сравнительно быстро научился разговаривать по-чукотски и теперь довольно бойко «балакал» с охотниками, рыбаками и оленеводами, а своим одноплочанам рассказывал, что он **отнимает** хлеб у местных шаманов. *М. Алексеев, Наследники.*
◾ — Мастерица ты такая! — говорила Марина Абрамовна, рассматривая чистую строчку на отцовской рубашке...— Вы, барышня, у нас хлеб скоро **отобьёте**, — добавляла, любуясь тою же мастерскою строчкою, Неонила Семеновна. *Н. Лесков, Некуда.*— А вы... А вы, — вышел из себя Лебедев, — а вы не бегайте... по пятам... Вы... Вы **отбиваете** хлеб у этих фараонов, — кивнул он на полицейских. *П. Яковлев, Первый ученик.*
▲ Он взял альбом. Рисунок, готовый через несколько минут, был встречен общим хохотом. Антон Павлович, отдавая мне альбом, сказал: — Бери, Гиляй, это единственное мое художественное произведение, никогда не рисовал и больше рисовать не буду, чтобы не **отбивать** хлеб у Левитана. *В. Гиляровский, Антоша Чехонте.*

85. ПАЛЕЦ <ПАЛЬЦЕМ> О ПАЛЕЦ НЕ УДАРИТЬ 2. кто для кого, для чего.

Не приложить никаких усилий, чтобы помочь кому-л. в сложной ситуации (говорится с неодобрением). Неформ. *кто* — лицо; *для кого* — для лица; *для чего* — для оказания помощи, выполнения чьего-л. поручения, просьбы ● Именная часть неизм. ● Порядок слов нефиксир.
♦ — Жить в довольстве... да **палец о палец не ударить** для ближнего... Это еще не значит быть добрым. *И. Тургенев, Новь.* Меня до крайности потрясло, что, близко зная брата, **палец о палец не ударил**, чтобы спасти его. *А. Стученко, Завидная наша судьба.* — Пантюхов? Но ведь вы знаете, что этот человек **пальцем о палец не ударит**, чтобы побеспокоиться об Оле. *Н. Атаров, Повесть о первой любви.*
◾ Фам. Осужд. Я уверен, что ты и **пальцем о палец не ударишь**, чтобы помочь нам выбраться из этой истории! *(реч.)*
▲ Обычно в буд. вр., раздраженным тоном.— ...Если даже тебя и посадят за

какие-нибудь художества.., я пальцем о палец не ударю. *Г. Матвеев, Новый директор.* — Имей в виду, что больше я **не ударю пальцем о палец**! Расхлебывай сам эту кашу! *В. Каверин, Открытая книга.*

86. ПЕРВАЯ ЛАСТОЧКА 2. быть, стать, являться *что*, (реже) *кто [чего, в чем].* То, что положило начало; тот, кто положил начало, один из первых предвестников. Подразумевается, что впоследствии дело, явление, которое зародилось, должно приобрести или приобрело массовый характер. Реч. стандарт. *что* — какая-л. организация, предприятие, издание и т. п.; *кто* — лицо, группа лиц, объединенных общими целями; *чего* — дела, явления, направления и т. п.; *в чем* — в деле, в явлении, в направлении и т. п. ● В роли именной части сказ. ● Порядок слов фиксир.

♦ [Пушкинский театр] был **первой ласточкой** в области организации частных театральных предприятий. *Ю. Юрьев, Записки.* В Москве открылся клуб стриптиза — **первая ласточка** вожделенной свободы нравов. *(реч.)* Серьезно и основательно готовился «Крокодил» к трансокеанскому путешествию [к выставке «Лучшее из «Крокодила» за последние десять лет»]. Да и то сказать, ему не совсем привычно выступать в роли **первой ласточки**. *Литературная газета, 1989.* И. Эренбург стал **первой ласточкой** хрущевской оттепели, а потом уже начали публиковать тех, кого теперь называют писателями-шестидесятниками. *(реч.)* Поплавский является одной из **первых ласточек** этого дела [политическое дело так называемого «Пролетариата»], высланных административно до начала над остальными суда. *В. Короленко, История моего современника.*

▨ Обычно не употр.

▲ «...Вы меня убьете, но знайте: я вернусь снова к вам. Не думайте, что люди — скоты и быдло, которых можно безнаказанно гнать на бойню. Я только **первая ласточка**, создающая прецедент, как любят выражаться юристы. И когда будут мочить обнаглевших ментов и прочую властную шушеру, помните, что это я достаю вас с того света...» *Московская правда, 1994.*

87. ПЕРЕБЕГАТЬ/ПЕРЕБЕЖАТЬ ДОРОГУ *кто кому.* Мешать добиться своего (говорится с неодобрением). Реч. стандарт. *кто* — лицо, группа лиц, объединенных участием в общем деле; *кому* — лицу, группе лиц, объединенных общими целями ● Именная часть неизм. ● Порядок слов нефиксир.

♦ Впрочем, Володе пока что не было от всего этого ни холодно, ни жарко. Ламы и шаманы больше не **перебегали ему дорогу**, и он забыл о них. *Ю. Герман, Дело, которому ты служишь.* Иногда Кате казалось, что они [Вера и Анфиса] встречались когда-то,.. и в той, прежней, неведомой ей жизни Анфиса **перебежала Вере дорогу**. *Б. Бедный, Девчата.*
▨ — Что я вам могу сообщить? Один известный в ученом мире деятель, которому вы, очевидно, **перебежали дорогу**... Ну, словом, Тонков раскидывает эту паутину. *Д. Гранин, Искатели.*

▲ Я знаю, почему он так себя ведет. Когда-то я **перебежал ему дорогу** — выиграл конкурс на должность, на которую он претендовал. *(реч.)*

88. ПЕСЕНКА СПЕТА *чья.* Деятельность, карьера, преуспевание, жизнь закончились (уже заканчиваются) (говорится с неодобрением). Подразумевается отрицание возможности как-л. изменить сложившееся положение дел. Неформ. *чья* — лица, группы лиц; (реже) живого существа ● Неизм. ● В роли самостоят. предложения, обычно в составе сложного. Порядок слов фиксир.

Твой отец добрый малый,— промолвил Базаров,— но он человек отставной, его песенка спета. *И. Тургенев, Отцы и дети.* Все знают, что песенка Самарина спета — отправят на пенсию, а во главе цеха поставят Алтунина. *М. Колесников, Алтунин принимает решение.* Все ясно, все укатили в лес. Вот теперь-то его песенка спета. «Посмотрите, товарищи, на этого горе-председателя,— скажет секретарь райкома на бюро...» *Ф. Абрамов. Вокруг да около.* Был сформирован новый штаб при главнокомандующем. Белякова отстранили совсем... — Твоя песенка спета, брат... Завтра назначу комиссию для ревизии твоих дел, понял? *А. Н. Толстой. Хождение по мукам.* (С оттенком шутливости) Мадам, ваша песенка спета, мне нечего больше сказать. *А. Вертинский, Мадам, уже падают листья.* Синцов думал о том, что не выручи его Комаров ночью там, у барака, срезав в упор наскочившего в последнюю минуту немца, то и его песенка была бы уже спета. *К. Симонов, Живые и мертвые.* Сколько бы ни грыз он [волк] охватившее его ногу железо, сколько бы ни пытался сбросить капкан — его песенка спета. *И. Соколов-Микитов, Рассказы охотника.*

89. **ПЛЕСТИСЬ ⟨ОКАЗАТЬСЯ⟩ В ХВОСТЕ** *кто*. Отставать от других, иметь наихудшие результаты (говорится с неодобрением). Часто говорится о результатах в работе или о показателях в дисциплине. Употр., если речь идет о трудовом соревновании. Реч. стандарт. *кто* — лицо, группа лиц, социальный коллектив ● Именная часть неизм. ● Порядок слов нефиксир.

◆ И вот отстававшие бригады стали выправляться. Вскоре та из них, что еще недавно плелась в хвосте, дала рекордную выработку для всего Донтуннельстроя. *Б. Полевой, Туннель в степи.* Сперва он болезненно опасался насмешек — «глядите-ка, Аркадий в стахановцы лезет!» — но никто не смеялся и не удивлялся, гораздо больше удивлялись раньше — здоровый, способный парень, а плетется в хвосте! *В. Кетлинская, Дни нашей жизни.* ...что партийная организация Москвы дряхлеет, что стиль и методы ее работы таковы, что она не только не является примером, но и вообще плетется в хвосте партийных организаций страны. *Б. Ельцин, Исповедь на заданную тему.* Партийные организации оказались в хвосте всех грандиозных событий. *Б. Ельцин, Исповедь на заданную тему.*

▇ Вы всегда плететесь в хвосте. Все уже выполнили план, а вот ваш отдел — никак! *(реч.)*

▲ Все, хватит! Не будем больше в хвосте плестись! Завтра чтобы все были на работе вовремя. *(реч.)*

90. **ПЛЫТЬ ⟨ИДТИ⟩ В РУКИ** *что [кому]*. Доставаться легко, без малейшего труда (говорится с одобрением). О каких-л. благах, которые обычно могут быть добыты лишь приложением усилий. Реч. стандарт. *что* — богатство, ценности, деньги, удача и т. п.; *кому* — лицу, социальному коллективу. ● Нет буд. вр. Именная часть неизм. ● Часто с усилением — словами прямо, само и т. д. Порядок слов нефиксир.

[Городничий:] Вот что он пишет: «...Я знаю, что за тобою, как за всяким, водятся грешки, потому что ты человек умный и не любишь пропускать того, что плывет в руки. *Н. Гоголь, Ревизор.* Но его [городничего] недюжинный ум, по выражению Гоголя, «более всего озабочен тем, чтобы не пропустить того, что плывет в руки...» *Н. Любимов, Былое лето.* [Глумов:] Богатство само прямо в руки плывет; прозевать такой случай будет и жалко и грех непростительный. *А. Островский, На всякого мудреца довольно простоты.* Жизнь у тебя [перевозчика] рентабельная,— все так же, сердясь, говорит Трофим.— Сиди да высиживай трудодни. Сами в руки плывут. *К. Паустовский, Беспокойство.* К тому же я понимал, что сейчас нельзя уезжать от мамы. Надо побыть с ней и помочь ей. А здесь заработок **шел в руки**. И я согласился. *К. Паустовский, Повесть о жизни.* Андрею и Николаю в руки шли удачи, они сдавали на капитанов дальнего плавания и командовали теперь паровыми пароходами, водили пароходы на Дальний Восток, в Америку, заходили за углем на Ямайку и в порт Кардифф,— дома у них жили жены и росли хорошие дети. *Б. Пильняк, Грего-Тримунтан.* Я чувствовал себя баловнем судьбы: удача сама плыла в руки. *(реч.)*

91. ПО ГОРЛО дел, работы, занят. Сверх всякой меры. Неформ. ● Неизм.
— Будильник на сколько поставил? — Давай на пять... Дел у нас завтра **по горло**. *Г. Семенихин, Над Москвою небо чистое.* [Гусь:] Поверьте мне, я с удовольствием, но у меня... [Зоя:]... Я знаю, что у вас дела **по горло**. [Гусь:] Не по горло, а вот сколько... *М. Булгаков, Зойкина квартира.* Он снова был по горло занят. Утром по гудку бежал на завод, а поздно ночью возвращался. *Б. Горбатов, Мое поколение.* ...трудно живется теперь всем, у каждого своих забот по горло... *О. Волков, Погружение во тьму.*

Иногда сопровождается соответствующим жестом.

92. ПО ГОРЯЧИМ <СВЕЖИМ> СЛЕДАМ *чего*. Тут же, сразу же, без промедления. Подразумевается, что еще не исчезло, сохраняется живое впечатление, восприятие происшедшего. Реч. стандарт. *чего* — происшествия, события ● Неизм. ● В роли обстоятельства. Порядок слов фиксир.

С-ий, чтоб раскрыть это преступление **по горячим следам**, тотчас же поскакал в аул. *Н. Наумов, Горная идиллия.—* Давайте сейчас договоримся: надо будет — будем спорить. Только **по горячим следам**, не ждать, когда урожай погибнет. *А. Кожевников, Живая вода.* ...пьесы, написанные за упомянутое двадцатилетие **по свежим следам** событий... незаслуженно забыты... *К. Симонов, Проблемы развития советской драматургии.*

Из буквального выражения: по горячим (свежим) следам зверя (во время его травли, преследования).

93. ПО ПЛЕЧУ *что кому*. По силам. Имеется в виду, что выполнение какого-л. дела соответствует чьим-л. возможностям, способностям. Реч. стандарт. *что* — дело, работа, задача и т. п.; *кому* — лицу ● Неизм.

Такая акробатика не каждому пилоту **по плечу**. Другой бы уж грохнулся в лепешку. *Б. Лавренев, Большая земля.* ...для геройских дел он пригоден не хуже другого, по плечу ему и высокие дела. *А. Н. Толстой, Хождение по мукам.* ...такому штурману, как Андрей Москвин, любая задача по плечу. *Ф. Вигдорова, Семейное счастье.—* Это не просто, но тебе, Платон Григорьевич, вполне по плечу. *А. Полещук, Падает вверх.* И еще скажу тебе по совести: не удовлетворяет меня работа в райисполкоме. Может, не хватает кругозора, не **по плечу** эта должность. *В. Овечкин, Районные будни.—* Допустим, тебе это не **по плечу**. Но не перевелись же у нас народные таланты? Их полно! *И. Стаднюк, Люди не ангелы.*

94. ПО СТАРОЙ ПАМЯТИ. 1. По давней привычке, по обыкновению (делать что-л.). Реч. стандарт ● Неизм. ● В роли обстоятельства. Порядок слов фиксир.

Флигель, в который привел меня Гаврила, назывался «новым флигелем» только по старой памяти, но выстроен был уже давно. *Ф. Достоевский, Село Степанчиково и его обитатели.* По старой памяти Гамбринус еще посещался морскими и портовыми молодцами. *А. Куприн, Гамбринус.* Еще справляли по старой памяти праздники.., но уже и праздники были не прежними и веселье не таким кипучим. *Л. Соловьев, Повесть о Ходже Насреддине.* — Свистнуто, не спорю, — снисходительно заметил Коровьев... — Я ведь не регент, — с достоинством и надувшись, ответил Бегемот. — А дай-кось я попробую по старой памяти, — сказал Коровьев, потер руки, подул на пальцы. *М. Булгаков, Мастер и Маргарита.*

95. ПОВОРАЧИВАТЬ/ПОВЕРНУТЬ ОГЛОБЛИ [НАЗАД, ВСПЯТЬ] *кто.* Отказываясь от принятых договоренностей, решений, убеждений, возвращаться к тому, что было ранее отвергнуто (говорится с неодобрением). Неформ. *кто* — лицо, группа лиц, объединенных общими задачами, интересами. ● Именная часть неизм. ● Обычно в модальных конструкциях типа пришлось, необходимо было, придется повернуть оглобли. Порядок слов нефиксир.
♦ Как только Дарья Андреевна пришла к ней за помощью,... она повернула оглобли назад, и казалось, готова была отречься от всех своих слов. *А. Решетников, Свой хлеб.* — Мы и сами знаем, что пригоден, — отвечал Тимофеев, — но, вероятно, придется поворачивать оглобли, возвращаться к старому. *С. Антонов, Дожди.*
▨ Обычно не употр.
▲ Обычно не употр.

<small>Оглобли — две круглые жерди, укрепленные концами на передней оси телеги и служащие для запряжки лошади.</small>

96. ПОВОРАЧИВАТЬСЯ/ПОВЕРНУТЬСЯ ‹ОБРАТИТЬСЯ› ЛИЦОМ *кто к чему.* Проявлять внимание, непосредственный интерес (говорится с одобрением). Реч. стандарт. *кто* — лицо, группа лиц, объединенных общим отношением к чему-л., социальная группа; *к чему* — к событиям, ситуации, идеям, которые оцениваются как значительные, стоящие внимания ● Именная часть неизм. ● Часто в конструкции со словами надо, пора и т. п. Порядок слов нефиксир.
♦ Пора уже депутатам повернуться лицом к наиболее неотложным потребностям сегодняшнего дня. *(реч.)*
▨ — Вот это по-азиатски, — ликовал он, наблюдая хорошее. — А вы остались испорченным европейцем, — упрекал он, заметив дурное в человеке. — Обратитесь лицом к Востоку... *В. Пикуль, Под монашеским клобуком.*
▲ Не употр.

97. повернуть лицом *кто кого к чему.* Заинтересовать, пробудив внимание, интерес. *кто* — лицо или лица, обладающие властью; *кого* — лицо, группу лиц, народ; *к чему* — к какому-л. занятию.
♦ Много дебатов прошло о том, как заинтересовать крестьянина в труде на земле, как его повернуть лицом к земле. *Стенограмма 1-го съезда депутатов СССР, 1989.*
▨ — Заинтересуйте студентов, может быть, Вы повернете их лицом к науке. *(реч.)*

▲ Мы должны заинтересовать крестьянина, повернуть его лицом к частному предпринимательству. *(реч.)*

98. ПОВОРАЧИВАТЬСЯ/ПОВЕРНУТЬСЯ СПИНОЙ кто к чему.
Проявлять явное безразличие, пренебрежение (говорится с неодобрением). Реч. стандарт. *кто* — лицо, группа лиц, объединенных общим отношением к чему-л., социальная группа; *к чему* — к событиям, ситуации, идеям, которые оцениваются как незначительные, не стоящие внимания ● Именная часть неизм. ● Порядок слов нефиксир.

◆ Когда человек борется с природой за существование, он не поворачивается к ней спиною, а подчиняет ее себе. *В. Плеханов, О Белинском.* Все остальное, что было при дворе, решительно повернулось спиною к изгнаннице. *П. Кудрявцев, Римские женщины.* Государство, которое повернулось спиной к демократии, не способно к прогрессу. *Известия, 1992.*

▨ Если хочешь быть скотом, можно, конечно, повернуться спиной к мукам человечества и заботиться о своей собственной шкуре. *Г. Серебрякова, Вершины жизни.*

▲ Мы должны решительно повернуться спиной к подобным идеям. *(реч.)*

99. ПОД КРЫЛО <КРЫЛЫШКО> брать/взять кого, чье.
Под защиту и покровительство. Реч. стандарт. *кого, чье* — лица, группы лиц, объединенных общими задачами ● Неизм. ● В составе именного сказ.
под крылом <крылышком> иметь, держать; быть, находиться; действовать. Под защитой и покровительством.

— Я познакомлю тебя с здешними барынями, я беру тебя под свое крылышко. *И. Тургенев, Отцы и дети.* Сплошь и рядом слова: «Возьмите нас под свое крыло, иначе мы истребим друг друга». И Россия брала. *Аргументы и факты, 1992.* Одно дитё — свет в окошке... А мое дитё весь свет мне застило. Чуть чего, бывало, нашкодит, я его, как курица-парунья, под крылышко. Школу бросил — под крыло, пить взялся — обратно туда же... *В. Астафьев, Солдат и мать.* — Он у меня младшенький, под крылом. *И. Коваленко, Откровения юного Слоева.* — Думаешь, все такие, как сам?! Думаешь, не видим твоей гадкой трусости, твоего симулянтства под крылышком тестя?! *И. Стаднюк, Деньги.* Ляпунов приглашал и гуманитариев, обещал им местечко под крылом точных наук. *Д. Гранин, Зубр.* Где бы она ни скиталась, все дороги в конце концов возвращали ее в родительский дом, под материнское крыло. *Н. Федорова, Перекати-поле.* Отец спешил домой. Ему не терпелось поскорее податься в Малую Екатериновку под крыло молодого и уверенного в себе председателя колхоза. *М. Алексеев, Драчуны.* [Серафима:] Из Петербурга бежим да бежим... Куда? К Роману Хлудову под крыло! Все Хлудов, Хлудов. Даже снится Хлудов! *М. Булгаков, Бег.* Этот монарх обстроил Москву... вернул под свое крыло территории, отпавшие в ходе последней большой войны... *В. Пьецух, Заколдованная страна.* Под его крылышком воронежские руководители стали активно проникать в коммерческие структуры. *Куранты, 1992.*

ПОД РУКУ говорить, глядеть. См. XI, 34

ПОД СОУСОМ <СОУСАМИ> каким(и). См. XI, 35

100. ПОДВОДИТЬ/ПОДВЕСТИ ПОД МОНАСТЫРЬ *кто кого*. Навлекая на кого-л. большие неприятности, ставить в крайне неприятное, затруднительное или безвыходное положение (говорится с неодобрением). Обычно намеренно. Имеется в виду беда, наказание, расправа. Неформ. *кто* — лицо, группа лиц; *кого* — лицо, группу лиц ● Именная часть неизм. ● Порядок слов нефиксир.

◆ — Бросай ты Лукерью окончательно! Она тебя, парень, **подведет под монастырь**... И ежели ты не хочешь пулю в лоб получить, бросай ее окончательно! *М. Шолохов, Поднятая целина.* Да, **подвел** он меня **под монастырь**, нечего сказать. А я был уверен, что он все сделает вовремя. (*реч.*)

▨ — В общем ясно,— перебил его Канунников,— за то, что я тебя выручил, ты меня теперь **под монастырь подводишь**, спасибо. *А. Рыбаков, Водители.* — Выходит, ты надо мной не посмеялся, а **под монастырь подвел**. Захотел.., чтобы выжили меня! *Л. Воробьев, Росные травы.* — О нашем уговоре ни-ни! Все дело испортите и меня за все мои хорошие чувства и намерения **под монастырь подведете**. *Л. Лагин, Голубой человек.*

▲ Ты прости меня. Не хотела я тебя **под монастырь подводить**, да случайно вышло так. (*реч.*) (С оттенком угрозы) Если ты не сделаешь, что тебе говорят, я тебя **под монастырь подведу** — расскажу о твоих прошлых делишках. (*реч.*)

<small>Возможно, образ связан с тем, что в монастырь часто уходили люди, у которых были большие неприятности в жизни, или с тем, что во время войны проводники, обещая провести противника в осажденный город, подводили неприятеля к стенам монастыря, которые превращались тем временем в грозные крепости — бастионы, несшие смерть. (ОЭСРФ, с. 109)</small>

101. ПОДЛИВАТЬ/ПОДЛИТЬ МАСЛА В ОГОНЬ *кто, что [чем]*. Способствовать обострению или развитию какой-л. ситуации. Часто об усилении каких-л. настроений, чувств или интереса к чему-л. Реч. стандарт. *кто* — лицо; *что* — действие; *чем* — словами или действиями ● Именная часть неизм. Часто со словами невольно, сам того не желая. Обычно в прош. вр. ● Порядок слов нефиксир.

◆ Анненька хотела было возразить, но поняла, что это значило бы только **подливать масла в огонь**. *М. Салтыков-Щедрин, Господа Головлевы.* Слова утешения, с которыми к ней обращались товарищи по цеху, лишь **подливали масла в огонь**. Нина рыдала все громче и громче. *Н. Поливин, Корабельная сторона.* — Я... все время слышал многоголосный смех, и это меня подстегивало и **подливало масла в огонь**, и я импровизировал разные новые маленькие трюки. *В. Драгунский, Сегодня и ежедневно.* Однажды за ужином она... стала говорить, что... жила бы зимой где-нибудь в Италии. О, Италия! Тут мой отец невольно **подлил масла в огонь**: он долго рассказывал про Италию, как там хорошо, какая чудесная природа и какие музеи. *А. Чехов, Ариадна.* И тут... грянул... добродушнейший, но громовой хохот... Один Нагульнов возмущенно крикнул: — Да что же это такое? Никакой сурьезности нету на этом собрании!.. Но этим выкриком он словно **масла в огонь подлил**, и хохот вспыхнул и покатился по коридору с новой силой. *М. Шолохов, Поднятая целина.* Всю эту речь князь произнес задыхаясь и захлебываясь... Видно было только, что он в сильнейшей степени расчувствовался. Марья Александровна немедленно **подлила масла в огонь**.— Князь! Но вы, пожалуй, влюбитесь в мою Зину!.. *Ф. Достоевский, Дядюшкин сон.*

▨ — Ты своими ироничными репликами только **подливаешь масла в огонь**! Помолчи, пожалуйста, и не вмешивайся! (*реч.*)

▲ — Я, сам того не желая, только подлил масла в огонь, и спор разгорелся с новой силой. *(реч.)* Она заявила, что в создавшихся условиях не может на стройке работать. Костырин приехал немедленно, очень перепуганный, а я, подлив **масла в огонь**, заявил, что согласен с Еленой Ивановной — нет ей тут соответствующих условий. *Л. Лондон, Дом под тополями.* ...Маша оправлялась после жесткой беготни за одним человеком.., а он остался с семьей,.. а я подлила масла в огонь, поскольку была знакома и с еще одной женщиной из ВГИКа... *Л. Петрушевская, Время ночь.*

102. **ПОДНИМАТЬ/ПОДНЯТЬ ПЛАНКУ** *кто [чего]*. Повышать уровень. Реч. стандарт. *кто* — лицо, группа лиц, объединенных общими целями; *чего* — качества, свойства и т. п. ● Именная часть неизм. ● Порядок слов нефиксир.

◆ Но друзья его всегда прощали, и этим прощением как бы заставляли его совершенствоваться, **поднимать свою планку**. *Куранты, 1991.* Съезд высоко **поднял планку** гласности... Считаю, что мы не имеем права снижать планку гласности, поднятую Съездом, и после того, как вернемся на места. *Стенограмма 1-го съезда депутатов СССР, 1989.*

■ — Ты **поднимаешь планку** требовательности к себе и к другим, но это не всем нравится — не все хотят совершенства. *(реч.)*

▲ (Только как цитация) Да, мы действительно **подняли планку** высоко. Это даст нам возможность выбрать лучших абитуриентов. *(реч.)*

103. **ПОЙТИ ПРАХОМ 2.** *что*. Разрушиться, прийти в полный упадок, безвозвратно погибнуть (говорится с неодобрением). Имеется в виду воздействие каких-л. неблагоприятных обстоятельств. Реч. стандарт. *что* — хозяйство, строения, предприятие, иная собственность ● Именная часть неизм. ● Порядок слов нефиксир.

Когда же умер Дормидонт Сухих, Гришкин отец, хозяйство вовсе **пошло прахом** — братья разделились. *С. Залыгин, Комиссия.* Теперь все равно все **прахом пойдет**, все придется сначала начинать, по камушку строить. *И. Бунин, Герань.*— Обидно, что не придется поглядеть, как распотрошат ваши капиталы и вас вспугнут из теплого гнездышка... Все же, знаете, приятно будет видеть, как все **пойдет прахом**. *М. Шолохов, Тихий Дон.*— У меня было здесь солидное заведение. Ну, что делать! Заведение **пошло прахом**, осталась квартира до срока. *В. Короленко, Без языка.* Все производное, налаженное, все относящееся к обиходу, человеческому гнезду и порядку, все это пошло прахом, вместе с переворотом всего общества и его переустройством. *Б. Пастернак, Доктор Живаго.*

104. **ПОЛНЫМ ХОДОМ 2.** идти/пойти. Активно и очень интенсивно, во всю. О процессе развития какой-л. деятельности. Реч. стандарт ● Неизм. ● В роли обстоятельства. Порядок слов фиксир.

Предвыборная кампания уже идет **полным ходом**. *(реч.)* Лесопилка не работала, но штабеля кругляка и досок говорили, что еще недавно работа шла здесь **полным ходом**. *К. Симонов, Живые и мертвые.* Испытания... шли **полным ходом**, и Майе приходилось вертеться со своими инженерами до позднего вечера. *Д. Гранин, Искатели.* Улица упиралась в базар. Несмотря на поздний вечер, торговля шла **полным ходом**. *В. Некрасов, В родном городе.*

ПОСЛЕ ДОЖДИЧКА ⟨ДОЖДИКА⟩ В ЧЕТВЕРГ. См. XV, 18

105. ПРИКЛАДЫВАТЬ/ПРИЛОЖИТЬ РУКУ ‹РУКИ› 1. *кто к чему.* Быть непосредственно причастным к результату какой-л. совместной деятельности (говорится с неодобрением). Подразумевается участие в каком-л. неблаговидном или предосудительном деле. Реч. стандарт. *кто* — лицо или группа лиц; *к чему* — к какому-л. делу ● Порядок слов нефиксир.

◆ Вас приводит в негодование проявление пошлости, обывательщины, как говорят в подобных случаях, — дерзость мещанина, прикладывающего свою руку. *И. Бунин, Надписи.* [Вильямс:] А вы слышали о той травле, которую против меня подняли?.. Тут приложили руку и Херст, и Маккормик, и ваш Макферсон. *К. Симонов, Русский вопрос.* — Горестнее всего, что к провалу петербургских товарищей приложил руку один из тех, кого они тоже называли своим товарищем, — тихо проговорил Радин. — Это ужасно. Вот чем подла охранка! *С. Сартаков, А ты гори, звезда.* А в поселке — обгорелые хаты. Почти всю родню постреляли: чернобандиты, партизаны, зеленые... все приложили руки. *Вс. Иванов, Голубые пески.*

▇ Теперь такой поворот: кто Поливанова из района назад отослал?.. Ты самолично к этому руку приложил. Я тут при любом разборе непричастен, хотя и ругался с уполномоченным. *П. Проскурин, Судьба.*

▲ Тема отцов и детей... Каюсь, и я не раз прикладывал к ней руку... клеймил не помнящих родства позором, и почта приносила мешки благодарных писем. *В. Летов, Дверь с четырьмя звонками.*

106. ПРИЛОЖИТЬ РУКУ ‹РУКИ› 2. *кто к кому, к чему.* Позаботиться, основательно заняться чем-л., чтобы привести в порядок (говорится с одобрением). Реч. стандарт. *кто* — лицо или группа лиц; *к кому* — к лицу, чаще к ребенку; *к чему* — к вещи, дому или иному объекту хозяйственной деятельности ● Чаще в инфинитиве. Нет несов. в. ● Порядок слов нефиксир.

◆ Осмотрев избу, Любава прикинула, что если приложить руку, да все вычистить и обиходить, то станет она, как у всех хороших людей. *И. Акулов, Касьян Остудный.* Над прудами — парк. Тоже некому руки приложить, каждый считает, что не его это дело. *В. Солоухин, Владимирские проселки.* Волкомич покрутился возле станочников, заглянул в ящик с отходами, выбрал для себя несколько ломаных сверл и три сработанных фрезы. Им это отходы, а ему руку приложить — и будет в самый раз. *А. Капитанов, Другой человек.* С охотой руки приложить — И сад, как прежде, дому заглянет в окна. *А. Твардовский, Дом у дороги.* Да не так уж и скупа, безответна северная земля, чтобы ей нечем было порадовать человека, который захочет приложить к ней руки. *С. Викулов, Так вот ты какая, Кубань.* Многие меня хвалили, находили во мне способности и с состраданием говорили: «Если бы приложить руки к этому ребенку!» *А. Герцен, Былое и думы.*

▇ Приложил бы ты руки к своей развалюхе — отличный дом бы вышел. (реч.)

▲ — Куда же нам все-таки податься? — спросил начальника участка шофер Мехов. — И дорога — наше шоферское дело, и к постройке своего общежития хочется руки приложить. *В. Ажаев, Далеко от Москвы.*

107. ПРОСИЖИВАТЬ ‹ПРОТИРАТЬ› [ЗРЯ] ШТАНЫ *кто.* Бесполезно, бездарно проводить время (говорится с неодобрением). Подразумевается, что кто-л. занимается пустыми, никчемными делами. Неформ. *кто* — лицо ● Именная часть неизм. ● Обычно произносится как обви-

нение или увещевание в конструкциях типа **Хватит штаны зря просиживать! Не надоело тебе штаны протирать?** Порядок слов нефиксир.
◆ Одни говорили, что Фокину просто повезло.., вдруг заявился сам хозяин области и будто бы ему так понравился ответ Фокина, что он сказал: «Нечего тут **штаны протирать**. В район». *Ф. Абрамов, Две зимы и три лета*. Если бы он не **протирал зря штаны** десятый и одиннадцатый класс, можно было бы говорить о поступлении в институт, а сейчас это уже бессмысленно. *(реч.)*

▪ Фам.— ...Если ему, например, вякнешь, что ты, мол, сидишь без тетрадочки, **штаны зря просиживаешь**, штаны дорого стоят, он может хлопнуть дверью и убежать из класса. *Е. Воронцова, Нейлоновая туника.* — А я до войны и на собранье-то не бывала... Муж, бывало: «Пойдем да пойдем»... А я ему говорю: незачем,— продолжала Катерина.— Ты **штаны просиживаешь**, да я начну...— какое житье будет?.. *Ф. Абрамов, Братья и сестры.*

▲ Обычно не употр.

108. **ПРОЩЕ ПАРЕНОЙ РЕПЫ** сделать, изготовить; *что*. Совсем не сложно, проще простого (говорится с пренебрежением). О деле, не требующем большого искусства, о легко разрешимой проблеме. Часто в ситуации опровержения сложности чего-л. Неформ. *что* — какое-л. дело, проблема ● Неизм. ● В роли именной части сказ., часто при подлежащем, выраженном инфинитивом глагола сов. в. (сделать, изготовить и т. п.) или местоимением это. Часто употр. как реплика в диалоге в качестве самостоят. высказывания. Порядок слов фиксир.

Объясняя способ приготовления соли, Петин сказал: — Это же так просто! Тут же **проще пареной репы**! *Ю. Крымов, Инженер.*— Ну, эта задачка **проще пареной репы**. *(реч.)* — Сложный был диктант? — **Проще пареной репы**. *(реч.)* — Вообще говоря, в лаборатории с такими реактивами изготовить бомбу — **проще пареной репы**. *(реч.)* — Сложно сделать такую полку? — **Проще пареной репы**. *(реч.)* Тетюев непременно будет нас подсиживать и уж все возьмет. Большие неприятности может сделать... А между тем все просто, **проще пареной репы**. *Д. Мамин-Сибиряк, Горное гнездо.* Знаю я твою идею! — резко ответил Булатов.— Она рублем зовется.— Хотя бы,— огрызнулся Федоров...— Ну, если только в этой идее дело... все **проще пареной репы**. Будешь получать чистоганом. *Н. Вирта, Одиночество.* И хотя дело его **проще пареной репы**, оно не сдвинулось с мертвой точки. *Ленинградская правда, 1961.*

109. **ПУСКАТЬ/ПУСТИТЬ В ХОД** *кто что*. Начинать применять, употреблять, использовать. Реч. стандарт. *кто* — лицо, животное, группа лиц; *что* — предметы обихода, инструменты, какие-л. действия, выражения, мнения и другие средства достижения цели ● Именная часть неизм. ● Порядок слов нефиксир.
◆ Чего старая Ганна боялась, то и случилось. Она со своей стороны употребляла все меры, чтобы удержать Дороха около себя, а когда он порывался уйти к кому-нибудь на покос, она **пускала в ход** последнее средство — угощала своего пьяницу водкой, и Коваль оставался. *Д. Мамин-Сибиряк, Три конца.* Никто не шевельнулся. Напрасно командиры взводов **пускали в ход** все испытанные средства: окрики, ругань, угрозы... Солдаты стояли без движения. *М. Марич, Северное сияние.* Лапа больше не болела, и он [медведь] теперь **пускал** ее **в ход**, когда нужно было вывернуть пенек или перевернуть упавшее тяжелое дерево.

Ю. Казаков, *Тедди*. Раздражаясь все больше, он решил заговорить с этой публикой более твердым языком и **пустить в ход** угрозы, которые держал в запасе. *Б. Пастернак, Доктор Живаго*. На обратном пути они услышали злые, надсаженные выкрики двух бранящихся женщин... Видимо, Тягунова гналась за Огрызковой и, настигая ее, **пускала в ход** кулаки. *Б. Пастернак, Доктор Живаго*. То же рачение, та же метода, какие употреблялись в дело Адамом Адамычем при обучении детей господина Желнобобова, были **пущены в ход** и тут. *М. Михайлов, Адам Адамыч*.
▣ Ты не должен был **пускать в ход** угрозы — именно это все испортило! (*реч.*)
▲ Я, конечно, **пустил в ход** величайшее и незыблемое средство к покорению женского сердца... Это средство известное, лесть. *Ф. Достоевский, Преступление и наказание*. К сожалению, нам пришлось **пустить в ход** оружие: каждый грузовик «отстреливался» до последнего патрона. *Ю. Семенов, Семнадцать мгновений весны*.

110. идти/пойти в ход *что*. Находить применение, употребление, использование. *что* — предметы обихода, инструменты, какие-л. действия, выражения, мнения и другие средства достижения цели.

«Подымайся... Доспишь там»,— он пытается поднять его... **в ход идет** растирание ушей и звучное хлопанье по щекам. *В. Маканин, Человек свиты*. Все **пошло в ход**: и ножи, и лопаты, и кованые каблуки. *В. Гроссман, За правое дело*. Уже тарелки отодвинули и **пошли в ход** папиросы. *В. Шукшин, Любавины*.

111. в ходу [быть]. Иметь широкое применение, употребление, использование.

Розовое [шампанское], братец, нынче **в большом ходу**. *М. Салтыков-Щедрин, Губернские очерки*. В этом пансионе, где он учился, детей не секли розгами, хотя, как сказала Евгения Лаврентьевна, в других учебных заведениях розги **были в большом ходу**, и вот Бутлерова за его «преступление» посадили в темный карцер. *В. Киселев, Девочка и птицелет*. Из преступлений одно, именно: кража гороху, моркови и репы по огородам, **было в большом ходу**. *И. Гончаров, Обломов*. В... речи [товарища прокурора] было все самое последнее, что было тогда **в ходу** в его круге и принимается еще и теперь за последнее слово научной мудрости. *Л. Толстой, Воскресение*. ...Князь, если бы знали, какая тема **в ходу**... Современная тема-с, современная! *Ф. Достоевский, Идиот*.

112. ПУТАТЬ/СПУТАТЬ ‹ПЕРЕПУТАТЬ› [ВСЕ] КАРТЫ *кто, что кому*. Расстраивать замыслы, нарушать планы (говорится с неодобрением, если это противоречит интересам говорящего, и с одобрением, если речь идет о врагах, противниках). Реч. стандарт. *кто* — лицо, группа лиц, объединенных общими задачами, войска; *что* — какие-л. события, война и т. п.; *кому* — лицу, группе лиц, объединенных участием в общем деле, противнику, врагам ● Порядок слов нефиксир.
◆ Узнав об этих попытках, он не заколебался и не отменил своего распоряжения корпусам Миронова и Кирпичникова — двигаться, как двигались, на запад, к Березине. Не поддался и первому желанию повернуть налево, в тыл Могилеву, хотя бы одну из дивизий Миронова. Не стал **путать карт** командиру корпуса, раздваивать его внимание. *К. Симонов, Живые и мертвые*. Бывает, главную тяжесть боев выносит сосед справа или слева: он атакует, вбивает клинья, **путает карты** противнику, создает для него угрозу окружения. *В. Овечкин, С фронтовым приветом*.

Старпом это понимал лучше, чем кто-либо, но хоть и понимал и ничего переделать или изменить не мог, он всякий раз сердился, что командир путал ему **все карты**. *В. Марченко, Год без войны.* Отсутствие Крылова путало **все карты**. *Д. Гранин, Иду на грозу.* Там, на сцене... кто-то повел себя как индивидуалист. Коллектив его осудил, он быстро раскаялся... Но тут вмешался подлец, **спутал все карты**, и снова подозрение пало на раскаявшегося индивидуалиста. *Ф. Вигдорова, Любимая улица.* Жизнь потекла нормально, но вспыхнула война и спутала **все карты**. *В. Попов, Сталь и шлак.* Противник не сделал ни одного выстрела из этих минометов. Не успел. Наша внезапная атака перепутала фашистам **карты** так, что они бросили все, даже не успев взорвать минометы. *В. Чуйков, Конец третьего рейха.*

▣ (Говорится с упреком, если это противоречит интересам говорящего, и с одобрением, если речь идет о врагах, противниках) Своими противоречивыми действиями ты **путаешь нам все карты!** *(реч.)* Отлично! Теперь, когда вы **спутали им все карты**, мы можем перейти в решительное наступление. *(реч.)*

▲ (Говорится с одобрением, с оттенком хвастовства) Мы **спутали им все карты!** *(реч.)*

113. **РАЗ ПЛЮНУТЬ.** Не стоит никаких усилий; сразу, легко и быстро. О возможности выполнения какого-л. действия. Неформ. ● Неизм. ● Обычно как отдельная реплика. Порядок слов нефиксир.

— А меня как нашла? — Ну!.. В наше время найти человека — **раз плюнуть**. *В. Шукшин, Там, вдали.*— Во дает подрастающее поколение! — возмутился Чинариков.— Родную сестру заложить — **раз плюнуть**! *В. Пьецух, Новая московская философия.*— Теперь вы наш,— решительно продолжал Стриж...— Ежели желаете, мы это сейчас же сделаем. **Плюнуть раз**! *М. Булгаков, Театральный роман.*

114. **РАЗБИВАТЬСЯ/РАЗБИТЬСЯ <РАСШИБАТЬСЯ/РАСШИБИТЬСЯ> В ЛЕПЁШКУ** кто. Стараться, выбиваясь из сил, делать все возможное. Неформ. кто — лицо, группа лиц ● Именная часть неизм. ● Порядок слов нефиксир.

◆ — Шиянов теперь **в лепёшку разбивается**, чтобы доказать, что его бить собирались. *Л. Соболев, Капитальный ремонт.* [Девчонки] готовы **в лепёшку разбиться**, лишь бы на вечере быть красивыми. *И. Ермилов, Смотрите, кто пришел.* Родители всегда **в лепёшку расшибались**, чтобы угодить своей доченьке, и вот результат: ленива, неряшлива и избалована. *(реч.)* — Если его послать в район с каким-то конкретным заданием, он **в лепёшку расшибётся**, поднимет там все живое и мертвое, но задание выполнит! *В. Овечкин, Районные будни.*

▣ — Если вы видели, что ваше приспособление неудачное, то зачем **расшибались в лепёшку**, чтобы протолкнуть его? *А. Белинский, Мост через Фонтанку.* Сам же Глухарев не скрывал своего недовольства: «Раз сказано: довези! — **в лепёшку расшибись**, а исполни, твоя обязанность!» *В. Тендряков, Ненастье.*

▲ На людей недостачу грех тебе жаловаться... Да ежели бы я такие телеграммы получил, я б **в лепёшку разбился**, а выслал отряды! *А. Фадеев, Последний из Удэге.*— Когда меня выбрали профоргом, я подумал: разобьюсь **в лепёшку**, а отправлю мастера на курорт. *С. Антонов, Дальние поезда.* Им что,— вздыхает Нытик, кивая на портрет Папы [Римского] в газете,— их Папами выбирают. А мы хоть **в лепёшку расшибись**, даже в кардиналы не пробьемся. *А. Зиновьев, Гомо советикус.*

115. РАЗМЕНИВАТЬСЯ НА МЕЛОЧИ <ПО МЕЛОЧАМ, НА МЕЛКУЮ МОНЕТУ> *кто*. Растрачивать свои время и силы на мелкие незначительные дела, оставляя основное, главное нереализованным (говорится с неодобрением). Часто подразумеваются нереализованные способности или возможности. Реч. стандарт. *кто* — лицо ⬤ Порядок слов нефиксир.

◆ Его жизнь прошла не даром, и он с гордостью ученого смотрел на свой ученый стол и рукописи. В самом деле, пока другие разменивались на мелочи провинциального существования, он, доктор Осокин, вращался в мире великих идей, теорий, гипотез. *Д. Мамин-Сибиряк, Поправка доктора Осокина.* Наши военные по мелочам не разменниваются — уж если заботиться, так о генералах! *Московский комсомолец, 1993.* Это не мешало ему вести довольно рассеянную жизнь и размениваться на мелкую монету. *Д. Мамин-Сибиряк, Падающие звезды.*

■ — Что ты делаешь? Ты же **размениваешься по мелочам**, тратишь впустую свой талант на газетные карикатуры, в то время как ты мог бы создать что-нибудь значительное! *(реч.)*

▲ Я больше не могу тратить драгоценное время, **разменивась по мелочам**. Я решил всерьез заняться научной работой! *(реч.)* — Не надо было нам **на мелочи размениваться**. У нас вон еще семенной материал не заготовлен, а мы за птицу взялись. *М. Шолохов, Поднятая целина.*

116. разменивать/разменять на мелочи <по мелочам> *кто что*. Растрачивать на мелкие, незначительные дела.

Стихи — совершеннейший из способов пользоваться человеческим словом,.. и **разменивать его на мелочи**, пользоваться им для пустяков — грешно и стыдно. *В. Брюсов, О стихотворной технике.* [Журналист:] Среди различных впечатлений **На мелочь душу разменяв**, Он гибнет жертвой общих мнений. *М. Лермонтов, Журналист, читатель и писатель.*

117. РАСТИ/ВЫРАСТИ <ВЫРАСТАТЬ> В ГЛАЗАХ *кто, что в чьих, кого*. Обретать высокую оценку в чьем-л. мнении, приобретать уважение (говорится с одобрением). Имеется в виду оценка какого-л. заслуживающего уважения поступка или ряда действий. Реч. стандарт. *кто* — лицо, социальный коллектив; *что* — чей-л. авторитет; *в чьих, кого* — лица, социального коллектива ⬤ Именная часть неизм. ⬤ Порядок слов нефиксир.

◆ То, что... колхозники избрали своим представителем именно его, Никиту Мальцева, только лишний раз говорило, что **в глазах людей он вырос**, что ему доверяют... *С. Бабаевский, Кавалер Золотой Звезды.* Опрос населения показал, что авторитет нового правительства **растет в глазах общественности**. *(реч.)* Есть что-то в хирургии от благородного детектива и благородного спорта. Ты себя чувствуешь героем. На тебя все смотрят, ждут... **вырастаешь в собственных глазах**. *Ю. Крелин, Семь дней в неделю.*

■ Обычно не употр.

▲ **Расту в собственных глазах** — и экзамены сдала отлично, и хороший доклад сделала. *(реч.)*

118. падать/упасть <пасть> в глазах. Лишаться высокой оценки в чьем-л. мнении, терять уважение (говорится с неодобрением).

◆ А **в глазах мировой общественности**, вне всякого сомнения, руководство России **падает**: сегодня здесь поощряется бандитизм, завтра — в другом месте, а это неправое дело. *Аргументы и факты, 1992.* Фанатично, оголтело отстаивая эту идею, он нажил себе уйму противников, **пал в глазах** иначе настроенного общества... *Правда, 1991.*

◼ — Ну, что же, товарищ Елкин, после вашего разгильдяйства мы не можем доверить вам руководство станцией... Вы **упали в глазах** нашего коллектива... *С. Иванов, По тайге.*

▲ Обычно не употр.

119. РВАТЬ <РАЗРЫВАТЬ> НА ЧАСТИ *кто кого.* Наперебой приглашать, просить, домогаться, не давая покоя (говорится с неодобрением). Подразумевается, что выполнить все это одновременно невозможно. Реч. стандарт. *кто* — лица, имеющие целью одно и то же; *кого* — лицо, группу лиц, объединенных участием в общем деле ● Именная часть неизм. Нет сов. в. ● Порядок слов нефиксир.

На рабочую силу, в особенности на хороших грузчиков, был очень большой спрос. Их буквально **рвали на части**, переманивали и перекупали друг у друга. *В. Катаев, За власть Советов.* Со всех сторон в карманы ему сыпались серебряные монеты, и со всех столов ему присылали кружки с пивом. Когда он слезал со своей эстрады, чтобы подойти к буфету, его **разрывали на части**. *А. Куприн, Гамбринус.* — Скажи, у меня утро... занято!..— Я скажу, да ведь обратно за тобой погонят! — кричит шофер, отъезжая. — На части **рвут**,— говорю я. *Н. Аргунова, Не бойся, это я.* Ты стал знаменитостью, тебя приглашают в тысячу мест, тебя **рвут на части**, но все же я надеюсь, что ты сможешь уделить мне минутку. *(реч.)* Меня **рвут на части**... и меня трудно застать, но все эти дни я нарочно буду сидеть дома в 4 часа, чтобы повидаться с тобой. *А. Чехов, Письмо Н. И. Коробову, 13 ноября 1900.* [Лена:] Товарищ Корытов, Васютин просит вас к себе. [Корытов:] **Рвут на части**, сосредоточиться не могу. *П. Павленко, Счастье.*

120. разрываться на части *кто.* Пытаться выполнить одновременно несколько дел, метаться от одного дела к другому (говорится с неодобрением). Подразумевается, что выполнить все это одновременно невозможно. *кто* — лицо или группа лиц, объединенных участием в общем деле.

◆ Другой корреспондент, г. Бербенко, **разрывался на части**, старался быть всюду, но, конечно, всюду поспеть не мог. *П. Пареньков, Из прошлого.* Стеньке можно было не **разрываться на части**... Дома мать посильно выхаживала Людмилку, которая уже могла сама умыться-причесаться. *А. Крашенинников, Стенька Разин.*

◼ Ты **разрываешься на части**, у тебя слишком много дел. Надо от чего-нибудь отказаться! *(реч.)*

▲ Я **на части разрываюсь**, на нескольких работах работаю, а ты не можешь даже чуть-чуть помочь мне. *(реч.)*

РУКА <РУКИ> НЕ ПОДНИМАЕТСЯ <НЕ ПОДНЯЛАСЬ, НЕ ПОДНИМЕТСЯ> 1. *у кого, чья на что.* См. III, 25

121. РУКИ НЕ ДОХОДЯТ *у кого* сделать что-л. Не получается, не хватает времени сделать что-л. необходимое из-за чрезмерной занятости другими делами (говорится с неодобрением). Обычно о себе. Реч. стандарт. *у кого* — у лица ● Именная часть неизм. ● Порядок слов нефиксир.

[Топилин:] Ты, Гордей, дай мне осмотреться. Место вы наделили нашему двору хорошее, земля добрая... Да у Кати руки не дошли. *А. Софронов, Сердце не прощает.* — Мы, признаюсь вам, сами об этом думали, да руки все не доходили. Текучка нас заедает, будь она проклята. *П. Павленко, Счастье.* Много было позади таких же позабытых побед. «А надо бы все это записать,— думал он.— Да вот никак не доходят **руки**». *К. Паустовский, Рождение моря.* — ...Собирать-то грибы некому. Люди таскают, каждый день вижу, а у меня все **руки не доходят**, то одно, то другое. *В. Распутин, Последний срок.* У меня никак не дойдут **руки** свою статью переделать. *(речь.)*

122. РУКИ НЕ ОТВАЛЯТСЯ у кого. Ничего не случится. О том, что какое-л. дело не может причинить большого беспокойства кому-л. (от того, что он сделает что-л.). Произносится как увещевание. Неформ. у кого — у лица ● Неизм. ● Возможно употребление без отрицания в форме вопроса: **Или руки отвалятся сделать что-л.?** Порядок слов нефиксир.

[Анна Ивановна:] Что ж не послужить, не велика работа, **руки не отвалятся.** *А. Островский, Бедность не порок.* — Неудобно,— сказала Ванда,— понадобится бумажка, нужно стол переворачивать.— И перевернешь, **руки не отвалятся,**— сипло ответил Василиса... *М. Булгаков, Белая гвардия.* — А товарищам не надо помочь? Или **руки отвалятся**? *А. Иванов, Вечный зов.* — Напиши письмо Смолькову... «Все равно,— подумал Алексей Алексеевич,— Смольков не хуже других, черт с ним, **руки не отвалятся**». *А. Н. Толстой, Чудаки.*

123. РУКИ ЧЕШУТСЯ у кого. Есть сильное желание; очень хочется (сделать что-л.). Реч. стандарт. *у кого* — у лица, у группы лиц. ● Только мн. ч. Нет буд. вр. ● Обычно в безличной конструкции типа **Просто руки чешутся наказать негодяя!** Порядок слов нефиксир.

У меня у самого **руки чешутся** намять им бока. *Н. Томан, В созвездии Трапеции.* У Баргамота **чесались руки**, но сознание того, что в такой великий день как будто неудобно пускать их в ход, сдерживало его. *Л. Андреев, Баргамот и Гараська.* — У людей **руки чешутся**, а работы нет... Все бока отлежали! *А. Чаковский. У нас уже утро.* ...И, как всегда, у Данилова на это новое, доброе **чесались руки**. *В. Панова, Спутники.* — Совет, Никита: пиши, если уж **чешутся руки**, прозою. *В. Бахметьев, У порога.* Да, роман... **Руки** у меня невыносимо **чешутся** описать атмосферу, в которой он переходит на машинные листы. *М. Булгаков — Е. С. Булгаковой от 3 июня 1938 г.* — ...Игорь Николаевич, скорей бы в дело. **Руки чешутся.** *В. Ардаматский, «Грант» вызывает Москву.*

124. С БУХТЫ-БАРАХТЫ. Просто так; необдуманно, не разобравшись; неизвестно почему. Неформ. ● Неизм. ● В роли обстоятельства.

— Удивительная женщина! Полюбила так, **с бухты-барахты**, даже не познакомившись и не узнавши, что я за человек. *А. Чехов, На даче.* ...Ведь человеку жизнь поломали, оклеветали... Бухнули **с бухты-барахты**, а он ни сном ни духом... *Ю. Герман, Один год.* И ГЭС строят... наверно, подумали, что к чему, а не **с бухты-барахты**. Значит, сейчас... это сильно надо. *В. Распутин, Прощание с Матерой.* А пишу-то я тебе не **с бухты-барахты**, не для того, чтобы развеять твою скучную жизнь... *В. Астафьев, Тельняшка с Тихого океана.*

125. С ГРЕХОМ ПОПОЛАМ. С большими трудностями, нелучшим образом. О результатах какого-л. дела (говорится с неодобрением). Реч. стандарт ● Неизм. ● В роли обстоятельства. Порядок слов фиксир.

Кое-как, хотя и **с грехом пополам**, Надя сдала экзамены во второй класс. *Н. Златовратский, Надо торопиться.* Просидев в уездном училище пять лет, Фома, **с грехом пополам**, окончил четыре класса. *М. Горький, Фома Гордеев.* Прошло пять лет лечения в Швейцарии.., идиот, разумеется, умным не сделался, но на человека, говорят, все-таки стал походить, без сомнения, **с грехом пополам**. *Ф. Достоевский, Идиот.* ...мы **с грехом пополам** изучали болезни, но о больном человеке не имели даже самого простого представления. *В. Вересаев, Записки врача.* Она уже кончала **с грехом пополам** петербургскую консерваторию по классу пения. *В. Орлов, Гамаюн.* За ночь в старой могилевской типографии **с грехом пополам** сверстали и выпустили очередной номер фронтовой газеты. *К. Симонов, Живые и мертвые.* Паять с грехом пополам научился. *В. Краковский, Какая у вас улыбка!* В конце концов мы **с грехом пополам** добрались до заправки, а там и тронулись дальше. Я боялся смотреть на часы: будь что будет. *В. Распутин, Что передать вороне?*

Из словосочетания: пополам с грехом 'не вполне честным способом'; ср. в басне А. Крылова «Мешок»: «Которы у себя за редкость рубль видали, А ныне пополам с грехом богаты стали».

126. С ДАЛЬНИМ ⟨ДАЛЕКИМ⟩ ПРИЦЕЛОМ. С тайным расчетом, который может быть осуществлен в дальнейшем. О действиях кого-л. Реч. стандарт ● Неизм. ● В роли обстоятельства. Порядок слов фиксир. **дальний ⟨далекий⟩ прицел.** Тайный расчет, который может быть осуществлен в дальнейшем ● В роли подлежащего или дополнения.

Я мог ожидать, что она заговорит со мной о нашем ночном визите.., и потому приготовился к замаскированному подвоху **с дальним прицелом**. *С. Никитин, Рассказ о первой любви.* О, ты его не знаешь, он все это проворачивает **с далеким прицелом** — занять место заведующего и выбиться в академики. *(реч.)* Однако священные, казалось бы, обязательства... не были выполнены...— по соображениям **дальнего прицела**. *Л. Леонов, Русский лес.* Возможно, он не так прост, и у него **далекий прицел**, которого мы можем и не знать. *(реч.)*

С ЗАКРЫТЫМИ ГЛАЗАМИ 2. См. XII, 90

127. С ЛЕГКОЙ РУКИ *кого, чьей*. По удачному примеру, с подачи кого-л. Реч. стандарт. *кого, чьей* — лица ● Неизм.● Порядок слов фиксир.

С легкой руки Якова Лукича каждую ночь стали резать в Гремячем скот. *М. Шолохов, Поднятая целина.* **С легкой руки** Шера мы постепенно стали находить работу. *К. Федин, Я был актером.* **С легкой руки** «Кости» ребята часто шли на ненужный и опасный риск. *И. Козлов, В Крымском подполье.* **С его легкой руки** я прошел верхней и средней Волгой, поработал на этюдах, побывал в музеях Горького, Саратова. *В. Амлинский, Ремесло.* **С легкой руки** Ирины Васильевны Марина возлагала на него столько надежд! *Е. Воронцова, Нейлоновая туника.* ...чуть обсохнув от пота, с визгом кидались в Ангару.., **с легкой руки** Клавки Стригуновой раздевались до голых грудей... *В. Распутин, Прощание с Матерой.* **С легкой руки** членов Массолита никто не называл дом «Домом Грибоедова», а все говорили просто — «Грибоедов»... *М. Булгаков, Мастер и Маргарита.* Новый кабинет, **с легкой руки** инженера Кривицкого, был окрещен «кельей отца Ондрея». *Д. Гранин, Искатели.*

128. С МЕСТА В КАРЬЕР. Сразу, без перехода, без предварительной подготовки (действовать). Реч. стандарт ● Неизм. ● В роли обстоятельства. Порядок слов фиксир.

Кречинский решил действовать **с места в карьер**, натиском, чтобы своей стремительностью не дать опомниться всем окружающим. *Ю. Юрьев, Записки.* Со справкой Гутентага я попал в литейную, и Козакевич, единственный наш инструктор, стал **с места в карьер** обучать нас формовке. *В. Беляев, Старая крепость.* [Хозяин]... сразу плотно закрыл за собой дверь и **с места в карьер** начал выкладывать свои новости. *Э. Казакевич, Весна на Одере.* Налбандов начинает **с места в карьер**, без предисловий, не обращая внимания на гостей. *В. Катаев, Время, вперед!* — Что, обижаться пришел? — **с места в карьер** спросил Малинин, показав Синцову, чтобы он сел. *К. Симонов, Живые и мертвые.* — **С места в карьер**, что ли, заспорили? Может, помешал? *В. Овечкин, Районные будни.* [Андрей] полностью оправдывал Рейнгольда. А оправдав, тут же, **с места в карьер**, предложил перенести окончание работы... в лабораторию. *Д. Гранин, Искатели.*

129. С ОГЛЯДКОЙ. Осторожно, опасаясь негативных последствий. Реч. стандарт ● Неизм. ● В роли обстоятельства.

Дарья выпить любила, но сегодня пила **с оглядкой**, а Бородулину подливала, не скупясь. *В. Шишков, Тайга.* Танков было еще много, но командир дивизии... чувствовал, что противник ведет бой нерешительно, **с оглядкой**. *Э. Казакевич, Весна на Одере.* ...могут прибежать: что горит? не пожар ли? почему никто не жжет, а вы жжете? ...Не привыкли: все, как у чужого дяди, делаешь **с оглядкой**, на все ждешь указаний. *В. Распутин, Прощание с Матерой.*

130. С ПУСТЫМИ РУКАМИ 1. приходить, являться и т. п. Без подношения, без подарка, ничего не взяв с собой (говорится с неодобрением). Реч. стандарт ● Неизм. ● В роли обстоятельства. Порядок слов фиксир.

— Мы к вам не **с пустыми руками**, Кирилл Матвеевич, придем... мы придем с точными расчетами. *В. Панова, Времена года.* Если нужно, так мы не **с пустыми руками** к партизанам придем...— Заявил Шурка.— Мы можем оружие прихватить. *А. Мусатов, Дом без адреса.*— Не знаю, уж не намек ли это с ее стороны, что я сам приехал **с пустыми руками**, без подарка, в такой день,— прибавил Ганя. *Ф. Достоевский, Идиот.*

131. С ПУСТЫМИ РУКАМИ 2. возвращаться, уходить и т. п. Восвояси, ничего не получив, не добившись (говорится с неодобрением). Реч. стандарт ● Неизм. ● В роли обстоятельства. Порядок слов фиксир.

И деловой, все учитывающий Лосев указал, что... лучше тактично промолчать и затем, используя настроение, намекнуть, что все же нельзя возвращаться в Лыков **с пустыми руками**. *Д. Гранин, Картина.* — Однако не огорчайтесь сверх меры, молодой коллега... мне и самому не хотелось бы отпускать вас **с пустыми руками**... хотя время наше уже полностью истекло. *Л. Леонов, Русский лес.* Ему надо все эти военные лавры к нашим ногам положить, чтобы не **с пустыми руками** вернуться, а во всей славе, победителем! *Б. Пастернак, Доктор Живаго.*

С УМОМ. См. X, 41

132. С ХОДУ 2. Сразу же; без предварительной подготовки, без промедления. Реч. стандарт ● Неизм. ● В роли обстоятельства.

То, над чем я мудрила, ты, не задумываясь, решила **с ходу**. *С. Шапошникова, Пожелайте нам счастья*. Встал, тому руку, другому — сразу обе протянул... Умеет, умеет людей брать **с ходу**. Кого битьем, кого лаской гнет. *Ф. Абрамов, Две зимы и три лета*. Еще на строительных лесах к нему **с ходу** прилепилось это прозвище... *Б. Галин, Первенец пятилетки*.

133. СБРАСЫВАТЬ/СБРОСИТЬ СО СЧЕТОВ <СЧЕТА> *кто что, кого.* Переставать принимать во внимание, не учитывать (говорится с неодобрением). Подразумевается игнорирование чьих-л. желаний, намерений, планов, достижений и т. п. или свойств личности. Реч. стандарт. *кто* — лицо, группа лиц, объединенных участием в общем деле; *что* — чувства, деятельность и ее результаты, события, происшествия, явления, свойства; *кого* — лицо или группу лиц ● Глагол несов. в. обычно в инфинитивной конструкции со словами типа **нельзя, не следует, напрасно** и т. п. ● Порядок слов нефиксир.

◆ Оля не может предать их любовь. Почему он начисто **сбрасывает со счетов** человеческую порядочность Оли? *Ф. Колунцев, Утро, день, вечер*. Впервые она почувствовала себя несправедливо и жестоко оскорбленной им. Он не заметил в ней того, чем она больше всего дорожила, попросту **сбросил со счета** ее лучшие дни, ее гордость и радость. *Г. Николаева, Жатва*. Нельзя **сбрасывать со счетов** и возможность засухи. *(реч.)*

▪ Напрасно ты **сбрасываешь** нас **со счетов**. Наша помощь еще может пригодиться. *(реч.)* — Почему вы **сбрасываете со счетов** электростанцию, которую он построил? Почему вы забываете, что у него лучший в районе урожай? *Ф. Вигдорова, Любимая улица*.

▲ [Анастази:] Повторяю, на папу глупо рассчитывать. [Джейн:] Ладно, вы правы... **Сбросим** папу **со счетов**. *А. Н. Толстой, Махатма*.

134. СВАЛЯТЬ ДУРАКА *кто.* Совершить непоправимую оплошность, повести себя неожиданно глупо в какой-л. ситуации (говорится с неодобрением). Обычно о себе, с сожалением. Неформ. *кто* — лицо ● Только сов. в. Именная часть неизм. ● Порядок слов нефиксир.

◆ Он вчера такого **дурака свалял**, полез с обвинениями на Степанова, а тот совершенно ни при чем. *(реч.)*

▪ — Откуда я знаю, какого ты еще **дурака сваляешь**, от тебя всего можно ожидать! *(реч.)*

▲ — Еще один, последний вопрос: вы никому, кроме меня, не открывали вашего предприятия? — ...В том-то и штука, что я уже открыл мою мысль... словом, **свалял** ужаснейшего **дурака!**.. *Ф. Достоевский, Село Степанчиково и его обитатели*. Он думал: «А ловко, шельмецы, притворяются. Эх, какого я **дурака свалял**». *В. Шишков, Странники*.— Что за оказия!.. Иль я **дурака свалял**, иль Михайло чего напутал? Пошли посмотрим, что ли. Есть ли хоть укладка-то? *В. Тендряков, Суд*.

135. СВОДИТЬ/СВЕСТИ КОНЦЫ С КОНЦАМИ 2. *кто в чем.* Справляться с какими-л. сложностями. Подразумевается умение правильно оценить и согласовать друг с другом разные жизненные ситуации. Реч. стандарт. *кто* — лицо; *в чем* — в каком-л. деле, в отношениях с людьми и т. п. ● Чаще употр. глагол. сов. в. Обычно со словами **не мочь, не уметь, пытаться, трудно** и т. п. ● Порядок слов нефиксир.

◆ Я с невольным уважением глядел на Ващенкова... В этих руках все нити запутанной жизни, где так трудно **свести концы с концами**.

149

В. Тендряков, Чрезвычайное. Не мог отказать он этой белокурой сестренке Сережи, потому что... не совсем сводил концы с концами в своих отношениях к этой славной девчурке. *Н. Островский, Как закалялась сталь.* Я сам не рассчитывал, что слово «конец» напишется так скоро, и предполагал провести моих героев через все мытарства... Не знаю, сладил ли бы я с этой сложной задачей, но знаю, что должен отказаться от нее и на скорую руку **свести концы с концами.** *М. Салтыков-Щедрин, Современная идиллия.*
■ Какой же ты ученый, если ты не можешь **свести концы с концами** даже в докладе? *(реч.)*
▲ Первый раз пишу большую книгу и еще не умею **свести концы с концами.** *П. Павленко, Письмо Горькому.*

СЕРЕДИНА НА ПОЛОВИНУ ‹СЕРЕДИНКА НА ПОЛОВИНКУ› 3. жить, учиться, вести себя и т. п. См. XVI, 20

136. СЛАБОЕ МЕСТО быть, иметься; определить, нащупать. Уязвимый пункт, недостаток. Имеется в виду то, в чем есть недоработка, что не дается, в чем кто-л. не силен, с чем не справляется. Реч. стандарт ● В роли именной части сказ. или дополнения. Порядок слов фиксир.

Баллистика была моим **слабым местом.** *Б. Горбатов, Донбасс.* От всего этого он был закален крепким закалом карьерных людей того времени, но у него, как у Ахиллеса, было **слабое место.** *Н. Лесков, Человек на часах.* Уходя, я внимательно рассмотрел новые ворота, ведущие в Пенаты. Ворота плохи: орнамент никогда не удавался И. Е-чу [Репину]. Графика его самое **слабое место.** *К. Чуковский, Дневник 1901—1929.* Ведь Степанов еще студентом нащупал самое **слабое место** в характере Орочева. Профессор был необычайно самолюбив. *Г. Гор, Ошибка профессора Орочева.*

137. СЛОМАТЬ ‹СЛОМИТЬ› [СЕБЕ, СВОЮ] ГОЛОВУ ‹ШЕЮ› 2. *кто на чем.* Потерпеть полное поражение в каком-л. рискованном деле, погубить свою карьеру (говорится с неодобрением). Неформ. *кто* — лицо; *на чем* — дело, предприятие, в котором участвует данное лицо ● Только сов. в. Обычно в буд. вр. Обычно в безличной конструкции типа **Можно сломать голову (шею)** ● Порядок слов нефиксир.
◆ ...почему он должен брать на себя ответственность за фантазии Лобанова, на которых можно в два счета **сломать себе шею.** *Д. Гранин, Искатели.* На этом деле тоже можно было **сломать себе голову.** *Д. Фурманов, Мятеж.* И зачем он ввязывается в это тухлое дело с защитой, только **голову сломит,** а ничего не добьется. *(реч.)*
■ — Зачем ты пытаешься что-то доказать, изменить, только **шею сломишь,** предупреждаю тебя, как друга! *(реч.)*
▲ Вы выражали опасение, что... мы **сломаем себе голову...** Вы ошибаетесь — сцена готова и сильна. *М. Булгаков — В. В. Вересаеву от 16 августа 1935 г.*

138. СПУСКАТЬ/СПУСТИТЬ НА ТОРМОЗАХ *кто что.* Постепенно прекращать. Часто подразумевается стремление потихоньку, без излишней огласки покончить с чем-л. неприятным, с каким-л. конфликтным делом, чтобы замять его. Реч. стандарт. *кто* — лицо, группа лиц; *что* — какое-л. дело, вопрос, проблему ● Именная часть неизм. ● Порядок слов нефиксир.
◆ Умелые политики давно научились **спускать** непопулярные решения

на тормозах. *Комсомольская правда, 1970.* Может быть, старик [главврач] намерен спустить все это дело на тормозах? Критика выслушана, благосклонно принята, и пусть ное идет, как оно шло? *В. Лукосин, Человек должен жить.* Благовоспитанный Анатолий Павлович спустил вопрос на тормозах, сказав о чрезмерной нетерпимости... *А. Старостин, Полвека на футбольном поле.*

■ — Ты ему напрямую не отказывай, но и не соглашайся. В общем, спускай это все на тормозах. *(реч.)*

▲ Мы поняли, что ничего не добьемся и, свернув свою активную деятельность, спустили дело на тормозах. *(реч.)*

139. СТАВИТЬ/ПОСТАВИТЬ [ВСЕ] ТОЧКИ НАД «И» *кто, что [в чем].* Подробно и начистоту прояснять или разъяснять положение дел, не оставляя ничего недосказанным (говорится с одобрением). Обычно употребляется, когда ситуация является спорной. Реч. стандарт *кто* — лицо или группа лиц; *что* — работа, результат, решение; *в чем* — в работе, докладе, беседе, разговоре и т. п. ● Часто с модальными словами надо, давайте ● Порядок слов фиксир.

◆ Его работа поставила все точки над «и» в загадочном процессе рождения минералов. *Куранты, 1990.* Приказ этот, по глубокому убеждению Серпилина, был совершенно правильный, он лишь ставил точки над «и», подтверждал то бытие, которое практически сложилось на войне. *К. Симонов, Солдатами не рождаются.*

■ По всем узлам пьесы, которые я с таким трудом завязал,.. Вы прошли и... все эти узлы развязали, после чего... всюду, где утончалась пьеса, поставили жирные точки над «и». *М. Булгаков — В. Вересаеву от 16.08.35.*

▲ — Меня не поняли. Придется, очевидно, поставить точки над «и». Об этом не хотелось говорить, но, видимо, придется. *В. Некрасов, В родном городе.* В этом разговоре мне пришлось-таки поставить все точки над «и». *(реч.)*

140. точки над «и» поставлены. Положение дел подробно и начистоту выяснено или разъяснено.

— Ну, договорились. Точки над «и» поставлены. Какие же выводы? *Ф. Гладков, Энергия.*

141. СТОЯТЬ <ТОПТАТЬСЯ> НА [ОДНОМ] МЕСТЕ *кто, что.* Не двигаться вперед (говорится с неодобрением). Подразумевается отсутствие результативных действий, совершенствования, прогресса. Реч. стандарт. *кто* — лицо, группа лиц, объединенных участием в общем деле; *что* — производство, история, жизнь и т. п. ● Именная часть неизм. ● Порядок слов нефиксир.

◆ Свободный рабочий коллектив неспособен стоять на месте. Форма бытия свободного человеческого коллектива — движение вперед, форма смерти — остановка. *А. Макаренко, Педагогическая поэма.* Полей нет показательных, производство на месте стоит. *Н. Кочин, Девки.* История, как и время, не может стоять на месте — жить вчерашним днем уже нельзя. *(реч.)* К сожалению, в вопросе выделения дотаций на развитие социальной сферы наши депутаты пока топчутся на месте. *Куранты, 1992.*

■ (С упреком) — Ты вот уже несколько лет занимаешься только этим вопросом и топчешься на одном месте, не создавая ничего нового. *(реч.)*

◆ Говорят, что я **топчусь на одном месте**, но это не так: просто я стараюсь докопаться до корней всей этой истории. *(реч.)* Кажется, мы впустую **топчемся на одном месте**, ни на шаг не приближаясь к разгадке. *Г Голубев, Житие Даниила Заболотного.*

ТО И ДЕЛО. См. III, 36

142. СТОЯТЬ НА УШАХ 2. *кто.* Стараться изо всех сил, делать все возможное (говорится с пренебрежением). Подразумевается стремление во что бы то ни стало достичь цели. Неформ. *кто* — лицо, группа лиц, объединенных участием в общем деле ● Именная часть неизм. ● Порядок слов нефиксир.

▲ — Ты знаешь, он просто **на ушах стоял**, чтобы выбить эту путевку,— и вдруг ее отдают другому. *(реч.)*

▩ В то время, пока вы здесь **стояли на ушах**, чтобы помочь ему сдать экзамены, подбирали книги, он преспокойно ходил в кино и вообще бездельничал. *(реч.)*

▲ (С оттенком иронии) — Теперь я просто не смогу вернуться в класс,— ответила Алина Сергеевна.— Что я им скажу? Я им про правду, про справедливость рассказывала... Я и в районо просто **на ушах стояла**, чтоб Иру не исключали. Как я объясню своим ученикам все это? *Н. Софронова, Не словом, но делом.*— Привезли роженицу, тяжелый порок сердца, приступ, роды — все вместе. А это ее единственный шанс иметь ребенка. Не спасем — будет бездетной. Мы, как говорит моя восемнадцатилетняя дочь, «**на ушах стояли**». Спасали и мать, и ребенка. Очнулась она. Спешим обрадовать: «Сыночек у вас!» *Л. Бадамшина, Записки летающего врача.*

143. ТЯНУТЬ ‹ТАЩИТЬ› ЗА УШИ 1. *кто кого куда, к чему.* Насильно привлекать, склонять к чему-л. (говорится с неодобрением). Реч. стандарт. *кто* — лицо или группа лиц, объединенных общей целью; *кого* — лицо или группу лиц, объединенных участием в общем деле; *куда* — в какое-л. место; *к чему* — к какому-л. занятию, знанию, убеждению ● Именная часть неизм. ● Порядок слов нефиксир.

◆ Нас **за уши тянули** в коммунистический рай, а теперь тащат в рыночное царство. *(реч.)* Оправдывают свое невежество неискусством учителей только те, которые сами из себя ничего не умеют сделать и все ждут, чтобы их **тащили за уши** туда, куда они сами должны идти. *Н. Добролюбов, А. В. Кольцов.*

▩ — Я знал, что делал, ты меня в это дело **за уши не тянул** — сам и отвечать буду. *(реч.)*

▲ — Мы никого, Парасковья Петровна, не **тянем** к православной вере **за уши**,— заявил он с достоинством. *В. Тендряков, Чудотворная.*— Я же его сама из цеха вытащила, учила пятистрочные заметки править.., на журналистский факультет заставила поступить. Буквально **за уши тянула**. *Ю. Грачевский, Течет река к морю.*

144. ТЯНУТЬ КОТА ЗА ХВОСТ *кто.* Намеренно медлить (говорится с неодобрением). Подразумевается, что кто-л. медленно, вяло, нудно говорит и оттягивает дело. Неформ. *кто* — лицо или группа лиц, объединенных общей целью ● Именная часть неизм. Обычно с отрицанием ● Порядок слов нефиксир.

◆ Я же сам говорил — надо провести настоящее следствие. А в уезде **тянули кота за хвост**! Теперь я же и виноват. *В. Шукшин, Любавины.*

Сегодня члены комиссии решили поговорить с нами... И то: хватит уж **тянуть кота за хвост!** *А. Коптяева, Дерзание.* Новожилов, к которому обращен этот рассказ, нетерпеливо дергается: быстрей бы говорил, не **тянул кота за хвост.** *О. Смирнов, Прощание.*

■ — Отпусти меня на два дня. — Что такое? — насторожился начальник. — Что-нибудь серьезное?.. Да не **тяни ты кота за хвост.** Говори — разберемся. *В. Суров, Один день.* Начал он неторопливо и уверенно, с какой-то даже снисходительностью в голосе... Дед Егор не вытерпел. — Ты не **тяни кота за хвост.** *В. Распутин, Прощание с Матерой.* — Ни в каком я не в курсе, — окончательно рассердился Степанов, — и не **тяни ты,** друг сердечный, **кота за хвост,** докладывай по порядку. *Ю. Герман, Я отвечаю за все.*

▲ — Я **кота за хвост тянуть** не люблю. Имейте это в виду. *(реч.)*

145. ТЯП-ЛЯП <ТЯП ДА ЛЯП>. Кое-как, наспех и небрежно делать что-л. (говорится с неодобрением). Реч. стандарт ● Неизм. ● В роли обстоятельства. Порядок слов фиксир.

Существует много лиц, которые кажутся вылепленными — иногда любовно, тщательно, иногда, как говорится, **тяп да ляп.** *А. Бек, Волоколамское шоссе.* Наши следственные порядки известны: **тяп-ляп,** и человек готов для тюрьмы, для Сибири. *В. Короленко, Черты военного правосудия.* — Мост через рейд? — удивился Бородатов. — Помилуйте, разве это легкое дело? **Тяп-ляп** — и готов мост? *С. Сергеев-Ценский, Севастопольская страда.* — Ах, Вадим Петрович, не просто все это... Нельзя огулом судить — **тяп да ляп.** *А. Н. Толстой, Хождение по мукам.*

Ассоциирует с выражением *раз-два и готово.* В поговорке «Тяп-ляп да и корабль (корабль)».

146. ХВАТАТЬ/СХВАТИТЬ <ПОЙМАТЬ> ЗА РУКУ *кто кого.* Уличить, застигнуть на месте преступления. Реч. стандарт. *кто —* лицо, группа лиц, объединенных общими интересами; *кого —* лицо, группу лиц, объединенных участием в общем деле ● Именная часть неизм. ● Порядок слов нефиксир.

♦ Где народный контроль, который **хватает за руку** всякого, кто идет на разного рода приписки и равнодушно смотрит на миллионные, на миллиардные убытки? *С. Залыгин, Поворот. Уроки одной дискуссии.* — Для определенной категории людей учеба стала самоцелью. На протяжении долгих лет они не вынимают руки из государственного кармана. И **схватить** их **за руку** невозможно: ведь они делают это на законном, так сказать, основании. *М. Алексеев, Наследники.* Сам же сказал, — неприемлемо гнула свое жена, — что тут дело нечисто, как будто Иван был уже **пойман за руку,** уличен и только из непонятного упрямства отказывался признаться во всех смертных грехах. *А. Ильин, Полонез для постояльца.*

■ — Вы должны **поймать** его **за руку,** с поличным, так сказать. Иначе его вину не докажешь. *(реч.)*

▲ Теперь у меня есть доказательства его вины. Мы **поймали** его **за руку!** *(реч.)*

147. ХВАТАТЬ/ХВАТИТЬ <ПЕРЕХВАТИТЬ> ЧЕРЕЗ КРАЙ *кто.* Делать или говорить нечто излишнее, неуместное, неприемлемое (говорится с неодобрением). Подразумевается импульсивная или необдуманная утрата чувства меры. Реч. стандарт. *кто —* лицо ● Именная часть неизм. Обычно в прош. вр. ● Порядок слов нефиксир.

♦ Рожков действительно подвержен был крайностям, не умел держаться середины, **хватал** всегда **через край!** *Д. Григорович, Порфирий Петро-*

вич Кукушкин. В игре Яковлева никогда не было ничего шокирующего, ни одного момента, когда можно было бы сказать, что артист хватил через край, что примененный им эффект чересчур резок или не идет к делу. Э. Старк, *Петербургская опера и ее мастера*.— Дрязги наших двух начальников — тоже пережитки прошлых веков.— Ну, хватила девушка через край! — громко сказал Федосов. *В. Ажаев, Далеко от Москвы*.

◩ — Ну, тут ты, пожалуй, хватил через край. Не стоит бросаться такими обвинениями. Нужны доказательства. (*реч.*)

▲ — Эх, господа, господа, не понимаете вы меня. Ну, ладно, погорячился я, перехватил через край — разве же можно на старика сердиться? *А. Куприн, Поединок*. За предложение Прокопова никто из зажиточных голосовать не стал. Воздержался он и сам...— Что же ты, Прокоп? — спросил его, усмехаясь, Семен.— А я передумал. Вижу, что **через край хватил**. *К. Седых, Отчий край*.

148. ХЛОПАТЬ УШАМИ 2. *кто*.

Ничего не предпринимать, бездействовать (говорится с неодобрением). Имеется в виду, что кто-л. ведет себя беспечно, беззаботно, не вникая в суть происходящего, не замечая чего-л. важного. Неформ. *кто* — лицо ● Именная часть неизм. ● Порядок слов нефиксир.

◆ Сейчас все умные люди капитал наживают, а он ушами хлопает. (*реч.*)

◩ Фам. Но ты... не выступил на очередной сессии. Ты там сидел и **ушами хлопал**. А тебя не затем выбирали в депутаты, чтобы ты **хлопал ушами**. *А. Рекемчук, Молодо-зелено*.

▲ Не за то у меня отец да дядя на войне головы сложили, чтобы я **ушами хлопал**. *Ф. Абрамов, Две зимы и три лета*. Будем дальше **хлопать ушами** — получим нового диктатора. *Куранты, 1992*.

149. [ХОТЬ] КРОВЬ ИЗ НОСУ ‹НОСА›.

Любой ценой, во что бы то ни стало, несмотря ни на что. Обычно употр., когда осуществление действия связано с преодолением каких-л. трудностей, препятствий. Неформ. ● Неизм. ● Порядок слов фиксир.

Мне стыдно людям в глаза глядеть. Выходит, и кто лодыря гонял, и кто вкалывал **кровь из носу**,— всех под одну гребенку остригли. *Ю. Нагибин, Трудный путь*. Своему немногочисленному коллективу Владимиров поставил задачу: — **Кровь из носу**, а жуликов найти, и найти самим! *И. Соловьев, Будни милиции*. Немедленно же едешь на вокзал, руководишь погрузкой и, **хоть кровь из носу**, пробиваешься к Воронежу. *В. Саянов, Небо и земля*.— Показывайте свое преимущество так, чтобы двух мнений не было ни у судей, ни у публики. Сегодняшний матч — **хоть кровь из носу!** — надо выиграть! *П. Капица, Боксеры*. Ты знаешь, какое задание получил? **Кровь из носу**, а выпустить вдвое больше. *Д. Гранин, Искатели*. Мое дело — **хоть кровь из носу**, а обеспечь работу мотора. *С. Славич, Из жизни Парфентия Пятакова*. А насчет справки не беспокойтесь! До утра сидеть буду... **Кровь из носу!** *Н. Штанько, Работяга*.

150. ЧЕРЕЗ ГОЛОВУ *кого, чью*.

Без ведома кого-л., минуя кого-л. в принятии решения (действовать). Реч. стандарт. *кого, чью* — лица, начальства. ● Неизм. ● В роли обстоятельства. Порядок слов фиксир.

Через несколько дней сам Струнников... строго побранил ее за обращение **через голову** прямого начальства. *Л. Леонов, Русский лес*. Сергей

Трубецкой... развил активнейшую деятельность по объединению Северного общества с Южным через голову Пестеля. *М. Нечкина, Грибоедов и декабристы.* То, что Борис Григорьевич советовался с Верой, через ее, старшего администратора, голову, раздражало ее безмерно. *И. Грекова, Хозяйка гостиницы.* Кузьмича он мало ценил... и прислал его второпях, через голову, не спросясь... *К. Симонов, Солдатами не рождаются.*

151. **ЧЕРЕЗ ПЕНЬ-КОЛОДУ 1.** Кое-как, плохо, небрежно делать что-л. (говорится с неодобрением). Реч. стандарт ● Неизм. ● В роли обстоятельства.

Я схватил шубу и шапку и велел передать Ламберту, что я вчера бредил, что я оклеветал женщину... Все это я высказал кое-как, через пень-колоду, торопясь, по-французски, и, разумеется, страшно неясно... *Ф. Достоевский, Подросток.* Панин оставался ко всему равнодушен, все делал нехотя, через пень-колоду. *Ф. Вигдорова, Дорога в жизнь.* — Зачем же в школу отпустила!... — Чего будет пропускать. И так-то учится — через пень-колоду. *В. Шукшин, Алеша Бесконвойный.* — Ладно, рассказывай все! — велела Варвара.— Только по порядку, я не люблю, когда через пень-колоду. *Ю. Герман, Дело, которому ты служишь.* Работник он был аховый: за что ни возьмется — все через пень-колоду... *В. Распутин, Прощание с Матерой.*

152. **ЧУЖИМИ РУКАМИ ЖАР ЗАГРЕБАТЬ** кто. Пользоваться плодами чужих усилий, чужого труда с выгодой для себя (говорится с неодобрением). Подразумевается, что труд этот часто тяжелый и сопряжен с риском. Реч. стандарт. кто — лицо, группа лиц, объединенных общими целями ● Обычно в инфинитивной конструкции со словами хотеть, любить, привыкнуть и т. п. Именная часть неизм. ● Порядок слов нефиксир.

◆ Такой уж он человек. Сам на риск не пойдет, он всегда чужими руками жар загребал и загребать будет. (*реч.*) А что ее Сонькой зовут — это всем известно... И что она любит чужими руками жар загребать — тоже все знают. *М. Горький, Фома Гордеев.* А то приучили их жар-то чужими руками загребать...— Кого их? — Ну, к примеру, этого главного лодыря Аникушку Елизарова. *А. Иванов, Вечный зов.* ■ — Баба — работница,— важно заметил Хорь.— Баба мужику слуга.— Да на что мне работница? — То-то, чужими руками жар загребать любишь. Знаем мы вашего брата. *И. Тургенев, Хорь и Калиныч.*— Мы сколько посеяли... А вам нужно эксплуатировать? Довольно!.. Приехали сюда чужими руками жар загребать? *А. Макаренко, Педагогическая поэма.* — Чужими руками хотите жар загребать? Мы будем дом строить, а вы туда жить приедете на готовенькое? Не выйдет так. *Г. Николаева, Жатва.*

▲ — Как это вы сюда попали? — По делу, сынок, по делу... Хочу отведать, как деньги из банка берут.— Что же вы мне не писали раньше? Я устроил бы все вперед.— Спасибо, сынок... Не привык я чужими руками жар загребать. *Д. Мамин-Сибиряк, Хлеб.*

<small>Из пословицы «Чужими руками жар загребать легко». Жар — горячие, раскаленные угли без пламени.</small>

153. **ШАГ ЗА ШАГОМ.** Постепенно. Реч. стандарт ● Неизм. ● В роли обстоятельства. Порядок слов фиксир.

Шаг за шагом отходило море и уступало место суше. *В. Арсеньев, По Уссурийскому краю.* ...он просыпался среди ночи и начинал шаг за шагом вспоминать эту дорогу... *К. Паустовский, Повесть о лесах.* Доктор был такой умный и так ясно раскрывал перед ней шаг за шагом изнанку той жизни, которой она жила. *Д. Мамин-Сибиряк, Хлеб.* Сергей Андреич продвигался медленно, шаг за шагом, повторяя судьбу всех ранее проделанных открытий... *Л. Леонов, Скутаревский.*

154. ШАГУ ЛИШНЕГО НЕ СДЕЛАТЬ кто *[для кого, чего]*. Не приложить ни малейших усилий. Подразумевается нежелание предпринимать что-л. из-за лени, эгоизма или корыстолюбия. Реч. стандарт. *кто* — лицо или группа лиц; *для кого* — для лица; *для чего* — для выполнения дела, поручения и т. п. ● Порядок слов нефиксир.
◆ Он был беден, мечтал о миллионах, а для денег **не сделал бы лишнего шагу**. *М. Лермонтов, Герой нашего времени.* Этот человек **шагу лишнего не сделает** без выгоды для себя. *(реч.)*
▨ — Ты **лишнего шагу не сделал**, чтобы помочь ему устроиться на работу, хотя это для тебя ничего не стоит. *(реч.)*
▲ Я **лишнего шагу** для нее **не сделаю**: когда мне было трудно — она своей помощи не предлагала. *(реч.)*

VII. ТРУД, БЕЗДЕЛЬЕ

1. БИТЬ БАКЛУШИ кто. Бездельничать, заниматься пустяками (говорится с неодобрением). Реч. стандарт. *кто* — лицо, группа лиц, объединенных общими задачами ● Именная часть неизм. ● Часто в модальной конструкции типа **Хватит (довольно) бить баклуши.** Порядок слов нефиксир.
◆ — Ах вот как! Хозяин. Работать умеет. А другие не работают, другие **баклуши бьют.** Так? — Да! — рубанул Подрезов. *Ф. Абрамов, Пути-перепутья.* До места работы меньше километра, но конвоирам хочется скорее сдать партию, чтобы до самого вечера **бить баклуши.** *О. Волков, Погружение во тьму.* Ведь он не **баклуши бил**, он трое суток оперировал... *Ю. Герман, Дорогой мой человек.*
▨ Неформ. — Ах вы, лодыри! — вдруг начинает она кричать на братьев. — ...Сбегайте хоть за водой, чем **баклуши-то бить**... *Ф. Абрамов, Братья и сестры.* Хватит **баклуши бить**, пошли работать. *Н. Дементьев, Иду в жизнь.*
▲ (Обычно в модальной конструкции) А Жур, между прочим, все еще лежит в больнице, и мы из-за него должны **баклуши бить.** *П. Нилин, Испытательный срок.*

<small>Баклуши — чурки для токарной выделки ложек и деревянной посуды. Бить баклуши первоначально — 'заниматься очень простым делом'.</small>

2. ВАЛЯТЬ ‹ЛОМАТЬ› ДУРАКА ‹ДУРОЧКУ, ВАНЬКУ› 1. кто. Бездельничать, заниматься пустяками, развлекаться, вместо того чтобы работать (говорится с неодобрением). Неформ. *кто* — лицо ● Именная часть неизм. Только несов. в. ● Порядок слов нефиксир.
◆ Плохо же он работал эти три... месяца! **Валял**, собственно, **дурака**, отводил глаза главному технологу, а сам ни черта не делал. *В. Липатов, Чужой.* ...Они спать здоровы. Не охотничают, а **дурочку валяют.** Погулять охота, а в районе у себя не шибко разгуляешься. *В. Шукшин, Охота жить.*
▨ Фам. Если не перестанешь **валять ваньку**, останешься на второй год! *(реч.)*

▲ — Я все лето ломал ваньку, не брался за английский, и как его теперь сдавать, не представляю. (*реч.*)

3. ВЫЖИМАТЬ СОК <СОКИ> *кто из кого*. Изматывать непосильным трудом, доводить до полного изнеможения, до потери сил (говорится с неодобрением). Реч. стандарт. *кто* — лицо (обычно хозяин) или группа лиц (обычно хозяева), господствующие слои общества; *из кого* — из лица (обычно подчиненного, слуги) или группы лиц (подчиненных, слуг), из угнетенных слоев общества ● Именная часть неизм. ● Порядок слов нефиксир.

◆ Управляющий имением, так сказать, **выжимал весь сок** из крепостного человека: мало что заставлял мужчин работать без отдыха, он требовал, чтобы и бабы, девки и ребята были на промыслах. *А. Решетников, Где лучше?* Братия относилась к нему [бродячему народу] безучастно или враждебно — дескать, дармоеды,— старалась обобрать у них все пятаки, загоняла на монастырские работы, и, всячески **выжимая сок** из этих людей, пренебрегала ими. *М. Горький, Исповедь.* Встречались помещики, которые буквально **выжимали** из барщинских крестьян последний **сок**, поголовно томя на господской работе мужиков и баб шесть дней в неделю и предоставляя им управляться с своими работами только по праздникам. *М. Салтыков-Щедрин, Пошехонская старина.* Едят тебя живодеры эти. Весь **сок выжимают**, а стар станешь — выбросят... свиньям на **жратву**. *В. Гаршин, Сигнал.*

■ — Ишь ты, какой мастер **соки**-то из людей **выжимать**. *М. Горький, Фома Гордеев.* Вы из меня всю жизнь **соки выжимали**, и где благодарность? (*реч.*)

▲ Не употр

4. высосать соки. Довести до изнеможения, до полной потери жизненных сил.

С того часа рок возмездия преследовал Башилова. Вот он, уже молодым композитором, приезжает в родной поселок, и что же он слышит от старухи Василисы: «У, пьявка.., **высосал** из нас все **соки!**» Хотя старуха не в себе, но от таких характеристик кто не дрогнет. *А. Кривицкий, Реляции с поля битвы.*

5. ГНУТЬ <ЛОМАТЬ> СПИНУ <СПИНЫ, ХРЕБЕТ, ГОРБ, ГОРБЫ> 1. *кто.* Изнурять себя тяжелым, непосильным трудом (говорится с неодобрением). Реч. стандарт. *кто* — лицо, социальный коллектив ● Именная часть неизм. ● Порядок слов нефиксир.

◆ На тех хороводах долго загуливаться нельзя — чем свет иди на страду, на работу, **гни спину** до ночи. *П. Мельников-Печерский, На горах.* С утра до ночи **гнули** аграрники **спины**... *В. Бахметьев, Алена.*— Одни богаты... и живут без дела.., другие всю жизнь **гнут спину** на работе, а у них ни гроша. *М. Горький, Фома Гордеев.*— Сработано здорово, что и говорить. Видно, долго народ **гнул спину**, выпиливая эти штучки, чтобы потом тунеядцы на них ногами шаркали... *М. Булгаков, Ханский огонь.* Отлежался, пошел на пристань **хребет ломать**. *А. Куприн, С улицы.*— Сюда народ зарабатывать приезжает. Кому охота за те же деньги, что в городе, **горб ломать?** *М. Ганина, Слово о зерне горчичном.*— Ты мне огородом в нос не тыкай! За него мужик мой **хребет ломает**. *И. Лавров, Очарованная.*

■ Неформ. [Ты] на войне воевал, всю жизнь **горб гнул**, и на старости лет покою нет! *Н. Вирта, Земля.*

▲ — Ведь мы с тобой сколько годов ломали горбы в этом пекле! *Ф. Гладков, Цемент.* — Мы всю жизнь хребет гнем! — ворчал он, бросая по сторонам злой взгляд. — Нам не до гулянок! *М. Бубеннов, Белая береза.*

6. ГНУТЬ <ЛОМАТЬ> СПИНУ <СПИНЫ, ХРЕБЕТ, ГОРБ, ГОРБЫ> 2. *кто на кого, для кого, у кого.* Тяжело и изнурительно работать на кого-л. (говорится с неодобрением). Реч. стандарт. *кто* — лицо, социальный коллектив; *на кого, для кого, у кого* — лицо; власть, правительство, государство ● Именная часть неизм. ● Порядок слов нефиксир.

♦ [Настене] надоело... жить у тетки в работницах, гнуть спину на чужую спину. *В. Распутин, Живи и помни.* И натерпелась же она, мать! День и ночь гнула спину на помещика и кулаков. *Ф. Наседкин, Великие голодранцы.* Всю жизнь эти обнищавшие люди ломали свои горбы на советскую власть. *(реч.)*

■ Неформ. Ты всю жизнь ломал горб на государство, и государство отплатило тебе за весь труд и страдания непомерными ценами и полным неверием в завтрашний день. *(реч.)*

▲ — Сумасшедший дом, ведь для вас же спину ломаю, вам на корм. *М. Горький, В людях.* У меня семья, и, чтобы создать ей благосостояние, я гнул спину двадцать лет, да-с! *М. Горький, О беспокойной книге.* — А я не наживал? Я двенадцать лет у отца хребет гнул да сам восемнадцать лет хозяевал. *В. Овечкин, Без роду, без племени.*

7 ГОНЯТЬ ЛОДЫРЯ *кто.* Бездельничать, праздно проводить время (говорится с неодобрением). Неформ. *кто* — лицо ● Именная часть неизм. Обычно в инфинитиве ● Порядок слов нефиксир.

♦ ...Я не для того свою дочь воспитывала, чтобы она лодыря гоняла с какими-то приятелями. *В. Осеева, Васек Трубачев и его товарищи.* На берегу и на реке все с азартом принялись за работу... — Разбудите Кешку! — раздались сердитые голоса. — Он опять лодыря гоняет. *В. Шишков, Прокормим.* Надо украшать землю, обстраивать, а не лодыря гонять. *В. Шишков, Угрюм-река.* — Работать как следует надо, а не лодыря гонять! *И. Симонов, Хлеб и ракеты.*

■ Фам. Ты все лето не занимался, гонял лодыря, как же ты думаешь исправлять свои двойки? *(реч.)*

▲ Я, когда в этой конторе работал, целыми днями лодыря гонял. Да и все остальные тоже. *(реч.)*

8. ГОНЯТЬ СОБАК *кто.* Бездельничать, проводить время в пустых, бесцельных забавах (говорится с неодобрением). Неформ. *кто* — лицо ● Именная часть неизм. ● Порядок слов нефиксир.

♦ — Что же ему, по-вашему, собак гонять в деревне или в свинопасы определиться? *Д. Писарев, Промахи незрелой мысли.* Они у тебя не занимаются, а целыми днями собак гоняют! *(реч.)*

■ Фам. [Тит Титыч:] Слушай ты, Андрюшка! Будет тебе по Москве-то собак гонять! Пора тебе, дураку, за ум браться! *А. Островский, Тяжелые дни.* — Ты что..., — обратилась она к графу..., — чай скучаешь в Москве? Собак гонять негде? *Л. Толстой, Война и мир.* — Вам учиться нужно, а не собак по улице гонять! *(реч.)*

▲ Не употр.

9. ДО СЕДЬМОГО ПОТА работать, трудиться. До крайней степени напряжения и усталости. Реч. стандарт ● Неизм. ● В роли обстоятельства. Порядок слов фиксир.

Алексашка танцевал с почетными дамами, кои за возрастом праздно сидели у стен, трудился до **седьмого пота**, красавец. *А. Н. Толстой, Петр Первый.* [Хотя] радисты работали, что называется, до **седьмого пота**, удалось принять только обрывки одной радиограммы. *А. Вершигора, Люди с чистой совестью.* Раньше, уж если работали крестьяне, так до **седьмого пота** трудились, чтобы хлебушек вырастить, а теперь у крестьян отношение к труду и к земле совершенно другое. *В. Астафьев, Жизнь прожить.*

10. **ЗАСУЧИВАТЬ/ЗАСУЧИТЬ РУКАВА** *кто.* Энергично и с готовностью приниматься за дело (говорится с одобрением). Реч. стандарт. *кто* — лицо, группа лиц, объединенных общими интересами, задачами ● Именная часть неизм. ● Часто в модальной конструкции типа **Придется засучивать рукава! Нужно работать, засучив рукава!** Порядок слов фиксир.

◆ Потом Прохор **засучит рукава**, и пусть посмотрит народ, что он сделает с этим краем,... на что способен настоящий, большого размаха человек. *В. Шишков, Угрюм-река.* Важное дело затевается. Всем придется **засучить рукава**. *Ф. Наседкин, Великие голодранцы.* Сегодня как раз тот момент, когда приоритет надо отдать исполнительной власти, которая **засучивает рукава** и начинает пытаться разгрести сплошные завалы. *Куранты, 1992.* А мы же живем словно на вокзале: чего-то ждем, ждем... Давно пора **засучить рукава**. Не хочется? Тогда терпите нищету. *Куранты, 1992.*

▮ Ничто мне не мешало сидеть сиднем да оставаться зрителем, сложив ручки; а ты должен был выйти на поле, **засучив рукава**, трудиться, работать. *И. Тургенев, Рудин.*

▲ — И что мне оставалось делать, как не **засучить рукава** и сесть за свою работу? *(реч.)* — Ну, что ж, придется мне **засучить рукава** и самой все это сделать! *(реч.)*

11. **ИЗ-ПОД ПАЛКИ.** По принуждению, под страхом наказания делать что-л. (говорится с неодобрением). Обычно подразумевается нежелание кого-л. выполнять свои обязанности. Неформ. ● Неизм. Употр. обычно с глаголом в инфинитиве ● В роли обстоятельства.

...ведь я, точно, у покойника в шутах состоял.., **из-под палки**, бывало, паясничал. *И. Тургенев, Нахлебник.* Весь этот народ [арестанты] работал **из-под палки**... Все они собрались сюда не своей волей. *Ф. Достоевский, Записки из Мертвого дома.* — Как можно верить в самое скучное дело, которым человек вынужден заниматься **из-под палки** или от голода? *Б. Лавренев, Большая земля.* — ...и ты,— повернулся он к хозяину райторга,— ты тоже знай свое дело и снабжай постоянно, а не **из-под палки**. *Ф. Вигдорова, Черниговка.*

КОПТИТЬ НЕБО *кто.* См. VI, 53

12. **КРУТИТЬСЯ ‹ВЕРТЕТЬСЯ› КАК ‹БУДТО› БЕЛКА В КОЛЕСЕ** *кто.* Пребывать в постоянных хлопотах, заботах, имея множество разных дел (говорится с неодобрением). Реч. стандарт. *кто* — лицо ● Именная часть неизм. ● Порядок слов нефиксир.

◆ Лень-ленью, а ведь все равно некогда..., ему же бежать на работу, а на работе — **крутится как белка в колесе**! *С. Залыгин, Наши лошади.* А что старуха видела в своей жизни? День да ночь, работу да сон. Вот и **крутилась, будто белка в колесе**... *В. Распутин, Последний срок.* Артемьев

перед отъездом крутился как белка в колесе... Времени не оставалось ни на что, кроме службы. *К. Симонов, Солдатами не рождаются.*
■ — Да я вижу, как ты крутишься как белка в колесе, ни минуты не отдохнешь, а так и не успеваешь всего сделать. *(реч.)*
▲ День сегодня какой-то сумасшедший. С утра верчусь как белка в колесе. *Г. Рыклин, Итоги за день.*— ...Выстроить больницу по-своему — это большущее дело.— Не дадут по-своему! — рассердился он.— ...Я получу стандартный проект и буду с ним крутиться как белка в колесе. *Ю. Герман, Я отвечаю за все.*

13. НЕ БЕЙ ЛЕЖАЧЕГО 1. работа. Легкая, не требующая никаких усилий, забот, хлопот. Неформ. ● Неизм. ● В роли определения. Порядок слов фиксир.
— А я говорю: «Чего тебе не хватает? Работенка — не бей лежачего: трубку подыми, трубку положи». *И. Гуро, Под самой Москвой.* Служба у них такая, не бей лежачего. *В. Козлов, Юрка Гусь.* Ну, ты нашел себе дельце по душе — не бей лежачего, даже приходить на работу не нужно. *(реч.)*

14. НЕ БЕЙ ЛЕЖАЧЕГО 2. работник. Не желающий прилагать никаких усилий, никуда не годный (говорится с неодобрением или пренебрежением). Неформ. ● Неизм. ● В роли определения. Порядок слов фиксир.
◆ А он, конечно, работник — не бей лежачего. *Р. Зернова, Солнечная сторона.* И где вы его только откопали, такого работничка? Сидит себе, в потолок поплевывает, вот уж действительно, работник не бей лежачего. *(реч.)* Зачем вы взяли его в свою группу? Ведь известно, что работник он не бей лежачего и пользы не принесет никакой. *(реч.)*
■ Фам. Осужд. Откуда ты навязался на нашу шею? Работник ты, что называется, не бей лежачего, и за что тебе деньги платят? *(реч.)*
▲ Не употр.

15. НЕ ПОКЛАДАЯ РУК работать, трудиться. Беспрерывно, с усердием, не переставая (говорится с одобрением). Реч. стандарт. ● Неизм. ● В роли обстоятельства. Порядок слов фиксир.
Для общины товарищей он требовал многого и мог работать всякую — и физическую и умственную — работу, не покладая рук, без сна, без еды. *Л. Толстой, Воскресение.* Он работал не покладая рук... и наконец увидел, что сделано уже много... *И. Бунин, Господин из Сан-Франциско.* Старик Шаабан Ларба... в это трудное время не покладая рук трудится на колхозных полях, не давая отдыха своей пострадавшей вышеуказанной руке. *Ф. Искандер, Колчерукий.* Двери открывались, сменялись лица, гремели инструменты в шкафу, и Филипп Филиппович работал, не покладая рук. *М. Булгаков, Собачье сердце.* Самосвистов работал не покладая рук и впутал в общую кашу и путешествия по сундукам, и дело о подложных счетах за разъезды... и проч., и проч. *М. Булгаков, Похождения Чичикова.* Иное дело, если он мог запечатлеть в дереве или в камне волновавшие его образы: тогда зодчий работал не покладая рук и не торгуясь о вознаграждении. *А. Волков, Зодчие.*

16. НЕ РАЗГИБАТЬ СПИНЫ кто. Не отрываясь от работы в течение длительного времени, с большим напряжением делать что-л. (говорится с неодобрением). Реч. стандарт. кто — лицо, группа лиц ● Именная часть неизм. ● Порядок слов нефиксир.
не разгибая спины делать что-л. Неизм.

◆ Сам Максим... в последний выходной **не разгибал спины**: перебрал каменку в бане, поправил изгородь вокруг дома, разделал на чурки с весны лежавшие под окошками еловые кряжи... *Ф. Абрамов, Деревянные кони.* Можно писать не отрываясь, **спины не разгибая**, и — за целый день — ничего! *М. Цветаева — письмо дочери, Москва, весна 1941 г.* Эта работа велась день и ночь в три смены. Ребята в мастерских теперь не курили, работали **не разгибая спины**. *В. Шишков, Странники.* Но это на диво отчаянная баба: и в дождь, и в ночь, **не разгибая спины**, тюкала и тюкала одна... и натюкала на корову. *В. Распутин, Прощание с Матерой.*

■ — Отдохни немного, ведь целый день **спины не разгибаешь**! *(реч.)*
▲ Да, поработали мы как следует, **спины не разгибали**, зато все закончили в срок. *(реч.)*

17. ПАЛЕЦ <ПАЛЬЦА, ПАЛЬЦЕМ> О ПАЛЕЦ НЕ УДАРИТЬ 1. *кто.* Абсолютно ничего не делать. О нежелании или неумении работать (говорится с неодобрением). Неформ. *кто* — лицо ● Именная часть неизм. ● Порядок слов нефиксир.

◆ [Марфа:] Всю неделю ничего не делал, **палец о палец не ударил**, одним только безобразием занимался. *А. Островский, Невольницы.* Как вышел из университета, так и **не ударил пальцем о палец**, даже ни одной книжки не прочел. *А. Чехов, Три сестры.* Анфиса вздохнула. Всем хорош у нее муженек, а по дому **палец о палец не ударит**. *Ф. Абрамов, Две зимы и три лета.* Нет, худо еще давит вас Иван. Худо. Нынешний мужик без погоняла **палец о палец не ударит**. *Ф. Абрамов, Пути-перепутья.*

■ Фам. — Вишь, дельце тут. Можешь и ты заработать. Так что хороший процент, и **пальца о палец не ударишь**. *А. Серафимович, Город в степи.* — Ты же в хозяйстве и **пальцем о палец не ударишь**! Какой ты мне помощник! *М. Шолохов, Поднятая целина.* — Сидишь, ничего не делаешь, **палец о палец** целый день **не ударишь**, что же тебе плохо? *(реч.)*
▲ Обычно не употр. — Да-а. Узнает теперь этот Константинополишка Никанора Сырцова!.. **Палец о палец не ударю**. Сложа руки и буду сидеть. Поработали и буде... *А. Аверченко, Аргонавты и золотое руно.*

18. ПЛЕВАТЬ <ПОПЛЕВЫВАТЬ> В ПОТОЛОК *кто.* Проводить время бесцельно, откровенно бездельничать (говорится с неодобрением). Неформ. *кто* — лицо ● Именная часть неизм. Обычно в инфинитиве ● Порядок слов нефиксир.

◆ (Обычно в безличной конструкции) — Не-ет, батенька, не те времена, чтобы лежать на боку да **плевать в потолок**. Перестраиваемся, голубчик, перестраиваемся. *Д. Мамин-Сибиряк, «Все мы хлеб едим...»* — Один правовед сказал мне, что самая лучшая и безвредная специальность, это — ...**плевать в потолок**. *А. Чехов, Наивный Леший.* Что и говорить — жизнь настала облегченная. Пришел с работы, умылся и можешь полеживать, **в потолок поплевывать**, никаких забот, никаких переживаний... *В. Распутин, Прощание с Матерой.*

■ Фам. Ну, и жизнь тебе создали на работе. Сидишь себе, **в потолок поплевываешь** да на телефонные звонки отвечаешь! *(реч.)*
▲ (Только в обобщенно-личной конструкции) Вот раньше я работал — ничего делать не надо, **плюй в потолок** да ходи на собрания. *(реч.)*

ПО ГОРЛО дел, работы, занят. См. VI, 91

ПРОСИЖИВАТЬ ⟨ПРОТИРАТЬ⟩ [ЗРЯ] ШТАНЫ *кто*. См. VI, 107

РУКИ НЕ ДОХОДЯТ *у кого* сделать что-л. См. VI, 121

РУКИ НЕ ОТВАЛЯТСЯ *у кого*. См. VI, 122

С ГРЕХОМ ПОПОЛАМ. См. VI, 125

19. СИДЕТЬ СЛОЖА РУКИ ⟨РУЧКИ⟩ *кто*. Бездействовать, не принимать участия в каком-л. деле (говорится с неодобрением). Реч. стандарт. *кто* — лицо ⬤ Именная часть неизм. ⬤ Порядок слов фиксир.
◆ — Удивительный, я вам скажу, народ! — ворчит Ляшкевский, со злобой глядя на обывателя.— Вот как сел на лавочку, так и будет, проклятый, **сидеть сложа руки** до самого вечера. Решительно ничего не делают, дармоеды и тунеядцы! *А. Чехов, Обыватели.* Мои спутники поняли, что если нам не удастся пересилить ветер, то мы погибли. Никто не **сидел сложа руки**, все гребли: кто лопатой, кто доской... *В. Арсеньев, В горах Сихотэ-Алиня.* И прораб Лютоев не такой человек, чтобы позволить кому-то **сидеть сложа руки**. Он всегда найдет людям работу. *А. Рекемчук, Молодо-зелено.* А кроме того, он и сам не **сидел сложа руки**, пока не подоспела к Павлу медицина. Ворот у рубахи расстегнул, впустил в избу свежий воздух... *Ф. Абрамов, Пелагея.* Лизка — молодчага, не сидела **сложа руки**. Пока он ходил за житом, она заново подтопила печь... *Ф. Абрамов, Две зимы и три лета.* — Эти большевики не **сидят сложа руки**, — озабоченно говорил отец, — агитируют... *О. Волков, Погружение во тьму.*
▨ Фам. — Ты привык **сидеть** целыми днями **сложа ручки**, а мать крутится — и на работе, и на кухне! *(реч.).*
▲ — Да-а. Узнает теперь этот Константинополишка Никанора Сырцова!.. Палец о палец не ударю. **Сложа руки** и буду **сидеть**. Поработали и буде... *А. Аверченко, Аргонавты и золотое руно.*

20. СПУСТЯ РУКАВА работать, относиться к делу. Небрежно, без всякого старания, кое-как (говорится с неодобрением, осуждением). Реч. стандарт ⬤ Неизм. ⬤ В роли обстоятельства. Порядок слов фиксир.
Генерал все больше убеждался в том, что Красиков начал относиться к работе **спустя рукава**, занятый какими-то другими — несомненно, сугубо личными — делами. *Э. Казакевич, Звезда.* Только они были не той, как говорится, квалификации и чисто по-советски, то есть **спустя рукава**, делали свое дело. *В. Пьецух, Заколдованная страна.* Укорял он меня всю дорогу за то, что мы ничего не делаем, работаем **спустя рукава**. *С. Антонов, Весна.* Учился и тут хорошо. Что мне оставалось? — затем я сюда и приехал... а относиться **спустя рукава** к тому, что на меня возлагалось, я тогда еще не умел. *В. Распутин, Уроки французского.*

21. ТЯНУТЬ ⟨ВЫТЯГИВАТЬ/ВЫТЯНУТЬ⟩ ЖИЛЫ *кто из кого*. Выматывать тяжелой, непосильной работой (говорится с неодобрением). Реч. стандарт. *кто* — лицо; *из кого* — лицо ⬤ Именная часть неизм. Нет повел. накл. ⬤ Порядок слов нефиксир.
◆ Не сладко было, Никитушка, жить нашей сестре. **Тянули из нас жилы**. *И. Лавров, Дом среди сосен.* Отец — вековечный казачий батрак, жилы вытянул, да сколько ни бейся: все равно — ни кола ни двора. *А. Серафимович, Железный поток.* Не для того я уехал из большого города, ушел

с большой работы, чтобы здесь, в степи, тянули из меня жилы. *Г. Николаева, В человеке не без чуда.* Дело было за малым: не было у Степоньки земли. И парень стал жилы из себя тянуть, чтобы заработать лишнюю копейку. К двадцати годам нажил грыжу... *Ф. Абрамов, Братья и сестры.* — Дак на кой же шут тогда жилы из себя **тянуть** столько лет? Иди на шофера выучись да работай. *В. Шукшин, Космос, нервная система и шмат сала.*

▦ Неформ.— Все жилы вы из меня вытянули, я на вас всю жизнь работала, а что получила? *(реч.)*

▲ Я решил **вытянуть** из него жилы.— И за дорогу содрали. Разве это цена — шесть гривен? Мы на нее почти и не смотрели...— Ах, вы вот как заговорили?! *А. Аверченко, Сельскохозяйственный рассказ.* — Ну, погоди же у меня, все жилы вытяну, а работать заставлю! *(реч.)*

22. ТЯНУТЬ ЛЯМКУ *кто*. Заниматься тяжелым (в физическом или нравственном смысле), однообразным трудом, подчиняясь внешним обстоятельствам (говорится с неодобрением). Реч. стандарт. *кто* — лицо ● Именная часть неизм. В буд. вр. только с модальными глаголами типа **вынужден, нужно, должен** и т. п. ● Порядок слов нефиксир.

◆ Перед глазами стояла судьба хозяина гостиницы: был он тоже официантом, много лет **тянул лямку**. *А. Серафимович, Золотой якорь.* Уже третий год **тянула** она **лямку** секретаря-машинистки у какого-то начальника в речном пароходстве. *О. Волков, Погружение во тьму.* Он **тянул лямку** в тюремном ведомстве еще с царских времен, был тульский старожилом, знал хорошо Козлова и Мамонтова. *О. Волков, Погружение во тьму.*

▦ — Ну, что ж поделаешь, видно, придется тебе **тянуть лямку** в своей конторе, пока не подыщешь что-нибудь получше. *(реч.)*

▲ — Я сделался журналистом. Я писал громовые статьи. Я узнал людей. **Тянул лямку** два года, плюнул, поехал в Техас. *А. Н. Толстой, Черная пятница.* И вновь **тяну лямку** в Вязьме, вновь работаю в ненавистной мне атмосфере среди ненавистных людей. *М. Булгаков — Н. А. Булгаковой-Земской от 31 декабря 1917 г.*

В поговорке «Тяни лямку, пока не выкопают ямку» (могилу).

ТЯП-ЛЯП <ТЯП ДА ЛЯП>. См. VI, 145

ЧЕРЕЗ ПЕНЬ-КОЛОДУ 1. См. VI, 151

VIII. БЕДНОСТЬ, БОГАТСТВО

1 БИТЬСЯ КАК РЫБА ОБ ЛЕД *кто*. Тщетно, безрезультатно прилагать усилия, чтобы выбраться из бедственного положения (говорится с неодобрением). Обычно подразумевается бедственное материальное положение. Реч. стандарт. *кто* — лицо ● Именная часть неизм. ● Порядок слов нефиксир.

◆ Марья работала как лошадь, и никто не знал, когда она спит. Надо было прокормить семью, и она **билась как рыба об лед**. *А. Серафимович, Дома.* Ребят у Данилки много, хлеба своего никогда до нови не хватает. **Бился как рыба об лед**. *С. Крутилин, Липяги.* И так **бьешься как рыба об лед**, только и думаешь, как бы вытянуть вас, а ты... *В. Каверин, Открытая книга.* Головы литераторов проплыли за мутным стеклом, донесся голос Ликоспастова: — **Бьешься, бьешься как рыба об лед**... Обидно! *М. Булгаков, Театральный роман.*

■ — Ты будешь **биться как рыба об лед** до конца дней своих, если решительно не изменишь свою жизнь. *(реч.)*
▲ — Я **как рыба об лед бьюсь** всю жизнь, да видно так никогда из нужды и не выберусь. *(реч.)* Я вот столько лет уж бьюсь как рыба об лед об эту гранитную скалу, называемую жизнью, и до сих пор еще не понимаю ее, до сих пор не могу устроиться в ней! *М. Салтыков-Щедрин, Противоречия.*

2. БРОСАТЬ/БРОСИТЬ <ПУСКАТЬ/ПУСТИТЬ> НА ВЕТЕР <ПО ВЕТРУ> *кто что.* Тратить, расходовать бесцельно, безрассудно (говорится с неодобрением). Обычно о деньгах, состоянии, имуществе. Реч. стандарт. *кто* — лицо, совокупность лиц, имеющая общее имущество (государство, колхоз и т. п.); *что* — материальные средства, имущество
● Именная часть неизм. ● Порядок слов нефиксир.
♦ Она думала: по счету в ресторане уплачено сто двадцать и цыганам сто, и завтра она, если захочет, может **бросить\на ветер** хоть тысячу рублей. *А. Чехов, Володя большой и Володя маленький.* Нас обманывают, обкрадывают, заставляют **пускать на ветер** народные деньги, умышленно портить импортное оборудование, а вы говорите, что больших происшествий не наблюдаете! *В. Тевекелян, Гранит не плавится.* — Ну, дай ему свое добро, дай! А он его по ветру пустит. *Ф. Панферов, Бруски.* Подвернулись [Артему] плохие соседи. Помогли мальчику **пустить по ветру** родительское добро. *Б. Изюмский, Алые погоны.* Не пускать же **на ветер** сотни центнеров семян да людскую работу. *В. Тендряков, Ненастье.*
■ — Детей у меня нет. Оставлю все тебе, хоть и боюсь, что ты все мной нажитое **по ветру пустишь**. Несерьезный ты человек. *(реч.)*
▲ Я, честно скажу, деньги **бросать на ветер** не люблю! *Э. Радзинский, Наш Декамерон.*

3. В КОПЕЕЧКУ влетать/влететь, стать, обойтись и т. п. В слишком большую сумму денег, чересчур дорого (говорится с неодобрением). Реч. стандарт ● Неизм.

Если строить прядильную машину так, как рекомендует изобретатель «Бронзовой прялки», то заводу новая затея **влетит в копеечку**. *Е. Катерли, Бронзовая прялка.* Два трактора вышли из строя на несколько дней, ремонт и новые части **влетят в копеечку**! *В. Овечкин, Слепой машинист.* Представляете, весь депутатский корпус, который обходится избирателям **в копеечку**, никак не может узнать, как обстоит дело с землей в Канаде или Голландии. *Вечерняя Москва, 1992.* Труд мой любому труду родствен. Взгляните, сколько я потерял, какие издержки в моем производстве и сколько тратится на материал... Гражданин фининспектор, честное слово, потому **в копеечку влетают** слова. *В. Маяковский, Разговор с фининспектором о поэзии.* — Если такие станки выбрасывать, вам амортизация обойдется **в копеечку**. *А. Макаренко, Флаги на башнях.* — Лист корабельной стали,— говорил он,— дорогая штука. **В копеечку** обойдется твой эксперимент в случае неудачи. *В. Кочетов, Журбины.* — Станет нам **в копеечку** война эта. *А. Фадеев, Разгром.*

4. В ЧЕМ МАТЬ РОДИЛА 2. оставить, пустить и т. п. Совсем без денег, без имущества (говорится с неодобрением, иногда с оттенком иронии). Обычно о потере имущества в результате кражи, мошенничества и т. п. Неформ. ● Неизм. ● В роли обстоятельства. Порядок слов фиксир.

И с той самой ночи пошла про Каюк дурная молва. Недаром пошла она: то проезжего, то прохожего задушат, оберут до нитки... пустят **в чём мать родила.** *Д. Фурманов, Мятеж.* В нашем доме уже не одна кража была. Недавно соседа обчистили — оставили **в чём мать родила.** *(реч.)* Они были мастера обыгрывать в карты новичков, не подозревавших, что карты — меченые. Оставляли бедолаг **в чём мать родила.** *(реч.)*

5. ГРЕСТИ <ЗАГРЕБАТЬ, ОГРЕБАТЬ> ДЕНЬГИ ЛОПАТОЙ *кто.* Зарабатывать, получать уйму денег. Подразумевается, что деньги достаются легко или имеется обильный источник дохода. Неформ. *кто —* лицо ● Именная часть неизм. ● Порядок слов нефиксир.

◆ [Шаблова:] Записался он адвокатом — пошли дела, и пошли, и пошли, **огребай деньги лопатой.** *А. Островский, Поздняя любовь.*— Случилось, говорит, мне быть в таком-то селе, так люди сказывали: была и у них эта икона. Более недели стояла. **Деньги загребали лопатой.** А как закончили, да собрались уезжать из села,— закутили дым коромыслом. Пьянство, блуд. *В. Короленко, История моего современника.* Все фотьянские бабы **лопатами деньги гребут:** и постой держат, и харчи продают, и обшивают приисковых. *Д. Мамин-Сибиряк, Золото.*— Ну, а как она из себя-то? Видом-то как? — продолжала допытываться Пелагея.— А чего видом-то... Работа не пыльная... И **деньги лопатой загребает...** *Ф. Абрамов, Деревянные кони.*

▨ (С оттенком иронии) Говорят, что твои дела пошли в гору, что ты **деньги лопатой гребёшь.** *(реч.)*

▲ (Обычно не употр. или с оттенком иронии) Как я живу? Да лучше всех! И на здоровье не жалуюсь, и **деньги лопатой огребаю.** *(реч.)*

6. ГРЕТЬ/ПОГРЕТЬ <НАГРЕВАТЬ/НАГРЕТЬ> [СЕБЕ] РУКИ *кто на чём.* Пользуясь обстоятельствами, наживаться нечестным путём (говорится с неодобрением). Реч. стандарт. *кто —* лицо; *на чём —* на каком-л. деле, случае и т. п., которые можно использовать как источник обогащения за счёт других ● Именная часть неизм. ● Порядок слов нефиксир.

◆ Я просился лекарем в армию генерала Тейлора. Мне нравилась эта мексиканская война. Там здорово **грели руки.** *К. Паустовский, Равнина под снегом.*— Без выгоды для себя они ведь не могут. Миллионные заказы хватают... Заводы свои государству втридорога продают, благодетели... Значит, **руки греют** на миллионах, да ещё и политическую репутацию наживают. *С. Голубов, Когда крепости не сдаются.*— В Хмелевском детдоме зав **нагрел себе руки.** Тысячи полторы прикарманил. *Ф. Вигдорова, Это мой дом.* Он, однако, не позволял себе увлекаться жадностью, овладевающею даже благотворительным человеком при очевидной возможности **погреть руки.** *Я. Бутков, Порядочный человек.* Было бы большой ошибкой утверждать, что все в Ленинграде выдержали испытание войной. Нашлись эгоисты и лихоимцы, пытавшиеся **погреть руки** на народном несчастье. *И. Соловьёв, Будни милиции.* Волею судьбы колхозы и совхозы вновь оказались у дармового корыта. Появилась реальная возможность в очередной раз **погреть руки** на народной нужде. *Куранты, 1992.*

▨ (Обычно с глаголом в инфинитиве) — Знаю я тебя, ты не упустишь случая **погреть руки,** стоит ему только подвернуться. *(реч.)*

▲ Не употр.

7. ДОЙНАЯ КОРОВА *кто, что.* Обильный и безотказный источник дохода, беззастенчиво используемый в личных целях (говорится с неодобрением). Реч. стандарт. *кто* — лицо; *что* — все, из чего можно извлечь доход ● В роли именной части сказ., доп. Порядок слов фиксир.

◆ Некоторые из читателей повести замечали в ней, что подробность эта безнравственна, и что понятие казны, как дойной коровы, надо искоренять, а не утверждать в народе. *Л. Толстой, Кому у кого учиться писать...* Рутинеры смотрят на науку, как на дойную корову, по весьма справедливому замечанию Шиллера. *А. Писарев, Библиографические заметки.* Докомандовались. Столица превратилась в большую дойную корову, которую теперь никто не хочет кормить, а выдаивать продолжают. *Куранты, 1992.* Пенсионный фонд, конечно, это та дойная корова, на которую сейчас многие рассчитывают. *Известия, 1992.*

■ (Только с доп.) Надо смотреть правде в глаза: ты для них был и будешь дойной коровой, если не прекратишь финансирование их заведомо убыточных проектов. *(реч.)*

▲ (Только с доп.) — Какой теннис, какие лыжи? Я давно уже стала дойной коровой для своей семейки. Работаю с утра до вечера. *(реч.)*

8. ДРОЖАТЬ <ТРЯСТИСЬ> НАД [КАЖДОЙ] КОПЕЙКОЙ 1. *кто*.
Проявлять чрезмерную скупость, быть скрягой (говорится с осуждением). Реч. стандарт. *кто* — лицо ● Именная часть неизм. ● Порядок слов нефиксир.

◆ Молодой купчик начинал сильно напоминать отца, скупого старика, дрожавшего над копейкой. *Д. Григорович, Переселенцы.* Генеральша была очень богата и неимоверно скупа: ... она в домашнем хозяйстве заправляла всем сама и дрожала над каждой копейкой. *А. Писемский, Тысяча душ.* Некогда отец его, Лука Силантьич, богобоязненный мужик, собирал по зёрнышку, по кусочку. Деньги носил на шее, обувался в лаптишки, трясся над каждой копейкой. *А. Неверов, Новый дом.*

■ — Как ты изменился за эти годы! Я помню, ты жил на широкую ногу — с размахом и щедростью, а теперь над каждой копейкой трясёшься, не хочешь и рубля отдать на благое дело. *(реч.)*

▲ Не употр.

9. ДРОЖАТЬ НАД [КАЖДОЙ] КОПЕЙКОЙ 2. *кто*.
Проявлять крайнюю степень расчётливости, быть чрезмерно экономным (говорится с неодобрением). Реч. стандарт. *кто* — лицо ● Именная часть неизм. ● Порядок слов нефиксир.

◆ Дарья Фёдоровна между тем видела, что её благосостояние висит на волоске и... начинала дрожать над каждой копейкой, считать количество сожжённых свечей, съеденных цыплят, истреблённых дров. *А. Шеллер-Михайлов, Лес рубят, щепки летят.*

■ — Ты, я вижу, разбогател, соришь деньгами, а ведь не так давно вынужден был дрожать над каждой копейкой, чтобы свести концы с концами. *(реч.)*

▲ В молодости я жил очень бедно, вечно дрожал над каждой копейкой, чтобы хоть как-то прокормить семью. *(реч.)*

10. ЗАЛЕЗАТЬ/ЗАЛЕЗТЬ В КАРМАН *кто чей, к кому*.
Тайно, украдкой присваивать себе чьё-л. добро (говорится с осуждением). Реч. стандарт. *кто* — лицо; *чей* — лица, а тж. чужой, государственный; *к кому* — к лицу ● Именная часть неизм. ● Порядок слов нефиксир.

◆ И перед каждым из нас встаёт вопрос: как же все-таки приструнить тех, кто подобным образом залезает в карман государства? *М. Максе-*

нов, За ширмой иска. Лошадь мне верная слуга. А люди, работники мои, норовят залезть мне в карман. *Ф. Гладков, Вольница.* Чужим добром поживиться в грех не ставится, не поверю я, чтобы к Смолокурову в карман залезали. *П. Мельников-Печерский, На горах.*
◼ — Боюсь, что ты, как и остальная чиновная братия, не упускаешь случая **залезть в государственный карман**. *(реч.)*
▲ Не употр.

11. ЗАПУСКАТЬ/ЗАПУСТИТЬ РУКУ <ЛАПУ> *кто во что.* Извлекать материальную выгоду, похищая или используя чье-л. добро, деньги (говорится с осуждением). Реч. стандарт. *кто* — лицо; *во что* — в чьи-л. материальные средства, а тж. в чей-л. карман (подразумевается — в чье-л. имущество) ● Именная часть неизм. ● Порядок слов нефиксир.
◆ Труслив ты стал, кум! Затертый не первый раз **запускает лапу в помещичьи деньги**, умеет концы прятать. *И. Гончаров, Обломов.* [Потапов], будучи военным агентом в Черногории, не позволял его [великого князя] тестю, черногорскому князю, **запускать лапу в русскую казну**. *Л. Никулин, Мертвая зыбь.* «Обобрал пьяного графа, — подумал я. — Если графа умеет обирать глухая и глупая Сычиха, то что стоит этому гусю **запустить в его карман лапу**?» *А. Чехов, Драма на охоте.* И пошла-поехала: над уборщицей, матерью двоих детей, измывается, ни с кем не считается, **руку запускает в государственный карман**. *Столица, 1992.* Надо усовещивать, урезонивать, уговаривать резвого отрока, желающего раньше времени превратиться в веселого юношу и **запустить предприимчивую руку в папашины карманы**, уже достаточно опустошенные. *Д. Писарев, Образованная толпа.*
◼ — Всем ясно, что ты женишься, чтоб **запустить руку в сундук невестиных родителей**. *(реч.)*
▲ Не употр.

12. ЗОЛОТОЕ ДНО *что.* Неисчерпаемый источник того, что может приносить доход (говорится с одобрением). Реч. стандарт. *что* — предприятия, виды собственности, богатые ресурсами территории ● В роли сказ. и доп. Порядок слов фиксир.
Заведите питомник, сад, огород... Тут **золотое дно**. *А. Кожевников, Живая вода.* Когда Сибирь была подчинена России совершенно, тогда русские купцы начали отправляться в это «**золотое дно**» за мехами драгоценными и другими произведениями сибирскими. *П. Мельников-Печерский, Дорожные записки.* Этот кирпичный заводик в руках опытного предпринимателя мог бы превратиться в **золотое дно**. *(реч.)* Америка стала для переселенцев **золотым дном**. *(реч.)*

13. КАК ЛИПКУ обдирать/ободрать, обирать/обобрать, обчищать/обчистить. Дочиста (говорится с неодобрением). Неформ. ● Неизм.
— Пусть стыдятся те, кто вас сделал нищим. Богачи пусть стыдятся! Это они **ободрали вас как липку**. *Н. Носов, Незнайка на Луне.* «Манчжурия» и Ашуровы решили **обобрать Князеву как липку** и заломили фантастическую цену за аренду пароходов. *К. Паустовский, Кара-Бугаз.* Граф предложил ему [Мизинчикову] место управляющего в своих поместьях, прогнав прежнего управителя немца, который, несмотря на прославленную немецкую честность, **обчищал своего графа как липку**. *Ф. Достоевский, Село Степанчиково и его обитатели.* [Кулак] **как липку может ободрать** какой-нибудь киргизский кишлак. *Д. Фурманов, Мятеж.*

14. КАК СЫР В МАСЛЕ КАТАТЬСЯ *кто*. Жить в полном довольстве, изобилии, легко и беззаботно (говорится с одобрением. В том случае, когда хотят подчеркнуть чью-л. праздность и безделье, говорится с неодобрением). Реч. стандарт. *кто* — лицо ● Именная часть неизм. ● Порядок слов нефиксир.

♦ Остряки подшучивали: — А зачем ему высокая зарплата? Женится на дочери начальника отдела кадров, будет **кататься как сыр в масле**. *М. Колесников, Алтунин принимает решение.* Таля прожил не два дня, а целых четыре, **катался как сыр в масле**. Обедал по-царски. Спал до полудня. *И. Грекова, Хозяйка гостиницы.* Покуда гостила Евдокия Лукинична, Ася с Людой и Матвеем **катались как сыр в масле**. Комната убрана, обед приготовлен, Матвейка обстиран — земной рай!.. *И. Грекова, Кафедра.* Я терпи, а мироед да барин **как сыр в масле катаются** да на мне ездят. А мне вот терпенье-то кости ломает. *Ф. Гладков, Повесть о детстве.* Он всю жизнь все получал даром, **катался как сыр в масле**. (реч.)

■ Переходи в наш отдел — будешь **кататься как сыр в масле**! (реч.) — У тебя золотые руки!.. Ты бы мог знаешь как жить!.. Ты бы **как сыр в масле катался**.— А я не хочу **как сыр в масле**. Склизко. *В. Шукшин, Мастер.*

▲ (Часто с оттенком иронии) Он насильно оставил у меня на пяльцах пятьсот рублей... сказал, что в деревне я растолстею, как лепешка, что буду у него **как сыр в масле кататься**. *Ф. Достоевский, Бедные люди.* Живу со своей попадьей потихоньку, кушаю, пью да сплю, на внучат радуюсь... **Как сыр в масле катаюсь** и знать никого не хочу. *А. Чехов, Степь.*

15. КАК У ХРИСТА ЗА ПАЗУХОЙ 1. жить, служить и т. п. Без всяких забот, хорошо, спокойно (говорится с одобрением). Подразумеваются благоприятные обстоятельства, чье-л. попечение и т. п. Реч. стандарт. ● Неизм. ● Порядок слов фиксир.

— И прекрасно. Он как раз детей очень любит. У него под Москвой домик... будете жить-поживать да добра наживать. Он не пьет, не буянит, сроду никогда грубого слова не сказал. **Как у Христа за пазухой** будешь жить. *В. Шукшин, Печки-лавочки.* — И долго нам так плыть, братцы, по-хорошему, **как у Христа за пазухой**? — спрашивает низенький белокурый молодой матрос с большими серыми глазами на необыкновенно добродушном и симпатичном лице. *К. Станюкович, Моряк.* Службист фельдфебель определенно нравился барону. Вот бы такого хозяина заполучить в роту. За таким фельдфебелем командир роты **как у Христа за пазухой**. *Н. Брыкин, Искупление.*

16. КУРЫ НЕ КЛЮЮТ денег *у кого*. Излишнее, избыточное количество (денег) (говорится с неодобрением). Неформ. *у кого* — у лица ● Неизм. ● Порядок слов фиксир.

А он-то всем старался показать, что у него денег — **куры не клюют**, швыряет и туда и сюда! *Н. Морозов, Повести моей жизни.* И Сашка там какого-то влюбленного племянника изображает... И боюсь, что только ради денег. А их у него, судя по всему, **куры не клюют**. *В. Некрасов, Маленькая печальная повесть.* Эх, житье этим господам, право! Денег — **куры не клюют**. *Г. Данилевский, Беглые в Новороссии.* Он бы прямо на митингах мог деньги зарабатывать,— мутно мечтал пес,— первоклассный деляга. Впрочем, у него и так, по-видимому, **куры не клюют**... *М. Булгаков, Собачье сердце.* У Иннокентия Ивановича, всякий знал, денег **куры не клюют**, его так и звали: Иннокентий Карманович.

В. Распутин, Живи и помни. У одних денег **куры не клюют**, а другим на водку не хватает. *(реч.)*

17. НА ШИРОКУЮ НОГУ жить, праздновать, вести дела и т. п. С размахом и щедростью, не жалея средств. Реч. стандарт ● Неизм. ● Порядок слов фиксир.

...живет она **на широкую ногу**: наняла... особняк с большим садом.., имеет двух горничных, кучера. *А. Чехов. Скучная история.* Но и все, кроме Нины, казалось чужим в богато обставленной квартире Гусевых. Отец Нины жил **на широкую ногу** и даже держал автомобиль. *И. Кремлев, Большевики.* В начале 30-х Навашин — уже директор банка, крупный советский финансист, автор двух книг. Жил в особняке **на широкую ногу**. *Куранты, 1992.* Разбогатев, Дрыкин стал строить дом. Он строил его **на широкую ногу**, со всеми удобствами, ворочая большими капиталами. *Г. Успенский, Про счастливых людей.* Возможно, создатели пролетарского государства хотели покончить с воспитанием «благородных» и поставить **на широкую ногу** воспитание трудящихся и эксплуатируемых. *Комсомольская правда, 1992.*

18. НАБИВАТЬ/НАБИТЬ [СЕБЕ] КАРМАН <КАРМАНЫ> *кто*. Обогащаться, наживаться (говорится с неодобрением). Подразумевается чье-л. жадное стремление к быстрому обогащению, обычно нечестным путем. Неформ. *кто* — лицо, группа лиц ● Именная часть неизм. ● Порядок слов нефиксир.

◆ — Нет, батенька, в самом деле, чего же вы-то смотрите? Они **себе набивают карманы**, а вы зеваете? *В. Вересаев, На японской войне.* Раболепствуя перед хозяином и закулисно борясь друг с другом, начальство себя не забывало и умело, теми или другими путями, **набивать себе карманы**. *И. Павлов, Моя жизнь и встречи.* В трикотажном цехе этой артели подобрались такие люди, которые больше заботятся о том, как бы **набить себе карманы**. *И. Соловьев, Будни милиции.* Вижу, что и Титов не чист перед хозяином — **набивает он карман** как можно туго. *М. Горький, Исповедь.*

■ (С оттенком иронии) — Ты лучше себя самого укрась, брюхо набей потолще, **карман набей**, чтобы видели, кто ты такой есть. *Н. Задорнов, Амур-батюшка.*

▲ Не употр.

19. НЕ ПО КАРМАНУ *что [кому]*. Не по средствам (говорится с неодобрением). Подразумевается, что чьи-л. доходы недостаточны для данной траты. Неформ. *что* — предмет, живое существо, дело, мероприятие, требующие затрат; *кому* — лицу ● Неизм.

Ну, а зимой, когда зеленого луку не было, а репчатый был **не по карману**, просто мешали хлеб да квас и иногда заправляли для вкуса кислым молоком. *Б. Полевой, Глубокий тыл.* Он увидел, как молодая женщина показала пожилой монахине массивный крест и что-то сказала. Та лишь вздохнула и отошла. Видимо, названная сумма была ей **не по карману**. *В. Куценко, Г. Новиков, Сокровища республики.* Красивые, конечно, сапожки, но **не по карману**. Привезешь, а первая же [жена] заругает. Скажет, на кой они мне такие дорогие! *В. Шукшин, Сапожки.* Я отважился зайти к фотографу и робко справился о цене [фотографии]... — Один рубль... Но и такая цена была мне **не по карману**. *С. Маршак, В начале жизни.*

20. НИ КОЛА НИ ДВОРА *у кого.* Нет ни своего жилья, ни хозяйства (говорится с неодобрением). Чаще употр., когда хотят подчеркнуть чью-л. бедность или неустроенность. Реч. стандарт. *у кого* — у лица ● Неизм. ● Порядок слов фиксир.

Своего у Никитушки ничего не было: ни жены, ни детей, ни кола ни двора. *Н. Лесков, Некуда.* У нас с тобой, Артем, ни кола ни двора, горб да руки, как говорится, вековая пролетария. *Н. Островский, Как закалялась сталь.* Ни земли, ни хозяйства я никогда не имел, земледелием не занимался, и в Кандалах у меня не было ни кола ни двора и ни одной знакомой души. *С. Скиталец, Кандалы.* ...он уже забыл, как они сами начинали — ни кола ни двора, год в общежитии жили врозь, целовались по углам! *В. Кетлинская, Вечер. Окна. Люди.* Посадил он того продавца на десять лет за излишек и взятку по совокупности... И вот выходит наш продавец на свободу. Садили — жена у него оставалась, интересная баба. А вернулся — ни кола ни двора. Ни одной близкой души. *А. Вампилов, Прощание в июне.* Грянула Отечественная война. Мирогощь, утопавшую в садах, фашисты сожгли дотла. Не осталось, как говорится, ни кола ни двора и, разумеется, ни одной яблони. *Известия, 1981.* Они и сейчас, среди зимы, живут в палатках... А где же им еще жить, строителям, если до них на Порогах ни кола ни двора не было, если до них тут было пусто место? *А. Рекемчук, Молодо-зелено.*

21. НИ КОПЕЙКИ <НИ ГРОША> [ЗА ДУШОЙ] *у кого.* Совсем нет денег (говорится с неодобрением). Подразумевается их отсутствие на текущие затраты. Реч. стандарт. *у кого* — у лица ● Неизм. ● Порядок слов нефиксир.

У нее [жены] кое-что припрятано, этак тысяч сорок или пятьдесят, у меня же ни копейки за душой, ни гроша,— ну, да что толковать! *А. Чехов, О вреде табака.* Горький заговорил о наших материальных делах. Как это было кстати. У писателей, собравшихся в этот день на Кронверкском, не было ни гроша. *В. Каверин, Неизвестный друг.* Гаврик знал, что, несмотря на приличные заработки, у него никогда не было ни копейки за душой. *В. Катаев, Белеет парус одинокий.*

<small>В старину деньги хранили на груди, «за душой»: по народным представлениям душа человека помещалась в углублении между ключицами. (РФ, с. 74)</small>

ПЛЫТЬ <ИДТИ> В РУКИ *что [кому].* См. VI, 90

22. ПОЛНАЯ ЧАША *[у кого].* Полный достаток и изобилие, всего много (говорится с одобрением). Реч. стандарт. *у кого* — у лица ● Неизм. ● Обычно в сочетании Дом полная чаша. В роли сказ. Порядок слов фиксир.

Поездка совсем выбила их из денег, и Боб выложил им десять лимонов на дорогу. У Боба все благополучно и полная чаша. *Н. А. Булгакова — Земской, 24 марта 1992 г.* Мужик еще не старый, вдовый, дети взрослые, дом — полная чаша. *И. Грекова, Хозяйка гостиницы.* Дом у тебя полная чаша, наследство в амбарах поди не уменьшается. *Л. Леонов, Русский лес.*

23. ПУСКАТЬ/ПУСТИТЬ <ВЫПУСКАТЬ/ВЫПУСТИТЬ> В ТРУБУ
1. *кто кого.* Разорять, оставлять совсем без денег или имущества (говорится с неодобрением). Реч. стандарт. *кто, кого* — лицо, совокупность лиц, имеющая общее имущество (компания, предприятие и т. п.) ● Чаще употр. глагол сов. в. Глагол несов. в. употр. со значением многократности. Именная часть неизм. ● Порядок слов нефиксир.

◆ Хотим завод спасти. А спасти его можно только тем, ежели мы сумеем ценой побить всех, кто хочет нас в трубу **выпустить**, по миру пустить, последний кусок отнять. *Е. Пермяк, Горбатый медведь.* «Родька, а тебя надо в люди выводить»,— однажды сказал ему инженер. Инженер дал ему небольшой подряд, потом дал подряд побольше. Через три года Родька своего благодетеля **выпустил в трубу**, а к революции имел миллионный капитал. *В. Шишков, Странники.*
▇ — А тебе не кажется, что твой капитал нажит не совсем честно? Ты ведь пустил в трубу не одного фермера, прежде чем стал хозяином этих земель. *(реч.)*
▲ — Года через три или я сделаю миллионы, или лопну, как мыльный пузырь... Зла трудящимся я не собираюсь делать, разве пущу в трубу десяток-другой спекулянтов. *А. Н. Толстой, Эмигранты.*

24. вылетать/вылететь в трубу *кто.* Разоряться, оставаться совсем без денег или имущества.
◆ — По осени гусей считают, Иван Семенович,— скромничал Груздев, очень польщенный таким вниманием.— Наше такое дело: сегодня богат, все есть, а завтра в трубу вылетел. *Д. Мамин-Сибиряк, Три конца.* В этом зале разыгрывается последний акт драмы тех, кто не выдержал конкуренции,— они, что называется, вылетают в трубу. *Н. Грибачев, Среди небоскребов.* А всем верить нельзя,— ...сердито отозвался Малинин.— Всем верить в трубу вылетишь. *К. Симонов, Живые и мертвые.*
▇ — Ты слишком доверяешь своему компаньону. Будь осмотрительней, в трубу вылетишь. *(реч.)*
▲ Будут ваши братцы при капитале! — Будут. Вот я так ни при чем останусь — это верно! Да, вылетел, брат, я в трубу! *М. Салтыков-Щедрин, Господа Головлевы.*

25. ПУСКАТЬ/ПУСТИТЬ ⟨ВЫПУСКАТЬ/ВЫПУСТИТЬ⟩ В ТРУБУ
2. *кто что.* Тратить, расходовать безрассудно (говорится с неодобрением). Реч. стандарт. *кто* — лицо, совокупность лиц, имеющая общее имущество (компания, предприятие и т. п.); *что* — материальные средства, обычно имущество ● Чаще употр. глагол сов. в. Глагол несов. в. употр. со значением многократности. Именная часть неизм. ● Порядок слов нефиксир.
◆ Он успел все женино состояние выпустить в трубу. *А. Писемский, Масоны.* Для многих предприятий стало обычным делом пускать в трубу государственные дотации в надежде на новые ежегодные поступления. *(реч.)*
▇ Быков крякнул, покачал головой удивленно: — Значит, погорел, деньги в трубу пустил? Эх, легкая твоя жизнь. *Ю. Бондарев. Тишина.*
▲—Я никчемный человек—все отцовское состояние в трубу пустил.*(реч.)*

С ЖИРУ БЕСИТЬСЯ *кто.* См. XII, 89

26. С ПРОТЯНУТОЙ РУКОЙ ИДТИ ⟨ПОЙТИ⟩ *кто.* Униженно и покорно обращаться с просьбами о материальной помощи, нищенствовать, побираться (говорится с неодобрением). Реч. стандарт. *кто* — лицо, группа лиц, объединенных общей целью, социальный коллектив ● Именная часть неизм. ● Порядок слов нефиксир.
◆ ...заработанные на местах средства передаются в Центр, а затем Советы идут с протянутой рукой в Центр и просят выделить что-нибудь из ими же заработанного. *Стенограмма 1-го съезда депутатов СССР,*

1989. Передача средств, полученных от оплаты коммунальных услуг, в городской бюджет выльется в то, что округам опять придётся пойти с **протянутой рукой** в мэрию. *(реч.)*
■ Все эти финансовые эксперименты кончатся тем, что ты потеряешь всё заработанное и пойдёшь по миру **с протянутой рукой**. *(реч.)*
▲ — Ты не думаешь о семье! Если ты завтра же не найдёшь себе работу, мы все пойдём **с протянутой рукой**. *(реч.)*

27. СВОДИТЬ/СВЕСТИ КОНЦЫ С КОНЦАМИ 1. *кто*. Укладываться в ограниченную сумму. Имеется в виду скудный заработок или доход. Реч. стандарт. *кто* — лицо, совокупность лиц, имеющих общий доход (семья, учреждение и т. п.) ● Чаще употр. глагол несов. в. в наст. вр. Обычно со словами **с трудом, еле-еле, едва, кое-как**. Именная часть неизм. ● Порядок слов нефиксир.

◆ — Где он преподаёт? — В интернате... — Значит, это ему для чего-то надо. — Конечно, — с оттенком иронии сказал я. — И не в последнюю очередь для денег. Он ведь неважно живёт, едва **сводит концы с концами**. *В. Амлинский, Ремесло.* Имение-то у него заложено-перезаложено — как ему **свести концы с концами**? *Ф. Гладков, Повесть о детстве.* Жалованья там платили так мало, что семья еле-еле **сводила концы с концами**. *А. Голубева, Мальчик из Уржума.*
■ — О какой поездке на юг может идти речь, когда ты едва **сводишь концы с концами**? *(реч.)*
▲ — Пока я холостой и у меня на руках только одна больная сестра, я **концы с концами свожу**, хватает и на питание, и на одежду. *Е. Мальцев, Войди в каждый дом.* — Так хочется, чтобы девочка была одета прилично! Уж тянемся, тянемся с отцом. Оба ведь работаем и еле **концы с концами сводим**! *Н. Дементьев, Иду в жизнь.*

28. СЕСТЬ/САДИТЬСЯ НА МЕЛЬ *кто, что*. Попасть в крайне затруднительное положение (говорится с неодобрением). Обычно имеется в виду материальное положение. Часто подразумевается невозможность продолжать ранее начатое дело. Реч. стандарт. *кто* — лицо, группа лиц; *что* — предприятие ● Именная часть неизм. ● Порядок слов нефиксир. **на мели** оказаться. В крайне затруднительном положении ● В роли именной части сказ.

◆ Из домашних разговоров девушка знала, что.., наткав много сверхпланового материала, ткачи в некотором роде **сели на мель**... Развив темпы, ткачи пустили в дело запасы, отпущенные на следующий квартал. *Б. Полевой, Глубокий тыл.* Ликвидировали по чьему-то приказу чёрные пары и сразу **сели на мель**. *И. Стаднюк, Люди не ангелы.* Расходов предстояло ещё очень много... Павел был в очень трудном положении и **сел бы** совершенно **на мель**, если бы сама судьба в образе Перепетуи Петровны не подала ему руку помощи. *А. Писемский, Тюфяк.* От лучшей бумаги... моя книжка станет дороже почти вдвое. Это было бы ничего, если бы я был уверен, что моё издание не **сядет на мель**. *А. Чехов, Письмо А. С. Суворину, 1888.* Конечно, надо вести дело так, чтобы частные предприятия не разорялись — кому охота брать кредит и тут же **на мель садиться**. *(реч.)* С разрывом региональных связей многие предприятия оказались **на мели**: перестали поступать комплектующие детали. *Известия, 1992.*
■ Из-за своей безалаберности в денежных делах ты и **сел на мель**: надо всегда откладывать какую-то сумму на чёрный день. *(реч.)*

▲ В последние годы нам очень мало платят. Купила мебель — и тут же села на мель, о поездке на отдых и думать не приходится. *(реч.)*

29. **сидеть** <**быть**> **на мели.** Находиться в крайне затруднительном положении.
◆ Отец **на** самой форменной **мели сидел** в то время. Весь в карты продулся: на носу ярмарка, на Николу вешнего, а у него, кроме гнедухи старой, никого на подворье. *Ф. Абрамов, Илья Нешесов.* Наш институт еще долго будет **сидеть на мели,** если не перейдет на систему контрактов. *(реч.)*
■ — Ты и в прежние времена часто **сидел на мели,** а теперь уж и вовсе из долгов не вылезаешь. Надо что-то предпринять. *(реч.)*
▲ — Ты можешь мне дать денег взаймы? — Нет. Я ушла с работы и сейчас **на мели:** ни копейки за душой нет. *(реч.)* В начале июня денег у меня будет куча, но покамест я **на мели.** *А. Пушкин, Письмо.*

[ХОТЬ] ПРУД ПРУДИ *[у кого] чего, кого;* реже *кем, чем.* См. XVI, 21

IX. ИНТЕЛЛЕКТУАЛЬНЫЕ СПОСОБНОСТИ И СОСТОЯНИЕ

1. **БЕЗ ЦАРЯ В ГОЛОВЕ** *кто.* Глуповат, без соображения (говорится с неодобрением или пренебрежением). Неформ. *кто* — лицо ● Неизм. ● В роли определения или в составе именного сказ. Порядок слов фиксир.
◆ Он ошибается, если смотрит на меня только как на талант, который настолько малодушен и **без царя в голове,** что поддается каждому влиянию. *М. Антокольский — С. И. Мамонтову от 17 апреля 1874 г.* Умный хозяин сам поймет, а если **без царя в голове** — зря слова изведешь. *Н. Грибачев, Журавли скликаются.* Дегтярь попал в ее жизнь в такое время, сразу после подполья, когда она стала словно **без царя в голове** — счастливая, безрассудная и бесконечно доверчивая ко всем своим. *К. Симонов, Солдатами не рождаются.* — ...Говоришь, ветреный человек? **Без царя в голове?** — Летун,— подтвердил я. *А. Безуглов, Следователь по особо важным делам.* — А есть, знаешь, и такие.., **без царя в голове.** Если его не укрепить на одном месте — сиди работай, как все, не рыпайся никуда и семью не мучай,— так он до веку сам своей жизни не устроит. *В. Овечкин, Без роду, без племени.*
■ — В боевой обстановке он не нужен. Там показатель работы всех: сбил цель или нет.— А вы не **без царя в голове,**— улыбнулся Незнамов. *Н. Грибачев, Ракеты и подснежники.*
▲ — Для этого, между прочим, в колхозах есть и ученые — агрономы, зоотехники, да и мы, председатели, вместе с правлением тоже не **без царя в голове.** *И. Стаднюк, Люди не ангелы.*

2. **В [СВОЕМ, ЗДРАВОМ, ПОЛНОМ] УМЕ быть,** находиться *кто.* В психически нормальном состоянии. О том, что кто-л. способен адекватно воспринимать происходящее и действовать разумно (говорится с одобрением). Неформ. *кто* — лицо ● Неизм. ● Обычно в форме вопроса или со словами, обозначающими временную модальность: **В уме ли он? Он пока (еще) в своем уме.** В составе именного сказ. Порядок слов фиксир.
◆ «Разве можно утащить паровой котел?!. **В своем ли уме** этот задира?» *Н. Поливин, Корабельная сторона.* ...Это выражается в том, что я действую как безумный, а думаю, мысленно фиксирую свои действия как человек **в здравом уме.** *Г. Медведев, След инверсии.*

■ Фам.— Как? Что? Да ты в уме али нет? — Совершенно в полном своем уме-с. *Ф. Достоевский, Братья Карамазовы.* От удивления он широко разинул глаза: — Ты, бабка, в своем уме? Жить, что ли, собралась? *В. Распутин, Прощание с Матерой.*— В ученые лезешь? — Да ты в уме? Как это так — лезешь! Мне же интересно. *Ю. Герман, Дело, которому ты служишь.* [Кири:]... Необходимо сейчас же избрать нового правителя. [Ликки:]... На кого? [Кири:] Меня. [Ликки:] Ты как, в здравом уме? [Кири:] В здравом. *М. Булгаков, Багровый остров.*
▲ [Хлудов:] Есаул, берите конвой, знамя.., я сейчас приеду. [Голован:] Осмелюсь доложить... [Хлудов:] Я в здравом уме, приеду, не бойтесь, приеду. *М. Булгаков, Бег.*— Чего ты мелешь... Опомнись.— Не беспокойся. Я в своем уме. *Ф. Абрамов, Две зимы и три лета.*— Ну, не надо так! Я еще в своем уме,— вспылила она.— «Дураки остались в дураках»,— он пишет. Это кто? *Г. Полонский, Доживем до понедельника.*

3. ВДОЛЬ И ПОПЕРЕК 2. знать, запомнить, изучить и т. п. Основательно, подробно, во всей полноте. Об умении хорошо ориентироваться в чем-л., понимать кого-л. Реч. стандарт ● Неизм. ● В роли обстоятельства. Порядок слов фиксир.

— Не учи меня! Я твою болезнь знаю **вдоль и поперек**; она может продлиться до твоей смерти. *Н. Успенский, Сельская аптека.* Авдотья молча присматривалась к мужу. Ей думалось, она знает его **вдоль и поперек**, а в этой напряженной сумрачности его было что-то неожиданное и непонятное ей. *Г. Николаева, Жатва.* Сургу она знала **вдоль и поперек** — семь лет тут возилась с коровами до того, как встала на пекарню. *Ф. Абрамов, Пелагея.* На другой день Тарас Бульба уже совещался с новым кошевым, как поднять запорожцев на какое-нибудь дело. Кошевой был умный и хитрый козак, знал **вдоль и поперек** запорожцев. *Н. Гоголь, Тарас Бульба.* Кто-то ведь должен таким важным делом заниматься... Кто же, как не он? Человек, **вдоль и поперек** знающий жизнь?! *С. Залыгин, Наши лошади.*— А ведь мы тоже ведем теперь далеко не прозаическую жизнь. Шалаш, уединение, подполье... Нешуточное дело для... марксистов, знающих «Капитал» **вдоль и поперек**. *Э. Казакевич, Синяя тетрадь.* Он составил программу времяпровождения до поездки, запомнив **вдоль и поперек** анонсы во всех газетах. *К. Федин, Первые радости.* Типы различных героев, сменявших друг друга в течение последних трех или четырех десятилетий, известны нам **вдоль и поперек**. *Д. Писарев, Образованная толпа.*

ВИТАТЬ В ОБЛАКАХ ⟨устар. **В ЭМПИРЕЯХ**⟩ *кто.* См. IV, 4

4. ВПАДАТЬ/ВПАСТЬ В ДЕТСТВО *кто.* Поглупеть, вести себя неразумно, несообразно возрасту (обычно о старых людях) (говорится с неодобрением). Неформ. *кто* — лицо ● Именная часть неизм. ● Порядок слов нефиксир.

◆ Это совсем глупый, дряхлый старикашка, **впавший в детство**. *А. Гаршин, Новая картина Семирадского.* Его не трогали, должно быть, оттого, что старый этот князь давно спился и **впал в детство**. *К. Паустовский, Бросок на юг.*— Наш командующий окончательно лишился ума.— И штаб его **в детство впал**. *А. Новиков-Прибой, Цусима.* «Мурзилку» вы привезите вашему Линеву. Почтенный бригадир при виде вас **впадает в детство**. *Б. Полевой, Современники.*
■ Фам.— По-моему, ты начинаешь **в детство впадать**. *(реч.)*
▲ Обычно не употр.

5. ВЫЖИВАТЬ/ВЫЖИТЬ ИЗ УМА кто. Перестать соображать, здраво мыслить, поглупеть от старости (говорится с неодобрением). Неформ. *кто* — лицо ● Именная часть неизм. Обычно сов. в. ● Порядок слов нефиксир.

◆ ...воспользоваться тем, что старикашка выжил из ума.., это так низко... *Ф. Достоевский, Дядюшкин сон*. Представьте же теперь вдруг воцарившуюся в его тихом доме капризную, **выживавшую из ума** идиотку.., перед которой дядя считал своей обязанностью благоговеть... *Ф. Достоевский, Село Степанчиково и его обитатели*. Здесь жила еще Прохоровна — глухая столетняя, **выжившая из ума** одинокая старуха. *А. Куприн, Конокрады*. Но Алька еще **из ума не выжила**, чтоб с каждым пьяным огарком среди бела дня обниматься. *Ф. Абрамов, Алька*. Самому молодому — под восемьдесят...— Они, поди, уже совсем **из ума выжили!** *А. Степанов, Семья Звонаревых*.

■ Фам.— Какие ты народы назвал? Нет их в библии.— Старик встал и пошел прочь, злобно ворча.— **Из ума ты выживаешь**, Тяпа,— убежденно сказал вслед ему учитель. *М. Горький, Бывшие люди*.

▲ — Вот ведь какое со мной горе! Гостья пришла, а я лежу как бревно... Все одна да одна, совсем **из ума вышла**. *Ф. Абрамов, Пелагея*. «...Ой, что я говорю? Совсем **из ума выжила**. Надо, надо мне развлечься...» *Р. Солнцев, Имя твое единственное*.

6. ГЛАЗ НАМЕТАН [у кого, чей в чем]. Большой опыт, позволяющий с первого взгляда безошибочно распознать что-л. Имеется в виду способность сразу определять качества кого-л. или чего-л., вникать в суть дела. Реч. стандарт. *у кого, чей* — у лица; *в чем* — в оценке качества, количества, свойств и т. п. ● Не употр. с глаголом-связкой в буд. вр. В безличном употреблении ● Часто в роли самостоят. предложения. Порядок слов нефиксир.
глаз набит. Неформ.

Антонина Ивановна двадцать лет на заводе сортировщицей отстояла — **глаз наметан**. Умеет с полувзгляда годное от негодного отличать. *А. Ильин, Выходила...* Но у Кати **глаз** на этот сорт людей был более **наметан**. «Полицейские»,— без ошибки определила она. *Г. Марков, Сибирь.*— Он очень опытный врач. Слава Богу, двадцать лет в клинике. Диагноз без рентгеновских снимков ставит. **Глаз наметан**. *(реч.)* — Что-то тут не так, мне кажется. Посмотри, пожалуйста, у тебя в таких делах **глаз наметан**. *(реч.)*
глаз набит [у кого, чей на чем]. Неформ. *на чем* — на оценке качества, количества, свойств и т. п.

Как он разглядел ночью в старом ЗИСе угонщика — кто его знает... Но увидел, что не та рука машину ведет, какую-то неточность заметил — **глаз-то набит!** *С. Панкратов, Тревожные будни*. [Кабатчица:] Посетители — первый класс, каких ныне мало. У меня уж **набит глаз** в оценке материала. *С. Есенин, Страна негодяев*. Мой **глаз** в то время был уже достаточно **набит**, и я умел с первого взгляда, по внешним признакам.., сравнительно точно предсказывать, какая продукция может получиться в каждом отдельном случае из этого сырья. *А. Макаренко, Педагогическая поэма*.

7. ГОЛОВА ⟨КОТЕЛОК, МОЗГИ⟩ ВАРИТ ⟨ВАРЯТ⟩ у кого. Сообразительность имеется, смекалка работает (говорится с одобрением). Неформ. *у кого* — у лица ● Порядок слов нефиксир.

Все мучившие меня вопросы оказались излишними. Он сам мне на них ответил. **Голова** у этого парня **варила**. *А. Кленов, Поиски любви*.— До сих пор **голова** у тебя варила неплохо. *Е. Пермитин, Поэма о лесах*. У фашистов сплошного фронта нет,— они наступают... узкими клиньями, и, если у тебя **котелок варит**, всегда можно проскочить. *А. Н. Толстой, Родина*. А что красота? Она мальчишке — как рыбе зонтик. Голова бы работала. А на голову он не жалуется, **котелок** у него **варит**. *Н. Поливин, Корабельная сторона*.— Вот и видно мне,— сказал Евтей,— что человек не для себя существует, а для движения жизни. Ты что же, полагаешь, что я за одну зарплату лес стерегу?.. Я хоть и неученый, а **котелок** у меня **варит**. *К. Паустовский, Повесть о лесах*. — **Мозги** у вас **варят**, ребятки, и **варят** хорошо, вот что я скажу! *Н. Поливин, Корабельная сторона*. Смирнов шагнул к учительнице: — Напрасно вы, товарищ педагог, так на Петрова нападаете. Ведь не придурок же он, а на строительстве вообще доказал, что **варят** у него **мозги**, и неплохо **варят**! *(реч.)*

8. **ГОЛОВА ДУБОВАЯ** *кто*. Тупоумный, болван (говорится с неодобрением). Фам. *кто* — лицо ⬣ Обычно ед. ч. ⬣ Обычно обращение. Порядок слов нефиксир.
◆.(Как цитация) А он, **голова** такая **дубовая**, стоит и только глазами хлопает, ответить ничего не может! *(реч.)*
▨ Грубо-фам.— Понимаешь, **дубовая голова**, что ты наделал? *А. Первенцев, Честь смолоду*.— Ну, ты, **дубовая голова**, подбери губы! Давай тали заправлять! Живо! *В. Вересаев, Ванька*. [Бунша (шепотом):] Я не имею права по должности управдома такие бумаги подписывать. [Милославский:] Пиши. Ты что написал, **голова дубовая**? Управдом?.. Вот осел! Пиши: Иван Грозный. *М. Булгаков, Иван Васильевич*.
▲ Не употр.

9. **ГОЛОВА [И] ДВА УХА <С УХОМ>** *кто*. Несообразительный, бестолковый (говорится с неодобрением, пренебрежением). Фам. *кто* — лицо ⬣ Неизм. ⬣ Обращение. Обычно в конструкции типа Эх ты, **голова два уха**! Порядок слов фиксир.
◆ — Старший лейтенант Уханов у вас?.. Никак исчез? Где же он, **голова два уха**? *Ю. Бондарев, Горячий снег*.
▨ — ...Эх, **голова два уха**! Ну какое ж от тебя может быть содействие? *Б. Богомолов, Иван*.— Я инвалид войны. Давайте мне матроса! — Да пойми ты, **голова два уха**! Сокращение у нас. *Б. Можаев, Живой*. Геха снисходительно улыбнулся.— Эх ты, **голова два уха**! Ничему, вижу, жизнь не научила... *Ф. Абрамов, Мамониха*.— Эх, ты, **голова и два уха**...— как голова едва в твое распоряжение? Кепку носить? *Е. Воробьев, Высота*. Емельян дружески нахлобучил Фильке кепку по самый нос.— Эх ты, **голова два уха**... Ведь это история, а ты про совхоз!.. *В. Шишков, Странники*.— Ах ты... **голова с ухом**!.. Ты что читаешь! — Колдоговор.— Какого года?! *М. Булгаков, Не те брюки*.
▲ (С иронией) Ах, черт, **голова я два уха**! Не мог понять элементарного уравнения! *(реч.)*

10. **ГОЛОВА ИДЕТ <ПОШЛА> КРУГОМ** *у кого, чья от чего*. Теряется способность ясно соображать (говорится с неодобрением). Реч. стандарт. *у кого, чья* — у лица; *от чего* — от множества дел, забот; от массы впечатлений, переживаний, волнений ⬣ Обычно ед. ч. ⬣ Порядок слов нефиксир.

Тут у командира с большим опытом и то **голова кругом пошла бы**...

П. Сажин, Севастопольская хроника. Обычно к концу этого дня у Анны Георгиевны **голова идет кругом.** *М. Прилежаева, Осень.* Один, второй, третий вдох — и вот уже наглотались вдосталь, **головы кругом пошли,** одурманились, как от чистого кислорода... *Вечерняя Москва, 1991.* У меня **голова кругом пошла** от всего, что вы сказали. *В. Ажаев, Далеко от Москвы.* Madame Крицкая плаксиво: — Ах, у меня **голова кругом идет.** Что тут делается — уму непостижимо... *М. Булгаков, Богема.* Ты, надеюсь, понимаешь, что от дел с моими пьесами у меня **голова идет кругом**... *М. Булгаков — Н. А. Булгакову от 14 сентября 1933 г.* У меня **голова шла кругом** от имен композиторов и дирижеров, названий музыкальных произведений... *А. Пьянов, Загадка И. Л. А.*

11. **ГОЛОВА НА ПЛЕЧАХ** *у кого* есть. Имеется способность принимать решения, думать, рассуждать, разбираться в чем-л. (говорится с одобрением). Реч. стандарт. *у кого* — у лица, у группы лиц, объединенных общими интересами, задачами. Обычно как констатация самого факта: **У него голова на плечах имеется!** ● В составе именного сказ. Порядок слов нефиксир.

Я писал для тех, у кого есть **голова на плечах.** О дураках не подумал, каюсь... *В. Овечкин, Воспоминания.* — ...Для работы важны иные критерии — есть ли **голова на плечах.** *С. Купер, Последнее слово.* — Неправда! — тоненько выкрикнул Турбин.— Нужно только иметь **голову на плечах,** и всегда можно было бы столковаться с гетманом. *М. Булгаков, Белая гвардия.* — Мы новичков не наказываем,— добавил я.— Но ты большой парень, и **голова** у тебя **на плечах** есть. Опозорил ты нас на все Черешенки. *Ф. Вигдорова, Это мой дом.* А она головой потряхивает да братьев своих отчитывает: «Куда суетесь? Есть у вас **голова-то на плечах?..**» *Ф. Абрамов, Деревянные кони.*

12. **ГОЛОВА ПУХНЕТ/РАСПУХЛА <ТРЕЩИТ/ТРЕСНУЛА, ЛОПАЕТСЯ/ЛОПНУЛА>** 1. *у кого.* Нарастает состояние крайнего физического и умственного напряжения, переутомления. Подразумевается скопление трудных задач, неразрешимых проблем и т. п. (Говорится с неодобрением.) Реч. стандарт. *у кого* — у лица ● Обычно ед. ч. ● Возможно как отдельное высказывание. Порядок слов нефиксир.

Во всяком случае, поднятия последних актов мы добъемся... У актера и режиссера **голова пухнуть не будет** (у меня она уже **лопнула**). *М. Булгаков — А. Д. Попову от 11 августа 1926 г.* — Да что тут предлагать?.. А то пишут, пишут... конгресс, немцы какие-то... **Голова пухнет.** Взять все, да и поделить... *М. Булгаков, Собачье сердце.* — В театры я довольно часто ходил, а читал мало. Сидишь над чертежами — **голова пухнет,** хочется куда-нибудь выйти. *И. Эренбург, Буря.* Когда речь шла обо мне — я бы решился на операцию. А вот поди-ка за нее реши. Что же делать? Как быть? **Голова лопается.** *Ю. Крелин, Семь дней в неделю.* От твоих проблем моя **голова** скоро **лопнет** или **треснет,** а вернее уже **треснула.** *(реч.)* **Головы** наших руководителей **распухли** от этих постоянно меняющихся цен. *(реч.)*

13. **ГОЛОВА САДОВАЯ** *кто.* Несообразительный, способный на нелепый, опрометчивый поступок, совершающий непродуманные действия (говорится с неодобрением, иногда с пренебрежением). Неформ. *кто* — лицо ● Обычно ед. ч. ● Обычно обращение в конструкции типа **Эх ты, голова садовая!** Порядок слов нефиксир.
◆ Обычно не употр.

◼ Друг мой прочитал договор и рассердился на меня.— Это что за филькина грамота? Вы что, **голова садовая**, подписываете? *М. Булгаков, Театральный роман.*— Куда прешь, **голова садовая**? — останавливали его встречные.— Под расстрел попасть вздумал? *А. Степанов, Семья Звонаревых.*— Сейчас же поставь на место! Это хрусталь! Понимаешь, **голова садовая**, хру-сталь! *И. Горелов, Витенька.*— Да ведь дом-то стоит под номером тринадцать, **сообрази**, **садовая** твоя **голова**! Я что, невменяемый, чтобы жизнь прожить под таким числом? *В. Пьецух, Драгоценные черты.*— У всех ребятишки. А заем-то зачем, **голова садовая**? Чтобы этим самым ребятишкам хорошую жизнь устроить. Так? *Ф. Абрамов, Две зимы и три лета.*— Так это коммуна, а у вас ТОЗ,— засмеялся Гирин.— **Голова садовая**. Должон чувствовать разницу. *В. Белов, Кануны.*— Пойми ты, **голова садовая..**, зачем мне тебя обманывать?.. Я лучше знаю. *В. Распутин, Уроки французского.*— Эх вы, **головы садовые**! Нет, чтобы спросить сначала, как это нужно сделать, вам бы все ломать и портить. *(реч.)*

▲ (С иронией) Эх, **голова я садовая**, как было сразу не догадаться! *(реч.)*

14. ГОЛОВОЙ ‹ГОЛОВКОЙ› СЛАБ ‹ОСЛАБЕЛ› *кто*. Не способен здраво мыслить, плохо соображает (говорится с неодобрением). Имеются в виду последствия какого-л. психического, эмоционального воздействия. Неформ. *кто* — лицо ◉ Именная часть неизм. ◉ Порядок слов нефиксир.

◆ У нее, как казалось Михаилу, и раньше кое-каких винтиков недоставало, а после смерти мужа она и совсем ослабла **головой**. *Ф. Абрамов, Две зимы и три лета.*

◼ (С иронией. Обычно в форме вопроса или грубого издевательства) — Ты что, **головкой слаб**, таких элементарных вещей понять не можешь? Вы, видать, совсем **головкой ослабли**. *(реч.)*

▲ (С иронией). Наверно, я тоже стала **головой слабнуть**, ничего не соображаю. *(реч.)*

ДВУХ СЛОВ СВЯЗАТЬ не мочь, не суметь. См. X, 9

15. ДО ТОЧКИ[1] знать и т. п. Точно, досконально, в мельчайших подробностях. Реч. стандарт. ◉ Неизм. ◉ В роли обстоятельства.

Мы знаем о писателях все **до точки**. *В. Маяковский, Соберитесь и поговорите-ка.* В коммерческих делах сначала надо разведать, разузнать **до точки**, чем занимаются потенциальные конкуренты, а уже потом начинать действовать. *(реч.)*

ДО УМОПОМРАЧЕНИЯ. См. IV, 20

16. ДУБИНА СТОЕРОСОВАЯ *кто*. Дурак, болван (говорится с пренебрежением). Грубо-фам. *кто* — лицо ◉ Неизм. ◉ Обычно обращение. Порядок слов фиксир.

◆ Лукашин был страшно зол. Хозяйка... разбудила в восьмом часу. Пожалела. Эка **дубина стоеросова**!.. *Ф. Абрамов, Братья и сестры.*
◼ — Я на тебя, негодяй, десять рублей штрафу запишу! — орал мастер, топая ногами.— Ты для чего тут приставлен, **дубина стоеросовая**? *В. Вересаев, Ванька.* Блохин внимательно выслушивал все эти наставления... Сам же думал: «Эх ты, **дубина стоеросовая**, дальше своего носа не видишь». *А. Степанов, Семья Звонаревых.* В этот момент от завода в сторону нефтебазы полетели одна за другой три зеленые ракеты.

— Махотка, дубина стоеросовая, чего же ты смотришь?! — Санька побежал туда, где должен был находиться пост Махотки. *Н. Поливин, Корабельная сторона.*
▲ Обычно не употр.

17. ЗВЕЗД С НЕБА НЕ ХВАТАЕТ *кто.* Обычный, средних способностей, не отличается ярким умом и талантом. Неформ. *кто* — лицо ● Именная часть неизм. Нет буд. вр. ● В роли определения. Порядок слов нефиксир.
◆ Парень как парень. Силы особой в нем незаметно. Высокий, чернявый. Специалист отличный. Но звезд с неба не хватал. Скромница. *А. Гущин, Курс, проложенный огнем.* У нас декан очень симпатичный старикашка, звезд с неба не хватает, но ко мне лично относится превосходно. *Ю. Герман, Дело, которому ты служишь.* — Ах, Зайчиков, Зайчиков,— подумал Серпилин,— не хватал звезд с неба, когда был у меня на стажировке, служил по-разному — и лучше и хуже других... *К. Симонов, Живые и мертвые.* С первого взгляда можно было предположить, что он с неба звезд не хватает, но теперь, когда, вспотев от размышлений, он сунул свою бороду в рот и начал жевать ее, задумчиво и злобно, стало видно, что он просто дурак. *В. Каверин, Исполнение желаний.* [Нина:] ...Он простой скромный парень. Допустим, он звезд с неба не хватает, ну и что?.. Мне Спинозы не нужно... *А. Вампилов, Старший сын.* — Не всем же быть писателями и сочинять рассказы... Во всяком случае, он приличный человек, хотя звезд с неба и не хватает. *А. Аверченко, Бельмесов.*
■ Не употр., так как констатация обычности, ординарности в человеке будет обидной для собеседника.

▲ Мы с вами пока звезд с неба не хватали — в меру честно и добросовестно работали, а Шаронов... выполняет по двадцать норм. *Ф. Гладков, Клятва.* Я знаю, что я, может быть, звезд с неба не хватаю, но в своем деле я профессионал, и ей трудно с этим не согласиться. *(реч.)*

18. КАК БАРАН НА НОВЫЕ ВОРОТА смотреть. Ничего не соображая, с тупым непониманием (говорится с неодобрением). Неформ. ● Неизм. ● Порядок слов фиксир.
От радости и удивления первую секунду он даже слова не мог произнести и только, как баран на новые ворота, смотрел на нее. *И. Бунин, Ида.* — Ему бы, дураку, сказать мол: «Грешен, батюшка!»... Ну, а он толечко сопит и глаза лупит, как баран на новые ворота. *М. Шолохов, Поднятая целина.* Ну, что ты уставился, как баран на новые ворота? Давай работай. *(реч.)*

19. КАК ОБЛУПЛЕННОГО знать *кого.* Очень хорошо, каков он есть на самом деле, со всеми недостатками и слабыми местами (говорится с пренебрежением). Неформ. *кого* — лицо, (реже) животное ● Мн. ч. тк. для небольшой группы лиц. Не употр. с глаголом в буд. вр. ● В роли обстоятельства.
А как приехали на главную улицу, повел он меня в лучший ресторан с зеркальным входом, и оказалось, что уж знают его там как облупленного. Подавали нам барышни в белых передниках, и с ними он по-приятельски, и все ему глазки. *И. Соколов-Микитов, Чижикова лавра.* ...верят, не верят? От него... отодвигались, но Петруха особенно не рассчитывал на веру, он знал Матеру, знал, что и его знают как облупленного... *В. Распутин, Прощание с Матерой.* ...Фокин знает его как облу-

пленного. В войну комсомолом в районе заправлял — на сплаве за один багор бревно таскали. *Ф. Абрамов, Пути-перепутья.* — Куда мне твой соловый жеребенок к черту? Его же в каждом селе знают **как облупленного**. *А. Куприн, Конокрады*. Затем он сказал: — Если бы я тебя не знал **как облупленного**, то есть если бы я не знал, что ты вполне здоровый и порядочный человек, я с тобой и разговаривать бы не стал. *В. Пьецух, Новая московская философия*. — Нет, Ивановой доверять нельзя. Мы ее знаем **как облупленную**. И судимость у нее за воровство была... *(реч.)* Он с Вербового хутора, я их знаю **как облупленных**. *В. Овечкин, Ошибка*. Ну зачем, скажите, рассказывать об артистах и без того прекрасно всем знакомых, потому что они кочуют из программы в программу. Их знают **как облупленных**. *Московская правда, 1993*.

20. [КАК, ПЫЛЬНЫМ] МЕШКОМ [ИЗ-ЗА УГЛА] УДАРЕННЫЙ <ПРИБИТЫЙ> *кто*. Плохо и медленно соображает, со странностями (говорится с неодобрением). Подразумевается замедленная реакция на какую-л. ситуацию. Фам. *кто* — лицо ● Именная часть неизм. ● В роли определения. Порядок слов нефиксир.

◆ — Казак он неглупой, а вроде дурачка.., вроде **мешком из-под угла вдаренный**. *М. Шолохов, Поднятая целина*. Сын у меня недотепа, **как будто пыльным мешком прибит**. *(реч.)*

▓ Грубо-фам. Употр. в форме вопроса. Ты что, **пыльным мешком прибит**? Пошевели немножко мозгами-то! *(реч.)*

▲ Обычно не употр. [Я] просто, должно быть, глуп и **из-за угла мешком прибит**. *А. Чехов, Пустой случай*.

21. КАК СВОИ ПЯТЬ ПАЛЬЦЕВ знать *что*. Очень хорошо, досконально, до мельчайших подробностей. Реч. стандарт ● Неизм. ● В роли обстоятельства. Порядок слов фиксир.

Лакей оказывается уроженцем Харькова, знает этот город **как свои пять пальцев**. *А. Чехов, Скучная история*. Старший лейтенант Ищенко... хороший работник... Край знает **как свои пять пальцев**. *А. Безуглов, Следователь по особо важным делам*. — Тропинки они все знают **как свои пять пальцев**. *А. Серафимович, Железный поток*. Действительно, посреди луга, который они знали **как свои пять пальцев**, — гора, и дальше ехать некуда. *А. Серафимович, Железный поток*. Санжеров советовался с мужиком, обросшим дремучей черной бородой, который Полесье знал **как свои пять пальцев**. *М. Антошин, Прорыв*. — Как же это ты? Язык заплелся или голова не варила? Ведь ты же этот предмет **как свои пять пальцев** знаешь! *В. Осеева, Васек Трубачев и его товарищи*. Был он великий начетчик, старинные книги **как свои пять пальцев** знал. *П. Мельников-Печерский, В лесах*. Араго знал работы Лагранжа «**как свои пять пальцев**». *Д. Гранин, Повесть об одном ученом и одном императоре*. Зарубежная ли, русская литература, эстетика, философия, журналистика, литературный анализ, язык... За время учебы и работы я изучил все **как свои пять пальцев**. *Аргументы и факты, 1993*. [Павел Бунин:] — Ну да! Интересные ситуации, интересные люди.., да и эпоху эту я несколько знаю... [К. И. Чуковский:] — Кокет! Вы знаете ее **как свои пять пальцев**! *Книжное обозрение, 1993*. — Я его насквозь вижу, все дела его знаю **как свои пять пальцев**. *А. Чехов, В овраге*.

22. КАК СИВЫЙ МЕРИН 2. глуп *кто*. Абсолютно, безнадежно (говорится с пренебрежением). Неформ. *кто* — лицо ● Неизм. ● Порядок слов фиксир.

♦ — Замечательно подлая! — возмущался Кистунов, нервно вздрагивая плечами. — Глупа **как сивый мерин**, черт бы ее взял! *А. Чехов, Беззащитное существо.* Многоуважаемый Цемш... глуп как **сивый мерин**, но он для нас человек пригодный. *А. Крестовский, Вне закона.*

■ Не употр.
▲ Не употр.

23. КРЫША ЕДЕТ <ПОЕХАЛА> *у кого.* Теряется способность здраво соображать и разумно действовать (говорится с неодобрением). Неформ. *у кого* — у лица, у группы лиц, объединенных общими интересами и задачами ● Неизм. ● Порядок слов нефиксир.

Будем откровенны, если скажем, что у части представителей власти **поехала крыша**. *Московский комсомолец, 1992.* — Ну, что ты несешь?! У тебя что, уже совсем **поехала крыша**? *(реч.)* — Все, больше не могу, у меня уже **крыша едет**. Закончим завтра. *(реч.)*

24. МОЗГИ <УМ> НАБЕКРЕНЬ *у кого.* Не совсем нормальный, с придурью (говорится с неодобрением, пренебрежением). Неформ. *у кого* — у лица ● Неизм. ● В роли определения. Порядок слов фиксир.

Дунька удивленно свистнул, а Юрка покрутил пальцем около лба: дескать, тронулся, **мозги набекрень**. *И. Лавров, Шофер за облаками.* — ... кто из нонешних мужиков женке своей подсобит? И вина не пьет... — А все равно недотепа, **мозги набекрень**, — твердила свое Маня. *Ф. Абрамов, Алька.* У баб **ум набекрень**, все на свой манер вывернут. *М. Нагибин, В дождь.*

НА УМЕ есть, имеется *у кого что.* См. X, 24

25. НАБИРАТЬСЯ/НАБРАТЬСЯ УМА <УМА-РАЗУМА> *кто.* Накапливать опыт, знания, становиться умным, образованным (говорится с одобрением). Реч. стандарт. *кто* — лицо (обычно о подростке или о взрослом человеке) ● Именная часть неизм. ● Порядок слов нефиксир.

♦ — К тебе, сват Фома, люди ходят **ума-разума набираться**, — говорил он с усмешкой в глазах. *Ф. Гладков, Повесть о детстве.* — ... Старшему восьмой год. Когда он **ума наберется**? *В. Овечкин, С фронтовым приветом.* — Вон уже и на заседания к нам люди приходят просто так, поглядеть, послушать, **ума набраться**. *С. Залыгин, Комиссия.*

■ Неформ. — Ну, подрос-то ты порядочно... — Только **ума не набрался**. *Н. Носов, Витя Малеев в школе и дома.* Пора бы тебе **ума-разума набираться**! *(реч.)*

▲ — Говорю тебе, в тюрьме **ума набралась**, — проговорила Капка с серьезным видом. *Г. Марков, Сибирь.* Никакого серьезного опыта тогда не было ни у нас, ни у американцев. **Набирались ума-разума** опытным путем, искали средства защиты от радиоактивности, пробовали... *Д. Гранин, Зубр.*

В поговорках «Наживемся, кума, наберемся ума!», «С умным браниться — ума набраться, с дураком дружиться — свой растерять».

26. НЕ В СВОЕМ УМЕ быть, находиться *кто.* В психически ненормальном состоянии (говорится с неодобрением). Подразумевается, что кто-л. ведет себя несвойственным ему образом. Неформ. *кто* — лицо ● Неизм. ● В составе именного сказ. Не употр. с глаголом-связкой в буд. вр. Порядок слов фиксир.

◆ Мгновенно поднялись яростные крики со всех сторон. Кричали, что это грешно, даже подло; что старик **не в своем уме**; что старика обманули, надули, облапошили, пользуясь его слабоумием... *Ф. Достоевский, Дядюшкин сон.* ...Марья Кондратьевна зашептала ему, что Павел Федорович очень больны-с, не то что лежат-с, а почти как **не в своем уме**-с. *Ф. Достоевский, Братья Карамазовы.*— Сняли его с веревки... Подумали, подумали, какая может быть причина. Нет никакой причины. Так и решили, что... **не в своем был уме**. *И. Тургенев, Три встречи.*
▨ Фам.— Помилуйте! Да они закричали бы все в один голос, что вы сделали это **не в своем уме**, что вы сумасшедший, что вас надо под опеку... *Ф. Достоевский, Дядюшкин сон.*
▲ Употр. со словами, выражающими предположение, сомнение. Я, должно быть, **не в своем уме была**, что наговорила тебе такое. *(реч.)*

27. НЕ ВСЕ ДОМА [В ГОЛОВЕ] *у кого.* Не все в порядке с головой (говорится с неодобрением). О том, что кто-л. со странностями. Неформ. *у кого* — у лица ● Неизм. ● В составе сказ. Обычно в диалоге. Порядок слов фиксир.
◆ Посмотрев вслед Павлу Семеновичу,.. покачал головой и, помотав пальцем около своего лба, сказал: — Всегда был чудак... А теперь, кажется, **не все дома**. *В. Короленко, Не страшное.* Бауман удивленно глянул капитану вслед: — Чего он? Бобровский потрогал пальцем лоб: — У него ж **не все дома**: допился. *С. Мстиславский, Грач — птица весенняя.* Что же такое Мозгляков? Правда — молод, недурен собою... Но ведь, во-первых, в голове **не все дома**. Вертопрах, болтун, с какими-то новейшими идеями! *Ф. Достоевский, Дядюшкин сон.* ...Он верит всему и всем. Немудрено, что над Ильей постоянно издевается заводоуправление, а главный бухгалтер прямо говорит, что у Траханиотова **не все дома**. *В. Пьецух, Драгоценные черты.*— Парень ничего, беззлобный, только тут у него **не все дома**,— Федот Федотович постучал пальцем по собственному лбу. *Г. Марков, Сибирь.*

Часто сопровождается жестом — постукиванием пальцем по лбу или покручиванием пальцем у виска.

НЕ ОТ МИРА СЕГО *кто.* См. I, 36

28. НЕТ ЦАРЯ В ГОЛОВЕ *у кого.* Отсутствует соображение, рассудительность (говорится с неодобрением). Неформ. *у кого* — у лица ● Именная часть неизм. ● Порядок слов нефиксир.
[Мать (княжне Зизи):] Хотя ты и младшая, но я на тебя больше надеюсь; ты знаешь, что у Лидии **нет царя в голове**. *В. Одоевский, Княжна Зизи.*— Средств у меня много, да **царя в голове нет**. Я и рад бы содействовать полезному предприятию, да взяться за него не умею. *Ф. Толль, Труд и капитал.*— А пустой и был человек...— продолжал Федор Капитонович.— Жалеть нечего. У самого **царя в голове нету** — хоть бы умных людей слушал. *Ф. Абрамов, Братья и сестры.*

29. НИ В ЗУБ [НОГОЙ] *кто.* Совершенно не подготовлен, не разбирается в каком-л. деле (говорится с неодобрением). Неформ. *кто* — лицо ● Неизм. ●Как усеченное сказуемое или в роли определения. Порядок слов фиксир.
◆ Потому родной сын на латынь да на греческий [налегает], а что нужно по торговому делу — **ни в зуб**. *А. Эртель, Гарденины.* Моя напарница, например, Ларка, как тебе известно, **ни в зуб ногой** по-английски, на

русском-то не всегда поймешь... *Ф. Абрамов, Алька.*— ...При чем тут взятка? Глупое слово! Что я ему пятерку поставлю, если он **ни в зуб?** Да кол влеплю, как миленькому! *О. Волков. Погружение во тьму.*

■ — Да как же ты сдал ему? Ведь ты в математике **ни в зуб ногой?** *(реч.)*

▲ А я была на заводе контролером и в сельском хозяйстве, что называется, **ни в зуб ногой.** *Е. Пермитин, Ручьи весенние.*— Стал он дня через два спрашивать про содержание книги, а я — **ни в зуб ногой.** *М. Шолохов, Поднятая целина.*

<small>Первоначально из школьного жаргона **не мочь в зуб ногой толкнуть.** Ср.: В шестой раз задаю вам четвертое склонение, и вы **ни в зуб толкнуть!** Когда же, наконец, вы начнете учить уроки? *А. Чехов, Репетитор.* (ФСРЯ)</small>

30. **НИ СНОМ НИ ДУХОМ** не знать, не ведать, не подозревать; не быть виноватым, нет вины. Ни в малейшей степени, ничуть, нисколько. Часто употр. как оправдание в ответ на обвинения кого-л. в чем-л. Реч. стандарт ● Неизм. Не употр. с глаголом в буд. вр. ● В роли обстоятельства. Часто без слов-сопроводителей, в конструкциях типа Я **ни сном ни духом!** Порядок слов фиксир.

— Не знал я об этом ничего **ни сном ни духом.** *(реч.)* — Я сватать не пойду,— твердо заявил отец.— Почему? — Не хочу позора на старости лет. Знаю я такое сватовство: придешь, а девка **ни сном ни духом** не ведает. *В. Шукшин, Брат мой.* К Матвею потянулись мужики. Шли они с самыми разнообразными нуждами. Одному неправильно подати начислили, другого оштрафовали за потраву лугов, о которой он **ни сном ни духом** не ведал. *Г. Марков, Строговы.* Уже приезжие фотографы снимают у гимнастического зала, где идет суд, каких-то ласковых прусских генералов в отставке и берут интервью о том, как Германия, убившая 26 миллионов, **ни сном ни духом** не подозревала об этом. *Л. Леонов. Когда заплачет Ирма.*— Сплетня попадает не в того... Бабушка отвернулась.— В кого же? — В Ивана Ивановича — это хуже всего. Он тут **ни сном ни духом** не виноват. *И. Гончаров, Обрыв.*— Погрозилась я... тоже вот с досады... одной дурище полосатой, а у нее — хвать — ребенок помер. То есть **ни сном ни духом** тут моей вины не было. *А. Куприн, Олеся.* Скажут: но ведь эти-то люди ни в чем не виноваты, они-то, как говорится, **ни сном ни духом.** *Столица, 1990.*— Ну признайся, сам небось нашептал ей, что я ее... спасал...— Ей богу, Степан, уж тут вот я **ни сном ни духом.** *Л. Кассиль, Ход белой королевы.*— Какие будут соображения? — На кухне установился тот род молчания, который у нас называется гробовым. Наконец Алексей Саранцев сказал: — Что касается меня, то я, как говорится, **ни сном ни духом!** *В. Пьецух, Новая московская философия.* Он [управдом] папе житья не давал, шантажировал. ...За меня. Потом за тебя. Социальное происхождение. Выселяли многих, мно-о-гих. ...Бедный наш папка,— она всхлипнула и обескураженно улыбнулась,— бедный: уж он-то **ни сном ни духом.** Из рабочей семьи — отец у Гужона работал, мать кухарка.. *Д. Голубков, Восторги.*

31. **ОЛУХ ЦАРЯ НЕБЕСНОГО** *кто.* Глупый, несообразительный, болван (говорится с неодобрением). Обычно о человеке, чьи ошибки и промахи приносят вред ему самому. Неформ. *кто* — лицо ● **царя небесного** неизм. ● В роли определения. Обычно обращение. Порядок слов фиксир.

◆ В России, почитай, каждый малый ребенок знал, что генералов превосходительствами величают, а он, **олух царя небесного**, дал такого маху. *Н. Брыкин, Искупление.* — Несправедливые вы люди, господа писатели. Как только у вас в романе или повести появится телеграфист, — так непременно какой-то **олух царя небесного**. *А. Куприн, Телеграфист.* И какой толк, если тебе хоть пятерку с плюсом выставят, когда у тебя понимания на круглый ноль. Кому будет охота расти **олухом царя небесного**. *Л. Кассиль, Чаша гладиатора.*

■ Грубо-фам. — Дурак лопоухий!.. **Олух царя небесного**! Уж теперь тебе штрафа не миновать... *С. Голубов, Когда крепости не сдаются.*

▲ (С иронией) — Ну, что же я за **олух царя небесного**, все время попадаю в самые глупые и дикие ситуации! *(реч.)*

В поговорке «Олух царя небесного, нашего бога дурень».

32. ОТ ⟨С⟩ БОЛЬШОГО УМА. От глупой самоуверенности (делать что-л.). Имеется в виду излишнее самомнение кого-л. в каком-л. деле, действиях, поступках. (Говорится с неодобрением, оттенком иронии.) Неформ. ● Неизм. ● В роли обстоятельства. Порядок слов фиксир.

— А Яков Сергеич, **от большого-то ума**, возьми да и спроси после этого: «А какое же агентство будет по этому пожару убытки платить?» *С. Сергеев-Ценский, Блистательная жизнь.* — ...Я за умных людей стою. Мужиков мы драть перестали **с большого ума**, а те сами себя пороть продолжают. И хорошо делают... *Ф. Достоевский, Братья Карамазовы.*

В поговорке «От большого ума досталась сума». Фактический смысл — не от большого ума

ОТ КОРКИ ДО КОРКИ прочесть, перечитать, просмотреть, знать, исписать. См. X, 27

33. СВОЯ ГОЛОВА ⟨БАШКА⟩ НА ПЛЕЧАХ есть *у кого*. Имеется способность самостоятельно рассуждать, принимать решения, разбираться в чем-л. (говорится с одобрением). Обычно о себе. Реч. стандарт. *у кого* — у лица ● Неизм. ● В составе именного сказ. Порядок слов нефиксир.

— У меня **своя голова на плечах**, — сказал Беридзе. — Я не намерен во всем слушаться ваших немецких и американских авторитетов. *В. Ажаев, Далеко от Москвы.* — Что ж, ты порядками нынешними не доволен, что ли? — Я об этом не говорю... А только что я в бога верую. У меня **своя башка на плечах**. *В. Шишков, Странники.* — Надо бы досидеть... Зря. — Перестань! — резко оборвал парень... — У меня **своя башка на плечах**. *В. Шукшин, Охота жить.*

34. СЕМИ ПЯДЕЙ ВО ЛБУ *кто*. Необыкновенно умный, выдающихся умственных способностей (говорится с одобрением). Реч. стандарт. *кто* — лицо ● Неизм. ● В составе именного сказ. Обычно в конструкции типа Будь он хоть семи пядей во лбу, но... Не нужно быть семи пядей во лбу, чтобы... Порядок слов фиксир.

◆ «Гении-то, люди **семи пядей во лбу**, не часто в жизни встречаются». *В. Тендряков, Ненастье.* У нас есть таланты, люди **семи пядей во лбу**, они делают огромной важности работу. *В. Попов, Разорванный круг.* Впрочем, известно, что человек, слишком увлекшийся страстью.., действует, как глупый ребенок, хотя бы и был **семи пядей во лбу**. *Ф. Достоевский, Идиот.* Что может сделать один человек, будь он даже семи пядей во лбу? *Л. Либединская, Последний месяц года.* ...Моя дочь Люба систематически получает тройки по вашему предмету. Это удивляет и настораживает. Ведь история — это не математика, тут не нужно быть семи пядей во лбу... *Г. Полонский, Доживем до понедельника.* Никому не прощали [ошибок] и не прощают, будь ты хоть семи пядей во лбу. *А. Стругацкий, Каким я его знал.* Если это люди честные, они и сами во всем разберутся. Если предубежденные, так тут уж ничем не поможешь, будь хоть семи пядей во лбу. *Ф. Вигдорова, Это мой дом.*

■ Обычно не употр.
▲ Обычно не употр.

    Семь пядей — мера длины лба, **пядь** — расстояние между вытянутыми большим и указательным пальцами, **лоб** — символ ума и мудрости человека

35. СХОДИТЬ/СОЙТИ ⟨СПЯТИТЬ, СОСКОЧИТЬ⟩ С УМА 1. *кто*.
Становиться сумасшедшим, психически больным человеком (говорится с неодобрением). Реч. стандарт. *кто* — лицо ● Обычно сов. в. Именная часть неизм. ● Порядок слов нефиксир.

◆ Анфиса Семеновна психически больна. В прошлом — детский врач, работавшая в этой же больнице, она внезапно **сошла с ума**. *В. Инбер, Почти три года.*— Как вы думаете, Афанасий Иванович,.. не сошла ли она **с ума**? То есть без аллегории, а настоящим медицинским манером, а? *Ф. Достоевский, Идиот.*— Мы всегда так: живет человек — вроде так и надо. А помрет — жалко. Но с ума от горя **сходить** — это тоже... дурость. *В. Шукшин, Горе.* Инженерное училище пострадало меньше других: четверо ранено, один **сошел с ума**. *Воспоминания о Михаиле Булгакове, 1988.* Я научился думать, это само по себе мучительно, а тут еще эта свадьба. Так ведь можно и **с ума сойти**. *Е. Шварц, Дракон.* Одним словом, здесь и **с ума соскочить** недолго! *Н. Поливин, Корабельная сторона.*

■ Неформ. Нет, помню, бабка Фекла: «Федька, не дочитывай до конца книгу — **спятишь**!..» Нам-то как раз и не хватает этой книги... И вот извольте: не дочитывай до конца, а то **с ума сойдешь**. *В. Шукшин, Как зайка летал на воздушных шариках.*— Заполошный! — кричал в ответ Наум.— Чего ты взъелся-то? **С ума**, что ли, **спятил**? Я-то при чем здесь? *В. Шукшин, Волки.*— Вы были у меня на прошлой неделе, ночью... Признавайтесь, вы? — На прошлой неделе, ночью? Да не **спятил** ли ты и впрямь **с ума**, парень? *Ф. Достоевский, Идиот.*

▲ (В модальных конструкциях или со словами, выражающими предположение) Мы с ним ходили по комнате, кричали, гремели стульями — со стороны могло показаться, что мы **сошли с ума**. *О Тарковском, 1989.* Да... Мое сумасшествие странное. **Схожу с ума**, но вроде при своем уме... *Г. Медведев, След инверсии.*— Я бы не выдержала. **Сошла бы с ума**, покончила с собой, если бы не отец Василий... Потом и его расстреляли. *О. Волков, Погружение во тьму.* Я, кажется, **с ума сойду** от всего этого. *(реч.)* У Степы оборвалось сердце, он пошатнулся. «Что же это такое? — подумал он.— Уж не **схожу ли я с ума**?..» *М. Булгаков, Мастер и Маргарита.*

36. СХОДИТЬ/СОЙТИ ⟨СПЯТИТЬ⟩ С УМА 2. *кто*.
Не давать отчета в своих действиях, терять контроль над собой, переставать правильно оценивать ситуацию, вести себя глупо, безрассудно (говорится с неодобрением). Реч. стандарт. *кто* — лицо ● Обычно сов. в. Именная часть неизм. ● Порядок слов нефиксир.

◆ — ...Ко мне сюда потихонечку приходит, под диваном у меня тоже разыскивает. **С ума спятил от мнительности**; во всяком углу воров видит. *Ф. Достоевский, Идиот*.— С ним [уехала]. Пьяница забубенный, чуть не в два раза старше ей...— Да что она, **с ума спятила**? *Ф. Абрамов, Мамониха*. Сходя **с ума** от страху, дворник уже не выл, бежал, скользя, по льду и спотыкаясь... *М. Булгаков, Белая гвардия*.— Вот все смотрят вверх и думают: как? А зайка кричит там, бедный, ножками болтает. Отец тут **с ума сходит**. *В. Шукшин, Как зайка летал на воздушных шариках*.

▫ Неформ. Елена сложила руки на груди и сказала: — Никол, я тебя все равно не пущу... **Не сходи с ума**. *М. Булгаков, Белая гвардия*. Она подсела к Альке, крепко, всхлипывая сама, обняла племянницу.— Ну, ну, не **сходи с ума**-то. *Ф. Абрамов, Алька*.— Боже мой, что это за гадость?.. Да вы **с ума сошли**! Где пробор? — ...Это он сделал прическу а-ля большевик. *М. Булгаков, В ночь на 3-е число*.— Родственница? Это Грушенька-то мне родственница?.. Да ты **с ума спятил**, что ли? Мозги не в порядке. *Ф. Достоевский, Братья Карамазовы*. Монолог на тему: «вы **с ума сошли**, обалдели, вы что, не понимаете, иностранная комиссия»...повторяется. *М. Козаков, Записки на песке*.— Товарищи, вы все **с ума посходили**, да? Такая священная дата для всякого советского человека, а вы порете чепуху! *В. Пьецух, Драгоценные черты*.

▲ «...зачем, зачем я к нему, как угорелая кошка, теперь прибежала и сама же сюда притащила? Господи, ум я **сошла**, что я теперь наделала!» *Ф. Достоевский, Идиот*. [Тимофеев:] ...Только не кричите, умоляю!.. Я и сам **схожу с ума**, но я стараюсь держать себя в руках. *М. Булгаков, Иван Васильевич*. Я снял обувь и босиком пошел по холодной земле. И это при повышенной температуре... Я просто **с ума сошел**. *О Тарковском, 1989*.

37. УМ ЗА РАЗУМ ЗАХОДИТ у кого [от чего]. Теряется способность четко и ясно соображать (говорится с неодобрением). Обычно о себе. Реч. стандарт. *у кого* — у лица; *от чего* — от трудноразрешимых проблем, запутанных вопросов, дел, хлопот ● Именная часть неизм. ● Порядок слов нефиксир.

Коли все это обдумать, так **ум за разум зайдет**. *Г. Успенский, Кой про что*. Он сидел за столом и воспаленными глазами глядел на лежащие перед ним магические червонцы. У финдиректора **ум заходил за разум**. *М. Булгаков, Мастер и Маргарита*. ...[один горожанин] без всякого пятого измерения и прочих вещей, от которых **ум заходит за разум**, мгновенно превратил ее [квартиру] в четырехкомнатную... *М. Булгаков, Мастер и Маргарита*. ...Я еще раз повторяю тебе, что ты страдаешь болезненными припадками, и «тысячи мыслей, тысячи вопросов» ... доведут тебя, пожалуй, до того, что **ум за разум зайдет**.., тебя самого станут показывать любопытным — как сумасшедшего. *В. Розанов, Опавшие листья. Короб II*.— Фу, перемешал! — хлопнул себя по лбу Порфирий.— Черт возьми, у меня с этим делом **ум за разум заходит**. *Ф. Достоевский, Преступление и наказание*. У меня, вероятно, зашел **ум за разум**, и я написал совсем не то, что хотел. *А. Чехов — А. С. Суворину от 30 декабря 1888 г*. Конечно, «только что сжатые поля» не влезали в размер [стихотворения]. Вертела, перефразировала, иносказывала, **ум за разум заходил**... *М. Цветаева, Из письма дочери. Москва, весна 1941 г*.— У нас **ум за разум заходит**,— жаловались иногородние из казачьих казарм,— не поймем, за что проливаем кровь. *В. Бахметьев, У порога*. И так уж у меня **ум за разум заходит**. Мечусь и сама не знаю зачем. *С. Баруздин, Я люблю нашу улицу*.— Я же приказал адъютанту, чтоб первым долгом поздравил тебя от моего имени! Неужели только собирался приказать и забыл? Черт подери, последние дни совсем **ум за разум зашел!** *К. Симонов, Солдатами не рождаются.*

38. УМА ПАЛАТА [*у кого*]. Выдающиеся умственные способности (говорится с одобрением). Реч. стандарт. *у кого* — у лица ● Неизм. ● В составе именного сказ. Порядок слов фиксир.

— ...посадишь его чай пить..., разговоришься — ума палата, министр, все обсудит, как должно. *Л. Толстой, Воскресение.* — А вы Назарьева-то, Прохора Ивановича, знаете?.. — А что? — Ума палата. *Ф. Достоевский, Братья Карамазовы.* «Не скажешь, что у него ума палата, никак не скажешь, а с хитринкой, с какой-то простоватой хитринкой, какая бывает у большинства дураков». *М. Шолохов, Поднятая целина.* — Ума у тебя, сватья,— палата! Давай, время не ждет, действуй сама. *М. Бубеннов, Белая береза.* «Может и гений быть, ума палата, как у этой — у Кюри, но — зачем?!». *Р. Солнцев, Имя твое единственное.*

X. ИНТЕЛЛЕКТУАЛЬНАЯ ДЕЯТЕЛЬНОСТЬ

1. БЕЗ ЗАДНЕЙ МЫСЛИ. Без скрытого, тайного умысла (говорить, делать что-л.). Реч. стандарт ● Неизм. ● В роли обстоятельства. Порядок слов фиксир.

— ...Видите, князь, мне хоть раз в жизни хочется сделать совершенно честное дело, то есть совершенно без задней мысли... *Ф. Достоевский, Идиот.* Тот наконец ему ответил, но не свысока.., а скромно и сдержанно.., без малейшей задней мысли. *Ф. Достоевский, Братья Карамазовы.* Имя князя произнес я без всякой задней мысли. *А. Чехов, Пустой случай.* В общем, все это делалось втайне от отца, но без всякой задней мысли. *И. Герасимов, Пробел в календаре.* В сценарии был эпизод, в котором дед Анисим спорит с начальником политотдела... Я понял, что дед Анисим делает это не без задней мысли. *Б. Гардин, Воспоминания.* — К чему я рассказываю этот случай, Виктор Семенович? Да не **без задней мысли.** И нам надо бы искать вот таких, у которых «сердце изболелось». *В. Овечкин, Районные будни.*

2. БРАТЬ/ВЗЯТЬ [СЕБЕ] В ТОЛК кто [*что*]. Понимать, осознавать. Реч. стандарт. *кто* — лицо; *что* — происходящее ● Именная часть неизм. Нет повел. накл. ● Обычно в отрицат. конструкции: не берет в толк, не может взять в толк что-л. Порядок слов нефиксир.

◆ ...несколько растерянный поначалу читатель лишь задним умом **берет в толк,** по каким это бредовым водам подплывает к своему жилищу рассказчик. *М. Харитонов, Линии судьбы, или Сундучок Милашевича.* Опять взялись мы ей объяснять. Ничего не **берет в толк!** *Г. Николаева, Повесть о директоре МТС...* Сердце щемит, будто беда спустилась. А вот что именно нагрянуло — **в толк взять** не могла. *В. Рыбин, Федор Странный.*

■ (Как цитация) — Ты, по-моему, никак **в толк** не возьмешь, чего мы от тебя требуем! (*реч.*)

▲ — Я не могу **взять в толк,** о чем вы изволите говорить. *Н. Гоголь, Нос.* Смеемся вот над мужиком-то, а **в толк** не берем, что он весь,.. по самую маковку ушел в землю... Деньгу наколотил. *И. Акулов, Касьян Остудный.*

3. БРАТЬСЯ/ВЗЯТЬСЯ ЗА УМ *кто.* Становиться рассудительнее, начинать поступать разумно, правильно (говорится с одобрением). Реч. стандарт. *кто* — лицо, группа лиц ● Именная часть неизм. ● Обычно в модальной конструкции типа **Пора (необходимо) браться за ум!** Порядок слов нефиксир.

◆ Всю вторую половину зимы Матвей безвыездно провел дома... Анна смотрела на Матвея и удовлетворенно улыбалась: «**За ум взялся** мужик». *Г. Марков, Строговы.* И вот мама сколько-то так пожила, помаялась, потом видит — так нельзя... Она и давай капать: татя, **за ум** надо **браться**... давай землей жить. *Ф. Абрамов, Деревянные кони.* — Покуролесили, побесились, подурили по маломыслию, и довольно. Пора за ум **браться!** *Н. Кочин, Девки.* — Кто за его, беспутного, пойдет [замуж]... — Дак ежли бы он маленько **за ум взялся** — пошто не подти?! *В. Распутин, Прощание с Матерой.*

◼ Неформ. — Хныкать-то нечего! — продолжал свое Гаврила Маркелыч, — **за ум берись.** Говорят тебе: причаливай жениха — лучше этого в жизнь не будет. *П. Мельников-Печерский, В лесах.* — ...оставайся дома, не езди никуда. Дом у тебя — поискать таких, и **за ум возьмешься** — замуж выйдешь. *Ф. Абрамов, Алька.* — Богу не верю — это правда. Ему, как я понимаю, никто не верит, притворяются только. — Молодец. Хоть на старости лет за ум **взялся**. *В. Шукшин, Заревой дождь.* Слезы текли по ее щекам... «Нет, нет, — покачала она головой, — поздно, Гришенька, поздно **за ум взялся...**» *Ф. Абрамов, Братья и сестры.*

▲ (Обычно в безличной конструкции) Пора бы мне наконец **взяться за ум** и закончить диссертацию. *(реч.)*

4. В ГОЛОВЕ ⟨СОЗНАНИИ⟩ НЕ УКЛАДЫВАЕТСЯ ⟨НЕ ПОМЕЩАЕТСЯ⟩ *у кого, в чьей что.* Не воспринимается, реально не осознается. Реч. стандарт. *у кого, в чьей* — у лица; *что* — мысли о происходящем, происходящее ● Именная часть неизм. Нет буд. вр. ● Обычно как отдельная фраза (восклицание) или в составе сложного предложения с союзами **что, как, почему, зачем** и т. п. Порядок слов нефиксир.

Если у Климовича и раньше не укладывалось в голове, что Москва может быть взята немцами, то сейчас, около Мавзолея, это казалось вдвойне немыслимым. *К. Симонов, Живые и мертвые.* Мысль о том, что ему придется делать доклад на такую тему, **не укладывалась в его сознании.** *Б. Галин, Чудесная сила.* Советский человек — не знает Сталинграда? Да не может этого быть никак!.. Это **не помещается в голове!** *А. Солженицын, Случай на станции Кречетовка.* **Не укладывается в голове!** Хорошую учительницу вынуждают уйти на пенсию, вместо нее назначают другого учителя. *М. Прилежаева, Осень.* У Дарьи, у той **в голове не укладывалось,** как можно было без времени сжечь свою избу.., как на такое рука поднялась? *В. Распутин, Прощание с Матерой.*

5. В РОЗОВОМ СВЕТЕ ⟨ЦВЕТЕ⟩ видеть, представлять. Идеализированно, лучше, чем есть на самом деле. Реч. стандарт ● Неизм. ● В роли обстоятельства. Порядок слов фиксир.

Я сам не оптимист, и все человеческое, вся наша жизнь, вся эта комедия с трагическим концом не представляется мне **в розовом свете.** *И. Тургенев, Дым.* Все мое питерское житье состояло из сплошных приятностей, и немудрено, что я видел все **в розовом цвете...** *А. Чехов — Н. А. Лейкину от 28 декабря 1885 г.* — Ладно. Не переживайте. Все будет хорошо... Я ожидал верстку. Жизнь представлялась **в розовом свете...** *С. Довлатов, Ремесло.*

6. В ЧЕРНОМ ЦВЕТЕ видеть, представлять. Мрачно, с пессимизмом воспринимать окружающее. Реч. стандарт ● Неизм. ● В роли обстоятельства. Порядок слов фиксир.

— Я сделался мнителен и ужасен. В беспокойстве моем, в негодовании моем я видел все **в черном цвете**. *Ф. Достоевский, Село Степанчиково и его обитатели.* Ему и так все представляется **в черном цвете**, и еще ты скажешь насчет денег... *(реч.)*

7. ВАЛИТЬ <СВАЛИВАТЬ, МЕШАТЬ> В [ОДНУ] КУЧУ <В ОДНО> *кто кого, что.* Объединять вместе, без разбора (говорится с неодобрением). Имеется в виду объединение, уравнивание в оценках совершенно разнородных, явно различных вещей, событий, сообщений и т. п., реже — людей. Подразумевается, что это происходит вследствие невежества или небрежности, что необходимо более избирательное и внимательное отношение. Реч. стандарт. *кто* — лицо; *кого* — лиц; *что* — предметы, события, дела, представления о чем-л., о ком-л., слова и т. п. ● Именная часть неизм. ● Порядок слов нефиксир.

◆ Современная оппозиция **валит в одну кучу** и последствия застоя, и грехи перестройки, и промахи демократии. *Московский комсомолец, 1992.* Перебить Веру никто не мог, она строчила без пауз, **сваливая в одну кучу** и лакированные туфли, которые она не может купить второй месяц, и методы агитации среди молодежи, и перевод, который ей надо матери послать. *Д. Гранин, Искатели.* Он все делал с пафосом, с воздеванием рук, с восклицанием и многословием, **мешая в кучу** французские междометия, латынь, народные обороты. *А. Фадеев, Последний из Удэге.* В каждой царской грамоте видим мы свое боярское посрамление. Всех **валит в одно**: и бояр, и дворян, и детей боярских, и попов, и посадских людей, и пашенных мужиков. *В. Костылев, Иван Грозный.*

■ Саша Кротких побледнел, подошел к Никонову вплотную.— Здорово же ты разбираешься, правых и виноватых — всех **в одну кучу валишь**! *В. Пикуль, Океанский патруль.*

▲ Мы были слишком непримиримы к тому, что мешало нам в прежней жизни, часто поэтому становились до жестокости принципиальными и все **валили в одну кучу**. *Е. Мальцев, Войди в каждый дом.*

ВПРАВЛЯТЬ/ВПРАВИТЬ МОЗГИ *кто кому.* См. XII, 19

8. ВСАСЫВАТЬ/ВСОСАТЬ <ВПИТЫВАТЬ/ВПИТАТЬ> С МОЛОКОМ [МАТЕРИ] *кто что.* Усвоить с самых ранних лет. Обычно имеются в виду нормы мировоззрения, воспринятые с детства. Книжн. *кто* — лицо, сообщество людей и т. п.; *что* — убеждения, взгляды, систему ценностей и т. п. ● Нет буд. вр. Нет повел. и сослаг. накл. Чаще в прош. вр. Именная часть неизм. ● Порядок слов нефиксир.

◆ Левин жил (не осознавая этого) теми духовными истинами, которые он **всосал с молоком**, а думал, не только не признавая, но старательно обходя их. *Л. Толстой, Анна Каренина.* Он **с молоком матери всосал** убеждение, что чужой земли на свете не бывает. *А. Куприн, Болото.* Она сама была возмущена своим «кощунственным» по отношению к сцене поступком, так не вязавшимся с тем уважением к сцене, которое ей внушили с детства и которое она **впитала с молоком матери**. *В. Мичурина-Самойлова, Шестьдесят лет в искусстве.*— ... Человеку надо сказать, власти надо сказать: вот Президент — он может то-то и то-то. Верховный Совет — он может это; местная власть — что может она... Люди этого хотят, требуют: чтобы **с молоком матери были впитаны** нормы

уважения к закону. Потому что беспредел — это самое опасное. *Независимая газета*, 1994.
▣ Одна девчонка написала...: «Я еще не знаю, люблю ли я свою родину или нет». Та учительница как заквакает: «Это — страшная мысль! Как ты можешь не любить?»... «Да наверно и люблю, но не знаю. Проверить надо.» — «Нечего и проверять! Ты с молоком матери должна была всосать любовь к Родине!» *А. Солженицын, Раковый корпус.*
▲ «... Я [Б. Пастернак] писал, что вырос в семье, где очень сильны были толстовские убеждения, **всосал их с молоком матери**, что он [Сталин] может располагать моей жизнью, но себя я считаю не вправе быть судьей в жизни и смерти других людей.» *О. Ивинская, Годы с Борисом Пастернаком.*

9. ДВУХ СЛОВ СВЯЗАТЬ не мочь, не суметь. Высказаться, изложить свои мысли внятно и ясно (быть не в состоянии). Имеется в виду недостаток умственных способностей или нервно-эмоциональное состояние кого-л. Неформ. ● Именная часть неизм. ● В составе сказ. с глаголами **мочь, уметь**. Возможно в отрицат. конструкции **двух слов не свяжет**. Порядок слов нефиксир.

...председатель палаты так смутился, увидя его, что не мог **связать двух слов** и наговорил такую дрянь, что даже им обоим сделалось совестно. *Н. Гоголь, Мертвые души.* — Я решительно отказался выступать завтра,— очень расстроен смертью Алеши, в голове каша, не сумею **связать двух слов**. *В. Вересаев, К жизни.* — Ты **двух слов связать не можешь**, тебя читать никто не будет. *Т. Есенина, Женя — чудо XX века.* ...такой бестолковый жизнь проживет? **Двух слов не свяжет**, трех слов без ошибки не напишет. *В. Тендряков, Ночь после выпуска.*

10. ДЕРЖАТЬ <ИМЕТЬ> В ГОЛОВЕ <В УМЕ, В МЫСЛЯХ> 2. *кто что*. Предполагать, замышлять что-л. сделать. Реч. стандарт. *кто* — лицо, группа лиц; *что* — поступок, действие, ситуация ● Именная часть неизм. ● Обычно в отрицат. конструкции типа И в голове не держал (не имел)! Порядок слов нефиксир.
◆ ...она ведь что **в уме держит**: я наскучу, жену-то брошу и уеду, а жена ей достанется, она ее и пустит в оборот. *Ф. Достоевский, Преступление и наказание.* Я в этих местах обитаю еще с той поры, когда люди и **в уме не держали**, что тут будет канал или орошение. *К. Паустовский, Рождение моря.* Никуда он не собирался ехать, ничего подобного и **в голове не держал**, но не ходить на вокзал он уже не мог... *В. Шукшин, Выбираю деревню на жительство.* Конечно, никто и **в мыслях не держал**, что шестнадцатилетний мальчишка должен на ней немедленно жениться, но ведь и она лишь на год старше его!.. *Н. Поливин, Корабельная сторона.*
▣ (Как цитация) Я знаю, что ты **в голове держишь**: как бы поскорее смыться отсюда! *(реч.)* Я уверен, что ты этого и **в голове не держал**! *(реч.)*
▲ — Рукавов! Вы ее оскорбляете! — Чем? Что вы, помилуйте... И **в мыслях не имел**. *А. Аверченко, Сазонов.* — Позволь и тебя спросить в таком случае: считаешь ты и меня, как Дмитрия, способным пролить кровь Езопа, ну, убить его, а? — Что ты, Иван! Никогда и **в мыслях этого у меня не было**! *Ф. Достоевский, Братья Карамазовы.* — Что вы, что вы! — вскричал Азазелло.— Я и **в мыслях не имел** вас тревожить... *М. Булгаков, Мастер и Маргарита.*

11 ДО МОЗГА КОСТЕЙ 2. До самой сути, до конца, полностью (узнать, понять, почувствовать что-л.). Реч. стандарт ● Неизм. ● В роли обстоятельства. Порядок слов фиксир.

— А как он тебя спрашивал? — Я бы сказал, очень спокойно... такое чувство, что проверяет, хочет знать тебя **до мозга костей**. *К. Симонов, Солдатами не рождаются.* Когда читаешь в разных газетах про избиение негров в Америке, то не особенно бываешь поражен... Но когда происходит происшествие в нашей стране, то бываешь поражен **до мозга костей**! *М. Булгаков, Негритянское происшествие.* Я вдруг понял это всем существом, **до мозга костей** прочувствовал его правоту и свою несправедливость. *(реч.)*

12. ДОХОДИТЬ/ДОЙТИ СВОИМ УМОМ *кто до чего*. Самостоятельно разбираться в чем-л., пытаться понять что-л. (говорится с одобрением). Реч. стандарт. *кто* — лицо; *до чего* — до сути дела ● Именная часть неизм. ● Порядок слов нефиксир.

◆ Он до всего доходил **своим умом** и сумел многого добиться в жизни. *(реч.)*

■ — ...Так я и рассудил.— **Своим умом дошел**? — криво усмехнулся Иван. *Ф. Достоевский, Братья Карамазовы.*

▲ — Начал я вникать и догадываться... одно у него самого выпытал, другое — кой о ком из посторонних, насчет третьего — **своим умом дошел**. *Ф. Достоевский, Униженные и оскорбленные.*— Впервые слышу об этом,— сказал Пилат, усмехнувшись...— В какой-нибудь из греческих книг ты прочел об этом? — Нет, я **своим умом дошел** до этого. *М. Булгаков, Мастер и Маргарита.*

13. ЖИТЬ СВОИМ УМОМ *кто*. Поступать самостоятельно, опираясь на собственный опыт, знания (говорится с одобрением). Реч. стандарт. *кто* — лицо ● Именная часть неизм. ● Обычно в модальной конструкции типа Пора (нужно) жить своим умом. Порядок слов нефиксир.

◆ — Ах, я уж ничего не понимаю! Нынче все хотят **своим умом жить**, матери ничего не говорят, а потом вот и... *Л. Толстой, Анна Каренина.* Это мальчик молодой и горячий и, конечно, всему подражает; но мне казалось иногда, что ему пора бы **жить и своим умом**. *Ф. Достоевский, Идиот.* В районе закрывались учреждения, конторы, даже райком пустел в эти дни. А что же говорить о колхозах?.. Да кто это им позволит — в месячник **своим умом жить**? *Ф. Абрамов, Две зимы и три лета.*

■ — Нет, ты старайся поумнеть.., **живи своим умом**. *И. Гончаров, Обрыв.*— Послушай, жил бы ты **своим умом** и не спрашивал у меня советов! *(реч.)*

▲ Не приучены мы **своим умом жить**, всегда ждали и ждем распоряжений свыше... *Вечерняя Москва, 1991.*

14. ЗАБИВАТЬ/ЗАБИТЬ ‹НАБИВАТЬ/НАБИТЬ› ГОЛОВУ 1. *кто кому [чем]*. Перегружать память, сознание чем-л. не заслуживающим внимания, неважным, лишним (говорится с неодобрением). Неформ. *кто* — лицо; *кому* — лицу (обычно самому себе); *чем* — ерундой, пустяками, глупостями и т. п. ● Именная часть неизм. При отрицании тж. *головы* ● Порядок слов нефиксир.

◆ — И все равно надо посмотреть,— заметил учитель,— чтобы и вне школы отцы святые не **забивали** детям **головы** всякими небылицами. *С. Залыгин, Соленая Падь.* Семену насчет черниговки, пусть будет осторожнее и **головы** себе не **забивает** разными черниговками. *А. Макаренко,*

Педагогическая поэма. Вот что значит оторваться от хороших степенных людей и якшаться со всяким сбродом... **Забили** там его глупую **голову** разной ерундой... *Э. Грин, Ветер с юга.*

■ Фам. Для того, чтобы ты **не набивал** себе **голову** праздным и невыносимым вздором, сядь и назло самому себе запиши слова. *А. Куприн, Прапорщик армейский.* — На листе железа он не проедет. Да и нет такого листа — под лимузин. Глупостями мне **голову не забивайте.** *Ю. Нагибин, Сауна и зайчик.*

▲ Вечно я **забиваю** себе **голову** какой-то ерундой, а потом нет времени заняться настоящим делом. *(реч.)*

15. ЗАБИВАТЬ/ЗАБИТЬ [СЕБЕ] ГОЛОВУ 2. *кто [чем].* Обременять сознание мыслями о чьих-л. проблемах, заботах (говорится с неодобрением). Неформ. *кто* — лицо; *чем* — заботами, проблемами и т. п. Обычно о себе ● Именная часть неизм. ● Порядок слов нефиксир.

◆ Стоит ли ему **забивать** себе **голову,** они и сами во всем разберутся. *(реч.)*

■ [Наташа:] А что вам **забивать голову** нашими делами! У вас будут дела и заботы поважнее наших. *Н. Вирта, Хлеб наш насущный.*

▲ Вечно я **забиваю** себе **голову** твоими проблемами, пора тебе научиться самой все решать и освободить меня от этих забот. *(реч.)*

16. ЗАРУБИТЬ [СЕБЕ] НА НОСУ *кто.* Запомнить как следует, крепко-накрепко (говорится с неодобрением, с оттенком угрозы). Неформ. *кто* — лицо, группа лиц ● Именная часть неизм. Обычно в повел. накл. ● Порядок слов нефиксир.

◆ Твой дружок должен **зарубить себе на носу** — если он еще раз сюда явится, я спущу его с лестницы. Так ему и передай. *(реч.)*

■ — **Зарубите себе на носу:** случится что с вашим сыном, нам даже не придется предъявлять особые доказательства вашей вины. Они слишком очевидны, так что — берегитесь! *В. Тендряков, Расплата.* Ты заметь себе правило в жизни и **заруби** это **себе на носу:** никогда не становись на второе место. *М. Пришвин, Кащеева цепь.* Вы должны **зарубить себе на носу** раз и навсегда: все ахи и вздохи и прочая лирическая дребедень должна идти с вами не дальше причала. *В. Марченко, Год без войны.* **Зарубите себе на носу:** я интеллигентов делаю одной левой,— сказал Пашка. *В. Шукшин, Любавины.* Ты не думай, Устинов, будто Лебяжка и вся местность кругом без войны обойдусь! Не обойдусь! **Заруби на носу** и готовься к борьбе с оружием в руках. *С. Залыгин, Комиссия.* — **Зарубите на носу...** Для нас, коренного дворянства метрополии, все эти Соаны и Ируканы... были и навсегда останутся вассалами имперской короны. *А., Б. Стругацкие, Трудно быть богом.*

▲ Не употр.

17. ЗОНДИРОВАТЬ/ПРОЗОНДИРОВАТЬ <НАЩУПЫВАТЬ/НАЩУПАТЬ> ПОЧВУ *кто.* Осторожно, заранее пытаться разузнать положение дел. Подразумевается подготовка к каким-л. дальнейшим действиям. Реч. стандарт. *кто* — лицо или группа лиц, объединенных общей целью ● Именная часть неизм. ● Порядок слов нефиксир.

◆ Зина,— говорилось дальше в письме,— поехала в Добровник **зондировать почву** и посмотреть, нельзя ли устроить побег Бориса. *С. Степняк-Кравчинский, Андрей Кожухов.* — Нам понятно, чего хочет ваше новое правительство,— заметил я,— тем более нам известна попытка ваших друзей, Гиммлера и Геринга, **зондировать почву** у наших союзников.

Разве вы об этом не знаете? *В. Чуйков, Конец третьего рейха.* Депутат французского парламента **зондировал** у Красина **почву**, выясняя возможность торговли с Россией. *Б. Могилевский, В. Прокофьев, Признание инженера Красина.* Экзамена ты не бойся. Петр Иванович уже **прозондировал почву** у профессоров — отношение будет самое благосклонное. *(реч.)* — Я, собственно, начал писать сельскохозяйственную книгу, но невольно, занявшись главным орудием сельского хозяйства, рабочим,— сказал Левин, краснея,— пришел к результатам совершенно неожиданным. И Левин стал осторожно, как бы **нащупывая почву**, излагать свой взгляд. *Л. Толстой, Анна Каренина.* На Урал Перекрестов явился почти делегатом от горнопромышленных и биржевых тузов, чтобы «**нащупать почву**» и в течение двух недель «изучить русское горное дело», о котором он будет реферировать в разных ученых обществах, печатать трескучие фельетоны... *Д. Мамин-Сибиряк, Горное гнездо.*
■ — Ты не мог бы **прозондировать почву** в Академии — как насчет такой публикации? *(реч.)*
▲ Ты пока в директорат не звони, а я попробую **прозондировать почву** и позвоню тебе позднее. *(реч.)*

18. **И ЕЖУ** понятно, ясно, видно, очевидно *что*. Любому, каждому, самому примитивному (говорится с пренебрежением). Неформ. *что* — происходящее ● Неизм. ● Обычно в противит. конструкции типа **и ежу ясно, а ты не можешь понять.**

И хотя воспринимались эти идеи в массовом сознании по-разному, но критический акцент по отношению к действительности при таком сопоставлении был очевиден, как говорится, **и ежу**. *Московский комсомолец, 1991.* То, что свое отношение к происходящему надо менять, было понятно **и ежу**, а не только бывшим, оторвавшимся от своей кормушки партократам. *Огонек, 1990.* — Послушай, **и ежу** ясно, что придется выполнить их условия, так что прекрати это. *(реч.)*

19. **ИЗ ПЕРВЫХ РУК** узнать, получить сведения. От непосредственных участников какого-л. события. Реч. стандарт ● Неизм. ● В роли обстоятельства. Порядок слов фиксир.

— Она теперь в Ярославле поселилась.— Но ты имеешь верные сведения? — Вернейшие... **из первых рук!** Я в Казани с ее семейством познакомился. *И. Тургенев, После смерти.* — Еще бы не слыхать, тетя **из первых рук** знает от доктора и фельдшериц,— охотно сказала Фрося. — Мальчик ведь был... *О. Форш, Своим умом.* Мы с Костей старые товарищи: Я Артемьев. Я вчера его видел... и решил зайти — рассказать вам о нем, как говорится, **из первых рук.** *К. Симонов, Товарищи по оружию.*

20. **ЛОМАТЬ [СЕБЕ, СВОЮ] ГОЛОВУ <МОЗГИ>** *кто [над чем].* Напряженно думать, усиленно стараясь решить какую-л. проблему, понять что-л. Реч. стандарт. *кто* — лицо, группа лиц, объединенных общими задачами; *над чем* — над задачей, проблемой ● Именная часть неизм. ● Порядок слов нефиксир.
♦ Всю дорогу от дома Василия Игнатьевича до дома тетки **ломала** она **голову** над тем, что произошло у Лидки, и до сей поры не могла понять. *Ф. Абрамов, Алька.*
■ — Да не **ломай** ты **себе голову**, ложись спать, а завтра встанешь и все решишь. *(реч.)*
▲ Надо было еще что-то выбрасывать из пьесы, а что — неизвестно..

Дальше, как я ни ломал голову, как ни курил, ничего сократить не мог. *М. Булгаков, Театральный роман.* Год я ломал голову, стараясь сообразить, что случилось?.. *М. Булгаков — В. В. Вересаеву от 22—28 июля 1931 г.*— Ну тогда ясно, ясно. А я все голову ломаю, как такие братья, первые люди по деревне... сестру любимую не могли отстоять. *Ф. Абрамов, Деревянные кони.*— ...Какие перемены, может, полный поворот?.. Стоит ли мозги ломать мне, козявке, мурашу. Как скажут, так и будет. *Ю. Нагибин, Сауна и зайчик.*

21. МОТАТЬ ‹НАМАТЫВАТЬ/НАМОТАТЬ› [СЕБЕ] НА УС *кто [что].* Примечать и учитывать. Подразумевается, что воспринятое может быть в дальнейшем использовано с какой-л. целью. Неформ. *кто* — лицо; *что* — какие-л. сведения, факты ● Нет буд. вр. Чаще в повел. накл. Именная часть неизм. ● Иногда в инфинитивной конструкции с модальными глаголами и наречиями надо, полезно, стоит и т. п. В роли сказ. или самостоят. предложения. Часто в форме клишированной реплики в ответ на ситуацию. Порядок слов нефиксир.

◆ Бадейкин поглядывал на Акимова и... отмечал, что новичок ведет себя спокойно, очень внимательно прислушивается и присматривается к окружающему и мотает на ус. *Э. Казакевич, Сердце друга.* Поле очень хотелось сказать, что вот-де как хорошо тем, кто мало пьет, а все сидит себе в сторонке да на ус наматывает. *Л. Леонов, Русский лес.* ...медик велит больному писать записку — дескать, я здоров, во имя отца и святого духа. И эту записку велит проглотить. Выслушал мужик, намотал на ус. *М. Зощенко, Медик.* Этот материал для романа весьма полезно намотать себе на ус людям, собирающимся судить по востоку. *А. Дружинин, Письма иногороднего подписчика.*

▨ Лисицын вытянул шею и многозначительно взглянул на Алексея, как бы предупреждая: «Слушай, мол, внимательно, да мотай себе на ус». *Г. Марков, Соль земли.* Твой приказ не обсуждают, но просто знай, что я думаю о тебе, комбат. На ус намотай, когда-нибудь пригодится! *Ю. Бондарев, Горячий снег.*— Алеша — тот улыбается, когда его ругаешь. Меня даже как-то рассердила его улыбка. «Что вам смешно? Слушать надо и мотать на ус.» *В. Ажаев, Далеко от Москвы.* (С оттенком шутливости) Если сия идея противна вам, то намотайте ее на ус — по приезде поговорим и обсудим дело. *А. Чехов, Письмо А. Суворину, 15 нояб. 1888.*

▲ [Тригорин:] Пахнет гелиотропом. Скорее мотаю на ус: приторный запах, вдовий цвет, упомянуть при описании летнего вечера. *А. Чехов, Чайка.* Старший брат учит тебя плавать. Вечером ты смотришь, как он куда-то собирается, как он завязывает галстук и разговаривает по телефону, и мотаешь себе на ус... Он почти не замечает тебя и не знает, что твоя жизнь — это наполовину отсвет его жизни. *В. Аксенов, Звездный билет.* Но тогда я, конечно, ничего этого не понимал и не знал. Я только наматывал на ус, что в примитивной измене обвиняют столь блестящего человека. *Н. Коржавин, В соблазнах кровавой эпохи.* Чем-то фантастическим отдавало от этих рассказов, а мы все-таки слушали и наматывали себе на ус. *М. Салтыков-Щедрин, Современная идиллия.*

22. НА ЛЕТУ[2] ‹С ЛЕТУ› ловить, схватывать. Быстро, сразу (понимать что-л.). Реч. стандарт ● Неизм. ● В роли обстоятельства.

В пансионе Потемкин хватал знания на лету, поражая педагогов то варварской ленью, то гениальной смекалкой. *В. Пикуль, Фаворит.* ...она не только на лету ловила и угадывала мысли того лица, с которым говорила, но словно подсказывала их ему. *С. Ковалевская, Автобиографи-*

ческие очерки. С ним хорошо говорить,— мысль **с лету** ловит. *С. Бородин, Дмитрий Донской*. Одаренный редкими способностями, **на лету** схватывал он познания... *П. Мельников-Печерский, Очерки поповщины*. Схватывая на лету знания, он не углубляет их, не закрепляет, надеясь на свою память. *Г. Матвеев, Семнадцатилетние*.— Ведь мне не будут месячные командировки давать...— тут надо **на лету** все хватать: война идет, люди не ждут. *А. Гончаров, Наш корреспондент*.— Точно! — подхватил Кимка мысль друга, что называется, **на лету**. *Н. Поливин, Корабельная сторона*.

23. НА СВЕЖУЮ ГОЛОВУ. Отдохнув, в бодром и хорошем состоянии (говорится с одобрением). Обычно об умственной работе, когда требуется ясность мышления. Реч. стандарт ● Неизм. ● В роли обстоятельства. Порядок слов фиксир.

Лечь, уснуть — утро вечера мудренее. Утром **на свежую голову** взвесить... *В. Тендряков, Чрезвычайное*. После школы буду играть часа полтора в футбол, а потом **на свежую голову** буду делать уроки. *Н. Носов, Витя Малеев в школе и дома*.— Ну вот, я и отдохнул сколько-то!.. теперь **на свежую голову** давай! ...долго и молча читал... приказ, а потом, тоже молча и старательно, его подписал. *С. Залыгин, Соленая Падь*.

24. НА УМЕ есть, имеется *у кого что*. В мыслях. Имеется в виду, что кто-л. думает о чем-л., всецело занят какой-л. мыслью, желанием, стремлением к чему-л. Реч. стандарт. *у кого* — у лица, группы лиц, объединенных общими интересами, задачами; *что* — мысль, проблема; глупости, болтовня, смех, пустое и т. п.; работа, учеба, дело и т. п. ● Неизм. ● Обычно с частицами **только, лишь, одно**.

Так по крайней мере она выражалась; всего, что было у ней **на уме**, она, может быть, и не высказала. *Ф. Достоевский, Идиот*.— Бьюсь об заклад, у него недоброе **на уме**! *Ф. Достоевский, Идиот*. И всю жизнь была только **на уме** работа, работа, работа. *В. Шукшин, Думы*.— Откуда мы с тобой знаем, что у него **на уме**; может быть, у него как раз марксистско-ленинская философия на уме? *В. Пьецух, Новая московская философия*. [Бунша (дьяку):] Вы что это на меня так смотрите? Я знаю, что у тебя на уме! Ты думаешь, уж не сын ли я какого-нибудь кучера?.. *М. Булгаков, Иван Васильевич*.— ...Утешьтесь, господа, открою, глупости у вас **на уме**. Не знаете вы, с кем имеете дело. *Ф. Достоевский, Братья Карамазовы*.— А на что тебе копейка-то? Слыхал, что Сталин говорит? Готовьтесь, говорит, к коммунизму... А у тебя на уме копейка... *Ф. Абрамов, Две зимы и три лета*.— Сукин ты сын! — сказал Михаил.— И завсегда у тебя какая-то ерунда на уме. Ты лучше скажи, как теперь жить будем. *Ф. Абрамов, Две зимы и три лета*.— И вы в сарказмы пускаетесь, Алексей Федорович.— Нет, нет, я шучу, извини. У меня совсем другое на уме. *Ф. Достоевский, Братья Карамазовы*. «Не лезь! Мне, мол, сперва выучиться надо, а потом уже разные там дела. У меня, мол, пока одна учеба на уме». *В. Шукшин, Ваня, ты как здесь?!*

НАСТАВЛЯТЬ/НАСТАВИТЬ <НАПРАВИТЬ> НА ПУТЬ [ИСТИННЫЙ <ИСТИНЫ, ПРАВЕДНЫЙ>] *кто кого*. См. XII, 57

25. НАСТАВЛЯТЬ/НАСТАВИТЬ НА УМ *кто, что кого*. Вразумлять, поучать. Подразумевается стремление подсказать кому-л. правильное решение в трудной жизненной ситуации. Реч. стандарт. *кто* — лицо, группа лиц, объединенных общей целью; *что* — событие, случай, известие и т.п.; *кого* — лицо ● Именная часть неизм. ● Порядок слов нефиксир.

◆ Все-таки оно [письмо] его... немножко **на ум наставит**. *А. Чехов, Письмо.* Вспомяншь сейчас тятеньку-покойника: он бы и **на ум наставил**, и пути-дороги указал. *Ф. Гладков, Повесть о детстве.*
■ — Очень хорошо, что вы все ему по-мужски объяснили — **наставили на ум** моего озорника. А то совсем никакого сладу с ним не было. *(реч.)*
▲ — Ты что, маленький? Что, я тебя **на ум наставлять** должен? Сам все решай. *(реч.)*

26. **НИ УХА НИ РЫЛА** не смыслить, не понимать *кто в чем*. Абсолютно ничего (говорится с неодобрением, презрением). Грубо-фам. *кто* — лицо; *в чем* — в каком-л. деле, ситуации ● Неизм. ● Порядок слов фиксир.

— Видите, как старичок выражается,.. анархист самый вредный, в социализме **ни уха ни рыла** не смыслит. *А. Н. Толстой, Хождение по мукам.* — Опять дурак!.. — загремел Гордей Евстратыч, накидываясь на брата.— **Ни уха ни рыла** не понимаешь, а туда же. *Д. Мамин-Сибиряк, Дикое счастье.* — Я в этом деле **ни уха ни рыла**, честно говорю, так и зачем мне к ним было соваться? *(реч.)*

НОСИТСЯ <ВИСИТ> В ВОЗДУХЕ *что*. См. XII, 28

27. **ОТ КОРКИ ДО КОРКИ** прочитать, выучить, изучить, знать. Целиком, полностью, от начала и до конца (говорится с одобрением). Реч. стандарт ● Неизм. В роли обстоятельства ● Порядок слов фиксир.

Привычка прочитывать газеты **от корки до корки** осталась у него и потом. *П. Проскурин, Имя твое.* — Библиотечка там маленькая, все **от корки до корки** перечитала. *Л. Леонов, Русский лес.* [Саша] налегла на учебники по естествознанию, географии, истории. Она выучила их **от корки до корки**. *Ф. Вигдорова, Семейное счастье.* — Я режиссерский план «Отелло» [Станиславского] чуть ли не наизусть выучивал. Ну, может быть, это и преувеличение, будто я его выучивал, но знал я его действительно вдоль и поперек, **от корки до корки**. *А. Эфрос, Профессия: режиссер.* Я знал учебники **от корки до корки**, да сверх того мог решать все задачи в них. *М. Павлов, Воспоминания металлурга.*

ПОВОРАЧИВАТЬСЯ/ПОВЕРНУТЬСЯ <ОБРАТИТЬСЯ> ЛИЦОМ *кто к чему*. См. VI, 96

повернуть лицом *кто кого к чему*. См. VI, 97

28. **ПОД ОДНУ ГРЕБЕНКУ СТРИЧЬ/ОСТРИЧЬ ВСЕХ** *кто*. Уравнивать друг с другом, относиться одинаково независимо от ситуации (говорится с неодобрением). Обычно подразумевается поверхностная и невнимательная оценка. Реч. стандарт. *кто* — лицо или группа лиц ● Именная часть неизм. Часто в инфинитиве со словом нельзя ● Порядок слов нефиксир.

◆ Крепыш не соглашается, на своем стоит: у большевиков, дескать, примитивное понимание текущего момента! Нельзя всех **стричь под одну гребенку**. И в правительстве есть силы, понимающие необходимость реформ. *М. Юдалевич, Пятый год.* Он, как и другие раненые, был в одном нижнем белье, чтоб не уходили в город. Конечно, дядя Сеня никуда бы не ушел, он вообще еще ходить не мог, но тут **всех стригли под одну гребенку**. *Л. Гартунг, Нельзя забывать...* Мне стыдно людям в глаза глядеть. Выходит, и кто лодыря гонял, и кто вкалывал кровь из носу,— **всех под одну гребенку остригли**. *Ю. Нагибин, Трудный путь.*

■ — Ты не должен так относиться к людям. Не **стриги всех под одну гребенку**. *(реч.)*

▲ — Люди-то ведь разные... Я **всех под одну гребенку не стригу**. *Е. Мальцев, Войди в каждый дом.*

29. ПРИНИМАТЬ/ПРИНЯТЬ ЗА ЧИСТУЮ МОНЕТУ кто что.

Воспринимать всерьез, относиться с доверием, верить в подлинность чего-л. (говорится с неодобрением). Имеются в виду чьи-л. обман, ложь, насмешки, издевательства. Реч. стандарт. *кто* — лицо; *что* — чья-л. речь, проявление чувств, поведение ● Именная часть неизм. ● Порядок слов нефиксир.

◆ Его слова прозвучали так, что даже Ася, изучившая его манеру говорить чепуху с серьезной миной, **приняла их за чистую монету**. *К. Федин, Необыкновенное лето.* Он **принимал за чистую монету** все изъявления восторга при встрече с его особой. *М. Зощенко, Керенский.* Николаша стоял, переминаясь с ноги на ногу... и был рад-радешенек. Он все **принимал за чистую монету**. *Ф. Абрамов, Братья и сестры.* Она еще не знала, что это за парень, и **принимала** печаль и смирение **за чистую монету**. *С. Антонов, Дело было в Пенькове.*— ...Как вы себя чувствуете-то, Александра Сергеевна, невозможный вы человек? Пумпянская **приняла** этот вопрос **за чистую монету** и ответила откровенно: — Плохо. *В. Пьецух, Новая московская философия.*

■ — Пойми, что тебя обманывают, а ты **принимаешь** их обещания **за чистую монету!** *(реч.)*

▲ — К сожалению, его горячие уверения в дружбе и искренности я **принял за чистую монету**. *(реч.)*

30. ПРИХОДИТЬ/ПРИЙТИ В ГОЛОВУ <НА УМ> что кому.

Подуматься, неожиданно возникнуть в сознании. Реч. стандарт. *что* — мысль, идея, решение, догадка и т. п.; *кому* — лицу, группе лиц ● Именная часть неизм. ● Порядок слов нефиксир.

[Белесова:] Мне иногда **приходит в голову**, не сумасшедший ли он. *А. Островский, Богатые невесты.*— ...но знаете ли, что мне **пришло** теперь **в голову**? Только я теперь не про него буду говорить, а так, вообще; мне уже давно все это **приходило в голову**... Зачем самый лучший человек всегда как будто что-то таит от другого и молчит от него? *Ф. Достоевский, Белые ночи.*— Послушай, Володя, тебе ни разу не **приходило в голову**, что никогда, понимаешь, никогда двое людей не поймут вполне друг друга? *А. Куприн, Одиночество.* Первая мысль, **пришедшая** ей **в голову**, была в том, что надо как можно скорее и незаметнее уехать из этого городка. *П. Павленко, Счастье.*— ...Бог их знает, чего они туда плеснули. Вы можете сказать — что им **придет в голову**? — Все, что угодно... *М. Булгаков, Собачье сердце.* А может, потому и тяжело сейчас, что тогда давалось все легко? — вдруг **пришло** ему **в голову**. *Ф. Абрамов, Вокруг да около.*— Знаешь, что мне сейчас **пришло в голову**? Что, может быть, впервые за всю историю русского народа у нас появилось поколение людей, у которых нет никаких нравственных ориентиров. *В. Пьецух, Новая московская философия.*— Если бы ты, Василий, знал, какие мне другой раз мысли **приходят в голову**, то бы со мной здороваться перестал. *В. Пьецух, Новая московская философия.* Ему никогда не **приходило в голову** нагнуться с седла и запросто спросить у крестьянина, как называется трава, которую топтал его конь. *К. Паустовский, Ручьи, где плещется форель.* Ему все хотелось сказать какую-нибудь важную новость, и ничего как-то не **приходило в голову**. *В. Шукшин, Степка.*— «...Старею, не могу понять. Молодые вон понимают. Им и **в голову не приходит** сомневаться...» *В. Распутин, Прощание с Матерой.* Порой ему **приходило на ум** сделать еще что-нибудь дерзкое. *М. Горький, Трое.* Ей вдруг **пришла на ум** сногсшибательная идея — сделать человека из Сережи. *Ф. Абрамов, Алька.* ...духовная власть литературы у нас настолько значительна, что в некоторых романтических случаях... может **прийти на ум**: Алеша Карамазов так бы не поступил. *В. Пьецух, Новая московская философия.*

31. **взбредать/взбрести в голову** <**на ум**>. Внезапно подуматься, случайно возникнуть в сознании. Неформ. ● Именная часть неизм.

Веселое мигом обратится в печальное, если только долго застоишься перед ним, и тогда бог знает, что **взбредет в голову**. *Н. Гоголь, Мертвые души.* Древние жрецы смело лгали и выдавали за истину то, что им **взбредало в голову**. *Л. Толстой, Неделание.* В гимназии своей он курса не кончил; ему оставался еще целый год, как он вдруг объявил своим дамам, что едет к отцу по одному делу, которое **взбрело ему в голову**. *Ф. Достоевский, Братья Карамазовы.* «И как это Лирка может? Подойдет к ней запросто, говорит, что **взбредет в голову**, хохочет вовсю». *Ф. Вигдорова, Черниговка.*— У Маши свободный диплом, неизвестно, что ей **взбредет в голову**. *А. Вампилов, Прощание в июне.*— Болван, как эта чушь **взбрела тебе в голову**? — Мне?.. Это тебе она взбрела! *А. Вампилов, Старший сын.*— Пиши, что **взбрело на ум**, что-нибудь да выйдет. *И. Гончаров, Обрыв.* Помню прекрасно его лицо.., но никак не могу вспомнить его имени, отчества и фамилии,— мы с ним каждое воскресенье распевали все, что нам **взбредало на ум**. *А. Куприн, Запечатанные младенцы.* Я... тут же решил, что... спиртные напитки лишили ее душевного равновесия, и она говорит первое, что **взбрело ей на ум**. *А. Аверченко, Магнит.*

32. **держать в голове** <**уме**> **1.** *кто кого, что.* Постоянно обдумывать, помнить, не забывать о чем-л. Реч. стандарт. *кто* — лицо; *кого* — лицо; *что* — проблемная ситуация, какие-л. сведения, знания ● Именная часть неизм. ● Порядок слов нефиксир.
◆ Он цепко **держал в голове** все слабые места оборонительных линий и все ресурсы крепости, которые можно было бросить туда, и все возможные способы этой переброски. *С. Сергеев-Ценский, Севастопольская страда.*
▣ — И как ты все это **в голове держишь**? А я вот без бумажки не могу выступать. *(реч.)* — Запомните это правило, **держите** его **в голове**, оно нам понадобится для следующего упражнения. *(реч.)*
▲ — Как же ты об них не вспомнил? О лошадях пожалел — а о жене, о детях? — Да чего их жалеть-то? Ведь ворам в руки они бы не попались. А **в уме** я их все время **держал**, и теперь держу. *И. Тургенев, Стучит!* — Я ведь шел к тебе, эту историю **держал в голове**, расскажу, думаю, Гришке — сгодится. *В. Шукшин, Наказ.* Не могу же я все ваши проблемы **в уме держать**, у меня полно своих забот и переживаний! *(реч.)*

33. из головы <из ума> не идёт <не выходит> *что [кто] у кого, чьей.* Никак не забывается, постоянно присутствует в сознании. Реч. стандарт. *что* — событие, ситуация, проблема; *кто* — лицо; *у кого, чьей* — лица ● Именная часть неизм. В инфинитиве не употр. ● Порядок слов нефиксир.

Анекдот о трёх картах сильно подействовал на его воображение и целую ночь не выходил из его головы. *А. Пушкин, Пиковая дама.* С этой минуты настойчивый взгляд Ольги не выходил из головы Обломова. *И. Гончаров, Обломов.* Из головы у него не шло — лисица. Он успел вполне убедиться, что она попала в ловушку, он даже знал, в какую именно. *В. Короленко, Сон Макара.* Разговор с Дмитрием Алексеевичем не выходил у него из головы. *Д. Гранин, Искатели.* Она разговаривала с продавщицей, смотрела на полки.., а из головы не выходил Сережа: что он делает сейчас? *Ф. Абрамов, Алька.* ...Алька стала выспрашивать ее про Сережу (никак с ума не шёл!)... *Ф. Абрамов, Алька.* Да у меня из ума не выходит — как могло произойти такое, кто виноват в этой аварии? *(реч.)*

34. выбросить <выкинуть> из головы *кто кого, что.* Перестать думать, переживать, постараться забыть. Реч. стандарт. *кто* — лицо; *кого* — лицо; *что* — мысли, переживания, событие, ситуацию ● Именная часть неизм. Часто в повел. накл. Редко несов. в.: в конструкции типа **Такую ерунду надо выбрасывать из головы!** ● Порядок слов нефиксир.
◆ И только с позапрошлой осени, с того самого времени, как она уехала в город, **выбросил** её **из головы**. *Ф. Абрамов, Алька.*
■ — Нет, нет... уверяю вас, я не приду, и **выкиньте**, пожалуйста, **из головы** весь этот вздор — я серьёзно прошу вас... *Ф. Достоевский, Село Степанчиково и его обитатели.* **Выкинь из головы** всякие надежды, никакой ты не учёный. *Д. Гранин, Иду на грозу.* Тебе бы лучше эту идею **из головы выбросить,** я серьёзно говорю! *(реч.)*
▲ Мать сердилась и грозила, что не будет пускать меня на охоту, если я не образумлюсь и не **выброшу** сейчас **из головы** уток и куликов. *С. Аксаков, Детские годы Багрова-внука.* Я давно **выкинул** эту глупую затею из головы, успокоился и занялся своим обычным делом. *(реч.)*

35. вылетать/вылететь <выскакивать/выскочить> из головы *что у кого, чьей.* Внезапно исчезать, неожиданно забываться. Реч. стандарт. *что* — мысль, решение, знания, сведения, событие и т. п.; *у кого, чьей* — у лица ● Именная часть неизм. ● Порядок слов нефиксир.

Как только я остался один в этом тихом уголке, вдруг все мои прежние мысли и воспоминания выскочили у меня из головы. *Л. Толстой, Юность.* Всё, назубренное с таким великим трудом, мгновенно выскакивало из его слабой головы. *А. Куприн, На переломе.* Сато получает возможность говорить, но все рассказы, приготовленные заранее,.. вылетели у него из головы. *С. Диковский, Патриоты.* — Что же мне говорить-то?.. Ничего не помню, из головы всё вылетело... *Н. Островский, Как закалялась сталь.* Ивлев вышел из милиции... Остановился, долго соображал: что делать? Из головы всё вылетело. Пусто. *В. Шукшин, Там, вдали.* — И когда встретимся, тогда... Скажи мне сейчас: может быть.— Ты бредишь... Через месяц эта сказка вылетит у тебя из головы. *А. Вампилов, Прощание в июне.* Чтобы впредь у тебя из головы ничего не **вылетало,** подготовишь к следующему занятию не двадцать, а сорок строк. *(реч.)*

ПРОПУСКАТЬ/ПРОПУСТИТЬ МИМО УШЕЙ *кто что*. См. XI, 41

РАЗВЕШИВАТЬ/РАЗВЕСИТЬ УШИ 2. *кто*. См. XI, 43

36. **РАЗЛОЖИТЬ ПО ПОЛОЧКАМ** *кто что*. Разобраться четко и ясно, во всех подробностях, упорядочить, систематизировать (говорится с одобрением). Реч. стандарт. *кто* — лицо; *что* — ситуацию, положение дел, научный материал ● Именная часть неизм. ● Порядок слов нефиксир.

◆ — Вот он, ум-то бабий. Нет чтобы подумать, взвесить, **разложить по полочкам** — куда там, разом пых-пых — и все тут! *Л. Скорик, На посту.* Таким, как она, вероятно, очень нравится ставить мужчин перед неразрешимыми загадками... И еще делать вид, будто все это естественно, само собой разумеется и напрасно, мол, морщить лоб, стараясь проникнуть в их тайну, **разложить все по полочкам**, выявить какую-то закономерность. *А. Ильин, Городская командировка.* — Неизвестно, как это произошло, но в сатирико-юмористическом хозяйстве слишком рано появились традиции... Кто-то уж слишком проворно **разложил по полочкам** все явления жизни и выработал краткие стандарты, при помощи коих эти явления нужно бичевать. *И. Ильф и Е. Петров, Я, в общем, не писатель.* Вот тебе и на,— сказал Нунан.— А я-то думал, что у вас уже все **разложено по полочкам**...— **Разложить по полочкам** и обезьяна может... А ты в самой сути разберись. *А., Б. Стругацкие, Пикник на обочине.*

■ — Вы так здорово мне все объяснили, **разложили по полочкам** — спасибо! *(реч.)*

▲ — Елена Сергеевна, о чем только мы с вами ни переговорили, почти каждый день жизни Кости в школе **разложили по полочкам**... *Э. Максимова, Мама, школа и Костя.* Прежде разложим все товары «**по полочкам**». Вот бесспорный факт: один из снарядов, выпущенных с эскадры, случайно попал в легендарный крейсер «Аврора», причем при взрыве священнику крейсера оторвало руку, огнем нашей же артиллерии был потоплен один английский тресколов, среди рыбаков имелись тяжело раненные,— этот факт тоже бесспорный, и мы его не отрицаем. *В. Пикуль, Проклятая Доггер-банка.*

37. **разложено по полочкам** *что*. Разобрано, упорядочено, систематизировано. *что* — дела, вещи, предметы обихода и т. п.

Для Антонины Ивановны дни стали просто мелькать. У нее появилось столько забот! Наконец-то она решила добраться до своего хозяйства, которое лежало запакованным в кладовке... А ведь при муже у нее все было **разложено по полочкам**. *В. Амиргулова, В большом городе.*

38. **РАСКИНУТЬ ‹ПОРАСКИНУТЬ› [СВОИМ] УМОМ ‹УМИШКОМ, [СВОИМИ] МОЗГАМИ›** *кто*. Обдумать какую-л. ситуацию, поразмыслив, взвесить все подробности. Неформ. *кто* — лицо. Вариант **раскинуть/пораскинуть своим умишком** говорится с пренебрежением ● Именная часть неизм. Обычно в повел. конструкции типа **Пораскинь своим умом (мозгами)** ● Порядок слов нефиксир.

◆ Слыхал, что по иным местам денежные мужики от торговли бычками хорошую пользу получают, расспросил кой-кого, как они это делают, **раскинул умом**. *П. Мельников-Печерский, На горах.* — Как ни **раскинут своими мозгами** солдатики и матросы, а выходит, завелась у нас измена.

А. Степанов, Порт-Артур. Прохор сначала **раскинет умом** «что и как», а потом, во всеоружии знаний, поведет деловой разговор с инженерами. *В. Шишков, Угрюм-река.* Андрей коротко усмехается, отвечает спокойно: — Ему полезно **пораскинуть мозгами**, я думаю. *Ф. Вигдорова, Черниговка.* Да ведь будет помощница — будет и глаз... И поневоле тут поразмыслишь да **пораскинешь умом**. *Ф. Абрамов, Деревянные кони.* ▨ Фам.— Уйти от родного мужа нелегко, да и не к чему. **Пораскинь умом** — сама увидишь. *М. Шолохов, Тихий Дон.*— Вот и **пораскини своими мозгами**, какой герой ходит у вас в наставниках!.. *Н. Поливин, Корабельная сторона.*

▲ — Поругал меня нынче Петрович, я сперва обиделся на него, а как послушал лектора, **пораскинул умом** и понял: ни к чему мне обижаться! *Г. Николаева, Жатва.* Прежде чем мне бросать работу и переходить на новую, надо еще очень и очень **пораскинуть мозгами**! *(реч.)* — ...Решать надо: уходить, так не мешкая... На размышления вечер. Разбежимся в разные стороны, **пораскинем умом**. *В. Астафьев, Царь-рыба.*

39. РАСКРЫВАТЬ/РАСКРЫТЬ <ОТКРЫВАТЬ/ОТКРЫТЬ> КАРТЫ *кто [чьи].* Перестать скрывать свои планы, намерения. Реч. стандарт. *кто* — лицо, группа лиц, объединенных участием в общем деле; *чьи* — лица, группы лиц, объединенных участием в общем деле ● Порядок свов нефиксир.

◆ Петров приходил к нам каждый вечер, подолгу сидел, беседовал, однако **карт** своих **не раскрывал** и планов на будущее нам не рассказывал. *(реч.)* Нет, такими полумерами не обойдешься! — Иван Мефодьевич... решил **раскрыть карты**.— Вот что, господа хорошие! Вы пользуетесь большим влиянием среди торговцев.., пусть раскошелятся малость ради такого благого дела. *В. Тевекелян, Гранит не плавится.* «Мамаша, мамаша...» — на это не скупится, сено помог с пожени вывезти на военной машине, а **карты** свои **не открывает**. Ни слова о дальнейшей жизни. *Ф. Абрамов, Пелагея.* Шпиона доставили в штаб отряда водных заграждений. Перепуганный диверсант, пуля прошила его правое плечо, не стал упираться, **открыл** свои **карты**. *М. Котов, В. Лясковский, Курган.*— Ну, вы заставляете меня **открыть** все наши **карты**! Извольте! Мы вас нарочно никуда не выпускали, прежде чем вы не порадуете нас своим блистательным публичным выступлением. *К. Федин, Первые радости.*

▨ — Ах, черт! — ругнул себя Сергеев.— Действительно, ляпнул, значит, **открывай карты**. *Н. Горбачев, Битва.*— Я не совсем понимаю, к чему вы клоните. **Откройте** же ваши **карты**. *А. Шалимов, Тайна гремящей расщелины.*

▲ — Решили? — Да, решил.— Великолепно. Я **раскрываю карты**: вы мне нужны, как кремень для огнива. *А. Н. Толстой, Гиперболоид инженера Гарина.* Не думайте, что я так сразу **открою** вам наши **карты**. *(реч.)*

40. С ЗАКРЫТЫМИ ГЛАЗАМИ. 1. Не глядя, зная по памяти (рассказать, указать, найти). Реч. стандарт ● Неизм. ● Порядок слов фиксир.

Тишка мог бы **с закрытыми глазами** рассказать о каждом уголке... недр кузни. *Ф. Абрамов, Братья и сестры.* Он так хорошо знает Булгакова, что может **с закрытыми глазами** указать место, где описано это событие. *(реч.)* Я так часто бывала прежде у них, что и теперь **с закрытыми глазами** могу найти их дом в арбатском переулке. *(реч.)*

41. С УМОМ. Обдуманно, со знанием дела. Употр. с глаголами целенаправленного, запланированного действия типа делать, **учиться, ждать,**

искать, жениться и т. п. (говорится с одобрением). Реч. стандарт ● Неизм. ◉ В роли обстоятельства.

Он женился с умом, взял девушку хоть бедную, но порядочную и даже образованную. *М. Салтыков-Щедрин, Губернские очерки.* [Мастаков:] Я тебя жалел тогда... [Старик (усмехаясь):] И жалеть надо с умом. Очень умеючи жалеть надо! *М. Горький, Старик.* Добро бы еще пил с умом, а то выпьет да непременно куражится. *В. Тендряков, Суд.* — «Площадя сокращать»,— грому-то сколько!.. А с умом повести дело — дальние навины списать можно. *Ф. Абрамов, Братья и сестры.* Сказала мягко, необидно, а главное с умом: любой поймет, почему Петру Житову разрешено [взять стог сена]. *Ф. Абрамов, Пути-перепутья.*

В поговорках «С умом пьют, а без ума и трезвых бьют», «С умом и найти, и потерять хорошо», «С умом — торговать, а без ума — горевать».

42. **САМ ЧЕРТ** не разберет, не поймет. Абсолютно никто (говорится с неодобрением). Подразумевается, что при всем желании невозможно осмыслить содержание или причины чего-л. Фам. ◉ В роли подлежащего. Порядок слов фиксир.

[Нарымский:] В сущности, здесь так глухо сказано, что **сам черт** не поймет. Фраза «Кому это знать надлежит» — фраза растяжимая. А хвост ее — «и в ус не дует» носит даже легкий, приятно-фамильярный, добродушно-юмористический характер... Эх, редактор, запугали тебя, брат, как зайца. *А. Аверченко, Гололедица.* — Утром раненько захожу его проведать, а там у него такой спор идет с фельдшером, что **сам черт** ничего не разберет. Фельдшер говорит, что у Макара насморк оттого, что он простудился.., а Макар стоит на том, что насморк у него оттого, что пуля носовой нерв затронула. *М. Шолохов, Поднятая целина.* — Что вы там написали, **сам черт не разберет**: никакой логики в изложении. На одной странице говорится одно, на другой — противоположное. *(реч.)* Жили рядом две домовладелки, обе соломенные вдовы. Мужья в отлучке, а где — **сам черт не разберет**. *Н. Ляшко, Доменная печь.* Они то ссорятся, то мирятся, и **сам черт не разберет**, кто из них прав, а кто виноват. *(реч.)*

[**САМ**] **ЧЕРТ НОГУ СЛОМИТ 2.** *[в чем]*. См. XIII, 34

СБРАСЫВАТЬ/СБРОСИТЬ СО СЧЕТОВ <СЧЕТА> *кто что, кого.* См. VI, 133

СВАЛЯТЬ ДУРАКА *кто.* См. VI, 134

43. **СМОТРЕТЬ <ГЛЯДЕТЬ> В КОРЕНЬ** *кто.* Вникать в самую суть вещей (говорится с одобрением). Подразумевается осмысление кем-л. причины, сущности, смысла каких-л. явлений. Реч. стандарт. *кто* — лицо ● Именная часть неизм. ◉ Порядок слов нефиксир.

◆ (Обычно в безличной конструкции) Надо **смотреть в корень** и искать в каждом явлении причину всех причин. *А. Чехов, Рассказ неизвестного человека.* Если **смотреть в корень**, главное в человеке — идея! *В. Очеретин, Саламандра.* Тогда он принял глубокомысленную позу человека, **глядящего в корень** вещей. *С. Сергеев-Ценский, Севастопольская страда.*

■ — Проще живите, мой юный брат, и **смотрите в корень**. Жизнь принадлежит сильным, а сильным можно быть только тогда, когда понимаешь, на чем держится порядок вещей. *Л. Соболев, Капитальный ремонт.*

▲ Обычно не употр.

44. СМОТРЕТЬ ‹ПОСМОТРЕТЬ, ГЛЯДЕТЬ, ВЗГЛЯНУТЬ› ПРАВДЕ В ГЛАЗА ‹В ЛИЦО› кто. Трезво, правильно оценивать ситуацию. Подразумевается, что человек проявляет решимость, мужество для такого восприятия действительности в экстремальных для него условиях. Реч. стандарт. *кто* — лицо, группа лиц ● Именная часть неизм. Обычно в инфинитиве или в повел. накл. ● Часто в конструкции со словами **нужно, надо.** Порядок слов нефиксир.

◆ В этой стихии лжи тонули и здравый смысл.., и робкие попытки **посмотреть правде в глаза.** *К. Симонов, Товарищи по оружию.*— Раненые пойдут, конечно, с нами.— А тяжелораненые? — Надо **смотреть правде в лицо,**— сказал Гладышев.— Что мы можем сделать с тяжелоранеными? *А. Первенцев, Огненная земля.* Да, да. Не хочу никаких утешений. Правде нужно **смотреть в глаза.** *А. Н. Толстой, Дым.* «Какая слепая любовь. Просто не верится, что такое бывает. Но надо же правде **смотреть в глаза...**» *А. Пряшников, Нестандартный Силантьев.* Однажды он чуть не прижал меня к стене, довольно логично доказывая, что... моя попытка увильнуть от прямого долга не что иное, как боязнь **смотреть правде в лицо.** *Ф. Искандер, Летним днем.*

■ — Послушай, **взгляни правде в глаза,** твоя работа здесь никому не нужна, и сам ты не нужен, приходит другое поколение с другими целями и запросами. *(реч.)*

▲ — Будем **глядеть правде в глаза...** И вы и я — сумасшедшие; что отпираться!.. *М. Булгаков, Мастер и Маргарита.* Кстати, о романе. **Глянем правде в глаза.** Его никто не читал. Не мог читать, ибо исчез Рудольфи, явно не успев распространить книжку. *М. Булгаков, Театральный роман.*

СМОТРЕТЬ ‹ГЛЯДЕТЬ› [ПРЯМО] В РОТ 1. *кто кому.* См. XI, 54

45. СМОТРЕТЬ ‹ПОСМОТРЕТЬ› СКВОЗЬ ПАЛЬЦЫ кто на что. Не обращать внимания на что-л. предосудительное, попустительствовать чему-л. Имеется в виду нежелание кого-л. замечать чьи-л. проступки, затеи, оплошности и т. п. Реч. стандарт. *кто* — лицо; *на что* — на какие-л. мероприятия, действия или поступки кого-л. ● Именная часть неизм. ● Порядок слов нефиксир.

◆ Не то чтобы он помогал арестанту. Нет, он просто **смотрел** на проступки **сквозь пальцы,** когда можно **посмотреть сквозь пальцы,** он не видит, когда можно не видеть, он просто менее придирчив. *В. Шаламов, «Комбеды».* На перемёты, раколовки и сетки Михаила Рублева он [инспектор рыбнадзора] **смотрит сквозь пальцы.** *А. Калинин, Гремите, колокола!* Он крал вещи людей, которых арестовывал и убивал, и немцы, смотревшие на это **сквозь пальцы,** презирали его как наёмного, зависимого, темного негодяя и вора. *А. Фадеев, Молодая гвардия.* Мысль безобидная, на курсы **смотрят сквозь пальцы,** как на учреждение, которое может причинить вред лишь его участникам. *М. Булгаков, Киев-город.*

■ — Ну, ты их сама распустила, если бы ты не **смотрела сквозь пальцы** на эти их постоянные сборища каждый вечер, они бы больше занимались учёбой. *(реч.)*

▲ Я сама всегда **смотрела сквозь пальцы** на их ежедневные прогулки и не видела в этом ничего дурного. *(реч.)*

46. СОБИРАТЬСЯ/СОБРАТЬСЯ С МЫСЛЯМИ кто. Сосредоточиться на чем-л. одном, стараясь осмыслить, решить что-л. Реч. стандарт. *кто* — лицо, группа лиц, объединенных общими задачами ● Именная часть неизм. ⬤ Обычно в составе сказ. в конструкции с модальными словами нужно, необходимо, может, должен и т. п. Порядок слов нефиксир.

◆ Иван Ильич лежал, **собираясь с мыслями**. *А. Н. Толстой, Хождение по мукам.* Профессор молчал, Никита отлично понимал, что это не то доброжелательное молчание, на которое идет экзаменатор, чтобы студент **собрался с мыслями**. *Е. Успенская, Наше лето.* Пелагея еще не успела **собраться с мыслями**: как ей посмотреть на Алькину выходку?.. *Ф. Абрамов, Пелагея.* Он молчал, **собирался с мыслями** и... продолжал говорить так же медленно и негромко. *Н. Атаров, Повесть о первой любви.* Постояли, помолчали, **собираясь с мыслями**. *Н. Поливин, Корабельная сторона.*

■ — Ну, подумай, **соберись с мыслями**, ведь это совсем не сложный вопрос! *(реч.)* — Тебе просто нужно **собраться с мыслями**, и ты все решишь. *(реч.)*

▲ [Аврора:] Ах, да, да... Знаете ли что, отложим наш разговор до полуночи. Я хочу **собраться с мыслями**. *М. Булгаков, Блаженство.* Пожалуйста, повремените, я должен **собраться с мыслями**. *(реч.)*

СПАТЬ И [ВО СНЕ] ВИДЕТЬ *кто что*. См. V, 34

47. **СТАВИТЬ/ПОСТАВИТЬ ВО ГЛАВУ УГЛА** [*чего*] *кто что*. Считать самым важным, главным, первостепенным. Подразумевается, что чему-л. отдается предпочтение. Книжн. *чего* — деятельности, исследований, творчества, теории и т. п.; *кто* — лицо или группа лиц, объединенных общими целями; *что* — дело, работа, задача, проблема, идея ⬤ Именная часть неизм. Нет повел. и сослаг. накл. Не употр. с отрицанием ⬤ Порядок слов нефиксир.

◆ Наши политики **ставят во главу угла** не нравственность, не благо народа, а власть ради власти. *Московский комсомолец, 1990.* Вы сочиняете частушки. Я вполне согласен с тем, что делаете Вы это неплохо. Но имеет ли для поэта смысл сочинять частушки, **ставя** эту работу чуть ли не во главу угла? *М. Исаковский, О поэтическом мастерстве.* Это нас больше всего обрадовало: экономический принцип руководства хозяйством **ставится во главу угла**. *Г. Радов, Земля и души.* Авторы произведений... вольно или невольно обеднили свои книги, **поставив во главу угла** чисто хозяйственные или технические проблемы. *Литературная газета, 1991.* **Во главу угла** своей теории Эйнштейн **поставил** формулу о соотношении массы и энергии. *(реч.)* Все другие виды творчества... развивались в синтезе с архитектурой, почему она и **поставлена** исследователем **во главу угла**. *М. Долгополов, У истоков русского зодчества.*

■ — Вы **ставите во главу угла** теорию, но не менее важна и практика. *(реч.)* — **Ставя во главу угла** следование идее, вы забываете о живых людях. *(реч.)*

▲ Мы дисциплину **ставим во главу угла** практики нашей работы. *С. Киров, Статьи и речи, 1934.* **Во главу угла** нам надо **поставить** заботу об инвалидах. *(реч.)*

48. **стоять во главе угла** *что*. Иметь первостепенное значение.

В организации игры **во главе угла** должны **стоять** дисциплина и порядок. *Литературная газета, 1993.*

<small>От обыкновения во время строительства ставить (класть) под углы дома надежные опоры (каменные столбы, большие камни и т. п.).</small>

СТАВИТЬ/ПОСТАВИТЬ [ВСЕ] ТОЧКИ НАД «И» *кто, что [в чем].* См. VI, 139

точки над «и» поставлены. См. VI, 140

49. СТЕРЕТЬ С ЛИЦА ЗЕМЛИ 3. *кто кого.* Не признавать значительности, важности, раскритиковать. Реч. стандарт. *кто* — лицо; *кого* — лицо ● Именная часть неизм. ● Порядок слов нефиксир.

◆ ...затем другой прочитал доклад о Гоголе и Достоевском и обоих **стер с лица земли**. О Пушкине отозвался неблагоприятно, но вскользь. *М. Булгаков, Богема.* Вы, очевидно, хотите вычеркнуть сцену у Дубельта, где Николай, ничем себя не выдавая, **стер Пушкина с лица земли**. *М. Булгаков, В. В. Вересаеву.*

▨ (С ироническим упреком) Бедный Пушкин... Ты просто **стер его с лица земли**. Нельзя же так критиковать великих поэтов, будучи при этом абсолютным дилетантом. *(реч.)*

▲ Не употр.

50. исчезнуть с лица земли 2. *кто.* Потерять значительность, важность. *кто* — лицо, группа лиц.

Но в это мгновение, к моему счастью, приоткрылась дверь. Он посмотрел на дверь взглядом бешеной коровы. В дверях стояла секретарша. «Берлин»,— тихо сказала она, кивнув на телефон. Он схватил трубку, и сразу же стало ясно, что мы **исчезли с лица земли** и даже сам он, склонившись над трубкой, как-то согбенно уменьшился. *Ф. Искандер, Летним днем.*

51. СТЕРЕТЬ С ЛИЦА ЗЕМЛИ 4. *кто что.* Уничтожить в сознании людей. Реч. стандарт. *кто* — лицо, группа лиц, объединенных общей целью; *что* — идеи, представления, обычаи ● Именная часть неизм. ● Порядок слов нефиксир.

◆ Цивилизация эта, как кажется, имеет единственной целью **стереть с лица земли** все вышеупомянутые земледельческие идеалы. Ведь вот **стерла** же она **с лица земли** русскую... тройку. *Г. Успенский, Крестьянин и крестьянский труд.* Екатерина II специальным указом реку Яик назвала Уралом, чтобы **стереть с лица земли** память о Пугачеве, о яицких казаках. *Э. Мурзаев, Откуда у города имя.*

▨ Вы говорили: надобно **стереть с лица земли** разницу сословий и состояний,— сгладьте же [ее] хоть в ваших собственных мыслях. *Н. Чернышевский, Пролог.*

▲ Мы должны полностью **стереть** память об этом бунтовщике **с лица земли.** *(реч.)*

ТЕМНЫЙ ЛЕС быть *[что для кого].* См. XIII, 35

52. ТЕРЯТЬ/ПОТЕРЯТЬ ГОЛОВУ 1. *кто.* Находиться в нерешительности, не знать, что делать, лишаться способности трезво оценить сложную ситуацию. Имеется в виду какое-л. затруднительное положение, волнение, усталость и т. п. Реч. стандарт. *кто* — лицо ● С отрицанием тж. **головы** ● Порядок слов нефиксир.

◆ Движение по железной дороге прекратилось — путь был загроможден подорванными на минах паровозами и вагонами, вставшими дыбом друг на друга. Немцы **теряли голову** в этой «проклятой русской анархии». *А. Н. Толстой, Рассказы Ивана Сударева.* Соловецкое начальство теряло голову: куда распределить и как разместить пополнения? *О. Волков, Погружение во тьму.* Разговор начался с утешений Кати: — Все исправится, все наладится, никогда не следует **терять головы**. *Е. Пермяк, Царство тихой Лутони.* Иван Ильич считал себя человеком уравновешенным: чего-чего, а уж головы он никогда не **терял**... *А. Н. Толстой, Хождение по мукам.*

■ — Удивительно, как ты в этой суматохе еще голову не **потерял**! *(реч.)*

▲ Временами я решительно **терял голову**,— как мне быть, что делать, что думать? *Г. Успенский, Новые времена.*

53. ТЕРЯТЬ/ПОТЕРЯТЬ ГОЛОВУ 2. *кто от чего.* Переоценивая себя, лишаться способности трезво оценить ситуацию (говорится с неодобрением). Реч. стандарт. *кто* — лицо; *от чего* — от успеха, славы и т. п. ● Порядок слов нефиксир.

◆ Под влиянием первого успеха молодой писатель легко **теряет голову**, понижает требовательность к себе, повышенно оценивает все, что напишет. *В. Вересаев, Литературные воспоминания.*

■ (Как цитация) — По-моему, от всей этой шумихи ты уже голову **потерял**! — Это ты мне просто завидуешь. *(реч.)*

▲ И, конечно, я **потерял голову** — слава, успех, всеобщее восхищение... От этого тоже нужно уметь защищаться. *(реч.)*

54. УМА НЕ ПРИЛОЖИТЬ. Не быть в состоянии понять, осмыслить возникшую ситуацию, несмотря на все усилия (говорится с неодобрением). Реч. стандарт. О себе. ● Нет сослаг. накл. Нет буд. вр. для вспомогат. глагола мочь. ● Часто с модальным глаголом **мочь** как отдельная реплика или в составе сложного предложения Не могу ума приложить!, Ума не приложу!, Ума не приложу, как, почему, зачем и т. п. Порядок слов фиксир.

Нагульнов сокрушенно развел руками.— И чего я его стукнул? **Ума не приложу**! *М. Шолохов, Поднятая целина.*— Зовет Павел-то в Москву погостить. Прямо не знаю, что делать. Прямо **ума не приложу**. *В. Шукшин, Сельские жители.*— Не могу **ума приложить**! Почему, когда рядом живешь, меньше видишь друг друга? *Н. Атаров, Повесть о первой любви.* [Милославский:] Ты чего, отец, ползаешь? [Дьяк:] ...Посол королевский лик с груди потерял... Вошел сюда — был, а вышел — нету... **Ума не приложу**... Вот горе! *М. Булгаков, Иван Васильевич.* Идет жуткая осень. Хлещет косой дождь. **Ума не приложу**, что ж мы будем есть? *М. Булгаков, Богема.* Тут он и рукой махнул: «Ты мне, говорит, Жилин, про попов лучше и не напоминай. **Ума не приложу**, что мне с ними делать». *М. Булгаков, Белая гвардия.*— Руку бы дал на отсечение, что роман твой напечатать нельзя... Как ты Рудольфи обработал, **ума не приложу**... *М. Булгаков, Театральный роман.*— Башмаки Ане стали совсем малы: пальцы упираются в носок. Что делать — **ума не приложу**. Скоро зима. *Ф. Вигдорова, Семейное счастье.*

55. УМУ НЕПОСТИЖИМО. Невозможно представить, понять, осмыслить; сверх обычного представления о чем-л. Реч. стандарт ● Неизм. ● Обычно в виде реплики или в составе сложного предложения Уму непостижимо, что, как, зачем и т. п. Порядок слов фиксир.

До чего же мы довольны — это **уму непостижимо**! *Е. Шварц, Дракон.* «Вы знаете, какую я работу проделал, **уму непостижимо**!..» *М. Булгаков, Собачье сердце.*— Нуте-с, в сумерки пришли на Пост. Что там делается — уму непостижимо... Штабов нет числа. Никто ни черта, понятное дело, не знает. *М. Булгаков, Белая гвардия.* [Гуревич:]... И как будто ты с кем-то помолвлен.., а вот с кем, когда и зачем — **уму непостижимо**... *В. Ерофеев, Вальпургиева ночь, или Шаги Командора.*

56. УЧИТЬ <ПОУЧИТЬ> УМУ-РАЗУМУ кто кого. Поучать, наставлять, советовать. Реч. стандарт. кто — лицо; кого — лицо ● Именная часть неизм. ● Обычно в модальной инфинитивной конструкции типа Нужно (придется) поучить его уму-разуму! Порядок слов нефиксир.
◆ — Что же они, учили, учили тебя уму-разуму, а ты все такой же бездельник и пьяница! *(реч.)* Так вот зачем позвала ее тетушка в лес! — подумала Алька. Для политбеседы. Чтобы уму-разуму поучить. *Ф. Абрамов, Алька.*
■ — Объясни ты ему, что делать, как поступать, **поучи уму-разуму**! *(реч.)*
▲ Эх, и народ же еще темный. Многие еще обману поддаются! Долго нам придется учить их уму-разуму. *В. Вишневский, Война.* Я на тебя угробил все силы, учил тебя уму-разуму, а толку что? *(реч.)*

УШИ ВЯНУТ у кого [от чего]. См. XI, 58

57. ХЛОПАТЬ УШАМИ 1. кто. Слушать, ничего не понимая, не зная, как реагировать (говорится с неодобрением). Неформ. кто — лицо ● Именная часть неизм. ● Порядок слов нефиксир.
◆ Балет, опера, классическое исполнение — это не для моих подопечных. Сидят, ушами хлопают. *(реч.)*
■ Фам. Вот какой способный мальчик у Петровых, как тонко разбирается в искусстве, а ты сидишь на концерте да ушами хлопаешь. *(реч.)*
▲ (С иронией) Я в музыке профан, сижу, ушами хлопаю. *Д. Гранин, Искатели.*

58. ШЕВЕЛИТЬ/ПОШЕВЕЛИТЬ <ШЕВЕЛЬНУТЬ> МОЗГАМИ кто. Заставлять себя думать, соображать. Неформ. кто — лицо ● Именная часть неизм. ● Порядок слов нефиксир.
◆ Когда у человека есть голова на плечах, то он должен сам **мозгами шевелить**. *А. Рыбаков, Кортик.* Но, черт побери, положено или нет хоть изредка и колхозникам **шевелить мозгами**? *Ф. Абрамов, Вокруг да около.*
■ Фам.— А тебе она зачем нужна? Ты пошевели мозгами... *И. Козлов, Жизнь в борьбе.*—...Эк ведь Иван вам загадку задал! — с явною злобой крикнул Ракитин...— Да и загадка-то глупая, отгадывать нечего. Пошевели мозгами — поймешь. *Ф. Достоевский, Братья Карамазовы.*— Вот и жена спасибо скажет тебе, если лишнее заработаешь! **Мозгами-то шевелить** надо,— сказал на прощанье директор. *В. Полторацкий, В бессарабской степи.*
▲ (В модальной конструкции) «Знаете, вы довольно любопытную мысль сказали; я теперь приду домой и шевельну мозгами на этот счет». *Ф. Достоевский, Братья Карамазовы.* Придется нам как следует **пошевелить мозгами**, ребята. *(реч.)*

XI. РЕЧЕВАЯ ДЕЯТЕЛЬНОСТЬ

[БЕЗ МЫЛА] ЛЕЗТЬ/ВЛЕЗТЬ <ЗАЛЕЗАТЬ> В ДУШУ кто [к кому]. См. XII, 1

1. БЛАГИМ МАТОМ орать, кричать, вопить, реветь. Очень громко, истошно (говорится с неодобрением). Обычно от боли, от испуга, призывая на помощь. Неформ. ● Неизм. ● В роли обстоятельства. Порядок слов фиксир.

Мальчики повалились друг на друга, стукнулись головами, заорали **благим матом**. *В. Катаев, Белеет парус одинокий.* — Федотовна, чего расселась как баржа! Коза у тебя в огороде **благим матом** орет, вокруг кола запуталась. *Ф. Абрамов, Мамониха.* Я ору **благим матом** и кручусь перед дверью, а ихняя пудель заливается изнутри. *М. Зощенко, Честный гражданин.* Он хотел подняться, но только застонал, — левая нога... была точно чужая... В кабинете, когда начали снимать сапог с левой ноги, он закричал **благим матом**. *Д. Мамин-Сибиряк, Три конца.* — Вдвойне больней, когда тело сожмешь. А ты распусти его свободно, чтоб оно мягко было, — киселем лежи. И не надувайся, дыши вовсю, кричи **благим матом**. *М. Горький, Детство.* Кто-то накрыл его сзади мокрой охапкой гороха. Васька закричал **благим матом**, забегал по полю. Но это была шутка, и все кончилось смехом. *Ф. Абрамов, Вокруг да около.* На улице раненый мясник **благим матом** вопил: — Батюшки, убил! Убил, разбойник! *Н. Гарин-Михайловский, Детство Темы.* — Я... я убил мясника, — заревел **благим матом** Тема, приседая от ужаса к земле. *Н. Гарин-Михайловский, Детство Темы.*

2. БРАТЬ/ВЗЯТЬ СЛОВО *кто с кого*. Заставлять пообещать. Реч. стандарт. *кто* — лицо, социальный коллектив; *с кого* — с лица, с социального коллектива ● Обычно в конструкции с придаточным дополнительным. Порядок слов нефиксир.

◆ К удивлению Темы, Аглаида Васильевна отнеслась к этой истории очень мягко и только взяла с Темы **слово**, что на будущее время он будет говорить ей всегда правду, — иначе ворота наемного двора для него навсегда запрутся. *Н. Гарин-Михайловский, Детство Темы.* Когда Кони был маленьким мальчиком, отец взял с него **слово**, что он до 16 лет не будет курить. — Я дал **слово** и сдержал его. *К. Чуковский, Дневник 1901—1929*.

■ — Зачем ты берешь с ребенка **слово**, что он выучит такое количество английских фраз? Ты-то должен понимать, что это ему не под силу. *(реч.)*

▲ Я возьму с него **слово**, что он не будет распространяться о наших делах. *(реч.)* Взяв с Сулера [Сулержицкого] **слово**, что он привезет мне Олю назад, я отпустил [ее]. *Письмо М. А. Чехова М. П. Чехову 5 сент. 1914.*

3. давать/дать слово *кто [кому]*. Обещать. *кому* — лицу ● При отрицании тж. *слова*, глагол обычно в несов. в. ● Обычно в конструкции с инфинитивом или придаточным дополнительным.

◆ Еще не зная ее, он дал **слово** ее умирающему брату, своему любимому другу, жениться на ней. *Н. Тэффи, Старинка.* — Костырик не раз пропускал лекции... Я с ним беседовал еще в прошлом году. Он дал мне **слово**... Вопиющее отношение к слову!.. К военному делу... К доброму имени института!.. *С. Георгиевская, Лгунья.*

■ — Знаешь, Тема, — говорит она как можно вкрадчивей, — ты лучше всего дай себе **слово**, что ты не будешь шалить. Скажи: любя папу и маму, я не буду шалить. *Н. Гарин-Михайловский, Детство Темы.* «...Если Вы делаете так только в силу данного Вами **слова**, то я освобождаю Вас от Вашего слова.» *К. Чуковский, Дневник 1901—1929.*

▲ И даю себе **слово** не скоромиться во весь пост. Зачем скоромное, которое губит душу, если и без того все вкусно? *И. Шмелев, Лето Господне.* Я даже составил готовую фразу...: «Мама, не пугайся, пожалуйста... Все будет отлично... Даю тебе честное **слово**. Шестиглазый выгнал меня из гимназии». *К. Чуковский, Серебряный герб.* Даю себе торжественное **слово**, что чуть я сдам срочные работы... взяться вплотную за русскую литературу, за наибольшую меру доступного мне творчества. *К. Чуковский, Дневник 1901—1929.* По ночам я с особенной ясностью видел все постыдное безрассудство своего поведения, столько раз называл себя дармоедом и трутнем, злостным растратчиком своих лучших годов, столько раз давал себе **слово** исправиться, воротиться к труду и учению, но наступало утро, и меня снова тянуло на улицу, либо в гавань к пароходам и парусникам, либо на велосипедные гонки... *К. Чуковский, Серебряный герб.* «Так и знайте!» — прохрипел я и, изодрав лист в клочья, дал себе **слово** в театр не ходить. *М. Булгаков, Театральный роман.*

4. держать/сдержать [свое] слово *кто.* Выполнять обещание ● При отрицании тж. **сло́ва**.

◆ — ...Придется тебе убедиться, что бывают люди, которые держат **слово**. Обещаешь не волноваться? Я, пожалуй, пойду одна... О многом нужно будет поговорить. *С. Георгиевская, Лгунья.* Через неделю она стала пекарихой... сдержал свое **слово** Омеша. Со скотного двора ее вырвал... *Ф. Абрамов, Пелагея.*
■ — Зачем вы не сдержали своего **слова**? — сказала она. — Я вам показала кантату Христофора Федорыча под тем условием, чтобы вы не говорили ему о ней. *И. Тургенев, Дворянское гнездо.*
▲ — Совсем не нужно делать из этого секрет и тайну... —...но ведь ты поклялась... — с упреком сказал Витя. — Я сдержу данное **слово**, — ответила Лена. — Только не понимаю, к чему все это. *В. Киселев, Девочка и птицелет.*

5. БРЕД СИВОЙ КОБЫЛЫ [*что*]. Бессмыслица, чушь (говорится с неодобрением). Имеется в виду оценка чьих-л. высказываний, произведений как лишенных здравого смысла, ясности. Неформ. *что* — мысли, предположения, умозаключения и т. п. ● Тк. ед. ч. ● В роли именной части сказ. или дополнения. Возможно как отдельное высказывание. Порядок слов фиксир.

— Но это же бред **сивой кобылы**! Следствие по делу Гольцова и уход Карцева из старинного здания. *В. Липатов, Игорь Саввович.* То, что он сочинил, может быть названо бредом **сивой кобылы**. Но это не смущает сочинителя. *И. Ильф и Е. Петров, Любовь должна быть обоюдной.* Прочитав пятый раз подряд переделанную сцену, Гостилицын, качая головой и издевательски растягивая слова, рычит: — Ну и сочинил!.. Профессор, умирая, треплется, как пьяный управхоз на поминках... Бред **сивой кобылы**! Он так говорить не может! Так говорят плохие сценаристы! *В. Курочкин, Урод.* Простите, но то, что вы нам вчера излагали, было бредом **сивой кобылы**. (*реч.*)

6. БРОСАТЬ СЛОВА НА ВЕТЕР *кто.* Говорить впустую, необдуманно или безответственно (говорится с неодобрением). Имеется в виду ситуация, когда дают легкомысленные, необоснованные обещания, говорят что-л., не думая о последствиях. Реч. стандарт. *кто* — лицо (чаще ед. ч.)

⬤ При отрицании тж. **слов** ⬤ Часто в конструкциях с отрицанием. Порядок слов нефиксир.

◆ — Возьму я слово... Только прошу разрешить резервировать две-три минуты для обдумывания формулировок. Шубин слова на ветер не бросает. *В. Липатов, Повесть без названия, сюжета и конца.* — Видите ли,— медленно и с расстановкой начал говорить Ив таким тоном, каким говорил тогда, когда не на ветер бросал **слова**. *Н. Нароков, Могу!* Он хороший, в общем. Совершенно безобидный человек... И ему даже кажется, что его можно любить. Он не пижон, как другие, и не любит бросать слова на ветер. Почему бы одной девушке не пойти за него замуж? *И. Ильф и Е. Петров, Золотой теленок.* ...окончательное решение зависело не от него, и он не мог позволить себе бросать слова на ветер. Поэтому промолчал. *К. Симонов, Солдатами не рождаются.* Брошенные на ветер слова: ...«читайте, учитесь!» составляют двойное кощунство. *Д. Писарев, Роман кисейной девушки.*
■ — Я знаю, ты слов на ветер не бросаешь, но все же подумай, а вдруг эта затея сорвется? *(реч.)*
▲ Дать деньги можно, но обещаний никаких-с... Я в таких летах и в таком капитале, что свои слова на ветер бросать не могу-с. *А. Островский, Последняя жертва.*

БРОСАТЬ/БРОСИТЬ ТЕНЬ *кто, что [чем] на кого, на что.* См. VI, 9

7. **В ГЛАЗА.** Обращаясь непосредственно к кому-л., открыто и решительно, не скрывая своего отношения (говорится с одобрением). Реч. стандарт ⬤ Неизм. ⬤ Обычно с глаголами **говорить, сказать,** часто со словом **прямо.** В роли обстоятельства.

Оля рассказывала, как он хохотал, когда она прямо в глаза ему сказала, что отлично понимает, кому он собирается оказать услугу — товарищу, который, наверно, одного с ним поля ягода. *Н. Атаров, Повесть о первой любви.* — Я пожилой, вежливый человек, мне трудно сказать вам это прямо в глаза. *Е. Шварц, Дракон.* [Шервинский:]...он рядом с вами — вешалка, карьерист, штабной момент. [Елена:] За глаза-то! Отлично! [Шервинский:] Да я ему это в глаза скажу. Давно хотел. *М. Булгаков, Дни Турбиных.* — Иди, иди. Я все в глаза высказала. Любо, не любо — слушай. *Ф. Абрамов, Вокруг да около.*

8. **В ПУХ И ПРАХ** разругать, раскритиковать, разнести; разругаться. Очень сильно, нещадно, полностью. Реч. стандарт ⬤ Неизм. Чаще с глаголами сов. в. ⬤ В роли обстоятельства. Порядок слов фиксир.

Пришел Борис Ивнев, посмотрел на табличку, раскритиковал в пух и прах. *В. Добровольская, Женя Маслова.* — Боюсь я вам показывать свою статью — разругаете в пух и прах. *(реч.)* Члены блока выступили с заявлением, в котором в очередной раз раскритиковали правительство в пух и прах и потребовали от него отставки. *Куранты, 1992.* — Сегодня полковник разнес меня в пух и прах и сказал, что мы даром едим народный хлеб. *Н. Почивалин, Выстрел на окраине.* Он не из тех, кто разносит оппонентов в пух и прах, он уважает чужое, пусть противоположное, мнение. *(реч.)* Однажды ночью в пух и прах разругались из-за Солженицына. *Куранты, 1991.*

9. **ВЕРТИТСЯ НА ЯЗЫКЕ 1.** *у кого что.* Готово слететь с уст. Подразумевается желание, тяга сказать, спросить и т. п. Реч. стандарт. *у кого* — у лица (тк. ед. ч.); *что* — слово, вопрос, реплика, фразы

и т. п. ● Нет буд. вр. Именная часть неизм. ● В роли сказ. Порядок слов нефиксир.

Лубенцов достаточно хорошо знал своего ординарца, чтобы не заметить, что у того на языке вертится какой-то вопрос. *Э. Казакевич, Весна на Одере.* И Артемьев сказал то, что у него сегодня полдня вертелось на языке: что, по его мнению, следует перенести аэродром на 20—30 километров к северо-востоку — вперед. *К. Симонов, Товарищи по оружию.* Мы ждали, что он еще что-нибудь скажет. Да он и сам хотел что-то сказать, что-то вертелось у него на языке, но он так и не сказал. *В. Амлинский, Тучи над городом встали.* — Кто же он тогда, этот Полипов? — Кто он такой?.. Если бы это было так легко объяснить... У тебя, чувствую, вертится уже на языке готовое слово? — Вертится,— признался Кружилин.— Да выговорить боюсь. Страшно. *А. Иванов, Вечный зов.* — Выкладывай,— торопил ее Кирилл.— Вижу, у тебя вертится что-то на языке. *С. Купер, Последнее слово.* Все это было очень неприятно выслушивать, и у меня так и **вертелся на языке** вопрос: «Да тебя-то кто неволит? Не нравится — подай рапорт, слезай с гор и садись со мной писать карточки». Но я молчал и только слушал. *Ю. Домбровский, Хранитель древностей.* Он ждал ответа, а я молчал — тут нужны были какие-то глубинные, трудные и сердечные слова, а у меня на языке вертелись ладные, давно и не мною придуманные фразы с вывесочно-лозунговой неоспоримостью. *К. Воробьев, Большой леш.* ...и я вспоминаю также, как всего через полгода, когда он [отец Натальи] был уже полностью похерен, матушка сильно негодовала, повествуя про его обжорство и храп... Это воспоминание **вертелось** у меня на языке, когда Наталья уверяла нас с Круглицким в том, что ее отец все понимает и что постигшая его немилость явилась началом наших общих тревог... *Вик. Ерофеев, Бердяев.*

10. ВЕРТИТСЯ НА ЯЗЫКЕ 2. *[у кого что].* Что-то похожее мелькает в памяти, вот-вот вспомнится. Имеется в виду ситуация, когда кто-л. пытается вспомнить и сказать хорошо известное, но в данный момент внезапно забытое. Реч. стандарт. *у кого* — у лица (тк. ед. ч.); *что* — имя, фамилия, какое-л. слово, цитата и т. п. ● Нет буд. вр. Именная часть неизм. ● Порядок слов нефиксир.

— Был у нас в роте командир, поручик... Вот оказия, никак его фамилии не вспомню... **На языке вертится,** а не вспомню. Прямо затемнение какое-то. *К. Седых, Даурия.* Бахмутов сидел и старался припомнить, как ее фамилия... Фамилия **вертелась** у него **на языке,** как это иногда случается, но он не мог ее назвать. *Д. Мамин-Сибиряк, Темная вода.*— Намедни были сами... Михаил Прович Садовский! ...самый перьвейший ахтер Малых Императорских Тиятров!.. И стали тоже... вычитывать... про матушку-Москву... Но только они про другую Москву вычитывали... как ето?.. **Вертится на языке,** а... Да как его они?.. Ну вот, забыл и забыл. *И. Шмелев, Лето Господне.*

ВТАПТЫВАТЬ/ВТОПТАТЬ В ГРЯЗЬ *кто кого, что.* См. XII, 21

ВЫВОДИТЬ/ВЫВЕСТИ НА ЧИСТУЮ ВОДУ *кто кого.* См. XII, 22

11. ВЫНОСИТЬ/ВЫНЕСТИ СОР ИЗ ИЗБЫ *кто.* Разглашать сведения о каких-л. неприятностях, касающихся узкого круга лиц (говорится с неодобрением). Подразумевается, что тот, о ком идет речь, принадлежит к этому кругу. Обычно имеются в виду ссоры, дрязги, неудачи и т. п., часто семейные. Реч. стандарт. *кто* — лицо ● Обычно несов. в. При отрицании тж. **сора** (реже — **сору**) ● Чаще с отрицанием или в инфинитивных конструкциях со словами не стоит, зачем и т. п. Порядок слов нефиксир.

◆ Депутат рассказал о закулисной борьбе, нисколько не смущаясь, что **выносит сор из избы**. *(реч.)* — Но есть же... нормальные семьи! — Да где?! Притворяются. **Сор из избы не выносют**. А сами втихаря... бушуют. *В. Шукшин, Страдания молодого Ваганова.* В комнату вошла соседка... Все приняло мирный вид: в семье был неписаный и нерушимый закон — **сора из избы не выносить**. *Г. Николаева, Жатва.* — Господа, я надеюсь, что здесь собрался все свой народ и никто не **вынесет сору из избы**. *Д. Мамин-Сибиряк, Горное гнездо.* Назревал крупный скандал, но папа Веня блокировал его, приняв соломоново решение: устроить комсомольское собрание курса и не **выносить сор из избы**. *М. Козаков, Записки на песке.* Этот вопрос задавали все, а Федор на него не мог и не хотел отвечать. Пришлось бы объяснять, почему бросил жену, пришлось бы **выносить сор из избы**. *В. Тендряков, Не ко двору.*

▨ — Зачем ты **выносишь сор из избы**, зачем рассказываешь, что мы часто ссоримся? *(реч.)*

▲ — При мне они стараются не говорить о своих делах. Видимо, боятся, что **вынесу сор из избы**. *(реч.)*

[ГЛАДИТЬ/ПОГЛАДИТЬ] ПРОТИВ ⟨НЕ ПО⟩ ШЕРСТИ *кто кого*. См. XII, 24

гладить/погладить по шерсти ⟨шерстке⟩ *кто кого*. См. XII, 26

ДАВАТЬ/ДАТЬ ЖИЗНИ 1. *кто кому.* См. XII, 28

ДАВАТЬ/ДАТЬ ПИЩУ *кто, что кому, чему [для чего]* См. VI, 31

ДВУХ СЛОВ СВЯЗАТЬ не мочь, не суметь. См. X, 9

ДЕЛАТЬ/реже СДЕЛАТЬ ИЗ МУХИ СЛОНА *кто*. См. XIII, 11

12. ДЕРЖАТЬ ЯЗЫК ЗА ЗУБАМИ *кто.* Помалкивать о том, что нужно скрывать, опасаться неосторожных слов, высказываний. Неформ. *кто* — лицо, группа лиц ● Именная часть неизм. Чаще употр. в повел. накл. как угроза или приказание помалкивать ● Порядок слов нефиксир.

◆ Аристарх Федорович ясно видел, что купцы, подрядчики и официанты, которым строго предписано было **держать язык за зубами**, не сдержали своего обещания и протрубили о его бале по всему Черноряжску. *Д. Григорович, Проселочные дороги.* Лиза была скрытной... Жизнь научила ее **держать язык за зубами**. *Е. Мальцев, Войди в каждый дом.* И, предупредив Забегаева, чтобы он **держал язык за зубами**, Огурцов отдал ему еще одно распоряжение: завезти на правый берег кубов пять-десять круглого леса. *Ф. Таурин, Ангара.* В конце концов я решил... потолковать со своим другом Ваней, который, во-первых, большая умница, во-вторых, он учится на вечернем отделении в библиотечном институте, в-третьих, он мой сокровенный друг, в-четвертых, он умеет **держать язык за зубами**... *В. Пьецух, Пессимистическая комедия.*

▨ Будь поосторожнее с этим господином. **Держи язык за зубами**... Поберегись сказать что-нибудь лишнее. *А. Чехов, Знамение времени.*

Ты, братик, тоже держи язык за зубами! Видел, как на базарной вешали? И еще будут. *Ю. Герман, Дорогой мой человек.* — Садитесь, тут еще одно дело... Вы язык-то умеете держать за зубами? А впрочем, вам же хуже будет, если начнете болтать. *А. Н. Толстой, Хождение по мукам.* — Много тут любителей за другими догладывать. Сразу выдадут, если оплошаешь... Вы вот что, язык здесь за зубами держите. *К. Седых, Отчий край.* Фам. (С оттенком угрозы) — Держите язык за зубами, папаша! *(реч.)*

▲ Кое-кто из сотрудников пытался выудить у меня что-нибудь о Витиных планах, но я держу язык за зубами. Не нужно им знать чужих секретов! *(реч.)*

ДЛИННЫЙ ЯЗЫК 1. *у кого, чей.* См. I, 16

ДЛИННЫЙ ЯЗЫК 2. *у кого.* См. I, 17

13. ДЛЯ <РАДИ> КРАСНОГО СЛОВЦА говорить, выдумывать и т. п. Чтобы усилить впечатление (говорится с неодобрением, часто с оттенком иронии). Подразумевается стремление придать речи яркость, остроту, приукрашивая или преувеличивая то, о чем говорится. Реч. стандарт ● Неизм. ● В роли обстоятельства. Порядок слов фиксир.

— Кто он? Конечно военный. Офицер. Поручик или, может быть, молодой капитан...— Насчет поручика или молодого капитана буржуй говорит так, зря, для красного словца. Тут не поручик, тут полный генерал найдется. *Э. Казакевич, Синяя тетрадь.* В голове Авросимова все уже перепуталось в достаточной мере, так что он, едва комитет закончил деятельность, вылетел вон, хотя это говорится для красного словца, ибо он с почтением и подобострастием как обычно просеменил мимо высоких чинов, лишь изнутри раздираемый непонятной тоской. *Б. Окуджава, Глоток свободы.* Секретарь перебил меня, возвращаясь к рассказанному много раньше: — Он действительно так сказал: Никто не даст закоптить голубое небо Подолии дымом заводов — или ты это выдумал для красного словца? — Вы что думаете, обманываю? — обиделся я.— Так и сказал! *В. Беляев, Старая крепость.* Эта манера появилась у многих хирургов — не думают, например, когда говорят: «Еще бы немножко и было бы поздно!» — Это об аппендиците. Говорят иной раз ради красного словца, а потом их коллегам какие-то нелепые неприятности. *Ю. Крелин, Семь дней в неделю.*

В народном обиходе сочетания **красные слова, красные речи** употреблялись и для характеристики чего-то красиво и остроумно сказанного. (В. П. Фелицына, В. М. Мокиенко, Русские фразеологизмы. Лингвострановедческий словарь. М., 1990, с. 133)

ДОЛГАЯ <ДЛИННАЯ> ПЕСНЯ. См. XV, 7

14. ДРАТЬ ГОРЛО *кто.* Очень громко, изо всех сил, надсадно кричать, петь и т. п. (говорится с неодобрением). Чаще подразумевается чья-л. эмоциональная речь. Фам. *кто* — (обычно) лицо ● Именная часть неизм. Часто в инфинитивных конструкциях со словами **нечего, хватит, перестань** и т. п. Порядок слов нефиксир.

драть глотку. Грубо-фам.

♦ Вообще, семнадцатый год был неприятный год: слишком много митингов, кто красивей врет, того и на руках носят... И откуда их налетело, краснобаев, как мухи на мед? В ссылках их не видели, на эксах не видели, по заграницам болтались, а тут приехали горло драть, на переднее место лезть. *А. Солженицын, В круге первом.* — Бык вон как глотку дерет, а толку от этого чуть, — сказал дед коротко и просто. *Ю. Домбровский, Хранитель древностей.*

◼ — ...Она сама тебя, как до зла дойдет, запишет, куда следует — вот это так. Ее никто не осудит. Бдительность — вот и весь разговор. В голосе его теперь слышалась горечь и укоризна. Это меня разозлило. — Это ты-то горло дерешь? — взорвался я. — Ну, знаешь... Я хотел сказать что-то еще очень обидное и вдруг осекся. *Ю. Домбровский, Хранитель древностей.* Федот поднес к его [атамана] глазам увесистый кулак. — Если хочешь жить, не вздумай драть горло. Хоть ты и порядочный гад, но убивать тебя не станем. *К. Седых, Даурия.* Грубо-фам. (При обращении на «вы») [Бондырева:] Хотите вы идти ко мне в управляющие? [Баркалов:] К вам? Вот одолжили! (Хохочет) [Бондырева:] Что вы горло-то дерете? И ничего-таки тут смешного нет. *А. Островский, Блажь.* — Встать, прокурор идет! — Из камеры послышался насмешливый голос: — Ну и пусть идет. Чего ты глотку дерешь? Я не глухой. *Г. Марков, Строговы.*

▲ — Если он думает, что я пойду на клирос и буду петь в хоре, так это напрасно. С какой стати? Потому что у меня бас, так я непременно должен горло драть? *И. Потапенко, Овца.* Артиллерист Палозеров сказал за всех: нечего нам, братцы, горло драть без толку... Пошлем-ка кого-нибудь из наших комитетчиков. *А. Веселый, Россия, кровью умытая.*

15. ЗА ГЛАЗА.
Невежливо, оскорбительно отзываться о человеке в его отсутствие (говорится с неодобрением). Реч. стандарт. Обычно с глаголами **говорить, сказать, называть** и т. п. ◉ Неизм. ◉ В роли обстоятельства.

[Шервинский:] ...он рядом с вами — вешалка, карьерист, штабной момент. [Елена:] За глаза-то! Отлично! [Шервинский:] Да я ему это в глаза скажу. Давно хотел. *М. Булгаков, Дни Турбиных.* ...Многие люди, с которыми он сталкивался, называли его Василием Ивановичем исключительно в упор. За глаза же, в третьем лице, никто не называл инженера иначе, как Василиса. *М. Булгаков, Белая гвардия.* Ольгу Олеговну в школе за глаза звали Вещим Олегом... всегда в мужском роде. *В. Тендряков, Ночь после выпуска.* — Ты за глаза говоришь о нем всякие гадости, а потом раскланиваешься! *(реч.)*

16. ЗАГОВАРИВАТЬ/ЗАГОВОРИТЬ ЗУБЫ
кто кому [чем]. Умышленно отвлекая внимание, говорить что-л. не относящееся к делу (говорится с неодобрением). Имеется в виду стремление обхитрить кого-л., чтобы достичь своих целей. Неформ. **кто** — лицо; **кому** — лицу; **чем** — тема разговора ◉ Именная часть неизм. ◉ Часто в конструкциях в повел. накл. с отрицанием, в инфинитивных конструкциях со словами **нечего, хватит.** Порядок слов нефиксир.

◆ Прасковья повернулась к толпе и призывно крикнула: — Слышите, товарки? Глядите, ребята! Управляющий зубы заговаривает — обмануть хочет. *Ф. Гладков, Вольница.* Мать у Полины больная, сама Полина на части разрывается, чтобы заработать лишнюю копейку... И вот у них с Борисом быстро распределились обязанности: Борис с Полиной в комнате — развлекает ее, зубы заговаривает, а он, Клавдий Иванович, то с дровами возится, то в огороднике копается, то хлев для поросенка ладит, то еще чего. *Ф. Абрамов, Мамониха.* Он нарочно заговаривал нам зубы своими Агабеками. А второй воровал в это время. *Л. Соловьев, Повесть о Ходже Насреддине.* Васька, паршивец, зубы мне заговорил, а сам в школу без шапки побежал. *(реч.)* — Ах, мошенник, мошенник,— качая головой, говорил Воланд,— каждый раз, когда партия [шахматная] его в безнадежном положении, он начинает **заговаривать зубы**... Садись немедленно и прекрати эту словесную пачкотню. *М. Булгаков, Мастер и Маргарита.* Обходительность и ловкость, которыми он щеголял перед покупателем, пришедшим к нему в лавку, были не более как средство «отвести» покупателю глаза, «**заговорить зубы**» и всучить тем временем гнилое, линючее. *Г. Успенский, Книжка чеков.*

■ — Хватит! Ты не хитри, не плачь тут и зубы нам не **заговаривай**. Говори прямо: зачем приехал? *М. Шолохов, Поднятая целина.* — Ладно, ладно, зубы-то не **заговаривай**. Не таких видали. *Ф. Абрамов, Мамониха.* — Вы нам выборами зубы не **заговаривайте**,— смело ответила Шура. — Нам семена нужны! *С. Бабаевский, Кавалер Золотой Звезды.* Шутовку ты, что ли, из меня делать хочешь! — мать об деле говорит, а он скоморошничает! Нечего зубы-то мне **заговаривать**! Сказывай, какая твоя мысль? *М. Салтыков-Щедрин, Господа Головлевы.* (С оттенком шутливости). Вы, Иван Степанович, зубы нам не **заговаривайте**, от юбилея вам все равно не отвертеться. *(реч.)*

▲ (Как цитация. Отрицание предыдущей реплики собеседника) — Я не **заговариваю** тебе зубы, я прекрасно понял, в чем состоит просьба, и постараюсь помочь. *(реч.)*

17. ЗАТЫКАТЬ/ЗАТКНУТЬ ⟨ЗАЖИМАТЬ/ЗАЖАТЬ⟩ РОТ *кто кому.* Грубо и бесцеремонно заставлять замолчать, не давать говорить (говорится с неодобрением). Неформ. *кто* — лицо или группа лиц; *кому* — лицу или группе лиц ● Порядок слов нефиксир.

◆ Вронский **затыкал рот** тем из легкомысленных товарищей, которые пытались намекать ему на его связь. *Л. Толстой, Анна Каренина.* Заставили приехать из деревни, чтобы выслушать нас, а сами **рот затыкают**! *С. Скиталец, Кандалы.* Дерзким подросткам **рты затыкали** матери: то угрозой, то лаской, то потасовкой. *Л. Сейфуллина, На своей земле.* Калина Иванович хотел было что-то возразить, но Евдокия и ему **рот заткнула**. *Ф. Абрамов, Дом.* За Кокона небось волнуется, за дружка своего, ведь знает же прекрасно, что уж я отмалчиваюсь на собрании не буду, вот и хочет правдой-неправдой **заткнуть мне рот**. *Ю. Антропов, Живые корни.* Надо дать ему выступить на собрании. Нельзя **затыкать рот** депутату. *(реч.)* Так скажите ему, Илья Андреич, что теперь **зажать рот** матросу все равно никак не возможно. *А. Малышкин, Севастополь.* Испугались, бабам **рты зажали**, связали руки, не позволили отвести душу. *В. Смирнов, Открытие мира.* Редактор, наверное, споткнулся о фамилию и заметку не пустил: от греха подальше. А Бастрюков увидел и пошел копать. Вызвал к себе корреспондента, который писал,— в общем, докопался! Нашел в армии одного немца — и ставит вопрос в мировом масштабе. И попробуй **заткни ему рот**. *К. Симонов, Солдатами не рождаются.*

■ **Рот** ты мне не смеешь **зажимать**,— говорила Марья со смелостью человека, сознающего свою правоту. *И. Бунин, Веселый двор.* Посмотрите на себя и свою супружескую жизнь со стороны, а не пытайтесь **заткнуть ему** [мужу] **рот**. *Аргументы и факты, 1994.*

▲ Не **затыкаю я тебе рот**! Говори что хочешь! *(реч.)* [Петр:] Что-нибудь он здесь говорил? [Буйносов:] Чепуху, одну чепуху. Мы уже его стыдили... И **рот** уж не знали чем **заткнуть**. *А. Н. Толстой, Петр Первый.* Грубо-прост.. (С угрозой) Ты смотри, я тебе **рот-то заткну**! *(реч.)*

18. ИЗЛИВАТЬ/ИЗЛИТЬ [СВОЮ] ДУШУ кто [кому, перед кем, в чём]. Рассказывать о сокровенных мыслях, чувствах, переживаниях. Подразумевается, что у кого-л. возникла непреодолимая потребность поделиться тем, что волнует. Предполагается ситуация доверительного общения. Реч. стандарт. *кто* — лицо; *кому* — лицу; *перед кем* — перед лицом; *в чём* — в разговоре, в письме, в стихах, в песне и т. п. ● Именная часть неизм. ● Порядок слов нефиксир.

◆ У людей, живущих одиноко, всегда бывает на душе что-нибудь такое, что они охотно бы рассказали. В городе холостяки нарочно ходят в баню и в рестораны, чтобы только поговорить,.. в деревне же они обыкновенно изливают душу перед своими гостями. *А. Чехов, О любви.* — Вчера бедный Витя целый час мне душу изливал. Что-то не заладилась у них жизнь с Леной. *(реч.)* Внезапное доверие разрослось до того, что к вечеру, прогуливаясь... с девушкой в мужском пальто, великий комбинатор.., неожиданно для себя, излил ей свою душу в довольно пошлых выражениях. *И. Ильф и Е. Петров, Золотой телёнок.* Ей, вероятно, очень хотелось излить перед кем-нибудь душу, да никого подходящего не было — все дети да прислуга. *Н. Тэффи, Домовой.* Потом [Катенька] пошла в свой уголок, достала конвертик, украшенный золотой незабудкой.., и стала изливать душу в письме к Мане Кокиной. *Н. Тэффи, Катенька.* Однако Митьку собеседник не знал. Ивану Африкановичу хотелось поговорить, излить душу, он рассказал парню про свою поездку... *В. Белов, Привычное дело.* Вы, конечно, понимаете, что иногда в человеке есть непереносимая потребность высказать то, что у него внутри. Ему бывает нужно «излить душу»... *Н. Нароков, Могу!* Вечером с Н. в синагоге. ...дико-страстные вопли, за которыми целые века скорби, бесприютности, восток, древность, скитания — и Единый, перед коим можно излить душу то в отчаянной, детски-горестной жалобе, за душу хватающей своим криком, то в мрачном, свирепо-грозном, все понижающемся реве. *И. Бунин, Окаянные дни.*

■ Считайте меня своим другом, и ежели вам нужна помощь, совет, просто нужно будет излить свою душу кому-нибудь — вспомните обо мне. *Л. Толстой, Война и мир.*

▲ Потому ли, что передо мной оказался случайный человек, потому ли, что безделье в набитом вагоне вызывает к откровенности, а скорей всего мне просто нужно было излить душу — я рассказал этому чистенькому чопорному человеку всё. *В. Тендряков, За бегущим днём.*

19. КАК НА ДУХУ говорить, рассказывать. Со всей откровенностью, ничего не утаивая, по совести. Реч. стандарт ● Неизм. ● В роли обстоятельства. Порядок слов фиксир.

— Говори как на духу, не изворачивайся. И не бойся... Дальше меня никуда не пойдёт. *С. Антонов, Разорванный рубль.* — Почему разложил костёр, а сам ушёл? Он начинает говорить, но я прерываю: — Говори как на духу, а то — убью! *Б. Пантелеймонов, Беглый.* — Дозвольте мне рассказать... Я чистую правду как перед Богом, как на духу. *А. Чехов, Он понял.* Боярин пал в ноги Ивану. — Всё тебе поведаю, всё поведаю честью, без понуждения, как на духу. *В. Коростылёв, Иван Грозный.* [Мавра Тарасовна Фелицате:] Ты с приказчиками-то, миленькая, дружбу водишь, так что говорят-то? Ты мне как на духу! *А. Островский, Правда* — *хорошо, а счастье лучше.*

От церковных выражений: «на духу (на исповеди) быть» или «на дух (на исповедь) идти». (ФСРЯ, с. 149)

20. КАК СИВЫЙ МЕРИН 1. врать. Бессовестно, беззастенчиво, несуразно (говорится с неодобрением). Неформ. ● Неизм. ● В роли обстоятельства. Порядок слов фиксир.

«Да, держи карман шире! Дадите вы суконное обмундирование! Почему же вы своих солдат не одеваете, а заставляете их с пленных сдирать шинели? Полковник, старый человек, а врет **как сивый мерин**»,— мысленно стыдил Иван Калита командира Измайловского полка. *Н. Брыкин, Искупление.* Рындин, решив, что я обиделся, положил мне руку на плечо и сказал, что насчет вранья он пошутил, хотя с кем не бывает — и разведчик иной раз наврет **как сивый мерин**, и у писателей не без того. *К. Симонов, Иноземцев и Рындин.* — Ах, Ипат, Ипат, практический философ Ипат! Заткни свой фонтан красноречия и не ври **как сивый мерин**. *К. Станюкович, Первые шаги.* — Постойте, постойте,— сказал я,— так, значит, Потапов врет? — Значит, брешет наш Потапов **как сивый мерин**,— ответил мой собеседник ласково,— вводит, как говорится, в заблуждение общественное мнение и советскую печать. *Ю. Домбровский, Хранитель древностей.* (С оттенком иронии или самоуничижения) Я болтаю, особенно если выпью я рюмочку вина,— одну только рюмочку. Кажется, что за важность, а никакого удержу на меня нет.. И пошел, и пошел и вру **как сивый мерин**. *А. Островский, Трудовой хлеб.*

КАК <У КОГО> ЯЗЫК ПОВОРАЧИВАЕТСЯ <ПОВЕРНУЛСЯ, ПОВЕРНЕТСЯ> 2. *у кого*. См. XII, 50

21 МОРОЧИТЬ/ЗАМОРОЧИТЬ ГОЛОВУ <ГОЛОВЫ> 1. *кто кому [чем].* Не давая возможности сосредоточиться на главном, основном, запутывать, дурачить (говорится с неодобрением). Подразумевается стремление отвлечь от истинного положения дел или скрыть свои истинные намерения, иногда в форме шутки. Неформ. *кто* — лицо, группа лиц; *кому* — лицу, группе лиц; *чем* — рассказами, сведениями и т. п. ● Часто в конструкциях в повел. накл. с отрицанием в инфинитивных конструкциях со словами **перестань, нечего**. ● Порядок слов нефиксир.
◆ Проходя в курилку, слышал, как красноармеец тосковал: — Чтоб их разорвало с их юмором! На Кавказ заехали, и тут **голову морочат**. *М. Булгаков, Богема.* Они **морочат вам голову**, Элен! — сказал Матвей.— Родригос такой же главный нулевик, как я ромашка-одуванчик. Он сервомеханик и в нуль-проблемах понимает меньше вас. *А., Б. Стругацкие, Далекая Радуга.* Оппозиция, которой президент и и. о. премьера **морочили голову**, отнеслась к этой процедуре по-разному. *Куранты, 1992.* Мастера постарше сердито выговаривали вчерашнему «чародею»: — Ну и хорош, дед! Ведь знал же, в чем дело, зачем же **голову нам было морочить**? К чему это боженьку-то привлек? *В. Емельянов, На пороге войны.* Передай Родригосу, чтобы перестал **морочить людям головы**, а то я его вызову к себе! *А., Б. Стругацкие, Далекая Радуга.* Петя Савкин **заморочил** всем **головы** своими рассказами о фронтовых похождениях. *В. Кожевников, Неспокойный человек.* В Киеве нашелся дурковатый редактор газеты... Ему **заморочили голову** молодые сотрудники, и он тиснул несколько статеек Мандельштама. *Н. Мандельштам, Вторая книга.*

■ — Ты мне **голову не морочь**! — возражал Чумаков.— Ты мне не наводи тень на плетень. Я тебе не мальчик! Тоже, нашелся идейный! Самый натуральный разбойник ты, и больше ничего. И чего ты этого слова боишься? Никак не пойму! *М. Шолохов, Тихий Дон.* А ты посове-

туйся, посоветуйся с ним, прежде чем вылезать на коллегию. Нет, Лядов не позволит морочить людям головы, не позволит: он подлинный экономист. Не тебе чета. *М. Колесников, Школа министров.*
▲ (Как цитация) — Ничего не буду писать, что людям голову морочить? — Катерина отнесла эти слова к себе. — Я не морочу голову вам, Иван,— сказала она строго и серьезно.— Я привязалась к вам. Полюбила. *А. Лебеденко, Девушка из тайги.*

22. МОРОЧИТЬ/ЗАМОРОЧИТЬ ГОЛОВУ 2. *кто кому [чем].* Попусту надоедать (говорится с неодобрением). Имеются в виду пустые, ненужные разговоры, нелепые предположения и т. п., которые только отвлекают от дел, мешают. Неформ. *кто* — лицо, группа лиц; *кому* — лицу, группе лиц; *чем* — рассказами, просьбами, предположениями и т. п. ♦ Часто употр. в инфинитиве со словами перестань, хватит и т. п. Порядок слов нефиксир.
♦ Он приходит каждый вечер и морочит мне голову своими выдумками, несбыточными планами и прочей пустопорожней болтовней, а у меня не хватает мужества сказать ему, что все это — чушь. *(реч.)* — Беги в амбулаторию... Бюллетень получишь.— Куда в амбулаторию?.. Такими пустяками докторам голову морочить! *В. Беляев, Старая крепость.*— А вот я вам одну штуковину покажу — это да! — Он взял со столярного верстака увесистую ржавую железяку с отверстием, покачал на ладони... Петр снисходительно пожал плечами: чего, мол, морочить голову? — Металлолом...— Эх, вы!.. Да этот маталлолом днем с огнем не сыщешь. *Ф. Абрамов, Дом.*— Только язык этот бабий, ох, язык! Заморочили мне, Алеха, эти самые чертовы бабы голову, ну, просто навовсе заморочили. *Б. Полевой, Повесть о настоящем человеке.*
▨ — Маш, Лешка [пришел]. Давай ему есть...— Сейчас кончу блины печь, будем все ужинать. И вообще не морочь мне голову своим Лешей, старичками и прочей мурой, мне работать надо. *М. Ганина, Тряпкин и Леша.*
▲ (Как цитация) Это я морочу тебе голову? Да мне самой надоело выслушивать от тебя всякую ерунду! *(реч.)* Я, наверное, совсем заморочила вам голову своими многочисленными проблемами, а у вас и без меня дел много. *(реч.)*

23. НА ВЕТЕР говорить, болтать. Впустую, необдуманно, безответственно (говорится с неодобрением). Неформ. ● Неизм. ◐ В роли обстоятельства. Часто в конструкциях с отрицанием.
Да не спорьте, Иван Арнольдович, я все ведь уже понял. Я же никогда не говорю на ветер, вы это отлично знаете. *М. Булгаков, Собачье сердце.*— Ты знаешь, Конрад, что я говорю не на ветер. *А. Бестужев-Марлинский, Замок Нейгаузен.*— Шутить [я] не мастер и говорить на ветер не привык. *П. Невежин, Неугомонная.* [Кирпак] ведь старик основательный,— на ветер болтать не станет. *Н. Лесков, На краю света.*

24. НА ЧЕМ СВЕТ СТОИТ ругать, поносить и т. п. Очень сильно, нещадно (говорится с неодобрением). Неформ. ● Неизм. ◐ В роли обстоятельства. Порядок слов фиксир.
Пушкина ругает на чем свет стоит и все время кричит: «Куролесов, бис, бис!» — говорил гость, тревожно дергаясь. *М. Булгаков, Мастер и Маргарита.* Андрей Иванович ходил по саду и ругал грозу на чем свет стоит. *Ф. Решетников, Свой хлеб.* Мнения о Тыркове на эскадре были

крайние. Большинство офицеров его терпеть не могли, писали о нем в Петербург черт знает что и ругали **на чем свет стоит.** *К. Станюкович, В море.* Чуть что не по нем — зарычит, аки зверь, обругает **на чем свет стоит,** а найдет недобрый час — и тычком наградит. *П. Мельников-Печерский, На горах.* Первым движением старика было сойти по скату берега и тут же, при людях, осрамить Федота и разругать его **на чем свет стоит.** *Д. Григорович, Пахатник и бархатник.*

25. НАЗЫВАТЬ/НАЗВАТЬ ВЕЩИ СВОИМИ <ИХ СОБСТВЕННЫМИ, ИХ НАСТОЯЩИМИ, ИХ> ИМЕНАМИ *кто*. Говорить прямо и открыто о том, что есть на самом деле, не смягчая выражений. Реч. стандарт. *кто* — лицо ● Именная часть неизм. ● Чаще в инфинитивных конструкциях со словами **надо, следует, давайте, будем.** Порядок слов фиксир.

◆ То, что он не скрывает правды и называет вещи своими именами, вызвало неоднозначное отношение у сидящих в зале: одни хвалили его за смелость, другие ругали за грубость, третьи — просто за тупость. *(реч.)* И Поливанова почему-то тронула простота, с какой это было сказано. А теперь он говорил себе: Ну что меня умилило? Обыкновенная милицейская привычка называть вещи своими именами. *Ф. Вигдорова, Семейное счастье.* Нужно называть вещи их именами. *(реч.)*

■ Ты называешь вещи их настоящими именами, но не думаешь о том, что некоторые сочтут это просто за бестактность. *(реч.)*

▲ — О каком разврате и какой чистоте говорите вы? — спросил я.— Я называю вещи их собственными именами. Я часто завидую вам, вашему спокойствию и чистой совести. *Н. Гаршин, Надежда Николаевна.* — Вы, как я понял, один из разрушителей и осквернителей. Будем называть вещи своими именами. *М. Кочнев, Оленьи пруды.* [Попова:] Да как вы смеете говорить со мною таким образом?.. [Смирнов:] Позвольте мне называть вещи настоящими их именами. Я... привык высказывать свое мнение прямо! *А. Чехов, Медведь.*

НАХОДИТЬ/НАЙТИ ОБЩИЙ ЯЗЫК *кто [с кем].* См. VI. 76

26. НИ К СЕЛУ НИ К ГОРОДУ 2. *говорить, смеяться и т. п.; делать.* Не к месту, некстати (говорится с неодобрением). Подразумевается немотивированность, неожиданность чьих-л. действий (часто речевых) для кого-л. Неформ. ● Неизм. Чаще с глаголами сов. в. ● В роли обстоятельства. Порядок слов фиксир.

— Ах, да! ведь ты у нас тут еще не бывал? — откликнулся он как-то **ни к селу ни к городу,** совсем смешавшись. *М. Салтыков-Щедрин, В среде умеренности и аккуратности.* Регент, придерживая дьячка за сюртучную пуговицу, **ни к селу ни к городу** пояснял ему в десятый раз, что жена его ангел и что не будь ее, он бы совсем погиб. *В. Слепцов, Спевка.* Ей хотелось пожалеть мужа, по-хорошему пожалеть, как умеют жалеть любящие женщины, а вместо этого она **ни к селу ни к городу** спросила доктора: — Доктор, вы не видели Галактиона? *Д. Мамин-Сибиряк, Хлеб.* — И тут я, понимаешь, **ни к селу ни к городу** стал ему объяснять, что это такое. А у него книга на эту тему написана! *(реч.)* Он заклеймил Александра Борджиа за нехорошее поведение, вспомнил **ни к селу ни к городу** Серафима Саровского и особенно налег на инквизицию, преследовавшую Галилея. *И. Ильф и Е. Петров, Золотой теленок.* Но тут их разговор перебил отец. Вплелся **ни к селу ни к городу** со своими россказнями про то, чего никогда не было. *В. Козько, Здравствуй* *и прощай.*— Чему вы смеетесь? — спросил Константин Семенович.— Просто так...— Это у него чисто нервный смех. Он всегда смеется ни к селу ни к городу,— сказала Галя. *Г. Матвеев, Новый директор.* О нашей наивности говорила, между прочим, и приписка к письму.., производившая впечатление приклеенной ни к селу ни к городу. *Д. Фурманов, Чапаев.* Мысли у Гусева обрываются, и вместо пруда вдруг ни к селу ни к городу показывается большая бычья голова без глаз, а лошадь и сани уже не едут, а кружатся в черном дыму. *А. Чехов, Гусев.*

27. ОБЛИВАТЬ/ОБЛИТЬ <ПОЛИВАТЬ, БРОСАТЬ, СМЕШАТЬ С> ГРЯЗЬЮ *кто кого.* Порочить, незаслуженно позорить (говорится с неодобрением). Подразумевается, что используются клевета, домыслы, сплетни. Реч. стандарт. *кто* — лицо, группа лиц, объединенных общей целью; *кого* — лицо, группу лиц, объединенных участием в общем деле ● Именная часть неизм. ● Порядок слов нефиксир.
выливать грязь *кто на кого.*

◆ — Началось с того, что я пытался защитить критика-искусствоведа Лейкмана, его **обливали грязью**. Но я его знаю. Все неправда. Этому нельзя поверить. *Ю. Бондарев, Тишина.* Коля Бугорков, изойдя в крике, не отводил между тем взгляда от бешено-спокойных светло-серых глаз своего неожиданного врага, которого он **обливал** теперь такой **грязью**, какую смыть можно только ударом. *Г. Семенов, Вольная натаска.* — **Облить грязью** человека всегда легко, а понять его душу трудно. Не думай плохо, слышишь, говорю тебе. *А. Ананьев, Версты любви.* И вот наперебой жалуется, по судам затаскала, всех **грязью облила**, не дает работать. *В. Вукович и Н. Штанько, Доброта во зло.* Вот сидит Птенцов. Этот ничего не забывает. Однажды он выступит на собрании и, отбросив все, чем он ему, Прошину, обязан, **обольет его грязью**. И это может случиться скоро. *Д. Павлова, Совесть.* ...Из этого Алька заключила, что старуха не сумела пробить лаз к Мите и Лизке — это уж наверняка, раз она с таким усердием **поливает их грязью**. *Ф. Абрамов, Алька.* За что? За какие такие преступления его гвоздили и **поливали грязью**? Их, видите ли, Подрезов гнул, ломал, жить им не давал... *Ф. Абрамов, Пути-перепутья.* Формалисты отвергают искусство передвижников. **Бросают в них грязью**. Не грязью бросать в них надо, а учиться у них. *Т. Греков, Воспоминания о М. Грекове.* — Начнет самого себя бранить, **с грязью себя смешает** — ну, думаешь, теперь на свет божий глядеть не станет. Какое! повеселеет даже, словно горькой водкой себя попотчевал. *И. Тургенев, Рудин.* При попытке взять паспорта девушка-монголка сорвалась на крик и **смешала нас с грязью** во вполне приличном русском языке. *Московский комсомолец, 1994.* — Нашли красавицу — ни кожи ни рожи... Маня большая не выдерживала — вскакивала, начинала плеваться, бегать по избе, а уж насчет речей и говорить не приходится: всю **грязь выливала** на дочь Петра Ивановича. *Ф. Абрамов, Пелагея.*

■ — Порочь отца-то, порочь,— неожиданно в крик закричала Степанида.— **Смешай отца с грязью** из-за пары гречишников. *Г. Николаева, Жатва.* — Ты докажи! Докажи, раз начал... Если соврал — зачем врешь? Зачем людей **грязью поливаешь**? *Г. Николаева, Жатва.* — Теперь он будет защищаться, как может. Вот он засек тебя на одном проступке, засечет на другом, на третьем... Не успеешь охнуть, и ты уж с ног до головы **облит грязью**. *М. Бубеннов, Стремнина.*

▲ Не употр.

28. **отмываться/отмыться от грязи** *кто*. Снимать с себя несправедливые, порочащие, позорящие обвинения. *кто — лицо*.

Он теперь долго будет отмываться от грязи: сплетни прилипают к человеку как родимое пятно. *(реч.)* Отмыться от грязи, которой меня облили, мне не удалось. Я чувствовал, они довольны, они избили меня, они победили. *Б. Ельцин, Исповедь на заданную тему.*

29. **ПЕРЕМЫВАТЬ/ПЕРЕМЫТЬ КОСТОЧКИ <КОСТИ>** *кто [кому]*. Злословить; сплетничать, судачить, давая негативную оценку (говорится с неодобрением). Имеется в виду подробное обсуждение чьего-л. характера или поступков. Неформ. *кто — лицо*; *кому — лицу* ● Порядок слов нефиксир.

◆ Володька постоял немного, прислушиваясь к удаляющемуся смеху девчонок — то-то перемывают сейчас ему косточки... *Ф. Абрамов, Безотцовщина.* Сплетница она жуткая, вечно кости кому-нибудь перемывает. *(реч.)* ...ежели сейчас рассесться на виду у всех, как предлагает ей Коля-лакомка, разговоров потом не оберешься. Старухи и женки все косточки потом перемоют... *Ф. Абрамов, Алька.* — Я не хочу, чтоб в тебя, в отца, в мать потом пальцем тыкали, чтоб гадали, как я прятался, следы мои нюхали. Чтоб больше того придумывали, косточки мои перемывали. Не хочу. *В. Распутин, Живи и помни.* Нет, нет, хотя и судачили, перемывая ей потом бабы косточки за этого офицера, а надо правду говорить: тогда в то утро, если кто и спас от смерти Павла, так это Владислав Сергеевич. *Ф. Абрамов, Пелагея.*

◾ (С оттенком иронии) — Ну как, бабушки, всем жильцам кости перемыли? *(реч.)* Фам. (При обращении на «вы») — Вы тут, Анна Ивановна, сидите кости перемываете, а ребенок весь в грязи вымазался. *(реч.)*

▲ (С оттенком иронии или шутливости) Когда мы таким образом перемыли всем нашим знакомым косточки, когда переговорили обо всех деревенских делах и безделицах, разговор на минуту было замолк. *Г. Успенский, деревенского дневника.*

<small>Связано с обрядом так наз. «вторичного захоронения», существовавшего у некоторых славянских народов. По суеверным представлениям, всякий нераскаявшийся грешник, если над ним тяготеет заклятие, после смерти выходит из могилы в виде упыря, оборотня и т. п. и губит людей, высасывая у них кровь. Поэтому спустя несколько лет после похорон останки (кости) нераскаявшегося грешника выкапывались из могилы, промывались чистой водой или вином и перезахоранивались. Так снималось заклятие. (См. В. В. Виноградов, Из истории русской лексики и фразеологии. Доклады и сообщения Института языкознания АН СССР вып. 6, 1954, с. 3)</small>

30. **ПЕТЬ/ПРОПЕТЬ ДИФИРАМБЫ** *кто кому, чему*. Расточать чрезмерно восторженные похвалы (обычно говорится с неодобрением, с оттенком иронии). Книжн. *кто — лицо*; *кому — лицу*; *чему — каким-л. качествам лица;* (реже) тому, что представляет интеллектуальную или художественную ценность ● Чаще употр. в несов. в. При отрицании тж. дифирамбов ● Порядок слов нефиксир.

◆ Меня [в Петербурге] кормят обедами и поют мне пошлые дифирамбы и в то же время готовы меня съесть. *А. Чехов, Письмо М. П. Чеховой, 14 янв. 1891.* Эти же люди когда-то, во времена «Взгляда», пели нам дифирамбы! *Московская правда, 1993.* Сахаров пропел дифирамбы мудрому руководству Стесселя. *А. Степанов, Порт-Артур.* Игорь Иванов не только не хватается за пистолет, он первый встает на ее защиту и начинает петь ей дифирамбы! *В. Дмитриевский и Б. Четвериков, Мы мирные люди.* Второго оратора Гарбузов то и дело прерывал возгласом, просил не петь дифирамбы, а подсыпать больше критики и самокритики. *Л. Долженко, Доверие.* В бытность мою в Париже я видел четыре

посмертные выставки: Прюдона, Пильса, Шантряла и Каро, все знаменитых, прославленных художников; выставки произвели там сенсацию, им пелись дифирамбы на все лады. *И. Репин, Далекое-близкое.*
■ — По-моему, ты напрасно поешь дифирамбы этому автору. Его книга хороша лишь за счет перевода. *(реч.)*
▲ (С оттенком шутливости или иронии) — О чем мы тут говорили? Я пел дифирамбы вашей жене. *(реч.)*

<small>Дифирамб — в Древней Греции торжественная песнь в честь бога Диониса. (С. И. Ожегов и Н. Ю. Шведова, Толковый словарь русского языка. М., 1992, с. 169)</small>

31. ПЛАКАТЬСЯ/ПОПЛАКАТЬСЯ В ЖИЛЕТКУ кто [кому].

Сетовать, жаловаться. Подразумевается желание вызвать сочувствие, утешение. Имеется в виду огорчение, недовольство, вызванные жизненными проблемами, трудностями, обидой на кого-л. и т. п. Неформ. *кто* — лицо; *кому* — лицу ⦿ Порядок слов фиксир.

♦ — Михаил Сергеевич! План хорош, но зачем лезть на рожон, раз задача [форсировать Днепр] ставится на скомпрометированном направлении? — сказал Радецкий.— Ковпак на этом направлении проходил со своими партизанами и **не плакался в жилетку!** *П. Батов, В походах и боях.* Расстроенный Тихон Михайлович жалуется мне... И это не просто желание «**поплакаться в жилетку**» знакомому человеку, это наболевшее, много раз передуманное, пережитое. *В. Кожевников, Почему же он вернулся?* — Мне не раз приходила мысль, Евгений: тебе надо съездить в Москву. **Поплакаться в жилетку** большому начальству. *И. Уксусов, После войны.*

■ — Напрасно ты сетуешь на неудачи, **плачешься всякому встречному и поперечному в жилетку** — сейчас каждый сам за себя, вот и ты не рассчитывай на сочувствие, тем более — на помощь. *(реч.)* — Только смотри, Светка, **не плачься** мне потом **в жилетку**, сделай милость. *С. Шапошников, Пожалейте нам счастья.*

▲ — А в общем, не подумай, товарищ Мартынов, что я **плачусь тебе в жилетку.** Я не жалуюсь на трудности. *В. Овечкин, Районные будни.* — Сорок три — тоже немалый. В эти годы порядочный человек все имеет: и семью и достаток... А у меня что? Ничего. Даже друга нет, которому я мог бы **поплакаться в жилетку** или, не стыдясь, занять у него три рубля. *В. Курочкин, Урод.*

32. ПО ДУШАМ

говорить, беседовать и т. п. Совершенно откровенно, искренне, сердечно (говорится с одобрением). Подразумевается, что собеседники говорят друг с другом как близкие люди, с полным доверием. Реч. стандарт ⦿ Неизм. ⦿ В роли обстоятельства; при отглагольных существительных разговор, беседа — в роли определения.

— Давай, Давыдов, вечером соберемся и поговорим **по душам**, а сейчас пойдем пахать,— предложил Дубцов. *М. Шолохов, Поднятая целина.* Губы у него были крепко сжаты. Одна бровь нервно вздрагивала.— Вы что? - тревожно спросила Аня.— Говорил **по душам**,— усмехнулся Кедрин. *Ю. Бондарев, Река.* Потом мы все-таки **по душам** поговорили. Людмила Федоровна... посетовала, как трудно приходится магазинам с бумагой, с молочными товарами, поставщики не выполняют договоров, нет грузовиков... *Столица, 1990.* Таня поговорила с Кононовым **по душам**, так, как она умела это делать,— просто, ласково, с чувством искреннего сочувствия к нему, человеку, крепко потрепанному невзгодами жизни. *Ф. Таурин, На Лене-реке.* — Да с чего ты взял, что Митька — неандерталец? Ты с ним хоть раз **по душам**-то поговорил?

В. Пьецух, Новая московская философия. Помня о микрофоне, Любкин, когда хотел в управлении поговорить с Супруновым, поговорить откровенно, «по душам», сам уходил в его кабинет или же забирался с ним в тот дальний угол своего кабинета, в котором (он был уверен) микрофона быть не могло... *Н. Нароков, Мнимые величины.* — Вот мы и решили обратиться к вам, родителям. Побеседуйте с ребятами по душам. *С. Баруздин. Повторение пройденного.* Желая побеседовать с героями Первомая по душам, мы вступили в разговор с собравшимися здесь, выбрав при этом наиболее приличных и безобидных (по крайней мере внешне). *Аргументы и факты, 1993.* Утром Терехов договорился с Рудиком устроить в столовой собрание не собрание, а так, разговор по душам. *В. Орлов, После дождика в четверг.*

33. ПОВИСАТЬ/ПОВИСНУТЬ В ВОЗДУХЕ 1. *что.* Оставаться без сочувствия, отклика, поддержки и т. п. (говорится с неодобрением). Имеется в виду, что чья-л. речь не достигает цели, не воздействует должным образом. Реч. стандарт. *что* — слова, вопрос, просьба, требование, возражение, совет и т. п. ● Именная часть неизм. ● Порядок слов фиксир.

[Каргин] и сам чувствовал, что слова его повисают в воздухе, и к ним глухи фронтовики. *К. Седых, Даурия.* Читая рассказ Чехова «Оратор», Ильинский, изображая главного героя, произносящего речь на похоронах,.. как бы под наплывом мыслей, прерывает речь многозначительными паузами. Но в том-то и беда оратора, что он силится хоть что-нибудь из себя выдавить, мыслей у него никаких нет, и его паузы то и дело **повисают в воздухе.** *Н. Любимов, Былое лето.* Все сидели с безразличными, тупыми лицами. Пламенные призывы докладчика повисли в воздухе. *(реч.)* Мои возражения повисли в воздухе, никто не обратил на них внимания. *(реч.)*

34. ПОД РУКУ *говорить, глядеть.* Некстати, смущая, мешая, отвлекая (говорится с неодобрением). Часто имеется в виду, что это стало причиной ошибки, неудачи. Реч. стандарт ● Неизм. ● В роли обстоятельства.

— Есть ли клев? — спросил старик Костякова. — Какой клев, когда под руку говорят, — отвечал тот сердито. *И. Гончаров, Обыкновенная история.* Чувствуя позади себя Ивана Егоровича, Варя старалась провести стебелек [на ложке] ровней и тоньше. Но разве получится что-нибудь, когда сзади глядят под руку? *С. Антонов, Рассказ без героя.* Если вы еще раз будете мне говорить под руку, я не на шутку натравлю моих подданных на ваши универсальные магазины. *А. Н. Толстой, Чертов мост.* — Но согласись же, не следовало и тебе, Александр, подобные вещи солдату под руку говорить. *Л. Леонов, Русский лес.* (С оттенком сожаления) Эх, зря я ему под руку сказал! Такую работу испортил! *(реч.)*

35. ПОД СОУСОМ ‹СОУСАМИ› *каким(и).* В том или ином виде, каким-л. образом (подавать информацию, излагать факты, провести какое-л. мероприятие). Реч. стандарт. *каким* — разным, таким, необычным, ненавязчивым и т. п. ● Неизм. ● В роли обстоятельства.

Наши выступления были под разными соусами поданы читателю. *А. Первенцев, В Исландии.* Мы привыкли, что наша пресса излагает материал под определенным соусом, таким, который по вкусу лишь власть имущим и власть употребляющим. *Российская газета, 1992.* Ничего, мы проведем смену руководства под таким соусом: аппарат обновляется, структуру надо упразднять. *(реч.)* Я ему все подала под таким ненавязчивым **соусом,** что, мол, бабушке было вечером плохо и мы не смогли ни о чем переговорить с ней. *(реч.)*

ПОДЛИВАТЬ/ПОДЛИТЬ МАСЛА В ОГОНЬ *кто, что [чем].* См. VI, 101

36. ПОЛОЖА РУКУ НА СЕРДЦЕ 1. сказать, ответить и т. п. Со всей откровенностью, искренностью, чистосердечно. Иногда в ситуации, когда говорящий хочет услышать от собеседника подтверждение сказанного. Реч. стандарт ● Неизм. Чаще с глаголом в повел. накл. Не употр. с глаголом в прош. вр. ●В роли обстоятельства. Порядок слов фиксир.

Скажите мне, **положа руку на сердце,** всю истинную правду, что это за девушка и как вы находите ее. *Л. Толстой, Война и мир.* ...А подрастут — учиться изволь. И какой только белиберды... не заколачивают. «Чу, попалась, птичка, стой! Не уйдешь из сети». Ну какому, скажите честно, **положа руку на сердце,** — какому нормальному человеку приходится такая «птичка стой»? Ну кому это нужно? *Н. Тэффи, Летом.* «Дитя, я пленился твоей красотой, — Неволей иль волей, а будешь ты мой». Ну скажите откровенно, **положа руку на сердце** — это нормально? Это прилично? Ну, я понимаю там: в сказках Мороз Красный Нос влюбился в девицу-красавицу, так ведь не в мальчишку же! *Н. Тэффи, Летом.* — Владимир Тимофеевич! **Положа руку на сердце** вы можете сказать и вашему уважаемому семейству: да, я жил недаром! *М. Салтыков-Щедрин, Новый Нарцисс, или Влюбленный в себя.* Могут ли они **положа руку на сердце** сказать, что сами всегда на высоте? *Вечерняя Москва, 1992.* Ну а теперь, **положа руку на сердце,** признаемся, что крепко завидуем нашему герою. *Вечерняя Москва, 1992.*

37. ПОЛОЖА РУКУ НА СЕРДЦЕ 2. По правде говоря, если быть до конца откровенным, если честно; признаться. Обычно употр. с целью опровергнуть какое-л. бытующее мнение. Часто в ситуации доверительного разговора. Реч. стандарт ● Неизм. ● В роли вводного слова.

А ведь, **положа руку на сердце,** внушали мы ей тогда эйфористические глупости — и когда отрицали Сталина, и когда его принимали. *Н. Коржавин, В соблазнах кровавой эпохи.* Дорогой мой, **положа руку на сердце,** ученого из меня не вышло. *(реч.)* **Положа руку на сердце,** никакие мы не бизнесмены, а такие же мошенники, как все. *(реч.)* «Родимый, лесной царь со мной говорит, Он золото, перлы и радость сулит». «Это мальчишке перлы! Ну, **положа руку на сердце** — ведь глупо? Мальчишке сулить надо коньки, велосипед, булку с колбасой. Вот что мальчишке сулить надо. А то вдруг «перлы»! Выдумают тоже». *Н. Тэффи, Летом.* ...**Положа руку на сердце,** я кое-что сделал для советской литературы и могу еще быть ей полезен. *Б. Пастернак, Письмо Н. С. Хрущеву, 31 окт. 1958.*

38. ПРИДЕРЖИВАТЬ/ПРИДЕРЖАТЬ <ПОПРИДЕРЖАТЬ> ЯЗЫК <ЯЗЫЧОК, ЯЗЫКИ, ЯЗЫЧКИ> *кто [чей].* Поменьше болтать, не пускаться в рассуждения; помалкивать. Неформ. *кто* — лицо; *чей* — свой, (редко) ваш ● Обычно употр. в повел. и сослаг. накл. сов. в. ● Часто в инфинитивных конструкциях со словами **надо, лучше, советую** и т. п. для выражения совета, предостережения, просьбы, приказа, угрозы. Порядок слов нефиксир.

◆ Умные люди знают, что слово — не воробей, вылетит — не поймаешь, поэтому и **придерживают язык** на всякий случай. *(реч.)* — Скажи ему, пусть **придержит язык,** если будут спрашивать соседи, где, мол, я и что со мной. *(реч.)* И лучше **попридержать язык,** когда вас отрывают от интересной книги, чтобы отправить на рынок за картошкой. *М. Семенов, Идущий во главе.*

■ — Ты, Маркуша, придерживай язык. Я те врать не позволю. *М. Горький, Жизнь Матвея Кожемякина.* — Вы, девчонки, **язык-то попридержите**, а то разговорились больно, малы еще! *(реч.)* — Ну нет, товарищ Черемный, это ты малость призагнул. Теперича не прежние времена...— Не призагнул. А **язык советую попридержать**. Лучше спать будешь. *Ф. Абрамов, Две зимы и три лета.* [Домна:] Бесстыдники вы, живодеры. [Тихон Кузьмич:] Ты, девка, вот что. **Придержала бы язык** — лучше будет. *А. Неверов, Бал.* Фам. (При обращении на «вы») — С одной стороны яма, с другой — канава, я буду очень недоволен, если вы вывалите меня в ту или в другую.— **Придержите**, наконец, ваш проклятый **язык**. *В. Некрасов, В мире таинственного.*

▲ — Я-то болтать не стану, **придержу язык**, но и ты свой держи на привязи. *(реч.)*

39. ПРИКУСЫВАТЬ/ПРИКУСИТЬ ЯЗЫК <ЯЗЫЧОК, ЯЗЫКИ, ЯЗЫЧКИ> кто.
Оборвать свою речь. Подразумевается опасение проговориться, сказать лишнее, а также ситуация, когда кто-л. требует замолчать, подает какой-л. знак и т. п. Неформ. *кто* — лицо ● Нет наст. и буд. вр., редко инфинитивные конструкции ● Порядок слов нефиксир.
◆ Если кто смеялся над причудами дяди, Палага так яростно вступала в перебранку с обидчиком, что тот сразу **прикусывал язык**. *И. Арамилев, В лесах Урала.* Маня большая ядовито захихикала.., но Алька так посмотрела на нее, что та живо **язык прикусила**. *Ф. Абрамов, Алька.* Маша хотела было заступиться за Лучкова, да **прикусила язычок**. *И. Тургенев, Бретер.* Он не стал ломаться, сказал, что прочтет одно [стихотворение], потому что больше не хочет, а это посвящено масленице. ...И Юлия, забегая вперед, произнесла: — «Мы запаслись мукою и терпеньем»... — Ну вот, сама и читай,— сказал Круглицкий. Все запротестовали, и Юлия — первая, **прикусив язычок**. *Вик. Ерофеев, Бердяев.*

■ Разговор не клеился...— Чего ты, Павел Платонович, **язык прикусил?** — встревожилась Настя затянувшимся молчанием. *И. Стаднюк, Люди не ангелы.* — Вы бы, кумушки, **прикусили язычки**, а то я тоже что-нибудь скажу! *(реч.)* Фам. (Обычно в повел. накл.) — Ты не бреши! У меня документ есть.— Какой документ? Может, поддельный? — Кум Илья! Тебе говорю, **прикуси язык!** *А. Эртель, Смена.*

▲ ...зачем вы плодите анекдоты? Ведь уже и так про вас говорят за границей, что вы запретили «Гамлета».— И запретим! — сказал О[стрецов].— На что в рабочем театре «Гамлет»? — Я **прикусил язык**. Заговорили о «Мухе». *К. Чуковский, Дневник 1901—1929.* — А кто эти ваши хулиганы? — Доярки замолчали...— Вот так у нас всегда! — махнула рукой, горько усмехнувшись, Зайцева...— Шумим.., а как до дела — **языки прикусили!** *В. Овечкин, Районные будни.*

ПРИНИМАТЬ/ПРИНЯТЬ ОБОРОТ дурной, опасный, серьезный, иной, неожиданный, интересный и т. п. *что [для кого].* См. XIII, 31

40. ПРОЖУЖЖАТЬ [ВСЕ] УШИ кто кому *[о чем, про кого, про что, насчет кого, насчет чего].*
Надоесть постоянными разговорами о чем-л., назойливо повторяя одно и то же (говорится с пренебрежением). Подразумевается чье-л. стремление внушить свою точку зрения. Неформ. *кто* — лицо; *кому* — лицу; *о чем, про что, насчет чего* — о том, про то, насчет того, что вызывает какие-л. чувства, представляет интерес и т. п.; *про кого, насчет кого* — про того, насчет того, кто вызывает

225

какие-л. чувства, представляет интерес и т. п. ● Именная часть неизм. ● Порядок слов нефиксир.

◆ — Скажите, Вера, вспоминали вы иногда обо мне? — спросил он. — Очень часто: бабушка нам **уши прожужжала** про вас. *И. Гончаров, Обрыв.* — Он нам про вас **уши прожужжал.** Уж и такой и сякой. *В. Попов, Сталь и шлак.* Дуня **прожужжала** ему **уши,** какой Илья охотник. Такого зятя ему и самому хотелось. *Н. Задорнов, Амур-батюшка.* Федору при его поездках по дивизии **уши прожужжали** насчет этих «бешеных окладов». *Д. Фурманов, Чапаев.* А всего за год-полтора до этого... даже такие «оппозиционеры», как мы, и в страшном сне не могли бы себе представить, что немцы будут ходить по нашему Киеву и врываться в квартиры. С этой стороны, хоть нам и **прожужжали уши,** что война будет, и мы в этом не сомневались, мы почему-то чувствовали себя в полной безопасности. *Н. Коржавин, В соблазнах кровавой эпохи.* — Что вы все с мужиками своими носитесь? Это удивительное дело! **Прожужжали** все **уши** мужиком, видят в нем какую-то жертву бескровную! *С. Сергеев-Ценский, Дифтерит.*

▨ — Вы мне **прожужжали уши,** твердя о женском равноправии, — кипятилась Варя, — почему же я должна ждать, пока мне сделают предложение, а не могу сама предложить жениться на мне? *А. Степанов, Порт-Артур.*

▲ (Тк. шутливо или с оттенком иронии) Я родителям все **уши прожужжала** про то, какой ты умный и воспитанный. *(реч.)*

41. ПРОПУСКАТЬ/ПРОПУСТИТЬ МИМО УШЕЙ *кто что.* Не замечать, не обращать внимания на то, что говорится кем-л. Имеется в виду, что кто-л. не придает значения сказанному или не реагирует на него по причине занятости чем-л. Реч. стандарт. *кто* — лицо; *что* — сказанное, обращенное к данному лицу ● Именная часть неизм. ● Порядок слов нефиксир.

◆ Кукушкин врал про себя бессовестно, и ему не то чтобы не верили, а как-то **мимо ушей пропускали** все его небылицы. *А. Чехов, Рассказ неизвестного человека.* Матвей сделал вид, что **пропустил** рассуждения отца **мимо ушей.** *К. Федин, Костер.* Лопатин ничего не ответил, сделал вид, что **пропустил мимо ушей.** *Ю. Бондарев, Горячий снег.* — Иди-ка, брат, лучше караул снаряжай, — прибавил он, **пропустив мимо ушей** новое замечание взводного. *А. Фадеев, Разгром.* Митя напрасно вооружился против приятеля; тот действительно **пропустил мимо ушей** все разговоры об этом событии. *Н. Атаров, Повесть о первой любви.* Но он как-то не придал значения теткиным словам, можно сказать, **мимо ушей пропустил,** и вот теперь попробуй растолкуй ребенку, почему у них в поселке можно разжиться мясом и маслом, а тут нет. *Ф. Абрамов, Мамониха.* Арчибальд Арчибальдович знал о сеансе в Варьете.., слышал, но, в противоположность другим, **мимо ушей не пропустил** ни слова «клетчатый», ни слова «кот». *М. Булгаков, Мастер и Маргарита.*

▨ (Как цитация) — Ты, наверное, был занят и **пропустил** это **мимо ушей,** но я успел все записать и дам тебе. *(реч.)*

▲ Извини, я так устал сегодня, повтори, что ты сказал, я **мимо ушей пропустил.** *(реч.)*

42. РАЗВЕШИВАТЬ/РАЗВЕСИТЬ УШИ 1. *кто.* Увлеченно слушать кого-л.; заслушиваться, забывая о деле (говорится с неодобрением). Неформ. *кто* — лицо ● Именная часть неизм. ● Порядок слов нефиксир.

♦ Наш общий знакомый, капитан Петров, большой мастер всякие байки рассказывать, вот Вася и ходит к ним каждый вечер, сидит, рот откроет, **уши развесит**. *(реч.)*
■ — Загребай жар, чего сидишь? **Развесил уши**. *М. Горький, Хозяин.* ▲ Михаил Михайлович пил и бредил, а я пил и слушал **развесив уши**. *А. Н. Толстой, Рукопись, найденная под кроватью.* — И в самом деле, что это мы разговорились... Муж с женой встретился, а я сижу, пень березовый, и уши развесил. А у самого дело. *А. Степанов, Семья Звонаревых.* — Я тоже когда-то слушал глупые рассказы, развешивал уши. *И. Ликстанов, Приключения юнги.*

43. РАЗВЕШИВАТЬ/РАЗВЕСИТЬ УШИ 2. *кто.* Слушать с излишней доверчивостью, воспринимая сказанное чересчур всерьез (говорится с неодобрением). Неформ. *кто* — лицо ● Именная часть неизм. ● Порядок слов нефиксир.
♦ — Люди болтают — силен немец. — ...А ты это брось, не дело это... **уши зря развешивать**. *Е. Мальцев, Горячие Ключи.* Тут психиатр Майкл и подсказал ему: ты любишь воду... Мой сидит в носках, **уши развесил**. *Э. Радзинский, Наш Декамерон.*
■ Фам. — Глупенький ты у меня... Это они со злости, завидуют тебе, а ты и **уши развесил**. *Ф. Абрамов, Братья и сестры.* «Отдашь, говорит, Анна, за меня Лизку?» — Ну, допился, сукин сын! А вы **уши развесили** — слушаете... *Ф. Абрамов, Две зимы и три лета.*
▲ (С иронией) — Так вот ты зачем меня вином накачивал! Чтобы выпытать, что о тебе думают. А я-то, дура, уши развесила, думала — он труды мои вспомнил. *Ф. Абрамов, Пути-перепутья.*

44. РАЗВЯЗЫВАТЬ/РАЗВЯЗАТЬ ЯЗЫК ‹ЯЗЫКИ› 1. *что кому, у кого.* Помогать говорить свободно, непринужденно; делать речь свободной, непринужденной. Имеется в виду ситуация, когда кто-л. начинает говорить раскованно, иногда чрезмерно много, преодолев стеснение или сдержанность, под влиянием опьянения, воспоминаний и т. п. Реч. стандарт. *что* — вино, мысли, обстановка и т. п.; *кому* — лицу; *у кого* — у лица ● Порядок слов нефиксир.

Всем известно, что спиртное даже самым замкнутым **язык развязывает**. *(реч.)* Мысль, что его любит молодая девушка, очевидно, до того вскружила ему голову и **развязала язык**, что он сделался несносно болтлив и даже хвастлив, но, конечно, совершенно по-своему. *Н. Лесков, Павлин.* Спирт, выпитый лейтенантом, **развязал языки** у всех попутчиков-солдат. Каждый из них счел долгом доложить сердобольной Глаше о своих недугах и поделиться воспоминаниями насчет зубной боли. *Э. Казакевич, Весна на Одере.*

45. язык ‹язычок› развязался ‹языки, язычки развязались› у кого. Речь стала свободной, непринужденной. Подразумевается, что ничто уже не препятствует свободному выражению мыслей и чувств говорящего.

Когда бутылка шампанского была осушена, **язык у Лабуля развязался**, и он пустился в откровенности. *М. Салтыков-Щедрин, За рубежом.* — А язык теперь возьми, — продолжал возбужденно Николай, — ведь прямо развязался, можно сказать. Бывало, к помещику придешь, станешь в передней, как холоп, выйдет к тебе хозяин, о деле еще тудасюда, выразишь, а хочется по душам поговорить — и нету ничего: язык, как суконный. *П. Романов. Хороший характер.* Но у Насти с Машей только теперь **развязались языки**. Говорили каждая свое, не слушая друг друга, все, что у них накипело. *С. Скиталец, Кандалы.* ...перестала действовать власть сталинских репрессивных органов, и **развязались языки**, заработала оглушенная память, вылезла из всех щелей и заголосила своим неопровержимым, хоть и не всегда приятным голосом доселе подавляемая и подменяемая правда нашей внутренней жизни... *Н. Коржавин, В соблазнах кровавой эпохи.*

46. РАЗВЯЗЫВАТЬ/РАЗВЯЗАТЬ ЯЗЫК <ЯЗЫЧОК, ЯЗЫКИ, ЯЗЫЧКИ> 2. *кто, что кому.* Заставлять, вынуждать рассказать о том, что необходимо скрывать, угрожая или причиняя боль. Неформ. *кто* — лицо; *что* — средства устрашения (пистолет, дубинка и т. п.); *кому* — лицу ● В 1-м и 3-м лице простого буд. вр. обычно служит для выражения угрозы собеседнику (при обращении на «вы» не употр.), часто с перестановкой компонентов: Я (он) тебе язык развяжу (развяжет)! ● Порядок слов нефиксир.
◆ — Сейчас узнаешь, кто он такой. Уж он-то тебе **язык развяжет**! *(реч.)* Моя плетка **развязывала языки** и не таким! *(реч.)*
▨ — По-моему, ты сможешь любому «языку» **развязать язык**, — пошел я на грубую лесть. — Надо полагать, сумею, — не без самодовольства согласился Рысаков. *А. Андреев, Народная война.*
▲ — Эге, брат, так ты вздумал отмалчиваться! — закричал запорожец. — Да вот постой, любезный, я тебе **язычок развяжу**! *М. Загоскин, Юрий Милославский.* — Я тебе **язык развяжу**, негодяй, ты мне все выложишь! *(реч.)*

47. РАСПУСКАТЬ/РАСПУСТИТЬ ЯЗЫК <ЯЗЫКИ> 1. *кто.* Не сдерживая себя, говорить непристойности, употреблять грубые и бранные слова и выражения (говорится с неодобрением). Фам. *кто* — лицо ● Повел. накл. тк. с отрицанием ● Часто употр. как реплика в диалоге. Порядок слов нефиксир.
◆ — Ванька-то — тоже хорош! Напился вчера, **распустил язык** при Вале, при невесте-то своей. Ну та, понятно, на следующий день от ворот поворот ему дала! *(реч.)* Василий Николаевич считает себя интеллигентным человеком, а сам частенько грубит и **язык распускает** не в меру. *(реч.)*
▨ — Мужики, перестаньте лаяться! — крикнула буфетчица. — А то выставлю счас всех!.. **Распустили языки**-то. *В. Шукшин, Танцующий Шива.* — Вы **язык**-то не **распускайте**! Не с приятелями за домино! *(реч.)*
▲ Обычно не употр.

48. РАСПУСКАТЬ/РАСПУСТИТЬ ЯЗЫК <ЯЗЫКИ> 2. *кто.* Не сдерживая себя, разглашать то, что должно быть скрыто (говорится с неодобрением). Неформ. *кто* — лицо ● Повел. накл. обычно тк. с отрицанием. В повел. накл. употр. как предостережение или угроза ● Порядок слов нефиксир.
◆ Середович **распустил язык** и рассказал Радищеву то, что слышал от строгановских людей про знаменитого уже архитектора. *О. Форш, Радищев.* Писарь этот, как и все писаря, любил щегольнуть осведомленностью; а в разговоре с главным виновником последних исключительных событий он охотно **распустил язык**. *С. Голубов, Когда крепости не сдаются.* Ему стало ясно, что Краних успел уже доложить о неблаговидности поведения прапорщика Калугина, который позволил матросам преступно **распускать языки** в своем присутствии. *С. Сергеев-Ценский,*

Утренний взрыв. Не распускал бы он язык — гулял бы на воле! *(реч.)*
— ...Ты бы побольше язык распускала! Скоро весь двор будет знать про наши дела! *(реч.)* — Однако ты, Наталья, не больно **распускай язык** на базаре и везде — тут все-таки полиция причастна. *М. Горький, Жизнь Матвея Кожемякина.*
▲ Обычно не употр. (Редко, с оттенком самоуничижения) — Простите, братцы, пьян я вчера был, вот и **распустил язык.** *(реч.)*

49. РЕЖЕТ УХО <СЛУХ> *что кому, чей.* Резко действует на восприятие, вызывает раздражение у слушающего (говорится с неодобрением). О фальшивом исполнении музыкального произведения; о неуместных, непривычных, неприемлемых для слушающего выражениях кого-л. Реч. стандарт. *что* — исполнение музыкального произведения, интонация стиха и т. п.; слово, выражение; *кому, чей* — лицу ● Именная часть неизм. Редко сов. в. **рез(а)нуло ухо, слух.** Обычно наст. вр. ● Порядок слов фиксир.

[Потехин:] Будь он проклят... и вся эта дурацкая жизнь! [Елена:] Ужасно **режут ухо** эти ваши странные тирады и проклятия! *М. Горький, Чудаки.* [Аметистов:] ...Да и что плохого в слове «маэстро»? [Обольянинов:] Просто это непривычное обращение **режет мне ухо,** вроде слова «товарищ». *М. Булгаков, Зойкина квартира.* От слова «товарищ» Персиков настолько отвык, что сейчас оно **резнуло ему ухо.** *М. Булгаков, Роковые яйца.* Не берусь осуждать сохранившуюся в нашем поколении до зрелых лет грубоватую непосредственность обращения, но часто и нам самим она **режет слух.** *В. Раков, Крылья над морем.* И **режет слух** лицемерный лепет... Как говорить о добре и справедливости, не отрекшись от того кровавого марева, оставаясь наследниками дзержинских? *О. Волков, Погружение во тьму.* — По-твоему, так нельзя читать Пушкина? — Такое исполнение **режет мой слух.** *(реч.)* И **режет слух** серьезная музыка в попсовом исполнении *(реч.).*

РУБИТЬ СПЛЕЧА 2. *кто.* См. XII, 87

50. РУССКИМ ЯЗЫКОМ говорить, сказать, спросить. Совершенно ясно, понятно (говорится обычно в раздраженном тоне). Неформ. ● Не употр. с глаголом в буд. вр., в сослаг. накл. Возможно в безличной конструкции типа **Русским языком говорилось (было сказано).** Неизм. ● В роли обстоятельства. Порядок слов фиксир.

[Лопахин:] Вам говорят **русским языком,** имение ваше продается, а вы точно не понимаете. *А. Чехов, Вишневый сад.* ...я вас собственными руками здесь же пристрелю! Берегитесь, Шариков, говорю **русским языком!** *М. Булгаков, Собачье сердце.* [Варя:] Вано, где Сережа? [Гулиашвили:] Я же **русским языком** сказал, что его в штаб армии вызвали. *К. Симонов, Парень из нашего города.* — Брось дурачка из себя строить! Тебя **русским языком** спрашивают: будешь в субботу работать? *В. Шукшин, Алеша Бесконвойный.* — Я, кажется, **русским языком** спрашиваю,— сурово сказал кот,— дальше что? — Но Поплавский не дал никакого ответа. *М. Булгаков, Мастер и Маргарита.*

51. С ГЛАЗУ НА ГЛАЗ говорить, беседовать, обсуждать и т. п.; оставаться. Наедине, без посторонних, без свидетелей. Предполагается ситуация доверительного общения, открытости, прямоты. Реч. стандарт ● Неизм. ● В роли обстоятельства; при отглагольных существительных разговор, беседа и т. п.— в роли определения. Порядок слов фиксир.

— Ты уйдешь? [Колесову:] — Могу я поговорить с вами **с глазу на глаз**? *А. Вампилов, Прощание в июне.* Грачев и Сигуа, поговорив вчера в Сочи «с глазу на глаз», разошлись почти ни с чем. Павел Грачев невесело заявил, что переговоры идут тяжело. *Московский комсомолец, 1993.* Мне приходилось разговаривать с ним **с глазу на глаз**, очень откровенно, и я вполне уверился в его доброжелательности. *О. Волков, Погружение во тьму.* Павел Мансуров начал вызывать председателей поодиночке, разговаривал с ними с глазу на глаз. *В. Тендряков, Тугой узел.* Ей не пришлось остаться с ним наедине, а чтобы сблизиться с человеком, нужно хоть однажды побеседовать с ним с глазу на глаз. *И. Тургенев, Накануне.* — Дорогой Феликс, я нашел для тебя работу. Прежде всего необходимо кое-что с глазу на глаз обсудить. *В. Набоков, Отчаяние.* Вот отец, встающий раньше матери, покажется, увидит, все сразу поймет, загадочно посмотрит на сына и, ни слова не говоря, возьмет его за руку и поведет... в свой кабинет. Затворится большая дверь, и он останется с глазу на глаз с ним. *Н. Гарин-Михайловский, Детство Темы.* Она любила слушать его в вечерней тишине, с глазу на глаз,— так с нею еще никто не разговаривал. Просто, ничего не скрывая, он рассказывал ей о войне, о фронтовой жизни... *Ф. Абрамов, Братья и сестры.* — Ты не находишь в этом ничего странного? — спросил он, близко глядя в глаза молодой женщине.— Встретиться после стольких лет с глазу на глаз, когда мы оба здесь одни... *П. Романов, Арабская сказка.* И дружественно настроенный собеседник — при разговоре с глазу на глаз! — хмурился и смолкал, едва учуивал намек на мнение, отличное от газетного. *О. Волков, Погружение во тьму.* — К сожалению, я не знаю, о чем они говорили,— у них была долгая беседа с глазу на глаз. *(речь.)*

52. С ПЕНОЙ У РТА доказывать, спорить, утверждать, защищать и т. п. Изо всех сил, рьяно, настойчиво. Подразумевается возбужденное состояние. Неформ. ● Неизм. ● В роли обстоятельства. Порядок слов фиксир.

Макаров был удивлен честным признанием сталевара. До сих пор он знал Бурого другим: накуролесит — и с пеной у рта доказывает, что виноват не он. *В. Попов, Закипела сталь.* Гарин с пеной у рта доказывал, что несправедливо разлучать двух славных и любящих друг друга людей. *Э. Казакевич, Весна на Одере.* Но у нас — профессора и доценты до сих пор с пеной у рта продолжают настаивать на внедрении в жизнь принципа «свободной торговли». *Куранты, 1992.* ...в Москве идет дискуссия о сути ваучеров. Одни с пеной у рта их превозносят, другие ругают. *Аргументы и факты, 1992.* — А кто здесь же, на этом самом диване, с пеной у рта кричал, что мы, инженеры и изобретатели, своими открытиями ускоряем пульс общественной жизни? *А. Куприн, Молох.* <small>Фам. (При обращении на «вы»)</small> — Зачем вы, Женя, с пеной у рта спорите о том, чего не знаете? *(речь.)*

53. С ТРИ КОРОБА наврать, наплести, наговорить, наобещать и т. п. Очень много, невесть сколько (говорится с неодобрением). Подразумеваются несуразные, нелепые вымыслы, невыполнимые обещания. Неформ. ● Неизм. ● В роли обстоятельства. Порядок слов фиксир.

[Нина:] ...Много он на себя не берет, но он хозяин своему слову. Не то, что некоторые. Наврут с три короба, наобещают, а на самом деле только трепаться умеют. *А. Вампилов, Старший брат.* ...тетка со вздохом сказала: — Теперя по всему Резанову расславит. Наплетёт с три короба. — А чего ей плести-то? *Ф. Абрамов, Мамониха.* Ни единому вашему слову я не верю, этим меня не купите. Знаю я вас, благородных. Наговорите **с три короба**, а только не разжалобите, не задобрите. *К. Седых, Отчий край.* — Пустобрёх этот Николай, — скажут иногда мужики, — наговорил **с три короба**, а дела на поверку на грош нету. *П. Романов, Хороший характер.* А ты слушай её больше: она наболтает **с три короба**. *Ф. Гладков, Вольница.* Мы вспоминали нашего историка, продержавшегося в школе немногим более месяца... Наобещал **с три короба**; в музее, говорил, ходить будем, кабинет переоборудую. *А. Чутко, Класс как класс.* (С оттенком иронии или хвастовства) — Наплету, бывало, ей **с три короба** — на работе, мол, дел невпроворот, а сам с товарищами на рыбалку! *(реч.)*

<small>В прошлом в коробах мелкие торговцы (коробейники) разносили товары. Уговаривая покупателей, они нередко преувеличивали достоинства своих товаров (ср. поговорку «С три короба наврёт да недорого возьмёт») (В. П. Фелицына, В. М. Мокиенко, Русские фразеологизмы. Лингвострановедческий словарь. М., 1990, с. 75)</small>

САМ ЧЕРТ не разберёт, не поймёт. См. X, 42

54. СМОТРЕТЬ ‹ГЛЯДЕТЬ› [ПРЯМО] В РОТ 1. *кто кому.* Слушать с увлечением, с наивным восторгом. Подразумевается авторитет говорящего и полное доверие к нему. Реч. стандарт. *кто* — лицо; *кому* — лицу ● Именная часть неизм. ● Порядок слов нефиксир.
◆ Не шумели, не галдели И оратору глядели **Прямо в рот**. *Д. Бедный, Друг надёжный.* Горский, окружённый солдатами, читал вслух брошюру о партии анархистов-индивидуалистов. Фёдоров, забыв своё обычное охальничество, **смотрел ему в рот**. Анархические идеи очень нравились ему... *А. Лебеденко, Тяжёлый дивизион.*
■ Неформ.— Ну, разве можно ему доверять, а ты — что он ни рассказывает — просто **в рот** ему **смотришь!** *(реч.)*
▲ Обычно не употр.

55. СРЫВАТЬСЯ/СОРВАТЬСЯ С ЯЗЫКА *что у кого.* Невольно некстати быть высказанным в речи (говорится с неодобрением). О неуместных, необдуманных, неосторожных словах. Реч. стандарт. *что* — слово, фраза и т. п.; *у кого* — у лица (тк. ед. ч.) ● Компонент **с языка** иногда может опускаться. Чаще прош. вр. сов. в. ● Порядок слов нефиксир.
  Он встал и быстро удалился, как бы испугавшись слов, **сорвавшихся у него с языка**. *И. Тургенев, Отцы и дети.* Она держит мою руку и несколько времени странно смотрит мне в глаза, как будто у неё сейчас, сейчас может **сорваться** одно какое-то слово и ошеломить меня. *П. Романов, Осень.*— А если у тебя и в следующий раз что-нибудь подобное **с языка сорвётся**? Ты же тактичный человек! *(реч.)* Выражение «мелочи»— **сорвалось у меня с языка**. В сущности я отнюдь не считаю своего «дела» мелочью. *М. Салтыков-Щедрин, Мелочи жизни.* На прощанье хотелось говорить о чём-то особенном, важном, но **с языка срывались** слова, не раз уже сказанные в бессонные прощальные ночи. *Г. Марков, Строговы.*— Сам не знаю, как это у меня **с языка сорвалось!** *(реч.)*

СТЕРЕТЬ С ЛИЦА ЗЕМЛИ 3. *кто кого.* См. X, 49

исчезнуть с лица земли 2. *кто.* См. X, 50

56. ТОЧИТЬ ‹ПОТОЧИТЬ› ЛЯСЫ *кто [с кем]*. Попусту болтать (говорится с пренебрежением). Имеется в виду чье-л. бесцельное, праздное времяпрепровождение. Неформ. *кто* — лицо; *с кем* — с лицом ● Именная часть неизм. Сов. в. часто употр. в инфинитивной конструкции со словами не прочь, любит и т. п. ● Порядок слов нефиксир.

◆ — А где подсобники? — Леший их знает, — зашумели рабочие, — лясы где-нибудь **точат**. Вы, Андрей Петрович, приструньте их, а то до заговенья будем возиться с бараком. *Н. Кутузов, Суровый экзамен*. Ананий Егорович кивнул головой и встал: приличие соблюдено, а **точить лясы** ему сейчас некогда. *Ф. Абрамов, Вокруг да около*. Близ двух котлов, в которых псари кипятили воду.., собралась порядочная кучка и те из охотников, которые не прочь **поточить лясы** и поострить насчет ближнего. *Е. Дриянский, Записки мелкотравчатого*.

■ — Ну-ка ты, парень, чего сидишь-то, **лясы точишь**, поди-ко принеси дров, видишь, хозяйка хворает, а нам недосуг! — скажет ему какой-нибудь овчинник среди беседы о том о сем, и Березников не только притащит охапку дров, но и наколет их еще на двое суток вперед. *Г. Успенский, Из разговоров с приятелями*. — Кончайте скорей! — крикнул банщик. — Люди ждут, а вы тут **лясы точите**! *П. Романов, Терпеливый народ*. [Девушка] не спеша сменила старую газету на свежую, крикнула сидящим на паперти: — Чем **лясы точить**, читать идите! О нашем районе пишут. *В. Тендряков, Тугой узел*.

▲ А пока дрова разгорятся — мы с тобой посидим малость, потолкуем о том, о сем. — А картошку когда же я начищу на такую ораву, ежели буду с тобой **лясы точить**? — спросила Куприяновна. *М. Шолохов, Поднятая целина*. Иди, иди с богом. Некогда мне с тобой **лясы точить**. *Ф. Абрамов, Пелагея*.

Балясы (лясы) — точеные столбики для перил. (ФСРЯ, с. 479)

ТЫКАТЬ В ГЛАЗА *кто кому [что, кем, чем]*. См. XII, 108

57. ТЯНУТЬ ‹ПОТЯНУТЬ› ЗА ЯЗЫК *кто кого*. Вынуждать говорить (говорится с неодобрением). Неформ. *кто* — лицо; *кого* — лицо ● Обычно в вопросе. Порядок слов нефиксир.

◆ — Белова, Холопова, зачем вы это сделали? — А зачем она сказала? — крикнула Белова. — Зачем? Какое ей дело? Кто ее **за язык тянул**? *Г. Матвеев, Семнадцатилетние*. — Ты тоже, Сашка, чудак! — сказал я Бобырю. — Кто, скажи, **тянул тебя за язык** говорить что мы еще тут стоять будем! *В. Беляев, Старая крепость*. [Костя:] Тебя кто-нибудь **тянул за язык**, когда ты давала обязательства? Кто-нибудь тебя специально агитировал? *В. Панова, Проводы белых ночей*. — Да было в одну лунную ночь, — ответил Антон без всякой охоты. Только ты смотри не разболтай. — Никто тебя **за язык не тянул**, Тошка. *А., Б. Стругацкие, Трудно быть богом*. Кто-то из присутствующих... упомянул имя сенатора К., а меня будто кто **за язык потянул**. «Третьего дня, — говорю, — этот К. меня напугал до смерти». *В. Аксенов, В поисках грустного бэби*. И тогда я решился. То есть даже не сам я решился, а словно меня кто-то **за язык потянул**. *А., Б. Стругацкие, Пикник на обочине*. Раз человек молчит, значит, не считает нужным говорить. А раз не считает нужным, то и не надо. Захочет — сам расскажет. И нечего человека **за язык тянуть**. *В. Катаев, Сын полка*.

■ — Имей в виду, что я сам тебе это рассказал. Ведь ты меня **за язык не тянул**. *(реч.)*

▲ — Не свои речи передаю, не тянула Федуловну **за язык**! *И. Кокорев, Сибирка.* Обычно директор соглашался с теми сроками, которые устанавливали для выполнения его заданий сами исполнители, но жестко требовал, чтобы эти сроки в точности соблюдались.— Я вас **за язык** не **тянул**, сами брались,— говорил он в таких случаях! *В. Попов, Сталь и шлак.*

58. **УШИ ВЯНУТ** *у кого [от чего].* Пропадает желание слушать (говорится с неодобрением). Подразумевается реакция на чье-л. хвастовство, вранье, глупые, нелепые россказни, фальшь. Неформ. *у кого* — у лица; *от чего* — от воспринимаемого ● Неизм. ● Порядок слов нефиксир.

— Этого быть не может! — крикнул сам председатель, генерал... — всего чаще он выставляет такие нелепости, что **уши** даже **вянут**, ни на грош правдоподобия. *Ф. Достоевский, Идиот.* Иной раз он такое выпалит, что просто **уши вянут**! *А. Чехов, В номерах.* На балконе над фонтаном медный оркестр играет... какую-то музыкальную гнусность, от которой **вянут уши**. *М. Булгаков, Под стеклянным небом.* Оставить детей одних невозможно: таким мерзостям научат — у взрослых **уши вянут**! *А. Серафимович, Господа и слуги.*

ХВАТАТЬ/ХВАТИТЬ <ПЕРЕХВАТИТЬ> ЧЕРЕЗ КРАЙ *кто.* См. VI, 147

59. **ЧЕРТ ДЕРНУЛ** *кого* сказать, спросить, сделать, пойти и т. п. Угораздило (говорится с неодобрением). О такой ситуации, когда чьи-л. действия (в том числе речевые) невольно оборачиваются неприятностями для кого-л. Употр. для выражения досады по поводу сказанного или сделанного. Фам. *кого* — лицо ● Неизм. ● Порядок слов нефиксир.

Но тут **черт дернул** отца архимандрита блеснуть своим красноречием. *В. Шишков, Емельян Пугачев.* Потом он промолвил, несколько подумав: — Да, жаль беднягу... **Черт** же его **дернул** ночью с пьяным разговаривать! *М. Лермонтов, Герой нашего времени.* — **Дернул** же тебя **черт** пойти туда поздно вечером — там же темно и ни души в это время. *(реч.)* Как он [И. Е. Репин] не любит фаворитизма, свиты, приближенных... Я эту среду — **черт** меня **дернул** сказать, когда он приближался к столу: — Садитесь, И. Е.,— и я встал с места. ...Его лицо исказилось, и он произнес такое, что потом пришел извиняться. *К. Чуковский, Дневник 1901—1929.* [Нил:] И **черт** меня **дернул** спросить ее... Дурак! То есть положительно не могу ничего скрыть... Лезет все наружу помимо воли. *М. Горький, Мещане.* **Черт** меня **дернул** послушаться Джесси и купить в рассрочку этот большой дом, вместо маленького. *К. Симонов, Русские люди.* ...а вот кальсоны!.. Надо же вырабатывать такую срамоту! Как запустили сорок лет назад, так и гонят. Да, такие несуразные кальсоны ничего не могут вызвать, кроме презрительной насмешки. ...**Черт дернул** надеть их!.. *К. Воробьев, ...И всему роду твоему.*

60. **ЧЕРТ ДЕРНУЛ ЗА ЯЗЫК <ДЕРНУЛО ЗА ЯЗЫК>** *кого.* Угораздило сказать (говорится с неодобрением). О такой ситуации, когда чьи-л. слова невольно оборачиваются неприятностями для кого-л. Употр. для выражения досады по поводу сказанного. Фам. *кого* — лицо (тк. ед. ч.) ● Неизм. ● Порядок слов нефиксир.

Я тотчас догадался, что черт дернул Баринова за язык и этот фантазер что-то рассказал матросам. *М. Горький, Мои университеты.* И зачем он полез с советами? Дернуло же его за язык! *(реч.)* — Кто тебя просил рассказывать о нашем отъезде? Черт тебя за язык дернул! *(реч.)* — Ты-то выпьешь со мной на радостях? — спросил он. И тотчас же с тревогой подумал: «Ну, вот и опять дернул меня черт за язык!» *М. Шолохов, Тихий Дон.* [Нил:] Я спросил ее — не хочет ли она выйти за меня замуж... [Акулина Ивановна:] Чай бы, с нами первоначально поговорить надо. [Нил (с досадой):] Вот дернуло меня за язык! *М. Горький, Мещане.*

ЯЗЫК БЕЗ КОСТЕЙ *у кого*. См. I, 55

61. ЯЗЫК НЕ ПОВОРАЧИВАЕТСЯ <НЕ ПОВЕРНУЛСЯ, НЕ ПОВЕРНЕТСЯ> 1. *у кого*. Не хватает решимости сказать что-л. или спросить о чем-л. Имеется в виду, что кто-л. не хочет обидеть, причинить душевную боль кому-л., считает ситуацию неподходящей для разговора и т. п. Реч. стандарт. *у кого* — у лица ● Именная часть неизм. Обычно с глаголом в инфинитиве ● Порядок слов нефиксир.

[Алексей:] ...Я думал, что каждый из вас поймет, что случилось несчастье, что у командира вашего язык не поворачивается сообщить позорные вещи... *М. Булгаков, Дни Турбиных.* Но она не посмела отпроситься у брата. В другое бы время проще простого: сбегаю на часик в клуб, ладно? А сегодня язык не поворачивается. *Ф. Абрамов, Две зимы и три лета.* Николай Григорьевич хотел было сказать: «О чем вы хлопочете? Какая дача?..», но женщины обсуждали эти дела с таким честным энтузиазмом, что язык не поворачивался их пресечь. *Ю. Трифонов, Исчезновение.* ...эта простая, казалось бы, просьба до такой степени была не ко времени сейчас, здесь, что у него не повернулся бы язык заговорить об этом с Проценко. *К. Симонов, Дни и ночи.* По поводу [разбитого] сервиза... У Елены, конечно, даже язык не повернется и вообще это хамство и мещанство,— сервиз предать забвению. *М. Булгаков, Белая гвардия.*— И спросить, товарищ, про семейство как-то страшно,— продолжал красноармеец в плащ-палатке.— Никак язык не повернется. *П. Павленко, Семейный случай.*

62. ЯЗЫК ПОДВЕШЕН хорошо, неплохо, лучше, хуже, плохо и т. п. *у кого*. Развито умение говорить. Имеется в виду способность или неспособность выражать свои мысли легко и свободно. Неформ. *у кого* — у лица (обычно тк. ед. ч.) ● У глагола-связки нет буд. вр. ● Порядок слов нефиксир.

язык привешен. Прост.

Защиты он не боялся... Оппоненты попались доброжелательные, у самого Аркадия Дмитриевича «язык был хорошо подвешен»,— так что он надеялся на полный успех. *В. Дягилев, Доктор Голубев.* [Кочеткова] выступила, красочно, умно и дельно. Неплохо был подвешен язык у этой женщины. *Ю. Лаптев, Заря.* С Кропоткиным родственник. Язык подвешен что надо, а для того времени ораторские данные — существенное преимущество. *Д. Гранин, Зубр.* «Благодаря англичанам кампания проиграна»,— так мог бы сказать Де-Пуант, если бы тут были одни французы! Но англичане и так все поняли. Они не так хорошо острят, как французы, язык у них подвешен хуже, но отлично понимают остроты и намеки. *Н. Задорнов, Война за океан.* — Не сможет он как надо рассказать о нашем проекте. У него язык плохо подвешен. *(реч.)*

Две математические лекции распространили уныние и грусть на людей, не понявших ни одного слова. Уваров требовал что-нибудь поживее и студента с «хорошо подвешенным языком». Щепкин указал на меня. *А. Герцен, Былое и думы.* Под вечер завтра к леснику придут мужики из Броварок, трое. Насчет Думы желают объяснения. Вы сначала Авдея им пошлите: парень-то серьезный, язык-то у него привешен хорошо и деревенскую жизнь до конца знает он. *М. Горький, Лето.* [Компас:] Мы нуждаемся в энергичном депутате с хорошо привешенным языком. *А. Н. Толстой, Делец.*

XII. ПОВЕДЕНИЕ

1. **[БЕЗ МЫЛА] ЛЕЗТЬ/ВЛЕЗТЬ <ЗАЛЕЗАТЬ> В ДУШУ** *кто [к кому].* Лестью, хитростью и т. п. вызывать на откровенность, добиваться доверия (говорится с неодобрением). Обычно подразумевается, что при этом имеют место недобрые или корыстные намерения. Неформ. *кто* — лицо; *к кому* — к лицу ● Именная часть неизм. ● Порядок слов нефиксир.

◆ — Никаких мне твоих гостинцев не нужно... Знаем мы тоже гостей этих. Сперва **без мыла в душу лезут**, а потом... *А. Куприн, Олеся.* ...мы с отцом потихоньку ладим. Уроки мои он не проверяет, **в душу не лезет**... *Б. Черных, Случай из моей жизни.* — До чего ушлый народ! — возмутился Павел. — **Влезет вот такой гад в душу** с разными словами — и все, и полный хозяин там... *В. Шукшин, Капроновая елочка.* Никто, даже в приятельских отношениях, не должен **залезать другому в душу.** *П. Боборыкин, Перевал.* У нас на заводе на каждом шагу обращение самое унизительное... **В душу залезают.** Частный разговор... Ни перед чем не останавливаются. *Ф. Сологуб, Капли крови.*

■ — Ничего у меня не получится! — Получится! — властно настаивал он. — Я тебя знаю: ты **без мыла в душу влезешь.** *А. Перегудов, В те далекие годы.* (Обычно в контексте отрицания) Разве мог он, Никита, знать, каков будет Игнатий? **В чужую душу не влезешь,** чужая душа потемки. *В. Коростылев, Иван Грозный.*

▲ — Не знаю я, что он думает! Не могу же я к нему **в душу влезть!** (речь.)

2. **БРАТЬ/ВЗЯТЬ <СХВАТИТЬ> БЫКА ЗА РОГА** *кто.* Смело, решительно приступать к самому главному, существенному. Обычно подразумевается сложное или трудное дело. Реч. стандарт. *кто* — лицо ● Именная часть неизм. ● Часто употр. со словами *надо, пора.* Порядок слов фиксир.

◆ На закрытом правлении, **беря быка за рога,** Кошев голосом, не допускающим возражения, потребовал освободить Захара Дерюгина от должности председателя колхоза... *П. Проскурин, Судьба.* Варнадзе сразу **взял быка за рога** и потребовал увеличить финансирование проекта до ... двух миллиардов рублей в год. *Московский комсомолец, 1993.* Да, Краюхин далек еще от настоящего открытия, но он, кажется, **схватил уже быка за рога.** Он на подступах. *Г. Марков, Соль земли.* Мы к вам по важному делу... Позвольте без предисловий, чтобы, как говорится, **взять быка за рога.** *К. Федин, Необыкновенное лето.*

■ Вы уж... сразу **берите быка за рога.** Это у вас лучше выходит, хотя вы и любитель присказок и предисловий. *Ф. Гладков, Энергия.* — Слишком много беллетристики, — сказал председатель комиссии. — **Берите прямо быка за рога.** *В. Саянов, Страна родная.*

▲ Обычно не употр.

3. БРАТЬ/ВЗЯТЬ ‹ХВАТАТЬ› ЗА ГОРЛО *кто, что кого.* Ставить кого-л. перед жесткой необходимостью поступать определенным образом, принуждать (говорится с неодобрением). Часто подразумеваются притеснения или тяжелое, безвыходное положение. Неформ. *кто* — лицо или группа лиц; *что* — неблагоприятные обстоятельства; *кого* — лицо или группу лиц ● Именная часть неизм. ● Порядок слов нефиксир.
◆ — Постой Таня, нельзя же так! Мы же друзья в конце концов! — Друзья! Друзей так **за горло не берут**! *Вл. Сорокин, Пельмени.* Пусть ребята сами **берут за горло** директора МТС, главного инженера. Выпрашивать, **брать за горло** — тоже труд! Пусть и этому учатся. *В. Тендряков, За бегущим днем.* Просто, когда мы ошибаемся, необходимость **берет** нас **за горло**, и мы начинаем плакать и жаловаться, какая она жестокая да страшная, а она просто такая, какая она есть, — это мы глупы или слепы. *А., Б. Стругацкие, Улитка на склоне.* ...торговать не умею и делаю это крайне редко, когда нужда совсем уж **за горло возьмет**... *Правда, 1993.* Неужто, папа, ты веришь, что люди могут сообразоваться? Да они всегда будут тянуть — каждый к себе. И всегда отнимать друг у друга, и всегда друг друга **за горло хватать** — отдай, мое! *В. Тендряков, Покушение на миражи.*
■ (Говорится с упреком) — Ты думаешь, у меня есть выбор? Да ты же меня **за горло взял!** *(реч.)*
▲ Не употр.

4. держать за горло *кто кого.* Постоянно ставить кого-л. перед жесткой необходимостью поступать определенным образом, принуждать.

Что помешает учредителям акционерного общества **держать за горло** частных торговцев, требуя от них не только почета, но и регулярных подношений? *Куранты, 1992.* Ну, сделаем — ну и что? А всю жизнь будем себя **за горло держать**! Такие уж... невозможно хорошие мы... А посмотри — лес, степь, небо... Любить надо и все! *В. Шукшин, Кукушкины слезки.*

БРОСАТЬ/БРОСИТЬ ‹ОСТАВИТЬ› НА ПРОИЗВОЛ СУДЬБЫ *кто кого.* См. VI, 8

БРОСАТЬ/БРОСИТЬ ТЕНЬ *кто что [чем] на кого, на что.* См. VI, 9

5. В ЕЖОВЫХ РУКАВИЦАХ держать. В полном и беспрекословном подчинении, в чрезмерной строгости (говорится с неодобрением). Имеется в виду контроль над поведением и поступками подчиненных или связанных семейными узами людей. Реч. стандарт ● Неизм. ● Порядок слов фиксир.

— Нужно... чтоб он [Чичиков] держал их [крестьян] в **ежовых рукавицах**, гонял бы их за всякий вздор, ...чтобы сам-таки лично, где следует, дал бы и зуботычину, и подзатыльника. *Н. Гоголь, Мертвые души.* Он постоянно следил за мною, точно я была способна на все преступления и меня следовало держать в **ежовых рукавицах**. *И. Тургенев, Несчастная.* Геннадий нуждается не в защите, а чтоб его держали в **ежовых рукавицах**, вот он в чем нуждается... Вы должны повлиять, чтобы он переменил свое поведение. *В. Панова, Времена года.* Все управские старики, кое-что знавшие о личной жизни Фисуна, в один голос утверждали, что он и в семье тиран: что он весь век держит в истинно **ежовых рукавицах** свою жену, робкую и беззаветно преданную ему старушку. *И. Бунин, Архивное дело.* Я был под началом Кольки Маслова, мальчишки одинаково шустрого как в учебе, так и в озорстве: лишь по странной случайности малый этот был в стороне от драчунов, видно, строгий батька держал сына **в ежовых рукавицах**. *М. Алексеев, Драчуны*. В этом человеке было много загадочного... и я жестоко ошибаюсь, если в жизни этого человека не случилось уже подобного взрыва, если он, наученный опытом и едва спасшись от гибели, неумолимо не держал самого себя **в ежовых рукавицах**. *И. Тургенев, Певцы*.

6. **ежовые рукавицы** *[у кого]*. Чрезмерно строгое и суровое обращение. *у кого* — у лица ● Порядок слов нефиксир.

Вы знаете, что если сердце у распорядительных хозяек часто бывает мягкое, то **рукавицы** у них всегда **ежовые**. *Н. Чернышевский, Роман и повести М. Авдеева*. — Вам бы икону эту на свой завод и пригласить... На заводе у вас народ тихий, покорный — вы это и блюдите. Все используйте: и **рукавицы ежовые**, и слово божие. *В. Перегудов, В те далекие годы*.

7. **В РУКАХ 2.** быть, находиться. В распоряжении, в подчинении, во власти. Реч. стандарт. Подразумеваются лицо, группа лиц, социальная группа, чья-л. судьба или жизнь, судьба какого-л. дела, предприятия ● Неизм.

...чрез несколько времени... втерлись к нему в милость другие чиновники, и генерал скоро очутился **в руках** еще больших мошенников, которых он вовсе не почитал такими. *Н. Гоголь, Мертвые души*. Теперь он хочет жениться, и вся судьба этого в высшей степени приличного брака **в ее руках**. *Ф. Достоевский, Идиот*. — Сучий ты сын! Три тыщи дадим, остальные получим, когда Пугачев **в наших руках** будет, уже повязанным... *В. Пикуль, Прибыль купца Долгополова*. — Ну, а если бы не ты, — ответил я тогда, — Хасан меня прикончил бы здесь — выпотрошил в два счета... Я ведь был **в его руках**. *М. Демин, Блатной*. Земля плохая? Ну, что ж, и против этого средство имеется, научились уже и удобрять и подкармливать. Все **в наших руках**. *В. Овечкин, Без роду, без племени*. Ты **в моих руках** — все открыто — все знаю — ты пропал. *А. Сухово-Кобылин, Смерть Тарелкина*. На другой день поутру я должен был принести Ксении свой ответ. Судьба ее была **в моих руках**. Она дала мне слово, что поступит так, как я скажу ей. *Н. Телешов, Мещанская драма*. — Да разве мы не уважаем тебя? — сказал старик. — Нам тебя нельзя не уважать, потому мы у тебя **в руках**; ты из нас веревки вьешь. *Л. Толстой, Воскресение*.

8. **взять в руки** *кто кого*. Заставить подчиняться, сделать управляемым. Реч. стандарт. *кто* — лицо, группа лиц, объединенных общей целью; *кого* — лицо, группу лиц, объединенных участием в общем деле, толпу, народ ● Именная часть неизм. ● Порядок слов нефиксир.
◆ Павлу досталась хорошая, работящая, серьезная женщина. Она взяла его **в руки**, и жизнь их определенно наладилась бы, если бы не помешала война. *В. Солоухин, Капля росы*. — Ты вот запутаешься, женишься... Ведь уж непременно женишься, стоит только женщине тебя **в руки взять**. *А. Островский, Неожиданный случай*. — Как ее **взять в руки**, мятежную толпу? Как из этого официального доклада построить агитационную речь, которая нам сослужила бы службу? *Д. Фурманов, Мятеж*. — Ну-с, а народ мы мягкий, **в руки** нас **взять** немудрено. *И. Тургенев, Дым*. ■ — Выходи ты за него замуж. Возьмешь его **в руки**, дружков его отвадишь, и все у вас наладится. *(реч.)*

▲ Коли я не возьму тебя в руки, ты попадёшь, как кур во щи. *А. Толстой, Зараженное семейство.*

9. прибрать к рукам <в руки> 2. *кто кого.* Заставить повиноваться, полностью подчинить себе. Реч. стандарт. *кто* — лицо, группа лиц, объединенных общей целью; *кого* — лицо, группу лиц, объединенных участием в общем деле, толпу, народ ● Именная часть неизм. ● Порядок слов нефиксир.

◆ Валентина написала ему, что не может справиться с Варькой — дерзка, грубит, не слушается, надо прибрать девчонку к рукам. *Ю. Герман, Дело, которому ты служишь.* Его к рукам прибрать, он будет послушный, как теленок. Чего тебе ещё надо? *Д. Гранин, Искатели.* Полно гулять: вот ужо приберёт вас к рукам Кирила Петрович. *А. Пушкин, Дубровский.* При новой жене в доме всё пошло вверх дном; никому житья от нее не стало; она всех к рукам прибрала. *Ф. Достоевский, Бедные люди.* Вырос сын Юматова, послужил в военной службе и незадолго до воли приехал в деревню на жительство. Сначала мужиков в руки крепко прибрал. *Н. Гарин-Михайловский, Несколько лет в деревне.*

■ — Неужели вы всей компанией не в силах справиться с одним Фурсовым, прибрать его к рукам? *В. Ажаев, Далеко от Москвы.*

▲ — Вот увидишь, я эту семейку приберу к рукам. *(реч.)*

10. попадаться/попасть в руки <лапы> *кто в чьи, [к] кому* Оказываться во власти, в распоряжении. Реч. стандарт. *кто* — лицо, группа лиц, объединенных участием в общем деле, враг, зверь; *в чьи, [к] кому* — лицу, обладающему властью, полиции, врагам, охотникам ● Именная часть неизм. ● Порядок слов нефиксир.

◆ Вергилий решил, что надо идти на помощь.— Вы бегите,— сказал он товарищам,— а я задержусь немного. Кто-то возразил: Марату нельзя попадаться в руки полиции. *Б. Костюковский, С. Табачников, Русский Марат.* Но мы беспокоились напрасно. «Солдатский вестник» не попал в руки врага. Где-то у незримой черты солдат замолкал, если у него не было доверия к собеседнику. *В. Чуйков, Конец третьего рейха.* ...мы сделали флажки примерно расстоянием три-пять километров... Таким образом хищник попадает в руки. *(реч.)* Еще понятно, если это делают фирмач, бизнесмен перед страхом попасть в лапы рэкетиров, но зачем, например, бригада охраны в черной амуниции председателю Краснопресненского райсовета А. Краснову? *Вечерняя Москва, 1992.*

■ — Смотри, попадёшься бандитам в лапы — живым или без выкупа не выпустят. *(реч.)*

▲ — Нет, я таких любить не могу, на которых мне придётся глядеть сверху вниз. Мне надобно такого, который сам бы меня сломил... Да я на такого не наткнусь, бог милостив! Не попадусь никому в лапы, ни-ни! *И. Тургенев, Первая любовь.* — Вы думаете, Клеопатра пощадит меня? Да она, красавица, попадись я ей в лапы, сделает из меня мокрое место. *Ф. Киреев, Кровли далекого города.*

11. держать в руках <в кулаке> 2. *кто кого.* Заставлять находиться в зависимом положении, в подчинении, во власти. Реч. стандарт. *кто* — лицо, группа лиц, объединенных общей целью; *кого* — лицо, группу лиц, объединенных участием в общем деле, толпу, народ ● Именная часть неизм. ● Порядок слов нефиксир.

◆ Но ни один из прохожих и проезжих не знал, чего ей стоило упросить отца взять с собою [на ярмарку], который и душой рад бы был это сде-

лать прежде, если бы не злая мачеха, выучившаяся **держать его в руках**. *Н. Гоголь, Сорочинская ярмарка*. Он собирал сведения. Зачем? Тут могло быть только два решения: или для того, чтобы уничтожить все следы этого прошлого, или для того, чтобы держать Николая Антоновича в своих руках. *В. Каверин, Два капитана*. И хоть Катя, вероятно, очень часто журила Алешу и уже держала его в руках, но ему, очевидно, было с ней легче, чем с Наташей. *Ф. Достоевский, Униженные и оскорбленные*. В обычной жизни был он уж очень неказист, такая распрорусская лупетка, и нос картофелем. Но во время урагана, когда вокруг рев, грохот, крики, стоны, ужас, близкое дыхание смерти.., когда он держал в своих руках жизнь и волю сотен людей — что за прекрасное, что за вдохновенное было у него лицо! *А. Куприн, Колесо времени*.
■ — Смотрите, барышня, держите этого героя в руках. Полевой кивнул на меня. *В. Беляев, Старая крепость*.
▲ У них [музыкантов] действительно плохая дисциплина, но я их хорошо **держу в руках**. Пожалуйста: я буду дирижировать, стоя к ним спиной, а они будут играть. *А. Макаренко, Флаги на башнях*. Один компаньон, правда, не очень надежен — все мотает, да я умею держать его в руках. *И. Гончаров, Обыкновенная история*.

12. **отбиться от рук** *кто*. Выйти из повиновения, перестать подчиняться, вести себя своевольно (говорится с неодобрением). Реч. стандарт. *кто* — лицо, группа лиц, часто — дети, подростки ● Именная часть неизм. ● Порядок слов нефиксир.
◆ — Сын у него **от рук отбился**, вот он где, корешок,— задумчиво пробормотал Борисов, когда Кузьмич отошел. *Д. Гранин, Искатели*. Гнев Семена Петровича... был крут; Наталья Львовна давно не видела мужа в таком бешенстве. Прежде всего он обвинил ее — мол, она повинна, что мальчишка совсем **отбился от рук**. *И. Герасимов, Пробел в календаре*. Началась анархия, то есть безначалие. Квартальные **отбились от рук** и нагло бездействовали. *М. Салтыков-Щедрин, История одного города*.
■ (С упреком) Ты совсем **от рук отбился**, никого не слушаешь и все делаешь назло! *(реч.)*
▲(Как цитация) И когда гости разошлись, лицо у мамы стало некрасивым, и она начала кричать, что я совсем **от рук отбилась**, что я делаю все назло. *В. Киселев, Девочка и птицелет*.

13. **В ШЕЮ <В ТРИ ШЕИ>** гнать/прогнать, вытолкать. Грубо, бесцеремонно, без колебаний (говорится с неодобрением). Часто подразумеваются брань и побои. Неформ. ● Неизм. ● В роли обстоятельства.
— Выдайте денег сколько полагается и гоните его **в шею**, пока он не успел наговорить вам грубостей. *А. Тоболяк, История одной любви*. И пришел с расчетом к нему. Обсчитал, воровская душа! Я корить, я судом угрожать: «Так не будет тебе ни гроша!» — И велел меня **в шею** прогнать. *Н. Некрасов, Вино*. Сунулся было купец за деньгами в Китайский дворец, но его **в шею** вытолкали с назиданием: — Проваливай отселе, покуда пупок тебе за ухо не завернули!.. *В. Пикуль, Прибыль купца Долгополова*. — Конечно, вышел громадный скандал... Меня со службы **в шею**, потому что я скомпрометировал все посольство. *Д. Мамин-Сибиряк, Паучки*. Сейчас собрание было, выбрали новое товарищество, а прежних — **в шею**. *М. Булгаков, Собачье сердце*. Гуляет, где! Пропьет все до копейки, опять придет... А его, по-хорошему-то, гнать бы надо **в три шеи**. *В. Шукшин, Наказ*. А тут этот лишний привесок везде присутствует, якобы сдает сессию. Пощади, девочка моя, гони его

в три шеи, мы сами! Я тебе во всем пойду навстречу, зачем он нам? *Л. Петрушевская, Время ночь.* Заполночь в дом явилась подвыпившая компания во главе с сыном. Я выгнала их **в три шеи**, а теперь вот жду, переживаю: а вдруг совсем не вернется. *(реч.)*

14. ВАЛЯТЬ ‹ЛОМАТЬ› ДУРАКА ‹ДУРОЧКУ, ВАНЬКУ› 3. *кто.* Вести себя откровенно глупо, вызывающе (говорится с неодобрением). Фам. *кто* — лицо ● Именная часть неизм. ● Порядок слов нефиксир.
◆ Старший мальчик отозвался сердито: — ...Так им и надо. Их восемьсот человек на **весь** Город, а они **дурака валяли**. Пришел Петлюра, а у него миллион войска. *М. Булгаков, Белая гвардия.* Ее, конечно, узнал.., но вид сделал: чужая. А потом и вовсе **ваньку** начал **ломать**: ныром, чуть ли не на бровях пошел с крыльца. *Ф. Абрамов, Алька.*
▇ — Я никуда не пойду и ключей не дам. И решительно протестую.— Филька воспользовался паузой и произнес басом: — Иди, Баньковский, **не валяй дурака**. *А. Макаренко, Флаги на башнях.* Чинариков прильнул к двери и сказал Мите: — Ну, ладно, хорош **дурочку валять**! Давай вылезай! А то ты там чего-нибудь натворишь, а нам с Никитой всю жизнь казниться. *В. Пьецух, Новая московская философия.*
▲ Не употр.

15. ВАЛЯТЬ ‹РАЗЫГРЫВАТЬ, СТРОИТЬ ИЗ СЕБЯ› ДУРАКА ‹ДУРОЧКУ› 2. *кто.* Притворяться непонимающим, придуриваться, чтобы перехитрить собеседника (говорится с неодобрением). Неформ. *кто* — лицо ● Именная часть неизм. Только несов. в. ● Порядок слов нефиксир.
◆ На просьбу не **валять дурака**, а рассказать, как попали доллары в вентиляцию, Никанор Иванович стал на колени и качнулся, раскрывая рот... *М. Булгаков, Мастер и Маргарита.* Да что он **из себя дурака разыгрывает**, будто не понимает, чего от него хотят! *(реч.)*
▇ Фам. [Чарнота:] Что ты сказала? [Люська:] Да что ты **валяешь дурака**! На прошлой неделе с французом я псалмы ездила петь?.. *М. Булгаков, Бег.* [Манюшка:]... Про кого это вы такие слова говорите? [Аллилуя:] Ты, Марья, **дурака не валяй**. Ваши дела нам очень хорошо известны. *М. Булгаков, Зойкина квартира.* — Ну, брат,— вскричал Ликоспастов,— ну, брат!.. Эсхил, Софокл и ты... Где уж нам с Шекспирами водить дружбу! — А ты бы перестал **дурака валять**! — сказал я робко. *М. Булгаков, Театральный роман.* — Брось **дурачка из себя строить**! Тебя русским языком спрашивают: будешь в субботу работать? *В. Шукшин, Алеша Бесконвойный.* — ...В этом году на трудодень ни хрена еще не выдали. Ладно...— **Не валяй дурочку**! Умник... Когда это трудодни на заем брали? *Ф. Абрамов, Две зимы и три лета.*
▲ — Ну, хорошо, извини, это я **дурака валял**, я ведь все прекрасно понимаю. *(реч.)*

16. ВАЛЯТЬСЯ В НОГАХ ‹НОЖКАХ› *кто у кого.* Униженно вымаливать исполнения своей просьбы (говорится с неодобрением). Неформ. *кто* — лицо; *у кого* — у лица ● Нет наст. вр. Именная часть неизм. ● Порядок слов нефиксир.
◆ Мужик ненавидел свою жену, бил ее, тиранил,.. а она **в ногах** у него **валялась** и просила прощения. *Н. Помяловский, Мещанское счастье.*
▇ [Ольга:] Папа,.. накажи меня самым жестоким наказанием! [Черничкин:] Наказать? Нет, я молю тебя: беги скорей туда, к начальнице.

Валяйся в ногах, кайся. [Ольга:] В чем? [Черничкин:] В чем хочешь!.. Спасай моих детей! *К. Тренев, Гимназисты.*

▲ — Когда я женился, мне больше сорока было, а я **в ногах** у отца **валялся** и совета просил. Нынче уже этого нету. *А. Чехов, Три года.*

17. ВЕРТЕТЬСЯ ‹ПУТАТЬСЯ› ПОД НОГАМИ *кто у кого.* Мешать, надоедать своим присутствием, вызывая крайнее раздражение (говорится с пренебрежением). Неформ. *кто* — лицо; *у кого* — у лица, группы лиц, у сотрудников, у начальства ⬤ Именная часть неизм. ⬤ Порядок слов нефиксир.

◆ Само собой разумеется, что далеко не всегда,— и прежде всего по причине своей глубокой старости,— ощущал он себя носителем власти. Да и умалялась она сторожами, которые часто орали на него, находя, что он вечно мешает им под лестницей, вечно «**вертится под ногами**». *И. Бунин, Архивное дело.* Каждый из директоров спасал себя, свою репутацию. Замков только мешал, **путался под ногами**, изображая руководителя. *М. Колесников, Школа министров.* От ненавистного бога помощь принимать! Лучше его выкорчевать, чтоб **под ногами** не **путался**. *В. Тендряков, Покушение на миражи.*

■ Не ради прибавления еще одной единицы к тем многим тысячам, которые нам уже верят, а ради того, чтобы вы не стали **путаться под ногами**, когда неизбежно начнутся восстания. *С. Сартаков, А ты гори, звезда.* — Георгий Петрович, вы отслужили свою мессу в этом храме, больше в нем вам делать нечего. Будете только **путаться** у меня **под ногами**. Сама без вас со всем справлюсь. *В. Тендряков, Покушение на миражи.* Уйди лучше, не **путайся под ногами**. *(реч.)*

▲ (С оттенком иронии) [Лаптев:] Как будто я его знаю... [Пропотей:] Знать меня — не диво. Я, как пес бездомный, семнадцать лет у людей **под ногами верчусь**. *М. Горький, Достигаев и другие.*

18. ВОДИТЬ ЗА НОС *кто кого.* Бессовестно обманывать (говорится с неодобрением). Неформ. *кто* — лицо, группа лиц, объединенных общими целями; *кого* — лицо, группу лиц, объединенных участием в общем деле ⬤ Именная часть неизм. ⬤ Порядок слов нефиксир.

◆ Он чувствовал, что поехал напрасно. Соловейко покосился на Прокишу и почувствовал одновременно злобу и желание. Ему не нравилось, когда **водили за нос**, но волей-неволей гнев свой приходилось усмирять — не позволяло положение. *А. Волос. Кудыч.* Люмпенизированное общество легко переключается на «бывших», не соображая и не желая соображать, кто **водит** его **за нос** сегодня. *Столица, 1992.* Все это скоро переработалось бы в его организме; он принялся бы за дело, выругал бы самым энергичным образом проклятый романтизм и неприступную барыню, **водившую** его **за нос**, и зажил бы по-прежнему, занимаясь резанием лягушек и ухаживая за менее непобедимыми красавицами. *Д. Писарев, «Отцы и дети», роман И. С. Тургенева.* История не знает ничего подобного, и узурпации Наполеона кажутся капризами... в сравнении с этим бесчеловечным разбойничьим актом Германии... Двуличность, с которою они дипломатию **за нос водили**! *Б. Пастернак, Письмо родителям, 19 июля 1914 г.*

■ Ты умышленно тянешь с перестройкой и Карзанова **водишь за нос**. *М. Колесников, Школа министров.*

▲ Не употр.

19. ВПРАВЛЯТЬ/ВПРАВИТЬ МОЗГИ *кто кому*. Грубо, без обиняков, со всей строгостью поучать, указывать, как себя вести (говорится с неодобрением). Имеется в виду, что необходимо пресечь чье-л. развязное поведение, образумить кого-л Неформ. *кто* — лицо, группа лиц, объединенных общей целью; *кому* — лицу ● Именная часть неизм. ● Порядок слов нефиксир.

◆ — Что же вас туда собрали, кино смотреть? — спросила Нюра весело... — Воспитывают, — встрял в разговор отец. — **Мозги** дуракам **вправляют**. *В. Шукшин, Степка.* — Соревнование соревнованием, — сказал он тете Даше, — а за лошадьми вы обязаны следить и не допускать, чтобы мучили скотину. Если кой у кого совести нет, надо **мозги вправлять**. *С. Антонов, Лена.* И пусть только кончится война, пусть только угонят отсюда этих фашистюг, ...тогда она увидит, почем фунт лиха, тогда ей **вправит мозги** насчет «распоясавшегося Аверьянова». *Ю. Герман, Дорогой мой человек.* — Острогоров этого генерала знает давно. Он по-дружески мне сказал: «Был Балашов в гражданскую молодцом, а послужил в Германии и пошатнулся... В наши, в советские силы не очень он верит. **Вправляли** ему **мозги**, да, значит, не очень вправили.» *С. Злобин, Пропавшие без вести.* — Надо ему **мозги вправить**, если свихнулись, — сердито ворчал Константин. *Ю. Бессонов, Семья лесорубов.* — А-а, председатель!.. Даешь на маленькую? В зале захохотали. — Тебе не на маленькую, а **мозги вправить** надо. Пьянствуешь, а люди? *Ф. Абрамов, Вокруг да около.*

▣ — **Вправила** бы ты **мозги** своему озорнику. Во дворе хулиганит, окно вот разбил — никакого сладу с ним нет. *(реч.)* — И долго мы мне будете **мозги вправлять**? А если я хочу жить своим умом? *(реч.)*

▲ (С оттенком угрозы) Ну погоди у меня, — с бешенством подумал Лукашин, — я тебе **мозги вправлю**... *Ф. Абрамов, Братья и сестры.*

20. ВСТАВЛЯТЬ <СТАВИТЬ> ПАЛКИ В КОЛЕСА *кто кому, чему*. Намеренно препятствовать, мешать (говорится с неодобрением). Часто имеются в виду недоброжелательные действия, совершаемые втихую, исподтишка. Реч. стандарт. *кто* — лицо или группа лиц, объединенных общими интересами; *кому* — лицу или группе лиц, объединенных общей целью; *чему* — делу, процессу, реформам ● Именная часть неизм. ● Порядок слов нефиксир.

◆ Преобразования в эфиопских деревнях, естественно, вызывали и кое-где вызывают сопротивление... Крестьянским ассоциациям **ставят палки в колеса**, нередки и случаи бандитских выстрелов из-за угла. *Известия, 1978.* [Лиза] до того распалилась, что просто вытолкала управляющего из дому. А чего церемониться? Ей самой, правда, зла большого не сделал, да зато брату на каждом шагу **палки в колеса ставит**. *Ф. Абрамов, Дом.*

▣ Мы разрешили им выходить на условиях ясных и определенных: не **вставляйте** нам **палки в колеса**, не распространяйте всяческие подлые и грязные слухи, не клевещите, не разводите панику! *Л. Радищев, Крепкая подпись.* — Да в конце концов, — не выдержал Евгений Егорович, — кто в колхозе хозяин? Партия предоставила свободу колхозам, а вы опять **палки в колеса**... *Ф. Абрамов, Вокруг да около.* — Моя жизнь: что хочу, то и делаю. А если будете мне **палки в колеса вставлять**, в газету напишу: травят молодого рабочего. *Б. Бедный, Девчата.* Мы тут всей ячейкой бьемся против религии.., а ты что делаешь? Ты имей в виду **палки** нам **в колеса вставляешь**.., ты на колхозных лошадях

по воскресеньям старух возишь в церковь молиться. *М. Шолохов, Поднятая целина.*
▲ Не употр.

21. ВТАПТЫВАТЬ/ВТОПТАТЬ В ГРЯЗЬ *кто кого, что*. Порочить, унижать (говорится с неодобрением). Часто подразумеваются попытки оболгать, оговорить. Реч. стандарт. *кто* — лицо, группа лиц, объединенных общими целями; *кого* — лицо, группу лиц; *что* — идеи, взаимоотношения ● Нет наст. вр. Именная часть неизм. ● Порядок слов нефиксир.

◆ Нина Глазычева считала Федора Соловейкина виноватым уже только за то, что тот **втоптал в грязь** самые чистые из человеческих отношений. *В. Тендряков, Не ко двору.* После столкновения с сыном Павлу не остановить было мысли о том, что Суворов **втоптал** его гатчинскую систему **в грязь**: ославил на весь мир. *О. Форш, Михайловский замок.* Свиньи...— подумал Пятеркин, косясь на своих врагов.— Оскорбили человека, **втоптали в грязь** и беседуют теперь как ни в чем не бывало. *А. Чехов, Первый дебют.*

▨ — Не унижай свою жену, Павел. Не издевайся над ней. Если ты ее бросил, это не значит, что ты должен ее **втаптывать в грязь**. *А. Первенцев, Матросы.*

▲ Если бы я захотел, то избрал бы предметом своих ухаживаний гадину, потерявшую всякое значение, гадину, которую **втоптал** я **в грязь** и предоставил на оплевание всем в министерстве — от министра до последнего писца. *Н. Чернышевский, Пролог.*

22. ВЫВОДИТЬ/ВЫВЕСТИ НА ЧИСТУЮ ВОДУ *кто кого*. Раскрывать чьи-л. темные дела, замыслы, разоблачать кого-л. (говорится с одобрением). Реч. стандарт. *кто* — лицо или группа лиц; *кого* — лицо или группу лиц ● Именная часть неизм. ● Порядок слов нефиксир.

◆ — Ну, надо **выводить на чистую воду** тех, кто подсказывает.— Как же их **выводить**? — Надо про них в стенгазету писать. *Н. Носов, Витя Малеев в школе и дома.* Алевтина Марковна, предвкушая, как она, наконец, уличит этого вруна Вовку, этого несносного мальчишку, в бессовестной лжи, изобличит его и **выведет на чистую воду**, поднималась по лестнице. *Л. Кассиль, М. Поляновский, Улица младшего сына.* — Так наш же пролетарский суд правду видит! — сказала женщина торжественно...— Он тебя, паразитку, **на чистую воду выведет**! *В. Панова, Евдокия.* — **На чистую воду** их всех! Не церемониться! *В. Тендряков, Чистые воды Китежа.*

▨ — Я так надеялась, что ты **выведешь** этого негодяя **на чистую воду**... *(реч.)*

▲ Если бы мама жила со мной, я бы вытерпела этот ад, эти вечные крики и оскорбления, ...а «скорые» и милиционеры — мы к их призракам привыкли довольно быстро и даже пытались, о, идиоты, **выводить** ее **на чистую воду** и спорить с ней. *Л. Петрушевская, Время ночь.* — Не желаю я тут больше оставаться! Вы все подлецы! Негодяи! Я вас **выведу на чистую воду**! *А. Чехов, Свадьба.* — Да, сделаю все, что в моих силах,— подумал Малинин.— Хоть ты и кругом круглый, а найду, за что схватить, **выведу на чистую воду** и тебя, и твоего родственничка. *К. Симонов, Живые и мертвые.* [Сарафанов:] Где был раньше? Вырос и теперь ищет отца? Я **выведу** его **на чистую воду**, ты увидишь... *А. Вампилов, Старший сын.*

23. ВЫКИДЫВАТЬ ФОКУСЫ <НОМЕРА, ФОРТЕЛИ, ШТУКИ/ ВЫКИНУТЬ ФОКУС <НОМЕР, ФОРТЕЛЬ, ФИНТ, ШТУКУ> *кто.*
Совершать какие-л. неожиданные, непредсказуемые поступки (говорится с неодобрением). Подразумеваются поступки взбалмошные, импульсивные, иногда — совершенные с умыслом. Неформ. *кто* — лицо ● Нет утверд. формы повел. накл. ● Порядок слов нефиксир.

◆ Генеральша, которая умела выкидывать такие разнообразные фокусы, в свою очередь, трепетала, как мышка, перед прежним своим приживальщиком. *Ф. Достоевский, Село Степанчиково и его обитатели.* Если бы я мог остановить жизнь, собственную свою жизнь, не считаясь с моей работой, она по-прежнему выкидывала бы номера. *Д. Гранин, Церковь в Овере.* Кузарю не терпелось выкинуть какой-нибудь фокус. *Ф. Гладков, Повесть о детстве.* Операция эта с комнатой была уже вся согласована, и пришли Катьку выселять, но она выкинула номер — заявила, что беременна. ...А по закону беременную выселять нельзя. *А. Солженицын, Раковый корпус.* Он ведь какой было фортель хотел выкинуть в Москве — всех рабочих уволить. *Ф. Панферов, Борьба за мир.* Иначе неизбежно выкинет какой-нибудь фортель, обидный, а иногда и разорительный для домашних. *П. Бажов, Уральские были из заводского быта.* Ребята застыли в тревоге: им неясно, что задумал Виктор, какой финт выкинет в ответственный момент, пойдет ли финт на пользу стрельбе. *В. Круговов, Последнее настроение.* Данилов, приготовясь к недоброму — не выкинула ли она какой финт, зная об отношении к ней Надежды Александровны? — настроился на полуофициальный, корректный лад. *П. Редькин, Повесть о любви.* Он у нас мастер разные **штуки выкидывать!** (*реч.*)

■ — Ты не смей больше такие **фокусы выкидывать**, а то я с тобой и разговаривать не буду! (*реч.*) Я вас предупреждаю: если вы при попечителе **выкинете** какую-нибудь **штуку**, сегодня же вылетите из гимназии. *П. Яковлев, Первый ученик.*

▲ Обычно не употр.

24. [ГЛАДИТЬ/ПОГЛАДИТЬ] ПРОТИВ <НЕ ПО> ШЕРСТИ *кто кого.* Осуждать, критиковать, не потакая, не попустительствуя. Обычно подразумевается осуждение чьих-л. поступков, взглядов, убеждений. Реч. стандарт. *кто* — лицо; *кого* — лицо ● Именная часть неизм. ● Порядок слов нефиксир.

◆ Он был не из тех, кто гладит против шерсти только других. Он был способен гладить против шерсти и самого себя. И как раз на этом жестоком отношении к самому себе основывал свое право на беспощадность к другим людям. *К. Симонов, Последнее лето.* Археологическое общество... погладило тут Ровинского против шерсти — это ничего, лекарства редко бывают аппетитны..., но зато они часто и хорошо лечат. *В. Стасов, Статьи и заметки.* — Если мы кого-то мучаем, мы об этом не задумываемся, если же нас чуть-чуть против шерсти — мы уже кричим: насилие, разбой, караул... *П. Проскурин, Имя твое.* — Чуть маломальски не по шерсти тебя погладят, сейчас ты и драться лезешь. *И. Горбунов, Из деревни.*

■ [Посадник:] Людей по шерсти ль гладь, иль против шерсти — то же Тебе от них спасибо! *А. К. Толстой, Посадник.*

▲ — Уж больно ты строг, Арсений Иванович,— тоскливо вздохнул старик.—...Ты уж прости, Михалыч, что против шерсти погладил. *Б. Полевой, Глубокий тыл.*— Что... водки-то не подносишь? Али не любо, что против шерсти глажу? *А. Писемский, Плотничья артель.*

25. против ‹не по› шерсти *кто, что кому, чему.* Неподходящий, не по нраву. Неформ. *кто* — лицо, группа лиц; *что* — положение дел, ситуация; *кому* — лицу, группе лиц; *чему* — сообществу людей, городу, деревне и т. п. ● Неизм.

◆ Ремесло сделалось их жизненной целью. Для Михайлы это было не по нутру, **против шерсти**. *С. Каронин, Снизу вверх.* Но ничто не могло сломить энергии этого упрямого хохла, пришедшегося **не по шерсти** сонному городишке. *А. Куприн, Черная молния.*

■ — Да, брат, видно, **не по шерсти** ты своему начальнику пришелся. Выгонит он тебя, вот увидишь. *(реч.)*

▲ Понял я, что **не по шерсти** мои слова толпе, а что делать — обещать народу счастливое будущее? *(реч.)*

26. гладить/погладить по шерсти ‹шерстке› *кто кого.* Одобрять, хвалить, поощрять. Обычно подразумевается одобрение чьих-л. поступков, взглядов, убеждений. Неформ.

◆ И вот тебя уже **по шерсти гладят**, ставя остальным в пример. *Ю. Грачевский, Течет река к морю.* В начале своего выступления генерал-директор... отозвался о работе узла одобрительно: и весь коллектив корчагинцев похвалил, и отдельных работников «**по шерстке погладил**». *Ю. Лаптев, Путь открыт.*

■ — Что, не слушаются тебя ученики? А ты с ними поласковей, **по шерстке их погладь**, похвали — глядишь, и отношение к тебе изменится, и слушаться начнут. *(реч.)*

▲ — Чего умолк-то, дед? — А то и умолк, что **не по шерсти** тебя **поглажу**...— Давай, дед, критикуй. *И. Акулов, Касьян Остудный.*

27. ГНУТЬ СВОЕ ‹СВОЮ ЛИНИЮ, ТУ ЖЕ ЛИНИЮ› *кто.* Упорно добиваться осуществления своих целей, не сообразуясь с интересами других и не соглашаясь ни на какие изменения. Неформ. *кто* — лицо или группа лиц ● Именная часть неизм. ● Порядок слов нефиксир.

◆ — Сам же сказал,— непримиримо **гнула свое** жена,— что тут дело нечисто, как будто Иван был уже пойман за руку, уличен и только из непонятного упрямства отказывался признаться во всех смертных грехах. *А. Ильин, Полонез для постояльца.* А Жарков **гнул свое**.— В низовьях на всех дорогах посты выставлены. Перехватывают свободный хлебушко и на ссыпку. *И. Акулов, Касьян Остудный.* Евдокия как топором рубанула.— Вредительство! Самое настоящее вредительство...— А Калина Иванович **гнул свое**.— В те времена частенько наши неудачи и промахи списывали на вредительство. *Ф. Абрамов, Дом.* На сходе стон стоит. Разбились на партии, и каждая, значит, **свою линию гнет**! *С. Скиталец, Кандалы.*

■ — Теперь ты видишь, что был неправ, когда так настойчиво, никого не слушая, **гнул свою линию**. *(реч.)*

▲ — Интересно, что это за лодка? — обратился я к ней. Девушка слегка пожала плечами.— Странно,— продолжал я **гнуть ту же** дурацкую **линию**, как будто увидеть шлюпку у причала бог весть какое чудо. *Ф. Искандер, Созвездие Козлотура.* И сколько бы меня ни пытались сбить с прямой дороги, я **гнул свое** — требовал честной работы, по-хозяйски относился к производству. *А. Бек, Записки доменного мастера.*

28. ДАВАТЬ/ДАТЬ ЖИЗНИ 1. *кто кому.* Сильно ругать, бранить, наказывать за проступки, проявляя нетерпимость к недостаткам (говорится с одобрением). Неформ. *кто* — лицо или группа лиц; *кому* — лицу или группе лиц, объединенных участием в общем деле ● Нет несов. в. буд. вр. Именная часть неизм. ● Порядок слов фиксир.

◆ Все эти халабуды, балаганы, которые сюда понатыкали — в лес! Кто через десять минут не уберется отсюда, строем ко мне — и на передовую! Адъютант усмехнулся: «**Дает жизни своим!** Башковитый мужик! *В. Клипель, Медвежий вал.* Выведенные из терпения ребята не раз грозили «**дать ему жизни**», и Людмила Сергеевна всерьез опасалась, что они вот-вот.. отдубасят Валерия. *Н. Дубов, Сирота.* Иди, иди, а то тебе его Катька **даст жизни**. *А. Чаковский, Невеста.* — А мы тебя с ребятами вспоминали. Я тогда прилетел, а ты уже с командующим уехал. Говорят, он тебе тогда **дал жизни**! *К. Симонов, Товарищи по оружию.*

▓ — Я здорово **дал жизни** всем этим лентяям! Так и надо! *(реч.)*

▲ — Ну, я ему за этот окурок **дам жизни**! — проворчал Дружинин. *В. Катаев, За власть Советов.* Я его, дуролома, пропесочила, — громко продолжала Тамара. — Прямо так и влепила ему: «Бессовестные твои шары!» В общем, я ему, Валя, **дала жизни**. *И. Лавров, Очарованная.*

29 ДАВАТЬ/ДАТЬ НА ЛАПУ *кто кому*. Подкупать, давать взятку (говорится с неодобрением). Неформ. *кто* — лицо, группа лиц, объединенных общими нтересами; *кому* — лицу (начальству, чиновникам и т п.) ● Именная часть неизм. ● Порядок слов нефиксир.

◆ У Виктора даже дух захватило: одни жильцы просили заменить трухлявые рамы, а новые почему-то вставляли другим. Почему?! — Сообразил. Кто Зубкову **на лапу давал**, тот и новые рамы получал. *В. Круговов, Последнее настроение.* Кабы я делил людей по принципу, кто **дает на лапу**, а кто нет, — тогда не то что выгонять, лишать права на профессию надо. Волчий билет в руки! *З. Богуславская, Близкие.* Сегодня в России невозможно решить ни одной производственной проблемы, чтобы не **дать на лапу**. *Куранты, 1992.*

▓ — Ты бы **дал** кому следует **на лапу**, — уже давно получил бы разрешение *(реч.)*

▲ — Ты знаешь, как я уговорил кассиршу продать два последних билета именно нам? **Дал на лапу**, и все. *(реч.)*

30. ДАВАТЬ/ДАТЬ ХОД 2. *кто чему*. Позволять развиться, осуществиться. Подразумевается, что решение о начале какого-л. дела зависит от воли или желания исполнителя. Реч. стандарт. *кто* — лицо или группа лиц, объединенных общими интересами; *чему* — расследованию, интригам, тенденциям, новым направлениям ● В роли составного сказ. Порядок слов нефиксир.

◆ Меншиков был умен, но ленив и привык за свои шестьдесят с лишним лет, что ничему новому никогда **ходу не давали**. *Н. Задорнов, К Тихому океану.* Что же помешало прокуратуре **дать ход** делу еще в 80-м году? Почему оно появилось на свет именно сейчас? *Московские новости, 1991.*

▓ — Послушай-ка, Митя... Конечно, ты прав. Надо было **дать** им хорошую встряску. Но... знаешь... не **давай хода** этому делу. *Б. Лавренев, Большая земля.*

▲ — Ты, как умный человек, поймешь, конечно, что я должен **дать ход** дознанию. Знаешь: дружба — дружбой, а служба — службой. *К. Станюкович, Товарищи.* Я своим согласием **дала ход** этой гадкой... интриге. *Ф. Достоевский, Дядюшкин сон.*

31 ДАЛЕКО ЗАХОДИТЬ/ЗАЙТИ 2. *кто*. Переступать границы допустимого (говорится с неодобрением). Имеется в виду, что положение ста-

новится более сложным и трудно исправимым. Реч. стандарт *кто* — лицо ● Порядок слов нефиксир.

◆ Эти поддразнивания уязвляли Иудушку до бесконечности; но он возражал слабо и больше сердился, а когда Аннинька заходила слишком далеко, то кричал... и проклинал. *М. Салтыков-Щедрин, Господа Головлевы.* Варвара явно кокетничала с ним, и Самгин находил, что она **заходит слишком далеко.** *М. Горький, Жизнь Клима Самгина.* Настасья Филипповна даже вздрогнула от гнева и пристально поглядела на Фердыщенко, тот мигом струсил и примолк, чуть не похолодев от испуга: слишком уж **далеко зашел.** *Ф. Достоевский, Идиот.* — Подожди... — сказал Никита и задал вопрос: — Кто за то, чтобы освободить Тиктора от этого документа? — Все подняли руки. И тут Яшка Тиктор, кажется, увидел, что **зашел слишком далеко.** *В. Беляев, Старая крепость.*

▪ (С угрозой) — Ты **зашел слишком далеко!** Немедленно извинись! *(реч.)*
▲ Боюсь, что я **зашел слишком далеко.** Прошу меня извинить. *(реч.)* — Я должен, однако ж, решительно сказать, что мы **зашли далеко.** Мой долг, моя обязанность сказать тебе это. — Что сказать?..— Что мы делаем очень дурно, что видимся тайком. *И. Гончаров, Обломов.*

ДЕРЖАТЬ В ЧЕРНОМ ТЕЛЕ *кто кого.* См. VI, 37

32. ДЕРЖАТЬ НОС ПО ВЕТРУ *кто.* Подлаживаться, приноравливаться к обстоятельствам, мнениям, распоряжениям, меняя свои оценки, поведение (говорится с неодобрением или презрением). Часто имеется в виду беспринципная смена взглядов в угоду кому-л. или корыстное стремление извлечь выгоду из обстоятельств. Реч. стандарт. *кто* — лицо, группа лиц, объединенных общими интересами ● Именная часть неизм. ● Порядок слов нефиксир.

◆ В Москве сейчас всяких иностранных миссий полным-полно. Погода у нас делается, вот и сидят, **держат нос по ветру,** боятся, как бы не прозевать, успеть до шапочного разбора. *В. Клипель, Медвежий вал.* Пасечник, оглянувшись на Токмакова и понизив голос, сказал: — Трудно **нос по ветру держать.** Слышали, сегодня опять флюгер подвел... С таким начальством только лед сушить. Как с ним наш прораб уживается! *Е. Воробьев, Высота.*

▪ — Вы хотите **держать нос по ветру?** — четко, не скрывая злобы, спрашивает Мирон. *М. Горький, Дело Артамоновых.*
▲ (Как цитация) Думаю, никто не может сказать, что я **держу нос по ветру,** во всем безоговорочно соглашаясь с руководством, но в данном случае я призываю вас признать справедливость решения дирекции. *(реч.)*

33. ДЕРЖАТЬ ‹ДАВИТЬ› ФАСОН 1. *кто.* Не уступать, важничать, задаваться (говорится с неодобрением). Подразумевается, что такое поведение неуместно. Неформ. *кто* — лицо ● Именная часть неизм. ● Порядок слов нефиксир.

◆ — Сейчас я вам сдачи [дам], господин артист. А он **фасон держит.** Этак небрежно: — Не извольте беспокоиться. Зачислите вперед... *М. Юдалевич, Пятый год.* — Когда мы начинали, он руки в карманах держал.., а теперь, когда без него пошло, лезет в драку, засучил рукава. Ему только бы **фасон давить,** а для нас это дело чести. *Ю. Крымов, Танкер «Дербент».*

■ — Напрасно ты, Леонид, упрямишься, **фасон держишь**. Помирился бы ты с Петром. (*реч.*)
▲ (С оттенком иронии) Он на меня, ну а я, натурально, **фасон держу**, не отступаю. Так и подрались. (*реч.*)

34. ДЕРЖАТЬ ⟨ДАВИТЬ⟩ ФАСОН 2. *кто*. Модничать, шиковать (говорится с неодобрением, с оттенком иронии). Неформ. *кто* — лицо ● Именная часть неизм. ● Порядок слов нефиксир.
◆ Рубашка на Михайле пузырем дуется, ниже живота тесемочкой перевязана. Тоже **фасон держит**. *А. Неверов, Андрон Непутевый.*
■ — Сняла бы эти каблуки-то. **Фасон все держишь** — а ведь это здоровью не на пользу. (*реч.*)
▲ Не употр.

ДО РУЧКИ довести, дойти, добегаться и т. п. См. IV, 15

ЖИТЬ СВОИМ УМОМ *кто.* См. X, 13

35. ЗАВАРИВАТЬ/ЗАВАРИТЬ КАШУ *кто.* Создавать своими действиями неожиданно сложную и неприятную ситуацию (говорится с неодобрением). Подразумевается ситуация, в которую вовлечено большое количество людей. Часто имеются в виду необдуманные, неверные действия. Речевой стандарт. *кто* — лицо, группа лиц ● Именная часть неизм. Несов. в. только в инфинитиве ● Порядок слов нефиксир.
◆ Не надо **заваривать кашу**! Разберитесь по-хорошему, побеседуйте с директором — а конфликтов не надо. (*реч.*) Я не помню, писал ли я тебе о другом моем знакомом, черномазом — родственнике Сипягиных? Тот может, пожалуй, **заварить** такую **кашу**, что и не расхлебаешь. *И. Тургенев, Новь.* Дай-ка статейку,— сказал отец...— Надо быть круглым дураком или карьеристом, чтобы **заварить эту кашу**. Из-за кого? Из-за какой-то старухи. *М. Прилежаева, Осень.* «Москвичи **заварили кашу**, пусть и расхлебывают»,— сказал в микрофон народный депутат нашего большого парламента. Вот так просто и сказал, в **заваренную кашу** поместив события, заставившие вздрогнуть мир. *Вечерняя Москва, 1991.*
■ За укрывательство кое-кто из властей арестован, потребовал перестройки казармы и улучшения быта рабочих, сам говорил с рабочими, и это только успокоило их. Дело будет разбираться во Владимирском суде: — Ну, **заварил ты кашу**, Гиляй... *В. Гиляровский, Мои скитания.* Райком разобрался в вопросе с семьей Поливановых, кулацкой эту семью считать нельзя, но **кашу ты заварил** густую, а ее могло и не быть, ни к чему она. *П. Проскурин, Судьба.* Зачем вы ездили в Воткинск? Небось, сказали маме, что не поступила в институт? Как я теперь буду оправдываться? **Заварили кашу**. *Н. Евдокимов, Ожидание.*
▲ Зря я **заварил эту кашу**. Не надо было никому ни о чем докладывать. (*реч.*)

36. заварилась каша. Создалась сложная и неприятная ситуация, в которую вовлечено большое количество людей. Часто имеются в виду чьи-л. необдуманные, неверные действия.
— Этой ночью мы совершим прорыв! — торжественно объявил Анатолий.— К ночи **заварится каша**! *С. Злобин, Пропавшие без вести.* Я не могу взять тебя к себе.., ты не представляешь ситуацию. Сейчас зава-

рится каша, какой никогда у нас не было. Дадим врагам такую трёпку... *А., Г. Вайнеры, Евангелие от палача.*

37. расхлёбывать/расхлебать кашу *кто*. Справляться с многочисленными неблагоприятными последствиями чьих-л. необдуманных, неверных действий (говорится с неодобрением). Имеется в виду ситуация, в которую вовлечено большое количество людей. Речь. стандарт ● Именная часть неизм. ● Порядок слов нефиксир.

◆ Когда гость умолкал, Скворцов... говорил, что ему надо уходить (это значило, что гостю он не поверил и коммерция не выйдет), расхлёбывать кашу должен был Барабуха. *Ю. Герман, Наши знакомые.* С каким бы удовольствием Колабышев ударил сейчас этого брезгливого товарища! Но ничего не поделаешь... Сам вызвал репортёра из газеты — самому придётся и всю кашу расхлёбывать. *В. Саянов, Страна родная.*

■ — А вы-то хороши, господа,— обратился он к интеллигентам.— Бунт подняли! Не могли выйти из читальни на десять минуток! Вот теперь и расхлёбывайте кашу! *А. Чехов, Маска.* За... неделю святоша в должности учителя может так настроить детей, что потом вы и их родители годами кашу не расхлебаете. *В. Тендряков, Чрезвычайное.*

▲ И зачем я всё это затеял? А вот теперь расхлёбываю кашу — пытаюсь уладить конфликт. *(речь.)*

ЗАГОВАРИВАТЬ/ЗАГОВОРИТЬ ЗУБЫ *кто кому [чем]* См. XI, 16

ЗАДАВАТЬ/ЗАДАТЬ ТОН *кто [кому, чем, в чём, чему]* См. I, 20

38. ЗАДИРАТЬ/ЗАДРАТЬ ‹ДРАТЬ› НОС *кто [перед кем]*. Важничать, задаваться, зазнаваться (говорится с неодобрением). Имеется в виду, что кто-л. проявляет высокомерие, кичится своим социальным положением, успехами, знаниями и т. п. Неформ. *кто* — лицо; *перед кем* — перед лицом, группой лиц ● Порядок слов нефиксир.

◆ Эту фразу я пишу специально для грядущего автора,.. чтобы он не сильно-то задирал нос и не думал, что первым открыл Ермака Тимофеевича. *Е. Попов, Удаки.* А он, проклятый, вишь, молодую бухгалтершу проучить решил. Чтобы нос не задирала. *Ф. Абрамов, Пелагея.* Роман Васильевич оказался рассудительным, знающим человеком.., и Клавдий Иванович, всю жизнь тянувшийся к образованным людям, всласть наговорился — простой был человек, не задирал нос. *Ф. Абрамов, Мамониха.* Зря он нос задирал — ещё все помнят, как его мать на чужих белье стирала, чтобы его в люди вывести. *(речь.)* В общем, заговорила, как всегда, с подковырками, свысока: на пять лет старше. А потом, стюардесса международных линий, по-английски лопочет, как же перед официанткой нос не задрать? *Ф. Абрамов, Алька.* — Я такой же гимназист, как и он. Если он нос дерёт, так что? Дерёт и пусть дерёт, а я дружить с ним не хочу. *П. Яковлев, Первый ученик.*

■ — Место никто не отнял? Ну и правильно,— сказал Серпилин.— Своего законного никому отдавать нельзя. Тем более ты теперь с таким орденом, что нос задирать можешь. Когда получила? *К. Симонов, Живые и мёртвые.*

▲ (Как цитация) Напрасно ты упрекаешь меня — нос я не задираю, но и дел никаких со всякой шпаной иметь не намерен. *(речь.)*

39. ЗАКРУЧИВАТЬ/ЗАКРУТИТЬ ‹ЗАВИНТИТЬ, ЗАТЯНУТЬ, ПОДКРУЧИВАТЬ› ГАЙКИ ‹ГАЙКУ› *кто*. Сильно повышать требо-

вания, усиливать строгость, притесняя, подавляя свободу действий (говорится с неодобрением). Неформ. *кто* — лицо или группа лиц ● Порядок слов нефиксир.

♦ Да, не давать тебе говорить — самое жестокое, что можно с тобой сделать,— подумал Лопатин о Ксении.— Я додумался до этого только к середине нашей совместной жизни, а он начал сразу закручивать гайки. *К. Симонов, Мы не увидимся с тобой.* Полиция начала придираться к Либиону; говорили, будто «Ротонда» — главная квартира революционеров: запретили посещение этого кафе военными. Либиону нанесли серьезные убытки; ко всему он испугался: время было скверное. Клемансо решил **закрутить гайки** покрепче, полиция бесчинствовала. *И. Эренбург, Люди, годы, жизнь.*— Ничего еще не знаете. Погодите до места. Это он тут, капитан-то, вольничать дает. А там гайку вам **закрутит**! *В. Астафьев, Ясным ли днем.* Мне не хочется видеть, как обезумеют от страха внуки, когда **завинтят** очередные **гайки**. *Н. Мандельштам, Вторая книга.* Он заглянул в зал. Слышался со сцены крик пожилого режиссера, его голос невнятно отзывался под сводами зрительного зала эхом. Ясно было, режиссер не умел **затянуть гайки** в своем разболтавшемся коллективе. *Л. Волчкова, Театральная история.* Время от времени надо подкручивать гайки, о чем-то его предупреждать, за что-то отчитывать и меньше всего приветствовать. *В. Кочетов, Под небом родины.* ▨ — Ты молодец, что закрутил гайки и выгнал с работы парочку разгильдяев — иначе бы дисциплины тебе не добиться. *(реч.)*
▲ Я понял, что должен закрутить гайки и не давать никому никаких поблажек *реч)*

40. **гайки завинчиваются.** Сильно повышаются требования, усиливается строгость, притесняя, подавляя свободу действий.

Если бы **гайки завинчивались** в тысячу раз слабее, результат был бы тот же: терпение, молчание, омертвение *Н Мандельштам, Вторая книга.*

41. **ЗАКРЫВАТЬ/ЗАКРЫТЬ ГЛАЗА** *кто на что.* Намеренно не обращать внимания, не реагировать. Имеется в виду нежелание замечать какие-л. недостатки, трудности, возможные неприятности и вести себя так, как будто они не существуют Реч. стандарт *кто* — лицо, группа лиц; *на что* — на ситуацию, положение дел, события ● Именная часть неизм. Обычно прош. вр. Часто в инфинитиве со словами нельзя, надо, приходится и т. п ● Порядок слов нефиксир.

♦ Как ни ясен был исход, Мандельштам жил посвистывая и **закрывал глаза** на будущее. *Н. Мандельштам, Вторая книга.* Нет, он не **закрывал глаза** на несовершенства той, которую одарил своей дружбой и доверием, и все-таки помимо своей воли старался выгородить ее *Н. Поливин, Корабельная сторона.* В словах Шмакова был вызов, но пограничник не пожелал принять его на свой счет и хладнокровно сказал, что все это так, но на сегодняшний день приходится считаться с обстановкой, а обстановка исключительно сложная, и нельзя **закрывать на это глаза.** *К. Симонов, Живые и мертвые.* После долгих раздумий решили, что **закрывать глаза** на конфликт в Харькове было бы тоже неправильно *Огонек, 1992.* Имеются в виду правоохранительные органы, антимонопольный комитет, налоговое ведомство. Ну не **закрыли** же они **глаза** при виде этого экономического кошмара... *Куранты, 1992.* Он ревновал — и это было его право, любовь мешала ему смириться, **закрыть глаза**, не замечать, как старались это делать другие *Д. Гранин, Искатели.*

■ — Ты напрасно закрываешь глаза на правду — рано или поздно она откроется. (*реч.*) Вы не можете закрыть глаза на тот факт, что он уже привлекался к суду за растрату. (*реч.*)
▲ Я слишком часто закрывала глаза на странности в его поведении. Теперь ясно — он вел двойную жизнь. (*реч.*)

ЗАКУСИТЬ УДИЛА *кто*. См. IV, 25

ЗАТЫКАТЬ/ЗАТКНУТЬ ‹ЗАЖИМАТЬ/ЗАЖАТЬ› РОТ *кто кому*. См. XI, 17

42. ЗЕМЛЮ [НОСОМ] РЫТЬ *кто*. Стараться изо всех сил, проявлять непомерную активность, делать все возможное (говорится с одобрением или с неодобрением, в зависимости от симпатии говорящего). Обычно подразумевается сильное стремление достичь цели. Неформ. *кто* — лицо, группа лиц, объединенных участием в общем деле ● Именная часть неизм. ● Порядок слов фиксир.
копытом землю рыть.
◆ Клавдий Иванович землю носом рыл, чтобы угодить жене. Он истопил баню, сбегал на станцию за свежими огурцами и помидорами, даже две курочки раздобыл в соседней деревушке. *Ф. Абрамов, Мамониха.* [Бусыгин:] Что Зойка делает — землю роет! И откуда что берется! То опустит глазки, то таким подарит взглядом — молния! Или заливается, смеется. Любой кокетке нос утрет. *П. Невежин, Сестра Нина.* Мы его на бюро вызвали. Ведь что за человек — старается, из кожи лезет, ну, просто копытом землю роет! А вот не тянет... *Н. Штанько, Работяга.*
■ — Ты ради карьеры землю роешь, а стоит ли? Твое усердие никому не нужно — нужны связи в верхах. (*реч.*)
▲ — Я ради счастья детей все сделаю! Землю буду носом рыть, а их всем обеспечу. (*реч.*)

[И] В УС НЕ ДУТЬ *кто*. См. V, 8

[И] НАШИМ И ВАШИМ служить, услужить, угождать и т. п. См. I, 24

[И] УХОМ НЕ ВЕДЕТ ‹НЕ ПОВЕЛ› *кто*. См. V, 9

43. ИГРАТЬ НА НЕРВАХ *кто у кого*. Намеренно вызывать раздражение, проявление эмоций (говорится с неодобрением). Реч. стандарт. *кто* — лицо, группа лиц, объединенных общей целью; *у кого* — у лица, группы лиц, объединенных участием в общем деле ● Именная часть неизм. ● Порядок слов нефиксир.
◆ — Он — вы же сами видите — просто играет у нас на нервах. *П. Нилин, Испытательный срок.*
■ — Шутник ты, главный инженер. Понравилось тебе играть на моих нервах. Играй, играй, ничего, я прочный, выдержу,— Алексей говорил с гневом. *В. Ажаев, Далеко от Москвы.*
▲ Не употр.

ИГРАТЬ ПЕРВУЮ СКРИПКУ *кто [в чем]*. См. I, 25

44. ИГРАТЬ ‹ШУТИТЬ› С ОГНЕМ *кто*. Рисковать вызвать дальнейшее обострение уже достаточно опасной ситуации (говорится с неодобрением). Подразумевается, что обострение ситуации может произойти вследствие раздражения, возмущения или гнева того, от кого зависит

дальнейшее развитие хода событий. Реч. стандарт. *кто* — лицо, группа лиц, объединенных участием в общем деле ⬤ Именная часть неизм. Нет буд. вр. Часто в инфинитиве со словами нельзя, не нужно, лучше не ⬤ Порядок слов нефиксир.

◆ Они могут сделать еще шаг вперед. Лучше не играть с огнем. Не думаете ли вы, что вам следовало бы подняться и съездить на время за границу? *С. Степняк-Кравчинский, Андрей Кожухов.* Я не имею никакого права требовать от вас ответа, и вопрос мой — верх неприличия... Но что прикажете делать? С огнем шутить нельзя. Вы не знаете Асю; она в состоянии занемочь, убежать, свидание вам назначить... *И. Тургенев, Ася.*

■ Революция кончилась. Правительство с корнем вырывает все, что напоминает о ней. А у тебя, мой друг, репутация чуть ли не социалиста... Ты играешь с огнем! Попадешь в историю, выручить тебя будет нелегко. *А. Степанов, Семья Звонаревых.*

▲ — Полицмейстер не решится закрыть газету, — убежденно сказал Киров, — я оперировал фактами. — Знаю. А все же мы играем с огнем. *Г Нагаев, Ради счастья.*

45. ИДТИ ⟨ПОЙТИ⟩ НА ПОВОДУ *кто у кого.*

Безвольно подчиняться, находясь под чьим-л. влиянием (говорится с неодобрением). Реч. стандарт. *кто* — лицо, группа лиц, социальная группа; *у кого* — у лица, группы лиц, социальной группы ⬤ Именная часть неизм. ⬤ Порядок слов нефиксир.

◆ — Странная у вас какая-то позиция, товарищ Лобанов. Повсюду вам чудится борьба, победители, побежденные... Борисов у вас тоже, очевидно, идет на поводу. *Д. Гранин, Искатели.* В «Маяке» встревожились, заинтересовались системой нового тренера, убедились, что он совершенно не следит за режимом лыжницы, во всем идет на поводу у капризной чемпионки. *Л. Кассиль, Ход белой королевы.* Заниматься коренной перестройкой работы в отсутствие начальника цеха прямо-таки непозволительно, бестактно, и очень жаль, что заводская администрация пошла на поводу у незрелого, неопытного инженера Алтунина, который по сущности своей или маниакальный прожектер, или просто слишком молодой человек, стремящийся всеми способами выдвинуться. *М. Колесников, Алтунин принимает решение.* Впрочем, именно интеллигенция в этот момент не пошла на поводу у аппарата и протянула мне руку. *Б. Ельцин, Исповедь на заданную тему.* — Стыдно! Безответственно! — кричал он срывающимся голосом. — Пойти на поводу у мальчишки! Перечеркнуть свою научную карьеру! *В. Кетлинская, Иначе жить не стоит.*

■ Ваша сила в вашей слабости. Сделайте вид, что готовы идти у него [у мужа] на поводу во всем. *Аргументы и факты, 1994.* (С упреком) Ты должен честно признать, что просто пошел на поводу у этих хулиганов. (реч.)

▲ (В контексте отрицания) [Борька] ни в чем не изменил себе, всегда делает то, что считает единственно верным... А я? И ведь не скажешь, чтобы шел на поводу, брал что придется, что дадут... Но сам-то я знаю, что не вся душа вложена, часть припрятана на случай, на будущее. *В. Амлинский, Ремесло.*

<small>Повод (мн поводья) — ремень, прикрепляемый к удилам, который служит для управления лошадью Это важная часть конской упряжи Поводом также называют и ремень, шнур, за который водят животное В основе выражения — образ покорной лошади, которую ведут на таком поводу (В П Фелицына, В М Мокиенко Русские фразеологизмы, Лингвострановедческий словарь М., 1990)</small>

46. [ИДТИ ⟨ПОЙТИ⟩] НА ПОПЯТНЫЙ ⟨НА ПОПЯТНУЮ⟩ кто.
Отступать от прежде задуманного, отказываться от принятого решения,
намерения. Неформ. *кто* — лицо ● Именная часть неизм. Нет наст. вр.
Несов. в. в инфинитиве ● Порядок слов нефиксир.

◆ Пека Векшин тут же стал бесцеремонно навязываться в гости. Трофим
было **на попятный**: есть, мол, квас, да не про вас, но кругом были люди,
и он, быстро передумав, хлопнул Пеку по плечу: «Пойдем, Пека, запою!
До белой горячки запою...» *Ф. Абрамов, Братья и сестры.* Кларк в первую минуту пожалел о слишком резкой выходке, но идти **на попятную**
было уже поздно. *Б. Ясенский, Человек меняет кожу.* — Не слишком ли
часто мы балуемся пе-пе-эром? — в свою очередь льстиво спросил Пологов, в общем-то сознавая, что запросил лишку, но не желая идти **на
попятную**. *В. Марченко, Год без весны.* Старик сразу же пошел **на
попятную**. *Б. Саянов, Лена.*
■ Это что же, **на попятный**? Рядил по целковому на брата, а теперь по
полтине? *А. Серафимович, Город в степи.* У тебя нет в характере такой
черты — идти **на попятный**? *В. Панова, Ясный берег.* [Дуся:] Хорош
гусь, нечего сказать. Внушил бог знает что, а теперь **на попятный**.
Л. Леонов, Половчанские сады. — При том, Илья Макарович, что вас
могут упрекнуть: набат подняли и тут же **на попятную**. *В. Тендряков,
Чистые воды Китежа.*
▲ Не таков я человек, чтоб **на попятный** идти. *П. Мельников-Печерский,
В лесах.*

47. ИЗ КОЖИ ⟨ШКУРЫ⟩ [ВОН] ЛЕЗТЬ ⟨ВЫЛЕЗАТЬ⟩ кто. Прилагать чрезвычайные, непомерные усилия для достижения своей цели.
Неформ. *кто* — лицо, группа лиц, социальный коллектив ● Именная
часть неизм. ● Порядок слов нефиксир.

◆ Он первое время находился в постоянном страхе и... **лез из кожи вон**,
чтобы не навлечь на себя наказания. *К. Станюкович, Первогодок.*
Параллельно со мной жили и делали свою карьеру люди сравнительно со
мной пустые, ничтожные и даже дрянные. Работали они в тысячу раз
меньше меня, **из кожи не лезли**, талантами не блистали. *А. Чехов, Пассажир I-го класса.* Нельзя сказать, чтобы все было ясно в сложной подоплеке этого подлейшего дела на Доггер-банке, но зато понятно, почему
Германия и Англия **из кожи лезли вон**, дабы излишне запутать истинное
положение вещей в случае на Доггер-банке... *В. Пикуль, Проклятая
Доггер-банка.* Он живет в полутемной большой студии на Исте 58-й
улицы и **из кожи вон лезет**, чтобы удержаться в ней и платить свои
300 долларов в месяц. *Э. Лимонов, Это я — Эдичка.* Известный советский журналист-международник **из кожи лез**, стремясь доказать, что
жизненный уровень на Западе на самом деле не такой уж высокий, как
думают на Западе. *А. Зиновьев, Пара беллум.* Саперы **из кожи лезли**,
чтобы замедлить продвижение врага: минировали дороги, солили
колодцы, взрывали прибрежное шоссе. *С. Борзенко, Эль-Аламейн.*
Новый Генсек мямлил обычные банальности, как и старый. И западным
журналистам приходится **из кожи лезть**, чтобы выкопать в его серых
речах хотя бы капельку железности. *А. Зиновьев, Пара беллум.* [Предводитель дворянства]... проматывал сотни душ и **вылезал из кожи**, чтобы
заслужить от господ дворян похвалу. *М. Салтыков-Щедрин, Пошехонская старина.* Лихо, особенно после педсовета, **из шкуры лез**, только бы
доказать всей школе, если я не идеалист, так уж во всяком случае знаю
не больше, чем на «чрезвычайно слабо». *В. Каверин, Два капитана.*
■ **Из кожи вон лезешь**, доказываешь, что ты его достоин. А получается

253

смешно. Пойми, не может он стать с тобой на одну ногу, не хочет, не надо ему этого. *П. Проскурин, Судьба.* ...это Маня большая подметила, ткнулась на стул рядышком, нога на ногу, да еще и лапу ей на плечо — чем не кавалер!..— Не притворяйся! Думаешь, не знаю, из-за чего **из кожи вон лезешь**? — По части веселья хочу... *Ф. Абрамов, Алька.*— Ну, скажи мне,— заговорил Челкаш,— приедешь ты в деревню, женишься, начнешь землю копать, хлеб сеять, жена детей народит, кормов не будет хватать; ну, будешь ты всю жизнь **из кожи лезть**... Ну, и что? Много в этом смаку? *М. Горький, Челкаш.*

▲ — Лодыря гоняешь,— не дослушав, сказал отец.— Я **из кожи лезу**, по ночам спину гну, стараюсь лишнюю копеечку заработать, а ты двойки хватаешь. *П. Яковлев, Первый ученик.*— В свою очередь я **лез из кожи**, чтобы точностью и быстротою собственных движений способствовать правильным построениям полка. *А. Фет, Ранние годы моей жизни.* Хватит орать! Я и так с этими ведомостями **из кожи лезу** ради тебя и твоей лавочки. Я сказала, не подпишу — значит, не подпишу. *Вл. Сорокин, Пельмени.*

ИЗ-ПОД [САМОГО] НОСА чьего, кого, у кого. См. III, 6

ИСПОРТИТЬ КРОВЬ кто, что кому. См. V, 11

48. КАК ‹СЛОВНО› БАННЫЙ ЛИСТ пристать, прилипать, прилепиться. Неотвязно, настойчиво добиваясь чего-л., надоедая просьбами, назойливо пытаясь завладеть чьим-л. вниманием (говорится с неодобрением). Неформ. ● Неизм. ● Порядок слов фиксир.

[Вторая:] ...Вы ничего не будете иметь против, если я вас провожу? [Аметистов (тихо):] Вот чертова баба, пристала, **как банный лист**. *М. Булгаков, Зойкина квартира.*— Ну, право, взял бы [Никиту]. Богом тебя прошу! — повторила жена, перекутывая платок на другую сторону.— Вот, **как банный лист**, пристала... Ну куда я его возьму. *Л. Толстой, Хозяин и работник.*— Ах, не приставай ко мне с глупыми вопросами! — сердится Зайкин.— Пристал, **как банный лист**! *А. Чехов, Лишние люди.* Клаве с самого начала не надо было обращать на него внимания, однако он прилипал, **как банный лист**. *В. Чивилихин, Про Клаву Иванову.*— Чего он к тебе прилепился, **как банный лист**, что ему нужно? — строго спрашивала она Улю. *В. Монастырев, Уля, Горка и Василий Шибанов.* Да пусти его, пусти... Что пристал, **словно банный лист**? *И. Тургенев, Певцы.*

49. КАК ‹КАКАЯ, У КОГО, ЧЬЯ› РУКА ПОДНИМАЕТСЯ ‹ПОДНЯЛАСЬ, ПОДНИМЕТСЯ› 3. *у кого, чья на кого, на что.* Как хватает решимости на какое-л. действие (говорится с неодобрением, возмущенным тоном). Имеется в виду, что говорящий считает данное действие аморальным, безнравственным, грубым, бестактным и т. п. Реч. стандарт. *у кого, чья* — у лица; *на кого* — на лицо; *на что* — на какое-л. действие ● Именная часть неизм. Обычно с глаголом в инфинитиве ● В виде реплики в ответ на ситуацию или как риторическое восклицание. Порядок слов нефиксир.

Да у кого из православных **поднялась рука** и язык повернулся присягнуть иноверцу..? *М. Загоскин, Юрий Милославский.*— Как я стану у мужиков просить? **Какая рука подымется** просить у нищего? *А. Чехов, Кошмар.* У Дарьи, у той в голове не укладывалось, как можно было без времени сжечь свою избу..., как, как на такое **рука поднялась**? *В. Распу-*

тин, Прощание с Матерой. Возможно ли, чтобы **рука** твоя **поднялась** на твоего покорного праправнука? *Н. Карамзин, Наталья, боярская дочь*.— Никакой растраты... не было.., как у вас **рука поднялась** такую клевету написать? *Ф. Достоевский, Идиот*.

50. КАК <У КОГО> ЯЗЫК ПОВОРАЧИВАЕТСЯ <ПОВЕРНУЛСЯ, ПОВЕРНЕТСЯ>
2. *у кого*. Как хватает решимости, нахальства, наглости и т. п. сказать что-л. (говорится с неодобрением, возмущенным тоном). Имеется в виду, что говорящий считает данный поступок грубым, бестактным, неэтичным и т. п. по отношению к кому-л. Реч. стандарт. *у кого* — у лица ● Именная часть неизм. ● Обычно как риторическое восклицание или как реплика в диалоге. Порядок слов нефиксир.

Да **у кого** из православных поднялась рука и **язык повернулся** присягнуть иноверцу..? *М. Загоскин, Юрий Милославский*. [Иоанн:] Оставь меня, старушка, я в печали... [Ульяна:] Старушка?! Как же у тебя **язык повернулся**, нахал? Я на двадцать лет тебя моложе! *М. Булгаков, Иван Васильевич*.— Ты чего это ее звала? Мы и сами сахар-то съедим.— Ой, какая ты жадюга, Татьяна! **Как язык-то у тебя повернулся**... *Ф. Абрамов, Две зимы и три лета*.— Ежели узнаю, что ты тут без меня хвостом вертела — шею сверну.— И что ты... **как язык-то у тебя повернулся?..** *Ф. Абрамов, Братья и сестры*.— Тетка, тетка,— еще пуще прежнего зарыдала Алька,— пошто меня никто не любит? — Тебя? Да господь с тобой, **как и язык-то повернется?** *Ф. Абрамов, Алька*. Да как же у него **язык поворачивается?!** Так оскорблять человека! (*реч.*)

51. КУДА КРИВАЯ ВЫВЕЗЕТ <ВЫВЕДЕТ, ВЫНЕСЕТ>.
Как получится; что будет, то и будет. Имеется в виду, что кто-л. занимает выжидательную позицию, отвергая любые попытки управлять ситуацией, считая, что не в его власти. Часто употр. для выражения смирения перед обстоятельствами. Реч. стандарт ● Неизм. ● В роли обстоятельства или самостоят. предложения. Порядок слов фиксир.

Родион... еще больше замкнулся в себе и решил действовать напропалую, наугад, **куда кривая вывезет**. *Е. Мальцев, От всего сердца*. Он живет, не думая, **куда кривая вывезет**. (*реч.*) — Не знаю, удастся ли нам куда-нибудь в этом году поехать или нет... Это уж **куда кривая вывезет**. (*реч.*) — Но ведь это же безобразие! Куда же мы идем? — ужаснулась Звонарева.— Посмотрим, **куда кривая выведет**,— вздохнул Сергей Владимирович. *А. Степанов, Семья Звонаревых*.— Знаешь, давай не будем пока ничего предпринимать, а то можно и напортить. **Куда кривая вынесет**, а там посмотрим. (*реч.*)

52. ЛЕЗТЬ/ПОЛЕЗТЬ <ПЕРЕТЬ> НА РОЖОН *кто*.
Сгоряча, необдуманно и нерасчетливо идти на риск или навстречу опасности. Подразумевается, что при ином поведении такого риска можно было бы избежать. Неформ. *кто* — лицо, группа лиц, объединенных участием в общем деле ● Именная часть неизм. ● Порядок слов нефиксир.

◆ Егор понимал, что отец поступает правильно, не желая **лезть на рожон** и подвергать себя опасности. *В. Закруткин, Плавучая станица*. Конечно, он был осторожен, **не лез на рожон** против Лигачева, как это делал я. *Б. Ельцин, Исповедь на заданную тему*.— Этот скуластый... Антонов или как там его... Что за фигура? — **Прет на рожон** и давно бы споткнулся, если бы мы его не придерживали. *Н. Вирта, Одиночество*. ■ Вот я к тебе пришел, давно мучаюсь, чего же ты наскакиваешь, **лезешь на рожон?** *П. Проскурин, Судьба*.— Неугомонный ты больно,

Кузьма.— Жорка, не лезь на рожон! Не рискуй! *В. Катаев, За власть советов.* **На рожон-от прешь.** Ну чего надумал?..— А то надумал, тятенька, что мы с Панасом порешили нынче же прикончить нашего князя. *М. Марич, Северное сияние.* — Трудно мне с вами, ребята, ужасно трудно. Упрямые, злые, **на рожон лезете.** *Ю. Герман, Я отвечаю за все.*
▲ — Ошибка наша может тяжело сказаться на хозяйстве всего района, на благосостоянии тысяч людей... Если не это, стал бы я так спорить, ссориться, писать докладные и **лезть на рожон**? *Г Николаева, Жатва.* — Ну что с нами случится? — беззаботно ответил я.— **На рожон не полезем**, пойдем потихоньку вдоль берега. Попадет белый медведь, не страшно — вооружены. *М. Скороходов, Путешествие по Щелье.*

<small>Рожон — устар. и областное — заостренный кол, рогатина. Рожон употребляли при охоте на медведя. Разъяренный зверь лез на выставленный охотником рожон — широкий нож, заточенный с обеих сторон, на длинной палке с перекладиной под лезвием, за которую медведь сам хватался. (В. П. Фелицына, В. М. Мокиенко, Русские фразеологизмы. Лингвострановедческий словарь. М., 1990)</small>

53. ЛЕЧЬ КОСТЬМИ 2. *кто.* Использовать все человеческие возможности, чтобы совершить намеченное. Часто как клятва, обещание. Реч. стандарт. *кто* — лицо, группа лиц, объединенных общими целями ● Только в буд. вр. и инфинитиве со словами готов и т. п. ● Обычно в сложном предложении с союзом а, но, чтобы. Порядок слов нефиксир.
◆ Лукьяныч **ляжет костьми**, но выдаст зарплату точка в точку пятнадцатого числа. *В. Панова, Ясный берег.*
▨ — Да, я вижу, вы настойчивы. **Костьми ляжете,** чтобы добиться своего. (реч.)
▲ Имейте в виду... примете вы заказ или нет, локатор будет сделан. Не у вас, так у моряков... **Костьми лягу**, а сделаю. *Д. Гранин, Искатели.*

54. ЛИЗАТЬ ПЯТКИ *кто кому, у кого.* Будучи в полном повиновении, демонстрировать рабскую покорность, подобострастно угождать (говорится с презрением). Подразумевается добровольное унижение в знак преданности и полной покорности. Реч стандарт *кто* — лицо, социальная группа лиц, политическое течение; *кому* — лицу, социальной группе лиц; *у кого* — у лица, у социальной группы ● Именная часть неизм. ● Порядок слов нефиксир.
◆ — Глядите, ребята, этого молокососа Яков Васильевич равняет с нами.— Он у мастера **пятки лижет,** собака! *Г Нечаев, Шпагин.* Нигилизм давно **лижет пятки** у богатого — вот в чем дело; нигилизм есть прихлебатель у знатного — вот в чем тоже дело. *В. Розанов, Опавшие листья.* Здесь он [Петлюра] неплохо устроился при гетмане Скоропадском, но вскоре поскандалил с ним, за что был временно посажен под арест. Он это ловко использовал впоследствии, выдавая себя за «борца» против немцев и гетмана, которым еще вчера **лизал пятки.** *Н. Островский, Рожденные бурей.* — А вы, эсеры, по-прежнему ищете себе опору у кадетов,— сказал он,— у всех, кто **лижет пятки** черносотенцам. *С. Сартаков, А ты гори, звезда.*
▨ — Ты напрасно **лижешь пятки** этим воротилам от политики — они тебя даже не замечают, ты для них — мелкая сошка! (реч.)
▲ (Только как цитация или в отрицат. конструкциях) Если бы я **лизал пятки** начальству, как некоторые, то давно бы сделал карьеру (реч.) Я никогда не **лизал пятки** властям предержащим (реч.)

55. НАЙТИ УПРАВУ *кто на кого.* Изыскать способ строгого воздействия, усмирения. Имеется в виду пресечение чьих-л противоправных

действий. Реч. стандарт. *кто* — лицо, социальная группа лиц; *на кого* — на лицо, группу лиц ● Порядок слов нефиксир.

нет управы *на кого.* Нет средства строгого воздействия, усмирения.
◆ — Полюбуйтесь на нее, сидит себе сложа руки, тарелочки надраивает,— накинулась на нее Анна Сергеевна,— одевайся живо, в райкоме ждут, расскажешь о художествах Митягина там. **Найдут и на него управу.** *И. Копылов, Ритм удачи.* И все-таки, несмотря на то, что такси теперь частное — едет, куда хочет и как хочет, **управу на водителей** за плохое обслуживание можно найти в муниципальной транспортной инспекции. *Аргументы и факты, 1993.* ...из окна на третьем этаже высунулся толстый сивый лавочник и стал распространяться о бесчинствах придворных, на которых «орел наш дон Рэба **найдет управу**». *А., Б. Стругацкие, Трудно быть богом.* Пэпэша, конечно же, был недоволен кутерьмой в городе,.. недоволен Сырцовым, на которого **нет управы.** *В. Тендряков, Чистые воды Китежа.*— Распоясались! **Управы на вас нет** никакой! *В. Тендряков, Чистые воды Китежа.*
▪ — Больше нельзя терпеть самодурство начальника ЖЭКа. Вы должны **найти на него управу.** *(реч.)*
▲ — Я на вас, хулиганов, **управу найду!** *(реч.)* — И суд будем судить... **Найдем и на вас управу.** *Д. Мамин-Сибиряк, Дикое счастье.*

56. **НАМЫЛИТЬ ШЕЮ ‹ГОЛОВУ›** *кто кому.* Сильно наказать (говорится с неодобрением, с оттенком угрозы или с одобрением — с оттенком злорадства, если говорящий считает, что совершенное действие справедливо). Реч. стандарт. *кто* — лицо или группа лиц; *кому* — лицу или группе лиц ● Именная часть неизм. ● Порядок слов нефиксир.
◆ В район звонит,— подумал Володька.— Видно, начальство крепко **намылило шею.** *Ф. Абрамов, Безотцовщина.* С одной стороны, раз уж все равно Барабанов наломал дров, это давало повод **намылить шею** и Серпилину, которого Батюк хотя и ценил, но недолюбливал за строптивость. *К. Симонов, Солдатами не рождаются.* Да откровенно говоря, такая ли уж это и диковинка — эти тридцать процентов? в некоторых районах еще в прошлом году давали до сорока — правда, в газетах за это не хвалили... Ну и что! Ну и тебе **намылят голову.** Может, даже с работы снимут. *Ф. Абрамов, Вокруг да около.*
▪ — Что, **намылил** ты ему вчера **шею?** А то я смотрю, присмирел он сегодня, не обижает больше Илью. *(реч.)*
▲ (Часто с угрозой) — А ну-ка, позови ко мне в приемную начальника отдела! Я ему сейчас **шею намылю,** он у меня будет знать, как молодых специалистов увольнять. *(реч.)*

57. **НАСТАВЛЯТЬ/НАСТАВИТЬ ‹НАПРАВИТЬ› НА ПУТЬ [ИСТИННЫЙ ‹ИСТИНЫ, ПРАВЕДНЫЙ›]** *кто кого.* Убеждать изменить поведение, образ жизни в лучшую сторону, урезонивать. Подразумевается воздействие на мировоззрение с целью склонить к хорошим, правильным поступкам. Реч. стандарт. *кто* — лицо; *кого* — лицо ● Часто в инфинитивных конструкциях со словами **пытаться, стараться** и т. п. Именная часть неизм. ● Порядок слов нефиксир.
◆ Как человек опытный, дельный, г. Зверков начал **наставлять меня на** «**путь истины**». *И. Тургенев, Ермолай и мельничиха.* Агафья развернулась по всем правилам древней российской тактики, **наставляя зятьев на путь праведный** *В. Шукшин, Любавины.* Школу Ленечка бросил. Монахов попробовал **наставить его на путь.** Ленечка слушал вежливо, но безнадежно, выжидательно взглядывая на Монахова. *А. Битов, Улетающий Монахов.*

■ — Ты поговори с ним, объясни, что жить за чужой счет — плохо. В общем, **наставь его на путь истинный.** *(реч.)* [Николай Иванович:] Я полагаю, что вы приехали по приглашению Александры Ивановны, с тем чтобы отвлечь меня от моих заблуждений и направить на путь истинный. *Л. Толстой, И свет во тьме светит.*

▲ (С оттенком угрозы) Ну, ничего, я тебя направлю на путь истинный. Ты у меня пятерочник будешь — на удивление всем. *В. Шукшин, Позови меня в даль светлую.*

58. НЕ В СВОЕЙ ТАРЕЛКЕ

1. быть, чувствовать себя *кто.* В скованном, неловком положении, как бы не находя себе места (говорится с неодобрением). Подразумевается неуверенность, неловкость в поведении. Имеется в виду дискомфорт в чужом или незнакомом окружении. Неформ. *кто — лицо* ● Неизм. ● В роли именной части сказ. или обстоятельства. Порядок слов фиксир.

♦ Все пошли домой пешком. Обломов был не в своей тарелке; он отстал от общества и занес было ногу через плетень, чтобы ускользнуть через рожь домой. *И. Гончаров, Обломов.* До начала войны в Крыму моряки обычно не сближались с пехотинцами, среди которых они, люди высшей касты военных, чувствовали себя не в своей тарелке,.. даже и интересы службы были у них совершенно различны. *С. Сергеев-Ценский, Севастопольская страда.* Его приглашали на комсомольское собрание, а на таких собраниях он, человек беспартийный, замкнутый, чувствовал себя **не в своей тарелке.** *В. Тендряков, Чрезвычайное.*

■ — Ты что чувствуешь себя не в своей тарелке в обществе такого высокого начальства? Но ведь и начальники когда-то были простыми людьми. *(реч.)*

▲ — Мне всегда трудно ответить человеку не то, что он от меня ждет. Я начинаю маяться, я чувствую себя не в своей тарелке. *Б. Никольский, Жду и надеюсь.* В этом доме я чувствую себя не в своей тарелке: противно, совестно было есть буржуйский хлеб, общаться с чужими, враждебными людьми. *В. Тевекелян, Гранит не плавится.*

<small>Калька (начало XIX в.) с франц. n'être pas dans son assiette (букв. быть не в своем положении). Assiette обозначает: а) положение (тела), посадка (на лошади); б) тарелка. В кальке использовано последнее значение, что искажает исходный образ, на что указывал уже А. С. Пушкин.</small>

59. НЕ ДАВАТЬ [И] ШАГУ СТУПИТЬ *кто кому [без кого].*

Принудительно ограничивать, сковывать чью-л. свободу действий, стремясь контролировать все поступки кого-л. (говорится с неодобрением). Реч. стандарт. *кто — лицо* или *группа лиц; кому — лицу; без кого — без лица,* группы лиц, объединенных общими интересами ● Именная часть неизм. ● Порядок слов нефиксир.

♦ Ты не поверишь, до чего доходит его подозрительность. Мне не дают без себя и шагу ступить; дело приносят на дом; если нельзя уже не идти в присутствие, то оттуда приходят беспрестанно под разными предлогами. *А. Майков, Завещание дяди племяннику.*

■ По-моему, Егор Иванович, ты чересчур болеешь за колхозные дела. Право слово, шагу не даешь ступить.— Ты, Влас Игнатьевич, при советской власти живешь. А она любит, чтобы уважали ее. *И. Акулов, Касьян Остудный.*

▲ (Часто с угрозой) — Не волнуйтесь, я ему и шагу ступить не дам бесконтрольно! Будет каждую неделю отчеты писать. *(реч.)*

60. НЕ ДАВАТЬ/НЕ ДАТЬ СПУСКА <СПУСКУ> кто [кому]. Держать в постоянном напряжении, не давать возможности пренебрегать своими обязанностями, долгом под угрозой наказания; не делать поблажек (говорится с одобрением). Реч. стандарт. *кто* — лицо или группа лиц, объединенных участием в общем деле; *кому* — лицу, группе лиц, объединенных участием в общем деле ● Порядок слов нефиксир.
◆ Когда он выступал на летучках, все в страхе ждали, каким злым и остроумным словом он припечатает их сегодня, как отзовется о передовой, фельетоне, очерке. Он не давал спуска никому и гордился этим. *Ф. Вигдорова, Любимая улица.* Никита Коломеец был для нас старшим товарищем и добрым другом. Бывало, с нами песни поет, а в деле — строгий и требовательный, спуску не даст. *В. Беляев, Старая крепость.*
▣ Заседание было бурное. Часть членов поддерживала... Мартынова, часть — Борзова. — Ну, ты сегодня зол! — говорил Руденко [Мартынову]. — Не даешь ему ни в чем спуску. Прямо какая-то дуэль получается у вас, бокс. *В. Овечкин, Районные будни.*
▲ — Коли мы прежде дрались, — сказал он, — и не давали спуску французам, как под Шенграбеном, что же теперь будет, когда он впереди? *Л. Толстой, Война и мир.* — Что ж это получается, товарищ Борисов? — сказал Долгин. — Дисциплина-то у вас падает... — По-моему, не падает. Мы не желаем больше никому давать спуску... За последний месяц взыскания увеличились вдвое. *Д. Гранин, Искатели.*

61. НЕ УДАРИТЬ ЛИЦОМ В ГРЯЗЬ кто [перед кем]. Не оплошать, не осрамиться, показать себя с лучшей стороны (говорится с одобрением). Реч. стандарт. *кто* — лицо или группа лиц, объединенных участием в общем деле; *перед кем* — перед лицом или группой лиц, обычно перед начальством, проверяющими или перед публикой ● Именная часть неизм. ● Порядок слов нефиксир.
◆ Впрочем, они [городские приятели Чичикова] тоже, с своей стороны, не ударили лицом в грязь: из числа многих предположений было наконец одно — что не есть ли Чичиков переодетый Наполеон. *Н. Гоголь, Мертвые души.* Обеденный стол был щегольски сервирован во всю длину залы, и хорошие домашние повара не ударили лицом в грязь. *А. Фет, Ранние годы моей жизни.* — Вот одна барыня дала опять материи. Тут скроено два платья двум ее дочерям... В клубе будет бал; дожидают какого-то важного человека, так не хотят ударить лицом в грязь. *Ф. Решетников, Свой хлеб.* Чувствовалось по взглядам, что они одобряли Кумри за ее смелость, за вызов старым обычаям, за то, что она не ударила лицом в грязь в соревновании с испытанными молодцами. *П. Павленко, Труженики моря.* — Танки действовали славно. — Шли саперы молодцом. — Артиллерия подавно Не ударит в грязь лицом. *А. Твардовский, Василий Теркин.* Уже несколько дней Кравчук хозяйничал в доме один. Жена уехала в Иркутск к заболевшей дочери. Готовясь принять гостя, он постарался не ударить в грязь лицом, заехал в магазин и закупил всякой еды. *Ф. Таурин, Ангара.* — Не хочу я так, — покачал головой Мухомор. — Я сам, без вашей помощи обгоню Амосова... — Он и так в грязь лицом не ударит, — уверенно сказал Коряга. *П. Яковлев, Первый ученик.* К тому же не хотелось ударить в грязь лицом: что ж, радио поставить сумел, а выпить не в состоянии! *В. Солоухин, Капля росы.*
▣ — Ты уж постарайся не ударить лицом в грязь и сделать все с блеском. *(реч.)* Вы просто молодцы, не подвели нас, не ударили лицом в грязь перед столичной публикой. Концерт был отличный! *(реч.)*

▲ Он тоже сразу узнал ее..: — А кем ты работаешь? — Пошлют в мастерские машины ремонтировать — тоже в грязь лицом не ударю. *М. Жестев, Наследница.*

НИ В КАКИЕ ВОРОТА НЕ ЛЕЗЕТ *что.* См. XIII, 26

62. **НОСИТЬ НА РУКАХ** *кто кого.* Восторгаться и восхищаться, окружать вниманием, исполняя любые желания, прихоти (говорится с одобрением). Часто говорится об отношении мужчины к женщине или публики к актеру. Реч. стандарт. *кто* — лицо или группа лиц, коллектив; *кого* — лицо, группу лиц ● Именная часть неизм. ● Порядок слов нефиксир.
◆ ...муж большой человек, старше ее на двадцать лет, разумеется, ее обожает, прямо **на руках носит**. *И. Грекова, Хозяйка гостиницы.* Ее бы и не узнать, но она сама остановила Дорофею и похвалилась, что вышла за честного предпринимателя, и живет хорошо, муж **на руках носит**. *В. Панова, Времена года.* — Непонятно, — говорил он, — непонятно, как ты раньше обо мне не слыхал. Одесса же меня **на руках носила**: деньги, женщины... *А. Н. Толстой, Хождение по мукам.* Они все так наперебой восхищались Аркадием Ивановичем, что нашему герою стало даже совестно, словно это ему курили фимиам, его **на руках носили**. *Б. Окуджава, Глоток свободы.* У старых актеров бытовало выражение: «Меня там **на руках носили**!» Так вот, в Тбилиси в 1961 г. нас-таки да носили **на руках**. *М. Козаков, Записки на песке.*
■ — Не понимаю, чем недовольна твоя жена? Ты же ее холишь и лелеешь, **носишь ее на руках**! *(реч.)*
▲ Но когда свекровь озорно кричала на них [невесток] с притворной сварливостью и грозно сдвигала... брови, они... бросались к ней на шею: «Матушка, милая... Ты лучше родной матери... **На руках носить тебя будем**.» *Ф. Гладков, Повесть о детстве.*

63. **ОБВОДИТЬ/ОБВЕСТИ ⟨ОБЕРНУТЬ⟩ ВОКРУГ ПАЛЬЦА** *кто кого.* Ловко, хитро обманывать, одурачивать (говорится с неодобрением; в тех случаях, когда говорящий — участник обмана или сочувствует обманщику, может говориться с одобрением, с оттенком цинизма). Обычно употр., когда говорящий считает обманутого недалеким, несообразительным человеком. Реч. стандарт. *кто* — лицо, группа лиц, объединенных общими целями; *кого* — лицо ● Именная часть неизм. ● Порядок слов нефиксир.
◆ Курганов вспомнил отчаянный визг свиньи, слишком прямой, слишком веселый взгляд Самосуда и отчетливо понял: «Он мне врал. Именно тогда, именно при мне забивали свиней. Смотрел на меня, как на отца родного, и **обводил вокруг пальца**!» *Г. Николаева, Битва в пути.* — Ты у Душки поучись, она всякого **вокруг пальца обведет**. *Ф. Гладков, Вольница.* Он не мог без насилия над собой представить, что такого человека можно было обмануть, **обвести вокруг пальца**. *К. Симонов, Живые и мертвые.* Если тебя **обвел вокруг пальца** гений зла, это понятно. *А. Зиновьев, Гомо советикус.* Неужели... Тулин на самом деле слабый человек, пустышка, бабник, **обвел его вокруг пальца**, пленил своими байками. *Д. Гранин, Иду на грозу.* Владик... сказал: — Он же вас **вокруг пальца обвел**! Он эти места знает. *Н. Никонов, Лунный копр.* — Нам бы только не проворонить ничего. А то **обведут вокруг пальца**, навозят кормов на один день, пыль в глаза пустят — и все. *А. Яшин, Выскочка.* — Сама-то хозяйка из немок была, в русском-то обиходе мало

смыслила... Ну, тут приезжий купец, из Питера, и **обернул ее вокруг пальца** на весьма значительную сумму. *Л. Леонов, Русский лес.*
▇ — Ну, зачем так! Сразу о смерти? Я на нее... нагляделся! Это верно. На войне, она проклятая, ни на шаг от солдатика. Но ты, вижу, сынок, все ж таки обманул ее, перехитрил, **обвел вокруг пальца**. *М. Алексеев, Ивушка неплакучая.* — Обманул ты ее, сироту, **обвел вокруг пальца!** *(реч.)*
▲ (С оттенком цинизма) Ведь я мужик-то неглупый, ведь у меня грамотешки-то совсем почти нету, а я вон каких молодцов **обвожу вокруг пальца**... *В. Шукшин, Любавины.*

64. ОПУСКАТЬ/ОПУСТИТЬ РУКИ *кто.* Впав в отчаяние, утрачивать способность или желание делать что-л., переставать действовать (говорится с неодобрением). Реч. стандарт. *кто* — лицо, группа лиц, объединенных участием в общем деле ● Несов. в. в инфинитивной конструкции со словами нельзя, не должен, не надо и т. п. ● Порядок слов нефиксир.
◆ Но Виктор Никитович знал самую простую и самую важную истину: нельзя **опускать руки** даже в минуты полного отчаяния. Надо дело делать. *И. Вергасов, Живи, Севастополь.* Все архивы бывшего Зареченского уезда свалены в ужасном беспорядке... Но Колотов был не из тех людей, которые **опускают руки** при первой неудаче. *Л. Шейнин, Помилование.* Да и к чему мешать людям умирать, если смерть есть нормальный и законный конец каждого?.. Подавляемый такими рассуждениями, Андрей Ефимыч **опустил руки** и стал ходить в больницу не каждый день. *А. Чехов, Палата № 6.* Сосед по [больничной] койке вызывал у Олеся досаду. Но и жалость. Чувствовалось, человек изверился, **опустил руки**. Сердит на всех и все. *Б. Полевой, На диком бреге.* Мне уже давно знакома была удивительная способность наших людей: в самые отчаянные моменты жизни, когда, кажется, ничего не остается как **опустить руки** от безнадежности, человек веселеет от злости и начинает трунить и над собою, и над другими. *Ф. Гладков, Вольница.*
▇ — Вижу, что ты уже **руки опустил**, ты сдался! Так нельзя. Ты должен продолжать бороться. *(реч.)*
▲ Я понимаю, что есть еще много различных путей к подтверждению этой гипотезы и что я не должен **опускать руки**. Но надежда на подтверждение, честно говоря, слабая. *(реч.)* — Наконец, вспомни, как мы работали раньше, когда у нас не было ни машин, ни подготовленных кадров, никакой техники... И мы не **опускали руки!** Мы строили МТС на голом месте. *Е. Мальцев, Войди в каждый дом.*

65. руки опускаются/опустились *у кого.* Возникает чувство отчаяния, пропадает способность или желание делать что-л. (говорится с неодобрением). *у кого* — у лица, группы лиц, объединенных участием в общем деле ● Именная часть неизм.

Ах, какая тоска! О Господи! Отчего стало так плохо, просто **руки опускаются**. *Б. Пастернак, Доктор Живаго.* Так и в передовых колхозах можно развалить дело. У лучших колхозников **опускаются руки**: да что же мы, обязаны век трудиться за лодырей? *В. Овечкин, Районные будни.* Пришлось закладывать бриллианты и золотые вещи... Когда все статьи таким образом были исчерпаны, у Савелия **опустились руки**: денег взять было негде. *Д. Мамин-Сибиряк, Верный раб.* Понятно, что пуще всего дело в сене: на новом месте ни покосов, ни выгонов не было... И куда опять же ставить корову? Столько всего, что поневоле **опустятся руки**. *В. Распутин, Прощание с Матерой.* Когда приходишь на завод впервые, то очень важно, чтобы тебя поддержали. Не ругали, а поддержали, чтобы у тебя не опустились руки. *А. Белинский, Мост через Фонтанку.* — У меня иногда **руки опускаются**... В моей власти самое прекрасное, самое плодотворное дело, и я связан, я ничего не смею предпринять. *А. Куприн, Черная молния.* У меня **руки опускаются** при мысли, что писать тебе все равно, что писать письма в Лету... *Б. Пастернак, Письмо А. Л. Пастернаку, 22 марта 1942 г.* Третий день маюсь — не знаю, куда себя деть. **Руки опустились**... *В. Шукшин, Горе.*

ОТ <С> БОЛЬШОГО УМА. См. IX, 32

66. ОТ ВОРОТ ПОВОРОТ дать, указать, получить и т. п. Полный, категорический отказ. Имеется в виду отказ на просьбу, предложение или в каком-л. деле. Неформ. ● Неизм. ● В роли дополнения, часто при опущенном глаголе.

О, я, конечно, понимаю, мне вы дали **от ворот поворот**. Хорошо, пусть так. Хотя рискну предположить, что из меня вышел бы неплохой муж, лучше, чем вы думаете. *В. Некрасов, В мире таинственного.* Его [Михаила] удивил яркий свет в своей избе, который он увидел еще от задних ворот... — Так, так, — подумал Михаил. — Сваты... Дадим **от ворот поворот**, но так, чтобы сватам обиды не было. *Ф. Абрамов, Две зимы и три лета.* Из усадьбы Инютиных Федор вышел не спеша, вспоминая, что Анфиса так и простояла столбом у печки, даже не шелохнулась, пока он разговаривал с ней. Он понимал, что Анфиса указала ему **от ворот поворот**. *А. Иванов, Вечный зов.* Ожогин вновь пристал насчет Устименки, но и тут получил «**от ворот поворот**». *Ю. Герман, Я отвечаю за все.* — Сколько женихов было — всем **от ворот поворот**. Для кого бережет себя? *А. Авдеенко, Дунайские ночи.* Тут дела как сажа бела; прислали фотографа, сняли людей для партдокументов. А Синцову пока что **от ворот поворот**. *К. Симонов, Живые и мертвые.* — Кто его приветил? — ответила Устя. — Сам пришел. — Он пришел, а ты бы ему **от ворот поворот**, вот бы как! *Н. Кочин, Девки.* Я понимал, что если им сразу не указать **от ворот поворот**, то занятия превратятся в обычные посиделки, и никакого толку не будет. *Н. Рыленков, Мне четырнадцать лет.*

<small>Вероятно, восходит к обычаям сватовства: при отказе приехавших свататься не пускали в дом, и они вынуждены были поворачивать от ворот. (ОЭСРФ, с. 100)</small>

67. ОТБИВАТЬСЯ <ОТКРЕЩИВАТЬСЯ> [И] РУКАМИ И НОГАМИ *кто от чего.* Решительно, наотрез отказываться, не поддаваясь ни на какие уговоры. Неформ. *кто* — лицо, группа лиц, объединенных общей целью; *от чего* — от выполнения какого-л. действия, от совершения какого-л. поступка. ● Именная часть неизм. ● Порядок слов нефиксир. отбиваться ногами, руками и зубами.

◆ Решили поместить его у Катры и поручили мне попросить ее. Но что лезть к человеку, который **отбивается и руками и ногами**? *В. Вересаев, К жизни.* — Вашего Глазкова битый час уговаривал... И дело человек знает, и как руководитель безупречен, а вот от должности начальника цеха **руками и ногами отбивается**. *С. Степаков, Дайте слово!* Можно быть [агентом], если даже в КГБ не знают о вашем существовании, исключили вас из списка своих агентов, **руками и ногами открещиваются** от вас. *А. Зиновьев, Гомо советикус.*

■ — Ни за что не соглашайся на эту работу! **Отбивайся руками и ногами**. Иначе не видать тебе ни сна, ни отдыха — целыми днями в лаборатории будешь сидеть. *(речь.)*

▲ Четыре года в ее глазах... неусыпно сияли золотые ободки предстоящих обручальных колец. Как защитник Брестской крепости, я держался до последнего патрона, и безоружный я готов был отбиваться руками, ногами и зубами, только бы не дать надеть на себя маленькое желтое колечко. *А., Г. Вайнеры, Евангелие от палача.*

ПАЛЕЦ <ПАЛЬЦЕМ> О ПАЛЕЦ НЕ УДАРИТЬ 2. *кто для кого, для чего.* См. VI, 85

ПЕРЕБЕГАТЬ/ПЕРЕБЕЖАТЬ ДОРОГУ *кто кому.* См. VI, 87

68. ПЕРЕГИБАТЬ/ПЕРЕГНУТЬ ПАЛКУ *кто [в чем].* Впадать в излишнюю крайность, перестараться, переборщить (говорится с неодобрением). Имеется в виду утрата чувства меры в поведении, разговорах. Обычно под воздействием эмоций, в запальчивости. Реч. стандарт. *кто* — лицо, группа лиц; *в чем* — в поступках, в высказываниях ● Именная часть неизм. Нет буд. вр. ● Порядок слов нефиксир.
◆ Начальника блюминга Становский снял и перевел старшим мастером на колодцы, чтобы впредь другим неповадно было...— Становский **перегибает палку** и тем самым разоблачает себя. *В. Попов, Сталь и шлак.* Особенно тщательно Алексей объяснил старику, чтобы тот в своем желании отомстить за Лобова не **перегнул палку**. *В. Мильчаков, Таких щадить нельзя.* Так что мы с товарищем Горбачевым могли бы в этом отношении поспорить, кто из нас **перегнул палку** в вопросе кадров. *Б. Ельцин, Исповедь на заданную тему.* Яков Борисович **перегнул палку** — стал к нему суровым до нетерпимости. *Г. Мединский, Честь.*
■ — Здесь ты, пожалуй, **перегибаешь палку**, но в целом ты прав. *(реч.).*
▲ — Может, наглупили мы, **перегнули палку**, но что поделаешь, послали уже товарищей в деревню. *В. Овечкин, Районные будни.*

69. ПЛАТИТЬ/ОТПЛАТИТЬ ТОЙ ЖЕ <ТОЮ ЖЕ> МОНЕТОЙ <МОНЕТОЮ> *кто кому.* Отвечать тем же. Имеются в виду поступки или отношения к чему-л. или кому-л. Часто подразумеваются враждебные, недружественные чувства. Реч. стандарт. *кто* — лицо, группа лиц, объединенных общими чувствами; *кому* — лицу или группе лиц, объединенных участием в общем деле ● Порядок слов нефиксир.
◆ Мещан, попадавшихся под руку, заставляли кататься в пыли, пить по полведра воды. Снимали с землянок крыши, заваливали чем попало двери. **Той же монетой платили** и мещане им, а когда были деньги — гомерически пьянствовали вместе. *А. Серафимович, Город в степи.* Нехлюдова он презирал за то, что он «кривляется», как он говорил, с Масловой... Нехлюдов знал это отношение к себе Новодворова и, к огорчению своему, чувствовал, что... **платит** ему **тою же монетою** и никак не может побороть сильнейшей антипатии к этому человеку. *Л. Толстой, Воскресение.* Всячески теснили [иногородних] казаки... А иногородние **платят** казакам **тою же монетой**... Так горит взаимная ненависть и презрение. *А. Серафимович, Железный поток.* [Заруцкий:] Женщины так часто нас обманывают, что и не грешно иногда им **отплатить той же монетою**. *М. Лермонтов, Menschen und Leidenschaften.*
■ — Вы же за добро **платите** нам злом. Вы несправедливы, братцы. Подумайте об этом... Мы относимся к вам по-человечески, **платите** и вы нам **тою же монетою**. *А. Чехов, Новая дача.*
▲ — Не обижайтесь. Как я понял, вы меня не очень жалуете, ну вот и я **плачу** вам **той же монетой**. *(реч.)*

263

70. ПЛЯСАТЬ ПОД ДУДКУ ⟨ДУДОЧКУ⟩ кто чью, какую. Беспрекословно выполнять чью-л. волю (говорится с неодобрением). Подразумевается полная зависимость поступков от желаний или прихотей другого человека. Неформ. *кто* — лицо, группа лиц; *чью, какую* — лица, группы лиц ● Порядок слов нефиксир.

◆ — Кажись, мне не учиться стать хитрые дела одной своей башкой облажывать?..— А ты так поверни, чтобы Володерову и на разум не пришло, что он под твою дудку пляшет,— молвил Марко Данилыч. *П. Мельников-Печерский, На горах.*— Видели нового инспектора...— Ну и что? — Не знаю,— задумчиво протянула Груня.— Вам не такого сюда надо. Такой ничего с вами не сделает, будет под вашу дудку плясать, пока его не выгонят, как Степана Ивановича. *В. Закруткин, Плавучая станица.* Наверное, любой российский... может стать спикером в парламенте моей страны и заставить плясать его под свою дудку. *Куранты, 1992.*— Твой отец, если хочешь знать,... отстал от современных требований лет на десять. А ему хочется, чтобы все плясали под его дудочку. *М. Колесников, Алтунин принимает решение.*

■ — Ты абсолютно несамостоятелен, во всём подчиняешься начальнику отдела, одним словом — **пляшешь под его дудку**. *(реч.)* — [Надя] мне понравилась...— Вы под её дудку не пляшите! *К. Симонов, Солдатами не рождаются.*

▲ (Только в отрицат. конструкциях или в сослаг. накл.) — Я никогда не плясал под чужую дудку! *(реч.)* — Если бы я плясал под его дудку, то ходил бы в любимчиках, но у меня есть и свои убеждения и своя гордость. *(реч.)*

Из басни древнегреческого баснописца Эзопа «Рыболов и рыбы». Рыболов играл на дудке, чтобы приманить к себе рыб; когда же это ему не удалось, он поймал их сетью. Видя, как рыбы, вытащенные из воды, бьются на земле, он сказал: «Глупые, когда я играл, вы не хотели плясать по моей дудке, а теперь, когда я перестал, вы пляшете». (ФСРЯ, с. 325)

71. ПО ПЕРВОЕ ЧИСЛО всыпать, задать, вколоть. По всей строгости (говорится с одобрением). Имеется в виду суровое наказание. Неформ. ● Неизм. ● В роли обстоятельства.

— Это ты устраиваешь мне пакости с Шутаком? — Конечно, я! — заорал Щетинин.— Кто же ещё? И ещё не такое устрою, будь спокоен! Он тебе всыплет **по первое число**! *С. Снегов, Иди до конца.*— Обидеть такой человек не может. Если и всыплет когда **по первое число**, так потом сам ему благодарен бываешь за то, что вовремя всыпал. *В. Мильчаков, Таких щадить нельзя.* Зуев погрозил мне пальцем: — Чижик, не хулигань! А то я не посмотрю, что ты герой на данном этапе, да и всыплю тебе **по первое число**. *В. Чудакова, Чижик — птичка с характером.*— Ну и всыпал я ему **по первое число**!.. Теперь со мной разговаривать не хочет. *А. Куприн, Яма.* Дойдя до крыльца, он предупредил: — Вытирайте ноги как следует. А то Любка задаст вам **по первое число**. *С. Антонов, Поддубенские частушки.*— Ну, думаю, тронули нас вероломные соседи,— теперь держись! Вколем мы вам **по первое число**! *М. Шолохов, Наука ненависти.*— Оказывается, это скандал неслыханный. Из-за вас... и со мной разговор может быть короткий. Попадет **по первое число**. *М. Горчаков, Дело в розовой папке.*

ПОВОРАЧИВАТЬСЯ/ПОВЕРНУТЬСЯ СПИНОЙ кто к чему. См. VI, 98

ПОДВОДИТЬ/ПОДВЕСТИ ПОД МОНАСТЫРЬ кто кого. См. VI, 100

72. ПОДЖИМАТЬ/ПОДЖАТЬ ХВОСТ *кто*. Испугавшись последствий своих дел, поведения, утрачивать самоуверенность, становиться более осторожным, уступчивым (говорится с неодобрением). Имеется в виду, что какие-л. притязания, агрессивные намерения или поступки получили или могут получить должный отпор, наказание и т. п. Неформ. *кто* — лицо, группа лиц ● Обычно в прош. вр. ● Порядок слов нефиксир.
◆ Когда дело касалось сына,— в этой как будто совсем опустошенной душе открывалась какая-то дверка.., и оттуда выступало вдруг столько женского героизма, что порой старый буян и пьяница **поджимал хвост**. *В. Короленко, Не страшное.* А по прошествии некоторого времени он, «чтобы не слишком о себе воображали», стал своих учителей «одергивать», строго произносил слова «диалектика», «это, извините, эмпиризм», «Маркс учил». Профессора **поджимали хвосты**. *Ю. Герман, Дорогой мой человек.* А Василий Федотыч с ним, как с малым младенцем; а хозяин хотел какую-то противность учинить, так его Василий Федотыч сейчас отчеканил: брошу, говорит, сейчас все; тот сейчас **хвост** и **поджал**. *И. Тургенев, Новь.* Это просто шкурники, слякоть! Мы заранее были уверены, что помещик **хвост подожмет**! *С. Злобин, Пропавшие без вести.*
▨ — Тебя припугнули, а ты и **хвост поджал**. Напрасно! *(реч.)*
▲ Не употр

73. ПОДЛОЖИТЬ СВИНЬЮ *кто кому*. Исподтишка и неожиданно сделать гадость, навредить (обычно говорится с неодобрением, но может говориться с одобрением, если говорящий считает сделанное справедливым). Неформ. *кто* — лицо или группа лиц, объединенных общими целями; *кому* — лицу или группе лиц, объединенных общими интересами ● Именная часть неизм. ● Порядок слов нефиксир.
◆ — Батальонного к тому же в полку все терпеть не могли. И, чтобы **подложить ему свинью**, понимаешь ли, стали все негодующие прапорщики и подпоручики собирать деньги по подписке в пользу несчастной девицы. *А. Чехов, Соседи.* [Суслов:] Хитрая она,.. здоровую **свинью подложила** мне. Ты знаешь, дядя, по ее совету все свои деньги отдал. *М. Горький, Дачники.* — Мадам Звонарева состоит врачом в поезде императрицы и потому часто встречается с ней. Поверьте, если мадам Звонарева захочет, то сумеет всем нам **подложить** хорошую **свинью**. *А. Степанов, Семья Звонаревых.* За спиной сказал, тайком наябедничал — вот благодарность за все заботы! Люди уже говорят: «**Свинью подложил**». *В. Тендряков, Тугой узел.* В приторном тоне Никитина Кудрин уловил затаенное желание **подложить свинью** сослуживцу. Он брезгливо поджал губы. *Б. Лавренев, Гравюра на дереве.*
▨ Я и сам немного постарался — рассказал про тебя товарищу Амирджанову, а он договорился с секретарем горкома [о направлении тебя на работу в Чека].— Мне остается только поблагодарить тебя за такую услугу! **Подложил свинью** — и доволен. *В. Тевекелян, Гранит не плавится.*
▲ Дети все-таки воплощенная совесть. Как ангелы, они тревожно задают свои вопросы, потом перестают и становятся взрослыми... И я не могу **подложить** малышу эту **свинью**. *Л. Петрушевская, Время ночь.* (С оттенком хвастовства) Я **подложил ему свинью**: вовремя рассказал кому следует о его планах сорвать наше дело — и очень рад: нечего было хитрить. *(реч.)*

74. ПОДРЕЗАТЬ/ПОДРЕ́ЗАТЬ КРЫЛЬЯ *кто, что кому*. Препятствовать мешать, лишая возможности действовать уверенно (говорится с

неодобрением). Подразумевается пресечение активности какого-л. человека на взлете, его способности проявить свои возможности в полную силу. Реч. стандарт. *кто* — лицо или группа лиц, объединенных общими целями; *что* — какое-л. событие, случай и т. п.; *кому* — лицу или группе лиц, объединенных общими задачами ● Порядок слов нефиксир.
◆ — Вылечил он своими травами мою жену, вылечил и десятки обреченных людей, а завистники все время подрезают ему крылья, и до сих пор ходит он в шарлатанах от медицины, в знахарях. *М. Стельмах, Четыре брода.* ...прервать предпраздничное соревнование сейчас, когда оно в самом зените... Как это подрежет крылья всем, кто снова набрал высоту! Как размагнитит людей! *Б. Полевой, Глубокий тыл.*
■ — Что же, господа! Помогут нам союзники — хорошо, не помогут — как-нибудь справимся с большевиками своими силами... Были бы деньги... Вот тут, господа, крыльев нам не подрезайте. *А. Н. Толстой, Хождение по мукам.*
▲ (С оттенком хвастовства) — Ничего! Мы этим молодым нахалам **крылья-то подрежем!** (реч.)

75. ПОДСТАВЛЯТЬ/ПОДСТАВИТЬ НОГУ ⟨НОЖКУ⟩ *кто кому.*
Скрытно, втихую вредить, доставлять неприятности (говорится с неодобрением). Реч. стандарт. *кто* — лицо, группа лиц, объединенных общими целями; *кому* — лицу, группе лиц, объединенных общими интересами ● Порядок слов нефиксир.
◆ Можно ведь, бабушка, погибнуть и по чужой вине... Чем виноват человек, когда ему **подставляют ногу,** опутывают его интригой, крадут, убивают? *И. Гончаров, Обрыв.* Они только и заняты тем, как бы подставлять друг другу ножку. *Н. Гарин-Михайловский, По Корее, Маньчжурии и Ляодунскому полуострову.* Конечно, крепко солил Тетяеву и не раз подставлял ножку, но ведь это он делал не для собственного удовольствия. *Д. Мамин-Сибиряк, Горное гнездо.* Он никого не трогает до поры, пока или не представится возможность безопасно и безответственно подставить ножку ближнему или положить камень на пути его. *М. Горький, О пьесах.* Лет пятнадцать спустя, когда Западник стал обходить своего бывшего начальника, тот попытался подставить ему ножку, но потерпел поражение и был уволен на пенсию. *А. Зиновьев, Пара беллум.*
■ Вами одна девушка интересуется... Кстати, я за этой девушкой тоже ухаживаю, и вы мне ножку подставляете. *В. Ажаев, Далеко от Москвы.*
▲ Никогда я не позволял себе из-за литературной «карьеры» подставлять ближнему ножку, как это практикуется сейчас. (реч.)

76. ПОКАЗАТЬ СВОЕ [ИСТИННОЕ] ЛИЦО *кто.*
Обнаружить свои скрытые до сих пор дурные, нелицеприятные качества, недостатки или недобрые намерения (говорится с неодобрением). Подразумевается, что это происходит косвенным образом, против желания, нечаянно. Реч. стандарт. *кто* — лицо, группа лиц, объединенных участием в общем деле ● Порядок слов нефиксир.
◆ Этим заявлением Тиктор **показал свое лицо.** И я приберегал его для того, чтобы все хлопцы поняли, до чего докатился Тиктор. *В. Беляев, Старая крепость.*
■ Все ясно, товарищи псевдодемократы, бывшие партократы! Вы уже показали свое истинное лицо, вам уже больше нечего сказать. *Московский комсомолец, 1992.*
▲ Не употр.

77. ПОКАЗЫВАТЬ ⟨УКАЗЫВАТЬ⟩ ПАЛЬЦЕМ ⟨ПАЛЬЦАМИ⟩ *кто на кого*. Обращать внимание и привлекать внимание других (говорится с неодобрением). Реч. стандарт. *кто* — группа лиц, общество; *на кого* — на лицо ● Порядок слов нефиксир.

тыкать пальцем ⟨пальцами⟩ *кто на кого, в кого*. Обращать внимание и неуважительно, с пренебрежением привлекать внимание других. Неформ.

◆ [Большов] жалуется, что на него мальчишки пальцами показывают; боится, что в Сибирь сошлют; но о людях, разоренных им,— ни слова. *Н. Добролюбов, Темное царство.* Вы знаете предрассудки общества; я [в случае отказа от дуэли] не найду места на земном шаре; на меня будут **показывать пальцами.** *В. Одоевский, Свидетель.* После того самого случая меня в том ресторане посетители стали бояться, **пальцем показывали:** — Вот тот официант, что супником на пьяных замахнулся. *В. Овечкин, День тракториста.*— А может, и не надо вовсе ничего говорить? ...И никто на нас внимания не обратит, и никто не будет смеяться, если мы скажем не то, что следует, и **пальцами на нас потом не будут показывать!** *В. Беляев, Старая крепость.* Согласитесь сами, у всякого есть свои недостатки и свои... особенные черты, у других может еще больше, чем у тех, на которых привыкли **пальцами указывать.** *Ф. Достоевский, Идиот.* Теперь все курсанты будут **тыкать на меня пальцами** и шептать друг другу: «Это тот, кого попросили с закрытого комсомольского собрания!» *В. Беляев, Старая крепость.* Никто **пальцем на тебя не должен тыкать.** *А. Первенцев, Честь смолоду.*— Дак я мать ему или не мать? Ить он на меня позор кладет. И в меня будут **пальцем тыкать.** *В. Распутин, Прощание с Матерой.*

■ — Не желаю я, чтобы вы все потом на меня **пальцами показывали!** Не желаю быть посмешищем. *(реч.)*

▲ Не употр.

78. ПОЛЗТИ/ПРИПОЛЗТИ НА ЧЕТВЕРЕНЬКАХ *кто куда*. Являться покорившись, смирившись (говорится с пренебрежением). Неформ. *кто* — лицо, группа лиц, социальная группа, страна, иная общность людей; *куда* — к своим врагам, противникам ● Именная часть неизм. ● Порядок слов нефиксир.

◆ Твоя задача — довести этого человека до такого состояния, чтобы он **на четвереньках пополз** к границе Советского Союза с обещанием выполнить все, что ему скажут... и чтобы никто... подчеркиваю, никто!.. ему не посочувствовал и не протянул руку помощи. *А. Зиновьев, Пара беллум.* Вместо газопровода из Сибири в Западную Европу можно будет построить водкопровод... Стоит его перекрыть, как Запад сам **на четвереньках приползет** в Москву похмеляться. *А. Зиновьев, Гомо советикус.*

■ — Ничего, останешься без денег, **на четвереньках ко мне приползешь.** Но я не пущу, и не надейся. *(реч.)*

▲ Не употр.

79. ПРИЖАТЬ ⟨ПРИДАВИТЬ, ВЗЯТЬ⟩ К НОГТЮ *кто кого*. Сурово и безжалостно покарать, расправиться. Имеется в виду справедливое возмездие за совершенные проступки. Неформ. *кто* — социальная группа, милиция, народ; *кого* — виновных ● Глагол может опускаться. Именная часть неизм. ● Порядок слов нефиксир.

◆ Они [партийные организации] поднимают народ, и скоро этот народ **придавит вас** [врагов] **к ногтю.** *А. Иванов, Вечный зов.* А когда немцев вышибли, навстречу нашим войскам неслась, опережая собственный визг, вдова милиционера Бойко с рассказом о предательстве Прыжова. Пришлось и Прыжова **взять к ногтю**. *А., Г. Вайнеры, Евангелие от палача.* Восстание быстренько подавили, участников **взяли к ногтю**. *М. Ганина, Слово о зерне горчичном.* Если хочешь, чтобы **к ногтю прижали**, поставь ему вместо шестнадцати лет восемнадцать. *Н. Островский, Как закалялась сталь.*

▣ — А вы бы его сразу **к ногтю и взяли**! Он сразу бы признался во всем. *(реч.)*

▲ — Помалкивай, болван! — сердито рявкнул Пыжов.— Я командира за ту ругань **к ногтю прижму**, долго помнить будет! *А. Степанов, Семья Звонаревых.* Да мы тебя за такие поползновения **к ногтю! К ногтю! К ногтю-ю-ю**! И некролог на тебя будет второй... нет, третьей категории! *А. Зиновьев, Пара беллум.*

80. ПРИПИРАТЬ/ПРИПЕРЕТЬ <ПРИЖАТЬ> К СТЕНКЕ <СТЕНЕ> *кто кого.*
Поставив в безвыходное положение, вынуждать признать или сделать что-л. (говорится с неодобрением). Неформ. *кто* — лицо или группа лиц; *кого* — лицо или группу лиц ⊕ Именная часть неизм. ⊕ Порядок слов нефиксир.

◆ Этот Алтунин берет на себя смелость не только перечить, но и поучать, **припирая** Геннадия Александровича **к стенке**! Дерзость! Бестактность... *М. Колесников, Школа министров.* Если его **припирали к стенке**, уличая в бахвальстве или явных выдумках, он не смущался, а напирал еще самоуверенней, хитрил и старался сбить с толку противника. *Ф. Гладков, Повесть о детстве.* Я что-то не очень определенно стал говорить о невыгодности земледелия в глухих лесных районах, и Прохор, разумеется, сразу же **припер меня к стенке**.— Так, так,— воскликнул он не совсем своим голосом... теперича невыгодно. А в войну, дорогой товарищ? Выгодно было? *Ф. Абрамов, Деревянные кони.* Однажды он чуть не **прижал меня к стене**, довольно логично доказывая, что, в сущности, я и так работаю на национал-социализм и моя попытка увильнуть от прямого долга не что иное как боязнь смотреть правде в лицо. *Ф. Искандер, Летним днем.* Константин Левин чувствовал себя нравственно **припертым к стенке** и потому разгорячился и высказал невольно главную причину своего равнодушия к общему делу. *Л. Толстой, Анна Каренина.* В показаниях своих они от всего отпирались. **Прижатые к стене**, загнанные в угол вещественными доказательствами, даже не покраснев, соглашались: «Да, это было, но я запамятовал...» *Б. Полевой, Сбылось!* Комбат зло молчал. Против этих слов у него не было и не могло быть возражений, но тут он оказался **припертым к стене**. *В. Быков, Его батальон.*

▣ — Ну что же, ты **припер меня к стенке**. Раз тебе все известно, решай сам, будем мы работать дальше или нет. *(реч.)*

▲ — Когда узнал о твоей аварии, на попятную хотел полезть. Стал проситься отпустить. Тетка, видишь ли, у него заболела. Я его **к стенке припер**. Говорю: «Ты мне раньше денежки выложи обратно, а потом поезжай...» Ну, повертелся... и все-таки остался. *Б. Лавренев, Большая земля.* Во время очередной встречи, убедившись, что он все еще колеблется, я **прижал его к стене**: «Кому первому пришла в голову эта идея? Кто явился в советское консульство? Кто положил себе в карман два миллиона?» *Литературная газета, 1993.*

81. ПРИЩЕМЛЯТЬ/ПРИЩЕМИТЬ <ПРИЖАТЬ> ХВОСТ *кто кому.*
Ставить в затруднительное положение, мешать действовать (говорится с

пренебрежением). Имеются в виду какие-л. предосудительные или агрессивные действия или поступки. Неформ. *кто* — лицо или группа лиц, объединенных общей целью; *кому* — лицу или группе лиц, объединенных участием в общем деле ● Порядок слов нефиксир.
◆ Директор прищемляет следопыту хвост — так, может, прищемляет за дело? *Столица, 1992.* Немцы... направляли машины в объезд. Мы мешали, мы били по развилкам дорог. Я по-прежнему ощущал, что **прищемил** врагу **хвост.** *А. Бек, Волоколамское шоссе.* Пора бы всем этим новоявленным бизнесменам **прижать хвосты,** чтобы не думали, что им все позволено. *(реч.)*
■ — Ты **прищеми хвосты** своим ребятам, а то бегают везде, озорничают. *(реч.)* — Ты своей невестке **хвост-то прижми.** А то ведет себя, как будто у нее мужа вообще нет. *(реч.)*
▲ Взял бутылку, пошел из магазина. На пороге обернулся, сказал:
— Я вам **прижму хвосты-то!** И скорей ушел. *В. Шукшин, Крепкий мужик.*

82. ПРОТЯГИВАТЬ/ПРОТЯНУТЬ РУКУ <РУКИ> [ПОМОЩИ] *кто кому.*
В трудную минуту оказывать помощь, поддержку (говорится с одобрением). Реч. стандарт. *кто* — лицо, коллектив, общество, страна; *кому* — лицу, коллективу, социальной группе, стране ● Порядок слов нефиксир.
◆ ...Наша бедная Молдавия раздавлена, она разорена, она не в силах без посторонней помощи оторвать голову от земли! И тут такая удача! Великая держава... **протягивает** нам **руку.** *И. Друцэ, Белая церковь.* Впрочем, именно интеллигенция в тот момент не пошла на поводу у аппарата и **протянула** мне **руку.** *Б. Ельцин, Исповедь на заданную тему.* Людей возмутила явная, откровенная несправедливость. Они прислали эти светлые письма и тем самым **протянули** мне свои **руки,** и я мог опереться на них и встать. *Б.Ельцин, Исповедь на заданную тему.* Он ни в коем случае не отказывался помочь другому **протянуть руку помощи** бедному художнику. *Н. Гоголь, Портрет.* О том, что он отказал своему человеку в помощи, не **протянул руки** в тяжелое время, не поделился куском хлеба или деньгами, будут знать на родине и сделают все, чтобы... сурово наказать отступника. *Н. Хохлов, Конго, 1965-й год.*
■ — Мы погибали, тетушка. Вы **протянули** нам **руку.** Теперь, среди этих дедовских стен, я чувствую прилив энергии. Я верю в будущее. *А. Н. Толстой, Петушок.*
▲ И сегодня настала наша очередь **протянуть руку помощи** этим обездоленным жизнью сиротам. *Комсомольская правда, 1992.*

83. ПУСКАТЬ/ПУСТИТЬ ПЫЛЬ В ГЛАЗА *кто [кому].*
Представлять положение дел в приукрашенном виде, создавая неверное впечатление о ком-л., чем-л. (говорится с неодобрением, но если говорящий — участник обмана, может говориться с одобрением, с оттенком цинизма). Часто говорится о стремлении произвести впечатление эффектными поступками или рассказами. Реч. стандарт. *кто* — лицо, группа лиц, официальное лицо, социальный коллектив, учреждение, государство; *кому* — лицу, группе лиц, официальному лицу, социальному коллективу, учреждению, государству ● Именная часть неизм. ● Порядок слов нефиксир.
◆ ...Лошади тоже довольно пожили и послужили на своем веку, но на щегольство Вячеслав Илларионович притязаний не имеет и не считает даже званию своему приличным **пускать пыль в глаза.** *И. Тургенев, Два помещика.* Театры назначались **пускать пыль в глаза,** подтверждать

прогресс и гуманность на советской каторге: тут заботятся о культуре и развлечениях преступников! *О. Волков, Погружение во тьму*. Изредка, в большие праздники, любил Сергей Платонович **пустить пыль в глаза**: созывал гостей и угощал дорогими винами, свежей осетровой икрой. *М. Шолохов, Тихий Дон*. В прежние времена, когда контрабандисты могли делать все по-своему, они часто нарочно выкидывали такие штуки, чтобы **пустить пыль в глаза** своим клиентам и показать, что громадные деньги, которые им переплачивали, были честно заработаны. *С. Степняк-Кравчинский, Андрей Кожухов*. Все становилось известным неугасимому человеческому любопытству. И то, что свадьба совсем было расстроилась,.. и то, что Мешков вместо приданого взялся справить свадьбу и вот теперь **пускал пыль в глаза** богатой родне. *К. Федин, Первые радости*.

[Лука:] Красота-то ведь не навеки дадена! Пройдет годов десять, сами захотите павой пройтись да господам офицерам в глаза **пыль пустить**, а поздно будет. *А. Чехов, Медведь*. — Я, ей-богу, умею держать утюг... — Ну что вы врете, Костя! — перебила Ася строго. — Ясно по вашим брюкам: вы их кладете под матрас. **Не пускайте пыль в глаза**. *Ю. Бондарев, Тишина*.

▲ — Да, братец ты мой, молодой человек, мы живем просто... — бормотал он. — Мы люди простые... Мы не то, что вы, не любим **пыль в глаза пускать**. *А. Чехов, Отец*.

84. **ПУСКАТЬСЯ/ПУСТИТЬСЯ ВО ВСЕ ТЯЖКИЕ 1.** *кто*. Безудержно предаваться разгульной жизни, совершать предосудительные поступки (говорится с неодобрением). Имеется в виду легкомысленное поведение, образ жизни. Реч. стандарт. *кто* — лицо, группа лиц, ведущих одинаковый образ жизни ● Именная часть неизм. ● Порядок слов нефиксир.

◆ Этот Валентин был учитель в губернской гимназии. В городе **пускался он во все тяжкие**, а в деревне вздыхал по Эмеренции платонически и безнадежно. *И. Тургенев, Два приятеля*. Нет, конечно, американцы сюда [в русский ресторан] ходят... **Пускаются во все тяжкие**: пьют водку, курят, даже за женщинами ухаживают. *Московские новости, 1993*. [Утешительный:] Помнишь, Швохнев, свою брюнетку, что назвал ты пиковой дамой? Где-то она теперь, сердечная? Чай, **пустилась во все тяжкие**! *Н. Гоголь, Игроки*. Дядя... стал пьянствовать, буянить и наконец спился совсем и **пустился во все тяжкие**, так что мне пришлось скрываться от него. *Ф. Решетников, Свой хлеб*.

— Как ты живешь? Ты не учишься, не работаешь, **пустился во все тяжкие** — куришь, пьешь часто, подружки у тебя новые каждый день! *(реч.)*

▲ (С оттенком иронии) Захотелось умирать... А как только увидал я, что надо мне умирать, — тотчас страсть как захотелось мне жить. И тут я, очертя голову, **пустился во все тяжкие**. За бабами, например. *Г. Успенский, Новые времена*.

85. **ПУСТИТЬСЯ ВО ВСЕ ТЯЖКИЕ 2.** *кто*. Ничем не гнушаясь, прибегнуть к любым средствам для достижения своей цели (говорится с неодобрением). Реч. стандарт. *кто* — лицо, группа лиц, объединенных общей целью ● Именная часть неизм. ● Порядок слов нефиксир.

◆ Не мог же Швидченко строить критическую часть доклада на недоказуемых намеках и не проверенных документами обвинениях. Но, чувствуя неудовлетворенность аудитории, он вдруг махнул рукой и

пустился во все тяжкие. *П. Вершигора, Дом родной.* Каким нелепым выглядел Хмара с его мелкими страстишками! А тот, второй, пустившийся во все тяжкие, лишь бы не попасть на фронт. *В. Ажаев, Далеко от Москвы.*
■ — Очень мне жаль, что ты потерял всякий стыд и, прямо тебе скажу, пустился во все тяжкие,— и лесть, и подхалимаж, и неискренность. *(реч.)*
▲ (С оттенком иронии) Тут мы пустились во все тяжкие — и про бедственное положение Петькиной семьи рассказали, и про больную бабушку — в общем, выбили Петьке стипендию! *(реч.)*

РАЗВЯЗЫВАТЬ/РАЗВЯЗАТЬ ЯЗЫК <ЯЗЫЧОК, ЯЗЫКИ, ЯЗЫЧКИ> 2. *кто, что кому.* См. XI, 46

86. РУБИТЬ СПЛЕЧА 1. *кто.* Действовать по первому побуждению, не разобравшись в обстоятельствах, сгоряча (говорится с неодобрением). Подразумевается необдуманность, прямолинейность совершаемых в запальчивости поступков. Реч. стандарт. *кто* — лицо ● Часто в инфинитивных конструкциях со словами нельзя, не надо, любит, не любит и т. п. ● Порядок слов нефиксир.
♦ По молодости лет он часто рубил сплеча, решая судьбы людей, не задумываясь о том, чем это может обернуться и для него самого, а с годами стал осмотрительнее. *(реч.)* Настаивали на том, чтобы всех их отдать под трибунал, но Серпилин... не имел привычки рубить сплеча. *К. Симонов, Солдатами не рождаются.* Вот... майор Утяшин любит рубить сплеча... Ему обязательно нужен противовес — человек, который все делает обстоятельно. *В. Петров, Облака над Марчихой.*— Дать всем [подсудимым] одну меру — некрасиво, вроде бы судья рубил сплеча, не взвесив вины каждого отдельно. *М. Ланской, Происшествие.*
■ — Мне с первого дня было ясно, что подполковник Рощин — шпион.— Брось, Валька... Гвоздь в том, что его лично знает генерал Марков. Тут сплеча не руби. *А. Н. Толстой, Хождение по мукам.*
▲ — И я рубить сплеча не стану,— не разобравшись, в чем дело, наказывать не буду, как, помнишь, сделал это с Ковалевым два года назад. *Б. Изюмский, Алые погоны.*

87. РУБИТЬ СПЛЕЧА 2. *кто.* Говорить резко и прямо, не стесняясь в выборе слов (говорится с неодобрением). Часто подразумевается необдуманность слов, произносимых в запальчивости, или нежелание считаться с чувствами собеседника. Реч. стандарт. *кто* — лицо ● Порядок слов нефиксир.
♦ Авросимов в первый миг даже испугался, что ей станет худо, что это он своей торопливостью причинил ей боль, хотя можно ведь было говорить обо всем мягко, а не рубить сплеча. *Б. Окуджава, Глоток свободы.* Тентенников со мной разговор жестокий имел... У него слова грубые, рубит сплеча. *В. Саянов, Небо и земля.*
■ [Софья Петровна:] Вообще постыдился бы [ты] сплеча рубить. Вчера при ней такое брякнул. *Б. Лавренев, За тех, кто в море.*
▲ Я не жалел ее, я решил сегодня, прямо сейчас сказать ей все, я рубил сплеча, безжалостно швырял ей в лицо жестокие слова. *(реч.)*

88. РУКА НЕ ПОДНИМАЕТСЯ <НЕ ПОДНЯЛАСЬ, НЕ ПОДНИМЕТСЯ> 2. *у кого, чья на кого.* Не хватает решимости ударить, оказать физическое воздействие. Реч. стандарт. *у кого, чья* — у лица; *на*

кого — на лицо ● Обычно с глаголом в инфинитиве. Именная часть неизм. ● Порядок слов нефиксир.

  Мне страшно резать старика; На беззащитные седины **Не поднимается рука.** *А. Пушкин, Братья-разбойники.* — Мне кажется, ни у кого **рука не подымется** на такого, как я, даже и женщина теперь не ударит!.. *Ф. Достоевский, Идиот.*

89. С ЖИРУ БЕСИТЬСЯ *кто.* Сумасбродничать от пресыщения, безделья (говорится с неодобрением). *кто* — лицо, группа лиц, объединенных участием в общем деле. Неформ. ● Именная часть неизм. ● Порядок слов нефиксир.

◆ Иной человек... хандрит и капризничает дома, когда нечего делать, не ест что подают, бранится и ругается; все не по нем...— одним словом, **с жиру бесится,** как говорят иногда о таких господах. *Ф. Достоевский, Записки из Мертвого дома.* Бывало, осенью как напрут всякие верующие, как начнут лепты вносить, — чертям тошно. Один вносит за спасение души, другой — за спасение плавающих и утопающих, третий так себе вносит — **с жиру бесится.** *М. Зощенко, Монастырь.*

▩ Жить бы да жить вам, молодым.., а вас... как этих... как угорелых по свету носит, места себе не можете найти. Голод тебя великий воровать толкнул? **С жиру беситесь,** окаянные. *В. Шукшин, Охота жить.*
▲ Не употр.

90. С ЗАКРЫТЫМИ ГЛАЗАМИ 2. Не раздумывая, не колеблясь, не подумав как следует. О поступках кого-л. Реч. стандарт. ● Неизм. ● В роли обстоятельства. Порядок слов фиксир.

  — Мне жаль вас. Вы губите себя... В какую бездну бросаетесь вы **с закрытыми глазами?** *И. Тургенев, Новь.* Не знаю подробностей, но чувствую, что едете вы куда-то далеко от дома и делаете это как-то **с закрытыми глазами.** *А. Лебеденко, Девушка из тайги.* Она полагалась на Матвея как на каменную гору, шла за ним **с закрытыми глазами.** *И. Голосовский, Алый камень.*

91. САДИТЬСЯ/СЕСТЬ НА ШЕЮ ‹НА ГОЛОВУ› 2. *кто кому.* Использовать кого-л. в своих интересах, для достижения своих целей, в ущерб ему (говорится с неодобрением). Неформ. *кто* — лицо или группа лиц, должностное лицо, официальное учреждение; *кому* — лицу или группе лиц, учреждению или предприятию ● Именная часть неизм. ● Порядок слов нефиксир.

◆ В остальное время блондинку тоже доставала жизнь, муж и свекровь буквально **садились ей на шею,** свекровь заставляла по субботам скрести всю квартиру вплоть до протирки кафеля в ванной аммиачным спиртом! *Л. Петрушевская, В садах иных возможностей.* Говорили, что нельзя уступать хозяевам. Уступишь — все **сядут на шею.** *М. Прилежаева, Под северным небом.* — Я строг, это действительно, я себе не позволю **на шею сесть.** *А. Куприн, Жидовка.* Почему все норовят **сесть ему на голову?** Почему все ему хамят? За что ему такое наказание? *В. Посошков, Опыт Сомова.* Чем бы ни закончился этот диспут, отступать он не намерен. Иначе опять ему **сядут на голову.** Заклюют. *В. Посошков, Опыт Сомова.*

▩ — Ты **сел мне на шею,** но я уже не могу кормить тебя, да еще и твою семью. *(реч.)*
▲ Не употр.

92. влезть на шею *кто*. Начинать использовать кого-л. в своих интересах, для достижения своих целей, в ущерб ему.

◆ — Скажи-ка, ну, кто ты есть на земле? — повернулся к нему Тихон. Григорий выжидал, не отвечая.— Кулак? — Вам видней...— Батька твой, правда, начал вроде **влезть на мужицкую шею**. *А. Иванов, Повитель.*
■ — Как тебе не совестно — **влез на шею** своим родителям-пенсионерам! Пора уже и своим трудом жить. *(реч.)*
▲ Не употр.

93. СВОДИТЬ/СВЕСТИ В МОГИЛУ *кто, что кого*. Погубить, извести (говорится с неодобрением). Реч. стандарт. *кто* — лицо, группа лиц; *что* — тяготы, невзгоды; *кого* — лицо ● Именная часть неизм. ● Порядок слов нефиксир.

◆ — У меня тоже была жена, превосходный человек, пять лет такой жизни **свели ее в могилу**. *М. Горький, Мать.* Она посылала это письмо, и ей казалось, что она окончательно подводит этим итог своим надеждам и что больше уж незачем жить и нечего ждать от жизни. И если бы у нее не было матери, которую она любила и которую это могло бы **свести в могилу**, то она не задумалась бы расстаться с жизнью и сумела бы покончить с собой. *А. Чехов, Синий чулок.*
■ — Ты начинаешь грубить. Цех ваш меня интересует меньше всего — я переживаю за папу. Своими реформами ты можешь раньше времени **свести его в могилу**. Неужели ты этого не понимаешь? *М. Колесников, Алтунин принимает решение.* — Пошел, говорю тебе, пошел! — закричал Александр почти плача.— Ты измучил меня, ты своими сапогами **сведешь меня в могилу**... ты... варвар. *И. Гончаров, Обыкновенная история.*
▲ Не употр.

94. СВЯЗЫВАТЬ/СВЯЗАТЬ РУКИ <ПО РУКАМ И НОГАМ> *кто, что кому, кого*. Препятствовать, лишая возможности действовать свободно, независимо (говорится с неодобрением). Реч. стандарт. *кто* — лицо, группа лиц, объединенных общими целями; *что* — обязательства, дела, работа, жизненные обстоятельства и т. п.; *кому, кого* — лицу, группе лиц, объединенных участием в общем деле ● Порядок слов нефиксир.
◆ Договор с редакцией очень тяготил меня, **связывал мне руки**. *(реч.)* Я давно бы уехал из этого города, но домашние заботы настолько прочно **связали мне руки**, что об этом не могло быть и речи. *(реч.)* В Захаре весь этот вечер копилась какая-то особая тоска — от дождя, от самогона, от своей молодости, уже накрепко **связанной по рукам и ногам** детьми... *П. Проскурин, Судьба.* — Голубчик... Лучше бы ты вовсе об этом не начинал разговора... Ты молодой, свободный... Неужели у меня хватило бы духу **связать тебя по рукам и по ногам** на всю жизнь... Ну, а если тебе потом другая понравится? Ведь ты меня тогда возненавидишь, проклянешь тот день и час, когда я согласилась пойти за тебя. *А. Куприн, Олеся.*
■ Наши настоящие враги — буржуазия, которая теперь прячется за вашей спиной, хотя и ненавидит вас, потому что вы ей **связываете руки**. Так посторонитесь же! Не мешайте нам бороться с настоящими врагами, и мы оставим вас в покое. *В. Войнович, Степень доверия.*
▲ Закрывая глаза, Василий Васильевич проговорил: — Я вам руки не **связываю**... Больше от него не добились ни слова. *А. Н. Толстой, Петр Первый.*

95. руки связаны *у кого*. Нет возможности действовать свободно, независимо. *у кого* — у лица, группы лиц, объединенных участием в общем деле.

Я когда-то горячо любил Михайловского, считаю его одним из своих учителей,— и тем паче мне теперь невозможно сотрудничество в его журнале. И ко всему,— он обрушился на человека, у которого связаны руки, который ему не может отвечать,— журнал закрыт уже полтора года назад. *В. Вересаев, Литературные воспоминания. Н. К. Михайловский.*

96. **развязывать/развязать руки** *кто, что кому*. Дать возможность действовать свободно, независимо (говорится с одобрением) Реч. стандарт. *кто* — лицо, группа лиц, организация, власть; *что* — какое-л. решение, закон, действие, поступок; *кому* — лицу, группе лиц, организации, городу, народу ● Именная часть неизм. ● Порядок слов нефиксир.
◆ Теперь Половодов получал в год тысяч двадцать, но ведь это жалкие, нищенские крохи сравнительно с тем, что он мог бы получить, если бы ему **развязать** руки. *Д. Мамин-Сибиряк, Приваловские миллионы.* Народовольцы хотели успокоить общество, показав ему, что революционеры хотят служить народу, а не повелевать им; хотят **развязать** руки всем желающим работать на пользу народа, а не заменить самодержавную палку революционной. *С. Степняк-Кравчинский, Революционная Россия.* Смотрите, что он делает в армии! Ведь только благодаря ему отчасти **развязали** руки военачальникам, а было сплошное засилье комитетов, братанье, дезертирство. *М. Шолохов, Тихий Дон.* Нам нужно для работы немногое. **развязать** руки, дать возможность не врать вам, выполнять ваши же решения. *Куранты, 1992.* А когда правительство пригрозило уйти в отставку, депутаты тут же испугались, пошли на попятный, ворча приняли резолюцию, **развязывающую** правительству руки. *Вечерняя Москва, 1992.* С первых же строк автор разжаловал книгу в разряд изящной словесности за обилие поэтических отступлений; это **развязывало** ему руки. Шаг за шагом он отыскал в ней созерцательный объективизм и обывательский экономизм. *Л. Леонов, Русский лес.* Москве-столице нужен такой нормальный закон, такой статус, который **развязал** бы ей руки, освободил от диктата центра, дал и возможность, и стимулы работать и зарабатывать для решения с каждым днем все более вопиющих проблем. *Куранты, 1992.*
▨ . ты Харламову не затем ли хочешь устроить на учебу, чтобы **развязать** себе руки? *М Шолохов, Поднятая целина.* [Лидия:] Я притворялась, что люблю Вас, притворялась с отвращением... Застрелитесь, пожалуйста, поскорей.. Вы мне **развяжете** руки, и уж в другой раз я не ошибусь в выборе или мужа, или.. ну, сами понимаете кого. *А. Островский, Бешеные деньги.* — Возьмем из твоего плана главное — твой локатор — и давай включим его в мой план.. Ты **развяжешь** руки и мне и себе *Д Гранин, Искатели.*
▲ Я должна уйти из его жизни и тем самым **развязать** ему руки. (*реч.*)

СЕБЕ НА УМЕ *кто.* См. I, 49

97 **СИДЕТЬ МЕЖДУ ДВУХ СТУЛЬЕВ <ДВУМЯ СТУЛЬЯМИ>** *кто.* Придерживаться в своих поступках двух несовместимых, непримиримых мнений, точек зрения одновременно (говорится с неодобрением). Подразумевается стремление удовлетворить чьи-л. противоположные требования Реч стандарт *кто* — лицо, группа лиц, объединенных общими целями ● Часто в инфинитиве ● Порядок слов нефиксир.
◆ Глава государства не должен **сидеть между двух стульев** — эта неопределенность губительна для политика. (*реч.*)

■ — Слушай, Лариса,— проговорил Матвей.— Жить я с тобой стану по-хорошему. Только ты Тоньку не тронь. Понятно? — Вот что я тебе скажу, Матвей... Такой, как ты есть, ты мне не нужен. Да и тебе между двух стульев сидеть неловко. Забирай ее и уезжай отсюда. *С. Антонов, Дело было в Пенькове.*
▲ Дело подходило к генеральным репетициям, а я все еще сидел между двух стульев. *К. Станиславский, Моя жизнь в искусстве.* По специальности я был инженер путей сообщения, но бросил службу за полною неспособностью сидеть между двумя стульями: с одной стороны, интересы государственные, с другой — личные хозяйские. *Н. Гарин-Михайловский, Несколько лет в деревне.*

98. **СИДЕТЬ <ЖИТЬ> НА ШЕЕ** *кто у кого, на чьей.* Существовать за счет кого-л., быть обузой для кого-л., обременять кого-л. (говорится с неодобрением). Неформ. *кто* — лицо или группа лиц, официальное лицо или учреждение, сословие (часто чиновники, власть); *у кого, на чьей* — у лица или группы лиц, учреждения, предприятия, народа ● Именная часть неизм. ● Порядок слов нефиксир.
◆ Мы часто ругаем министерства, поскольку они ничего не делают, а сидят на шее у предприятий. *Б. Ельцин, Исповедь на заданную тему.* Сколько гневных и презрительных тирад брошено в адрес меньших восточноевропейских братьев, которые «сидят у нас на шее». *Московские новости, 1992.* ...они жили в одной комнате, все плюс мать его якобы жены, а у меня в комнате он мог работать, хотя моя в свою очередь мать очень бурно его попрекала, что он живет на моей шее, не женясь. *Л. Петрушевская, Время ночь.*
■ — Молчи уж! И так на шее у меня сидишь! *(реч.)*
▲ Я и так сижу на шее у родителей — куда же мне жениться! *(реч.)*

99. **сесть на шею 1.** *кто [к] кому, на чью.* Стать обузой для кого-л., начать существовать за счет кого-л., обременять кого-л. *кто* — лицо или группа лиц, официальное лицо или учреждение, сословие (часто чиновники, власть); *[к] кому, на чью* — лицу или группе лиц, учреждению или предприятию, народу.
◆ Партийные деятели успели очень крепко сесть на шею народу. *Московский комсомолец, 1992.* Таисья, сказывают, из-за этого Михаила пуще всего рвет и мечет. Думает, что я нарочно [назвала сына Михаилом], чтобы брата разжалобить, к нему на шею сесть. *Ф. Абрамов, Дом.*
■ Ты тоже хорош! Сел на мою шею, и думаешь, что так и надо! *(реч.)*
▲ И ничего мне больше не надо... Хватит... И правда: на шею сел бабе — тяжело... *В. Распутин, Живи и помни.*

100. **СМОТРЕТЬ <ГЛЯДЕТЬ> В ОБА** *кто.* Проявлять бдительность, быть настороже. Произносится в форме призыва или приказа. Реч. стандарт. *кто* — лицо, группа лиц ● Именная часть неизм. Обычно в инфинитиве или повел. накл. ● Часто в безличной конструкции со словами надо, нужно. Порядок слов нефиксир.
◆ На крутом повороте тело прижимается к дверце машины... Здесь надо смотреть в оба, работать сигналом, рулем и педалью тормоза. *Ю. Крымов, Инженер.* Я понял, что нужно смотреть в оба, и насторожился в ожидании чего-то, что должно быть, судя по началу, очень оригинальным. *М. Горький, На соли.* Солдат в карауле смотрит в оба. *(Из воинского устава).*

◆ Неформ.— Всякого народа тут много... И продувных тоже хватает. Тут, милая, гляди **в оба**. *А. Вьюрков, Рассказы о старой Москве.* **Глядите в оба**, не зевайте, не благодушествуйте... На проливе и на острове могут оказаться их агенты. *В. Ажаев, Далеко от Москвы.*
▲ Обещаю, что буду **смотреть в оба** за твоим сыночком. *(реч.)*

Из полного выражения смотреть в оба глаза.

101. СМОТРЕТЬ ⟨ГЛЯДЕТЬ⟩ В РОТ 2. *кто кому.* Угодливо ждать чьих-л. распоряжений, изображая внимание и преданность (говорится с неодобрением или презрением). Реч. стандарт. *кто* — лицо; *кому* — лицу ● Именная часть неизм. ● Порядок слов нефиксир.
◆ До Черноусова у нас были бригадиры.., люди толковые, с хозяйственной смекалкой... И не стало их потому, что они не поддакивали Черноусову, не **смотрели** ему **в рот** и не ждали, что он скажет. *С. Бабаевский, Современники.*
▨ Неформ. Просто противно смотреть, как ты раболепствуешь перед ним, **глядишь** ему **в рот**, ловишь каждое его слово! *(реч.)*
▲ Не употр.

СМОТРЕТЬ ⟨ПОСМОТРЕТЬ, ГЛЯДЕТЬ, ВЗГЛЯНУТЬ⟩ ПРАВДЕ В ГЛАЗА ⟨В ЛИЦО⟩ *кто.* См. X, 44

СМОТРЕТЬ ⟨ПОСМОТРЕТЬ⟩ СКВОЗЬ ПАЛЬЦЫ *кто на что.* См. X, 45

СОВАТЬ/СУНУТЬ [СВОЙ] НОС 1. *кто во что, куда.* См. III, 30

102. СТАВИТЬ/ПОСТАВИТЬ НА МЕСТО *кто кого.* Давать отпор, пресекая непозволительные действия (говорится с одобрением). Подразумевается какой-л. поступок с целью дать понять другому человеку, что он претендует на большее, чем заслуживает. Реч. стандарт. *кто* — лицо или группа лиц; *кого* — лицо или группу лиц ● Именная часть неизм. ● Порядок слов нефиксир.
◆ Несдержанный Константин Сергеевич со своими невыносимо дерзкими заявлениями... выглядел чудовищным баловнем, с которого спрос невелик. Для тех, кто постарше, мэтров, он был Костенькой, они его не обрывали, не **ставили на место**, как непременно сделали бы, если бы так повел себя кто-то другой. *Л. Филатов, Футбол Константина Есенина.* Надо было что-то делать, как-то проучить наглую девчонку, **поставить** ее **на место**. *Г. Корнилова, Записка.* Силантьев довел меня всякими своими фокусами до белого каления, вот и пришлось поломать голову, как **поставить** его **на место**. *М. Колесников, Алтунин принимает решение.*
▨ — Ты должен **поставить** его **на место**, нельзя больше позволять ему так вызывающе себя вести. *(реч.)*
▲ Я не буду терпеть, я отвечу, я **поставлю** этого наглеца **на место**! *(реч.)*

103. СТЕНКА НА СТЕНКУ ⟨СТЕНА НА СТЕНУ⟩ идти, ходить, драться, биться. Большими группами, выстроившись в линию, друг против друга. Подразумевается, что драка такого рода была назначена заранее, и враждующие стороны специально выстроились таким образом. Реч. стандарт. ● Неизм. ● В роли обстоятельства. Порядок слов фиксир.

Крючники ходили в драку партиями на партию или «стенка на стенку», как тогда выражались. *Н. Лейкин, Мои воспоминания.* Первый из трех... был Егор Никифоров, на всю округу знаменитый своей силой: когда фабричные ходили стенка на стенку против слободских — ни в слободе, ни в Москве... не... было бойца Никифорову под пару *С. Мстиславский, Грач — птица весенняя.* Наши ребята раньше с заречными ходили стенка на стенку, ну и взрослые мужики за ребятами бывало раззадорятся. *Г. Николаева, Жатва.* А на кулачки биться мещане с семинаристами собирались или на лед, на Оке, под мужским монастырем, или к Навугорской заставе. Тут сходились и шли **стена на стену** во всю улицу. *Н. Лесков, Грабеж.* Девок и парней тянет на ту сторону, на барский бугор. Пройти туда сейчас нельзя: на льду дерутся на «кулачки», **стена на стену**. *Ф. Гладков, Повесть о детстве.*

104. СТОЯТЬ НА УШАХ 1. *кто.* Вести себя шумно, необузданно, как заблагорассудится (говорится с неодобрением). Неформ. *кто* — лицо, группа лиц, объединенных участием в общем деле ● Именная часть неизм. ● Порядок слов нефиксир.

◆ Впечатление было такое, что залу-то все равно, что играют — лишь бы погромче да «позабойнее», чтоб можно было «**на ушах стоять**!» *А. Нефедов, Стоят на ушах.*

▪ — А как вы себя вели на уроке физкультуры? Опять **на ушах стояли**? Нет, на экскурсию точно не поедете. *(реч.)*

▲ (С оттенком иронии) Отличная была дискотека. Честно говоря, мы не столько танцевали, сколько просто **стояли на ушах**. И здорово повеселились. *(реч.)*

105. СТОЯТЬ <СИДЕТЬ> НАД ДУШОЙ *кто [у кого, чьей].* Быть помехой, все время поторапливая, не давая покоя постоянным наблюдением, надзором над работой, деятельностью (говорится с неодобрением). Подразумевается, что это смущает, отвлекает, мешает работать. Реч. стандарт. *кто* — лицо или группа лиц (обычно начальство или заказчик); *у кого, чьей* — работника, исполнителя ● Именная часть неизм. ● Порядок слов нефиксир.

торчать над душой (говорится с оттенком раздражения).

◆ Он не торопил Каминского. Мамонтов прекрасно понимал: нельзя **стоять над душой** проектировщика, надо дать ему возможность думать, искать. *Б. Галин, Точка опоры.* У Шмелева характер полегче моего, но вы этим не пользуйтесь, продолжайте служить так, словно у вас по-прежнему **стоит над душой** такой старый унтер, как я. *К. Симонов, Товарищи по оружию.* Мастер, которого за склонность к спешке и страху перед начальством называли в цехе Ефимом Паникой, почти все время **стоял над душой**, торопил, подгонял. *Н. Дубов, Жесткая проба.* Мешает, скотина, заниматься... — думает Зиберов. — **Сидит над душой** тут и надзирает. Терпеть не могу контроля! *А. Чехов, Репетитор.* Они не проверили бы всю эту адову работенку за неделю, если б он не **торчал** у них **над душой** и не подменял их во время затяжных перекуров. *Г. Владимиров, Большая руда.*

▪ — Ты у меня **над душой не стой**! Сделаю — принесу сам. *(реч.)*

▲ — Если я у тебя **над душой стоять** не буду, ты вообще никогда не закончишь. *(реч.)*

106. СТРОИТЬ КОЗНИ *кто против кого.* Интриговать, замышлять недоброе (говорится с неодобрением). Неформ. *кто* — лицо, группа лиц, объединенных общими целями; *против кого* — против лица, группы лиц ● Именная часть неизм. ● Порядок слов нефиксир.

◆ И вместе с нею [мачехой] **козни строил** против отца, среди ночей. *М. Лермонтов, Преступник.* Егор немного успокоился, на душе отлегло. Худого его делать не заставляют, а ежели кто козни против царя **строит**, так об этом и упредить не грех. *М. Юдалевич, Пятый год.* Королевские придворные **строили** против него всяческие **козни**, должно быть, опасаясь нелицеприятных суждений ученого. *А. Филипенко, На чужих улицах.* Пресса была очень негативно настроена... Режиссеру как коммунисту **строили козни**, а все актрисы, которым он предлагал эту роль, отказывались сниматься. *Л. Федосеева-Шукшина, Фаталистка.*

■ — Напрасно вы все эти **козни строите**. Все равно ничего путного не выйдет, и завотделом вас все равно не сделают. *(реч.)*

▲ [Кочубей:] Давно сознался я во всем, Что вы хотели. Показанья мои ложны. Я лукав, Я **строю козни**. *А. Пушкин, Полтава.*

СХОДИТЬ/СОЙТИ ‹СПЯТИТЬ› С УМА 2. *кто.* См. IX, 36

107 ТРЯХНУТЬ СТАРИНОЙ *кто.* Вспомнить старое, поступить так, как когда-то раньше, в молодости (говорится с одобрением). Реч. стандарт. *кто* — лицо, группа лиц, объединенных участием в общем деле ● Именная часть неизм. ● Порядок слов нефиксир.

◆ Бывшие однокурсники собрались вместе, выпили, попели, потанцевали, словом, **тряхнули стариной**, невзирая на возраст. *(реч.)* Сам Корж не утерпел, глядя на молодых, чтоб не **тряхнуть стариною**. С бандурою в руках.., пустился старичина при громком крике гуляк вприсядку. *Н. Гоголь, Вечер накануне Ивана Купала.* — Приятно иногда немного размяться и **тряхнуть стариной**,— весело пояснил он, приглаживая свои растрепавшиеся длинные усы. *А. Степанов, Порт-Артур.*

■ — Поезжайте на горный курорт, покатайтесь на лыжах, **тряхните стариной**. Вам это сейчас необходимо. *(реч.)*

▲ — Но ты не думай чего-нибудь такого. Я только так. Знаешь — скучно. Девочка хорошенькая... ну, думаю, что за беда? Жениться-то я не женюсь... а так, **тряхну стариной**... Девчонку потешить можно. *И. Тургенев, Бретер.* — Мой отцовский наказ им: бить врага беспощадно, до полного уничтожения, и в воздухе и на земле. А если понадобится им подспорье, то и я, старик, возьму винтовку в руки и **тряхну стариной**! *М. Шолохов, На Дону.* — Сейчас мне доктор Евгений Федорыч говорил, что для пользы вашего здоровья вам необходимо отдохнуть и развлечься. Совершенно верно! Превосходно! На сих днях я беру отпуск и уезжаю понюхать другого воздуха. Докажите же, что вы мне друг, поедем вместе! Поедем, **тряхнем стариной**. *А. Чехов, Палата № 6.* Сколько лет, сколько зим! Вечером прошу в мою землянку. Ночуйте у меня. **Тряхнем стариной**, поговорим. *Б. Пастернак, Доктор Живаго.*

108. ТЫКАТЬ В ГЛАЗА *кто кому [что, кем, чем].* Бесцеремонно напоминать, попрекать (говорится с неодобрением). Подразумевается бестактное, часто в грубой форме указание на недостатки, промахи, неудачи. Неформ. *кто* — лицо или группа лиц; *кому* — лицу или группе лиц; *что, чем* — какие-л. качества лица, поступки, поведение; *кем* — лицом ● Именная часть неизм. ● Порядок слов нефиксир.

◆ Наш русский офицер никогда не производил на меня такого удручающего впечатления [как немецкий]. Прежде всего он в объеме тоньше и грудей у него таких нет; во-вторых, он положительно никому не **тычет в** глаза: я герой. *М. Салтыков-Щедрин, За рубежом.* Следующие ковши чугуна на пару с Казакевичем таскали фабзайцы... Я с тревогой следил, когда же наступит моя очередь нести чугун... Может, снова начнут тыкать мне в глаза, что я после операции, что мне нельзя надрываться? *В. Беляев, Старая крепость.* Трофим оборачивается ко мне.— Шуркой мне тычут в глаза с самого августа месяца. *К. Паустовский, Беспокойство.*— Пьяница, пьяница — этим мне все прожужжали уши, всякий мальчишка тычет в глаза. *И. Кокорев, Сибирка.*

■ — Что ты мне своей совестью-то в глаза тычешь? Не понимаешь ты дело. *В. Слепцов, Владимирка и Клязьма.*

▲ (Только как цитация) — Не обижайся, но если бы я тебе постоянно не тыкал в глаза это твое вечное неумение собраться, сконцентрироваться, в тебе не проснулась бы здоровая спортивная злость и ты никогда не сдал бы экзаменов. *(реч.)*

109. ТЯНУТЬ <ТАЩИТЬ> ЗА УШИ 2. *кто кого*. Прилагая множество усилий, помогать в учебе (говорится с неодобрением). Подразумевается помощь нерадивым ученикам в переходе на следующий этап обучения. Реч. стандарт. *кто* — лицо или группа лиц, объединенных общей целью; *кого* — лицо или группу лиц, обучающихся совместно ● Именная часть неизм. ● Порядок слов нефиксир.

◆ — Если я, к примеру, плохо учился, то меня всем классом тянули за уши, добиваясь, чтобы я исправился. *Н. Носов, Витя Малеев в новой школе.* Он не репетитор, чтобы тащить за уши наших недорослей: это уклон, от которого пора отказаться вчистую. *Л. Леонов, Скутаревский.*

■ — Не тяни ты за уши этого лодыря — путь сам занимается. *(реч.)*
▲ — А ты все еще репетируешь Петьку и вздыхаешь по Нине? —...Петю я действительно тащу два года за уши. Из класса в класс. *И. Кремлев, Большевики.*

110. ТЯНУТЬ ОДЕЯЛО НА СЕБЯ *кто*. Стараться изменить ситуацию в свою пользу, привлекать внимание к себе, преследовать свой интерес (говорится с неодобрением). Подразумевается, что один из участников общего дела, требующего равноправного партнерства, стремится извлечь из него выгоду только для себя. Реч. стандарт. *кто* — лицо, группа лиц, объединенных общими целями ● Именная часть неизм. ● Порядок слов нефиксир.

◆ Будто идет игра: все знают, что надо так-то и так-то, но в то же время существует миллион способов «тянуть одеяло на себя» и — коль так хочется — не делать дело, а производить некое деловое впечатление. *В. Коротич, Быть, а не казаться.* Шаталин поначалу никак не может смириться с тем, что в центре внимания корреспондентов вдруг не он, а Татьяна Ивановна, и время от времени «тянет одеяло на себя», то есть пытается вовлечь нас в проблемы государственные. *Куранты, 1992.* Когда Юрский меня пригласил, я пришел с одной задачей: выполнить просьбу режиссера по возможности честно и не тянуть «одеяло» на себя. *Куранты, 1992.*

■ (С оттенком упрека) — Ты все время ходишь за начальством, выпрашиваешь кредиты, установки — откровенно тянешь одеяло на себя. А ведь это все должно распределяться по результатам открытого конкурса. *(реч.)*

▲ (Только как цитация) Я хочу помочь им, поэтому и включился в работу и вовсе не тяну одеяло на себя, как некоторые утверждают. *(реч.)*

111. УКОРАЧИВАТЬ/УКОРОТИТЬ РУКИ кто кому. Приструнивать, обуздывать, лишать возможности продолжать свои неприемлемые действия. Неформ. *кто* — лицо, группа лиц, объединенных общими интересами; *кому* — лицу, группе лиц, объединенных участием в общем деле. ● Порядок слов нефиксир.

◆ И не таким головорезам руки укарачивали! *(реч.)* — Почал он ее бить. Долго он ее так таскал, а она — выть...— Эх, черти! Да неужели ж ему подлецу, никто рук не укоротит, а? *А. Караваева, Медвежатное.*

▨ — Вы своему сынку руки-то укоротите. А то мне милицию вызвать придется. *(реч.)*

▲ (С оттенком угрозы) — Я этому бандиту укорочу руки! Я ему покажу, как детей обижать! *(реч.)*

112. ХОДИТЬ ‹СТОЯТЬ› НА ЗАДНИХ ЛАПКАХ кто перед кем. Заискивать, угодничать (говорится с презрением). Подразумевается лицемерное стремление угодить из боязни потерять привилегии или расположение. Реч. стандарт. *кто* — лицо или группа лиц, объединенных общими интересами; *перед кем* — перед лицом или группой лиц, обычно начальством или покровителем ● Именная часть неизм. ● Порядок слов нефиксир.

◆ Из-за чего Молчалин ходит на задних лапках перед Фамусовым и перед всеми его важными гостями? *Д. Писарев, Пушкин и Белинский.*— Или «наш комиссар» подпал под чапаевское влияние, ходит перед героем на задних лапках и является механической фигуркой, выполняющей бессознательно не свою — чужую волю. *Д. Фурманов, Чапаев.*

▨ Я уж и сам хотел к вам с почтением идти, да вдруг слышу, вы с губернатором связались, зазвали к себе и ходили перед ним на задних лапках! *И. Гончаров, Обрыв.*— Ты готов ради карьеры стоять на задних лапках перед любым прохиндеем. *(реч.)*

▲ Я ни перед кем на задних лапках не ходил и ходить не буду! *(реч.)* Он считает, что мы все должны стоять перед ним на задних лапках. Мало каши ел. *Г. Матвеев, Новый директор.*

ЧУЖИМИ РУКАМИ ЖАР ЗАГРЕБАТЬ кто. См. VI, 152

ШАГУ ЛИШНЕГО НЕ СДЕЛАТЬ кто [для кого, чего] См VI 154

XIII. ХАРАКТЕРИСТИКА СОБЫТИЙ, ЯВЛЕНИЙ

1 БЕЗ ДУРАКОВ. Не шутя, вполне серьезно, в самом деле. Неформ. Подразумевается ситуация, когда необходимо устранить сомнение в каком-л. факте. Неформ. ● Неизм. ● В роли обстоятельства, определения, вводного оборота.

Я смотрю на него в недоумении и, решив, что он шутит, улыбаюсь.— Ты не улыбься и не смотри как баран на новые ворота. Тебе без дураков говорят,— заявляет Холин... Я все же не верю и молчу *В. Богомолов, Иван.* Но Ржаново его поразило. Большая по их местам деревня, в двадцать пять — тридцать домов и богатая, без дураков. *Ф. Абрамов, Мамониха.* Поеду в Москву как бог. Нет, без дураков, искусство хоть и возвышается над всем, но и рабочий класс впечатляет не меньше *И. Коваленко, Откровения юного Слоева.* Закидать врага шапками, как предполагали некоторые, не удалось. Война была, как война Без дураков. *Г Брянцев, По тонкому льду.*

2. БИТЬ <КИПЕТЬ> КЛЮЧОМ *что [в ком, у кого, где].* Активно, бурно проявляться (говорится с одобрением). Обычно о жизни, положительной человеческой энергии и некоторых свойствах личности. Реч. стандарт. *что* — жизнь, энергия, талант, юмор, идеи, интерес к чему-л. и т. п.; *в ком, у кого* — в человеке, у человека; *где* — в каком-л. месте, в городе, на заводе и т. п.; в какой-л. среде ● Именная часть неизм. ● Может употр. как реплика в диалоге в качестве самостоят. высказывания, обычно в ответ на вопрос типа: Ну, как у вас жизнь? Порядок слов нефиксир.

Засияли огни кафе, замелькали рекламы, бесконечный поток машин, в котором была и наша, устремился к главным артериям, и там в первые минуты при виде знакомых... памятников, площадей, перекрестков я подумал, что Париж совершенно не изменился и что все та же жизнь **бьет ключом** в этом городе, некогда общепризнанной столице мира. *Л. Любимов, Двадцать лет спустя.* Энергия в ней просто **бьет ключом**! *(реч.)* Мне кажется, что из-за материальных невзгод и общей затхлости вашего быта талант ваш умирает, чахнет, **не бьет ключом**, все равно как теперь зимою не бьет цветной фонтан в сквере напротив. *В. Набоков, Отчаяние.* Я человек очень жизнерадостный, и веселье **бьет во мне ключом**, так что мне совершенно по вкусу пришлось предложение автора: «...нужно сплетаться всем людям в хороводы и танцевать...» *А. Аверченко, Аполлон.* Жизнь **била ключом**, переливала через край. Днем — лекции в университете, вечером — диспуты на жгучие политические темы. *А. Меркулов, Записки скульптора.* Не знаю, что делалось в других зданиях, но в том небольшом и далеко не самом важном, где мы оказались, жизнь уже **била ключом**. *Столица, 1991.* Жизнь **била во мне ключом**; все поручавшиеся мне дела казались слишком легкими. *А. Игнатьев, 50 лет в строю.* Яркий, солнечный, чисто русский комизм **бил у него ключом**. *М. Велизарий, Путь провинциальной актрисы.* Д. А. Толстой заботился, чтобы умственные интересы в гимназической среде не **били ключом**, а смирно и анемично журчали в русле казенных программ *В. Короленко, История моего современника.* В столичных центрах городская жизнь **кипит ключом**, разница общественного положения сглаживается по крайней мере в проявлениях чисто общественной жизни *Д. Мамин-Сибиряк, Горное гнездо.* Стремлением вырваться из тусклой обыденщины в Москву, которая является символом всего изящного, символом полной, **бьющей ключом** жизни, охвачены почти все герои «Трех сестер»,— даже старый Ферапонт бредит Москвой. *Н. Любимов, Былое лето.*

3. забить <закипеть> ключом. Начать активно, бурно проявляться.

Казалось, стоит только построить клуб, украсить его — и все переменится, и в Пенькове ключом **забьет** культурная жизнь. *С. Антонов, Дело было в Пенькове.* А тут как раз НЭП начался. Оживление. Булки стали выпекать. Торговлишка завязалась. Жизнь, одним словом, **ключом забила**. *М. Зощенко, Пушкин.* Сейчас здесь тихо и пустынно, а через несколько лет **закипит ключом** новая счастливая жизнь. *(реч.)*

4. БРОСАТЬСЯ/БРОСИТЬСЯ В ГЛАЗА *что [кому]* Становиться явно заметным для восприятия; привлекать к себе внимание своей необычностью. Реч. стандарт. *что* — внешний вид кого-л. или чего-л., обстановка, происходящее вокруг кого-л., *кому* — лицу ● Именная часть неизм. ● Порядок слов нефиксир.

Брак с князем казался всякому до того выгодным, до того блистательным, что даже странная сторона этого дела никому не бросалась в глаза. *Ф. Достоевский, Дядюшкин сон.* Он был лет сорока пяти, сред него роста, очень толст и ряб... Что-то бабье было по всей его фигуре и тотчас же бросалось в глаза. *Ф. Достоевский, Село Степанчиково и его обитатели.* Более всего бросались в глаза всеобщая осмотрительность и привычка «не сметь свое суждение иметь»! *О. Волков, Погружение во тьму.* Зато бросались в глаза и врезались в память приметы его спутника: неправильной формы, уродливо оттопыренные уши и тяжелый тусклый взгляд исподлобья. *О. Волков, Погружение во тьму.* И два человека. Один высокий, очень молодой, в пенсне. Бросились в глаза его обмотки. *М. Булгаков, Богема.* Самое характерное, что мне бросилось в глаза: 1) человек плохо одетый — пропал, 2) увеличилось количество трамваев... *М. Булгаков — Н. А. Булгаковой-Земской от 23 марта 1922* Сразу же бросилось в глаза, что цены здесь несколько ниже, чем обычно. *Вечерняя Москва, 1992*

5 **В ЗАГОНЕ** быть, находиться *что, кто*. В заброшенном состоянии, в небрежении (говорится с неодобрением). О чем-л., что остается без внимания, оттеснено на задний план и потому не имеет возможностей для развития, распространения. О ком-л., кто не является объектом внимания, заботы и т. п. Реч. стандарт *что* — что-л., нуждающееся в заботе, внимании; область деятельности, отрасль промышленности, научное направление и т. п.; *кто* — лицо (также представитель какого-л. направления научной, хозяйственной и т п. деятельности), социальный коллектив ◉ Неизм. ◉ В роли именной части сказ.
◆ Вообще художественный отдел у нас в каком-то загоне. *А. П Чехов, Письмо Н. А. Лейкину, 22 марта 1885.* Генетика в России долго была в загоне, но вот пришло и ее время. *(реч.)* Нет, Москва сегодня не в законе, а в загоне и в затоне. В такой бесправной обстановке нам, москвичам, хорошего ждать нечего. *Куранты, 1992.* Надеюсь, что в последних переизданиях справочника «Вся журналистская Москва» редакции основных московских изданий не останутся в загоне, как на сей раз *Московская правда, 1993.* Что-то физики в почете! Что-то лирики в загоне. Дело не в сухом расчете, Дело в мировом законе *Б. Слуцкий, Физики и лирики.* — А восьмой «Б» у нас опять в загоне. У всех классные руководители — учителя по серьезным предметам а у восьмого «Б» — трудовик. *(реч.)*
▨ Не употр.
▲ Не употр

6. **ВИЛАМИ НА <ПО> ВОДЕ ПИСАНО** *что*. Неизвестно, осуществится ли, произойдет ли, удастся ли (говорится с неодобрением). Подразумевается, что говорящий предполагает большую вероятность отрицательного исхода ожидаемых, желательных для кого-л. событий. Употребляется в ситуации отсутствия твердых гарантий, для выражения сомнения, неверия в благоприятную перспективу Неформ. *что* — какое-л событие ◉ Неизм. ◉ В роли сказ. Обычно в конструкции со словами это еще, в составе главного предложения с придаточным дополнительным. Порядок слов фиксир.

— Какой повелительный тон! Сейчас видно, что говорит будущая знаменитость! — подшучивал Антопин.— Это еще вилами на воде **писано**, буду ли я знаменитостью. *П. Невежин, Тихий приют.* — Правительство обещает улучшение жизни в ближайшие годы.— Это еще

вилами на воде писано! *(реч.)* Это еще **вилами по воде писано,** спасем ли мы собор. *Н. Рыленков, На старой смоленской дороге.*

<small>Вилы — в значении 'круги' (известном в диалектах). Одним из видов гадания с использованием воды было бросание камней в воду, слежение за образующимися кругами и их пересечениями и истолкование этого. (ОЭСРФ, с. 27)</small>

7. ВИСЕТЬ В ВОЗДУХЕ *что.* Быть неопределенным, окончательно не решенным, ничем не подкрепленным (говорится с неодобрением). Употр. для выражения полной неуверенности в осуществлении ожидаемых событий. Реч. стандарт. *что* — запланированные дела, какие-л. события и т. п. ● Именная часть неизм. Нет буд. вр. Нет сослаг. накл. ● Порядок слов фиксир.

Корнилову было не до меня. У меня все еще **висело в воздухе.** Директор никаких приказов об экспедиции не подписывал... *Ю. Домбровский, Хранитель древностей.* Вопрос все еще **висит в воздухе,** как то бревно, поднятое хоботом. *С. Джангулов, Дипломаты.*

8. повисать/повиснуть в воздухе 2. *что.* Становиться неопределенным, окончательно не решенным, ничем не подкрепленным.

Замучили невралгии и отсутствие телефона: остановились все мои дела. Поездка в Москву **повисла в воздухе.** *В. Инбер., Почти три года.* Из-за неразберихи на работе все мои планы опять **повисают в воздухе.** *(реч.)*

9. ВИСЕТЬ <ПОВИСАТЬ/ПОВИСНУТЬ, ДЕРЖАТЬСЯ> НА ВОЛОСКЕ <НА НИТОЧКЕ> *что, кто.* Находиться в крайне опасном положении, быть под угрозой смерти, краха, срыва, провала (говорится с неодобрением). Употр. в ситуации оценки какого-л. положения дел как крайне ненадежного. Реч. стандарт. *что* — жизнь, здоровье, благосостояние, результаты каких-л. усилий, планы, дружба, любовь и т. п.; *кто* (реже) — лицо, группа лиц ● Именная часть неизм. Глагольный компонент иногда может опускаться. Нет повел., сослаг. накл. ● Не употр. с отрицанием. Порядок слов нефиксир.

◆ Дарья Федоровна... видела, что ее благосостояние **висит на волоске,** что оно чисто призрачное. *А. Шеллер-Михайлов, Лес рубят, щепки летят.* Главное, у меня какая-то температура, и вообще жизнь, может быть, еле теплится в моем организме, может быть, она **на волоске висит** — и вдруг приходится читать такие слова. *М. Зощенко, История болезни.* [Серпилин] верил словам врача, что, судя по состоянию сердца, ее [жены] жизнь уже давно **висела на волоске.** *К. Симонов, Солдатами не рождаются.* Оказывается, что в Гублите запретили «Муху Цокотуху». «Тараканище» **висел на волоске** — отстояли. Но «Муху» отстоять не удалось. *К. Чуковский, Дневник 1901—1929.* Правительство султана **висело на волоске.** *А. Вертинский, Четверть века без родины.* Иной раз результаты всех трудов **повисали на волоске,** и Андрей до боли в голове ощущал свое бессилие найти выход. *Д. Гранин, Искатели.* [Посадник:] **На волоске повисла** воля наша. Тобой одним лишь Новгород стоит: Когда тебя убьют или захватят — В разброд как раз сидение пойдет, И легкая добыча будет князю. *А. К. Толстой, Посадник.* В эту пору дружба моя с Дмитрием **держалась только на волоске.** *Л. Толстой, Юность.* Но Евлалия Григорьевна знала, что ни мира, ни покоя нет, что этот мир и покой **висят на тоненькой ниточке,** а ниточка может каждый день оборваться, и тогда будет беда. *Н. Нароков, Мнимые величины.* Я поднял было бучу, но мне сказали, что, если самоуправство Галактионова дойдет до начальства, Галактионову несдобровать, он и так теперь висит на волоске. *К. Чуковский, Дневник 1901—1929.* Как уже близко неприятельские цепи! Вот они прорвутся на луговину... В это время, в незабвенные трагические минуты, когда десант держался на волоске, пулеметчики открыли.. огонь. *Д. Фурманов, Красный десант.* Он чуял, что Романовы на волоске и армия тоже на издохе,— год-другой как-нибудь просуществовать, а там... а там спишется. *В. Маканин, Пустынное место.*

■ — Зачем ты позволяешь себе такое? Ты же висишь на волоске — тебя в любой момент могут уволить, а ты еще выражаешь недовольство! *(реч.)*
▲ Драматическая ситуация сложилась в партии с Унцикером... Всю партию я висел на волоске... впору было сдаваться. *М. Ботвинник, К достижению цели.*— Тяжело, невозможно жить. А мы все-таки живы.. Вот. Может, через месяц все с голоду подохнем. На ниточке висим, вот-вот сейчас оборвемся, а мы живы! *В. Вересаев, К жизни.*

10. **ВЫХОДИТЬ/ВЫЙТИ БОКОМ** *что кому.* Доставлять неприятности (говорится с неодобрением). О такой ситуации, когда какие-л. действия, поступки не привели к ожидаемому результату, а обернулись плохой стороной. Неформ. *что* — какие-л. действия, поступки лица, группы лиц, объединенных общими интересами, целями; *кому* — лицу, группе лиц, объединенных общими интересами, целями; (реже) живому существу ● Именная часть неизм. Нет буд. вр. несов. в. Редко употр. форма несов. в. ● Не употр. с отрицанием. Часто в инфинитивной конструкции со словом может. Порядок слов нефиксир.

Рощин долго глядел вслед этим гордым европейцам. У него тоже поднималось злорадство: «Недолго погостили на Украине, поели гусей и сала. Брест-то, видно, вышел боком». *А. Н. Толстой, Хождение по мукам.* Бей, семья деревенская, Вора в честном дому, чтобы жито смоленское Боком вышло ему *А. Твардовский, Встань, весь край мой поруганный.* Что-то там без него делается? Небось, рады, мыши,— кота погребают Ладно, думает По картинке-то мышам праздник боком вышел... *С. Черный, Правдивая колбаса.*— Вон Антон нас и наладит скоро по шее. Выйдут нам боком воспоминания Станиславского и речи знаменитых адвокатов,— засмеялся Рубин. *А. Солженицын, В круге первом.* Эта слава тебе может боком выйти,— часто говорил Груне Родион, покусывая губы *Е Мальцев, От всего сердца.*

11 **ДЕЛАТЬ/реже СДЕЛАТЬ ИЗ МУХИ СЛОНА** *кто.* Непомерно и необоснованно преувеличивать что-л. (говорится с неодобрением). Имеются в виду мелкие неприятности, неудачи, недостатки и т п. Реч стандарт *кто* — лицо ● Именная часть неизм. ● Порядок слов нефиксир.

◆ Вы не слушайте Петра Иваныча. он из мухи делает слона; рад случаю поумничать. *И. Гончаров, Обыкновенная история.*— ...Так что ты не беспокойся, все будет улажено миром, по-хорошему. — Ты в обиде не останешься, а мне все это очень неприятно. Служба есть служба, и друзей много и врагов, сам понимаешь, из мухи слона сделают, все с ног на голову поставят, а мы наше дело полюбовно решим, понимаешь? *Л. Комаровский, В гостях у счастья.*
■ — У страха глаза велики, князь. Вы всегда из мухи слона делаете. Чихнет солдат, а вы уж готовы в этом видеть потрясение основ,— иронизировал Гобято. *А. Степанов, Порт-Артур.*
▲ (Часто в сочетании со словами впрочем, наверное и т п.) Впрочем, наверно я делаю из мухи слона, все не так уж плохо. *(реч.)*

ДЕЛАТЬ ПОГОДУ *кто, что [где, в чем]*. См. VI, 36

ДО МОЗГА КОСТЕЙ 1. *кто, что.* См. I, 18

12. ДЫМ КОРОМЫСЛОМ [стоит, стоял]. Шум, галдеж, кутерьма. Подразумевается ситуация гульбы, кутежа, выяснения отношений, бурной деятельности и т. п. Неформ. ● Неизм. ● В роли именной части сказ. или самостоят. предложения. Порядок слов фиксир.

День был холодный, и оборванцы не пошли на базар. Пили дома, пили до дикости. **Дым коромыслом** стоял: гармоника, пляска, песни, драка... Внизу в кухне заядлые игроки дулись в «фальку и бардадым», гремя медяками. *В. Гиляровский, Мои скитания*. Во врачебных кабинетах начались пьянки с приглашением заключенных медсестер, санитарок, словом, стоял **дым коромыслом**. *В. Шаламов, Потомок декабриста*. В вестибюле и комнатах министерства стоял **дым коромыслом**. Бегали писаря и ординарцы, толпились военные. *Л. Раковский, Кутузов*. Короче, когда родители вошли в дом, **дым** стоял **коромыслом**, дочка пьяная сидела за столом и пела песню, обнявшись с какой-то некрасивой, немолодой красномордой тетенькой... *Л. Петрушевская, Ну, мама, ну*. Сущность же была в том, что эти двое нашли друг друга за пиршественным столом, где вино лилось рекой и **дым** стоял **коромыслом**... *Л. Петрушевская, В садах иных возможностей*. Она сделала выкройки на все размеры, наняла швею, сняла квартиру... **Дым** стоял **коромыслом**, скромная швея строчила в другой комнате ...раз-два и завтра приходи за брюками. *Л. Петрушевская, В садах иных возможностей*. Пришел, а у Девятовых — **дым коромыслом**. Василий спорил с женой, как назвать новорожденного сына. *В. Шукшин, Брат мой*.

ДЫШАТЬ НА ЛАДАН 2. *что.* См. III, 4

13. [ЕЩЕ <И, ЕЩЕ И>] КОНЬ НЕ ВАЛЯЛСЯ *у кого, где*. Пока ничего не сделано (говорится с неодобрением). Употр. в ситуации, когда говорящий хочет подчеркнуть, что завершение какой-л. работы в скором времени маловероятно. Неформ. *у кого* — у лица, у социального коллектива; *где* — в каком-л. деле, в какой-л. работе ● Неизм. ● В роли сказ. Обычно в противит. конструкции, после союза **а**. Порядок слов нефиксир., глагол всегда в конце.

— А Фауст был ученый, а не аспирант. Можно сказать, академик. А у вас, Ричард, **еще конь не валялся**. Все рассуждаете. Так вы и останетесь вечнозеленым деревом. *Д. Гранин, Иду на грозу*. Торопитесь, друзья, до ввода комплекса осталось недолго, девять-десять месяцев.— Но позвольте,— горячился Папуша, там **и конь не валялся**. Строителям работы по горло. Толком еще не начат монтаж. *М. Гатчинский, Светись своим светом*. Назавтра иду проверять исполнение, а там **еще и конь не валялся**. *Г. Горышин, До полудня*.

<small>От повадки лошади поваляться перед тем, как дать надеть на себя хомут, что задерживало работу. (ОЭСРФ, с. 49)</small>

заварилась каша. См. XII, 36

14. ЗАКОЛДОВАННЫЙ КРУГ. Безвыходное положение; стечение обстоятельств, из которого очень сложно найти выход (говорится с неодобрением). О такой ситуации, которая не имеет перспектив дальнейшего развития, поскольку одни обстоятельства препятствуют изменению других, а те, в свою очередь, являются помехой для изменения первых.

Реч. стандарт ● В роли дополнения, сказ. или самостоят. предложения (обычно предваряется описанием ситуации). В форме клишированной реплики в ответ на ситуацию. Порядок слов фиксир.

Чтобы разбогатеть, надо хоть немного улучшить допотопные способы нашего земледельческого, фабричного и ремесленного производства, то есть надо поумнеть; а поумнеть некогда, потому что окружающая бедность не дает вздохнуть. Вот тут и вертись, как знаешь. Есть, однако, возможность пробить этот **заколдованный круг**. *Д. Писарев, Реалисты.* [Литвинов] попытался вырваться из **заколдованного круга**, в котором мучился или бился безустанно, как птица, попавшая в западню. *И. Тургенев, Дым.* Гостиные, сплетни, балы, тщеславие, ничтожество — вот **заколдованный круг**, из которого я не могу выйти. *Л. Толстой, Война и мир.* Инфляция порождает рост доходов, а рост доходов, в свою очередь, опять порождает инфляцию. Как выбраться из этого **заколдованного круга**? *(реч.)* Я уж был уверен, что все мытарства этой книги кончились, но оказалась новая беда: в Смольном какая-то комиссия установила, что «Кубуч» имеет право издавать только учебники, и не позволила ему опубликовать мою книгу. Это вызвало новую волокиту. ...Сегодня был в Педагогич. Музее, в Библиотеке Педагогич. Института, в «Детском Доме» Тихеевой... Все тот же **заколдованный круг**. *К. Чуковский, Дневник 1901—1929.*

15. **ЗНАТЬ ЦЕНУ** *кто кому, чему.* Реально оценивать кого-л., что-л. Подразумевается, что положительные качества, свойства и т. п. ценят, ими дорожат, а к негативным относятся с неодобрением, осуждением и т. п. Реч. стандарт; *кто* — лицо, группа лиц; *кому* — лицу (часто по роду деятельности); *чему* — всему, что представляет ценность для говорящего, кроме того, что имеет конкретную цену ● При отрицании тж. **цены** ● Порядок слов нефиксир.

◆ Иван Саввич не упускал случая показать свежему человеку, что он перевидел на своем веку много людей — и городских и деревенских, **цену** им **знает**, и никакими перчаточками его с толку не собьешь. *С. Антонов, Дело было в Пенькове.* [Крайнев] хорошо **знал цену** мастерам, которые росли вместе с цехом и держали в памяти тысячи нужных мелочей, **знал цену** опыту, накапливаемому годами! *В. Попов, Сталь и шлак.* Как правило, они не верили слухам, они по себе **знали цену** охотничьим рассказам. *Ю. Казаков, Тедди.* Он просто терпеливо ждал... каких-то благоприятных обстоятельств, которые бы помогли ему развернуть свои скромные способности. Скромные! Василий Васильевич **знал** им **цену**. *В. Тендряков, Короткое замыкание.* Я подсел на скамейку к двум девушкам. Одна была — черненькая.., видимо, **знающая цену** своей красоте, а другая — попрыще, курносенькая. *В. Лидин, Окно, открытое в сад.* Недавно писала кому-то: «Думаю о Борисе Пастернаке — он счастливее меня, потому что у него есть двое-трое друзей-поэтов, **знающих цену** его труду, у меня же ни одного человека, который бы — на час — стихи предпочел бы всему». *М. Цветаева, Письмо Б. Л. Пастернаку, 1927 г.*

■ Мне нравится, что ты **знаешь цену** времени и не теряешь ни минуты. *(реч.)*

▲ За Анночку можете быть спокойны, я **знаю** ей **цену**, знаю ее недостатки и буду к ней всегда требователен. *К. Федин, Необыкновенное лето.* Чем был вызван такой успех? Ведь **цену** своим рассказам я **знаю**. Не такие уж они замечательные. *С. Довлатов, Ремесло.*

ЗОЛОТОЕ ДНО *что.* См. VIII, 12

16. ИДТИ В ГОРУ 2. *что.* Успешно развиваться. Реч. стандарт. *что* — дела, предприятие, хозяйство ● Именная часть неизм. ● Порядок слов нефиксир.

А почему дела-то в гору нейдут? Может оттого, что по-старому робить разучились? *Ф. Абрамов, Дом.* А предприятие твое не идет в гору потому, что ты неверно выбрал себе партнеров. *(реч.)* Кажется, дела мои идут в гору, и, наконец, появилась надежда на лучшее будущее. *(реч.)*

17. ИДТИ ⟨ПОЙТИ⟩ НАСМАРКУ *что.* Оказываться напрасным, перечеркнутым; пропадать (говорится с неодобрением). Имеется в виду ситуация, когда результаты каких-л. усилий, проделанная работа утратили свою ценность под воздействием обстоятельств, чьего-л. вмешательства. Реч. стандарт. *что* — труд, работа, дело, усилия ● Чаще сов. в. Нет буд. вр. у глагола идти. Глагол может опускаться. ● В роли сказ., часто при подлежащем все. Порядок слов нефиксир.

Не удается построение усилителей слабых токов, и вся работа идет насмарку. *В. Добровольский, Трое в серых шинелях.* — Сегодня у нас неудачный какой-то день. Что бы мы ни делали, все шло насмарку. *(реч.)* К ужину тетушка не спустилась. Если еще начать ужинать, то весь Мариенбад [диета] пойдет насмарку. *Н. Тэффи, Типы прошлого.* Сначала я думал, не проще ли всего послать оный труд прямо какому-нибудь издателю, немецкому, французскому, американскому, — но ведь написано-то по-русски и не все переводимо, — а я, признаться, дорожу своей литературной колоратурой,.. пропади иной выгиб, иной оттенок — все пойдет насмарку. *В. Набоков, Отчаяние.* ...из зависти, из подлой злобы Евг. Максимов в Москве добился того, что теперь Госиздат выпускает полное собрание сочинений Некрасова коллегиальным порядком, т. е. то собрание стихотворений Некрасова, которое вышло под моей редакцией, аннулируется — и переходит в руки Максимова. Значит, 8 лет моей работы насмарку. *К. Чуковский, Дневник 1901—1929.*

18. ИДТИ ⟨ПОЙТИ⟩ ПРАХОМ 1. *что.* Пропадать зря, заканчиваться безрезультатно, без пользы (говорится с неодобрением). Имеется в виду крушение надежд на выполнение задуманного, на благоприятный исход дела. Реч. стандарт. *что* — действия, усилия, работа, планы, надежды, мечты ● Часто с местоимением все. Именная часть неизм. ● Порядок слов нефиксир.
рассыпа́ться/рассы́паться прахом.

Карп копил деньги на лошадь, думал осенью отделиться... Тогда он вошел бы в дом к невесте, а она одна у родителей, и отцовское имущество Лобановых осталось бы все Карпу. Теперь все шло прахом. *Н. Кочин, Девки.* — Во-первых, вы за этот месяц могли бы убедиться, что, кроме музея, я кое-что изучал здесь, кое к чему присматривался... и нельзя сказать, что два года заграничной жизни пошли у меня прахом. *А. Эртель, Карьера Струкова.* Все эти годы Микоян учился. Учился строить самолеты и руководить людьми. Учился сохранять бодрость, когда все рассыпается прахом, и на зазнаваться, когда все хорошо. *А. Аграновский, Открытые глаза.* Старое крепостное право заменено новым... Народ был обманут, — писал Огарев. Так рассыпались прахом мечты Семенова об освобождении крестьян от крепостного ига. *А. Алдан-Семенов, Для тебя, Россия!* Как жаль, что не сдал я экзамены. Теперь все прахом пошло. В институт мне уже не поступить. *(реч.)*

К ШАПОЧНОМУ РАЗБОРУ приходить, являться и т п См XV, 10

КАК ПИТЬ ДАТЬ. См. III, 9

19. КАК С ГУСЯ ВОДА 2. *что с кого.* Легко, без последствий проходит что-л. О том, что происходящее не доставляет никаких хлопот, осложнений и т. п. Неформ. *что* — неприятности, сложности и т. п.; *с кого* — с лица ● Неизм. ● В роли обстоятельства. Порядок слов фиксир.

С него как с гуся вода. Он всегда вывернется. *К. Федин, Братья.* Лужин попытался было стянуть бутылку кагора.., но был уличен Душкиным и опозорен словесно при всем народе. Однако с Лужина эта неприятность как с гуся вода... *В. Пьецух, Новая московская философия.*

<small>Из народного заговора «С гуся вода, с тебя худоба» «Лейся беда что с гуся вода», см тж поговорку «С него всякая беда, как с гуся вода»</small>

КАК ‹БУДТО, СЛОВНО, ТОЧНО› СНЕГ НА ГОЛОВУ 2 быть *что [для кого].* См. XV, 12

КУДА КРИВАЯ ВЫВЕЗЕТ ‹ВЫВЕДЕТ, ВЫНЕСЕТ› См XII, 51

20. КУРАМ НА СМЕХ [делать что-л.]. Нелепо, глупо, несуразно, смехотворно (говорится с пренебрежением). Говорящий считает, что то, о чем идет речь, заслуживает насмешки с точки зрения кого бы то ни было Неформ. ● Неизм. ● В роли обстоятельства или самостоят предложения. Часто с усилением, в конструкции со словами **просто, прямо.** Порядок слов фиксир.

курам на смех быть *[что].* Нелеп, глуп, несуразен, смехотворен; нелепость, глупость, несуразность. *что* — чьи-л. действия, какая-л. информация. В роли именной части сказ., часто при подлежащем **это,** или самостоят. предложения.

Легендами и всяким быльем обросли эти падуны.., какой-то полоумный мельник, **курам на смех,** пробовал запереть падуны. *М. Пришвин, В краю непуганых птиц.* — Все, пошли,— чего тут пустырь разглядывать **курам на смех.** *Б. Полевой. Мы — советские люди.* А главный механик смеялся над Абрамом Павловичем и его методом обучения: «Да это, батенька мой, кустарщина, **курам на смех!**» *Б. Горбатов, Мое поколение.* Под парусом иди себе куда хочешь.. А без паруса, на одних веслах, это что ж: **курам на смех!** *В. Катаев, Белеет парус одинокий.* Говорят, посылали солдат принуждать, покупали... Помилуйте, какие это выборы: **курам на смех!** *И. Гончаров, Обрыв.*— Хорошо делается, да не у нас,— возразил Бубенцов.— Там Савотаев цифры было вывесил. Прямо **курам на смех!** *Ю. Лаптев, Заря.* Вообще, литературный подход к жизни просто отравил нас. Что, например, сделали мы с той громадной и разнообразнейшей жизнью, которой жила Россия последнее столетие? Разбили, разделили ее на десятилетия — двадцатые, тридцатые, сороковые, шестидесятые годы — и каждое десятилетие определили его литературным героем: Чацкий, Онегин, Печорин, Базаров.. Это ли не **курам на смех,** особенно ежели вспомнить, что героям этим было одному «осьмнадцать» лет, другому девятнадцать, третьему, самому старшему, двадцать! *И. Бунин, Окаянные дни.*

МЫШИНАЯ ВОЗНЯ. См VI, 65

21. НА ВОЛОСОК <НА ВОЛОС, НА ВОЛОСКЕ> быть, находиться *кто, что от чего.* Совсем близко (говорится с неодобрением). Подразумевается реальная, ощутимая угроза неприятного, опасного или трагического события. При глаголе-связке в прош. вр. обычно имеется в виду, что этого удалось избежать. Реч. стандарт. *кто* — лицо, группа лиц, социальный коллектив; *что* (реже) — имущество; *от чего* — от смерти, от гибели, от тюрьмы, от краха, от проигрыша и т. п. ● Неизм. Чаще с глаголом-связкой в прош. вр. Не употр. с глаголом-связкой в буд. вр. ● В роли именной части сказ.

◆ Я прочел его письма с фронта, штук тридцать-сорок, и испытал очень странное чувство. Какой-то безличности, даже, знаешь, литературности. ...Обобщенное фронтовое письмо, хоть сейчас на плакат. Как там дети... был **на волосок** от смерти... разгромим коварного врага... жди и надейся. *Ю. Карабчиевский, Каждый раз весной.* [Штольц] вспомнил, что Ольга была **на волос** от гибели. *И. Гончаров, Обломов.* Случалось и не раз, что смелые промышленники бывали **на волос** от смерти и уже готовились к ней. *К. Станюкович, Матроска.* Они несколько раз были **на волоске** от гибели или плена (слышали в двадцати шагах от себя немецкую речь и звон немецкого оружия, рев немецких машин и запах немецкого бензина). *К. Симонов, Живые и мертвые.* Отец не оставит мне имения; он его уже вполовину промотал; ваше имение **на волоске** от погибели. *А. Пушкин, Письмо Н. Пушкиной, 21 сент. 1835.*

■ — Ты уже не раз был **на волосок** от тюрьмы — бросай, пока не попал туда, свои темные дела, а то попадешься. *(реч.)*

▲ «Ишачка» начало швырять из стороны в сторону и резко кренить. Плоскости едва не цепляли землю. Я был **на волосок** от смерти. *С. Сабуров, Всегда солдат.* — Убей меня, во второй раз не пойду в сумасшедший дом. Мы были просто **на волосок** от смерти. *И. Ильф и Е. Петров, На волосок от смерти.* Я легко провел тренировочное соревнование, хотя два раза был **на волоске** от проигрыша. *М. Ботвинник, К достижению цели.*

22. НА ГОЛОВУ *чью.* На беду, к несчастью (говорится с неодобрением). Реч. стандарт. *чью* — лица ● Неизм.

— Мешаю я ему... Мешаю этому бородатому черту, откуда он взялся **на мою голову**? *Е. Леваковская, Сентябрь — лучший месяц.* Увидит трубу [цементного завода] какой-нибудь местный житель — только заскрипит цементной пылью, что осела на зубах.— Построили,— скажет,— тебя на нашу голову! Света белого из-за тебя не видно! *Крокодил, 1989.* Крутованов каждый мой шаг караулит, крови моей как ворон жаждет... **На нашу голову** его свояк ко мне подсадил... *А., Г. Вайнеры, Евангелие от палача.* Сплошные неприятности сегодня. Вот еще и ты навязался **на мою голову**! *(реч.)*

НА НОСУ *что [у кого].* См. XV, 15

23. НА РОДУ НАПИСАНО <НАПИСАН, НАПИСАНА, НАПИСАНЫ> *что кому.* Суждено, предопределено. Подразумевается, что говорящий не считает какое-л. положение дел или событие случайным для кого-л. Часто употр. для выражения смирения (или побуждения смириться) перед обстоятельствами. Реч. стандарт. *что* — ситуация, событие, случай и т. п.; *кому* — лицу, группе лиц, социальному коллективу ● Не употр. с глаголом-связкой в буд. вр. В безличном употреблении — в конструкции с инфинитивом или словом это. Часто с вводными словами **видно, видимо, по-видимому** и т. п. В роли сказ. Порядок слов нефиксир.

[Красавина:] Может, ей на роду написано быть за ним замужем. Так разве можно от своей судьбы бегать! *А. Островский, Свои собаки грызутся, чужая не приставай!* — Кому что на роду написано, того не обойдешь — не объедешь. *Д. Мамин-Сибиряк, Городская сестра.* Но что пуще всего лишало ее сил, так это сознание, что совершается нечто неминучее.., что, видно, на роду написано ей погибать вместе с барышней. *И. Бунин, Суходол.* — А вот Колька мой... Завел он себе морские штаны, финский ножик... День работает, другой — с девками по заливу гуляет... А Кольке на роду написано — десять лет с изоляцией. *А. Н. Толстой, Василий Сучков.* Дарья вскинула голову и не увидела на могилах ни крестов, ни тумбочек, ни оградок... Но теперь она не почувствовала ни возмущения, ни обиды — один конец... Дождалась она, значит, еще и этого — ну и ладно, что дождалась, так ей написано **на роду**. *В. Распутин, Прощание с Матерой.* — Вашему мальчику успех **на роду написан**, у него необычайные способности. *(реч.)* — Что, братцы, затянемте песню, забудем лихую беду! Уж видно такая невзгода **написана нам на роду!** *А. К. Толстой, Колодники.* — Года два назад вышло мне прекрасное местечко, правда, далеко немножко, в Иркутской губернии, да что за беда! Видно, нам с отцом **на роду было написано** посетить Сибирь. *И. Тургенев, Яков Пасынков.*

НА РУКИ выдавать, получать; получено *что, сколько, по сколько.* См. VI, 71

24. НА РУКУ быть *кому что.* Выгодно, удобно, подходит. Имеется в виду ситуация, когда какие-л., часто неблагоприятные, обстоятельства способствуют достижению определенных целей. Реч. стандарт. *кому* — лицу, группе лиц, социальному коллективу; *что* — какая-л. ситуация, какие-л. обстоятельства ● Неизм. ● В роли именной части сказ. Часто употр. со словом только.

— Такое решение только **на руку** Потапенко,— сказал Борисов. Кто знает, может быть, они на это и рассчитывали. *Д. Гранин, Искатели.* Что то, что до сих пор не остановлено, значит, что продолжение резни кому-то только **на руку**... Если кто-то, способный остановить кровопролитие, этого не делает, значит, оно ему выгодно. *И. Бродский, Кровь, ложь и спусковой крючок.* Их активность мне **на руку**, теперь-то они проявят себя до конца. *(реч.)* Повалил вдруг снег... теплый, тяжелый. — **На руку** тебе... Снег-то... Заметает следы. *В. Шукшин, Охота жить.* Впрочем, дикость и упрямство мужиков были ему даже **на руку**, потому что освобождали молодого человека как от денежных расходов, так и от угрызений совести. *Л. Леонов, Русский лес.* ...красавец муж выгнан из дома женой с битьем морды. А матроне это было **на руку**, у нее оказался школьный друг, который потом тут же сразу вошел в семью... *Л. Петрушевская, В садах иных возможностей.*

НА ШАГ *от чего* быть *кто.* См. XVI, 10

НАБИВАТЬ/НАБИТЬ ОСКОМИНУ *что кому.* См. V, 20

НАВЯЗНУТЬ В ЗУБАХ *что у кого.* См. V, 21

25. НЕ В КОНЯ КОРМ 2. *[что кому, для кого].* Не подходит, не на пользу, не способен оценить. Имеется в виду, что некоторая ситуация, предлагаемые духовные или материальные ценности не соответствуют

внутренним потребностям кого-л. и не могут быть оценены по достоинству, должным образом. Неформ. *что* — то, что ценно; *кому, для кого* — лицу, группе лиц, объединенных общими интересами, целями ● Неизм. ● В роли сказ. или самостоят. предложения. Порядок слов фиксир.

Зашел к Репину, спросить его, что он хочет за портрет Бьюкенена: 10 000 р. или золотую тарелку. Ре[пин]...: — Знаете, конечно, тарелка очень хороша, но... я не достоин... не в коня корм... *К. Чуковский, Дневник 1901—1929*. Какой дикарь [Базаров в отношениях с Одинцовой], но какой хороший дикарь! Жаль только, что не в коня корм. *Д. Писарев, Реалисты*. Всеобъемлющих явлений в искусстве не бывает... Суровая в своей страстности романтика Шиллера, фейерверочная романтика Гюго, стальной, но греющий блеск комедий Скриба, облитая горечью и злостью романтика драм Лермонтова или плакатная броскость Маяковского — все это для него [Художественного театра] **не в коня корм**. Но есть авторы и пьесы, в свое время нашедшие себе на сцене Художественного театра совершенное воплощение. *Н. Любимов, Былое лето*.

НЕ ЧЕТА *кто кому, что чему*. См. I, 38

26. НИ В КАКИЕ ВОРОТА НЕ ЛЕЗЕТ *что*. Никуда не годится, возмутительно (говорится с неодобрением). Употребляется для выражения резко отрицательного отношения к чьим-л. действиям или поступкам, не укладывающимся в общепринятые нормы. Неформ. *что* — поступки, ситуация, мнение ● Именная часть неизм. Нет буд. вр. ● Обычно в роли сказ. при подлежащем это или в составе главного предложения с придаточным изъяснительным в конструкции то, что. Порядок слов нефиксир.

— Да ты в избе-читальне был хоть раз? ...Всего два раза заходил? Ну, милый мой, это **ни в какие ворота не лезет**! Я был о тебе лучшего мнения. *М. Шолохов, Поднятая целина*. — То, что ты позволяешь себе с мамой, **ни в какие ворота не лезет**. Запомни: мы маму в обиду не дадим и не позволим тебе над ней издеваться. *В. Распутин, Последний срок*. ...то, что делал ваш парламент и съезд по отношению к нему, это **ни в какие ворота не лезет**. *Независимая газета, 1994*. — Доктор Цветков совершенно прав: делать операции такого рода без рентгена в наш век — это **не лезет ни в какие ворота**. *Ю. Герман, Дорогой мой человек*. То, что сказал [Барабанову] Серпилин, было невероятно, **не лезло ни в какие ворота**. *К. Симонов, Солдатами не рождаются*.

27. НИ К СЕЛУ НИ К ГОРОДУ 1. быть *что*. Не к месту, не на месте, неуместен (говорится с неодобрением). Имеется в виду, что то, на что указывает говорящий, является неподходящим для данной ситуации, чуждым для данного окружения. Неформ. *что* — чьи-л. слова, какая-л. деталь и т. п. ● Неизм. ● В роли именной части сказ. Порядок слов фиксир.

Эта цитата здесь **ни к селу ни к городу**. (*реч.*) ...Поглядывал Денисов на карту полушарий и не одобрял расположения континентов. Ну, наверху еще ничего, разумно: тут суша, тут водичка, ничего. Парочку морей бы еще в Сибирь. Африку можно бы ниже. Индия пусть. Но внизу плохо все устроено: материки сужаются и сходят на нет, острова рассыпаны без толку, впадины какие-то... А уж Австралия совсем **ни к селу ни к городу**: всякому ясно, что тут по логике должна быть вода, так нате вам! *Т. Толстая, Сомнамбула в тумане*. Но вдруг поднялся пожилой человек в ватнике... и произнес громовую речь, предупреждавшую присутствующих о кознях классового врага. Все это было **ни к селу ни к городу**, звучало странным анахронизмом, но присутствующие... не раздражились, а просто спокойно ждали, когда он кончит, привычно относясь к этому как к неизбежной ритуальной задержке, вызванной давно известной им слабостью уважаемого человека. *Н. Коржавин, В соблазнах кровавой эпохи.*

28. НОСИТСЯ ‹ВИСИТ› В ВОЗДУХЕ *что*. Осознается многими, предугадывается, предчувствуется. Имеется в виду то, что зародилось одновременно в мыслях многих людей. Обычно о том, что впоследствии получило широкое распространение. Реч. стандарт. *что* — мысль, идея, взгляды и т. п. ● Именная часть неизм. Нет буд. вр. ● Порядок слов фиксир.

Бывает и так, что одна какая-нибудь мысль овладевает одновременно многими умами и многими сердцами. В таких случаях говорят, что мысль эта «**носится в воздухе**». *В. Инбер, Место под солнцем.* Наивные люди там — командир батальона и другие — думали, что с этого моего разъяснения январских событий солдатам и началось падение дисциплины, но ведь это уже **носилось в воздухе** и очень скоро стало повсеместным. *С. Сергеев-Ценский, Зауряд-полк.* Есть научные идеи, которые как бы **носятся в воздухе**. Иной раз их публикуют почти одновременно и независимо в разных странах и городах. *В. Львов, Новый путь в небо.* Идея духовно-светского журнала **висит в воздухе**, и она, видимо, не случайна в наше межвременье. С разной степенью успеха ее пытались осуществить «Новый мир» и «Москва», первый, опираясь на религиозно-философское наследие, и второй — уходя в открытое богословствование. *Литературная газета, 1993.* Вряд ли сама эта женщина явилась из-за границы, она не производила впечатление человека, следящего за развитием политических событий. А говорила «в самую точку». Возможно, какой-то «нарушитель границы» явился к ней и так взбодрил ее, а возможно, что-то просто **висело в воздухе**. *Н. Коржавин, В соблазнах кровавой эпохи.*

ОДИН ЧЕРТ *кому, для кого.* См. V, 23

ПАРА ПУСТЯКОВ [быть] *[для кого, кому].* См. XVI, 11

29. ПЕРВАЯ ЛАСТОЧКА 1. быть, появиться; *что [чего].* Самый ранний признак, сигнал, предвестник. Подразумевается, что он свидетельствует о зарождении какого-л. явления, начале какого-л. события и т. п. Реч. стандарт. *что* — предмет, событие, явление; какое-л. свидетельство начала чего-л.; *чего* — какого-л. события, явления ● В роли подлежащего или сказ. (обычно при подлежащем это). Порядок слов фиксир.

Автоматы лесные ударили часто, Это **первые ласточки** первых тревог. *А. Недогонов, Танк.* — Соня,— закричал Чувилев, вбегая в комнату.— Уже появились **первые ласточки**! Вот почта за два дня — первые ответы на наше письмо! *А. Караваева, Родной дом.* На прошедшем 23 июня Чрезвычайном съезде Российского союза ректоров вузов России было заявлено, что в случае невыполнения решений по улучшению материального положения работников образования... по вузам России прокатится волна акций протеста. **Первые ласточки** уже появились в Москве и Казани. ...29 июня в МГУ принято решение о создании забастовочного комитета. *Новая ежедневная газета, 1993.* Знакомые Криста были поражены. Один инженер назвал это удачей Криста, другой видел давно ожидаемое смягчение режима, ту первую ласточку, которая обязательно, обязательно сделает весну. А врач видел в этом божью волю. *В. Шаламов, Лида.*

ПЕСЕНКА СПЕТА чья. См. VI, 88

30. ПЛОХО ЛЕЖИТ <ЛЕЖАЛ, ЛЕЖАЛА, ЛЕЖАЛО> *что.* Находится без присмотра, без надзора или на виду (говорится с неодобрением). Подразумевается, что предмет можно легко и безнаказанно украсть. Неформ. *что* — любая вещь, предмет собственности ● Обычно в придаточном предложении типа **что плохо лежит** с глаголами **брать, тащить, красть**. Порядок слов нефиксир.

Главное его занятие состоит в том, чтобы стащить из фабрики или магазина все, что **плохо лежит**, и это краденое он сбывает у заводских купцов. *Ф. Решетников, Глумовы.* Адвокат сдерет с них дикую пошлину, а дельце **лежит**. Потому одно слово: азияты. Всякий ладит с них сорвать, что можно. Не любят, где **плохо лежит**. Да-с. *Д. Мамин-Сибиряк, Все мы хлеб едим...* Он и граф — пятак пара. Нюхом чуют, где что **плохо лежит**. *А. Чехов, Иванов.* А сама тянет из колхоза все, что **плохо лежит** — то лен, то сено охапками, то ржаные снопы. *А. Яшин, Вологодская свадьба.* У анархистов денег много...— Ничем не брезгуют, все берут, что **плохо лежит**. *А. Васильев, В час дня, ваше превосходительство.*— В поезде у меня пропал кошелек. — Значит, **плохо лежал**. (*реч.*) Много лет назад Джеджелава, будучи еще рядовым опером, на обыске украл золотую вставную челюсть арестованного. Она **плохо лежала** в чашке с водой на прикроватной тумбочке, и Отарчик переложил ее хорошо в свой карман. *А., Г. Вайнеры, Евангелие от палача.* А делали они то, что хотели, не потому, что **лежало плохо**, они делали все, на что их слепых бросало. *А. Ремизов, Повести и рассказы.*

ПОЛНАЯ ЧАША [*у кого*]. См. VIII, 22

ПОЛНЫМ ХОДОМ 2. идти/пойти. См. VI, 104

ПОЛОН РОТ забот, хлопот [*у кого*]. См. XVI, 12

31. ПРИНИМАТЬ/ПРИНЯТЬ ОБОРОТ дурной, опасный, серьезный, иной, неожиданный, интересный и т. п. *что [для кого].* Получать направление, развитие. Подразумевается, что ход событий изменяется (чаще в плохую сторону) под влиянием каких-л. обстоятельств. Реч. стандарт. *что* — разговор, дело, события и т. п.; *для кого* — для лица ● При отрицании тж. **оборота** ● Порядок слов нефиксир.

Нержин напрягся. Разговор, как чуял он, **принимал** дурной **оборот**. *А. Солженицын, В круге первом.* Разметнов поспешил прекратить разговор, уже начавший **принимать** опасный **оборот**. *М. Шолохов, Поднятая целина.* Одного только я боюсь, как бы моя болезнь **не приняла** дурного **оборота**. *А. Чехов, Страдальцы.* Дело начинало **принимать** серьезнейший **оборот**...— Отто,— сказала Кира,— дайте мне, пожалуйста, еще кусочек вашего шоколада.— Уши начальника паспортного стола принялись медленно розоветь.— А вы хорошая штучка, Кири! Если бы я был вашим папа, я бы вас выпорол. *С. Георгиевская, Лгунья.*— Говоришь, в картишки с вами сыграть? Пожалуйста..! — Больно уж неожиданный **оборот приняло** дело... Казаки переглянулись. *М. Шолохов, Поднятая* целина. Дело принимало ненужный оборот и могло сейчас только вызвать раздражение у Наташи и Степана. *Л. Кассиль, Ход белой королевы.* Палата готовилась уже решительно вмешаться в это дело, как вдруг события приняли совершенно иной оборот. *Б. Полевой, Повесть о настоящем человеке.* Никто не мог предположить, что события, связанные с празднованием очередной революционной даты, могут принять иной оборот — в ход пойдут кулаки и камни и прольется кровь. *(реч.)*

ПРОЩЕ ПАРЕНОЙ РЕПЫ сделать, изготовить; *что.* См. VI, 108

32. РЕЖЕТ ГЛАЗ ‹ГЛАЗА› 2. *кому что.* Производит неприятное впечатление своей неуместностью, несуразностью (говорится с неодобрением). Реч. стандарт. *кому* — лицу; *что* — явление, действия кого-л., ситуация ● Именная часть неизм. ● Порядок слов фиксир.

Это вполне современное явление никому не резало глаз, а подводилось под разряд тех фактов, которые правы уже по одному тому, что они существуют. *Д. Мамин-Сибиряк, Приваловские миллионы.* Она настолько воспитывала ум, что всякое уклонение от прямого пути в ней же самой... прямо резало глаза своей ненаучностью. *В. Вересаев, Записки врача.*

С ГЛАЗУ НА ГЛАЗ говорить, беседовать, обсуждать и т. п.; оставаться. См. XI, 51

33. [САМ] ЧЕРТ НОГУ СЛОМИТ 1. *[где].* Полный беспорядок, неразбериха (говорится с неодобрением). Часто употр. в ситуации долгих и бесплодных поисков где-л. чего-л., к чему нет легкого доступа. Неформ. *где* — в столе, на полке, в квартире, в хозяйстве, в бумагах и т. п. ● Неизм. ● В роли самостоят. предложения. Порядок слов нефиксир.

А в комнате черт ногу сломит, вечный беспорядок. *Е. Мальцев, Войди в каждый дом.* Рагозин... подумал не без досады: архиереи в полной сохранности, а в детском хозяйстве черт ногу сломит! *К. Федин, Необыкновенное лето.* Гуляев выставил вперед руки и вовремя — ладони уткнулись в шершавые занозистые доски. «Забор, что ли? — сообразил Гуляев.— Может, это и есть обходчикова усадьба?» Он пошел вдоль забора, осторожно перебирая по нему руками. Ноги запинались через доски, бревна, битый кирпич, обрезки балок. «Вот уж правда, черт ногу сломит»,— подумал Гуляев... *М. Наумов, В лесу родилась елочка.*— Я уже полчаса ищу в столе одну папку и не могу найти. Здесь сам черт сломит ногу. *(реч.)*

34. [САМ] ЧЕРТ НОГУ СЛОМИТ 2. *[в чем].* Полная путаница, невозможно разобраться, понять (говорится с неодобрением). Неформ. *в чем* — в каких-л. сведениях, в какой-л. ситуации, в чьих-л. отношениях ● Неизм. ● В роли самостоят. или придаточного предложения. Порядок слов нефиксир.

Юлию из «Власти народа» передавали «самые верные сведения»: Петербург объявлен вольным городом; градоначальником назначается Луначарский. ...Затем: завтра московские банки передаются немцам; немецкое наступление продолжается. ...Вообще черт ногу сломит! *И. Бунин, Окаянные дни.* Название ведомства Матвея Петровича так часто менялось за годы его службы, что уж к старости он стал путаться в бесконечных аббревиатурах. «Когда я служил в ЁКЛМН... нет, когда я служил в ОПРСТ... нет, мы тогда уже назывались ЭЮЯ при АБВГД...»

В общем, **сам черт ногу сломит**... *А. Лаврин, Смерть Егора Ильича.*— Есть у нас такой Антропов Архип, мы вам давеча про него рассказывали, так он тоже капать на Степана Ивановича заходился, ну и пошла такая коломуть, что **сам черт ногу сломит**. *В. Закруткин, Плавучая станица.* «Ты зачем кричал во время класса?» — «Меня научил такой-то».— «А ты зачем?» Тот ссылается на другого, и пошла коловоротица, в которой **сам черт ногу сломит**. *Н. Помяловский, Очерки бурсы.* Не хватало сапог, пушек, седел, упряжки. Все это лежало где-то по военным складам, но черт их найдет — эти склады, а и найдешь — такая начнется переписка, что **сам черт сломит ногу**. *А. Н. Толстой, Хлеб.* В моей литературной деятельности такой кавардак и беспорядок, что **сам черт ногу сломит**. *А. Чехов, Письмо А. С. Суворину, 20 мая 1891.*— Честно говоря, я не могу понять, кто из них пострадавшая сторона. В их отношениях **черт ногу сломит**! *(реч.)*

СТАВИТЬ/ПОСТАВИТЬ ВО ГЛАВУ УГЛА [*чего*] кто что. См. X, 47

35. ТЕМНЫЙ ЛЕС быть [*что для кого*]. Нечто непонятное, непостижимое, сложное, запутанное (говорится с неодобрением). Часто употр. в ситуации отказа от дальнейших попыток разобраться в чем-л. Реч. стандарт. *что* — смысл, содержание чего-л., чьи-л. мысли и т. п.; *для кого* — для лица ● У глагола-связки нет буд. вр. ● В роли именной части сказ. или самостоят. предложения. Может употр. как реплика в диалоге в качестве самостоят. высказывания. Порядок слов нефиксир.

— Черт знает что!.. Ты сказал, двадцать лет!..— Не огорчайся, папа. Жизнь — **темный лес**. *А. Вампилов, Старший сын.* [Мещеряков] о себе подумал, что он тоже далеко не все теперешние названия знает и понимает. И для всех тут — **лес темный**. *С. Залыгин, Соленая Падь.*— Чужие дела — **темный лес**, — сказал дед, — нам путаться ни к чему. *Н. Дубов, Беглец.* Погибли боевые группы Красникова... Многие судьбы до сих пор остались невыясненными. Кончились биографии почти ста тридцати человек, но конкретно, как она оборвалась у каждого, — **темный лес**. *И. Верасов, Крымские тетради.* Бог весть о чем он думал: чужая голова — **темный лес**. *Д. Григорович, Антон Горемыка.* Явиться с ответом на суде перед Давыдовым и Шевыревым я чувствовал себя вполне готовым. Но философия была для меня **темным лесом**. *Ф. Буслаев, Мои воспоминания.*— Ты что-нибудь понял из этого описания? — **Темный лес**! Я бросил читать со второй страницы. *(реч.)*

ТО И ДЕЛО. См. III, 36

36. ХОДИТЬ ХОДУНОМ 2. *что*. Пребывать в движении, в возбуждении. Имеется в виду ситуация, когда привычный ритм жизни людей нарушен какими-л. будоражащими обстоятельствами. Неформ. *что* — все, мир, школа, какое-л. учреждение, помещение (как совокупность лиц) и т. п. ● Именная часть неизм. ● Порядок слов нефиксир.

Тут весь мир **ходуном ходит**, мертвецы из могил встают, а ты пять рублей за камушек хочешь брать? *Э. Казакевич, Весна на Одере.* Ох, если бы вы, дорогие товарищи, знали, что творится, когда собирается в отпуск наш главный бухгалтер! Вся контора **ходуном ходит**! *П. Дудочкин, Мать-и-мачеха.* В поселке Первомайском все **ходуном ходило**. Навстречу Уле неслись подводы, бежали целые семьи. *А. Фадеев, Молодая гвардия.* То-то хохоту было. И свистели, и хлопали, и ногами топали. Весь театр **ходуном ходил**! *А. Листовский, Конармия.* У Федора Капитоновича огня в окнах не было, зато рядом, у Постниковых, изба **ходила ходуном**. Пляс, песни, гармонь — Константин приехал. *Ф. Абрамов, Две зимы и три лета.* И когда у них собиралось его мальчишеское «день-рождение», приходили гости, Нина Николаевна пекла пироги, вся квартира ходила ходуном от этого события... *Н. Булгаков, Белая рубашка.* — Вы и командуйте всем. Чтобы весело было, чтобы **ходуном ходило** все... *М. Горький, Тоска.* — Представляю, как завтра у нас все будет **ходить ходуном**, ведь директор собирается объявить о сокращении штатов. *(реч.)*

37 **заходить ходуном 2.** *что.* Прийти в движение, в возбуждение.
Тут баня заходила ходуном. Кто яростно наседал на Михаила.., кто, наоборт, с такой же горячностью защищал его... *Ф. Абрамов, Пути-перепутья.*

38. ХОТЬ ЛОЖИСЬ ДА ПОМИРАЙ ⟨УМИРАЙ⟩. Совершенно неизвестно, что делать, просто кошмар (говорится с неодобрением). Употр. в ситуации, когда все попытки что-л. придпринять, чтобы поправить крайне трудное положение, по мнению говорящего, безнадежны. Употр. для выражения чувства безысходности, отчаяния. Неформ. ● Неизм. ● В роли сказ., обстоятельства, определения или самостоят. предложения. Порядок слов фиксир.

— Ты молоденькая, глупенькая, ничего не понимаешь... Надуют! А уж тогда я не вынесу... Тогда шабаш... Кончено! Тогда **хоть ложись да помирай**. *А. Чехов, Живой товар.* **Ванька** вдруг обмяк, пошел к двери и прислонился спиной к косяку: — Бедность заела, шабры... **хоть ложись да помирай**... Акулина-то от голода с душой расстается. Куска хлеба нет. *Ф. Гладков, Повесть о детстве.* — Поссорилась и уехала... И думала, навсегда. А вот теперь оказалось, что не могу без нее, **хоть ложись да помирай**. *М. Бубеннов, Стремнина.* Да я до смерти рад и тому, что денег не взыскивают пока, а то было проняла беда: **хоть ложись да умирай**. *М. Кольцов, Письмо.*

[ХОТЬ] ПРУД ПРУДИ *[у кого] чего, кого;* реже *кем, чем.* См. XVI, 21

[ХОТЬ] ТОПОР ВЕШАЙ 1. накурено, надымили; духота. См. XVI, 22

[ХОТЬ] ТОПОР ВЕШАЙ 2. *[где]* См. XVI, 23

39. ЧЕРЕЗ ПЕНЬ-КОЛОДУ. 2. Еле-еле, с трудом, плохо и медленно. О делах и событиях в их процессе (говорится с неодобрением). Реч. стандарт ● Неизм. ● В роли обстоятельства.

— ...Всевышний послал нам прекрасных женщин в качестве компенсации. Видит, что дела в стране идут **через пень-колоду**... *В. Пьецух, Заколдованная страна.* — Да ведь если бы жизнь нормально развивалась, а не вкось да **через пень-колоду**, я бы и вправду был не меньше, как дивврачом. *Ю. Герман, Дорогой мой человек.* Все у него складывалось не как у людей, все шло **через пень-колоду**. *Н. Сизов, Трудные годы.* — Поговорили... Кто виноват в том, что в Пекашине все идет **через пень-колоду**? А Михаил Пряслин. *Ф. Абрамов, Дом.*

ЧЕРТ ДЕРНУЛ *кого* сказать, спросить, сделать, пойти и т п. См. XI, 59

XIV. ПРОСТРАНСТВО

1. **В ДВУХ <В ТРЕХ, В НЕСКОЛЬКИХ> ШАГАХ** быть, находиться и т п. *[от чего, от кого]*. Совсем близко, на совсем близком расстоянии. Имеется в виду местоположение кого-л., чего-л. по отношению к какому-л. объекту, место осуществления какого-л. события, пространственная близость какого-л. объекта — строений, элементов ландшафта и т. п. *от чего* — от какого-л. объекта; *от кого* — от лица. Реч. стандарт ● Неизм. ● В роли именной части сказ. или обстоятельства.

Мы с семи часов были на пароходе, **в двух шагах** от города и пристани. *Г Успенский, На Кавказе.* За буфетной перегородкой сочинского вокзала, **в двух шагах** от паровоза, с утра до ночи играет оркестр. *И. Ильф и Е. Петров, У самовара.* Готово! Налетели. Вот они, горы, **в двух шагах**. Вон ущелье. *М. Булгаков, Необыкновенные приключения доктора.* — Тут **в двух шагах** от тебя злодейски убивают безвинных старушек,.. а ты развиваешь оптимистические теории. *В. Пьецух, Новая московская философия.* От меня **в двух шагах** живет семейство, с которым мне очень хочется вас познакомить. *И. Тургенев, Накануне.* Пройдя мимо скамьи, ...иностранец покосился на них, остановился и вдруг уселся на соседней скамейке **в двух шагах** от приятелей. *М. Булгаков, Мастер и Маргарита.*

2. **ВДОЛЬ И ПОПЕРЕК 1.** пройти, исходить, объехать и т. п. Во всех направлениях. Реч. стандарт ● Неизм. Тк. с глаголами и причастиями прош. вр. сов. в. ● В роли обстоятельства. Порядок слов фиксир.

Сторона мне знакомая, — отвечал дорожный, — слава богу, исхожена и изъезжена **вдоль и поперек**. *А. Пушкин, Капитанская дочка.* Хорошо поработали [во время пожара], спасая людей, скоморохи, прекрасные знатоки города, исходившие его **вдоль и поперек**. *А. Волков, Зодчие.* Оказалось, он сам из Екатеринбурга, изъездил Урал **вдоль и поперек**... *Б. Пастернак, Детство Люверс.*

3. **ВО ВСЮ ШИРЬ. 1.** В полной мере, безгранично, сколько хватает взгляда (говорится с одобрением). О реке, море, степи и т. п. Книжн. ● Неизм. ● В роли обстоятельства, обычно с глаголами **открыться, разлиться, развернуться.**

Мы садимся в лодку. Речка то суживается, зажатая в каменное русло, то разливается **во всю ширь**, образует отмели, перекаты. *И. Арамилев, Золото.* Теперь, когда пыль отставала, крутясь за «газиком» длинным хвостом, однообразная огромность степи открывалась перед глазами **во всю свою ширь**. *Л. Соболев, Зеленый луч.*

4. **[И] СЛЕД ПРОСТЫЛ** *кого, чего.* Нет в положенном или ожидаемом месте. Подразумевается неожиданное исчезновение кого-л., чего-л. в неизвестном направлении. Часто об украденных вещах. Неформ. *кого* — лица, животного; *чего* — предмета ● Неизм. ● В роли главного члена безличного предложения. Часто в главном предложении с придаточным времени. Часто в противит. конструкции, левая часть которой содержит описание обстоятельств, при которых было обнаружено исчезновение кого-л., чего-л. Порядок слов фиксир.

[Кот:] Дракон думает, что Ланцелот здесь, а его и **след простыл**. Смешно, верно? *Е. Шварц, Дракон.* — Ах тебя! Сорвался Степан. Но мальчишки и **след простыл**, только на улице слышится смех и оживленные голоса *Б. Пантелеймонов, Деревня.* — Стой! — закричал он... Но

Сереги и след простыл. *Г. Семенов, Непротекаемый.* Думаю, что козы — самые хитрые из всех четвероногих. Бывало, только зазеваешься, а их уж и след простыл, как будто растворились среди белых камней, ореховых зарослей, в папоротниках. *Ф. Искандер, Созвездие Козлотура.* — И только сегодня, уже в половине восьмого, пробудясь, вскочил как полоумный, схватился первым делом за сюртук, — один пустой карман! Бумажника и след простыл. *Ф. Достоевский, Идиот.* Когда Леша с товарищами прибежал на станцию, поезда и след простыл. Вместе с колесным мастером они пытались догнать свой состав всякими хитрыми способами. *Ф. Вигдорова, Любимая улица.* Гусак... ведь убежал! У Исаевой Сечи привязан был. Ну, мы и пошли вот сейчас.., потешиться хотели. А там даже и веревочки след простыл. *Л. Леонов, Барсуки.*

5. **КАК КОРОВА ЯЗЫКОМ СЛИЗАЛА** *[что, кого].* Нигде не видно, пропал бесследно, начисто исчез (говорится с неодобрением). Имеется в виду ситуация, когда говорящий неожиданно не обнаружил что-л., кого-л. Неформ. *что* — предметы, вещи и т. п.; *кого* — (реже) лица, живого существа ● Неизм. ● В роли сказ. или самостоят. предложения. В форме клишированной реплики в ответ на ситуацию. Порядок слов фиксир.

[В гардеробе:] — Куда мог деться номерок? В сумке нет, в кармане нет, в авоське нет — как корова языком слизала! *(реч.)* — Приехали да взвыли: избы заколоченные стоят; во дворах, под сараем все чисто, как корова языком слизала; ни лошади, ни овцы, ни коровы, ни бороны, ни одежи — все продали за недоимку барину. *А. Серафимович, Бунт.* В третьем батальоне прямое попадание в окоп. Сразу одиннадцать человек как корова языком слизала! — с горечью сказал Левашов. *К. Симонов, Левашов.* — Да жиличка одна исчезла, — сказал Чинариков. — Пумпянская Александра Сергеевна. Вчера еще была здесь, а сегодня как корова ее языком слизала! *В. Пьецух, Новая московская философия.*

6. **КАК НА БЛЮДЕЧКЕ** видно. Ясно и отчетливо, во всех деталях. Подразумеваются четко видимые сверху предметы, расположенные на открытом месте. Неформ. ● Неизм.

День был чудесный, светлый и не жаркий, все горы видны были как на блюдечке. *М. Лермонтов, Герой нашего времени.* Вид чудный в три стороны. Гостиный двор ярмарки как на блюдечке [виден], но и мал. *П. Вяземский, Записные книжки.* С какого из этих холмов ни подъезжай к Дергачам, всюду увидишь деревню как на блюдечке. *Н. Златовратский, Устои.* Окопы, проволочные заграждения, пикеты, все это оказалось неприкрытым со стороны реки и видно как на блюдечке. *Л. Рейснер, Фронт.* Внизу осенью, когда лес редел, видно было станцию Нагорную как на блюдечке. *Б. Пастернак, Доктор Живаго.*

КАК СЕЛЬДИ В БОЧКЕ набились, быть. См. XVI, 6

7. **НА КАЖДОМ ШАГУ 1.** быть, иметься, случаться, происходить, делать что-л. Везде, всюду, повсеместно. Реч. стандарт ● Неизм. ● В роли именной части сказ. или обстоятельства.

— Да, у вас — да. У вас так, — совсем бешено отвечала Паллада. — А у нас — чудо на каждом шагу. Петр Никанорович шел по улице и видел — везут Алавердова и Матохина. Везут арестованных на расстрел. *Н. Тэффи, Авантюрный роман.* В Москве опасности на каждом шагу. Что будет с дядей, как управится без меня? *Б. Пантелеймонов, Приклю-*

чения *дяди Володи.* Будьте бдительны **на каждом шагу** и каждую минуту, товарищи! *В. Ажаев, Далеко от Москвы.* — Тут ресторан, там ресторан... — Они там **на каждом шагу.** *В. Шукшин, Печки-лавочки.* В какой бы музей вы ни пришли, **на каждом шагу** предостерегающие таблички. *(реч.)* **На каждом шагу** она замечала восхищенные взгляды. *(реч.)* Во всей этой [городской] сутолоке двигались два друга. Соблазны возникали **на каждом шагу**... На виду у всей улицы жарили шашлыки... Из пивных, ресторанчиков... неслась струнная музыка. *И. Ильф и Е. Петров, Двенадцать стульев.* Я гуляю по Африке. В Африке **на каждом шагу** продают бананы. *С. Георгиевская, Лгунья.*

8. НА КАЖДОМ ШАГУ 3. быть, иметься, замечать, чувствовать, делать что-л. и т. п. Везде и постоянно. Реч. стандарт. ⊛ Неизм. ⊛ В роли именной части сказ. или обстоятельства.

На каждом шагу у нас разговор о дефиците. *Литературная газета, 1989.* [Незнакомец:] И самое ужасное, что ложь во всем! Она окружает нас с пеленок, сопровождает **на каждом шагу,** мы ею дышим, носим ее на своем лице, на теле... *А. Аверченко, Четверо.* Опасность подстерегала [Андрея и Риту] **на каждом шагу.** *Д. Гранин, Искатели.* Разве есть возможность не заметить того, что **на каждом шагу** режет глаз самому невнимательному наблюдателю? *Д. Писарев, Реалисты.* Максим шел озираясь. — Смотри, не приведи шпика, — сказал ему Савося. Теперь шпики чудились Максиму **на каждом шагу.** *Г. Марков, Строговы.* Тебе уж теперь **на каждом шагу** будут воры казаться. Некрасиво обидел товарища. *В. Шукшин, Печки-лавочки.*

НА РУКИ выдавать, получать; получено *что, сколько, по сколько.* См. VI, 71

9. НОС <НОСОМ> К НОСУ столкнуться, повстречаться, сойтись и т. п. Совсем близко, вплотную, в непосредственной близости. Имеется в виду положение «друг против друга». Неформ. ⊛ Неизм. ⊛ В роли обстоятельства. Порядок слов фиксир.

Почтенный прохожий уже побелел и дико озирается, другой врос столбом, будто **нос к носу** столкнулся с привидением. *А. Н. Толстой, Похождения Невзорова, или Ибикус.* Спускаясь с лестницы,.. я на одном повороте, **нос к носу,** столкнулся с какой-то маленькой фигурой. *Н. Лесков, Островитяне.* На Большой Кинельской улице судьба столкнула его **нос к носу** с Батуевым. *С. Голубов, Когда крепости не сдаются.* Она как раз выходила оттуда. Шла с пустыми руками, растерянная, и Наташу не заметила, хотя встретились они **нос к носу.** *Н. Тэффи, Авантюрный роман.* Надо было сойтись с ним **нос к носу,** чтобы не давило мраморно-пластиковое великолепие чудовищных сеней, увидеть вблизи его холодно-цепкие глаза, упрятанные в тень отлакированного козырька низко надвинутой фуражки... *Ю. Нагибин, Ночной дежурный.* На пути моем, **нос к носу,** опять стал черный араб. Он смеялся глазами, скалил зубы и настойчиво говорил мне по-русски: — Купи, рус, купи... *И. Соколов-Микитов, Пути кораблей.* Я вспомнил свою далекую родину... Мать с отцом... — Бронька некоторое время молчит, чтоб заплакать, завыть, рвануть на груди рубаху... — Знаете, бывает: вся жизнь промелькнет в памяти... С медведем **нос к носу** — тоже так. *В. Шукшин, Миль пардон, мадам.* Занятая своими мыслями, Раиса Павловна не заметила, как столкнулась **носом к носу** с молоденькой девушкой. *Д. Мамин-Сибиряк, Горное гнездо.*

10. ПОД БОКОМ [*у кого*] быть, находиться, происходить и т. п. Совсем рядом. Имеется в виду непосредственная пространственная близость. Реч. стандарт. *у кого* — у лица ● Неизм. ● В роли именной части сказ. или обстоятельства.

Хорошо спится, когда под боком море. Сырой ветер дышит в щеку йодистым духом водорослей, а голоса корабельных сирен прорываются из яви в сон... *Ю. Яковлев, Где цветет гвоздика.* — Почему вы отправились покорять Америку, не освоив Европу, которая под боком? *Столица, 1991.* Дочка поменяется — будет у меня под боком, если что, всегда заеду, помогу. *(реч.)* Вы... не хотите быть самостоятельными. Вам удобно всегда иметь под боком маму с папой. Вы боитесь быть сами за себя. *Московский комсомолец, 1993.* Эти сведения тревожили, хотелось очутиться подальше от вершившихся под боком расправ... *О. Волков, Погружение во тьму.* Это было так, как будто мне сказали, что рядом со мной, под боком, идет совсем другая жизнь. *В. Каверин, Открытая книга.*

11. ПОД РУКОЙ <реже **ПОД РУКАМИ**> быть, находиться. Поблизости, рядом, в пределах досягаемости. Подразумевается возможность в любой момент воспользоваться чем-л. или использовать кого-л. для определенных целей. Реч. стандарт ● Неизм. ● В роли именной части сказ. или обстоятельства.

У него сейчас под рукой нет необходимых документов, но он готов говорить по памяти. *М. Кольцов, Пуанкаре — война.* — Что ж, за елью нам в Москву посылать, что ли? — Да нет, зачем же, — не поняв шутки, воскликнул врач. — У нас тут она, под рукой. *Ф. Панферов, Борьба за мир.* Печки и керосинки у местных жителей всегда под рукой — так же как тазы, ведра и банки с водой, которая... течет из водопроводного крана с коварным непостоянством — чаще всего глубокой ночью. *Столица, 1990.* У нас широкие контакты с этими людьми, и они всегда у нас под рукой. Мы владеем ситуацией в этой сфере. *Аргументы и факты, 1993.* Он утром собрал всех, кто был под рукой, и трижды водил их в атаку. *К. Симонов, Третий адъютант.* Мне ужасно хотелось поговорить с кем-нибудь; но так как никого под рукой не было, кроме извозчика, я обратился к нему. *Л. Толстой, Юность.* Мне лично хотелось бы перебраться в университетский городок, чтобы под рукой была большая библиотека. *Л. Пантелеев, Воспоминания.* Мне давно уже, сколько лет, хотелось найти такой уголок, где бы все было под рукой: и охота, и рыбалка, и грибы, и ягоды. *Ф. Абрамов, Деревянные кони.* В некоторых альковах стояли даже панцирные никелированные кровати с шариками. На них тоже лежали дела и всякая нужная переписка. Это было чрезвычайно удобно, так как бумажки всегда находились под рукой. *И. Ильф и Е. Петров, Золотой теленок.* На небольшом письменном столе, с решеточкой, «дедушкином столе», справа, всегда под рукой, лежали ореховые счеты. *И. Шмелев, Лето Господне.* Вот, думаешь, люди живут! Все нарядные ходят, чистенькие. В комнатах все блестит, все под руками... *В. Шукшин, Брат мой.*

12. РУКОЙ ПОДАТЬ [*до чего*] [было, оставалось]. Совсем недалеко. Подразумевается достижимость какого-л. объекта. Обычно имеется в виду, что объект находится в направлении движения кого-л., на пешеходном расстоянии. Реч. стандарт. *до чего* — до какого-л. объекта, до пункта следования ● Неизм. ● В роли именной части сказ. Порядок слов нефиксир.

Быстро стали снижаться. Вот уж земля — **рукой подать**, стремительно летит назад. А толчка все нет. *В. Шукшин, Чудик.* — Волокли, волокли, уж до нашей первой линии **рукой подать**, а лесок-то кончился, немцы минами лоптят, да и окопы ихние рядом, а он [пленный] пилотку-то мою выплюнул да как заорет; ну, думаем, все каюк... *В. Белов, Привычное дело.* Самая грязная грязь начиналась за околицей, и хотя до машинного двора было **рукой подать**, Демин потратил немало времени на одоление поледних метров. *Ю. Нагибин, В дождь.* Иван Африканович выбежал на угор, до больницы и конторы сельпо было **подать рукой**. *В. Белов, Привычное дело.* Когда же до холмиков оставалось **рукой подать** — метров двести, а то и меньше, — оттуда сразу ударили пулеметы. *К. Симонов, Пехотинцы.*

[САМ] ЧЕРТ НОГУ СЛОМИТ 1 *[где]*. См. XIII, 33

XV. ВРЕМЯ

1. БЕЗ ГОДУ НЕДЕЛЯ <НЕДЕЛЮ> 1. быть, жить, работать, учиться и т. п. Совсем недавно, очень непродолжительное время (говорится с неодобрением). Реч. стандарт ● Порядок слов фиксир.

Откуда у Курганова такая самоуверенность? **Без году неделя** в районе, а рассуждает, словно знает все и вся. *Н. Сизов, Трудные годы.* Представляете,.. **без году неделя** руководит коллективом — и уже: — Может, вам... лучше на пенсию? — Нах-хал! *В. Шукшин, Чудик.* Во всем этом, товарищи, нет отдельной заслуги отдельного человека, — ни агронома, хотя агроном у нас очень хороший, ни тем более моей, потому что я в совхозе **без году неделя**. *В. Панова, Ясный берег.* Что же это такое? Знакома с ним **без году неделя** — и вдруг невеста, — сказала она. *Л. Куприна-Иорданская, Годы молодости.* Вот... **без году неделю** на свете живет, а понимает, где лучше, к теплу жмется. *М. Шолохов, Поднятая целина.*

2. БИТЫЙ ЧАС ждать, говорить, ехать, заниматься чем-л. и т. п. Очень долго и безрезультатно (говорится с неодобрением). Имеется в виду, что то, о чем идет речь, длится не меньше часа. Реч. стандарт ● Неизм. Не употр. с глаголом в буд. вр. В роли обстоятельства. ● Порядок слов фиксир.

...Гонтарев рассказывал, как Ш. **битый час** ждал Малиновскую где-то у подъезда, когда же подкатил наконец автомобиль с Малиновской, кинулся высаживать ее с истинно холопским подобострастием. *И. Бунин, Окаянные дни.* Я не виноват, я сделал все, чтоб утешить его. — Что ж ты сделал? — Мало ли? И говорил **битый час**... даже в горле пересохло.., всю теорию любви точно на ладони так и выложил, денег предлагал, и ужином, и вином старался. *И. Гончаров, Обыкновенная история.* Чуть не **битый час** толкуем, а все попусту. *П. Мельников-Печерский, На горах.* **Битый час** Пастухов убеждал следователя, что он никакой не спекулянт. *В. Фролов, Подкупил.* Подавленный своей неудачей, сижу у окна **битый час**. *Ю. Юрьев, Записки.* ...Вера Валенчик что-то вязала, а Генрих с пером в руке уже **битый час** как смотрел сквозь стену. *В. Пьецух, Новая московская философия.*

3. В ДВА СЧЕТА сделать. Быстро и легко. Имеется в виду, что на описываемое дело не затрачивается много усилий — «раз, два и готово».

Реч. стандарт ● Неизм. Не употр. с глаголами в повел. накл. ● В роли обстоятельства.

Перелома у тебя нет. Не бойся. Простой вывих. Выправят **в два счета**. *С. Антонов, Дело было в Пенькове*.— Вот только есть одно маловато!— не утерпел он...— Это можно исправить. Это мы **в два счета** для тебя исправим!— пообещал Супрунов. *Н. Нароков, Мнимые величины*.— Ну, я отступаю. В теории ты меня на обе лопатки **в два счета** положишь. *Г. Марков, Соль земли*.— Человек, который знает теорию, вашими премудростями овладеет **в два счета**. *Д. Гранин, Искатели*. Людей в шароварах **в два счета** выгнали из города серые разрозненные полки... *М. Булгаков, Белая гвардия*. Галошу потерять прямо пустяк. С меня галошу сняли **в два счета**. Можно сказать, ахнуть не успел. *М. Зощенко, Галоша*.— ...Так бы и смел всю эту нечисть,— прибавил он, сжав кулак.— Мы их всех в такие клещи зажмем, что они **в два счета** подохнут. У нас и нашего народу хватит. *П. Романов, Товарищ Кисляков*.— Ну, тут, понятное дело, святой землепашец, сеятель и хранитель прозрел **в два счета**! *М. Булгаков, Белая гвардия*.— Ой, милый, вот встретились-то! Да вот пороги обиваю, целый месяц без места.— Человек в заячьей шапке отвел его в сторону и сказал: — Да ведь тут мой зять, он тебя **в два счета** устроит. *П. Романов, Иродово племя*. Между тем я живу под его именем, кое-где следы этого имени уже оставил, так что найти меня можно было бы **в два счета**, если бы выяснилось, кого я, как говорится, угробил. *В. Набоков, Отчаяние*.

В ДОЛГИЙ ЯЩИК откладывать. См. VI, 14

4. В КОИ-ТО ВЕКИ ‹реже **В КОИ ВЕКИ**› 1. происходить, случаться. Редко когда. Часто о давно желаемом событии. Реч. стандарт ● Неизм. Не употр. с глаголами прош. вр. сов. в. Чаще с глаголами буд. вр. сов. в. ● В роли обстоятельства.

Все-то вы одна да одна! Хоть бы к нам почаще заходили, а то живете через улицу, **в кои-то веки** заглянете! *М. Салтыков-Щедрин, Пошехонская старина*.— Эх, посидели бы еще немного,— с сожалением сказал он доктору.— **В кои-то веки** удастся поболтать с интеллигентным человеком! *А. Куприн, Жидовка*.— Пойдем-ка, пожалуй, Паня...— А мне что-то и уходить не хочется,— пела Панька, допивая чай.— **В кои-то веки** к своим соберешься, а чай такой вкусный. *Б. Полевой, Глубокий тыл*. Служба тогда была легкая. Изредка приходилось надеть мундир, **в кои веки** доставалось побывать в карауле. Это даже нравилось как разнообразие. *А. Герцен, Долг прежде всего*.

5. В КОИ-ТО ВЕКИ ‹реже **В КОИ ВЕКИ**› 2. сделать, прийти, собраться, дождаться. Наконец-то после долгого перерыва. О давно ожидаемом и желаемом событии. Реч. стандарт ● Неизм. Чаще с глаголами прош. вр. сов. в. ● Может употр. в первой части противит. конструкций с союзом **а**, частицей **так** и т. п. В роли обстоятельства.

В кои-то веки дождался я Аркаши... Я со вчерашнего дня и насмотреться на него не успел. *И. Тургенев, Отцы и дети*. [Дудкин:] **В кои-то веки** дождались такого счастья, что видим вас в нашем обществе. *А. Островский, Без вины виноватые*.— Уйдите вы со скамьи-то! Катя, невестка, Паша!.. Батюшка будет на скамье плясать.— И запричитали в умильном беспокойстве: — **В кои-то веки**! Батюшка! *Ф. Гладков, Повесть о детстве*. **В кои-то веки** ты к нам приехал, а уже назад собираешься. (реч.) Оля была очень мила, ей помогали какие-то женщины —

подруги.., и Пульхерия даже не подумала предложить свою помощь, она просто сидела и отдыхала **в кои-то веки**. *Л. Петрушевская, В садах иных возможностей.* Геннадий ушел к себе рассерженный и огорченный: **в кои-то веки** осчастливил человек своих близких — не оценили. *В. Панова, Времена года.* **В кои-то веки** я свободен в выходной, так детей дома нет. *(реч.)*

6. **В <ВО> МГНОВЕНИЕ ОКА** сделать, сделаться, оказаться. Чрезвычайно быстро, моментально. Реч. стандарт ● Неизм. Чаще с глаголами однократного действия прош. вр. ● В роли обстоятельства. Порядок слов фиксир.

Лакей Марьи Николаевны, ожидавший ее в сенях, **в мгновение ока** отыскал ее карету — она проворно села в нее, за нею вскочил Санин. *И. Тургенев, Вешние воды.* **В мгновение ока**, грациозно скользя по паркету, пролетел я все разделяющее меня от нее пространство и, шаркнув ногой, твердым голосом пригласил ее на контрданс. *Л. Толстой, Детство.* Она выпучила глаза на меня, и слезы, как мне показалось, **в мгновение ока** высохли на ней. *М. Булгаков, Театральный роман.* О большевиках он не мог говорить спокойно... О большевиках — слюна. Я думаю, что если бы маленькую порцию этой слюны впрыснуть кролику — кролик издох бы **во мгновение ока**. *М. Булгаков, Столица в блокноте.* Вы кисло морщитесь, поворачиваетесь направо и налево — и декорация **в мгновение ока** окончательно изменяется. *А. Левитов, Погибшее, но милое создание.* Что касается форели, он ее разделал таким образом, что **в мгновение ока** на тарелке остались остов и голова рыбешки... *М. Козаков, Записки на песке.* Иван увидел серый берет в гуще, в начале Большой Никитской, или улицы Герцена. **В мгновение ока** Иван и сам оказался там. *М. Булгаков, Мастер и Маргарита.*

В <ЗА> ОДИН ПРИСЕСТ съесть, выпить, написать и т. п. См. XVI, 1

В <ЧЕРЕЗ> ЧАС ПО ЧАЙНОЙ <СТОЛОВОЙ> ЛОЖКЕ делать, получать и т. п. См. XVI, 2

7. **ДОЛГАЯ <ДЛИННАЯ> ПЕСНЯ.** Будет тянуться продолжительное время. О длинном рассказе, повествовании, каком-л. деле, завершение которых предполагается не скоро. Всегда отнесено к будущему. Часто употр. как отказ в ответ на просьбу рассказать о чем-л. Реч. стандарт ● Неизм. ● В роли именной части сказ. обычно при подлежащем *это*. Порядок слов нефиксир.

Когда напечатается Одиссея, вы также ее получите; но это еще **долгая песня**. *В. Жуковский, Письмо А. Ф. фон дер Бриггену, 18 (30) июня 1845.* Завхоз говорит: «Я пришлю завтра кровельщиков». Стародуб: «Нет, говорит, это **долгая песня**. За полгода не собрались прислать, и еще столько же времени пройдет». *В. Овечкин, С фронтовым приветом.* **Долгая** это будет **песня**, если я начну вам рассказывать обо всем, что с нами было на этой дороге... *К. Воробьев, Дорога в отчий дом.* — У вас она [философия] есть, доктор, что я еще в вагоне заметил, и преоригинальная. — Худа ли, хороша ли, но я не нахожу надобности менять ее. — Как же вы дошли до нее? — Это **длинная песня**. *А. Герцен, Скуки ради.* — Ты расскажи, как это тебя из части отпустили.— Это **песня длинная**, после расскажу. *М. Шолохов, Тихий Дон.*

8. ЗАДНИМ ЧИСЛОМ 1. подписать, оформить, пометить и т. п. С указанием более ранней даты, чем фактическая дата оформления деловой бумаги. Подразумевается стремление отразить какой-л. факт как уже свершившийся. Реч. стандарт ● Неизм. ● В роли обстоятельства. Порядок слов фиксир.

Данилова поставлю перед фактом, найдет способ оформить как-нибудь **задним числом**. *В. Панова, Ясный берег.* Когда похоронили Антона Васильевича, Николай исчез куда-то на две недели, никто не знал, куда; вернулся тихий, пришибленный, его собирались уволить за прогул, но вмешался Узелков, оформил ему **задним числом** отпуск без содержания. *И. Герасимов, Пробел в календаре.* ...сам порядок приостановления и отзыва лицензий был принят **задним числом** — документ еще не был опубликован, а министерство уже приступило к проверке. *Коммерсант, 1993.* — Давайте договоримся так: вы выйдете на работу уже завтра, а я потом **задним числом** подпишу приказ о вашем зачислении. *(реч.)* — ...Нельзя ли ее как-нибудь зачислить **задним числом**... скажем, на неделю раньше? *А. Тоболяк, История одной любви.*

9. ЗАДНИМ ЧИСЛОМ 2. испытать, почувствовать, понять, оценить, узнать, выразить. Позднее, спустя некоторое время после события. Часто подразумевается, что реакция на событие несвоевременна или неактуальна. Реч. стандарт ● Неизм. ● В роли обстоятельства. Порядок слов фиксир.

Марфенька, услыхав слово «горячка», испугалась **задним числом** и заплакала. *И. Гончаров, Обрыв.* Телегин замедленно-спокойно, как всегда у него бывало в таких происшествиях (переживания начинались потом уже, **задним числом**), нажимал гашетку револьвера, закрытого на предохранитель. *А. Н. Толстой, Хождение по мукам.* Впереди, шагах в трехстах, начинался сосновый бор. Я посмотрел туда и, клянусь, почувствовал, что все это уже знаю. Да, я теперь вспомнил ясно: конечно, было у меня такое чувство, я не выдумал его **задним числом**... *В. Набоков, Отчаяние.* Проклятый Костов! Грязный мерзавец! У-у-удивительно, как **задним числом** становятся понятны козни этих негодяев! *А. Солженицын, В круге первом.* **Задним числом** Трегубов сообразил, что крыса появилась в классе неспроста. *К. Паустовский, Повесть о жизни.* На прежнем месте он не сработался с заместителем, а при разборе дела нагрубил начальству. Даже сам Ефимов **задним числом** не считал себя до конца правым в этой истории. *К. Симонов, Левашов.* Тогда-то... и созрел у него сверхсатанинский план... забросить своего человечка в недра царской охранки: не оставалось сомнений, что Селезнев **задним числом** одобрит его затею. *Л. Леонов, Русский лес.* Обвинять себя мне не в чем. Ошибки — мнимые — мне навязали **задним числом**, голословно решив, что самая концепция моя неправильна... *В. Набоков, Отчаяние.* Составлять великие, гениальные проекты **задним числом** вовсе не трудно для историка. *Н. Добролюбов, Первые годы царствования Петра Великого.* Празднование Вашего юбилея, милая, дорогая, прекрасная моя Ольга Леонардовна, было для меня неожиданностью; я была в санатории, узнала о нем **задним числом** — и никак не могла в нем участвовать! *М. П. Лилина, Письмо О. Л. Книппер-Чеховой, 15 нояб. 1940.* [Рассказ «Трус»] отражает, по-видимому, **задним числом** настроение Гаршина до его решения идти самому на войну. *В. Короленко, В. М. Гаршин.* Как вспомню, что Шашко с трибуны хвалился этой жирностью [молока] на весь район, так, кажется, и дал бы ему **задним числом** оплеуху. *Л. Обухова, Заноза.* Сегодня из газеты «Советское искусство» узнала я о

Вашем 70-летии, дорогая Ольга Леонардовна, и мне грустно стало, что прозевала этот день, и хоть **задним числом** хочется Вас поздравить и пожелать Вам еще долго украшать сцену МХАТ, поддерживать славу не только свою, но и дорогого для всех театра. *З. С. Соколова, Письмо О. Л. Книппер-Чеховой, 6 окт. 1940.*

10. К ШАПОЧНОМУ РАЗБОРУ приходить, являться и т. п. С большим опозданием, к самому концу (говорится с неодобрением). Имеется в виду ситуация, когда кому-л. не удается стать участником или свидетелем какого-л. события, мероприятия и т. п. Реч. стандарт ● Неизм. ● В роли обстоятельства. Порядок слов фиксир.

— Пожалуй, что и правда пора,— соображал он,— что же, **к шапочному разбору-то** прийти? Только хозяев в неловкое положение поставишь. *И. Бунин, Учитель.* Но как она ни спешила, а пришла **к шапочному разбору**. Митинг заканчивался, и приезжий агитатор уже скрылся в толпе. *С. Сартаков, Хребты Саянские.*— Весь дивизион с ним кровно связан. Я почти не воевал, **к шапочному разбору**, можно сказать, явился, уже значительно позже того знаменитого десанта, когда здесь, на нашем корабле, доктора ранило. *Ю. Герман, Дорогой мой человек.* Красный свет стал опадать — пожар кончался. И так как Павел Петрович не сел на трамвай, а идти было далеко, то он прибыл на место происшествия, так сказать, **к шапочному разбору**. *В. Панова, Времена года.* Потом он... сетовал на медленный ход эшелона... Он с полной серьезностью уверял, что если мы будем и дальше так ползти, то поспеем [на фронт] как раз **к шапочному разбору**. *Л. Волынский, Двадцать два года.* Но тут сказалась характерная черта моей биографии — умение поспевать лишь **к шапочному разбору**. Стоит мне приобрести что-нибудь в кредит, и эту штуку тотчас же уценивают. *С. Довлатов, Ремесло.*

Шапочный разбор — время, когда все одеваются, разбирают шапки.

11. КАК <БУДТО, СЛОВНО, ТОЧНО> СНЕГ НА ГОЛОВУ 1. приехать, явиться, нагрянуть. Совершенно неожиданно, внезапно (говорится с неодобрением). Реч. стандарт. ● Неизм. Обычно с глаголами прош. вр. ● В роли обстоятельства. Порядок слов фиксир.

Обещанной телеграммы Валентин не послал и явился в Кузнецк **как снег на голову**. *Н. Почивалин, Летят наши годы.*— Не выспалась. Вчера родственники из деревни явились **точно снег на голову**. *(реч.)* Вязанки хворосту не даст утащить; в какую бы ни было пору, хоть в самую полночь, нагрянет **как снег на голову**, и ты не думай сопротивляться — силен, дескать, и ловок, как бес. *И. Тургенев, Бирюк.*— Ты бы нас предуведомил о своем приезде, а то нагрянул **как снег на голову**, тебя и положить-то сегодня негде. *(реч.)*

12. КАК <БУДТО, СЛОВНО, ТОЧНО> СНЕГ НА ГОЛОВУ 2. быть что *[для кого].* Совершенно неожиданный, внезапный, непредвиденный. Реч. стандарт. *что* — событие, факт; *для кого* — для лица, для социального коллектива ● Неизм. ● В роли именной части сказ. Порядок слов фиксир.

— Вам большое спасибо: ваша поддержка и сильна, и **как снег на голову**. *А. Эртель. Гарденины.* В общем, никакого секрета в том, что в доме вот-вот появится новый человек, для меня не было. И все-таки приезд старухи был для меня **как снег на голову**. *Ф. Абрамов, Деревянные кони.* Шабель взял фольварк без единого выстрела. Их [партизан] налет был **как снег на голову**. *Н. Островский, Рожденные бурей.*

13. КОГДА РАК [НА ГОРЕ] СВИСТНЕТ [произойдет, случится]. Никогда; неизвестно когда (говорится с пренебрежением, иногда с оттенком иронии или шутливости). ▷ Подразумевается невероятность какого-л. события. Фам. ■ Неизм. Только с глаголами буд. вр. ● В роли самостоят. или (реже) придаточного предложения. Часто употр. как реплика в диалоге в качестве самостоят. высказывания. Порядок слов фиксир.

Сын-то твой, Харитон, в мое хозяйство примаком просится,— голым, смекаю, не отпустишь, чего-нибудь дашь небось...— Дудки, Оглоблин. Когда рак на горе свистнет. *И. Акулов, Касьян Остудный.* Жандарм оглядел инвалида с недобрым любопытством...— Ничего, мы до тебя доберемся! — Когда рак свистнет! — дерзко ответил инвалид. *М. Юдалевич, Пятый год.* Слова о свадьбе я понял в смысле шутки, т. е. в том смысле, что увижу я своего друга, когда рак на горе свистнет. *В. Шефнер, Человек с пятью «не».* Если дело пойдет такими же темпами, фабрика будет выстроена примерно... Впрочем, есть три варианта, выбирайте любой: 1. Когда рак на горе свистнет; 2. После дождичка в четверг; 3. К морковкину заговенью. *Дубовецкий и др. Тишина на стройплощадке.*

14. НА КАЖДОМ ШАГУ 2. быть, происходить, возникать, осознавать, повторять и т. п. Постоянно, все время. Реч. стандарт ● Неизм. ● В роли обстоятельства или именной части сказ.

— Сколько, доктор, вы берете за ваш святой труд? — Помилуйте, что у вас на каждом шагу слово «святой». Ничего особенно святого я в своем труде не вижу. *М. Булгаков, Белая гвардия.* Подобные случаи у нас — на каждом шагу. *(реч.)* В смысле отношений между жильцами это была не квартира, а пороховой погреб. Не проходило ни одного дня, чтобы в том или другом месте порох не взрывался... Предлоги для взрыва являлись сами собой на каждом шагу. *П. Романов, Товарищ Кисляков.* Арестованных по делу были сотни, но следователи путали и не только не умели свести концы с концами, но, словно нарочно, тянули эти концы в разные стороны, так что у них на каждом шагу получались противоречия, которые уничтожали друг друга. *Н. Нароков, Мнимые величины.* Орещенков упорно держался своего права вести частную врачебную практику, хотя она все жесточе повсеместно запрещалась как источник предпринимательства и обогащения, как нетрудовая деятельность, на каждом шагу и повсеместно рождающая буржуазию. *А. Солженицын, Раковый корпус.* Левин был счастлив, но, вступив в семейную жизнь, он на каждом шагу видел, что это было совсем не то, что он воображал. *Л. Толстой, Анна Каренина.* Лжи столько, что задохнуться можно. Все друзья, все знакомые, о которых прежде и подумать бы не смел как о лгунах, лгут теперь на каждом шагу. *И. Бунин, Окаянные дни.* — По тому, как вы на каждом шагу цитируете Блока, я понял, что он ваш кумир. *(реч.)* Он желчно подчеркивает промахи Николая Николаевича и обрывает его на каждом шагу. *А. Куприн, Болото.* Ну, поздно, кончаю, целую дорогого Константина Сергеевича, скажите ему, что вспоминаем о нем на каждом шагу, любим и мечтаем видеть его поскорее среди нас... *О. Л. Книппер-Чехова, Письмо М. П. Лилиной, 14—15 окт. 1910.*

НА КАЖДОМ ШАГУ 3. быть, иметься, замечать, чувствовать, делать что-л. и т. п. См. XIV, 8

15. НА НОСУ *что [у кого]*. Совсем скоро, вот-вот будет, наступит. О каких-л. неотвратимо приближающихся важных событиях. Неформ. *что* — какое-л. событие, мероприятие; *у кого* — у лица ● Неизм. ● В роли сказ.

Лето-то уж давно прошло; вот и осень проходит, вот и зима на носу. *И. Тургенев, Затишье.* Она [война] уже шла в Европе, придвинулась к нашим границам.., и мы знали, что она на носу. *Н. Коржавин, В соблазнах кровавой эпохи.* Вот, братцы мои, и праздник на носу — пасха православная. *М. Зощенко, Пасхальный случай.* [Лопахин:] И вишневый сад, и землю необходимо отдать в аренду под дачи, сделать это теперь же, поскорее,— аукцион на носу! *А. Чехов, Вишневый сад.* Революция на носу, а тут изволь отдыхать от глупейшей и сентиментальнейшей болезни. Обидно, Сергей Платонович! *М. Шолохов, Тихий Дон.* — Дак как, Николай Иванович, насчет Петрова-то? А? Без ножа режешь. У меня трактор стоит, сев на носу. *В. Белов, Привычное дело.* — Нет, сказал Лукашин.— Это не годится. Нам надо, чтобы кузница сейчас дымила. Посевная на носу. *Ф. Абрамов, Две зимы и три лета.* [Сарафанов:] — Сынок! Куда ты, сынок? [Бусыгин:] — Нам пора. [Сильва:] — Да-да, надо ехать. У нас ведь там эта... сессия на носу. *А. Вампилов, Старший сын.* Конечно, Альке спешить некуда... Кому это нужно, чтобы на каждом углу трепали девкино имя? А потом — ученье на носу. *Ф. Абрамов, Пелагея.* — Слушай, Юля, чего ты маешься? Занимался бы, экзамены на носу. *И. Коваленко, Откровения юного Слоева.* Думала сегодня удрать на целый день, да заниматься надо «Дядей Ваней». А то сезон на носу, а я ленилась все лето и осень. *О. Л. Книппер-Чехова, Письмо М. П. Чеховой, 21 сент. 1899.* Я бросить отдел не могу, у меня на носу юбилейная выставка Хлудова, целый месяц придется копаться в запасниках музея, отыскивать его картины и рисунки и составлять каталог. *Ю. Домбровский, Хранитель древностей.*

16. НА НОЧЬ ГЛЯДЯ пойти, поехать, собраться и т. п. Поздно вечером, в совсем позднее время (говорится с неодобрением). Подразумевается, что действие производится в неподходящее, не принятое для этого время. Реч. стандарт ● Неизм. ● Часто в вопросительных предложениях со словом куда. В роли обстоятельства. Порядок слов фиксир.

— Чего зря баламутишь девчонку? Куда она пойдет на ночь глядя? *А. Ломм, В темном городе.* Пошел Петр Антонович в театр. Понравилось. До того понравилось — уходить не хотел. Театр уже, знаете, окончился, а он, голубчик, все сидит и сидит.— Куда же, говорит, я теперь пойду, на ночь глядя? Небось, говорит, все портерные закрыты уж. *М. Зощенко, Сильное средство.* — Куда вы пойдете на ночь глядя? — урезонивала ее Софья Дмитриевна.— И кто вам сейчас что-нибудь скажет? Да, может быть, еще ничего и не случилось, а так только... *Н. Нароков, Мнимые величины.* С тревогой нагибаюсь к очагу, ворошу золу. Да, угли еще тлеют. По остывшим углям, разглядывая кольца линий, определяю: дрова были не толстые, ушел человек всего часа за три. И смутный страх охватывает: почему ушел, на ночь глядя? Да ушел ли? Может быть, вспугнут моими шагами и караулит напасть врасплох? *Б. Пантелеймонов, Беглый.* — Так куда ты теперь наладился, на ночь глядя? — спросила Ира, засовывая Колюньку под кран.— За елкой.— За чем, за чем? — За елкой же, господи боже мой! *М. Наумов, В лесу родилась елочка.* Он медлил с уходом,.. пошучивая при этом,— вот, дескать, какого рода землячки шляются к депутатам лесов, на ночь глядя. *Л. Леонов, Русский лес.* [Харитонов:] Это вы куда собрались на ночь глядя? [София Марковна:] Я еду домой. *М. Горький, Старик.* — Вы чего тут скопились-то на ночь глядя? — При этих словах Фондервякин игриво приклонил голову... Никто ему не ответил. *В. Пьецух, Новая московская философия.*

17. НЕ ВИДАТЬ <НЕ ВИДЕТЬ, НЕ УВИДАТЬ, НЕ УВИДЕТЬ> КАК СВОИХ УШЕЙ *кому чего, кого.* Никогда, при всем желании не получить, не иметь (говорится с пренебрежением). Обычно как реакция на притязания обладать чем-л. или кем-л. Неформ. *кому* — лицу, группе лиц, социальному коллективу; *чего* — желаемого; *кого* — лица (часто женского пола: в качестве невесты, жены) ● Нет наст. вр., прош. вр.; буд. вр. только для увидеть. Именная часть неизм. ● Порядок слов фиксир.

— Нет уж! — закипел Дегтярев. — Чего-чего, а Москвы им **не видать как своих ушей**. *М. Бубеннов, Белая береза.* ...пресечена очередная попытка утечки ядерных секретов, Россия в очередной раз подтвердила приверженность Договору о нераспространении, и Саддаму Хусейну не видать бомбы, пусть даже самой старенькой, **как своих ушей**. *Литературная газета, 1993.* Так Ваганов успокоил себя, когда понял окончательно, что не видать ему Майи как своих ушей. *В. Шукшин, Страдания молодого Ваганова.* — Если хотите знать, так Платон Васильич не увидит этого письма как своих ушей. *Д. Мамин-Сибиряк, Горное гнездо.* Поп Иван веселый стал, разговорчивый и все объяснял прихожанам: ежели бы не советская власть, не видать бы им земли **как своих ушей**. *А. Серафимович, Рыжий.* — Ты вроде хотел присмотреться к освободившейся комнате. Но это дудки: комнатки тебе **не видать как своих ушей**. *В. Пьецух, Новая московская философия.* — Ну вот и все, товарищи, — кончает Капитон Иванович... — В заключение передаем вам привет от соревнующихся с вами колхозников «Маяка революции» и желаем всякого успеха. Но переходящего знамени вам, конечно, **не видать как своих ушей**. *В. Овечкин, Гости в Стукачах.* [Горский:] Может быть, мне тогда лучше будет, если она выйдет замуж за... Ну, нет, это пустяки... Мне тогда **не видать ее как своих ушей**. *И. Тургенев, Где тонко, там и рвется.* Уедет, думаю! Ведь не увижу!.. Ну, думаю, пропало твое дело, Ваня! **Не видать тебе Клавы, как своих ушей!** *А. Фадеев, Молодая гвардия.* Фам. — **Не видать вам**, отче, ваших нелепых десятин **как своих ушей**. *С. Сергеев Ценский, Сад.*

ПЕРВАЯ ЛАСТОЧКА 1. быть, появиться; *что [чего].* См. XIII, 29

18. ПОСЛЕ ДОЖДИЧКА <ДОЖДИКА> В ЧЕТВЕРГ. Неизвестно когда (говорится с пренебрежением, обычно с оттенком иронии или шутливости). ● Подразумевается, что событие, о котором идет речь, маловероятно. Фам. ● Неизм. ● В роли самостоят. предложения или обстоятельства. Употр. как реплика в диалоге в качестве самостоят. высказывания. Порядок слов фиксир.

[Прохор Гаврилыч:] Я сам женюсь на ней. [Татьяна Никоновна:] А когда это случится? **После дождичка в четверг?** *А. Островский, Старый друг лучше новых двух.* Горничная стала уходить и начала прощаться. — Когда же вы переезжаете? — спросил лакей. — **После дождичка в четверг**. *Н. Лейкин, Наши забавники.* — Когда же вы ко мне приедете погостить, Марфа Семеновна? — А **после дождичка в четверг**. *Д. Мамин-Сибиряк, Человек с прошлым.* Сказано тут: соберешь пуд гнилой рыбы — получай пятак... **после дождичка в четверг**. *Ф. Панферов,*

Бруски. Сильно пьяный Андрей Волков стоял у прилавка и допрашивал продавщицу: — Конфеток нет, так? Договорились, так? — Будут на днях.— После дождичка в четверг, так? *Н. Грибачев, Тина.*

СВАЛИТЬСЯ/реже СВАЛИВАТЬСЯ <ОБРУШИТЬСЯ/реже ОБРУШИВАТЬСЯ, УПАСТЬ> КАК <СЛОВНО, ТОЧНО> СНЕГ НА ГОЛОВУ *кто, что [на кого].* См. III. 27

XVI. МЕРА

1. В <ЗА> ОДИН ПРИСЕСТ съесть, выпить, написать и т. п. Сразу, за один прием, за один раз. Имеется в виду непродолжительное время какого-л. дела. Реч. стандарт ● Неизм. ● В роли обстоятельства.

Этому разбойнику ничего не стоило стрескать в один присест добрую половину жареного пасхального индюка. *А. Куприн, Барбос и Жулька.* В одной группе деловито спорили о том, может ли человек **за один присест** съесть пятнадцать фунтов черного хлеба. *А. Новиков-Прибой, Цусима.* Но выпивал он по-прежнему **за один присест** не меньше пяти стаканов [чаю]. *Б. Полевой, Глубокий тыл.* Они договорились, что начнет писать Спивак.., а потом где-нибудь встретятся и допишут вместе. Может быть, не **в один присест,** — как позволит время. *В. Овечкин, С фронтовым приветом.* В целом министерстве не было человека, более способного... сочинить **за один присест** докладную записку о чем угодно и кому угодно. *Д. Григорович, Акробаты благотворительности.* Современные прозаические вещи могут иметь соответствующую современной психике ценность только тогда, когда они написаны **в один присест.** *Ю. Олеша, Ни дня без строчки.* Да этот текст я наберу на компьютере **в один присест.** *(реч.)*

2. В <ЧЕРЕЗ> ЧАС ПО ЧАЙНОЙ <СТОЛОВОЙ> ЛОЖКЕ делать, получать и т. п. Понемногу и не часто (говорится с неодобрением). Имеется в виду, что результат какого-л. действия достигается значительно медленней, чем следует. Реч. стандарт ● Неизм. Только с глаголами несов. в. ● В роли обстоятельства. Порядок слов фиксир.

А машинист какой-то попался — все тянет да тянет, **в час по чайной ложке.** *Ч. Айтматов, И дольше века длится день.* Машинистка уже неделю рукопись держит. Печатает **в час по чайной ложке!** *(реч.)* — Ну, если ты будешь делать уроки **в час по чайной ложке,** мы уже никуда не успеем. *(реч.)* Я жив и здоров. Сейчас еду (**через час по столовой ложке**) по Донецкой дороге. *А. П. Чехов, Письмо Ал. П. Чехову, 2 апр. 1887.* Самолеты шли на аэродром в Копушках **через час по столовой ложке.** Прибывал груз, инструкторы, минеры, новая подрывная техника. *П. Вершигора, Люди с чистой совестью.*

3. ВАГОН <ВОЗ> И МАЛЕНЬКАЯ ТЕЛЕЖКА <ВОЗ И МАЛЕНЬКАЯ ТАЧКА> быть *чего, кого [у кого].* Очень много, с избытком (обычно говорится с оттенком шутливости). Неформ. *чего* — предметов, событий, фактов, дел (только мн.); времени и т. п.; *кого* (реже) — лиц (только мн.); *у кого* — у лица ● Неизм. У глагола-связки нет буд. вр. ● В роли именной части сказ. Порядок слов фиксир.

Долинский был всегда веселым, очень интересно рассказывал о всяких случаях из своей жизни, а их у него, как говорится, **вагон и маленькая тележка.** *В. Фролов, Что к чему.* Я тут на досуге переоцениваю ценности. Времени у меня, как говорится, вагон и маленькая тележка. *И. Туричин, Сегодня солнце не зайдет.* Он говорил: «...Люди себе не враги, у каждого своих забот воз и маленькая тележка. И у них есть свой интерес». *Н. Атаров, Повесть о первой любви.* — Привет молодежи! Э, да у вас тут гостей воз и маленькая тележка! — сказал Пантюхов и засмеялся. *Н. Атаров, Повесть о первой любви.*

4. ДАЛЬШЕ ЕХАТЬ НЕКУДА. Хуже не бывает (говорится с неодобрением). Употр. для выражения негодования, возмущения. Имеется в виду характеристика какой-л. ситуации, чьих-л. поступков. Неформ. ● Неизм. Всегда отнесено к наст. или прош. вр. ● В роли самостоят. предложения. Часто употр. как реплика в диалоге в качестве самостоят. высказывания. Порядок слов фиксир.

Изготовил две брошюры о Некрасове, говорю: «Дайте пять миллионов!» Щеголев: «С удовольствием». Потом ходила моя жена, ходил я, не дает ни копейки. Дал как-то один миллион — и больше ничего.— «У самого нет». И правда: сын его сидит без папирос,— дальше ехать некуда. А у меня ни одного полена. *К. Чуковский, Дневник 1901—1929.* — Белокаменная заросла грязью, говорят, появилась холера! — Дальше ехать некуда! *(реч.)* — Тебе-то грех жаловаться, у тебя муж заботливый и прекрасный семьянин.— Да, уж такой семьянин, что дальше ехать некуда! *(реч.)*

5. ДАЛЬШЕ НЕКУДА. Предельно, крайне (часто с оттенком иронии). Имеется в виду крайняя степень проявления какого-л., обычно отрицательного, качества, действия. Неформ. ● Неизм. Всегда отнесено к наст. или прош. вр. ● Не употр. с отрицанием. Всегда после определяемого слова. В роли обстоятельства или самостоят. предложения. Часто употр. как реплика в диалоге в качестве самостоят. высказывания. Порядок слов фиксир.

— Матрена Кондратьевна, одолжите на минуточку мне ваш ножичек, складной, булки отрезать! — Нате, Марья Михеевна, только же он тупой у меня, дальше некуда: хотела точильщику отнесть, да в горячке такой разве поспеешь? *С. Сергеев-Ценский, Севастопольская страда.* — Счастливая ты, Наташа! — Я? Да! Дальше некуда! *Г. Полонский, Доживем до понедельника.* — Ваш рассказ растянут — дальше некуда. Необходимо сократить хотя бы концовку. Наше издание вообще не для крупных жанров. *(реч.)*

ДЕЛАТЬ/реже СДЕЛАТЬ ИЗ МУХИ СЛОНА кто. См. XIII, 11

ДНЕМ С ОГНЕМ не найти, не найдешь, не найдете, не сыскать и т. п.; (надо) поискать, ищи(те). См. VI, 39

6. КАК СЕЛЬДИ В БОЧКЕ набились, быть. Так, что не пройти, не протиснуться, впритирку (говорится с неодобрением). Имеется в виду большое скопление людей в слишком тесном для них помещении. Реч. стандарт ● Неизм. У глагола-связки нет буд. вр. ● Чаще после глагола. В роли обстоятельства или именной части сказ. Порядок слов фиксир.
как сельди в бочку набились. В роли обстоятельства.
как сельдей в бочке набилось, быть и т. п. В роли обстоятельства или именной части сказ.
как сельдей в бочку набили, натолкали и т. п. В роли обстоятельства.

— Граждане, пройдите вперёд, середина свободная! — Автобус не резиновый, и так уже набились **как сельди в бочке**! *(реч.)* — Где он, где он, — рычал толстяк...— Дайте мне этого презренного...— Мы и так в машине **как сельди в бочке**, — сказал кто-то недовольно.— Одной селёдкой больше, — возразили ему. *К. Федин, Костёр.* — Вчера у нас был концерт. Столько народу пришло! Набились все **как сельди в бочку**. *(реч.)* Помню, сидя за решёткой общего купе с набитыми, **как сельди в бочку**, уголовниками, мы даже с надеждой поглядывали на нашу охрану. *О. Ивинская, Годы с Борисом Пастернаком.* ...всё время надо было ходить по домам и обследовать, и вселять, и переселять в комнаты и углы людей, которых набилось за эти полтора года в Ташкенте, **как сельдей в бочке**! *К. Симонов, Солдатами не рождаются.* — Не знаю, куда вам нужно, а только если б генерал видел, что вас [детей] набилось **как сельдей в бочке**, он бы никак не разрешил такое катанье, — ворчал шофёр. *В. Осеева, Васёк Трубачёв и его товарищи.* — Нас тут **как сельдей в бочке**, представляешь, в палатах по пятнадцать человек, да ещё в коридоре лежат! *(реч.)* И вот — пересыльная тюрьма в Бутырках — истинный рай после Лубянки. А затем этап: в пульмановский вагон нас запихали **как сельдей в бочку** — весь вредный элемент, попавший на Бутырский пересыльный курорт из Лефортова и Лубянки. *О. Ивинская, Годы с Борисом Пастернаком.*

7. **КАК СОБАК НЕРЕЗАНЫХ** *кого* быть, развестись. Излишне много (говорится с пренебрежением). Имеется в виду переизыток, большее, чем необходимо, количество людей, занятых каким-л. определённым делом и потому утративших свою ценность. Фам. *кого* — лиц (только мн. ч.) ● Неизм. ● В роли именной части сказ. или обстоятельства. Порядок слов нефиксир.

Драматических актёров по провинции — **как собак нерезаных**. *Новости, 1885.* — А на исправников шили? — осведомился Смехунов.— Экося, важная птица! В Петербурге исправников этих, **как собак нерезаных**... *А. Чехов, Капитанский мундир.* Кандидатов [наук] сейчас **как нерезаных собак**. *В. Шукшин, Срезал.* — Раньше дворников было **как собак нерезаных**, куда они все делись? *(реч.)* — Сейчас этих коммерсантов развелось **как собак нерезаных**! *(реч.)*

8. **КОТ НАПЛАКАЛ** *чего, кого*. Ничтожно мало (говорится с неодобрением). Подразумевается, что чего-л. или кого-л. гораздо меньше необходимого или ожидаемого. Неформ. *чего* — денег, земли, продуктов, веществ, опыта и т. п.; *кого* — группы лиц ● Неизм. ● Порядок слов фиксир.

Трудно было достать денег... Денег в приказе Большого дворца **кот наплакал**: всё поглотила Крымская война. *А. Н. Толстой, Пётр Первый.* А денег у меня — **кот наплакал**. Самое более что на три пирожных. *М. Зощенко, Аристократка.* Из года в год засуха, неурожаи, а земли — **кот наплакал**! *С. Скиталец, Кандалы.* На, кушай. Сальца-то, правда, **кот наплакал**, а всё не хлеб чёрствый. Катерина Федосеевна... сунула кошке под лавку, прямо в зубы, розоватый солёный кусочек. *А. Яшин, Подруженька.* — Не мне об этом судить. У меня самого политического опыта **кот наплакал**. *А. Чаковский, Дороги, которые мы выбираем.* До облаков выпер, а ума **кот наплакал**. *Н. Брыкин, Искупление.* — ...косилки на косогоры не пустишь, а косарей с ручными косами в бригаде **кот наплакал**. До смерти жалко, что такая трава гниёт зря!

М. Шолохов, Поднятая целина. Сообразили, конечно, по залпам, что нас — кот наплакал, и давай окружать. *С. Сергеев-Ценский, Лаванда.*

9. ЛЮБОЙ ЦЕНОЙ добиваться, достигать, побеждать, получать и т. п. Всеми средствами, каких бы затрат, жертв, потерь это ни стоило. Подразумевается, что для достижения цели необходимо приложить максимальное количество усилий. Реч. стандарт ● Неизм. ● В роли обстоятельства. Обычно в инфинитивных конструкциях со словами **хотеть, желать, надо, должен** и т. п. Порядок слов фиксир.
любой ценой *что.* Достигаемое всеми средствами, каких бы затрат, жертв, потерь это ни стоило. *что* — цель, требующая максимальных усилий для ее достижения,— победа, мир, компромисс, согласие, здоровье и т. п. В роли определения. Всегда после определяемого существительного.

Она из тех, кто добьется своего **любой ценой.** *(реч.)* Ни на миг не покидало его вполне ясное сознание: завод объят пожаром, и надо **любой ценой** отстоять завод. *Г. Березко, Мирный город.* Доверившийся коню Евсей скакал, как говорят, напропалую, желая одного — **любой ценой** избавиться от погони. *С. Бабаевский, Свет над землей.* Мы должны победить **любой ценой.** Сейчас не до мелочной расчетливости. *Б. Полевой, Мы — советские люди.* Здесь есть, впрочем, чисто актерское стремление **любой ценой** привлечь к себе внимание зрительного зала, сыграть бенефисно, не заботясь об общей гармонии постановки. *Независимая газета, 1994.* Встретился с Лидой; полюбили друг друга. И созрело решение: бежать на Запад **любой ценой.** *О. Ивинская, Годы с Борисом Пастернаком.* — Ты должен был заставить его говорить **любой ценой!** *(реч.)* Зачем такое говорить, если сейчас нам нужнее всего победа, победа **любой ценой?!** В том-то и дело, что не любой! *Литературная газета, 1989.* Дипломатия с ее переговорами, компромиссами... воспринимается здесь как предательство национальных интересов, а непримиримость до победного конца и **любой ценой** — как высший патриотизм. *Московские новости, 1992.* Ее жизненный принцип — здоровье **любой ценой.** *(реч.)*

10. НА ШАГ *от чего* быть *кто.* Недалек. Подразумевается реальная возможность скорого осуществления того, о чем говорится. Реч. стандарт. *кто* — лицо; *от чего* — от гибели, от совершения какого-л. плохого или неосторожного поступка и т. п.; от победы и т. п. ● Неизм. ● Не употр. с глаголом-связкой в буд. вр. С глаголом-связкой в прош. вр. употр. тж. в конструкции был **на шаг от того, чтобы (не) сделать** что-л. В роли именной части сказ.
◆ [Огнева:] Вот тот же Давид Давидович — сильный и молодой, а я чувствую — у него какое-то страшное горе, точно он каждую минуту **на шаг от гибели.** *А. Н. Толстой, Кукушкины слезы.* Потому еще матери боятся супрядок, что дочери там **на шаг от греха.** *П. Мельников-Печерский, На горах.* Казалось, он был **на шаг от выигрыша,** но судьба отвернулась от него, и он потерял все свои деньги. *(реч.)*
■ — Ты же был **на шаг от гибели:** разве можно так бездумно рисковать жизнью и бросаться чуть ли не под колеса, чтобы спасти собаку! *(реч.)*
▲ Я был **на шаг от того, чтобы** взять пистолет и застрелиться от полного отчаяния, но... не было пистолета — и вот живу и радуюсь. *(реч.)*

11. ПАРА ПУСТЯКОВ [быть] *[для кого, кому].* Очень легко и просто, не составляет никакого труда, ничего не стоит. О каком-л. деле, не требующем особых усилий. Неформ. *для кого* — для лица; *кому* — лицу ● Неизм. ● В роли именной части сказ. обычно при подлежащем, выраженном инфинитивом глагола сов. в. или словом это. Часто употр. как реплика в диалоге в качестве самостоят. высказывания. Порядок слов фиксир.

Подмести комнату и маленький коридор — **пара пустяков**. *С. Баруздин, Я люблю нашу улицу.* — Сказать правду, чей он — до этого я не дознавался,— сказал Прохор,— но что лес добротный — то это верно. И сплавить его — **пара пустяков**. *С. Бабаевский, Кавалер Золотой Звезды.* — Иван Сергеевич, а не находите ли вы, что из этих двух комнат можно одну сделать? Тогда бы тут заседания правления можно было устраивать. А машинисток наверх перевести...— Можно. Стену эту высадить — **пара пустяков**. И обойдется не дороже сотни, много полторы. С отделкой. *П. Романов, Стена.* До города не так далеко, пять-шесть километров. Для старых, опытных путешественников это **пара пустяков**. *В. Катаев, За власть Советов.* — Иван Сергеевич, а не находите ли вы, что из этой одной комнаты две можно сделать? А то машинистки жмутся наверху в этой комнатушке. Управдел обвел комнату взглядом и сказал: — **Пара пустяков**. Ведь тут прежде стена была, возобновить ее ничего не стоит. *П. Романов, Стена.*

12. ПОЛОН РОТ забот, хлопот *[у кого]*. Предельно много, полным-полно. О чьей-л. крайней занятости, отсутствии свободного времени. Неформ. ● Неизм. ● Всегда после слова-сопроводителя. В роли сказ. Порядок слов фиксир.

Уверен, забот и хлопот у него, как говорится, **полон рот**. И если этот занятый человек... берет на себя смелость и... ответственность обращаться... с просьбой пересмотреть прекращенное дело, тут уж действительно... *А. Безуглов, Следователь по особо важным делам.* Писала она, что хлопот у нее **полон рот**, что теперь и ночевать домой она не ходит, чтоб не терять времени, а спит тут же, в конторе. *Б. Полевой, Повесть о настоящем человеке.* Обратно в землянку Синцов вернулся только через час. Сразу, как вышел, оказалось — забот **полон рот**. *К. Симонов, Солдатами не рождаются.* Ах, Лариса, счастлива ли ты? Хотя какое уж тут счастье, когда забот **полон рот**. А впрочем, кормить семью тоже счастье. *Н. Евдокимов, Ожидание.* В коммунальной квартире... поют и танцуют соседи: только что между ними была свара и вот идиллия. В театре может быть... и такое. В жизни же мы от такого отвыкли, и в нашей огромной «коммуналке» нам не до песен и танцев — забот **полон рот**! А жаль. *Независимая газета, 1993.*

13. РОЖКИ ДА НОЖКИ остались, останутся; оставить. Ничего не (осталось, оставили и т. п.); почти ничего не (осталось, оставили и т. п.) (говорится с неодобрением, часто с оттенком шутливости или горькой иронии). Имеется в виду полное или частичное исчезновение кого-л., чего-л. в результате воздействия, а также моральное уничтожение (словесно). Неформ. ● Неизм. ● В роли подлежащего или дополнения. Порядок слов фиксир.

— Где полк, Сергей Сергеевич? Каким образом ты от него отбился? — От нашего полка остались **рожки да ножки**. Нет больше такого полка в Одиннадцатой армии. *А. Н. Толстой, Хождение по мукам.* «Может быть, этот батальон передадут мне? Батальон почти цел, а от моего **рожки да ножки** остались. Семь офицеров да взвод бойцов.» *П. Беляков, Атака началась на рассвете.* Ну, сейчас он всячески старается натравить его на меня, не соображая, что если кто-нибудь в свою очередь натравит Шарикова на самого Швондера, то от него останутся только рожки да ножки. *М. Булгаков, Собачье сердце.* — Как идут дела? — От моста через Словечню остались рожки да ножки. Немцы теперь не скоро его восстановят. *А. Сабуров, У друзей одни дороги.* Постепенно изыскатели применились к требованиям строителей и к местным условиям. Вот Семашко хорошо это знает. От его первых изысканий остались рожки да ножки: строители при постройке дороги изменили почти всю трассу. *Н. Кутузов, Суровый экзамен.* — Плохо ты подготовился к защите проекта! Оставят от тебя рожки да ножки, говорю тебе как член комиссии! *(реч.)*

14. **С ГОЛОВЫ ДО НОГ <ДО ПЯТ> <С НОГ ДО ГОЛОВЫ>** 1. оглядеть, одеть, вооружить, одарить; выпачкаться и т. п. Целиком, полностью, всего (всех). Реч. стандарт. ● Неизм. ● В роли обстоятельства.
Мне отворила хозяйка. С головы до ног оглядев меня, она попросила, чтобы впредь в таких случаях я заблаговременно извещал ее или ее дочь. *Б. Пастернак, Охранная грамота.* Черный осмотрел меня с головы до ног и поднес вина. *В. Гиляровский, Мои скитания.* Входят король, министры, придворные. Все они закутаны с головы до ног, занесены снегом. *Е. Шварц, Обыкновенное чудо.* Перед вечером был на Екатерининской площади. Мрачно, мокро, памятник Екатерины с головы до ног закутан, забинтован грязными, мокрыми тряпками, увит веревками и залеплен красными деревянными звездами. *И. Бунин, Окаянные дни.* Шикарная терраса, на перилах которой сидит трактирщик. Он одет по-летнему, в белом с головы до ног, посвежевший, помолодевший. *Е. Шварц, Обыкновенное чудо.* [Герда:] А как она была одета? [Сказочник:] Она была в белом с головы до ног. *Е. Шварц, Снежная королева.* [Пятый погонщик:] ...Мы слышали, мы все слышали, как вы, одинокий, бродили по городу, и спешили, спешили вооружить вас с головы до ног. *Е. Шварц, Дракон.* [Сказочник:] ...Она протягивала ко мне руку — и холод пронизывал меня с головы до ног, и язык отнимался, и... *Е. Шварц, Снежная королева.* Необходимая жестокость проявлена не была, и, как следствие этого, 9 мая Аркадий Николаевич был оплеван с головы до ног беснующимися подонками. Все дозволено! *Русская мысль, 1993.* — Конечно, им трудно понять дух эпохи, и кажется, что всякий насильственный поворот ведет только к худшему, — в этом интеллигент проявляется весь с головы до ног; но если на них немножко нажать, они подадутся. *П. Романов, Товарищ Кисляков.* Из бокового прохода появляются упоенные только что одержанной победой, вооруженные с головы до пят Макбет и Банко. *Ю. Юрьев, Записки.* После этого Бендер еще раз оглядел диковинного журналиста с ног до головы, нехорошо улыбнулся и, почувствовав знакомое волнение стрелка-охотника, заперся в купе. *И. Ильф и Е. Петров, Золотой теленок.* Вечером он сам выбрал, какое Наташе надеть платье, оглядел с ног до головы и зааплодировал. — Прелесть. *Н. Тэффи, Авантюрный роман.* Евлалия Григорьевна прошла к секретарше и объяснила ей, зачем пришла. Та, по-прежнему холодно и высокомерно, оглядела ее с ног до головы, словно и она хотела что-то выпытать и узнать. *Н. Нароков, Мнимые величины.* Говорили о сестре Некрасова Елизавете Александровне Рюмлинг — кошмаре всего управления советов. Ее облагодетельствовали с ног до головы, она просит... монотонно, часами — «А нельзя ли какао? Нельзя ли керосину?» *К. Чуковский, Дневник 1901—1929.* [Котофей:] Погляди на себя. [Иванушка:] Некогда.

[Котофей:] Ты с ног до головы перемазался! Вылижись! *Е. Шварц, Два клена.* Я окатывался несколько раз горячей водой из шайки и чувствовал себя новым с ног до головы. *Б. Пантелеймонов, Большая Елань.*

15. С ГОЛОВЫ ДО НОГ <ДО ПЯТ> <реже С НОГ ДО ГОЛОВЫ> 2.
быть, стать, оставаться; измениться. Абсолютно во всем: в убеждениях, в поступках, в привязанностях. Имеется в виду чья-л. приверженность каким-л. идеалам, стереотипам какой-л. культуры, что обычно проявляется и в образе жизни. Реч. стандарт ● Неизм. ● В роли определения или обстоятельства.

Добужинского я не понимаю: такой джентльмен, художник с головы до ног — неужели он будет настаивать, чтобы все эти отвратительные порядки, в которых нет ни справедливости, ни уважения к чужому труду, продолжались. *К. Чуковский, Дневник 1901—1929.* Он стал эстетом с головы до ног. *(реч.)* Став членом правительства, он изменился с головы до ног. *(реч.)* ...я давно оторвался и ушел от серого постылого занудливого прошлого и думал, что забыл его, а ты с головы до ног его сплошное воплощенное напоминание. *Б. Пастернак, Письмо Б. Ливанову, 14 сент. 1959.* Она всю жизнь оставалась провинциалкой с головы до пят. *(реч.)* ...Ему кажется, что это очень утонченно. И все мелкие ужимки и прыжки. Старательно и непременно, чтобы был анархизм, хвалит дикое состояние свободы, отрицает всякую... норму, всякий порядок — а сам с ног до головы мещанин. *К. Чуковский, Дневник 1901—1929.*

16. С ЛИХВОЙ окупаться, хватать, отдавать, получать и т. п. С избытком. Часто в ситуации прогнозирования, обещания, заверения. Реч. стандарт ● Неизм. ● В роли обстоятельства.

Конечно, рыбаки зарабатывают сейчас меньше, чем во время лова. Но ведь все это с лихвой окупится во время путины. *А. Чаковский, У нас уже утро.* ...Фондовый рынок — достаточно сложный объект для спекулятивной игры, и накопление опыта работы с инвестиционными портфелями на рынке с простой структурой с лихвой окупится позднее, когда структура рынка усложнится и притормаживание инфляции поднимет относительный уровень его доходности. *Коммерсант, 1993.* Нюша с первых дней поняла, что Стрелка [корова] с лихвой окупит все, что на нее затратят. *В. Панова, Ясный берег.* Для повсеместного внедрения новой маркировки потребуются значительные затраты, однако эксперты считают, что в перспективе за счет увеличения товарооборота, качества и скорости обслуживания нововведение с лихвой компенсирует расходы. *Сегодня, 1994.* Мешка картошки нам хватило с лихвой на целую зиму. *(реч.)* [Бертольд:] Я возвращу тебе с лихвой и благодарностью все суммы, которые занял у тебя. *А. Пушкин, Сцены из рыцарских времен.* Мы вместе топили печи, кололи дрова, даже мыли посуду... Словом, я с лихвой отрабатывал те обеды из воблы и пшена, которыми угощала меня старушка. *В. Каверин, Два капитана.* ...И так оно повелось в институте, что Севу недолюбливали товарищи. Задетый, он им платил с лихвой: был грубоват и высокомерен. *С. Георгиевская, Лгунья.*

17. С ХВОСТИКОМ сколько [*чего*]. С небольшим превышением, с небольшой прибавкой. Употр. в ситуации, когда приблизительная цифра дает достаточное представление о чем-л. Неформ. *сколько — количество*

чего-л.; *чего* — каких-л. единиц измерения, чаще — лет ● Неизм. ●
В роли дополнения. Всегда после обозначения количества. Часто употр. как реплика в диалоге (в сочетании с количественным числительным).

Вечером собралось нас человек восемь за чаем. Хозяйничала одна из пассажирок — Лидия Михайловна, дама лет тридцати **с хвостиком**, кокетливая, бойкая, большая модница. *Л. Шейнин, Контрастная пленка.* Какие еще мои годы, всего пятьдесят **с хвостиком**. *Д. Мамин-Сибиряк, Мать-мачеха.* Навстречу нам выкатился маленький катыш с крашеными волосами и засморканным носиком. Катышу было, по-моему, лет пятьдесят **с хвостиком**. ...Словом, это и была Зинаида Петровна. *Н. Тэффи, Предел.*— У нас на ось сейчас сколько приходится? Семь минут **с хвостиком**. А у них сколько? Шесть минут сорок восемь секунд. *Б. Полевой, Горячий цех.*— Который час? — Девять **с хвостиком**. *(реч.)*

18. СЕРЕДИНКА НА ПОЛОВИНКУ ⟨СЕРЕДИНА НА ПОЛОВИНУ⟩

1. *что, кто.* Нечто среднее, обыкновенный, непримечательный, ни то ни се. Реч. стандарт. *что* — день, погода, настроение, какой-л. предмет и т. п.; *кто* — лицо, социальный коллектив ● Неизм. ● В роли определения. Часто употр. как реплика в диалоге в качестве самостоят. высказывания, обычно после частицы так. Порядок слов фиксир.
середка на половину ⟨**на половинку, на половине, на половинке**⟩
1. Прост.

И еще один день был — ни плохой, ни хороший, так, **серединка на половинку**: Аню перевели во второй класс... Она пришла домой веселая, но дедушка посмотрел отметки и сказал: — Да, невеселый табелек. *Ф. Вигдорова, Любимая улица.*— Интересная книга? — Да так, **серединка на половину.** *(реч.)* Он ни добрый, ни злой, а так, **серединка на половину.** *(реч.)* — У вас дружный класс? — Так, **серединка на половинку.** *(реч.)* [Таня:] Что смотритесь все? Думаете, очень из себя хороши? [Григорий:] А что? неприятен? [Таня:] Так, ни приятен, ни неприятен, а **середка на половину.** *Л. Толстой, Плоды просвещения.* Сам по себе батюшка был ни толст, ни тонок, а так себе — **середка на половине.** *Д. Мамин-Сибиряк, Дикое счастье.* Мы тут с ним уже в третьем районе. И все такие районы — **середка на половинке**. Передовым ни один из них не стал. *В. Овечкин, Районные будни.*

19. СЕРЕДИНА НА ПОЛОВИНУ ⟨СЕРЕДИНКА НА ПОЛОВИНКУ⟩

2. *чувствовать себя, относиться к кому-л., чему-л. и т. п.* Неопределенно, ни плохо, ни хорошо. Подразумевается, что чье-л. состояние, отношение к кому-л., чему-л. не поддается точному определению. Реч. стандарт ● Неизм. Не употр. с глаголами в буд. вр., в повел. и сослаг. накл. ● В роли обстоятельства. Часто употр. как реплика в диалоге в качестве самостоят. высказывания, обычно после частицы так. Порядок слов фиксир.
середка на половину ⟨**на половинку, на половине, на половинке**⟩
2. Прост.

— Как вы себя чувствуете сегодня? — Спасибо, **серединка на половинку.** *(реч.)* — Ну как она тебе? — Так, **серединка на половину.** *(реч.)* Мало кто относился к ней **середка на половинку** — или уж души в ней не чаяли, или уж от одного ее имени озноб пробирал. *Г. Николаева, Повесть о директоре МТС и главном агрономе.*

20. СЕРЕДИНА НА ПОЛОВИНУ ⟨СЕРЕДИНКА НА ПОЛОВИНКУ⟩

3. *жить, учиться, вести себя и т. п.* Не особенно хорошо, посредственно (говорится с неодобрением). Реч. стандарт ● Неизм. Не употр. с глаголами в буд. вр., в повел. и сослаг. накл. ● В роли обстоятельства. Часто употр. как реплика в диалоге в качестве самостоят. высказывания, обычно после частицы так. Порядок слов фиксир.

середка на половину <на половинку, на половине, на половинке> 3. Прост.

— Ну как учится ваш ребенок? — Да так, **серединка на половинку**. *(реч.)* Сам живет так себе, **середка на половинку**. Не любит причислять себя к беднякам, но, кроме двух брюхатых меринков, никогда в жизни ничего у него не было. *Н. Сухов, Казачка.* Ученье шло ни шатко ни валко, курс он кончил **середка на половине**. *С. Елеонский, Папаша крестный.* — Я могу за всех ответить: **середка на половинке** живем,— сказал Сеня.— Скучновато живем,— добавила Валя. *В. Шукшин, Брат мой.*

21. [ХОТЬ] ПРУД ПРУДИ *[у кого]* чего, кого; реже чем, кем. Чрезмерно много, полным-полно; в избытке; все переполнено (говорится с пренебрежением). В ситуации, когда хотят подчеркнуть, что какие-л. предметы, люди — отнюдь не редкость, а очень распространены и потому имеют малую ценность. Неформ. *у кого* — у лица; *чего, чем* — предметов, продуктов интеллектуальной деятельности, событий, фактов; *кого, кем* — лиц, живых существ ● Неизм. ● В роли сказ. Порядок слов фиксир.

Начальник управления ценовой политики не очень-то отвлекался на то, чтобы привести негативные факты. Хотя их в этом учреждении — **пруд пруди**! *Куранты, 1992.* Не пойдет она за тебя, озорника. У нее хороших-то женихов, чай, **пруд пруди**. *Г. Николаева, Жатва.*— Паясничать, по-моему, уже достаточно. У нас, вы сегодня же убедитесь, их, скоморохов, у нас **пруд пруди**. *В. Ерофеев, Вальпургиева ночь, или Шаги Командора.* [Король:] Я не гений какой-нибудь. Просто король, каких **пруд пруди**. *Е. Шварц, Обыкновенное чудо.* [Ломов:] Откатай [собака] лучше Угадая? Что вы!.. Таких, как ваш Откатай, у всякого выжлятника **хоть пруд пруди**. Четвертная — красная цена. *А. Чехов, Предложение.* [Герман:] Кретин Валерик, что удрал с Сахалина. Черта с два он чего-нибудь стоящего добьется в Ленинграде. Здесь т-такими Валериками **пруд пруди**, а там его держали за высшую интеллигенцию. *В. Панова, Проводы белых ночей.* Грацианский сообщил.., что действительно в молодости стоял одно время перед альтернативой: сообществом людей или деревьев заняться ему.., но социологами и тогда было **хоть пруд пруди**.., так и не вышла его незаконченная книга в свет. *Л. Леонов, Русский лес.*

22. [ХОТЬ] ТОПОР ВЕШАЙ 1. накурено, надымили; духота. Очень сильно, невозможно; очень сильная, невозможная; не продохнуть (говорится с неодобрением). Имеется в виду степень духоты в помещении. Неформ. ● Неизм. ● В роли обстоятельства, определения (обычно после слова-сопроводителя) или самостоят. предложения. Порядок слов фиксир.

В сводчатых палатах Дворцового приказа — жара, духота,— **топор вешай**, низенькие окошки заклеваны мухами! *А. Н. Толстой, Петр Первый.* А накурено в комнате — **хоть топор вешай**. *А. Рекемчук, Молодо-зелено.* Почти все курили, и в жарко натопленном блиндаже стоял тот самый крепкий содатский дух, о котором принято говорить: «**хоть топор вешай**». *В. Катаев, Сын полка.*

23. [ХОТЬ] ТОПОР ВЕШАЙ 2. *[где]*. Невозможная духота, спертый воздух; очень накурено (говорится с неодобрением). Имеется в виду, что в помещении стоит крепкий дух, и воздух стал как бы плотным. Неформ. *где* — в каком-л. закрытом помещении. ● Неизм. ● В роли сказ. (обычно после обстоятельства места) или самостоят. предложения. Порядок слов фиксир.
топор можно вешать; можно топор вешать.

В избе хоть топор вешай. Отовсюду, с полатей, с лавок, снизу и сверху несется богатырский храп. *В. Короленко, В голодный год.* [Инспектор] войдет в шляпе в мою комнату, понюхает воздух, сморщится и скажет подобострастно сопровождавшей его Татьяне Ивановне: — Что это у вас, матушка, воздух-то какой... Хоть топор вешай. *Д. Мамин-Сибиряк, Болезнь.* — И что это они тут делают? Я думала, в шахматы играют... Господи, топор можно вешать! Надымили! *Ю. Трифонов, Студенты.*

24. [ХОТЬ] ШАРОМ ПОКАТИ *где, у кого*. Абсолютно ничего нет (говорится с неодобрением). Чаще о чьей-л. бедности, реже о скудном выборе, ассортименте и т. п. Неформ. *где* — там, где ожидается наличие чего-л. (имущества, продуктов, каких-л. предметов и т. п.); *у кого* — у лица ● Неизм. ● Порядок слов фиксир.

— Где мебель? Была прекрасная мебель, были картины, были вазы, а теперь хоть шаром покати. *А. Чехов, Моя жизнь.* — Бабка, бабка, сварила бы суп! — Не из чего варить-то, не из чего, хоть шаром покати — пустая изба. *В. Солоухин, Владимирские проселки.* — А если тетка Пелагея спросит, как живете или еще чего, говори, что последнего куренка съели. В доме хоть шаром покати. *В. Климушкин, Было у хозяина семь дочек.* — Понимаю, но я ничем не могу вам помочь. На складе хоть шаром покати... — Но главный инженер лично обещал, что для нашего стройучастка кирпич будет. *А. Рекемчук, Молодо-зелено.* И вот — чистенький вагон Финляндской железной дороги. Топят. Но в буфете на станциях — хоть шаром покати. *И. Исаков, Рассказы о флоте.* Когда ковер-самолет... принес Арахну в Голубую страну, чародейка и ее слуга напрасно обшаривали веселые приветливые деревеньки Жевунов. Везде было хоть шаром покати. *А. Волков, Желтый туман.* — Ты не поверишь, — говорил он брату, — какое для меня наслаждение эта хохлацкая лень. Ни одной мысли в голове, хоть шаром покати. *Л. Н. Толстой, Анна Каренина.* Наконец разыскиваю ее [жену] за одним из столов, где уже шаром покати, быстро съедаю и выпиваю то, что ей удалось для меня сохранить, и мы что есть мочи рвем на Пушечную, в ЦДРИ, в надежде немного повеселиться в новогоднюю ночь! *М. Козаков, Записки на песке.*

ТЕМАТИЧЕСКИЙ УКАЗАТЕЛЬ ИДИОМ

I. ХАРАКТЕРИСТИКА ЧЕЛОВЕКА

ВНЕШНИЕ КАЧЕСТВА

БРОСАТЬСЯ/БРОСИТЬСЯ В ГЛАЗА См. XIII, 4
1. В ЧЕМ МАТЬ РОДИЛА 1.
2. ДРАНАЯ <ОБОДРАННАЯ> КОШКА
3. КРАШЕ В ГРОБ КЛАДУТ Тж. II
4. КРОВЬ С МОЛОКОМ
5. [ОДНА] КОЖА ДА <И> КОСТИ Тж. II
6. ОТ ГОРШКА ДВА ВЕРШКА Тж. IX
7. ОТ ЗЕМЛИ НЕ ВИДНО <НЕ ВИДАТЬ>
8. ШУТ ГОРОХОВЫЙ <ЧУЧЕЛО, ПУГАЛО ГОРОХОВОЕ> 2.

ВНУТРЕННИЕ СВОЙСТВА И ПОЛОЖЕНИЕ В ОБЩЕСТВЕ

9. БЕЗ ГОДУ НЕДЕЛЯ 2.
   БЕЗ ЦАРЯ В ГОЛОВЕ См. IX, 1
10. БОЛЬНОЕ МЕСТО Тж. IV
11. ГОЛЫМИ РУКАМИ НЕ ВОЗЬМЕШЬ 1.
12. ГРОШ ЦЕНА
13. ГУБА НЕ ДУРА
14. ДАЛЕКО ПОЙТИ
15. ДВА САПОГА ПАРА
16. ДЛИННЫЙ ЯЗЫК 1. Тж. XI
17. ДЛИННЫЙ ЯЗЫК 2. Тж. XI
    ДНЕМ С ОГНЕМ См. VI, 39
18. ДО МОЗГА КОСТЕЙ 1. Тж. XIII
    ДОЙНАЯ КОРОВА См. VIII, 7
19. ДУША НАРАСПАШКУ
20. ЗАДАВАТЬ/ЗАДАТЬ ТОН Тж. XII
21. ЗМЕЯ ПОДКОЛОДНАЯ
22. ЗНАТЬ СЕБЕ ЦЕНУ
23. [И] В ПОДМЕТКИ НЕ ГОДИТСЯ
24. [И] НАШИМ И ВАШИМ Тж. XII
25. ИГРАТЬ ПЕРВУЮ СКРИПКУ Тж. XII
26. ИЗ ОДНОГО <ТОГО ЖЕ> ТЕСТА
27. КАЗАНСКАЯ <КАЗАНСКИЙ> СИРОТА
    КАК СОБАК НЕРЕЗАНЫХ См. XVI, 7
28. КОЗЕЛ ОТПУЩЕНИЯ
29. ЛЕГКАЯ РУКА
30. МАМЕНЬКИН СЫНОК
31. МЕЛКАЯ СОШКА

32. МЕЛКО ПЛАВАТЬ
    мертвая хватка См. VI, 64
33. МОРЕ ПО КОЛЕНО
34. МУХИ НЕ ОБИДИТ <НЕ ОБИДИШЬ, НЕ ОБИДЕЛ, НЕ ОБИДЕЛА>
    НА ВЫСОТЕ 1. См. VI, 68
35. НА ВЫСОТЕ [ПОЛОЖЕНИЯ] 2. Тж. VI
    НЕ БЕЙ ЛЕЖАЧЕГО 2. См. VII, 14
36. НЕ ОТ МИРА СЕГО Тж. IX
37. НЕ ПРОМАХ
38. НЕ ЧЕТА Тж. XIII
39. НИ РЫБА НИ МЯСО
40. ОДНИМ МИРОМ МАЗАНЫ
41. ОДНОГО <ТОГО ЖЕ> ПОЛЯ ЯГОДА <ЯГОДЫ, ЯГОДКИ>
42. ПАЛЬЦА <ПАЛЕЦ> В РОТ НЕ КЛАДИ
    ПЕРВАЯ ЛАСТОЧКА 2. См. VI, 86
43. ПРАВАЯ РУКА
    против <не по> шерсти См. XII, 25
44. ПУСТОЕ МЕСТО 1.
45. ПУСТОЕ МЕСТО 2.
    РАСТИ/ВЫРАСТИ <ВЫРАСТАТЬ> В ГЛАЗАХ См. VI, 117
    падать/упасть <пасть> в глазах См. VI, 118
46. РУКИ КОРОТКИ
    С ГОЛОВЫ ДО НОГ <ДО ПЯТ> <реже С НОГ ДО ГОЛОВЫ> 2. См. XVI, 15
    С ЖИРУ БЕСИТЬСЯ См. XII, 89
    С ПРОТЯНУТОЙ РУКОЙ ИДТИ <ПОЙТИ> См. VIII, 26
47. СБОКУ ПРИПЕКУ <ПРИПЕКА>
48. СВОЕГО <НАШЕГО, ВАШЕГО> ПОЛЯ ЯГОДА
49. СЕБЕ НА УМЕ Тж. XII
50. СЕМЬ ПЯТНИЦ НА НЕДЕЛЕ
    СЕРЕДИНКА НА ПОЛОВИНКУ <СЕРЕДИНА НА ПОЛОВИНУ> 1. См. XVI, 18
    СЛАБОЕ МЕСТО См. VI, 136
51. ТЕМНАЯ ЛОШАДКА
52. ХОТЬ КОЛ НА ГОЛОВЕ ТЕШИ
53. ШИШКА НА РОВНОМ МЕСТЕ
54. ШУТ ГОРОХОВЫЙ <ЧУЧЕЛО, ПУГАЛО ГОРОХОВОЕ> 1.
55. ЯЗЫК БЕЗ КОСТЕЙ Тж. XI

II. ФИЗИЧЕСКОЕ СОСТОЯНИЕ

1. В ДЫМ <В ДЫМИНУ>
2. В СТЕЛЬКУ
   ГОЛОВА ИДЕТ <ПОШЛА> КРУГОМ См. IX, 10
3. ГОЛОВА ПУХНЕТ/РАСПУХЛА <ТРЕЩИТ, РАСКАЛЫВАЕТСЯ> 2.
4. ДАТЬ ДУБА
5. ДО ЧЕРТИКОВ
6. ДЫШАТЬ НА ЛАДАН 1.
7. ЗАЛИТЬ <НАЛИТЬ> ГЛАЗА <ШАРЫ>
8. [И] ГЛАЗОМ НЕ МОРГНУТЬ 2.
   КАК <СЛОВНО, ТОЧНО> РУКОЙ СНЯЛО <реже СНИМАЕТ, СНИМЕТ> См. IV, 29
   КАК СЕЛЬДИ В БОЧКЕ См. XVI, 6

9. КАК У ХРИСТА ЗА ПАЗУХОЙ 2. Тж. IV
   КРАШЕ В ГРОБ КЛАДУТ. См. I, 3
10. ЛЫКА НЕ ВЯЗАТЬ
11. НА БРОВЯХ
12. НЕ В КОНЯ КОРМ 1.
13. НИ В ОДНОМ ГЛАЗУ <ГЛАЗЕ>
    [ОДНА] КОЖА ДА <И> КОСТИ См. I, 5
14. ОТДАВАТЬ/ОТДАТЬ КОНЦЫ
15. ПОД ГРАДУСОМ
16. ПОД МУХОЙ
17. ПРОЛИВАТЬ/ПРОЛИТЬ <ЛИТЬ> КРОВЬ 1.
18. льется/прольется кровь
19. РЕЖЕТ ГЛАЗ <ГЛАЗА> 1.
20. С НОГ СБИВАТЬСЯ/СБИТЬСЯ
    СЕРЕДИНА НА ПОЛОВИНУ <СЕРЕДИНКА НА ПОЛОВИНКУ> 2. См. XVI, 19
21. ХВАТИЛ <ХВАТИЛА, УДАРИЛ, УДАРИЛА, СТУКНУЛ, ХЛОПНУЛ, ПРИШИБ> КОНДРАШКА
    ХОДИТЬ ХОДУНОМ 1. См. III, 39
    заходить <реже пойти> ходуном 1. См. III, 40

III. ФИЗИЧЕСКОЕ ДЕЙСТВИЕ И ПЕРЕМЕЩЕНИЕ

1. БЕЗ ОГЛЯДКИ 1.
   В <ЗА> ОДИН ПРИСЕСТ См. XVI, 1
   В <ЧЕРЕЗ> ЧАС ПО ЧАЙНОЙ <СТОЛОВОЙ> ЛОЖКЕ См. XVI, 2
2. ВЫСУНУВ <ВЫСУНЯ> ЯЗЫК
3. ДАТЬ ХОД 1.
   ДО ТОЧКИ² 1. См. IV, 18
   ДО УМОПОМРАЧЕНИЯ См. IV, 20
4. ДЫШАТЬ НА ЛАДАН 2. Тж. XIII
5. [И] НОГИ <НОГА> НЕ БУДЕТ Тж. V
   [И] СЛЕД ПРОСТЫЛ См. XIV, 4
6. ИЗ-ПОД [САМОГО] НОСА Тж. XII
   КАК КОРОВА ЯЗЫКОМ СЛИЗАЛА См. XIV, 5
7. КАК <БУДТО, СЛОВНО, ТОЧНО> КУРИЦА ЛАПОЙ
8. КАК МИЛЕНЬКИЙ 2.
9. КАК ПИТЬ ДАТЬ Тж. VI, XIII
   КАК <БУДТО, СЛОВНО, ТОЧНО> СНЕГ НА ГОЛОВУ 1. См. XV, 11
10. КАК УГОРЕЛЫЙ
11. КАК ШТЫК
12. ЛЕЧЬ <ПОЛЕЧЬ> КОСТЬМИ 1.
13. МЕРТВОЙ ХВАТКОЙ 1.
14. НА ВСЕХ ПАРАХ 1.
15. НА ВСЕХ ПАРАХ 2.
    НА НОЧЬ ГЛЯДЯ См. XV, 16
16. НА СОПЛЯХ 1.
17. НА СОПЛЯХ 2.
18. НА ХОДУ 1.
19. НА ЧЕСТНОМ СЛОВЕ
20. НЕ С РУКИ 1.
    НИ В ЖИЗНЬ См. VI, 80
21. НИ НА ШАГ 2.
22. НОГИ В РУКИ [БРАТЬ/ВЗЯТЬ]
23. ПОЛНЫМ ХОДОМ 1.

24. ПРОЛИВАТЬ/ПРОЛИТЬ ‹ЛИТЬ› КРОВЬ 2.
    РУКА НЕ ПОДНИМАЕТСЯ ‹НЕ ПОДНЯЛАСЬ, НЕ ПОДНИМЕТСЯ› 2. См. XII, 88
25. РУКА ‹РУКИ› НЕ ПОДНИМАЕТСЯ ‹НЕ ПОДНЯЛАСЬ, НЕ ПОДНИМЕТСЯ› 1. Тж. VI
    С ГРЕХОМ ПОПОЛАМ См. VI, 125
    С ПУСТЫМИ РУКАМИ 1. См. VI, 130
26. С ХОДУ 1.
27. СВАЛИТЬСЯ/реже СВАЛИВАТЬСЯ ‹ОБРУШИТЬСЯ/реже ОБРУШИВАТЬСЯ, УПАСТЬ› КАК ‹СЛОВНО, ТОЧНО› СНЕГ НА ГОЛОВУ. Тж. IV, XV
28. СЛОМАТЬ ‹СЛОМИТЬ, СВЕРНУТЬ› [СЕБЕ, СВОЮ] ГОЛОВУ ‹ШЕЮ› 1.
29. СЛОМЯ ГОЛОВУ
30. СОВАТЬ/СУНУТЬ [СВОЙ] НОС 1. Тж. XII
31. СПУСТИТЬ С ЛЕСТНИЦЫ
32. СТЕРЕТЬ С ЛИЦА ЗЕМЛИ 1.
33. исчезать/исчезнуть с лица земли 1.
34. СТЕРЕТЬ С ЛИЦА ЗЕМЛИ 2.
35. СУНУТЬ [СВОЙ] НОС 2.
36. ТО И ДЕЛО Тж. VI, XIII
37. УНОСИТЬ/УНЕСТИ НОГИ
38. ХОДИТЬ ПО РУКАМ
39. ХОДИТЬ ХОДУНОМ 1. Тж. II
40. заходить ‹реже пойти› ходуном 1. Тж. II
    [ХОТЬ] КРОВЬ ИЗ НОСУ ‹НОСА› См. VI, 149

IV. ЧУВСТВО-СОСТОЯНИЕ

БОЛЬНОЕ МЕСТО См. I, 10
1. ВЕШАТЬ/ПОВЕСИТЬ НОС
2. ВЗЯТЬ/реже БРАТЬ СЕБЯ В РУКИ 1.
3. держать себя в руках 1.
4. ВИТАТЬ В ОБЛАКАХ ‹устар. В ЭМПИРЕЯХ› Тж. IX
5. ВОЖЖА ‹ШЛЕЯ› ПОД ХВОСТ ПОПАДАЕТ ‹ПОПАЛА, ПОПАДИ›
6. ВОЛОСЫ [СТАНОВЯТСЯ/СТАЛИ ‹ВСТАЮТ/ВСТАЛИ, ПОДНИМАЮТСЯ/ПОДНЯЛИСЬ›] ДЫБОМ
7. ВЫВОДИТЬ/ВЫВЕСТИ ИЗ СЕБЯ
8. выходить/выйти из себя
9. ВЫМАТЫВАТЬ/ВЫМОТАТЬ ‹ВЫТЯГИВАТЬ/ВЫТЯНУТЬ› [ВСЮ] ДУШУ
10. ВЫПУСТИТЬ ПАР
11. ГЛАЗА НА ЛОБ ЛЕЗУТ/ПОЛЕЗЛИ 1.
12. ГЛАЗА НА ЛОБ ЛЕЗУТ/ПОЛЕЗЛИ 2.
13. ДО БЕЛОГО КАЛЕНИЯ
14. ДО ПОТЕРИ ПУЛЬСА
15. ДО РУЧКИ Тж. VI, XII
16. ДО СЛЕЗ Тж. VI
17. ДО СМЕРТИ
18. ДО ТОЧКИ² 1. Тж. III
19. ДО ТОЧКИ² 2. Тж. VI
20. ДО УМОПОМРАЧЕНИЯ Тж. III, IX
21. ДУША ‹СЕРДЦЕ› В ПЯТКИ [УХОДИТ/УШЛА, УШЛО]
22. душа в пятках

23. ДУША <СЕРДЦЕ> НЕ НА МЕСТЕ
24. ЗАДЕВАТЬ/ЗАДЕТЬ <ЗАТРАГИВАТЬ/ЗАТРОНУТЬ> ЗА ЖИВОЕ Тж. V
25. ЗАКУСИТЬ УДИЛА Тж. VI, XII
26. КАК <БУДТО, СЛОВНО, ТОЧНО> В ВОДУ ОПУЩЕННЫЙ
27. [КАК <БУДТО, СЛОВНО, ТОЧНО>] ГОРА С ПЛЕЧ [СВАЛИЛАСЬ]
28. КАК <реже БУДТО, СЛОВНО, ТОЧНО> ЗА КАМЕННОЙ СТЕНОЙ
    КАК <КАКАЯ, У КОГО, ЧЬЯ> РУКА ПОДНИМАЕТСЯ <ПОДНЯЛАСЬ, ПОДНИМЕТСЯ> См. XII, 49
29. КАК <СЛОВНО, ТОЧНО> РУКОЙ СНЯЛО <реже СНИМАЕТ, СНИМЕТ> Тж. II
    КАК У ХРИСТА ЗА ПАЗУХОЙ 2. См. II, 9
    КАК <У КОГО> ЯЗЫК ПОВОРАЧИВАЕТСЯ <ПОВЕРНУЛСЯ, ПОВЕРНЕТСЯ> 2. См. XII, 50
30. КОШКИ СКРЕБУТ <СКРЕБЛИ/ЗАСКРЕБЛИ> НА ДУШЕ <реже НА СЕРДЦЕ>
31. КРОВЬ СТЫНЕТ <ЗАСТЫВАЕТ/ЗАСТЫЛА, ЛЕДЕНЕЕТ/ЗАЛЕДЕНЕЛА> В ЖИЛАХ
32. КУСАТЬ [СЕБЕ] ЛОКТИ
33. ЛЕЗТЬ/ПОЛЕЗТЬ В БУТЫЛКУ
34. НА СЕДЬМОМ НЕБЕ
35. НЕ В ДУХЕ
36. НЕ В СВОЕЙ ТАРЕЛКЕ 2.
37. НЕ НАХОДИТЬ [СЕБЕ] МЕСТА
38. не найти [себе] места
39. НЕ ПОМНИТЬ СЕБЯ
40. НЕ ХВАТАТЬ/НЕ ХВАТИТЬ ДУХУ
    ОПУСКАТЬ/ОПУСТИТЬ РУКИ См. XII, 64
    руки опускаются/опустились См. XII, 65
41. ОТВОДИТЬ/ОТВЕСТИ ДУШУ
42. ОТЛЕГЛО <ОТОШЛО> ОТ СЕРДЦА
43. ПАДАТЬ/УПАСТЬ <ПАСТЬ> ДУХОМ
44. ПЕРЕПОЛНИТЬ ЧАШУ
45. чаша переполнилась
46. ПОД ГОРЯЧУЮ РУКУ
47. ПОДЖИЛКИ ЗАТРЯСЛИСЬ <ЗАТРЯСУТСЯ, реже ЗАДРОЖАЛИ, ЗАДРОЖАТ>
48. поджилки трясутся <реже дрожат>
    ПОЛОЖА РУКУ НА СЕРДЦЕ 1. См. XI, 36
49. РАСПУСКАТЬ/РАСПУСТИТЬ НЮНИ <СЛЮНИ, ГУБЫ, СЛЕЗУ, СЛЕЗЫ, СОПЛИ> 1.
50. РАСПУСКАТЬ/РАСПУСТИТЬ <РАЗВОДИТЬ> СЛЮНИ <НЮНИ> 2.
51. РАСПУСКАТЬ/РАСПУСТИТЬ СЛЮНИ <НЮНИ> 3.
52. РАСПУСКАТЬ/РАСПУСТИТЬ СЛЮНИ <СОПЛИ> 4.
    РУКИ ЧЕШУТСЯ См. VI, 123
53. С ЛЕГКИМ СЕРДЦЕМ <С ЛЕГКОЙ ДУШОЙ>
54. С ТЯЖЕЛЫМ СЕРДЦЕМ
    СВАЛИТЬСЯ/реже СВАЛИВАТЬСЯ <ОБРУШИТЬСЯ/реже ОБРУШИВАТЬСЯ, УПАСТЬ> КАК <СЛОВНО, ТОЧНО> СНЕГ НА ГОЛОВУ См. III, 27
55. СЕРДЦЕ КРОВЬЮ ОБЛИВАЕТСЯ <ОБЛИВАЛОСЬ, ОБЛИЛОСЬ>

56. СЕРДЦЕ ПАДАЕТ/УПАЛО <ОБОРВАЛОСЬ, реже ОТОРВА-
ЛОСЬ>
57. СЕРДЦЕ <ДУША> РАЗРЫВАЕТСЯ <РВЕТСЯ> [НА ЧАСТИ]
58. СКРЕПЯ СЕРДЦЕ
СХОДИТЬ/СОЙТИ <СПЯТИТЬ> С УМА 2. См. IX, 36
59. ТЕРЯТЬ/ПОТЕРЯТЬ ГОЛОВУ 3.
ХОТЬ ЛОЖИСЬ ДА ПОМИРАЙ <УМИРАЙ> См. XIII, 38
ЯЗЫК НЕ ПОВОРАЧИВАЕТСЯ <НЕ ПОВЕРНУЛСЯ, НЕ ПОВЕР-
НЕТСЯ> 1. См. XI, 60

V. ЧУВСТВО — ОТНОШЕНИЕ

1. В ОГОНЬ И В ВОДУ
2. В ШТЫКИ
3. ВКЛАДЫВАТЬ/ВЛОЖИТЬ [ВСЮ] ДУШУ
ДАЛЬШЕ ЕХАТЬ НЕКУДА См. XVI, 4
4. ДЕТЕЙ НЕ КРЕСТИТЬ <НЕ ДЕТЕЙ КРЕСТИТЬ>
5. ДО ЛАМПОЧКИ
6. ДУША НЕ ЛЕЖИТ
7. ДУШИ НЕ ЧАЯТЬ
ЗАДЕВАТЬ/ЗАДЕТЬ <ЗАТРАГИВАТЬ/ЗАТРОНУТЬ> ЗА ЖИВОЕ
См. IV, 24
8. [И] В УС НЕ ДУТЬ Тж. XII
[И] НОГИ [НОГА] НЕ БУДЕТ См. III, 5
9. [И] УХОМ НЕ ВЕДЕТ <НЕ ПОВЕЛ> Тж. XII
ИГРАТЬ НА НЕРВАХ См. XII, 43
ИЗЛИВАТЬ/ИЗЛИТЬ [СВОЮ] ДУШУ См. XI, 18
10. ИМЕТЬ <ДЕРЖАТЬ> ЗУБ
11. ИСПОРТИТЬ КРОВЬ Тж. XII
12. [КАК] КОСТЬ В ГОРЛЕ
13. КАК ОБ СТЕНКУ <СТЕНУ> ГОРОХ <ГОРОХОМ>
14. КАК С ГУСЯ ВОДА 1.
15. КАК С ПИСАНОЙ ТОРБОЙ
16. КЛАСТЬ/ПОЛОЖИТЬ ГЛАЗ
МАХНУТЬ РУКОЙ См. VI, 62
17. МОЗОЛИТЬ/НАМОЗОЛИТЬ ГЛАЗА
18. НА ДУХ
19. НА НОЖАХ
20. НАБИВАТЬ/НАБИТЬ ОСКОМИНУ Тж. XIII
21. НАВЯЗНУТЬ В ЗУБАХ Тж. XIII
22. НОЖ ОСТРЫЙ
НОСИТЬ НА РУКАХ См. XII, 62
23. ОДИН ЧЕРТ Тж. XIII
24. ОТ ЧИСТОГО СЕРДЦА
ПЛАКАТЬСЯ/ПОПЛАКАТЬСЯ В ЖИЛЕТКУ См. XI, 31
ПЛАТИТЬ/ОТПЛАТИТЬ ТОЙ ЖЕ <ТОЮ ЖЕ> МОНЕТОЙ <МО-
НЕТОЮ> См. XII, 69
25. ПЛЕВАТЬ/ПЛЮНУТЬ <НАПЛЕВАТЬ> В ДУШУ
26. ПО ГРОБ ЖИЗНИ
ПО ДУШАМ См. XI, 32
27. ПО ДУШЕ
28. ПО СТАРОЙ ПАМЯТИ 2.
29. ПО УШИ
ПОВОРАЧИВАТЬСЯ/ПОВЕРНУТЬСЯ СПИНОЙ См. VI, 98
30. ПРИНИМАТЬ/ПРИНЯТЬ БЛИЗКО К СЕРДЦУ 1.

31. ПРИНИМАТЬ/ПРИНЯТЬ БЛИЗКО К СЕРДЦУ 2.
    ПРИНИМАТЬ/ПРИНЯТЬ ЗА ЧИСТУЮ МОНЕТУ См. X, 29
    РАЗВЕШИВАТЬ/РАЗВЕСИТЬ УШИ 2. См. XI, 43
    РЕЖЕТ ГЛАЗ <ГЛАЗА> 2. См. XIII, 32
    СЕРЕДИНА НА ПОЛОВИНУ <СЕРЕДИНКА НА ПОЛОВИНКУ> 2. См. XVI, 19
32. СИДЕТЬ В ПЕЧЕНКАХ
    СМОТРЕТЬ <ГЛЯДЕТЬ> [ПРЯМО] В РОТ 1. См. XI, 53
33. СНИМАТЬ/СНЯТЬ ШЛЯПУ
34. СПАТЬ И [ВО СНЕ] ВИДЕТЬ Тж. X
35. СТАТЬ <СТАНОВИТЬСЯ, ВСТАТЬ> ПОПЕРЕК ГОРЛА
36. СЫТ ПО ГОРЛО
    УШИ ВЯНУТ См. XI, 58
37. ХОТЬ БЫ ХНЫ
38. [ХОТЬ] ТРАВА НЕ РАСТИ 1
39. [ХОТЬ] ТРАВА НЕ РАСТИ 2.
40. ХУЖЕ <ПУЩЕ> ГОРЬКОЙ РЕДЬКИ

VI. ДЕЯТЕЛЬНОСТЬ

1. БЕЗ ОГЛЯДКИ 2.
2. БЕЗ СУЧКА И <БЕЗ> ЗАДОРИНКИ
3. БИТЬ В ОДНУ [И ТУ ЖЕ] ТОЧКУ
4. БИТЬ МИМО ЦЕЛИ
5. БИТЬ [ПРЯМО] В ЦЕЛЬ <В [САМУЮ] ТОЧКУ>
6. попасть [прямо] в цель <попасть, угодить в [самую] точку, жилку>
7. БРАТЬ/ВЗЯТЬ ГОЛЫМИ РУКАМИ
8. БРОСАТЬ/БРОСИТЬ <ОСТАВИТЬ> НА ПРОИЗВОЛ СУДЬБЫ Тж. VI
9. БРОСАТЬ/БРОСИТЬ ТЕНЬ Тж. XI, XII
10. БРОСАТЬСЯ В КРАЙНОСТИ <ИЗ КРАЙНОСТИ В КРАЙНОСТЬ, ИЗ ОДНОЙ КРАЙНОСТИ В ДРУГУЮ>
11. доходить до крайности
12. впадать в крайность <в крайности>
13. доводить/довести до крайности
14. В ДОЛГИЙ ЯЩИК Тж. XV
    В <ЗА> ОДИН ПРИСЕСТ См. XVI, 1
15. В ПЕРВЫХ РЯДАХ
16. В РУКАХ 1.
17. взять в свои руки
18. прибрать к рукам 1.
19. держать в [своих] руках 1.
20. выпустить из рук
21. ВЕШАТЬ <НАВЕШАТЬ> [ВСЕХ] СОБАК
22. ВЗЯТЬ/реже БРАТЬ СЕБЯ В РУКИ 2.
23. держать себя в руках 2.
24. ВНОСИТЬ/ВНЕСТИ [СВОЮ] ЛЕПТУ
25. ВО ВСЮ ШИРЬ 2.
26. ВЫБИВАТЬ/ВЫБИТЬ ПОЧВУ ИЗ-ПОД НОГ
    ВЫЖИМАТЬ СОК <СОКИ> См. VII, 3
    высосать соки См. VII, 4
27. ВЫТАСКИВАТЬ/ВЫТАЩИТЬ ИЗ ГРЯЗИ
    ВЫХОДИТЬ/ВЫЙТИ БОКОМ См. XIII, 10
28. ВЫХОДИТЬ/ВЫЙТИ <ВЫЛЕЗАТЬ/ВЫЛЕЗТИ> ИЗ ОКОПОВ
29. ДАВАТЬ/ДАТЬ ЖИЗНИ 2.

30. ДАВАТЬ/ДАТЬ МАХУ
31. ДАВАТЬ/ДАТЬ ПИЩУ Тж. XI
32. ДАВАТЬ/ДАТЬ ПО ШАПКЕ
33. ДАВАТЬ ХОД 3.
34. ДАЛЕКО ЗАЙТИ 1.
35. ДАТЬ ФОРУ
36. ДЕЛАТЬ ПОГОДУ Тж. XIII
37. ДЕРЖАТЬ В ЧЕРНОМ ТЕЛЕ Тж. XII
38. ДЛЯ ОЧИСТКИ СОВЕСТИ
39. ДНЕМ С ОГНЕМ Тж. I, XVI
  ДО РУЧКИ См. IV, 15
  ДО СЛЕЗ См. IV, 16
  ДО ТОЧКИ[2] 2. См. IV, 19
  ДОЛГАЯ <ДЛИННАЯ> ПЕСНЯ См. XV, 7
40. ДОРОГОЙ ЦЕНОЙ
41. ЖДАТЬ У МОРЯ ПОГОДЫ <ПОГОДУ>
42. ЗА ЗДОРОВО ЖИВЕШЬ
43. [ЗА] ЗДОРОВО ЖИВЕШЬ
44. ЗА ТАК 1.
45. ЗА ТАК 2.
  ЗАДНИМ ЧИСЛОМ 1. См. XV, 8
46. ЗАКРЫВАТЬ/ЗАКРЫТЬ <ПРИКРЫТЬ> ЛАВОЧКУ
  ЗАКУСИТЬ УДИЛА См. IV, 25
47. ЗАРЫВАТЬ/ЗАРЫТЬ ТАЛАНТ В ЗЕМЛЮ
48. [И] ГЛАЗОМ НЕ МОРГНУТЬ 1.
49. ИГРАТЬ/СЫГРАТЬ НА РУКУ
50. ИДТИ В ГОРУ 1.
51. ИЗ-ПОД ПОЛЫ
52. КАК МИЛЕНЬКИЙ 1.
  КАК ПИТЬ ДАТЬ См. III, 9
53. КОПТИТЬ НЕБО Тж. VII
54. ЛЕЖАТЬ НА ПЛЕЧАХ 1.
55. ложиться на плечи
56. брать/взять <взваливать/взвалить> на свои плечи
57. нести <вынести> на своих плечах
58. перекладывать/переложить на плечи
59. ЛЕЖАТЬ НА ПЛЕЧАХ 2.
60. везти на своих плечах
61. на чужих плечах
  ЛЮБОЙ ЦЕНОЙ См. XVI, 9
62. МАХНУТЬ РУКОЙ Тж. V
63. МЕРТВОЙ ХВАТКОЙ 2.
64. мертвая хватка Тж. I
65. МЫШИНАЯ ВОЗНЯ Тж. XIII
66. НА БЛЮДЕЧКЕ [С ГОЛУБОЙ КАЕМОЧКОЙ <КАЕМКОЙ>]
67. НА ВСЕХ ПАРАХ 3.
68. НА ВЫСОТЕ 1. Тж. I
  НА ВЫСОТЕ [ПОЛОЖЕНИЯ] 2. См. I, 35
69. НА ЛЕТУ[1]
  НА ЛЕТУ[2] <С ЛЕТУ> См. X, 22
70. НА ПОЛПУТИ
71. НА РУКИ Тж. XIII, XIV
72. НА СВОЮ ГОЛОВУ
73. НА ХОДУ 2.

74. НАДЕВАТЬ/НАДЕТЬ [СЕБЕ] ХОМУТ [НА ШЕЮ]
75. НАПРАВО И НАЛЕВО
76. НАХОДИТЬ/НАЙТИ ОБЩИЙ ЯЗЫК Тж. XI
    НЕ ВИДАТЬ <НЕ ВИДЕТЬ, НЕ УВИДАТЬ, НЕ УВИДЕТЬ> КАК СВОИХ УШЕЙ См. XV, 17
77. НЕ МУДРСТВУЯ ЛУКАВО
78. НЕ С РУКИ 2.
79. НЕ ХВАТАТЬ/НЕ ХВАТИТЬ ПОРОХУ
80. НИ В ЖИЗНЬ Тж. III
81. НИ НА ШАГ 1.
82. НИ ПОД КАКИМ СОУСОМ
    НИ СНОМ НИ ДУХОМ См. IX, 30
83. ОБИВАТЬ/ОБИТЬ [ВСЕ] ПОРОГИ
    ОТ <С> БОЛЬШОГО УМА См. IX, 32
84. ОТБИВАТЬ/ОТБИТЬ <ОТНИМАТЬ> ХЛЕБ
85. ПАЛЕЦ <ПАЛЬЦЕМ> О ПАЛЕЦ НЕ УДАРИТЬ 2. Тж. XII
86. ПЕРВАЯ ЛАСТОЧКА 2. Тж. I
87. ПЕРЕБЕГАТЬ/ПЕРЕБЕЖАТЬ ДОРОГУ Тж. XII
88. ПЕСЕНКА СПЕТА Тж. XIII
89. ПЛЕСТИСЬ <ОКАЗАТЬСЯ> В ХВОСТЕ
90. ПЛЫТЬ <ИДТИ> В РУКИ Тж. VIII
91. ПО ГОРЛО Тж. VII
92. ПО ГОРЯЧИМ <СВЕЖИМ> СЛЕДАМ
93. ПО ПЛЕЧУ
94. ПО СТАРОЙ ПАМЯТИ 1.
95. ПОВОРАЧИВАТЬ/ПОВЕРНУТЬ ОГЛОБЛИ [НАЗАД, ВСПЯТЬ]
96. ПОВОРАЧИВАТЬСЯ/ПОВЕРНУТЬСЯ <ОБРАТИТЬСЯ> ЛИЦОМ Тж. X
97. повернуть лицом Тж. X
98. ПОВОРАЧИВАТЬСЯ/ПОВЕРНУТЬСЯ СПИНОЙ Тж. V, XII
99. ПОД КРЫЛО <КРЫЛЫШКО>
    ПОД РУКУ См. XI, 34
    ПОД СОУСОМ <СОУСАМИ> См. XI, 35
100. ПОДВОДИТЬ/ПОДВЕСТИ ПОД МОНАСТЫРЬ Тж. XII
101. ПОДЛИВАТЬ/ПОДЛИТЬ МАСЛА В ОГОНЬ Тж. XI
102. ПОДНИМАТЬ/ПОДНЯТЬ ПЛАНКУ
103. ПОЙТИ ПРАХОМ 2.
104. ПОЛНЫМ ХОДОМ 2. Тж. XIII
    ПОСЛЕ ДОЖДИЧКА <ДОЖДИКА> В ЧЕТВЕРГ См. XV, 18
105. ПРИКЛАДЫВАТЬ/ПРИЛОЖИТЬ РУКУ <РУКИ> 1.
106. ПРИЛОЖИТЬ РУКУ <РУКИ> 2.
107. ПРОСИЖИВАТЬ <ПРОТИРАТЬ> [ЗРЯ] ШТАНЫ Тж. VII
108. ПРОЩЕ ПАРЕНОЙ РЕПЫ Тж. XIII
109. ПУСКАТЬ/ПУСТИТЬ В ХОД
110. идти/пойти в ход
111. в ходу [быть]
112. ПУТАТЬ/СПУТАТЬ <ПЕРЕПУТЫВАТЬ> [ВСЕ] КАРТЫ
113. РАЗ ПЛЮНУТЬ
114. РАЗБИВАТЬСЯ/РАЗБИТЬСЯ <РАСШИБАТЬСЯ/РАСШИБИТЬСЯ> В ЛЕПЁШКУ
115. РАЗМЕНИВАТЬСЯ НА МЕЛОЧИ <ПО МЕЛОЧАМ, НА МЕЛКУЮ МОНЕТУ>
116. разменивать/разменять на мелочи <по мелочам>
117. РАСТИ/ВЫРАСТИ <ВЫРАСТАТЬ> В ГЛАЗАХ Тж. I

118. падать/упасть ‹пасть› в глазах Тж. I
119. РВАТЬ ‹РАЗРЫВАТЬ› НА ЧАСТИ
120. разрываться на части
    РУКА ‹РУКИ› НЕ ПОДНИМАЕТСЯ ‹НЕ ПОДНЯЛАСЬ, НЕ ПОДНИМЕТСЯ› 1. См. III, 25
121. РУКИ НЕ ДОХОДЯТ Тж. VII
122. РУКИ НЕ ОТВАЛЯТСЯ Тж. VII
123. РУКИ ЧЕШУТСЯ Тж. IV
124. С БУХТЫ-БАРАХТЫ
125. С ГРЕХОМ ПОПОЛАМ Тж. III, VII
126. С ДАЛЬНИМ ‹ДАЛЕКИМ› ПРИЦЕЛОМ
    С ЗАКРЫТЫМИ ГЛАЗАМИ 2. См. XII, 90
127. С ЛЕГКОЙ РУКИ
128. С МЕСТА В КАРЬЕР
129. С ОГЛЯДКОЙ
130. С ПУСТЫМИ РУКАМИ 1. Тж. III
131. С ПУСТЫМИ РУКАМИ 2.
    С УМОМ См. X, 41
132. С ХОДУ 2.
133. СБРАСЫВАТЬ/СБРОСИТЬ СО СЧЕТОВ ‹СЧЕТА› Тж. X
134. СВАЛЯТЬ ДУРАКА Тж. X
135. СВОДИТЬ/СВЕСТИ КОНЦЫ С КОНЦАМИ 2.
    СЕРЕДИНА НА ПОЛОВИНУ ‹СЕРЕДИНКА НА ПОЛОВИНКУ› 3. См. XVI, 20
136. СЛАБОЕ МЕСТО Тж. I
137. СЛОМАТЬ ‹СЛОМИТЬ› [СЕБЕ, СВОЮ] ГОЛОВУ ‹ШЕЮ› 2.
138. СПУСКАТЬ/СПУСТИТЬ НА ТОРМОЗАХ
139. СТАВИТЬ/ПОСТАВИТЬ [ВСЕ] ТОЧКИ НАД «И» Тж. X
140. точки над «и» поставлены Тж. X
141. СТОЯТЬ ‹ТОПТАТЬСЯ› НА [ОДНОМ] МЕСТЕ
142. СТОЯТЬ НА УШАХ 2.
    ТО И ДЕЛО См. III, 36
143. ТЯНУТЬ ‹ТАЩИТЬ› ЗА УШИ 1.
144. ТЯНУТЬ КОТА ЗА ХВОСТ
145. ТЯП-ЛЯП ‹ТЯП ДА ЛЯП› Тж. VII
146. ХВАТАТЬ/СХВАТИТЬ ‹ПОЙМАТЬ› ЗА РУКУ
147. ХВАТАТЬ/ХВАТИТЬ ‹ПЕРЕХВАТИТЬ› ЧЕРЕЗ КРАЙ Тж. XI
148. ХЛОПАТЬ УШАМИ 2.
149. [ХОТЬ] КРОВЬ ИЗ НОСУ ‹НОСА› Тж. III
150. ЧЕРЕЗ ГОЛОВУ
151. ЧЕРЕЗ ПЕНЬ-КОЛОДУ 1. Тж. VII
152. ЧУЖИМИ РУКАМИ ЖАР ЗАГРЕБАТЬ Тж. XII
153. ШАГ ЗА ШАГОМ
154. ШАГУ ЛИШНЕГО НЕ СДЕЛАТЬ Тж. XII

VII. ТРУД, БЕЗДЕЛЬЕ

1. БИТЬ БАКЛУШИ
2. ВАЛЯТЬ ‹ЛОМАТЬ› ДУРАКА ‹ДУРОЧКУ, ВАНЬКУ› 1.
3. ВЫЖИМАТЬ СОК ‹СОКИ› Тж. VI
4. высосать соки Тж. VI
5. ГНУТЬ ‹ЛОМАТЬ› СПИНУ ‹СПИНЫ, ХРЕБЕТ, ГОРБ, ГОРБЫ› 1.

6. ГНУТЬ ‹ЛОМАТЬ› СПИНУ ‹СПИНЫ, ХРЕБЕТ, ГОРБ, ГОРБЫ› 2.
7. ГОНЯТЬ ЛОДЫРЯ
8. ГОНЯТЬ СОБАК
9. ДО СЕДЬМОГО ПОТА
10. ЗАСУЧИВАТЬ/ЗАСУЧИТЬ РУКАВА
11. ИЗ-ПОД ПАЛКИ
КОПТИТЬ НЕБО См. VI, 53
12. КРУТИТЬСЯ ‹ВЕРТЕТЬСЯ› КАК ‹БУДТО› БЕЛКА В КОЛЕСЕ
13. НЕ БЕЙ ЛЕЖАЧЕГО 1.
14. НЕ БЕЙ ЛЕЖАЧЕГО 2. Тж. I
15. НЕ ПОКЛАДАЯ РУК
16. НЕ РАЗГИБАТЬ СПИНЫ
17. ПАЛЕЦ ‹ПАЛЬЦА, ПАЛЬЦЕМ› О ПАЛЕЦ НЕ УДАРИТЬ 1.
18. ПЛЕВАТЬ ‹ПОПЛЕВЫВАТЬ› В ПОТОЛОК
ПО ГОРЛО См. VI, 91
ПРОСИЖИВАТЬ ‹ПРОТИРАТЬ› [ЗРЯ] ШТАНЫ См. VI, 107
РУКИ НЕ ДОХОДЯТ См. VI, 121
РУКИ НЕ ОТВАЛЯТСЯ См. VI, 122
С ГРЕХОМ ПОПОЛАМ См. VI, 125
19. СИДЕТЬ СЛОЖА РУКИ ‹РУЧКИ›
20. СПУСТЯ РУКАВА
21. ТЯНУТЬ ‹ВЫТЯГИВАТЬ/ВЫТЯНУТЬ› ЖИЛЫ
22. ТЯНУТЬ ЛЯМКУ
ТЯП-ЛЯП ‹ТЯП ДА ЛЯП› См. VI, 145
ЧЕРЕЗ ПЕНЬ-КОЛОДУ 1. См. VI, 151

VIII. БЕДНОСТЬ, БОГАТСТВО

1. БИТЬСЯ КАК РЫБА ОТ ЛЕД
2. БРОСАТЬ/БРОСИТЬ ‹ПУСКАТЬ/ПУСТИТЬ› НА ВЕТЕР ‹ПО ВЕТРУ›
3. В КОПЕЕЧКУ
4. В ЧЕМ МАТЬ РОДИЛА 2.
5. ГРЕСТИ ‹ЗАГРЕБАТЬ, ОГРЕБАТЬ› ДЕНЬГИ ЛОПАТОЙ
6. ГРЕТЬ/ПОГРЕТЬ ‹НАГРЕВАТЬ/НАГРЕТЬ› [СЕБЕ] РУКИ
7. ДОЙНАЯ КОРОВА Тж. I
8. ДРОЖАТЬ ‹ТРЯСТИСЬ› НАД [КАЖДОЙ] КОПЕЙКОЙ 1.
9. ДРОЖАТЬ НАД [КАЖДОЙ] КОПЕЙКОЙ 2.
10. ЗАЛЕЗАТЬ/ЗАЛЕЗТЬ В КАРМАН
11. ЗАПУСКАТЬ/ЗАПУСТИТЬ РУКУ ‹ЛАПУ›
12. ЗОЛОТОЕ ДНО Тж. XIII
13. КАК ЛИПКУ
14. КАК СЫР В МАСЛЕ КАТАТЬСЯ
15. КАК У ХРИСТА ЗА ПАЗУХОЙ 1.
16. КУРЫ НЕ КЛЮЮТ
17. НА ШИРОКУЮ НОГУ
18. НАБИВАТЬ/НАБИТЬ [СЕБЕ] КАРМАН ‹КАРМАНЫ›
19. НЕ ПО КАРМАНУ
20. НИ КОЛА НИ ДВОРА
21. НИ КОПЕЙКИ ‹НИ ГРОША› [ЗА ДУШОЙ]
ПЛЫТЬ ‹ИДТИ› В РУКИ См. VI, 90
22. ПОЛНАЯ ЧАША Тж. XIII
23. ПУСКАТЬ/ПУСТИТЬ ‹ВЫПУСКАТЬ/ВЫПУСТИТЬ› В ТРУБУ 1.
24. вылетать/вылететь в трубу

25. ПУСКАТЬ/ПУСТИТЬ <ВЫПУСКАТЬ/ВЫПУСТИТЬ> В ТРУБУ 2.
    С ЖИРУ БЕСИТЬСЯ См. XII, 89
26. С ПРОТЯНУТОЙ РУКОЙ ИДТИ <ПОЙТИ> Тж. I
27. СВОДИТЬ/СВЕСТИ КОНЦЫ С КОНЦАМИ 1.
28. СЕСТЬ/САДИТЬСЯ НА МЕЛЬ
29. сидеть <быть> на мели
    [ХОТЬ] ПРУД ПРУДИ См. XVI, 21

IX. ИНТЕЛЛЕКТУАЛЬНЫЕ СПОСОБНОСТИ И СОСТОЯНИЕ

1. БЕЗ ЦАРЯ В ГОЛОВЕ Тж. I
2. В [СВОЕМ, ЗДРАВОМ, ПОЛНОМ] УМЕ
3. ВДОЛЬ И ПОПЕРЕК 2.
   ВИТАТЬ В ОБЛАКАХ <устар. В ЭМПИРЕЯХ> См. IV, 4
4. ВПАДАТЬ/ВПАСТЬ В ДЕТСТВО
5. ВЫЖИВАТЬ/ВЫЖИТЬ ИЗ УМА
6. ГЛАЗ НАМЕТАН
7. ГОЛОВА <КОТЕЛОК, МОЗГИ> ВАРИТ <ВАРЯТ>
8. ГОЛОВА ДУБОВАЯ
9. ГОЛОВА [И] ДВА УХА <С УХОМ>
10. ГОЛОВА ИДЕТ <ПОШЛА> КРУГОМ Тж. II
11. ГОЛОВА НА ПЛЕЧАХ
12. ГОЛОВА ПУХНЕТ/РАСПУХЛА <ТРЕЩИТ/ТРЕСНУЛА, ЛОПАЕТСЯ/ЛОПНУЛА> 1.
13. ГОЛОВА САДОВАЯ
14. ГОЛОВОЙ <ГОЛОВКОЙ> СЛАБ <ОСЛАБЕЛ>
    ДВУХ СЛОВ СВЯЗАТЬ См. X, 9
15. ДО ТОЧКИ[1]
    ДО УМОПОМРАЧЕНИЯ См. IV, 20
16. ДУБИНА СТОЕРОСОВАЯ
17. ЗВЕЗД С НЕБА НЕ ХВАТАЕТ
18. КАК БАРАН НА НОВЫЕ ВОРОТА
19. КАК ОБЛУПЛЕННОГО
20. [КАК, ПЫЛЬНЫМ] МЕШКОМ [ИЗ-ЗА УГЛА] УДАРЕННЫЙ <ПРИБИТЫЙ>
21. КАК СВОИ ПЯТЬ ПАЛЬЦЕВ
22. КАК СИВЫЙ МЕРИН 2.
23. КРЫША ЕДЕТ <ПОЕХАЛА>
24. МОЗГИ <УМ> НАБЕКРЕНЬ
    НА УМЕ См. X, 24
25. НАБИРАТЬСЯ/НАБРАТЬСЯ УМА <УМА-РАЗУМА>
26. НЕ В СВОЕМ УМЕ
27. НЕ ВСЕ ДОМА [В ГОЛОВЕ]
    НЕ ОТ МИРА СЕГО См. I, 36
28. НЕТ ЦАРЯ В ГОЛОВЕ
29. НИ В ЗУБ [НОГОЙ]
30. НИ СНОМ НИ ДУХОМ Тж. VI
31. ОЛУХ ЦАРЯ НЕБЕСНОГО
32. ОТ <С> БОЛЬШОГО УМА Тж. VI, XII
    ОТ КОРКИ ДО КОРКИ См. X, 27
33. СВОЯ ГОЛОВА <БАШКА> НА ПЛЕЧАХ
34. СЕМИ ПЯДЕЙ ВО ЛБУ
35. СХОДИТЬ/СОЙТИ <СПЯТИТЬ, СОСКОЧИТЬ> С УМА 1.

36. СХОДИТЬ/СОЙТИ <СПЯТИТЬ> С УМА 2. Тж. IV, XII
37. УМ ЗА РАЗУМ ЗАХОДИТ
38. УМА ПАЛАТА

X. ИНТЕЛЛЕКТУАЛЬНАЯ ДЕЯТЕЛЬНОСТЬ

1. БЕЗ ЗАДНЕЙ МЫСЛИ
2. БРАТЬ/ВЗЯТЬ [СЕБЕ] В ТОЛК
3. БРАТЬСЯ/ВЗЯТЬСЯ ЗА УМ
4. В ГОЛОВЕ <В СОЗНАНИИ> НЕ УКЛАДЫВАЕТСЯ <НЕ ПОМЕЩАЕТСЯ>
5. В РОЗОВОМ СВЕТЕ <ЦВЕТЕ>
6. В ЧЕРНОМ ЦВЕТЕ
7. ВАЛИТЬ <СВАЛИВАТЬ, МЕШАТЬ> В [ОДНУ] КУЧУ <В ОДНО>
   ВПРАВЛЯТЬ/ВПРАВИТЬ МОЗГИ См. XII, 19
8. ВСАСЫВАТЬ/ВСОСАТЬ <ВПИТЫВАТЬ/ВПИТАТЬ> С МОЛОКОМ [МАТЕРИ]
9. ДВУХ СЛОВ СВЯЗАТЬ Тж. XI
10. ДЕРЖАТЬ <ИМЕТЬ> В ГОЛОВЕ <В УМЕ, В МЫСЛЯХ> 2.
11. ДО МОЗГА КОСТЕЙ 2.
12. ДОХОДИТЬ/ДОЙТИ СВОИМ УМОМ
13. ЖИТЬ СВОИМ УМОМ Тж. XII
14. ЗАБИВАТЬ/ЗАБИТЬ <НАБИВАТЬ/НАБИТЬ> ГОЛОВУ 1.
15. ЗАБИВАТЬ/ЗАБИТЬ [СЕБЕ] ГОЛОВУ 2.
16. ЗАРУБИТЬ [СЕБЕ] НА НОСУ
17. ЗОНДИРОВАТЬ/ПРОЗОНДИРОВАТЬ <НАЩУПЫВАТЬ/НАЩУПАТЬ> ПОЧВУ
18. И ЕЖУ
19. ИЗ ПЕРВЫХ РУК
20. ЛОМАТЬ [СЕБЕ, СВОЮ] ГОЛОВУ <МОЗГИ>
21. МОТАТЬ <НАМАТЫВАТЬ/НАМОТАТЬ> [СЕБЕ] НА УС
22. НА ЛЕТУ[2] <С ЛЕТУ> Тж. VI
23. НА СВЕЖУЮ ГОЛОВУ
24. НА УМЕ Тж. IX
    НАСТАВЛЯТЬ/НАСТАВИТЬ <НАПРАВИТЬ> НА ПУТЬ [ИСТИННЫЙ <ИСТИНЫ, ПРАВЕДНЫЙ> См. XII, 57
25. НАСТАВЛЯТЬ/НАСТАВИТЬ НА УМ
26. НИ УХА НИ РЫЛА
    НОСИТСЯ <ВИСИТ> В ВОЗДУХЕ См. XIII, 28
27. ОТ КОРКИ ДО КОРКИ Тж. IX
    ПОВОРАЧИВАТЬСЯ/ПОВЕРНУТЬСЯ <ОБРАТИТЬСЯ> ЛИЦОМ См. VI, 96
    повернуть лицом См. VI, 97
28. ПОД ОДНУ ГРЕБЕНКУ СТРИЧЬ/ОСТРИЧЬ ВСЕХ
29. ПРИНИМАТЬ/ПРИНЯТЬ ЗА ЧИСТУЮ МОНЕТУ Тж. V
30. ПРИХОДИТЬ/ПРИЙТИ В ГОЛОВУ <НА УМ>
31. взбредать/взбрести в голову <на ум>
32. держать в голове <в уме> 1.
33. из головы <из ума> не идет <не выходит>
34. выбросить <выкинуть> из головы
35. вылетать/вылететь <выскакивать/выскочить> из головы
    ПРОПУСКАТЬ/ПРОПУСТИТЬ МИМО УШЕЙ См. XI, 41
    РАЗВЕШИВАТЬ/РАЗВЕСИТЬ УШИ 2. См. XI, 43
36. РАЗЛОЖИТЬ ПО ПОЛОЧКАМ
37. разложено по полочкам

38. РАСКИНУТЬ ‹ПОРАСКИНУТЬ› [СВОИМ] УМОМ ‹УМИШКОМ, [СВОИМИ] МОЗГАМИ›
39. РАСКРЫВАТЬ/РАСКРЫТЬ ‹ОТКРЫВАТЬ/ОТКРЫТЬ› КАРТЫ
40. С ЗАКРЫТЫМИ ГЛАЗАМИ 1.
41. С УМОМ Тж. VI
42. САМ ЧЕРТ Тж. XI
[САМ] ЧЕРТ НОГУ СЛОМИТ 2. См. XIII, 34
СБРАСЫВАТЬ/СБРОСИТЬ СО СЧЕТОВ ‹СЧЕТА› См. VI, 133
СВАЛЯТЬ ДУРАКА См. VI, 134
43. СМОТРЕТЬ ‹ГЛЯДЕТЬ› В КОРЕНЬ
44. СМОТРЕТЬ ‹ПОСМОТРЕТЬ, ГЛЯДЕТЬ, ВЗГЛЯНУТЬ› ПРАВДЕ В ГЛАЗА ‹В ЛИЦО› Тж. XII
СМОТРЕТЬ ‹ГЛЯДЕТЬ› [ПРЯМО] В РОТ 1. См. XI, 53
45. СМОТРЕТЬ ‹ПОСМОТРЕТЬ› СКВОЗЬ ПАЛЬЦЫ Тж. XII
46. СОБИРАТЬСЯ/СОБРАТЬСЯ С МЫСЛЯМИ
СПАТЬ И [ВО СНЕ] ВИДЕТЬ См. V, 34
47. СТАВИТЬ/ПОСТАВИТЬ ВО ГЛАВУ УГЛА Тж. XIII
48. стоять во главе угла
СТАВИТЬ/ПОСТАВИТЬ [ВСЕ] ТОЧКИ НАД «И» См. VI, 139
точки над «и» поставлены См. VI, 140
49. СТЕРЕТЬ С ЛИЦА ЗЕМЛИ 3. Тж. XI
50. исчезнуть с лица земли 2. Тж. XI
51. СТЕРЕТЬ С ЛИЦА ЗЕМЛИ 4.
ТЕМНЫЙ ЛЕС См. XIII, 35
52. ТЕРЯТЬ/ПОТЕРЯТЬ ГОЛОВУ 1.
53. ТЕРЯТЬ/ПОТЕРЯТЬ ГОЛОВУ 2.
54. УМА НЕ ПРИЛОЖИТЬ
55. УМУ НЕПОСТИЖИМО
56. УЧИТЬ ‹ПОУЧИТЬ› УМУ-РАЗУМУ
УШИ ВЯНУТ См. XI, 58
57. ХЛОПАТЬ УШАМИ 1.
58. ШЕВЕЛИТЬ/ПОШЕВЕЛИТЬ ‹ШЕВЕЛЬНУТЬ› МОЗГАМИ

XI. РЕЧЕВАЯ ДЕЯТЕЛЬНОСТЬ

[БЕЗ МЫЛА] ЛЕЗТЬ/ВЛЕЗТЬ ‹ЗАЛЕЗАТЬ› В ДУШУ См. XII, 1
1. БЛАГИМ МАТОМ
2. БРАТЬ/ВЗЯТЬ СЛОВО
3. давать/дать слово
4. держать/сдержать [свое] слово
5. БРЕД СИВОЙ КОБЫЛЫ
6. БРОСАТЬ СЛОВА НА ВЕТЕР
БРОСАТЬ/БРОСИТЬ ТЕНЬ См. VI, 9
7. В ГЛАЗА
8. В ПУХ И ПРАХ
9. ВЕРТИТСЯ НА ЯЗЫКЕ 1.
10. ВЕРТИТСЯ НА ЯЗЫКЕ 2.
ВТАПТЫВАТЬ/ВТОПТАТЬ В ГРЯЗЬ См. XII, 21
ВЫВОДИТЬ/ВЫВЕСТИ НА ЧИСТУЮ ВОДУ См. XII, 22
11. ВЫНОСИТЬ/ВЫНЕСТИ СОР ИЗ ИЗБЫ
[ГЛАДИТЬ/ПОГЛАДИТЬ] ПРОТИВ ‹НЕ ПО› ШЕРСТИ См. XII, 24
гладить/погладить по шерсти ‹шерстке› См. XII, 26
ДАВАТЬ/ДАТЬ ЖИЗНИ 1. См. XII, 28
ДАВАТЬ/ДАТЬ ПИЩУ См. VI, 31

ДВУХ СЛОВ СВЯЗАТЬ См. X, 9
ДЕЛАТЬ/реже СДЕЛАТЬ ИЗ МУХИ СЛОНА См. XIII, 11
12. ДЕРЖАТЬ ЯЗЫК ЗА ЗУБАМИ
ДЛИННЫЙ ЯЗЫК 1. См. I, 16
ДЛИННЫЙ ЯЗЫК 2. См. I, 17
13. ДЛЯ <РАДИ> КРАСНОГО СЛОВЦА
ДОЛГАЯ <ДЛИННАЯ> ПЕСНЯ См. XV, 7
14. ДРАТЬ ГОРЛО
15. ЗА ГЛАЗА
16. ЗАГОВАРИВАТЬ/ЗАГОВОРИТЬ ЗУБЫ Тж. XII
17. ЗАТЫКАТЬ/ЗАТКНУТЬ <ЗАЖИМАТЬ/ЗАЖАТЬ> РОТ Тж. XII
18. ИЗЛИВАТЬ/ИЗЛИТЬ [СВОЮ] ДУШУ Тж. V
19. КАК НА ДУХУ
20. КАК СИВЫЙ МЕРИН 1
КАК <У КОГО> ЯЗЫК ПОВОРАЧИВАЕТСЯ <ПОВЕРНУЛСЯ, ПОВЕРНЕТСЯ> 2. См. XII, 50
21. МОРОЧИТЬ/ЗАМОРОЧИТЬ ГОЛОВУ <ГОЛОВЫ> 1.
22. МОРОЧИТЬ/ЗАМОРОЧИТЬ ГОЛОВУ 2.
23. НА ВЕТЕР
24. НА ЧЕМ СВЕТ СТОИТ
25. НАЗЫВАТЬ/НАЗВАТЬ ВЕЩИ СВОИМИ <ИХ СОБСТВЕННЫМИ, ИХ НАСТОЯЩИМИ, ИХ> ИМЕНАМИ
НАХОДИТЬ/НАЙТИ ОБЩИЙ ЯЗЫК См. VI, 76
26. НИ К СЕЛУ НИ К ГОРОДУ 2.
27. ОБЛИВАТЬ/ОБЛИТЬ <ПОЛИВАТЬ, БРОСАТЬ, СМЕШАТЬ С> ГРЯЗЬЮ
28. отмываться/отмыться от грязи
29. ПЕРЕМЫВАТЬ/ПЕРЕМЫТЬ КОСТОЧКИ <КОСТИ>
30. ПЕТЬ/ПРОПЕТЬ ДИФИРАМБЫ
31. ПЛАКАТЬСЯ/ПОПЛАКАТЬСЯ В ЖИЛЕТКУ Тж. V
32. ПО ДУШАМ Тж. V
33. ПОВИСАТЬ/ПОВИСНУТЬ В ВОЗДУХЕ 1.
34. ПОД РУКУ Тж. VI
35. ПОД СОУСОМ <СОУСАМИ> Тж. VI
ПОДЛИВАТЬ/ПОДЛИТЬ МАСЛА В ОГОНЬ См. VI, 101
36. ПОЛОЖА РУКУ НА СЕРДЦЕ 1. Тж. IV
37. ПОЛОЖА РУКУ НА СЕРДЦЕ 2.
38. ПРИДЕРЖИВАТЬ/ПРИДЕРЖАТЬ <ПОПРИДЕРЖАТЬ> ЯЗЫК <ЯЗЫЧОК, ЯЗЫКИ, ЯЗЫЧКИ>
39. ПРИКУСЫВАТЬ/ПРИКУСИТЬ ЯЗЫК <ЯЗЫЧОК, ЯЗЫКИ, ЯЗЫЧКИ>
ПРИНИМАТЬ/ПРИНЯТЬ ОБОРОТ См. XIII, 31
40. ПРОЖУЖЖАТЬ [ВСЕ] УШИ
41. ПРОПУСКАТЬ/ПРОПУСТИТЬ МИМО УШЕЙ Тж. X
42. РАЗВЕШИВАТЬ/РАЗВЕСИТЬ УШИ 1.
43. РАЗВЕШИВАТЬ/РАЗВЕСИТЬ УШИ 2. Тж. V, X
44. РАЗВЯЗЫВАТЬ/РАЗВЯЗАТЬ ЯЗЫК <ЯЗЫКИ> 1.
45. язык <язычок> развязался <языки, язычки развязались>
46. РАЗВЯЗЫВАТЬ/РАЗВЯЗАТЬ ЯЗЫК <ЯЗЫЧОК, ЯЗЫКИ, ЯЗЫЧКИ> 2. Тж. XII
47. РАСПУСКАТЬ/РАСПУСТИТЬ ЯЗЫК <ЯЗЫКИ> 1.
48. РАСПУСКАТЬ/РАСПУСТИТЬ ЯЗЫК <ЯЗЫКИ> 2.
49. РЕЖЕТ УХО <СЛУХ>
РУБИТЬ СПЛЕЧА 2. См. XII, 87
50. РУССКИМ ЯЗЫКОМ

51. С ГЛАЗУ НА ГЛАЗ Тж. XIII
52. С ПЕНОЙ У РТА
53. С ТРИ КОРОБА
    САМ ЧЕРТ См. X, 42
54. СМОТРЕТЬ <ГЛЯДЕТЬ> [ПРЯМО] В РОТ 1. Тж. V, X
55. СРЫВАТЬСЯ/СОРВАТЬСЯ С ЯЗЫКА
    СТЕРЕТЬ С ЛИЦА ЗЕМЛИ 3. См. X, 49
    исчезнуть с лица земли 2. См. X, 50
56. ТОЧИТЬ <ПОТОЧИТЬ> ЛЯСЫ
    ТЫКАТЬ В ГЛАЗА См. XII, 108
57. ТЯНУТЬ <ПОТЯНУТЬ> ЗА ЯЗЫК
58. УШИ ВЯНУТ Тж. V, X
    ХВАТАТЬ/ХВАТИТЬ <ПЕРЕХВАТИТЬ> ЧЕРЕЗ КРАЙ См. VI, 147
59. ЧЕРТ ДЕРНУЛ Тж. XIII
60. ЧЕРТ ДЕРНУЛ ЗА ЯЗЫК <ДЕРНУЛО ЗА ЯЗЫК>
    ЯЗЫК БЕЗ КОСТЕЙ См. I, 55
61. ЯЗЫК НЕ ПОВОРАЧИВАЕТСЯ <НЕ ПОВЕРНУЛСЯ, НЕ ПОВЕРНЕТСЯ> 1 Тж. IV
62. ЯЗЫК ПОДВЕШЕН

XII. ПОВЕДЕНИЕ

1. [БЕЗ МЫЛА] ЛЕЗТЬ/ВЛЕЗТЬ <ЗАЛЕЗАТЬ> В ДУШУ Тж. XI
2. БРАТЬ/ВЗЯТЬ <СХВАТИТЬ> БЫКА ЗА РОГА
3. БРАТЬ/ВЗЯТЬ <ХВАТАТЬ> ЗА ГОРЛО
4. держать за горло
   БРОСАТЬ/БРОСИТЬ <ОСТАВИТЬ> НА ПРОИЗВОЛ СУДЬБЫ См. VI, 8
   БРОСАТЬ/БРОСИТЬ ТЕНЬ См VI, 9
5. В ЕЖОВЫХ РУКАВИЦАХ
6. ежовые рукавицы
7. В РУКАХ 2.
8. взять в руки
9. прибрать к рукам <в руки> 2.
10. попадаться/попасть в руки <лапы>
11. держать в руках <в кулаке> 2
12. отбиться от рук
13. В ШЕЮ <В ТРИ ШЕИ>
14. ВАЛЯТЬ <ЛОМАТЬ> ДУРАКА <ДУРОЧКУ, ВАНЬКУ> 3.
15. ВАЛЯТЬ <РАЗЫГРЫВАТЬ, СТРОИТЬ ИЗ СЕБЯ> ДУРАКА <ДУРОЧКУ> 2.
16. ВАЛЯТЬСЯ В НОГАХ <НОЖКАХ>
17. ВЕРТЕТЬСЯ <ПУТАТЬСЯ> ПОД НОГАМИ
18. ВОДИТЬ ЗА НОС
19. ВПРАВЛЯТЬ/ВПРАВИТЬ МОЗГИ Тж. X
20. ВСТАВЛЯТЬ <СТАВИТЬ> ПАЛКИ В КОЛЕСА
21. ВТАПТЫВАТЬ/ВТОПТАТЬ В ГРЯЗЬ Тж. XI
22. ВЫВОДИТЬ/ВЫВЕСТИ НА ЧИСТУЮ ВОДУ Тж. XI
23. ВЫКИДЫВАТЬ ФОКУСЫ <НОМЕРА, ФОРТЕЛИ, ШТУКИ>/ВЫКИНУТЬ ФОКУС <НОМЕР, ФОРТЕЛЬ, ФИНТ, ШТУКУ>
24. [ГЛАДИТЬ/ПОГЛАДИТЬ] ПРОТИВ <НЕ ПО> ШЕРСТИ Тж. XI
25. против <не по> шерсти Тж. I
26. гладить/погладить по шерсти <шерстке> Тж. XI
27. ГНУТЬ СВОЕ <СВОЮ ЛИНИЮ, ТУ ЖЕ ЛИНИЮ>
28. ДÁВАТЬ/ДАТЬ ЖИЗНИ 1. Тж. XI

29. ДАВАТЬ/ДАТЬ НА ЛАПУ
30. ДАВАТЬ/ДАТЬ ХОД 2.
31. ДАЛЕКО ЗАХОДИТЬ/ЗАЙТИ 2.
    ДЕРЖАТЬ В ЧЕРНОМ ТЕЛЕ См. VI, 37
32. ДЕРЖАТЬ НОС ПО ВЕТРУ
33. ДЕРЖАТЬ <ДАВИТЬ> ФАСОН 1.
34. ДЕРЖАТЬ <ДАВИТЬ> ФАСОН 2.
    ДО РУЧКИ См. IV, 15
    ЖИТЬ СВОИМ УМОМ См. X, 13
35. ЗАВАРИВАТЬ/ЗАВАРИТЬ КАШУ
36. заварилась каша Тж. XIII
37. расхлёбывать/расхлебать кашу
    ЗАГОВАРИВАТЬ/ЗАГОВОРИТЬ ЗУБЫ См. XI, 16
    ЗАДАВАТЬ/ЗАДАТЬ ТОН См. I, 20
38. ЗАДИРАТЬ/ЗАДРАТЬ <ДРАТЬ> НОС
39. ЗАКРУЧИВАТЬ/ЗАКРУТИТЬ <ЗАВИНТИТЬ, ЗАТЯНУТЬ, ПОДКРУЧИВАТЬ> ГАЙКИ <ГАЙКУ>
40. гайки завинчиваются
41. ЗАКРЫВАТЬ/ЗАКРЫТЬ ГЛАЗА
    ЗАКУСИТЬ УДИЛА См. IV, 25
    ЗАТЫКАТЬ/ЗАТКНУТЬ <ЗАЖИМАТЬ/ЗАЖАТЬ> РОТ См. XI, 17
42. ЗЕМЛЮ [НОСОМ] РЫТЬ
    [И] В УС НЕ ДУТЬ См. V, 8
    [И] НАШИМ И ВАШИМ См. I, 24
    [И] УХОМ НЕ ВЕДЕТ <НЕ ПОВЕЛ> См. V, 9
43. ИГРАТЬ НА НЕРВАХ Тж. V
    ИГРАТЬ ПЕРВУЮ СКРИПКУ См. I, 25
44. ИГРАТЬ <ШУТИТЬ> С ОГНЕМ
45. ИДТИ <ПОЙТИ> НА ПОВОДУ
46. [ИДТИ <ПОЙТИ>] НА ПОПЯТНЫЙ <НА ПОПЯТНУЮ>
47. ИЗ КОЖИ <ШКУРЫ> [ВОН] ЛЕЗТЬ <ВЫЛЕЗАТЬ>
    ИЗ-ПОД [САМОГО] НОСА См. III, 6
    ИСПОРТИТЬ КРОВЬ См. V, 11
48. КАК <СЛОВНО> БАННЫЙ ЛИСТ
49. КАК <КАКАЯ, У КОГО, ЧЬЯ> РУКА ПОДНИМАЕТСЯ <ПОДНЯЛАСЬ, ПОДНИМЕТСЯ> 3. Тж. IV
50. КАК <У КОГО> ЯЗЫК ПОВОРАЧИВАЕТСЯ <ПОВЕРНУЛСЯ, ПОВЕРНЕТСЯ> 2. Тж. IV, XI
51. КУДА КРИВАЯ ВЫВЕЗЕТ <ВЫВЕДЕТ, ВЫНЕСЕТ> Тж. XIII
52. ЛЕЗТЬ/ПОЛЕЗТЬ <ПЕРЕТЬ> НА РОЖОН
53. ЛЕЧЬ КОСТЬМИ 2.
54. ЛИЗАТЬ ПЯТКИ
55. НАЙТИ УПРАВУ
56. НАМЫЛИТЬ ШЕЮ <ГОЛОВУ>
57. НАСТАВЛЯТЬ/НАСТАВИТЬ <НАПРАВИТЬ> НА ПУТЬ [ИСТИННЫЙ <ИСТИНЫ, ПРАВЕДНЫЙ>] Тж. X
58. НЕ В СВОЕЙ ТАРЕЛКЕ 1.
59. НЕ ДАВАТЬ [И] ШАГУ СТУПИТЬ
60. НЕ ДАВАТЬ/НЕ ДАТЬ СПУСКА <СПУСКУ>
61. НЕ УДАРИТЬ ЛИЦОМ В ГРЯЗЬ
    НИ В КАКИЕ ВОРОТА НЕ ЛЕЗЕТ См. XIII, 26
62. НОСИТЬ НА РУКАХ Тж. V
63. ОБВОДИТЬ/ОБВЕСТИ <ОБЕРНУТЬ> ВОКРУГ ПАЛЬЦА
64. ОПУСКАТЬ/ОПУСТИТЬ РУКИ Тж. IV

65. руки опускаются/опустились Тж. IV
    ОТ <С> БОЛЬШОГО УМА См. IX, 32
66. ОТ ВОРОТ ПОВОРОТ
67. ОТБИВАТЬСЯ <ОТКРЕЩИВАТЬСЯ> [И] РУКАМИ И НОГАМИ
    ПАЛЕЦ <ПАЛЬЦЕМ> О ПАЛЕЦ НЕ УДАРИТЬ 2. См. VI, 85
    ПЕРЕБЕГАТЬ/ПЕРЕБЕЖАТЬ ДОРОГУ См. VI, 87
68. ПЕРЕГИБАТЬ/ПЕРЕГНУТЬ ПАЛКУ
69. ПЛАТИТЬ/ОТПЛАТИТЬ ТОЙ ЖЕ <ТОЮ ЖЕ> МОНЕТОЙ <МОНЕТОЮ> Тж. V
70. ПЛЯСАТЬ ПОД ДУДКУ <ДУДОЧКУ>
71. ПО ПЕРВОЕ ЧИСЛО
    ПОВОРАЧИВАТЬСЯ/ПОВЕРНУТЬСЯ СПИНОЙ См. VI, 98
    ПОДВОДИТЬ/ПОДВЕСТИ ПОД МОНАСТЫРЬ См. VI, 100
72. ПОДЖИМАТЬ/ПОДЖАТЬ ХВОСТ
73. ПОДЛОЖИТЬ СВИНЬЮ
74. ПОДРЕ́ЗАТЬ/ПОДРЕ́ЗАТЬ КРЫЛЬЯ
75. ПОДСТАВЛЯТЬ/ПОДСТАВИТЬ НОГУ <НОЖКУ>
76. ПОКАЗАТЬ СВОЕ [ИСТИННОЕ] ЛИЦО
77. ПОКАЗЫВАТЬ <УКАЗЫВАТЬ> ПАЛЬЦЕМ <ПАЛЬЦАМИ>
78. ПОЛЗТИ/ПРИПОЛЗТИ НА ЧЕТВЕРЕНЬКАХ
79. ПРИЖАТЬ <ПРИДАВИТЬ, ВЗЯТЬ> К НОГТЮ
80. ПРИПИРАТЬ/ПРИПЕРЕТЬ <ПРИЖАТЬ> К СТЕНКЕ <СТЕНЕ>
81. ПРИЩЕМЛЯТЬ/ПРИЩЕМИТЬ <ПРИЖАТЬ> ХВОСТ
82. ПРОТЯГИВАТЬ/ПРОТЯНУТЬ РУКУ <РУКИ> [ПОМОЩИ]
83. ПУСКАТЬ/ПУСТИТЬ ПЫЛЬ В ГЛАЗА
84. ПУСКАТЬСЯ/ПУСТИТЬСЯ ВО ВСЕ ТЯЖКИЕ 1.
85. ПУСТИТЬСЯ ВО ВСЕ ТЯЖКИЕ 2.
    РАЗВЯЗЫВАТЬ/РАЗВЯЗАТЬ ЯЗЫК <ЯЗЫЧОК, ЯЗЫКИ, ЯЗЫЧКИ> 2. См. XI, 45
86. РУБИТЬ СПЛЕЧА 1.
87. РУБИТЬ СПЛЕЧА 2. Тж. XI
88. РУКА НЕ ПОДНИМАЕТСЯ <НЕ ПОДНЯЛАСЬ, НЕ ПОДНИМЕТСЯ> 2. Тж. III
89. С ЖИРУ БЕСИТЬСЯ Тж. I, VIII
90. С ЗАКРЫТЫМИ ГЛАЗАМИ 2. Тж. VI
91. САДИТЬСЯ/СЕСТЬ НА ШЕЮ <НА ГОЛОВУ> 2.
92. влезать на шею
93. СВОДИТЬ/СВЕСТИ В МОГИЛУ
94. СВЯЗЫВАТЬ/СВЯЗАТЬ РУКИ <ПО РУКАМ И НОГАМ>
95. руки связаны
96. развязывать/развязать руки
    СЕБЕ НА УМЕ См. I, 49
97. СИДЕТЬ МЕЖДУ ДВУХ СТУЛЬЕВ <ДВУМЯ СТУЛЬЯМИ>
98. СИДЕТЬ <ЖИТЬ> НА ШЕЕ
99. сесть на шею 1.
100. СМОТРЕТЬ <ГЛЯДЕТЬ> В ОБА
101. СМОТРЕТЬ <ГЛЯДЕТЬ> В РОТ 2.
    СМОТРЕТЬ <ПОСМОТРЕТЬ, ГЛЯДЕТЬ, ВЗГЛЯНУТЬ> ПРАВДЕ В ГЛАЗА <В ЛИЦО> См. X, 44
    СМОТРЕТЬ <ПОСМОТРЕТЬ> СКВОЗЬ ПАЛЬЦЫ См. X, 45
    СОВАТЬ/СУНУТЬ [СВОЙ] НОС 1. См. III, 30
102. СТАВИТЬ/ПОСТАВИТЬ НА МЕСТО
103. СТЕНКА НА СТЕНКУ <СТЕНА НА СТЕНУ>
104. СТОЯТЬ НА УШАХ 1.

105. СТОЯТЬ <СИДЕТЬ> НАД ДУШОЙ
106. СТРОИТЬ КОЗНИ
  СХОДИТЬ/СОЙТИ <СПЯТИТЬ> С УМА 2. См. IX, 36
107. ТРЯХНУТЬ СТАРИНОЙ
108. ТЫКАТЬ В ГЛАЗА Тж. XI
109. ТЯНУТЬ <ТАЩИТЬ> ЗА УШИ 2.
110. ТЯНУТЬ ОДЕЯЛО НА СЕБЯ
111. УКОРАЧИВАТЬ/УКОРОТИТЬ РУКИ
112. ХОДИТЬ <СТОЯТЬ> НА ЗАДНИХ ЛАПКАХ
  ЧУЖИМИ РУКАМИ ЖАР ЗАГРЕБАТЬ См. VI, 152
  ШАГУ ЛИШНЕГО НЕ СДЕЛАТЬ См. VI, 154

XIII. ХАРАКТЕРИСТИКА СОБЫТИЙ, ЯВЛЕНИЙ

1. БЕЗ ДУРАКОВ
2. БИТЬ <КИПЕТЬ> КЛЮЧОМ
3. забить <закипеть> ключом
4. БРОСАТЬСЯ/БРОСИТЬСЯ В ГЛАЗА Тж. I
5. В ЗАГОНЕ
6. ВИЛАМИ НА <ПО> ВОДЕ ПИСАНО
7. ВИСЕТЬ В ВОЗДУХЕ
8. повисать/повиснуть в воздухе 2.
9. ВИСЕТЬ <ПОВИСАТЬ/ПОВИСНУТЬ, ДЕРЖАТЬСЯ> НА ВОЛОСКЕ <НА НИТОЧКЕ>
10. ВЫХОДИТЬ/ВЫЙТИ БОКОМ Тж. VI
11. ДЕЛАТЬ/реже СДЕЛАТЬ ИЗ МУХИ СЛОНА Тж. XI, XVI
  ДЕЛАТЬ ПОГОДУ См. VI, 36
  ДО МОЗГА КОСТЕЙ 1. См. I, 18
12. ДЫМ КОРОМЫСЛОМ
  ДЫШАТЬ НА ЛАДАН 2. См. III, 4
13. [ЕЩЕ <И, ЕЩЕ И>] КОНЬ НЕ ВАЛЯЛСЯ
  заварилась каша. См. XII, 36
14. ЗАКОЛДОВАННЫЙ КРУГ
15. ЗНАТЬ ЦЕНУ
  ЗОЛОТОЕ ДНО См. VIII, 12
16. ИДТИ В ГОРУ 2.
17. ИДТИ <ПОЙТИ> НАСМАРКУ
18. ИДТИ <ПОЙТИ> ПРАХОМ 1.
  К ШАПОЧНОМУ РАЗБОРУ См. XV, 10
  КАК ПИТЬ ДАТЬ См. III, 9
19. КАК С ГУСЯ ВОДА 2.
  КАК <БУДТО, СЛОВНО, ТОЧНО> СНЕГ НА ГОЛОВУ 2. См. XV, 12
  КУДА КРИВАЯ ВЫВЕЗЕТ <ВЫВЕДЕТ, ВЫНЕСЕТ> См. XII, 51
20. КУРАМ НА СМЕХ
  МЫШИНАЯ ВОЗНЯ См. VI, 65
21. НА ВОЛОСОК <НА ВОЛОС, НА ВОЛОСКЕ>
22. НА ГОЛОВУ
  НА НОСУ См. XV, 15
23. НА РОДУ НАПИСАНО <НАПИСАН, НАПИСАНА, НАПИСАНЫ>
  НА РУКИ См. VI, 71
24. НА РУКУ
  НА ШАГ См. XVI, 10
  НАБИВАТЬ/НАБИТЬ ОСКОМИНУ См. V, 20
  НАВЯЗНУТЬ В ЗУБАХ См. V, 21

25. НЕ В КОНЯ КОРМ 2.
НЕ ЧЕТА См. I, 38
26. НИ В КАКИЕ ВОРОТА НЕ ЛЕЗЕТ Тж. XII
27. НИ К СЕЛУ НИ К ГОРОДУ 1.
28. НОСИТСЯ ‹ВИСИТ› В ВОЗДУХЕ Тж. X
ОДИН ЧЕРТ См. V, 23
ПАРА ПУСТЯКОВ См. XVI, 11
29. ПЕРВАЯ ЛАСТОЧКА 1. Тж. XV
ПЕСЕНКА СПЕТА См. VI, 88
30. ПЛОХО ЛЕЖИТ ‹ЛЕЖАЛ, ЛЕЖАЛА, ЛЕЖАЛО›
ПОЛНАЯ ЧАША См. VIII, 22
ПОЛНЫМ ХОДОМ 2. См. VI, 104
ПОЛОН РОТ См. XVI, 12
31. ПРИНИМАТЬ/ПРИНЯТЬ ОБОРОТ Тж. XI
ПРОЩЕ ПАРЕНОЙ РЕПЫ См. VI, 108
32. РЕЖЕТ ГЛАЗ ‹ГЛАЗА› 2. Тж. V
С ГЛАЗУ НА ГЛАЗ См. XI, 51
33. [САМ] ЧЕРТ НОГУ СЛОМИТ 1. Тж. XIV
34. [САМ] ЧЕРТ НОГУ СЛОМИТ 2. Тж. X
СТАВИТЬ/ПОСТАВИТЬ ВО ГЛАВУ УГЛА См. X, 47
35. ТЕМНЫЙ ЛЕС Тж. X
ТО И ДЕЛО См. III, 36
36. ХОДИТЬ ХОДУНОМ 2.
37. заходить ходуном 2.
38. ХОТЬ ЛОЖИСЬ ДА ПОМИРАЙ ‹УМИРАЙ› Тж. IV
[ХОТЬ] ПРУД ПРУДИ См. XVI, 21
[ХОТЬ] ТОПОР ВЕШАЙ 1. См. XVI, 22
[ХОТЬ] ТОПОР ВЕШАЙ 2. См. XVI, 23
39. ЧЕРЕЗ ПЕНЬ-КОЛОДУ 2.
ЧЕРТ ДЕРНУЛ См. XI, 59

XIV. ПРОСТРАНСТВО

1. В ДВУХ ‹В ТРЕХ, В НЕСКОЛЬКИХ› ШАГАХ
2. ВДОЛЬ И ПОПЕРЕК 1.
3. ВО ВСЮ ШИРЬ 1.
4. [И] СЛЕД ПРОСТЫЛ Тж. III
5. КАК КОРОВА ЯЗЫКОМ СЛИЗАЛА Тж. III
6. КАК НА БЛЮДЕЧКЕ
КАК СЕЛЬДИ В БОЧКЕ См. XVI, 6
7. НА КАЖДОМ ШАГУ 1.
8. НА КАЖДОМ ШАГУ 3. Тж. XV
НА РУКИ См. VI, 71
9. НОС ‹НОСОМ› К НОСУ
10. ПОД БОКОМ
11. ПОД РУКОЙ ‹реже ПОД РУКАМИ›
12. РУКОЙ ПОДАТЬ
[САМ] ЧЕРТ НОГУ СЛОМИТ 1. См. XIII, 33

XV. ВРЕМЯ.

1. БЕЗ ГОДУ НЕДЕЛЯ ‹НЕДЕЛЮ› 1.
2. БИТЫЙ ЧАС
3. В ДВА СЧЕТА
В ДОЛГИЙ ЯЩИК См. VI, 14
4. В КОИ-ТО ВЕКИ ‹реже В КОИ ВЕКИ› 1.

5. В КОИ-ТО ВЕКИ <реже В КОИ ВЕКИ> 2.
6. В <ВО> МГНОВЕНИЕ ОКА
   В <ЗА> ОДИН ПРИСЕСТ См. XVI, 1
   В <ЧЕРЕЗ> ЧАС ПО ЧАЙНОЙ <СТОЛОВОЙ> ЛОЖКЕ См. XVI, 2
7. ДОЛГАЯ <ДЛИННАЯ> ПЕСНЯ Тж. VI, XI
8. ЗАДНИМ ЧИСЛОМ 1. Тж. VI
9. ЗАДНИМ ЧИСЛОМ 2.
10. К ШАПОЧНОМУ РАЗБОРУ Тж. XII
11. КАК <БУДТО, СЛОВНО, ТОЧНО> СНЕГ НА ГОЛОВУ 1. Тж. III
12. КАК <БУДТО, СЛОВНО, ТОЧНО> СНЕГ НА ГОЛОВУ 2. Тж. XIII
13. КОГДА РАК [НА ГОРЕ] СВИСТНЕТ
14. НА КАЖДОМ ШАГУ 2.
    НА КАЖДОМ ШАГУ 3. См. XIV, 8
15. НА НОСУ Тж. XIII
16. НА НОЧЬ ГЛЯДЯ Тж. III
17. НЕ ВИДАТЬ <НЕ ВИДЕТЬ, НЕ УВИДАТЬ, НЕ УВИДЕТЬ> КАК СВОИХ УШЕЙ Тж. VI
    ПЕРВАЯ ЛАСТОЧКА 1. См. XIII, 29
18. ПОСЛЕ ДОЖДИЧКА <ДОЖДИКА> В ЧЕТВЕРГ Тж. VI
    СВАЛИТЬСЯ/реже СВАЛИВАТЬСЯ <ОБРУШИТЬСЯ/реже ОБРУШИВАТЬСЯ, УПАСТЬ> КАК <СЛОВНО, ТОЧНО> СНЕГ НА ГОЛОВУ См. III, 27

XVI. МЕРА

1. В <ЗА> ОДИН ПРИСЕСТ Тж. III, VI, XV
2. В <ЧЕРЕЗ> ЧАС ПО ЧАЙНОЙ <СТОЛОВОЙ> ЛОЖКЕ Тж. III, XV
3. ВАГОН <ВОЗ> И МАЛЕНЬКАЯ ТЕЛЕЖКА <ВОЗ И МАЛЕНЬКАЯ ТАЧКА>
4. ДАЛЬШЕ ЕХАТЬ НЕКУДА Тж. V
5. ДАЛЬШЕ НЕКУДА
   ДЕЛАТЬ/реже СДЕЛАТЬ ИЗ МУХИ СЛОНА См. XIII, 11
   ДНЕМ С ОГНЕМ См. VI, 39
6. КАК СЕЛЬДИ В БОЧКЕ Тж. XIV
7. КАК СОБАК НЕРЕЗАНЫХ Тж. I
8. КОТ НАПЛАКАЛ
9. ЛЮБОЙ ЦЕНОЙ Тж. VI
10. НА ШАГ Тж. XIII
11. ПАРА ПУСТЯКОВ Тж. XIII
12. ПОЛОН РОТ Тж. XIII
13. РОЖКИ ДА НОЖКИ
14. С ГОЛОВЫ ДО НОГ <ДО ПЯТ> <С НОГ ДО ГОЛОВЫ> 1.
15. С ГОЛОВЫ ДО НОГ <ДО ПЯТ> реже <С НОГ ДО ГОЛОВЫ> 2. Тж. I.
16. С ЛИХВОЙ
17. С ХВОСТИКОМ
18. СЕРЕДИНКА НА ПОЛОВИНКУ <СЕРЕДИНА НА ПОЛОВИНУ> 1. Тж. I
19. СЕРЕДИНА НА ПОЛОВИНУ <СЕРЕДИНКА НА ПОЛОВИНКУ> 2. Тж. II, V
20. СЕРЕДИНА НА ПОЛОВИНУ <СЕРЕДИНКА НА ПОЛОВИНКУ> 3. Тж. VI
21. [ХОТЬ] ПРУД ПРУДИ Тж. VIII, XIII
22. [ХОТЬ] ТОПОР ВЕШАЙ 1. Тж. XIII
23. [ХОТЬ] ТОПОР ВЕШАЙ 2. Тж. XIII
24. [ХОТЬ] ШАРОМ ПОКАТИ

АЛФАВИТНЫЙ УКАЗАТЕЛЬ ИДИОМ

без году неделя 2. I, 9. *Р*
без году неделя <неделю> 1. XV, 1. *Р*
без дураков XIII, 1. *А*
без задней мысли X, 1. *К*
[без мыла] лезть/влезть <залезать> в душу XII, 1. *А*
без оглядки 1. III, 1. *К*
без оглядки 2. VI, 1. *К*
без сучка и <без> задоринки VI, 2. *К*
без царя в голове IX, 1. *К*
битый час XV, 2. *Ч*
бить баклуши VII, 1. *К*
бить в одну [и ту же] точку VI, 3. *А*
бить <кипеть> ключом XIII, 2. *Ч*
бить мимо цели VI, 4. *А*
бить [прямо] в цель <в [самую] точку> VI, 5. *А*
биться как рыба об лед VIII, 1 *Р*
благим матом XI, 1. *Ч*
больное место I, 10. *Р*
брать/взять <схватить> быка за рога XII, 2. *А*
брать/взять голыми руками VI, 7. *Р*
брать/взять <хватать> за горло XII, 3. *А*
брать/взять <взваливать/взвалить> на свои плечи VI, 56. *А*
брать/взять [себе] в толк X, 2. *К*
брать/взять слово XI, 2. *Ч*
браться/взяться за ум X, 3. *К*
бред сивой кобылы XI, 5. *Ч*
бросать/бросить <пускать/пустить> на ветер <по ветру> VIII, 2. *Р*
бросать/бросить <оставить> на произвол судьбы VI, 8. *А*
бросать слова на ветер XI, 6. *Ч*

бросать/бросить тень VI, 9. *А*
бросаться/броситься в глаза XIII, 4. *К*
бросаться в крайности <из крайности в крайность, из одной крайности в другую> VI, 10. *А*
в глаза XI, 7. *К*
в голове <в сознании> не укладывается <не помещается> X, 4. *К*
в два счета XV, 3. *Ч*
в двух <в трех, в нескольких> шагах XIV, 1. *Ч*
в долгий ящик VI, 14. *А*
в дым <в дымину> II, 1. *Р*
в ежовых рукавицах XII, 5. *А*
в загоне XIII, 5. *Ч*
в кои-то веки <реже в кои веки> 1. XV, 4. *Ч*
в кои-то веки <реже в кои веки> 2. XV, 5. *Ч*
в копеечку VIII, 3. *Р*
в <во> мгновение ока XV, 6. *Ч*
в огонь и в воду V, 1. *К*
в <за> один присест XVI, 1. *Ч*
в первых рядах VI, 15. *А*
в пух и прах XI, 8. *Ч*
в розовом свете <цвете> X, 5. *К*
в руках 1. VI, 16. *А*
в руках 2. XII, 7. *А*
в стельку II, 2. *Р*
в [своем, здравом, полном] уме IX, 2. *К*
в ходу [быть] VI, 111. *А*
в <через> час по чайной <столовой> ложке XVI, 2. *Ч*
в чем мать родила 1. I, 1. *Р*
в чем мать родила 2. VIII, 4. *Р*
в черном цвете X, 6. *К*
в шею <в три шеи> XII, 13. *А*
в штыки V, 2. *К*

вагон <воз> и маленькая тележка <воз и маленькая тачка> XVI, 3. *Ч*
валить <свалить, мешать> в [одну] кучу <в одно> X, 7. *А*
валять <ломать> дурака <дурочку, ваньку> 1. VII, 2. *К*
валять <ломать> дурака <дурочку, ваньку> 3. XII, 14. *К*
валять <разыгрывать, строить из себя> дурака <дурочку> 2. XII, 12. *К*
валяться в ногах <ножках> XII, 16. *А*
вдоль и поперек 1. XIV, 2. *Ч*
вдоль и поперек 2. IX, 3. *Ч*
везти на своих плечах VI, 60. *А*
вертеться <путаться> под ногами XII, 17. *А*
вертится на языке 1. XI, 9. *Ч*
вертится на языке 2. XI, 10. *Ч*
вешать <навешать> [всех] собак VI, 21. *А*
вешать/повесить нос IV, 1. *Т*
взбредать/взбрести в голову <на ум> X, 31. *К*
взять в руки XII, 8. *А*
взять в свои руки VI, 17. *А*
взять/*реже* брать себя в руки 1. IV, 2. *Т*
взять/*реже* брать себя в руки 2. VI, 22. *Т*
вилами на <по> воде писано XIII, 6. *Ч*
висеть в воздухе XIII, 7. *Ч*
висеть <повисать/повиснуть, держаться> на волоске <на ниточке> XIII, 9. *Ч*
витать в облаках <*устар.* в эмпиреях> IV, 4. *Т*
вкладывать/вложить [всю] душу V, 3. *А*
влезть на шею XII, 92. *А*
вносить/внести [свою] лепту VI, 24. *А*
во всю ширь 1. XIV, 3. *А*
во всю ширь 2. VI, 25. *А*
водить за нос XII, 18. *А*
вожжа <шлея> под хвост попадает <попала, попади> IV, 5. *Т*
волосы [становятся/стали <встают/встали, поднимаются/поднялись>] дыбом IV, 6. *Т*
впадать/впасть в детство IX, 4. *К*

впадать в крайность <в крайности> VI, 12. *А*
вправлять/вправить мозги XII, 19. *АК*
всасывать/всосать <впитывать/впитать> с молоком [матери] X, 8. *Ч*
вставлять <ставить> палки в колеса XII, 20. *А*
втаптывать/втоптать в грязь XII, 21. *А*
выбивать/выбить почву из-под ног VI, 26. *А*
выбросить <выкинуть> из головы X, 34. *К*
выводить/вывести из себя IV, 7. *А*
выводить/вывести на чистую воду XII, 22. *А*
выживать/выжить из ума IX, 5. *К*
выжимать сок <соки> VII, 3. *АК*
выкидывать фокусы <номера, фортели, штуки>/выкинуть фокус <номер, фортель, финт, штуку> XII, 23. *А*
вылетать/вылететь в трубу VIII, 24. *Р*
вылетать/вылететь <выскакивать/выскочить> из головы X, 35. *К*
выливать грязь XI, 27. *А*
выматывать/вымотать <вытягивать/вытянуть> [всю] душу IV, 9. *А*
выносить/вынести сор из избы XI, 11. *Ч*
выпустить из рук VI, 20. *А*
выпустить пар IV, 10. *А*
высосать соки VII, 4. *А*
высунув <высуня> язык III, 2. *А*
вытаскивать/вытащить из грязи VI, 27. *А*
выходить/выйти боком XIII, 10. *Ч*
выходить/выйти <вылезать/вылезти> из окопов VI, 28. *А*
выходить/выйти из себя IV, 8. *А*
гайки завинчиваются XII, 40. *А*
гладить/погладить по шерсти <шерстке> XII, 26. *А*
[гладить/погладить] против <не по> шерсти XII, 24. *А*
глаз набит IX, 6. *Ч*
глаз наметан IX, 6. *Ч*
глаза на лоб лезут/полезли 1. IV, 11. *Т*

341

глаза на лоб лезут/полезли 2. IV, 12. *Т*
гнуть свое <свою линию, ту же линию> XII, 27. *А*
гнуть <ломать> спину <спины, хребет, горб, горбы> 1. VII, 5. *К*
гнуть <ломать> спину <спины, хребет, горб, горбы> 2. VII, 6. *К*
голова <котелок, мозги> варит <варят> IX, 7. *К*
голова дубовая IX, 8. *К*
голова [и] два уха <с ухом> IX, 9. *К*
голова идет <пошла> кругом IX, 10. *К*
голова на плечах IX, 11. *К*
голова пухнет/распухла <трещит/ треснула, лопается/лопнула> 1. IX, 12. *К*
голова пухнет/распухла <трещит, раскалывается> 2. II, 3. *К*
голова садовая IX, 13. *К*
головой <головкой> слаб <ослабел> IX, 14. *К*
голыми руками не возьмешь 1. I, 11. *Р*
голыми руками не возьмешь 2. VI, 7. *Р*
гонять лодыря VII, 7. *К*
гонять собак VII, 8. *К*
грести <загребать, огребать> деньги лопатой VIII, 5. *Р*
греть/погреть <нагревать/нагреть> [себе] руки VIII, 6. *Р*
грош цена I, 12. *Р*
губа не дура I, 13. *Р*
давать/дать жизни 1. XII, 28. *А*
давать/дать жизни 2. VI, 29. *А*
давать/дать маху VI, 30. *А*
давать/дать на лапу XII, 29. *А*
давать/дать пищу VI, 31. *А*
давать/дать по шапке VI, 32. *А*
давать/дать слово XI, 3. *Ч*
давать ход 3. VI, 33. *А*
давать/дать ход 2. XII, 30. *А*
далеко зайти 1. VI, 34. *А*
далеко заходить/зайти 2. XII, 31. *А*
далеко пойти I, 14. *Р*
дальше ехать некуда XVI, 4. *Ч*
дальше некуда XVI, 5. *Ч*
дать дуба II, 4. *К*

дать по шапке VI, 32. *А*
дать фору VI, 35. *А*
дать ход 1. III, 3. *А*
два сапога пара I, 15. *Р*
двух слов связать X, 9. *К*
делать/*реже* сделать из мухи слона XIII, 11. *Ч*
делать погоду VI, 36. *Ч*
держать в голове <в уме> 1. X, 32. *К*
держать <иметь> в голове <в уме, в мыслях> 2. X, 10. *К*
держать в руках <в кулаке> 2. XII, 11. *А*
держать в [своих] руках 1. VI, 19. *А*
держать в черном теле VI, 37. *А*
держать за горло XII, 4. *А*
держать нос по ветру XII, 32. *А*
держать/сдержать [свое] слово XI, 4. *Ч*
держать себя в руках 1. IV, 3. *Т*
держать себя в руках 2. VI, 23. *Т*
держать <давить> фасон 1. XII, 33. *А*
держать <давить> фасон 2. XII, 34. *А*
держать язык за зубами XI, 12. *Ч*
детей не крестить <не детей крестить> V, 4. *К*
длинный язык 1. I, 16. *Р*
длинный язык 2. I, 17. *Р*
для <ради> красного словца XI, 13. *Ч*
для очистки совести VI, 38. *К*
днем с огнем VI, 39. *Ч*
до белого каления IV, 13. *А*
до лампочки V, 5. *К*
до мозга костей 1. I, 18. *К*
до мозга костей 2. X, 11. *К*
до потери пульса IV, 14. *А*
до ручки IV, 15. *Т*
до седьмого пота VII, 9. *К*
до слез IV, 16. *Т*
до смерти IV, 17. *Т*
до точки[1] IX, 15. *Т*
до точки[2] 1. IV, 18. *Т*
до точки[2] 2. IV, 19. *Т*
до умопомрачения IV, 20. *А*
до чертиков II, 5. *Р*
доводить/довести до крайности VI, 13. *А*
дойная корова VIII, 7. *Р*
долгая <длинная> песня XV, 7. *Ч*

дорогой ценой VI, 40. *Ч*
доходить до крайности VI, 11. *А*
доходить/дойти своим умом X, 12. *К*
драная <ободранная> кошка I, 2. *Р*
драть глотку XI, 14. *Ч*
драть горло XI, 14. *Ч*
дрожать <трястись> над [каждой] копейкой 1. VIII, 8. *Р*
дрожать над [каждой] копейкой 2. VIII, 9. *Р*
дубина стоеросовая IX, 16. *К*
душа в пятках IV, 22. *Т*
душа <сердце> в пятки [уходит/ушла, ушло] IV, 21. *Т*
душа нараспашку I, 19. *Р*
душа не лежит V, 6. *К*
душа <сердце> не на месте IV, 23. *Т*
души не чаять V, 7. *К*
дым коромыслом XIII, 12. *Ч*
дышать на ладан 1. II, 6. *К*
дышать на ладан 2. III, 4. *К*
ежовые рукавицы XII, 6. *А*
[еще <и, еще и>] конь не валялся XIII, 13. *Ч*
ждать у моря погоды <погоду> VI, 41. *А*
жить своим умом X, 13. *К*
за глаза XI, 15. *К*
за здорово живешь VI, 42. *К*
[за] здорово живешь VI, 43. *К*
за так 1. VI, 44. *К*
за так 2. VI, 45. *К*
забивать/забить <набивать/набить> голову 1. X, 14. *К*
забивать/забить [себе] голову 2. X, 15. *К*
забирать/забрать <брать, хватать> за живое IV, 24. *Т*
забить <закипеть> ключом XIII, 3. *Ч*
заваривать/заварить кашу XII, 35. *А*
заварилась каша XII, 36. *А*
заговаривать/заговорить зубы XI, 16. *Ч*
задавать/задать тон I, 20. *Р*
задевать/задеть <затрагивать/затронуть> за живое IV, 24. *АТ*
задирать/задрать <драть> нос XII, 38. *А*

задним числом 1. XV, 8. *Ч*
задним числом 2. XV, 9. *Ч*
заколдованный круг XIII, 14. *Ч*
закручивать/закрутить <завинтить, затянуть, подкручивать> гайки <гайку> XII, 39. *А*
закрывать/закрыть глаза XII, 41. *А*
закрывать/закрыть <прикрыть> лавочку VI, 46. *А*
закусить удила IV, 25. *Т*
залезать/залезть в карман VIII, 10. *А*
залить <налить> глаза <шары> II, 7. *Р*
запускать/запустить руку <лапу> VIII, 11. *Р*
зарубить [себе] на носу X, 16. *А*
зарывать/зарыть талант в землю VI, 47. *А*
засучивать/засучить рукава VII, 10. *К*
затыкать/заткнуть <зажимать/зажать> рот XI, 17. *А*
заходить ходуном 2. XIII, 37. *Ч*
заходить <*реже* пойти> ходуном 1. III, 40. *Ч*
звезд с неба не хватает IX, 17. *К*
землю [носом] рыть XII, 42. *А*
знать себе цену I, 22. *Р*
знать цену XIII, 15. *Р*
змея подколодная I, 21. *Р*
золотое дно VIII, 12. *Р*
зондировать/прозондировать <нащупывать/нащупать> почву X, 17. *А*
[и] в подметки не годится I, 23. *Р*
[и] в ус не дуть V, 8. *К*
[и] глазом не моргнуть 1. VI, 48. *К*
[и] глазом не моргнуть 2. II, 8. *К*
и ежу X, 18. *К*
[и] нашим и вашим I, 24. *Р*
[и] ноги <нога> не будет III, 5. *К*
[и] след простыл XIV, 4. *Ч*
[и] ухом не ведет <не повел> V, 9. *К*
играть на нервах XII, 43. *А*
играть/сыграть на руку VI, 49. *А*
играть первую скрипку I, 25. *Р*
играть <шутить> с огнем XII, 44. *А*
идти в гору 1. VI, 50. *А*
идти в гору 2. XIII, 16. *А*

идти/пойти в ход VI, 110. *А*
идти <пойти> на поводу XII, 45. *А*
[идти <пойти>] на попятный <на попятную> XII, 46. *А*
идти <пойти> насмарку XIII, 17. *А Ч*
идти <пойти> прахом 1. XIII, 18. *А*
из головы <из ума> не идет <не выходит> X, 33. *К*
из кожи <шкуры> [вон] лезть <вылезать> XII, 47. *А*
из одного <того же> теста I, 26. *Р*
из первых рук X, 19. *К*
из-под палки VII, 11. *К*
из-под полы VI, 51. *К*
из-под [самого] носа III, 6. *К*
изливать/излить [свою] душу XI, 18. *Ч*
иметь <держать> зуб V, 10. *К*
испортить кровь V, 11. *А*
исчезать/исчезнуть с лица земли 1. III, 33. *А*
исчезнуть с лица земли 2. X, 50. *А*
к шапочному разбору XV, 10. *Ч*
казанская <казанский> сирота I, 27. *Р*
как <словно> банный лист XII, 48. *А*
как баран на новые ворота IX, 18. *К*
как <будто, словно, точно> в воду опущенный IV, 26. *Т*
[как <будто, словно, точно>] гора с плеч [свалилась] IV, 27. *Т*
как <*реже* будто, словно, точно> за каменной стеной IV, 28. *Т*
как корова языком слизала XIV, 5. *Ч*
[как] кость в горле V, 12. *К*
как <будто, словно, точно> курица лапой III, 7. *К*
как липку VIII, 13. *Р*
как миленький 1. VI, 52. *А*
как миленький 2. III, 8. *А*
как на блюдечке XIV, 6. *А*
как на духу XI, 19. *Ч*
как об стенку <стену> горох <горохом> V, 13. *К*
как облупленного IX, 19. *Ч*
как пить дать III, 9. *Ч*
[как, пыльным] мешком [из-за угла] ударенный <прибитый> IX, 20. *К*

как <какая, у кого, чья> рука поднимается <поднялась, поднимется> 3. XII, 49. *К*
как <словно, точно> рукой сняло <*реже* снимает, снимет> IV, 29. *Т*
как с гуся вода 1. V, 14. *К*
как с гуся вода 2. XIII, 19. *К*
как с писаной торбой V, 15. *К*
как свои пять пальцев IX, 21. *У*
как сельдей в бочке XVI, 6. *Ч*
как сельдей в бочку XVI, 6. *Ч*
как сельди в бочке XVI, 6. *Ч*
как сельди в бочку XVI, 6. *Ч*
как сивый мерин 1. XI, 20. *Ч*
как сивый мерин 2. IX, 22. *К*
как <будто, словно, точно> снег на голову 1. XV, 11. *Ч*
как <будто, словно, точно> снег на голову 2. XV, 12. *Ч*
как собак нерезаных XVI, 7. *Ч*
как сыр в масле кататься VIII, 14. *Р*
как у Христа за пазухой 1. VIII, 15. *Р*
как у Христа за пазухой 2. II, 9. *Р*
как угорелый III, 10. *А*
как штык III, 11. *А*
как <у кого> язык поворачивается <повернулся, повернется> 2. XII, 50. *К*
класть/положить глаз V, 16. *К*
когда рак [на горе] свистнет XV, 13. *Ч*
козел отпущения I, 28. *Р*
коптить небо VI, 53. *К*
копытом землю рыть XII, 42. *А*
кот наплакал XVI, 8. *Р*
кошки скребут <скребли/заскребли> на душе <*реже* на сердце> IV, 30. *Т*
краше в гроб кладут I, 3. *Р*
кровь с молоком I, 4. *Р*
кровь стынет <застывает/застыла, леденеет/заледенела> в жилах IV, 31. *Т*
крутиться <вертеться> как <будто> белка в колесе VII, 12. *К*
крыша едет <поехала> IX, 23. *К*
куда кривая вывезет <выведет, вынесет> XII, 51. *Ч*
курам на смех XIII, 20. *Ч*
куры не клюют VIII, 16. *Р*
кусать [себе] локти IV, 32. *Т*

лёгкая рука I, 29. *Р*
лежать на плечах 1. VI, 54. *А*
лежать на плечах 2. VI, 59. *А*
лезть/полезть в бутылку IV, 33. *Т*
лезть/полезть <переть> на рожон XII, 52. *А*
лечь костьми 2. XII, 53. *А*
лечь <полечь> костьми 1. III, 12. *А*
лизать пятки XII, 54. *А*
ложиться на плечи VI, 55. *А*
ломать [себе, свою] голову <мозги> X, 20. *К*
лыка не вязать II, 10. *Р*
льётся/прольётся кровь II, 18. *А*
любой ценой XVI, 9. *Ч*
маменькин сынок I, 30. *Р*
махнуть рукой VI, 62. *АК*
мелкая сошка I, 31. *Р*
мелко плавать I, 32. *Р*
мёртвая хватка VI, 64. *А*
мёртвой хваткой 1. III, 13. *А*
мёртвой хваткой 2. VI. 63. *А*
мозги <ум> набекрень IX, 24. *К*
мозолить/намозолить глаза V, 17. *К*
море по колено I, 33. *Р*
морочить/заморочить голову <головы> 1. XI, 21. *А*
морочить/заморочить голову 2. XI, 22. *А*
мотать <наматывать/намотать> [себе] на ус X, 21. *Ч*
мухи не обидит <не обидишь, не обидел, не обидела> I, 34. *Р*
мышиная возня VI, 65. *А*
на блюдечке [с голубой каёмочкой <каёмкой>] VI, 66. *А*
на бровях II, 11. *Р*
на ветер XI, 23. *Ч*
на волосок <на волос, на волоске> XIII, 21. *Ч*
на всех парах 1. III, 14. *А*
на всех парах 2. III, 15. *А*
на всех парах 3. VI, 67. *А*
на высоте 1. VI, 68. *А*
на высоте [положения] 2. I, 35. *А*
на голову XIII, 22. *А*
на дух V, 18. *К*
на каждом шагу 1. XIV, 7. *Ч*
на каждом шагу 2. XV, 14. *Ч*
на каждом шагу 3. XIV, 8. *Ч*
на лету[1] VI, 69. *К*
на лету[2] <с лету> X, 22. *К*

на ножах V, 19. *К*
на носу XV, 15. *Ч*
на ночь глядя XV, 16. *Ч*
на полпути VI, 70. *А*
на роду написано <написан, написана, написаны> XIII, 23. *Ч*
на руках VI, 71. *Ч*
на руки VI, 71. *Ч*
на руку XIII, 24. *Ч*
на свежую голову X, 23. *К*
на свою голову VI, 72. *А*
на седьмом небе IV, 34. *Т*
на соплях 1. III, 16. *А*
на соплях 2. III, 17. *А*
на уме X, 24. *К*
на ходу 1. III, 18. *К*
на ходу 2. VI, 73. *К*
на чём свет стоит XI, 24. *Ч*
на честном слове III, 19. *А*
на чужих плечах VI, 61. *А*
на шаг VI, 10. *Ч*
на широкую ногу VIII, 17. *Р*
набивать/набить оскомину V, 20. *К*
набивать/набить [себе] карман <карманы> VIII, 18. *Р*
набираться/набраться ума <ума-разума> IX, 25. *К*
навязнуть в зубах V, 21. *К*
надевать/надеть [себе] хомут [на шею] VI, 74. *А*
называть/назвать вещи своими <их собственными, их настоящими, их> именами XI, 25. *АК*
найти управу XII, 55. *А*
намылить шею <голову> XII, 56. *А*
направо и налево VI, 75. *К*
наставлять/наставить <направить> на путь [истинный <истины, праведный>] XII, 57. *А*
наставлять/наставить на ум X, 25. *АК*
находить/найти общий язык VI, 76. *Ч*
не бей лежачего 1. VII, 13. *К*
не бей лежачего 2. VII, 14. *К*
не в духе IV, 35. *Т*
не в коня корм 1. II, 12. *Ч*
не в коня корм 2. XIII, 25. *Ч*
не в своей тарелке 1. XII, 58. *Т*
не в своей тарелке 2. IV, 36. *Т*
не в своём уме IX, 26. *К*

345

не видать <не видеть, не увидать, не увидеть> как своих ушей XV, 17. *Ч*
не все дома [в голове] IX, 27. *К*
не давать [и] шагу ступить XII, 59. *А*
не давать/не дать спуска <спуску> XII, 60. *А*
не мудрствуя лукаво VI, 77. *К*
не найти [себе] места IV, 38. *Т*
не находить [себе] места IV, 37. *Т*
не от мира сего I, 36. *КР*
не по карману VIII, 19. *Р*
не покладая рук VII, 15. *К*
не помнить себя IV, 39. *Т*
не промах I, 37. *Р*
не разгибать спины VII, 16. *К*
не с руки 1. III, 20. *А*
не с руки 2. VI, 78. *А*
не ударить лицом в грязь XII, 61. *А*
не хватать/не хватить духу IV, 40. *Т*
не хватать/не хватить пороху VI, 79. *Т*
не чета I, 38. *Р*
нести <вынести> на своих плечах VI, 57. *А*
нет управы XII, 55. *А*
нет царя в голове IX, 28. *К*
ни в жизнь VI, 80. *Ч*
ни в зуб [ногой] IX, 29. *К*
ни в какие ворота не лезет XIII, 26. *Ч*
ни в одном глазу <глазе> II, 13. *Р*
ни к селу ни к городу 1. XIII, 27. *Ч*
ни к селу ни к городу 2. XI, 26. *Ч*
ни кола ни двора VIII, 20. *Р*
ни копейки <ни гроша> [за душой] VIII, 21. *Р*
ни на шаг 1. VI, 81. *К*
ни на шаг 2. III, 21. *К*
ни под каким соусом VI, 82. *К*
ни рыба ни мясо I, 39. *Р*
ни сном ни духом IX, 30. *Ч*
ни уха ни рыла X, 26. *К*
ноги в руки [брать/взять] III, 22. *А*
нож острый V, 22. *К*
нос <носом> к носу XIV, 9. *Ч*
носится <висит> в воздухе XIII, 28. *Ч*
носить на руках XII, 62. *А*
обводить/обвести <обернуть> вокруг пальца XII, 63. *А*

обивать/обить [все] пороги VI, 83. *А*
обливать/облить <поливать, бросать, смешать с> грязью XI, 27. *А*
один черт V, 23. *К*
[одна] кожа да <и> кости I, 5. *Р*
одним миром мазаны I, 40. *Р*
одного <того же> поля ягода <ягоды, ягодки> I, 41. *Р*
олух царя небесного IX, 31. *К*
опускать/опустить руки XII, 64. *А*
от <с> большого ума IX, 32. *К*
от ворот поворот XII, 66. *А*
от горшка два вершка I, 6. *Р*
от земли не видно <не видать> I, 7. *Р*
от корки до корки X, 27. *Ч*
от чистого сердца V, 24. *К*
отбивать/отбить <отнимать> хлеб VI, 84. *А*
отбиваться <открещиваться> [и] руками и ногами XII, 67. *А*
отбиваться ногами, руками и зубами XII, 67. *А*
отбиться от рук XII, 12. *А*
отводить/отвести душу IV, 41. *Т*
отдавать/отдать концы II, 14. *К*
отлегло <отошло> от сердца IV, 42. *Т*
отмываться/отмыться от грязи XI, 28. *А*
падать/упасть <пасть> в глазах VI, 118. *К*
падать/упасть <пасть> духом IV, 43. *Т*
палец <пальца, пальцем> о палец не ударить 1. VII, 17. *АК*
палец <пальцем> о палец не ударить 2. VI, 85. *АК*
пальца <палец> в рот не клади I, 42. *Р*
пара пустяков XVI, 11. *Ч*
первая ласточка 1. XIII, 29. *Ч*
первая ласточка 2. VI, 86. *Ч*
перебегать/перебежать дорогу VI, 87. *А*
перегибать/перегнуть палку XII, 68. *А*
перекладывать/переложить на плечи VI, 58. *А*
перемывать/перемыть косточки <кости> XI, 29. *Ч*
переполнить чашу IV, 44. *Т*

песенка спета VI, 88. *Ч*
петь/пропеть дифирамбы XI, 30. *Ч*
плакаться/поплакаться в жилетку XI, 31. *Т*
платить/отплатить той же <тою же> монетой <монетою> XII, 69. *А*
плевать/плюнуть <наплевать> в душу V, 25. *А*
плевать <поплевывать> в потолок VII, 18. *К*
плестись <оказаться> в хвосте VI, 89. *А*
плохо лежит <лежал, лежала, лежало> XIII, 30. *А*
плыть <идти> в руки VI, 90. *Ч*
плясать под дудку <дудочку> XII, 70. *А*
по горло VI, 91. *К*
по горячим <свежим> следам VI, 92. *К*
по гроб жизни V, 26. *К*
по душам XI, 32. *Ч*
по душе V, 27. *К*
по первое число XII, 71. *А*
по плечу VI, 93. *К*
по старой памяти 1. VI, 94. *К*
по старой памяти 2. V, 28. *К*
по уши V, 29. *К*
повернуть лицом VI, 97. *А*
повисать/повиснуть в воздухе 1. XI, 33. *Ч*
повисать/повиснуть в воздухе 2. XIII, 8. *Ч*
поворачивать/повернуть оглобли [назад, вспять] VI, 95. *К*
поворачиваться/повернуться <обратиться> лицом VI, 96. *А*
поворачиваться/повернуться спиной VI, 98. *А*
под боком XIV, 10. *Ч*
под горячую руку IV, 46. *Т*
под градусом II, 15. *Р*
под крыло <крылышко> VI, 99. *К*
под крылом <крылышком> VI, 99. *К*
под мухой II, 16. *Р*
под одну гребенку стричь/остричь всех X, 28. *А*
под рукой <*реже* под руками> XIV, 11. *Ч*
под руку XI, 34. *А*
под соусом <соусами> XI, 35. *К*

подводить/подвести под монастырь VI, 100. *А*
поджилки затряслись <затрясутся, *реже* задрожали, задрожат> IV, 47. *Т*
поджилки трясутся <*реже* дрожат> IV, 48. *Т*
поджимать/поджать хвост XII, 72. *А*
подливать/подлить масла в огонь VI, 101. *А*
подложить свинью XII, 73. *А*
поднимать/поднять планку VI, 102. *А*
подрезáть/подрéзать крылья XII, 74. *А*
подставлять/подставить ногу <ножку> XII, 75. *А*
пойти прахом 2. VI, 103. *АЧ*
показать свое [истинное] лицо XII, 76. *А*
показывать <указывать> пальцем <пальцами> XII, 77. *А*
ползти/приползти на четвереньках XII, 78. *А*
полная чаша VIII, 22. *Р*
полным ходом 1. III, 23. *А*
полным ходом 2. VI, 104. *А*
положа руку на сердце 1. XI, 36. *Ч*
положа руку на сердце 2. XI, 37. *Ч*
полон рот XVI, 12. *Ч*
попадать/попасть в руки <лапы> XII, 10. *А*
попасть [прямо] в цель <попасть, угодить в [самую] точку, жилку> VI, 6. *А*
после дождичка <дождика> в четверг XV, 18. *Ч*
правая рука I, 43. *Р*
прибрать к рукам 1. VI, 18. *А*
прибрать к рукам <в руки> 2. XII, 9. *А*
придерживать/придержать <попридержать> язык <язычок, языки, язычки> XI, 38. *Ч*
прижать <придавить, взять> к ногтю XII, 79. *А*
прикладывать/приложить руку <руки> 1. VI, 105. *АК*
прикусывать/прикусить язык <язычок, языки, язычки> XI, 39. *Ч*
приложить руку <руки> 2. VI, 106. *АК*

принимать/принять близко к сердцу 1. V, 30. К
принимать/принять близко к сердцу 2. V, 31. К
принимать/принять за чистую монету X, 29. К
принимать/принять оборот XIII, 31. Ч
припирать/припереть <прижать> к стенке <стене> XII, 80. А
приходить/прийти в голову <на ум> X, 30. К
прищемлять/прищемить <прижать> хвост XII, 81. А
прожужжать [все] уши XI, 40. Ч
проливать/пролить <лить> кровь 1. II, 17. А
проливать/пролить <лить> кровь 2. III, 24. А
пропускать/пропустить мимо ушей XI, 41. К
просиживать <протирать> [зря] штаны VI, 107. К
против <не по> шерсти XII, 25. А
протягивать/протянуть руку <руки> [помощи] XII, 82. А
проще пареной репы VI, 108. Ч
пускать/пустить <выпускать/выпустить> в трубу 1. VIII, 23. Р
пускать/пустить <выпускать/выпустить> в трубу 2. VIII, 25. Р
пускать/пустить в ход VI, 109. А
пускать/пустить пыль в глаза XII, 83. А
пускаться/пуститься во все тяжкие 1. XII, 84. А
пуститься во все тяжкие 2. XII, 85. А
пустое место 1. I, 44. Р
пустое место 2. I, 45. Р
путать/спутать <перепутать> [все] карты VI, 112. А
раз плюнуть VI, 113. К
разбиваться/разбиться <расшибаться/расшибиться> в лепешку VI, 114. А
развешивать/развесить уши 1. XI, 42. К
развешивать/развесить уши 2. XI, 43. К
развязывать/развязать руки XII, 96. А
развязывать/развязать язык <языки> 1. XI, 44. Ч

развязывать/развязать язык <язычок, языки, язычки> 2. XI, 46. Ч
разложено по полочкам X, 37. А
разложить по полочкам X, 36. А
разменивать/разменять на мелочи <по мелочам> VI, 116. А
размениваться на мелочи <по мелочам, на мелкую монету> VI, 115. А
разрываться на части VI, 120. А
раскинуть <пораскинуть> [своим] умом <умишком, [своими] мозгами> X, 38. К
раскрывать/раскрыть <открывать/открыть> карты X, 39. А
распускать/распустить нюни <слюни, губы, слезу, слезы, сопли> 1. IV, 49. А
распускать/распустить <разводить> слюни <нюни> 2. IV, 50. А
распускать/распустить слюни <нюни> 3. IV, 51. А
распускать/распустить слюни <сопли> 4. IV, 52. А
распускать/распустить язык <языки> 1. XI, 47. Ч
распускать/распустить язык <языки> 2. XI, 48. Ч
рассыпа́ться/рассы́паться прахом XIII, 18. А
расти/вырасти <вырастать> в глазах VI, 117. К
расхлебывать/расхлебать кашу XII, 37. А
рвать <разрывать> на части VI, 119. А
режет глаз <глаза> 1. II, 19. К
режет глаз <глаза> 2. XIII, 32. К
режет ухо <слух> XI, 49. К
рожки да ножки XVI, 13. Ч
рубить сплеча 1. XII, 86. А
рубить сплеча 2. XII, 87. А
рука <руки> не поднимается <не поднялась, не поднимется> 1. III, 25. К
рука не поднимается <не поднялась, не поднимется> 2. XII, 88. К
руки коротки I, 46. Р
руки не доходят VI, 121. К
руки не отвалятся VI, 122. К

руки опускаются/опустились XII, 65. *А*
руки связаны XII, 95. *А*
руки чешутся VI, 123. *К*
рукой подать XIV, 12. *Ч*
русским языком XI, 50. *К*
с бухты-барахты VI, 124. *К*
с глазу на глаз XI, 51. *Ч*
с головы до ног <до пят> <с ног до головы> 1. XVI, 14. *Ч*
с головы до ног <до пят> <*реже* с ног до головы> 2. XVI, 15. *Ч*
с грехом пополам VI, 125. *Ч*
с дальним <далеким> прицелом VI, 126. *К*
с жиру беситься XII, 89. *А*
с закрытыми глазами 1. X, 40. *К*
с закрытыми глазами 2. XII, 90. *К*
с легким сердцем <с легкой душой> IV, 53. *Т*
с легкой руки VI, 127. *К*
с лихвой XVI, 16. *Ч*
с места в карьер VI, 128. *К*
с ног сбиваться/сбиться II, 20. *А*
с оглядкой VI, 129. *К*
с пеной у рта XI, 52. *Ч*
с протянутой рукой идти <пойти> VIII, 26. *А*
с пустыми руками 1. VI, 130. *А*
с пустыми руками 2. VI, 131. *А*
с три короба XI, 53. *Ч*
с тяжелым сердцем IV, 54. *Т*
с умом X, 41. *К*
с хвостиком XVI, 17. *Ч*
с ходу 1. III, 26. *К*
с ходу 2. VI, 132. *К*
садиться/сесть на шею <на голову> 2. XII, 91. *А*
сам черт X, 42. *Ч*
[сам] черт ногу сломит 1. XIII, 33. *Ч*
[сам] черт ногу сломит 2. XIII, 34. *Ч*
сбоку припеку <припека> I, 47. *Р*
сбрасывать/сбросить со счетов <счета> VI, 133. *А*
свалиться/*реже* сваливаться <обрушиться/*реже* обрушиваться, упасть> как <словно, точно> снег на голову III, 27. *Ч*
свалять дурака VI, 134. *К*
сводить/свести в могилу XII, 93. *А*
сводить/свести концы с концами 1. VIII, 27. *Р*

сводить/свести концы с концами 2. VI, 135. *Р*
своего <нашего, вашего> поля ягода I, 48. *Р*
своя голова <башка> на плечах IX, 33. *К*
связывать/связать руки <по рукам и ногам> XII, 94. *А*
себе на уме I, 49. *К*
семи пядей во лбу IX, 34. *К*
семь пятниц на неделе I, 50. *Р*
сердце кровью обливается <обливалось, облилось> IV, 55. *Т*
сердце падает/упало <оборвалось, *реже* оторвалось> IV, 56. *Т*
сердце <душа> разрывается <рвется> [на части] IV, 57. *Т*
середина на половину <серединка на половинку> 2. XVI, 19. *Ч*
середина на половину <серединка на половинку> 3. XVI, 20. *Ч*
серединка на половинку <середина на половину> 1. XVI, 18. *Ч*
середка на половину <на половинку, на половине, на половинке> 1. XVI, 18. *Ч*
середка на половину <на половинку, на половине, на половинке> 2. XVI, 19. *Ч*
середка на половину <на половинку, на половине, на половинке> 3. XVI, 20. *Ч*
сесть/садиться на мель VIII, 28. *Р*
сесть на шею 1. XII, 99. *А*
сидеть между двух стульев <двумя стульями> XII, 97. *А*
сидеть <быть> на мели VIII, 29. *Р*
сидеть <жить> на шее XII, 98. *А*
сидеть сложа руки <ручки> VII, 19. *К*
сидеть у моря и ждать погоды VI, 41. *Ч*
скрепя сердце IV, 58. *Т*
слабое место VI, 136. *Ч*
сломать <сломить, свернуть> [себе, свою] голову <шею> 1. III, 28. *Ч*
сломать <сломить> [себе, свою] голову <шею> 2. VI, 137. *К*
сломя голову III, 29. *А*
смотреть <глядеть> в корень X, 43. *К*

смотреть <глядеть> в оба XII, 100. *К*
смотреть <глядеть> в рот 2. XII, 101. *К*
смотреть <посмотреть, глядеть, взглянуть> правде в глаза <в лицо> X, 44. *К*
смотреть <глядеть> [прямо] в рот 1. XI, 54. *К*
смотреть <посмотреть> сквозь пальцы X, 45. *К*
снимать/снять шляпу V, 33. *К*
собираться/собраться с мыслями X, 46. *К*
совать/сунуть [свой] нос 1. III, 30. *А*
спать и [во сне] видеть V, 34. *К*
спускать/спустить на тормозах VI, 138. *А*
спустить с лестницы III, 31. *Л*
спустя рукава VII, 20. *К*
срываться/сорваться с языка XI, 55. *Ч*
ставить/поставить во главу угла X, 47. *А*
ставить/поставить [все] точки над «и» VI, 139. *А*
ставить/поставить на место XII, 102. *А*
стать <становиться, встать> поперек горла V, 35. *К*
стенка на стенку <стена на стену> XII, 103. *А*
стереть с лица земли 1. III, 32. *А*
стереть с лица земли 2. III, 34. *А*
стереть с лица земли 3. X, 49. *А*
стереть с лица земли 4. X, 51. *А*
стоять во главе угла X, 48. *А*
стоять <топтаться> на [одном] месте VI, 141. *А*
стоять на ушах 1. XII, 104. *А*
стоять на ушах 2. VI, 142. *А*
стоять <сидеть> над душой XII, 105. *А*
[стоять] поперек горла V, 35. *К*
строить козни XII, 106. *Ч*
сунуть [свой] нос 2. III, 35. *А*
сходить/сойти <спятить, соскочить> с ума 1. IX, 35. *К*
сходить/сойти <спятить> с ума 2. IX, 36. *К*
сыт по горло V, 36. *К*
темная лошадка I, 51. *Р*
темный лес XIII, 35. *Ч*

терять/потерять голову 1. X, **52.** *К*
терять/потерять голову 2. X, **53.** *К*
терять/потерять голову 3. IV, 59. *К*
то и дело III, 36. *АК*
топор можно вешать; можно топор вешать XVI, 23. *Ч*
торчать над душой XII, 105. *А*
точить <поточить> лясы XI, 56. *Ч*
точки над «и» поставлены VI, 140. *А*
тряхнуть стариной XII, 107. *А*
тыкать в глаза XII, 108. *АЧ*
тыкать пальцем <пальцами> XII, 77. *А*
тянуть <вытягивать/вытянуть> жилы VII, 21. *К*
тянуть <тащить> за уши 1. VI, 143. *А*
тянуть <тащить> за уши 2. XII, 109. *А*
тянуть <потянуть> за язык XI, 57. *А*
тянуть кота за хвост VI, 144. *А*
тянуть лямку VII, 22. *К*
тянуть одеяло на себя XII, 110. *А*
тяп-ляп <тяп да ляп> VI, 145. *К*
укорачивать/укоротить руки XII, 111. *А*
ум за разум заходит IX, 37. *К*
ума не приложить X, 54. *К*
ума палата IX, 38. *К*
уму непостижимо X, 55. *К*
уносить/унести ноги III, 37. *А*
учить <поучить> уму-разуму X, 56. *К*
уши вянут XI, 58. *К*
хватать/схватить <поймать> за руку VI, 146. *А*
хватать/хватить <перехватить> через край VI, 147. *Ч*
хватил <хватила, ударил, ударила, стукнул, хлопнул, пришиб> кондрашка II, 21. *К*
хлопать ушами 1. X, 57. *К*
хлопать ушами 2. VI, 148. *К*
ходить <стоять> на задних лапках XII, 112. *А*
ходить по рукам III, 38. *Ч*
ходить ходуном 1. III, 39. *Ч*
ходить ходуном 2. XIII, 36. *Ч*
хоть бы хны V, 37. *К*
хоть кол на голове теши I, 52. *Р*

[хоть] кровь из носу <носа> VI, 149. *А*
хоть ложись да помирай <умирай> XIII, 38. *Ч*
[хоть] пруд пруди XVI, 21. *Ч*
[хоть] топор вешай 1. XVI, 22. *Ч*
[хоть] топор вешай 2. XVI, 23. *Ч*
[хоть] трава не расти 1. V, 38. *К*
[хоть] трава не расти 2. V, 39. *К*
[хоть] шаром покати XVI, 24. *Р*
хуже <пуще> горькой редьки V, 40. *К*
чаша переполнилась IV, 45. *Т*
через голову VI, 150. *К*
через пень-колоду 1. VI, 151. *К*
через пень-колоду 2. XIII, 39. *К*
черт дернул XI, 59. *Ч*
черт дернул за язык <дернуло за язык> XI, 60. *Ч*
чужими руками жар загребать VI, 152. *А*
шаг за шагом VI, 153. *К*
шагу лишнего не сделать VI, 154. *А*
шевелить/пошевелить <шевельнуть> мозгами X, 58. *К*
шишка на ровном месте I, 53. *Р*
шут гороховый <чучело, пугало гороховое> 1. I, 54. *Р*
шут гороховый <чучело, пугало гороховое> 2. I, 8. *Р*
язык без костей I, 55. *Р*
язык не поворачивается <не повернулся, не повернется> 1. XI, 61. *К*
язык подвешен XI, 62. *Ч*
язык привешен XI, 62. *Ч*
язык <язычок> развязался <языки, язычки развязались> XI, 45. *Ч*

АЛФАВИТНЫЙ УКАЗАТЕЛЬ СЛОВ-КОМПОНЕНТОВ

-Б-

баклуши VII, 1
банный XII, 48
баран IX, 18
башка IX, 33
бей VII, 13; VII, 14
белка VII, 12
белого IV, 13
беситься XII, 89
битый XV, 2
бить VI, 3; VI, 4; VI, 5; VII, 1; XIII, 2
биться VIII, 1
благим XI, 1
близко V, 30; V, 31
блюдечке VI, 66; XIV, 6
боком XIII, 10; XIV, 10
больное I, 10
большого IX, 32
бочке XVI, 6
бочку XVI, 6
брать III, 22; IV, 2; IV, 24; VI, 7; VI, 22; VI, 56; X, 2; XI, 2; XII, 2; XII, 3
браться X, 3
бред XI, 5
бровях II, 11
бросать VI, 8; VI, 9; VIII, 2; XI, 6; XI, 27
бросаться VI, 10; XIII, 4
бросить VI, 8; VI, 9; VIII, 2
броситься XIII, 4
будет III, 5
бутылку IV, 33
бухты-барахты VI, 124
быка XII, 2
быть VI, 111; VIII, 29

-В-

вагон XVI, 3
валить X, 7
валялся XIII, 13
валять VII, 2; XII, 14; XII, 15
валяться XII, 16
ваньку VII, 2; XII, 14
варит IX, 7
варят IX, 7
вашим I, 24
вдоль IX, 3; XIV, 2
ведет V, 9
везти VI, 60
веки XV, 4; XV, 5
вертеться VII, 12; XII, 17
вертится XI, 9; XI, 10
вершка I, 6
ветер VIII, 2; XI, 6; XI, 23
ветру VIII, 2; XII, 32
вешай XVI, 22; XVI, 23
вешать IV, 1; VI, 21; XVI, 23
вещи XI, 25
взбредать X, 31
взбрести X, 31
взваливать VI, 56
взвалить VI, 56
взглянуть X, 44
взять III, 22; IV, 2; VI, 7; VI, 17; VI, 22; VI, 56; X, 2; XI, 2; XII, 2; XII, 3; XII, 8; XII, 79
взяться X, 3
видать I, 7; XV, 17
видеть V, 34; XV, 17
видно I, 7
вилами XIII, 6
висеть XIII, 7; XIII, 9
висит XIII, 28
витать IV, 5
вкладывать V, 3

влезать XII, 92
влезть XII, 1
вложить V, 3
внести VI, 24
вносить VI, 24
вода V, 14; XIII, 19
воде XIII, 6
водить XII, 18
воду IV, 26; V, 1; XII, 22
вожжа IV, 5
воз XVI, 3
воздухе XI, 33; XIII, 7; XIII, 8; XIII, 28
возня VI, 65
возьмешь I, 11; VI, 7
вокруг XII, 63
волос XIII, 21
волоске XIII, 9; XIII, 21
волосок XIII, 21
волосы IV, 6
вон XII, 47
ворот XII, 66
ворота IX, 18; XIII, 26
впадать VI, 12; IX, 4
впасть IX, 4
впитать X, 8
впитывать X, 8
вправить XII, 19
вправлять XII, 19
всасывать X, 8
все VI, 112; VI, 139; IX, 27; XII, 84; XII, 85
всех VI, 21
всосать X, 8
вспять VI, 95
вставлять XII, 20
встали IV, 6
встать V, 35
встают IV, 6
всю IV, 9; V, 3; VI, 25; XIV, 3
втаптывать XII, 21
втоптать XII, 21
выбивать VI, 26
выбить VI, 26
выбросить X, 34
выведет XII, 51
вывезет XII, 51
вывести IV, 7; XII, 22
выводить IV, 7; XII, 22
выживать IX, 5
выжимать VII, 3
выжить IX, 5
выйти IV, 8; VI, 28; XIII, 10
выкидывать XII, 23

выкинуть X, 34; XII, 23
вылезать VI, 28; XII, 47
вылезти VI, 28
вылетать VIII, 24; X, 35
вылететь VIII, 24; X, 35
выливать XI, 27
выматывать IV, 9
вымотать IV, 9
вынесет XII, 51
вынести VI, 57; XI, 11
выносить XI, 11
выпускать VIII, 23; VIII, 25
выпустить IV, 10; VI, 20; VIII, 23; VIII, 25
вырастать VI, 117
вырасти VI, 117
выскакивать X, 35
выскочить X, 35
высосать VII, 4
высоте I, 35; VI, 68
высунув III, 2
высуня III, 2
вытаскивать VI, 27
вытащить VI, 27
вытягивать IV, 9; VII, 21
вытянуть IV, 9; VII, 21
выходит X, 33
выходить IV, 8; VI, 28; XIII, 10
вязать II, 10
вянут XI, 58

-Г-

гайки XII, 39; XII, 40
гайку XII, 39
главе X, 48
главу X, 47
гладить XII, 24; XII, 26
глаз II, 19; V, 16; IX, 6; XI, 51; XIII, 32
глаза II, 7; II, 19; IV, 11; IV, 12; V, 17; X, 44; XI, 7; XI, 15; XII, 41; XII, 83; XII, 108; XIII, 4; XIII, 32
глазами X, 40; XII, 90
глазах VI, 117; VI, 118
глазе II, 13
глазом II, 8; VI, 48
глазу II, 13; XI, 51
глотку XI, 14
глядеть X, 43; X, 44; XI, 54; XII, 100; XII, 101
глядя XV, 16
гнуть VII, 5; VII, 6; XII, 27

годится I, 23
году I, 9; XV, 1
голова II, 3; IX, 7; IX, 8; IX, 9; IX, 10; IX, 11; IX, 12; IX, 13; IX, 33
голове I, 52; IX, 1; IX, 27; IX, 28; X, 4; X, 10; X, 32
головкой IX, 14
головой IX, 14
голову III, 28; III, 29; IV, 59; VI, 72; VI, 137; VI, 150; X, 14; X, 15; X, 20; X, 23; X, 30; X, 31; X, 52; X, 53; XI, 21; XI, 22; XII, 56; XII, 91; XIII, 22; XV, 11; XV, 12
головы X, 33; X, 34; X, 35; XI, 21; XVI, 14; XVI, 15
голубой VI, 66
голыми I, 11; VI, 7
гонять VII, 7; VII, 8
гора IV, 27
горб VII, 5; VII, 6
горбы VII, 5; VII, 6
горе XV, 13
горла V, 35
горле V, 12
горло V, 36; VI, 91; XI, 14; XII, 3; XII, 4
городу XI, 26; XIII, 27
горох V, 13
гороховое I, 8; I, 54
гороховый I, 8; I, 54
горохом V, 13
горшка I, 6
гору VI, 50; XIII, 16
горькой V, 40
горячим VI, 92
горячую IV, 46
градусом II, 15
гребенку X, 28
грести VIII, 5
греть VIII, 6
грехом VI, 125
гроб I, 3; V, 26
грош I, 11
гроша VIII, 21
грязи VI, 27; XI, 28
грязь XI, 27; XII, 21; XII, 61
грязью XI, 27
губа I, 13
губы IV, 49
гуся V, 14; XIII, 19

-Д-

давать VI, 29; VI, 30; VI, 31; VI, 32; VI, 33; XI, 3; XII, 28; XII, 29; XII, 30; XII, 59; XII, 60
давить XII, 33; XII, 34
далеким VI, 126
далеко I, 14; VI, 34; XII, 31
дальним VI, 126
дальше XVI, 4; XVI, 5
дать II, 4; III, 3; III, 9; VI, 29; VI, 30; VI, 31; VI, 32; VI, 35; XI, 3; XII, 28; XII, 29; XII, 30; XII, 60
два I, 6; I, 15; IX, 9; XV, 3
двора VIII, 20
двумя XII, 97
двух X, 9; XII, 97; XIV, 1
делать VI, 36; XIII, 11
дело III, 36
деньги VIII, 5
держать IV, 3, V, 10; VI, 19; VI, 23; VI, 37; X, 10; X, 32; XI, 4; XI, 12; XII, 4; XII, 11; XII, 32; XII, 33; XII, 34
держаться XIII, 9
дернул XI, 59; XI, 60
дернуло XI, 60
детей V, 4
детство IX, 4
дифирамбы XI, 30
длинная XV, 7
длинный I, 16; I, 17
днем VI, 39
дно VIII, 12
довести VI, 13
доводить VI, 13
дождика XV, 18
дождичка XV, 18
дойная VIII, 7
дойти X, 12
долгая XV, 7
долгий VI, 14
дома IX, 27
дорогой V, 40
дорогу VI, 87
доходить VI, 11; X, 12
доходят VI, 121
драная I, 2
драть XI, 14; XII, 38
дрожат IV, 48
дрожать VIII, 8; VIII, 9
другую VI, 10
дуба II, 4

дубина IX, 16
дубовая IX, 8
дудку XII, 70
дудочку XII, 70
дура I, 13
дурака VI, 134; VII, 2; XII, 14; XII, 15
дураков XIII, 1
дурочку VII, 2; XII, 14; XII, 15
дуть V, 8
дух V, 18
духе IV, 35
духом IV, 43; IX, 30
духу IV, 40; XI, 19
душа I, 19; IV, 21; IV, 22; IV, 23; IV, 57; V, 6
душам XI, 32
душе IV, 30; V, 27
души V, 7
душой IV, 54; VIII, 21; XII, 105
душу IV, 9; IV, 41; V, 3; V, 25; XI, 18; XII, 1
дыбом IV, 6
дым II, 1; XIII, 12
дымину II, 1
дышать II, 6; III, 4

-Е-

едет IX, 23
ежовые XII, 6
ежовых XII, 5
ежу X, 18
ехать XVI, 4

-Ж-

жар VI, 152
ждать VI, 41
живешь VI, 42; VI, 43
живое IV, 24
жизни V, 26; VI, 29; XII, 28
жизнь VI, 80
жилах IV, 31
жилетку XI, 31
жилку VI, 6
жилы VII, 21
жиру XII, 89
жить X, 13; XII, 98

-З-

забивать X, 14; X, 15
забирать IV, 24

забить X, 14; X, 15; XIII, 3
забрать IV, 24
заваривать XII, 35
заварилась XII, 36
заварить XII, 35
завинтить XII, 39
завинчиваются XII, 40
заговаривать XI, 16
заговорить XI, 16
загоне XIII, 5
загребать VI, 152; VIII, 5
задавать I, 20
задать I, 20
задевать IV, 24
задеть IV, 24
задирать XII, 38
задней X, 1
задним XV, 8; XV, 9
задних XII, 112
задоринки VI, 2
задрать XII, 38
задрожали IV, 47
задрожат IV, 47
зажать XI, 17
зажимать XI, 17
зайти VI, 34; XII, 31
закипеть XIII, 3
заколдованный XIII, 14
закрутить XII, 39
закручивать XII, 39
закрывать VI, 46; XII, 41
закрытыми X, 40; XII, 90
закрыть VI, 46; XII, 41
закусить IV, 25
залезать VIII, 10; XII, 1
залезть VIII, 10
залить II, 7
заморочить XI, 21; XI, 22
запускать VIII, 11
запустить VIII, 11
зарубить X, 16
зарывать VI, 47
зарыть VI, 47
заскребли IV, 30
застывает IV, 31
застыла IV, 31
засучивать VII, 10
засучить VII, 10
заткнуть XI, 17
затрагивать IV, 24
затронуть IV, 24
затряслись IV, 47
затрясутся IV, 47
затыкать XI, 17

затянуть XII, 39
заходит IX, 37
заходить III, 40; XII, 31; XIII, 37
звезд IX, 17
здорово VI, 42; VI, 43
здравом IX, 2
земли I, 7; III, 32; III, 33; III, 34; X, 49; X, 50; X, 51
землю VI, 47; XII, 42
змея I, 21
знать I, 22; XIII, 15
золотое VIII, 12
зондировать X, 17
зря VI, 107
зуб V, 10; IX, 29
зубами XI, 12; XII, 67
зубах V, 21
зубы XI, 16

-И-

играть I, 25; VI, 49; XII, 43; XII, 44
идет IX, 10; X, 33
идти VI, 50; VI, 90; VI, 110; VIII, 26; XII, 45; XII, 46; XIII, 16; XIII, 17; XIII, 18
избы XI, 11
изливать XI, 18
излить XI, 18
именами XI, 25
иметь V, 10; X, 10
испортить V, 11
истинное XII, 76
истинный XII, 57
истины XII, 57
исчезать III, 33
исчезнуть III, 33; X, 50

-К-

каемкой VI, 66
каемочкой VI, 66
каждой VIII, 8; VIII, 9
казанская I, 27
казанский I, 27
каления IV, 13
каменной IV, 28
карман VIII, 10; VIII, 18
карману VIII, 19
карманы VIII, 18
карты VI, 112; X, 39
карьер VI, 128
кататься VIII, 14

каша XII, 36
кашу XII, 35; XII, 37
кипеть XIII, 2
клади I, 42
кладут I, 3
класть V, 16
ключом XIII, 2; XIII, 3
клюют VIII, 16
кобылы XI, 5
кожа I, 5
кожи XII, 47
козел I, 28
козни XII, 106
кои XV, 4; XV, 5
кол I, 52
кола VIII, 20
колено I, 33
колеса XII, 20
колесе VII, 12
кондрашка II, 21
концами VI, 135; VIII, 27
концы II, 14; VI, 135; VIII, 27
конь XIII, 13
коня II, 12; XIII, 25
копеечку VIII, 3
копейки VIII, 21
копейкой VIII, 8; VIII, 9
коптить VI, 53
копытом XII, 42
корень X, 43
корки X, 27
корм II, 12; XIII, 25
короба XI, 53
корова VIII, 7; XIV, 5
коромыслом XIII, 12
коротки I, 46
костей I, 18; I, 55; X, 11
кости I, 5; XI, 29
косточки XI, 29
кость V, 12
костьми XII, 53
кот XVI, 8
кота VI, 144
котелок IX, 7
кошка I, 2
кошки IV, 30
край VI, 147
крайности VI, 10; VI, 11; VI, 12; VI, 13
крайность VI, 10; VI, 12
красного XI, 13
краше I, 3
крестить V, 4
кривая XII, 51

кровь I, 4; II, 17; III, 24; IV, 31; V, 11; VI, 149
кровью IV, 55
круг XIII, 14
кругом IX, 10
крутиться VII, 12
крыло VI, 99
крылом VI, 99
крылышко VI, 99
крылышком VI, 99
крылья XI, 74
крыша IX, 23
кулаке XII, 11
курам XIII, 20
курица III, 7
куры VIII, 16
кусать IV, 32
кучу X, 7

-Л-

лавочку VI, 46
ладан II, 6; III, 4
лампочки V, 5
лапках XII, 12
лапу VIII, 11; XII, 29
лапы XII, 10
ласточка VI, 86; XIII, 29
лбу IX, 34
легкая I, 29
легким IV, 53
легкой IV, 53; VI, 127
лед VIII, 1
леденеет IV, 31
лежал XIII, 30
лежала XIII, 30
лежало XIII, 30
лежать VI, 54; VI, 59
лежачего VII, 13; VII, 14
лежит V, 6; XIII, 30
лезет XIII, 26
лезть IV, 33; XII, 1; XII, 47; XII, 52
лезут IV, 11; IV, 12
лепешку VI, 114
лепту VI, 24
лес XIII, 35
лестницы III, 31
лету VI, 69; X, 22
лечь III, 12; XII, 53
лизать XII, 54
линию XII, 27
липку VIII, 13
лист XII, 48

лить II, 17; III, 24
лихвой XVI, 16
лица III, 32; III, 33; III, 34; X, 49; X, 50; X, 51
лицо X, 44; XII, 76
лицом VI, 96; VI, 97; XII, 61
лишнего VI, 154
лоб IV, 11; IV, 12
лодыря VII, 7
ложись XIII, 38
ложиться VI, 55
ложке XVI, 2
локти IV, 32
ломать VII, 2; VII, 5; VII, 6; X, 20; XII, 14
лопается IX, 12
лопатой VIII, 5
лопнула IX, 12
лошадка I, 51
лукаво VI, 77
лыка II, 10
льется II, 18
любой XVI, 9
лямку VII, 22
ляп VI, 145
лясы XI, 56

-М-

мазаны I, 40
маленькая XVI, 3
маменькин I, 30
масла VI, 101
масле VIII, 14
матери X, 8
матом XI, 1
мать I, 1; VIII, 4
махнуть VI, 62
маху VI, 30
мгновение XV, 6
мели VIII, 29
мелкая I, 31
мелко I, 32
мелкую VI, 115
мелочам VI, 115; VI, 116
мелочи VI, 115; VI, 116
мель VIII, 28
мерин IX, 22; XI, 20
мертвая VI, 64
мертвой III, 13; VI, 63
места IV, 37; IV, 38; VI, 128
месте I, 53; IV, 23; VI, 141
место I, 10; I, 44; I, 45; VI, 136; XII, 102

мешать X, 7
мешком IX, 20
миленький III, 8; VI, 52
мира I, 36
миром I, 40
могилу XII, 93
можно XVI, 23
мозга I, 18; X, 11
мозгами X, 38; X, 58
мозги IX, 7; IX, 24; X, 20; XII, 19
мозолить V, 17
молоком I, 4; X, 8
монастырь VI, 100
монетой XII, 69
монетою XII, 69
монету VI, 115; X, 29
моргнуть II, 8; VI, 48
море I, 33
морочить XI, 21; XI, 22
моря VI, 41
мотать X, 21
мудрствуя VI, 77
мухи I, 34; XIII, 11
мухой II, 16
мыла XII, 1
мысли X, 1
мыслями X, 46
мыслях X, 10
мышиная VI, 65
мясо I, 39

-Н-

нараспашку I, 19
набекрень IX, 24
набивать V, 20; VIII, 18; X, 14
набираться IX, 25
набит IX, 6
набить V, 20; VIII, 18; X, 14
набраться IX, 25
навешать VI, 21
навязнуть V, 21
нагревать VIII, 6
нагреть VIII, 6
надевать VI, 74
надеть VI, 74
назад VI, 95
назвать XI, 25
называть XI, 25
найти IV, 38; VI, 76; XII, 55
налево VI, 75
налить II, 7
наматывать X, 21
наметан IX, 6

намозолить V, 17
намотать X, 21
намылить XII, 56
написан XIII, 23
написана XIII, 23
написано XIII, 23
написаны XIII, 23
наплакал XVI, 8
наплевать V, 25
направить XII, 57
направо VI, 75
насмарку XIII, 17
наставить X, 25; XII, 57
наставлять X, 25; XII, 57
настоящими XI, 25
находить IV, 37; VI, 76
нашего I, 48
нашим I, 24
нащупать X, 17
нащупывать X, 17
неба IX, 17
небе IV, 34
небесного IX, 31
небо VI, 53
неделе I, 50
неделю XV, 1
неделя I, 9; XV, 1
некуда XVI, 4; XVI, **5**
непостижимо X, 55
нервах XII, 43
нерезаных XVI, 7
нескольких XIV, 1
нести VI, 57
нет IX, 28; XII, 55
ниточке XIII, 9
новые IX, 18
ног II, 20; VI, 26; XVI, 14; XVI, 15
ногам XII, 94
ногами XII, 17; XII, 67
ногах XII, 16
ноги III, 5; III, 22; III, 37
ногой IX, 29
ногтю XII, 79
ногу VIII, 17; XII, 75; XIII, 33; XIII, 34
нож V, 22
ножах V, 19
ножках XII, 16
ножки XVI, 13
ножку XII, 75
номер XII, 23
номера XII, 23
нос III, 30; III, 35; IV, 1; XII, 18; XII, 32; XII, 38; XIV, 9

носа III, 6; VI, 149
носится XIII, 28
носить XII, 62
носом XII, 42; XIV, 9
носу VI, 149; X, 16; XIV, 9; XV, 15
ночь XV, 16
нюни IV, 49; IV, 50; IV, 51

-О-

оба XII, 100
обвести XII, 63
обводить XII, 63
обернуть XII, 63
обивать VI, 83
обидел I, 34
обидела I, 34
обидит I, 34
обидишь I, 34
обить VI, 83
облаках IV, 4
обливается IV, 55
обливалось IV, 55
обливать XI, 27
облилось IV, 55
облить XI, 27
облупленного IX, 19
ободранная I, 2
оборвалось IV, 56
оборот XIII, 31
обратиться VI, 96
обрушиться III, 27
общий VI, 76
оглобли VI, 95
оглядки III, 1; VI, 1
оглядкой VI, 129
огнем VI, 39; XII, 44
огонь V, 1; VI, 101
огребать VIII, 5
одеяло XII, 110
один V, 23; XVI, 1
одна I, 5
одним I, 40
одно X, 7
одного I, 26; I, 41
одной VI, 10
одном II, 13; VI, 141
одну VI, 3; X, 7
ока XV, 6
оказаться VI, 89
окопов VI, 28
олух IX, 31
опускать XII, 64
опускаются XII, 65

опустились XII, 65
опустить XII, 64
опущенный IV, 26
оскомину V, 20
ослабел IX, 14
оставить VI, 8
остричь X, 28
острый V, 22
отбивать VI, 84
отбиваться XII, 67
отбить VI, 84
отбиться XII, 12
отвалятся VI, 122
отвести IV, 41
отводить IV, 41
отдавать II, 14
отдать II, 14
открещиваться XII, 67
открывать X, 39
открыть X, 39
отлегло IV, 42
отмываться XI, 28
отмыться XI, 28
отнимать VI, 84
оторвалось IV, 56
отошло IV, 42
отплатить XII, 69
отпущения I, 28
очистки VI, 38

-П-

падает IV, 56
падать IV, 43; VI, 118
пазухой II, 9; VIII, 15
палата IX, 38
палец I, 42; VI, 85; VII, 17
палки VII, 11; XII, 20
палку XII, 68
пальца I, 42; VII, 17; XII, 63
пальцами XII, 77
пальцев IX, 21
пальцем VI, 85; VII, 17; XII, 77
пальцы X, 45
памяти V, 28; VI, 94
пар IV, 10
пара I, 15; XVI, 11
парах III, 14; III, 15; VI, 67
пареной VI, 108
пасть IV, 43; VI, 118
пеной XI, 52
пень-колоду VI, 151; XIII, 39
первая VI, 86; XIII, 29
первое XII, 71

первую I, 25
первых VI, 15; X, 19
перебегать VI, 87
перебежать VI, 87
перегибать XII, 68
перегнуть XII, 68
перекладывать VI, 58
переложить VI, 58
перемывать XI, 29
перемыть XI, 29
переполнилась IV, 45
переполнить IV, 44
перепутать VI, 112
переть XII, 52
перехватить VI, 147
песенка VI, 88
песня XV, 7
петь XI, 30
печенках V, 32
писано XIII, 6
писаной V, 15
пить III, 9
пищу VI, 31
плавать I, 32
плакаться XI, 31
планку VI, 102
платить XII, 69
плевать V, 25; VII, 18
плестись VI, 89
плеч IV, 27
плечах VI, 54; VI, 57; VI, 59; VI, 60; VI, 61; IX, 11; IX, 33
плечи VI, 55; VI, 56; VI, 58
плечу VI, 93
плохо XIII, 30
плыть VI, 90
плюнуть V, 25; VI, 113
плясать XII, 70
повел V, 9
повернется XI, 61; XII, 50
повернулся XI, 61; XII, 50
повернуть VI, 95; VI, 97
повернуться VI, 96; VI, 98
повесить IV, 1
повисать XI, 33; XIII, 8; XIII, 9
повиснуть XI, 33; XIII, 8; XIII, 9
поводу XII, 45
поворачивается XI, 61; XII, 50
поворачивать VI, 95
поворачиваться VI, 96; VI, 98
поворот XII, 66
погладить XII, 24; XII, 26
погоду VI, 36; VI, 41
погоды VI, 41

погреть VIII, 6
подать XIV, 12
подвести VI, 100
подвешен XI, 62
подводить VI, 100
поджать XII, 72
поджилки IV, 47; IV, 48
поджимать XII, 72
подколодная I, 21
подкручивать XII, 39
подливать VI, 101
подлить VI, 101
подложить XII, 73
подметки I, 23
поднимается III, 25; XII, 49; XII, 88
поднимать VI, 102
поднимется III, 25; XII, 49; XII, 88
поднялась III, 25; XII, 49; XII, 88
поднялись IV, 6
поднять VI, 102
подрезать XII, 74
подставить XII, 75
подставлять XII, 75
поехала IX, 23
поймать VI, 146
пойти I, 14; III, 40; VI, 103; VI, 110; VIII, 26; XII, 45; XII, 46; XIII, 17; XIII, 18
показать XII, 76
показывать XII, 77
покати XVI, 24
покладая VII, 15
полезли IV, 11; IV, 12
полезть IV, 33; XII, 52
полечь III, 12
ползти XII, 78
поливать XI, 27
полная VIII, 22
полном IX, 2
полным II, 23; VI, 104
половине XVI, 18; XVI, 19; XVI, 20
половинке XVI, 18; XVI, 19; XVI, 20
половинку XVI, 18; XVI, 19; XVI, 20
половину XVI, 18; XVI, 19; XVI, 20
положа XI, 36; XI, 37
положения I, 35
положить V, 16
полон XVI, 12
полочкам X, 36; X, 37
полпути VI, 70

полы VI, 51
поля I, 41; I, 48
помещается X, 4
помирай XIII, 38
помнить IV, 39
помощи XII, 82
попадает IV, 5
попадаться XII, 10
попади IV, 5
попала IV, 5
попасть VI, 6; XII, 10
поперек V, 35; IX, 3; XIV, 2
поплакаться XI, 31
поплевывать VII, 18
пополам VI, 125
попридержать XI, 38
попятную XII, 46
попятный XII, 46
пораскинуть X, 38
пороги VI, 83
пороху VI, 79
посмотреть X, 44; X, 45
поставить VI, 139; X, 47; XII, 102
поставлены VI, 140
пота VII, 9
потери IV, 14
потерять IV, 59; X, 52; X, 53
потолок VII, 18
поточить XI, 56
потянуть XI, 57
поучить X, 56
почву VI, 26; X, 17
пошевелить X, 58
пошла IX, 10
правая I, 43
правде X, 44
праведный XII, 57
прах XI, 8
прахом VI, 103; XIII, 18
прибитый IX, 20
прибрать VI, 18; XII, 9
привешен XI, 62
придавить XII, 79
придержать XI, 38
придерживать XI, 38
прижать XII, 79; XII, 80; XII, 81
прийти X, 30
прикладывать VI, 105
прикрыть VI, 46
прикусить XI, 39
прикусывать XI, 39
приложить VI, 105; VI, 106; X, 54
принимать V, 30; V, 31; X, 29; XIII, 31

принять V, 30; V, 31; X, 29; XIII, 31
припека I, 47
припеку I, 47
припереть XII, 80
припирать XII, 80
приползти XII, 78
присест XVI, 1
приходить X, 30
прицелом VI, 126
пришиб II, 21
прищемить XII, 81
прищемлять XII, 81
прожужжать XI, 40
прозондировать X, 17
произвол VI, 8
проливать II, 17; III, 24
пролить II, 17; III, 24
прольется II, 18
промах I, 37
пропеть XI, 30
пропускать XI, 41
пропустить XI, 41
просиживать VI, 107
простыл XIV, 4
против XII, 24; XII, 25
протирать VI, 107
протягивать XII, 82
протянутой VIII, 26
протянуть XII, 82
проще VI, 108
пруд XVI, 21
пруди XVI, 21
прямо VI, 5; XI, 54
пугало I, 8; I, 54
пульса IV, 14
пускать VI, 109; VIII, 2; VIII, 23; VIII, 25; VII, 83
пускаться XII, 84
пустить VI, 109; VIII, 2; VIII, 23; VIII, 25; XII, 83
пуститься XII, 84; XII, 85
пустое I, 44; I, 45
пустыми VI, 130; VI, 131
пустяков XVI, 11
путать VI, 112
путаться XII, 17
путь XII, 57
пух XI, 8
пухнет II, 36; IX, 12
пуще V, 40
пыль XII, 83
пыльным IX, 20
пядей IX, 34

пят XVI, 14; XVI, 15
пятках IV, 22
пятки IV, 21; XII, 54
пятниц I, 50
пять IX, 21

-Р-

ради XI, 13
раз VI, 113
разбиваться VI, 114
разбиться VI, 114
разбору XV, 10
развесить XI, 42; XI, 43
развешивать XI, 42; XI, 43
разводить IV, 51
развязались XI, 45
развязался XI, 45
развязать XI, 44; XI, 46; XII, 96
развязывать XI, 44; XI, 46; XII, 96
разгибать VII, 16
разложено X, 37
разложить X, 36
разменивать VI, 116
размениваться VI, 115
разменять VI, 116
разрывается IV, 57
разрывать VI, 119
разрываться VI, 120
разум IX, 37
разума IX, 25
разуму X, 56
разыгрывать XII, 15
рак XV, 13
раскинуть X, 38
раскрывать X, 39
раскрыть X, 39
распускать IV, 49; IV, 50; IV. 51;
    IV, 52; XI, 47; XI, 48
распустить IV, 49; IV, 50; IV, 51;
    IV, 52; XI, 47; XI, 48
распухла II, 3; IX, 12
рассыпаться XIII, 18
расти V, 38; VI, 117
расхлебать XII, 37
расхлебывать XII, 37
расшибаться VI, 114
расшибиться VI, 114
рвать VI, 119
рвется IV, 57
редьки V, 40
реже VI, 22; XIII, 11
режет II, 19; XI, 49; XIII, 32
репы VI, 108

ровном I, 53
рога XII, 2
родила I, 1; VIII, 4
роду XIII, 23
рожки XVI, 13
рожон XII, 52
розовом X, 5
рот I, 42; XI, 17; XI, 54; XII, 101;
    XVI, 12
рта XI, 52
рубить XII, 86; XII, 87
рук VI, 20; VII, 15; X, 19; XII, 12
рука I, 29; I, 43; III, 25; XII, 49;
    XII, 88
рукава VII, 10; VII, 20
рукавицах XII, 5
рукавицы XII, 6
рукам III, 38; VI, 18; VII, 9; XII,
    94
руками I, 11; VI, 7; VI, 130; VI,
    131; VI, 152; XII, 67; XIV, 11
руках IV, 3; VI, 16; VI, 19; VI, 23;
    VI, 71; XII, 7; XII, 11; XII, 62
руки I, 46, III, 20; III, 22; III, 25;
    IV, 2; VI, 17; VI, 22; VI, 71;
    VI, 78; VI, 90; VI, 105; VI,
    106; VI, 121; VI, 122; VI, 123;
    VI, 127; VI, 19; VIII, 6; XII,
    8; XII, 9; XII, 10; XII, 64; XII,
    65; XII, 82; XII, 94; XII, 95;
    XII, 96; XII, 111
рукой IV, 29; VI, 62; VIII, 26; XIV,
    11; XIV, 12
руку IV, 46; VI, 49; VI, 105; VI, 106;
    VI, 146; VIII, 11; XI, 34; XI, 36;
    XI, 37; XII, 82; XIII, 24
русским XI, 50
ручки IV, 15; VII, 19
рыба I, 39; VIII, 1
рыла X, 26
рыть XII, 42
рядах VI, 15

-С-

садиться VIII, 28; XII, 91
садовая IX, 13
сам X, 42; XIII, 33; XIII, 34
самого III, 6
самую VI, 5; VI, 6
сапога I, 15
сбиваться II, 20
сбиться II, 20
сбоку I, 47

сбрасывать VI, 133
сбросить VI, 133
сваливать X, 7
сваливаться III, 27
свалилась IV, 27
свалиться III, 27
свалять VI, 134
свежим VI, 92
свежую X, 23
свернуть III, 28
свести VI, 135; VIII, 27; XII, 93
свет XI, 24
свете X, 25
свинью XII, 73
свистнет XV, 13
сводить VI, 135; VIII, 27; XII, 93
свое XI, 4; XII, 27; XII, 76
своем IX, 2
свои VI, 17
своим X, 12
своими XI, 25
своих VI, 19; VI, 57; VI, 60
свою VI, 24; X, 20; XI, 18; XII, 27
своя IX, 33
связаны XII, 95
связать X, 9; XII, 94
связывать XII, 94
сделать VI, 154; XIII, 11
сдержать XI, 4
сего I, 36
седьмом IV, 34; VII, 9
селу XI, 26; XIII, 27
сельдей XVI, 6
сельди XVI, 6
семи IX, 34
семь I, 50
сердца IV, 42; V, 24
сердце IV, 21; IV, 23; IV, 30; IV, 54; IV, 55; IV, 56; IV, 57; IV, 58; XI, 36; XI, 37
сердцем IV, 53; IV, 54
сердцу V, 30; V, 31
середина XVI, 18; XVI, 19; XVI, 20
серединка XVI, 18; XVI, 19; XVI, 20
середка XVI, 18; XVI, 19; XVI, 20
сесть VIII, 28; XII, 91; XII, 99
сивой XI, 5
сивый IX, 22; XI, 20
сидеть V, 32; VI, 41; VII, 19; VIII, 29; XII, 97; XII, 98; XII, 105
сирота I, 27
скребли IV, 30
скребут IV, 30
скрепя IV, 58

скрипку I, 25
слаб IX, 14
слабое VI, 136
след XIV, 4
следам VI, 92
слез IV, 16
слезу IV, 49
слезы IV, 49
слизала XIV, 5
слов X, 9
слова XI, 6
слове III, 19
слово XI, 2; XI, 3; XI, 4
словца XI, 13
сложа VII, 19
сломать III, 28; VI, 137
сломит XIII, 33; XIII, 34
сломить III, 28; VI, 137
сломя III, 29
слона XIII, 11
слух XI, 49
слюни IV, 49; IV, 50; IV, 51; IV, 52
смерти IV, 17
смех XIII, 20
смешать XI, 27
смотреть X, 43; X, 44; X, 45; XI, 54; XII, 100; XII, 101
сне V, 34
снег III, 27; XV, 11; XV, 12
снимает IV, 29
снимать V, 33
сном IX, 30
сняло IV, 29
снять V, 33
собак VI, 21; VII, 8; XVI, 7
собираться X, 46
собраться X, 46
собственными XI, 25
совать III, 30
совести VI, 38
сознании X, 4
сойти IX, 35; IX, 36
сок VII, 3
соки VII, 3; VII, 4
сопли IV, 49; IV, 51
соплях III, 16; III, 17
сор XI, 11
сорваться XI, 55
соскочить IX, 35
соусами XI, 35
соусом VI, 82; XI, 35
сошка I, 31
спать V, 34
спета VI, 88

спиной VI, 98
спину VII, 5; VII, 6
спины VII, 5; VII, 6; VII, 16
сплеча XII, 86; XII, 87
спуска XII, 60
спускать VI, 138
спуску XII, 60
спустить III, 29; VI, 138
спустя VII, 20
спутать VI, 112
спятить IX, 35; IX, 36
срываться XI, 55
ставить VI, 139; X, 47; XII, 20; XII, 102
стали IV, 6
становиться V, 35
становятся IV, 6
стариной XII, 107
старой V, 28; VI, 94
стать V, 35
стельку II, 2
стена XII, 103
стене XII, 80
стенка XII, 103
стенке XII, 80
стенку V, 13; XII, 103
стеной IV, 28
стену V, 13; XII, 103
стереть III, 32; III, 34; X, 49; X, 51
стоеросовая IX, 16
стоит XI, 24
столовой XVI, 2
стоять V, 35; VI, 141; VI, 142; X, 48; XII, 104; XII, 105; XII, 112
стричь X, 28
строить XII, 15; XII, 106
стукнул II, 21
стульев XII, 97
стульями XII, 97
ступить XII, 59
стынет IV, 31
судьбы VI, 8
сунуть III, 30; III, 35
сучка VI, 2
схватить VI, 146; XII, 2
сходить IX, 35; IX, 36
счета VI, 133; XV, 3
счетов VI, 133
сыграть VI, 49
сынок I, 29
сыр VIII, 14
сыт V, 36

-Т-

талант VI, 47
тарелке IV, 36; XII, 58
тачка XVI, 3
тащить VI, 143; XII, 109
теле VI, 37
тележка XVI, 3
темная I, 51
темный XIII, 35
тень VI, 9
терять IV, 59; X, 52; X, 53
теста I, 26
теши I, 52
того I, 26; I, 41
толк X, 2
тон I, 20
топор XVI, 22; XVI, 23
топтаться VI, 141
торбой V, 15
тормозах VI, 138
торчать XII, 105
точить XI, 56
точки IV, 18; IV, 19; VI, 139; VI, 140; IX, 15
точку VI, 3; VI, 5
трава V, 38; V, 39
треснула IX, 12
трех XIV, 1
трещит II, 3; IX, 12
три XI, 53; XII, 13
трубу VIII, 23; VIII, 24; VIII, 25
трястись VIII, 8
трясутся IV, 48
тряхнуть XII, 107
тыкать XII, 77; XII, 108
тяжелым IV, 54
тяжкие XII, 84; XII, 85
тянуть VI, 143; VI, 144; VII, 21; VII, 22; XI, 57; XII, 109; XII, 110
тяп VI, 145

-У-

увидать XV, 17
увидеть XV, 17
угла IX, 20; X, 47; X, 48
угодить VI, 6
угорелый III, 10
ударенный IX, 20
ударил II, 21
ударила II, 21
ударить VI, 85; VII, 17; XII, 61

удила IV, 25
указывать XII, 77
укладывается X, 4
укорачивать XII, 111
укоротить XII, 111
ум IX, 24; IX, 37; X, 3; X, 25; X, 30; X, 31
ума IX, 5; IX; 25; IX, 32; IX, 36; IX, 38; X, 33; X, 54
уме I, 49; IX, 2; IX, 26; X, 10; X, 24; X, 32
умирай XIII, 38
умишком X, 38
умом X, 12; X, 13; X, 38; X, 41
умопомрачения IV, 20
уму X, 55; X, 56
унести III, 37
уносить III, 37
упало IV, 56
упасть III, 27; IV, 43; VI, 118
управу XII, 55
управы XII, 55
ус X, 21
уха IX, 9; X, 26
ухо XI, 49
уходит IV, 21
ухом V, 9; IX, 9
учить X, 56
ушами VI, 148; X, 57
ушах VI, 142; XII, 104
ушей XI, 41; XV, 17
уши V, 29; VI, 143; XI, 40; XI, 42; XI, 43; XI, 58; XII, 109
ушла IV, 21
ушло IV, 21

-Ф-

фасон XII, 33; XII, 34
финт XII, 23
фокус XII, 23
фокусы XII, 23
фортели XII, 23
фортель XII, 23
фору VI, 35

-Х-

хватает IX, 17
хватать IV, 24; IV, 40; VI, 79; VI, 146; VI, 147; XII, 3
хватил II, 21
хватила II, 21

хватить IV, 40; VI, 79; VI, 147
хватка VI, 64
хваткой III, 13; VI, 63
хвост IV, 5; VI, 144; XII, 72; XII, 81
хвосте VI, 89
хвостиком XVI, 17
хлеб VI, 84
хлопать VI, 148; X, 57
хлопнул II, 21
хны V, 37
ход III, 3; VI, 33; VI, 109; VI, 110; XII, 30
ходить III, 38; III, 39; XII, 112; XIII, 36
ходом III, 23; VI, 104
ходу III, 18; III, 26; VI, 73; VI, 111; VI, 132
ходуном III, 39; III, 40; XIII, 36; XIII, 37
хомут VI, 74
хоть I, 52; V, 37; V, 38; V, 39; VI, 149; XIII, 38; XVI, 21; XVI, 22; XVI, 23; XVI, 24
хребет VII, 5; VII, 6
Христа II, 9; VIII, 15
хуже V, 40

-Ц-

царя IX, 1; IX, 28; IX, 31
цвете X, 5; X, 6
цели VI, 4
цель VI, 5; VI, 6
цена I, 12
ценой VI, 40; XVI, 9
цену I, 22; XIII, 15

-Ч-

чайной XVI, 2
час XV, 2; XVI, 2
части IV, 57; VI, 119; VI, 120
чаша IV, 45; VIII, 22
чашу IV, 44
черном VI, 37; X, 6
черт X, 42; XI, 59; XI, 60; XIII, 33; XIII, 34
четверг XV, 18
четвереньках XII, 78
чешутся VI, 123
число XII, 71
числом XV, 8; XV, 9
чистую X, 29; XII, 22

чужими VI, 152
чужих VI, 61

-Ш-

шаг III, 21; VI, 81; VI, 153; XVI, 10
шагах XIV, 1
шагом VI, 153
шагу VI, 154; XII, 59; XIV, 7; XIV, 8; XV, 14
шапке VI, 32
шапочному XV, 10
шаром XVI, 24
шары II, 7
шевелить X, 58
шевельнуть X, 58
шее XII, 98
шеи XII, 13
шерсти XII, 24; XII, 25; XII, 26
шерстке XII, 26
шею III, 28; VI, 74; VI, 137; XII, 13; XII, 56; XII, 91; XII, 92; XII, 99
широкую VIII, 17
ширь VI, 25; XIV, 3
шишка I, 53
шкуры XII, 47
шлея IV, 5
шляпу V, 33
штаны VI, 107

штуки XII, 23
штуку XII, 23
штык III, 11
штыки V, 2
шут I, 8; I, 54
шутить XII, 44

-Э-

эмпиреях IV, 4

-Я-

ягода I, 41; I, 48
ягодки I, 41
ягоды I, 41
язык I, 16; I, 17; I, 55; III, 2; VI, 76; XI, 12; XI, 38; XI, 39; XI, 44; XI, 45; XI, 46; XI, 47; XI, 48; XI, 57; XI, 60; XI, 61; XI, 62; XII, 50
языка XI, 55
языке XI, 9; XI, 10
языки XI, 38; XI, 39; XI, 44; XI, 45; XI, 46; XI, 47; XI, 48
языком XI, 50; XIV, 5
язычки XI, 38; XI, 39; XI, 45; XI, 46
язычок XI, 38; XI, 39; XI, 45; XI, 46
ящик VI, 14

СОДЕРЖАНИЕ

Предисловие	5
Основные особенности значения идиом как единиц фразеологического состава языка	10
Как пользоваться словарем	17
Список фразеологических словарей, из которых использовались иллюстрации, дополняющие авторские картотеки, и этимологические сведения	23
Условные сокращения	24
Тематические поля идиом	25
I. Характеристика человека	25
Внешние качества	25
Внутренние свойства и положение в обществе	28
II. Физическое состояние	47
III. Физическое действие и перемещение	54
IV. Чувство-состояние	68
V. Чувство-отношение	91
VI. Деятельность	103
VII. Труд, безделье	156
VIII. Бедность, богатство	163
IX. Интеллектуальные способности и состояние	173
X. Интеллектуальная деятельность	187
XI. Речевая деятельность	207
XII. Поведение	235
XIII. Характеристика событий, явлений	280
XIV. Пространство	297
XV. Время	301
XVI. Мера	309
Тематический указатель идиом	319
Алфавитный указатель идиом	340
Алфавитный указатель слов-компонентов	352

СПРАВОЧНОЕ ИЗДАНИЕ

Татьяна Сергеевна Аристова, Мария Львовна Ковшова, Елена Александровна Рысева, Вероника Николаевна Телия, Ирина Николаевна Черкасова

СЛОВАРЬ ОБРАЗНЫХ ВЫРАЖЕНИЙ РУССКОГО ЯЗЫКА
под ред. В. Н. ТЕЛИЯ

Редактор *Г. А. Мартынова*
Технический редактор *В. М. Рогова*
Художественное оформление *А. Логвина*
Корректор *Е. А. Мартынова*

За аутентичность цитат ответственность несут авторы словаря

ИБ № 22
ЛР № 030034 от 16.07.91 г.
Подписано к печати 22.06.95. Формат 84×108/32. Бумага офс. № 1. Гарнитура таймс. Печать высокая. Усл. печ. л. 19,32. Уч.-изд. л. 32,29. Тираж 30 000 экз. Заказ № 3171. С-22.
Издательство «Отечество».
103055, Москва, Приютский пер., д. 3.

Ордена Трудового Красного Знамени ПО «Детская книга» Роскомпечати.
127018, Москва, Сущевский вал, 49.

Отпечатано с фотополимерных форм «Целлофот».